经济普查

CONOMIC CENSUS

浙 江 统 计 年 鉴

ZHEJIANG STATISTICAL YEARBOOK

2004

（总第22期 NO.22）

浙 江 省 统 计 局 编

Compiled by
Zhejiang Provincial
Bureau of Statistics

中国统计出版社
China Statistics Press

(京)新登字 041 号

图书在版编目(CIP)数据

浙江统计年鉴. 2004/浙江省统计局编.
-北京：中国统计出版社，2004.7
ISBN 7 – 5037 – 4306 – 9
Ⅰ.浙…
Ⅱ.浙…
Ⅲ.统计资料 – 浙江省 – 2004 – 年鉴
Ⅳ. C832.55 – 54

中国版本图书馆 CIP 数据核字(2004)第 012059 号

浙江统计年鉴—2004

作　　者/　浙江省统计局
责任编辑/　蔡启新　左南丁　潘强敏
E —mail/　yearbook@stats.gov.cn
责任校对/　胡　东　季　南　范菁雁
封面设计/　钱　刚
出版发行/　中国统计出版社
通讯地址/　北京市西城区三里河月坛南街 75 号　中国统计出版社
邮　　编/　100826
电　　话/　(010)63262295
印　　制/　浙江新中商务印刷有限公司
经　　销/　新华书店
开　　本/　890＊1240 毫米　1/16
字　　数/　150 万
印　　张/　51
印　　数/　1—5000册
版　　别/　2004 年 7 月第 1 版
版　　次/　2004 年 7 月第 1 次印刷
书　　号/　ISBN 7—5037—4306—9/F · 1775
定　　价/　280.00 元

《浙江统计年鉴－2004》编辑委员会和编辑部

主　　编：金汝斌
副 主 编：朱阿龙　梁普明　赵国明　邵文国　王　杰
洪　玉　严勤芳
编辑部成员：（以姓氏笔划为序）
王美福　王科跃　左南丁　叶水寒　平旭珍　纪希平　朱天福
邱海祥　沈国良　沈　强　沈　毅　李玉珍　陈　红　张兴华
张祖民　张晟立　郁志君　金国荣　施幼薇　徐学金　黄　中
程定尧　戴建林
编辑人员：（以姓氏笔划为序）
王　珍　冯少华　孙卫国　叶飞霞　李荣荣　李　波　许小忠
许明娟　朱飞飞　沙培峰　沈健芬　沈　力　季　南　何　荆
何　滔　吴晓燕　吴红卫　张爱光　张宁红　张　卫　张浩亮
张　炬　郎初华　范菁雁　陈晓明　周东春　周桃霞　尚国强
金怡飞　金伟刚　侯武明　胡　东　胡　迪　施剑飞　俞炳林
余晓梅　俞海军　钱　刚　袁　一　章公雨　黄　程　龚豪勇
蒋　怡　蒋晓红　傅吉青　程彩霞　端木晶　缪茶英　潘强敏
英文翻译：潘强敏　胡　东　汪维薇
数据处理：卢旭昶　周维松　赵小琴
装帧设计：钱　刚

全省生产总值

Gross Domestic Product

(亿元)

(100 million yuan)

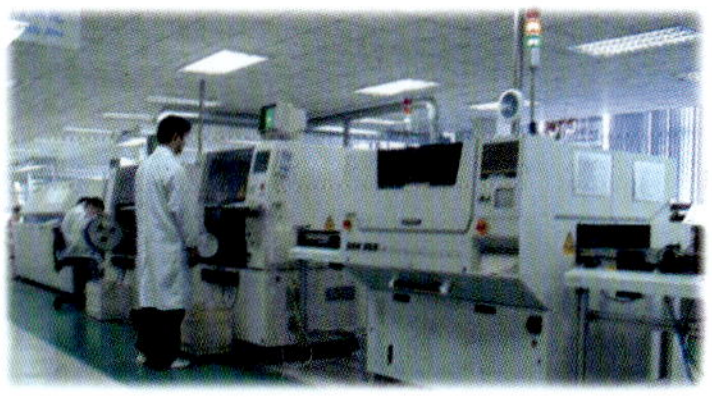

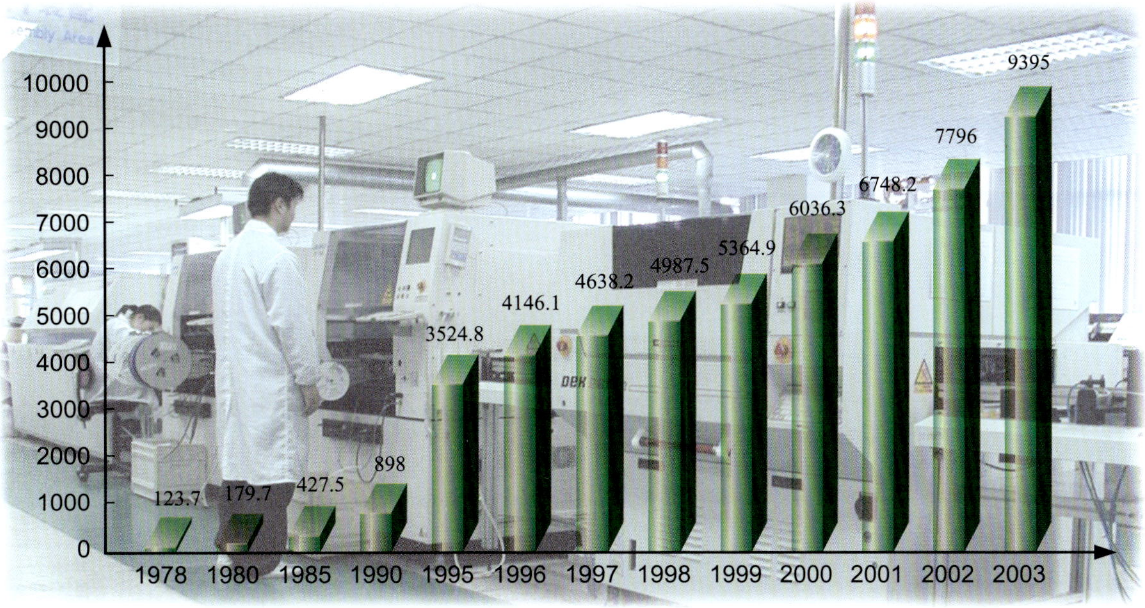

年末从业人员

Employed Persons Year-end

(万人)

(10000 persons)

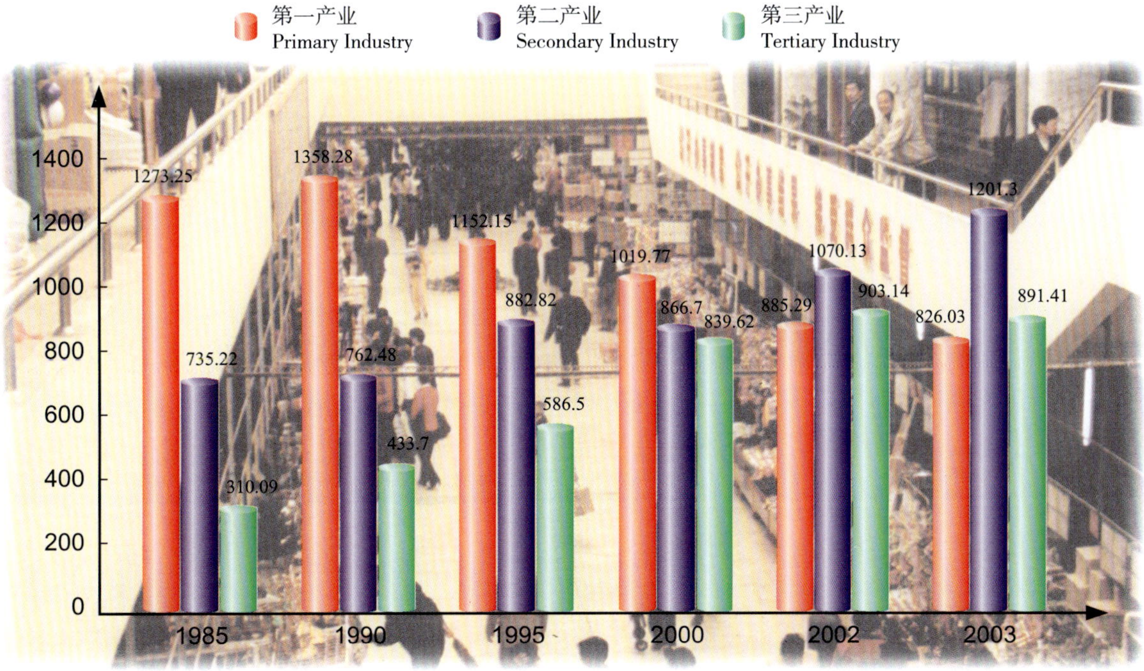

全社会固定资产投资

Total Investment in Fixed Assets

(亿元)
(100 million yuan)

居民消费价格指数

Residents Consumer Price Indices

(1985=100)

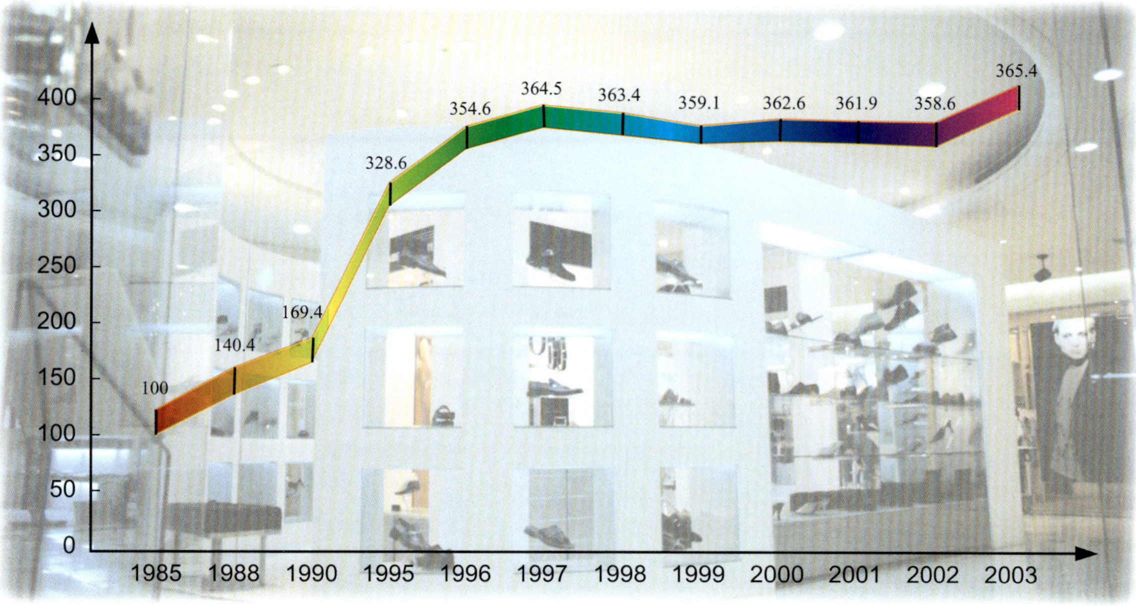

职工工资总额

Total Wages of Staff and Workers

(亿元)

(100 million yuan)

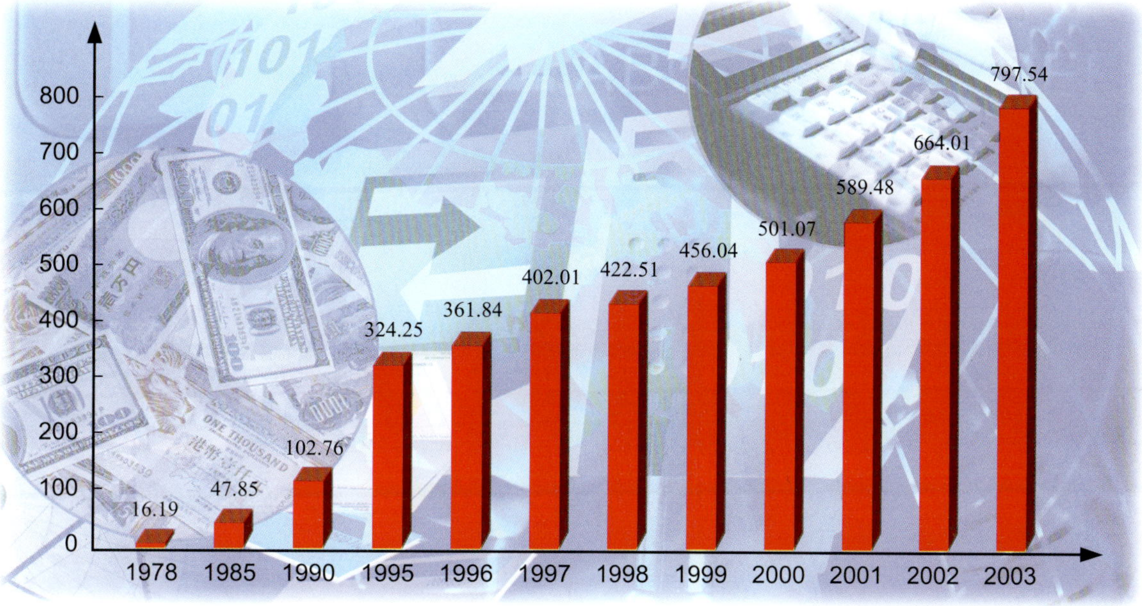

客运量和货运量

Passenger Traffic and Freight Traffic

(万人)、(万吨)

(10000 persons)

(10000 tons)

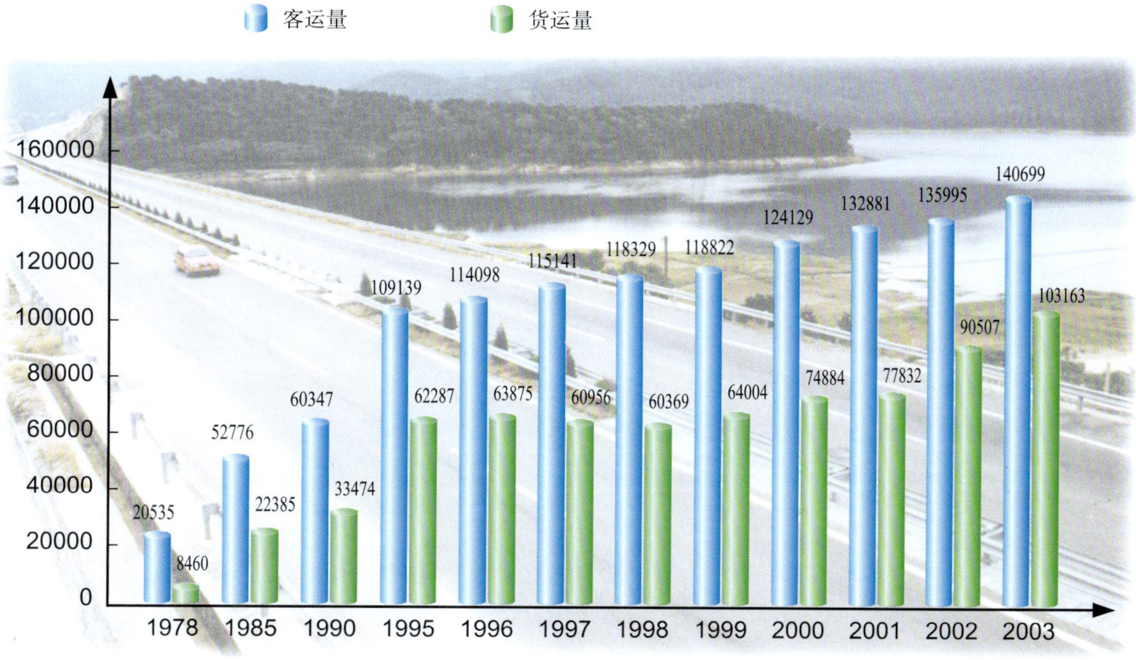

农业增加值

Added Value of Agriculture

(亿元)
(100 million yuan)

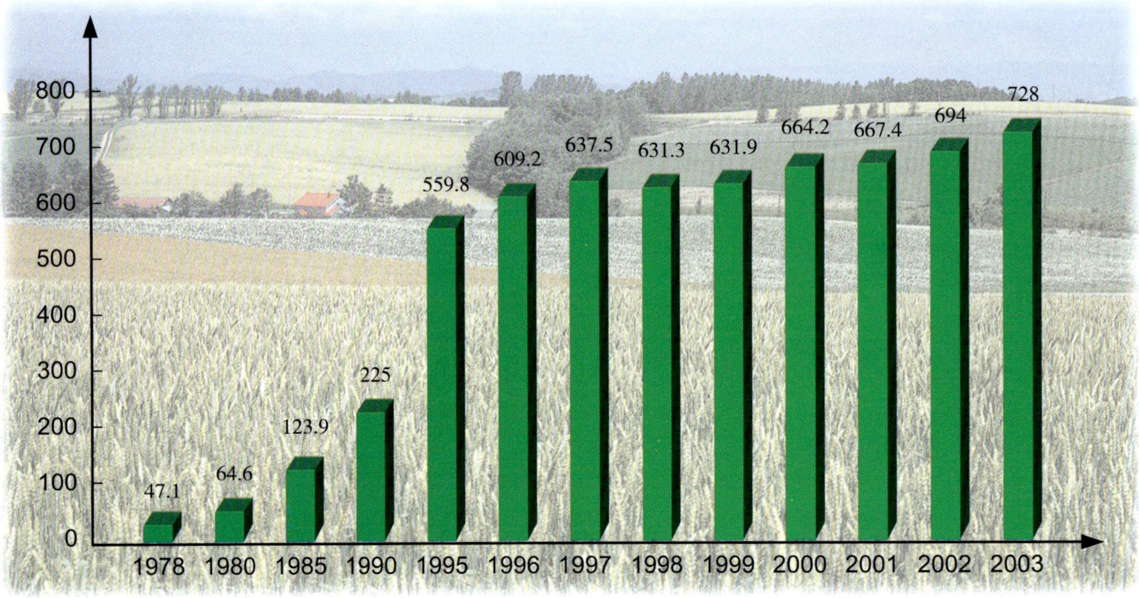

工业增加值

The Value-added of Industry

(亿元)
(100 million yuan)

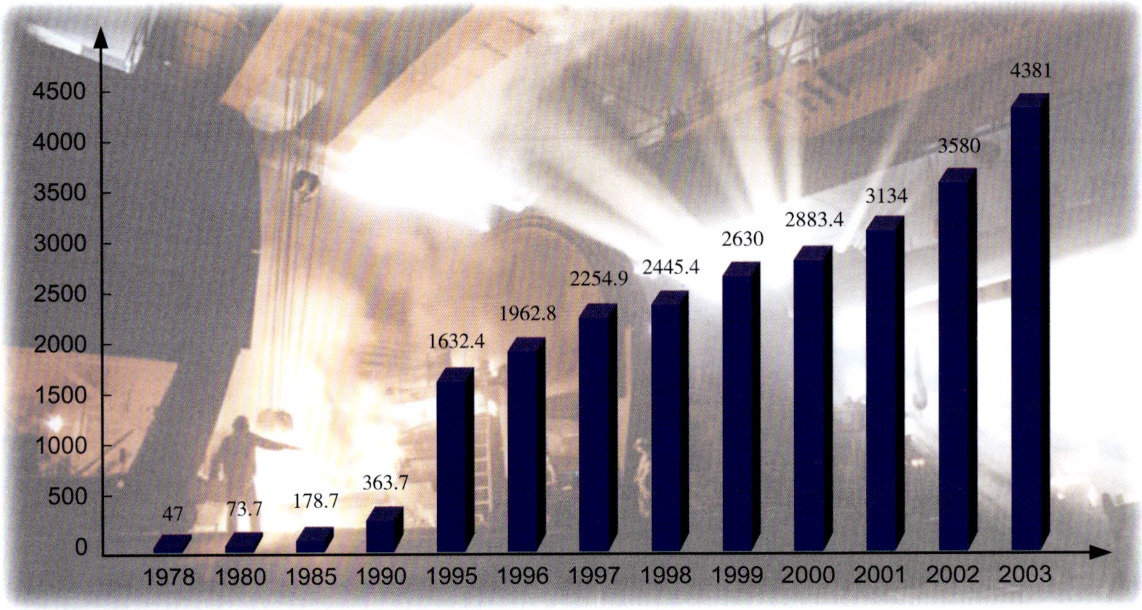

社会消费品零售总额

Total Retail Sales of Consumer Goods

(亿元)

(100 million yuan)

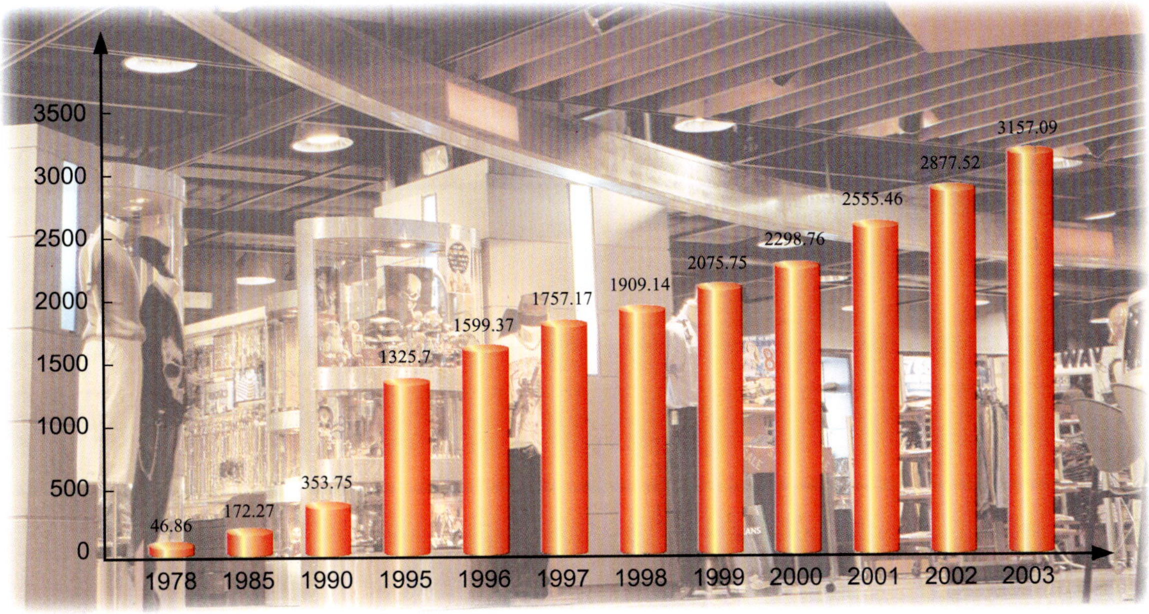

进出口总值

Total Value of Imports and Exports

(亿美元)

(USD 100 million)

城乡居民储蓄存款年末余额

Residents' Savings Deposits in Urban and Rural Area

(亿元)
(100 million yuan)

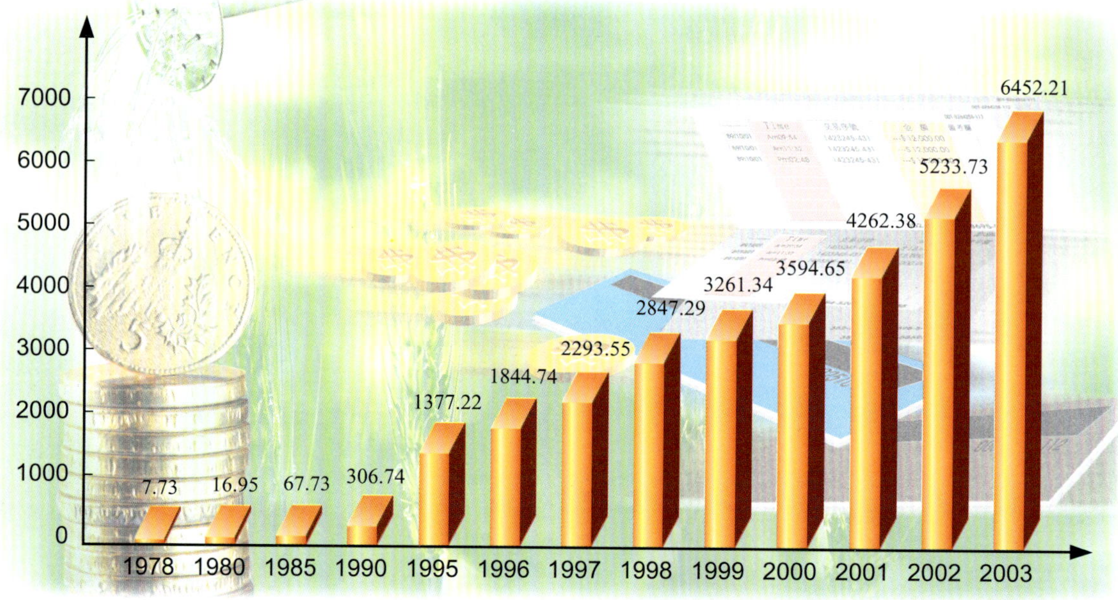

每万人口在校大学生人数

University and College Students Enrollment Per 10000 Population

(人)
(Person)

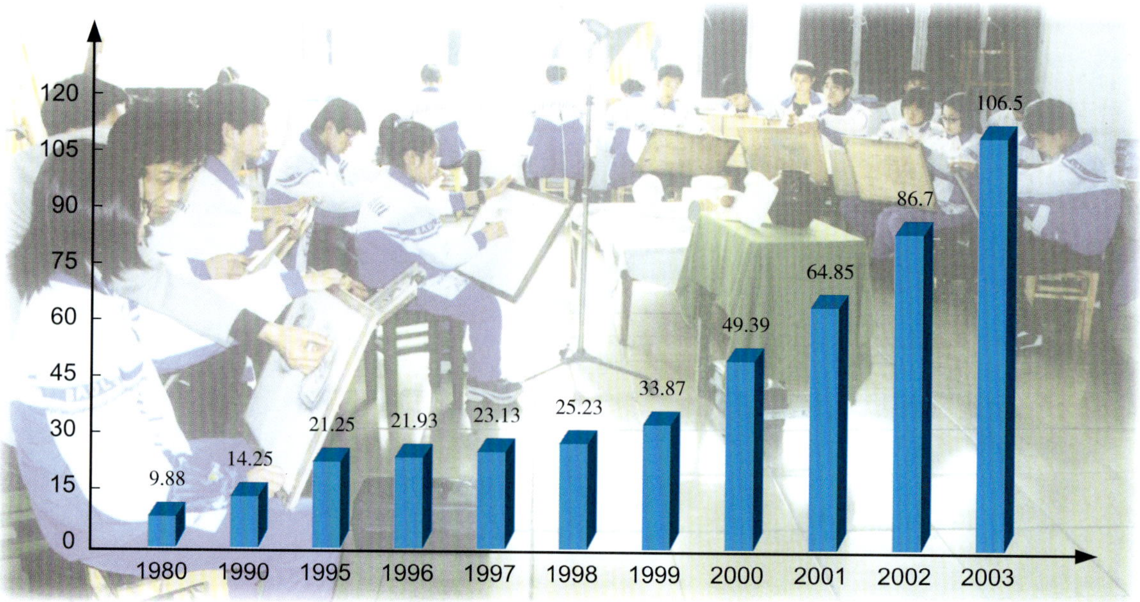

浙江新中商务印刷有限公司

Zhejiang Xinzhong Commercial Printing Co., Ltd.

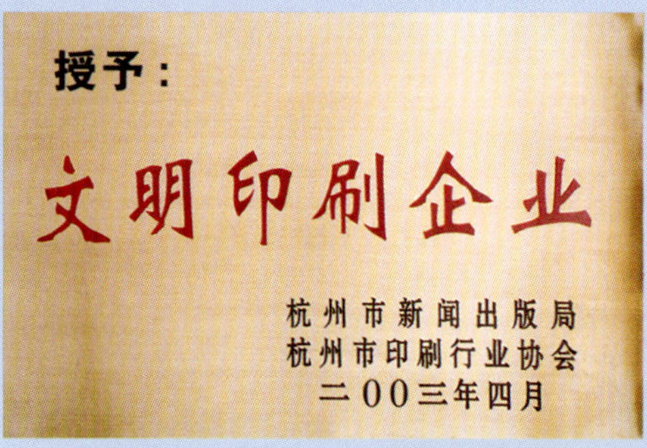

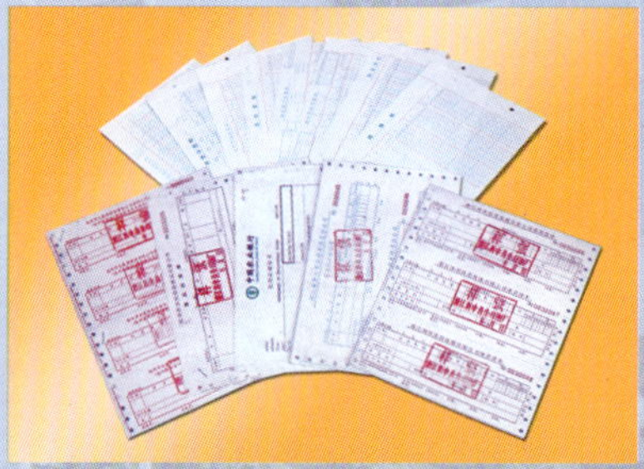

公司地址：杭州市萧山区董家埭189号　　邮编：311201
联系电话：0571-82723916　82724776（总机）　传真：0571-82724772
Http//: www.xinzhongcommercial.com
E mail: webmaster@xinzhongcommercial.com　general@xz-printing.com

中国经济普查
CHINA ECONOMIC CENSUS

为适应经济和社会发展需要，并与国家编制五年计划更好衔接，推进国民经济核算与统计调查体系的综合配套改革，国务院决定，将定于2003年进行的第二次全国第三产业普查推迟，与计划在2005年开展的第四次全国工业普查和2006年开展的第三次全国基本单位普查合并，同时将建筑业纳入普查范围，在2004年开展第一次全国经济普查。今后全国经济普查每10年进行两次，分别在逢3、逢8的年份实施。

本次经济普查的目的是全面掌握我国第二、第三产业的发展规模、结构和效益等信息，建立健全覆盖国民经济各个行业的基本单位名录库及经济普查数据库，为研究制定国民经济和社会发展规划，以及各级政府的决策与管理提供基础信息，为改革统计调查体系，完善国民经济核算制度，健全统计监测和预警、预报系统奠定基础。

此次经济普查的对象，是在我国境内从事第二产业和第三产业的全部法人单位、产业活动单位和个体经营户。具体范围包括：采矿业，制造业，电力、燃气及水的生产和供应业，建筑业，交通运输、仓储和邮政业，信息传输、计算机服务和软件业，批发和零售业，住宿和餐饮业，金融业，房地产业，租赁和商务服务业，科学研究、技术服务和地质勘查业，水利、环境和公共设施管理业，居民服务和其他服务业，教育，卫生、社会保障的社会福利业，文化、体育和娱乐业，以及公共管理和社会组织等。

普查的主要内容包括单位标志、从业人员、财务收支、资产状况，以及企业的主要生产经营活动和生产能力，主要原材料和能源消耗及科技开发的投入状况等。普查的标准时点是2004年12月31日，时期资料为2004年度。

（浙江省经济普查办公室宣）

▲ 陈加元副省长在浙江统计工作会议上发表关于经济普查的讲话

▲ 2月8日，梁普明副局长在浙江统计工作会议上作经济普查工作的部署

浙江省经济普查办公室
详细地址：杭州市教工路79号天湖大厦
联系电话：(0571)88218730
传真号码：(0571)88218731
邮政编码：310012

浙江水利

▲ 嘉兴苏州塘—穆湖溪枢纽

我省是一个洪涝台旱灾害频发的地区。全省3/4的耕地和4/5的人口处于高潮位和洪水位威胁之下，台风带来的风暴潮破坏力大，梅雨持续时间长，降水集中，强度大。河流源短流急，受潮水顶托，易发生大面积洪涝。水系较为复杂，治水难度大，投资成本高，水利任务艰巨。

历届省委、省政府都高度重视水利，组织领导全省人民经过长期艰苦奋斗，水利建设取得了巨大成绩，“九五”以来，省委、省政府作出了以建设千里高标准海塘和高标准城市防洪工程体系为重点的一系列重大决策，前5年全省共投资400多亿元，先后建成了沿海千里标准海塘、钱塘江千里标准江堤、千里城市防洪干堤、杭嘉湖地区太湖治理工程等一大批水利骨干工程，全省水利面貌发生了显著变化，不仅在防御台风、洪涝等自然灾害中发挥了上百亿元的直接减灾效益，而且还带来了显著的经济增长效益，社会稳定效益和环境生态效益。

围绕我省全面建设小康社会、提前基本实现现代化的战略部署，按照全省人口、经济、资源和环境协调发展的要求，今后一个时期，我省水利工作要以水利防灾保障体系、水资源配置保障体系和水生态环境保障体系“三大体系”建设为中心，深化各项水利改革，推进浙江水利从传统水利向现代水利、可持续发展水利转变，促进水利事业全面协调发展，为全省经济社会可持续发展提供水利支撑和保障。下一步，我们将着重做好以下几个方面的工作：

——完善和提高水利防灾减灾保障体系。以“千库保安工程”、杭嘉湖地区太湖治理工程、分水江水利枢纽工程、城市防洪续建工程为建设重点，流域性控制工程和堤防、海塘工程相结合，通过加固、配套、完善，全面提高重点区域防洪排涝标准。

——建立和完善水资源配置保障体系。以开展浙东引水工程、浙北引水工程、楠溪江引水工程和全省“千万农民饮用水工程”一期建设为重点，水源工程和引水工程建设并举，开源节流保护并重，统筹兼顾城市和乡村、工业和农业用水，实行跨区域水资源优化配置和综合平衡，为促进杭州湾地区产业带的发展提供水资源保障，使全省水资源保障水平显著提高。

▲ 海宁明清海塘新建堤顶

——建立和完善水生态环境保障体系。以“万里清水河道建设”为重点，全面加强水土保持工作，对河道、水域实行综合保护、综合整治，把河道水生态环境建设列为城镇建设和万村整治建设的重点，使河道水生态环境恶化的状况得到根本性遏制，让更多地方呈现“水清、流畅、岸绿、景美”的水乡风貌。

——推进和深化水利改革。以水利工程定理体制改革、水利等资机制改革为重点，加强水利工程管理，加快水利建设步伐，促进水利事业全面协调发展。

▲ 温州瓯江城防帆影

浙江省民政厅

现代化进程中的浙江民政事业

▲ 习近平书记(中)出席省双拥模范城(县)命名暨省市新春拥军慰问大会

浙江省民政厅是主管全省有关社会行政事务管理的省政府组成部门，职能涵盖灾害救助、社会救济、最低生活保障、基层政权建设、老龄工作、民间组织登记管理、优待抚恤、烈士褒扬、复员退伍军人安置、行政区划界线和地名管理、殡葬管理、特殊群体社会福利、重点水库移民安置等各方面，其扶贫、济困、敬老、助残、恤孤、慎终、优抚、民选、自治等工作，传承中华民族优秀传统，与广大人民群众的切身利益紧密相关，是各级政府“社会管理的治本政要”。

2003年，全省民政系统改革创新，加快推进民政事业现代化，民政事业发展综合水平继续名列全国前列，为全省的社会主义物质文明、政治文明、精神文明建设作出了积极贡献。在全国率先构建覆盖城乡的新型社会救助体系，最低生活保障实现动态管理，农村五保对象与城市“三无”对象集中供养步伐加快，医疗救助开始起步，有效保障了困难群众的基本生活权益。双拥工作进一步发展，医疗保障制度全面建立，优抚标准自然增长机制开始推广，有效保障了全省11.23万名重点优抚对象的生活、医疗水平。继续推进安置改革，全省城镇退伍义务兵基本实现自谋职业。大力发展老龄事业，社会福利服务能力显著增强，全省600余万老年人合法权益得到较好维护。做好58万名中央直属水库移民和7000名三峡水库移民帮扶，新增的2100名三峡移民安置全部对接成功。积极应对各种灾害，安排好灾区群众生活，保障了社会稳定。社区建设和村委会建设全面推进，社区体制改革基本完成，自治功能明显增强。殡葬改革进一步深化，生态葬法试点成功。福利彩票销售、慈善募捐均取得超过8亿元的佳绩。区划地名管理、福利工业管理、婚姻登记、收养登记、城市生活无着的流浪乞讨人员救助有序进行。

详细地址：浙江省杭州市省二轻大厦4楼

法定代表人：吴桂英

邮政编码：310006

联系电话：0571-87076321

▲ 绍兴市民政局领导看望低保家庭

▲ 吕祖善省长、吴桂英厅长慰问武义县灾民

浙江省建设厅

一、浙江省建设事业发展概述

2003年，在省委、省政府的领导和建设部的指导下，全省建设系统广大干部职工深入贯彻十六大和“十六届三中全会精神，贯彻落实省委、省政府提出的“八八战略”，振奋精神，与时俱进，团结奋斗，改革创新，建设事业各项工作取得新进展。

（一）城市化和城乡一体化

到2003年底，按第五次人口普查统计口径，全省城市化水平为53%，比2002年提高了1.1个百分点。全省设市城市建成区面积1397平方公里，比2002年增加了157平方公里。全省城镇总人口2480.1万人，比2002年增长了25.9%。形成了以杭州、宁波、温州为中心，大中小城市、中心镇和一般镇五个层次的城镇体系结构。

重视城镇规划的深化和完善。突破行政区划的界限，编制完成《环杭州湾城市群空间发展战略规划》；开展杭州、宁波、温州等20个设市城市总体规划修编工作；完成全省33个设市城市近期建设的规划编制审批工作；开展全省“千村示范、万村整治”工作，制订了村镇规划编制导则，编制农房设计图集，确定了省级23个示范试点村，初步完成县（市、区）域村庄布点规划编制工作，开展了以垃圾处置为重点的农村环境整治工作。推动了嘉兴、义乌等市、县城乡一体化试点工作。

（二）城市基础设施建设和城市管理

2003年全省城建固定资产投资467.83亿元，比2002年增长47.3%，位于华东六省一市的第二位。全省城建固定资产投资占全社会固定资产投资的9.5%。实施“百亿生态环境建设工程”建设，建成了一大批具有先进水平的大型城市基础设施项目。全省新增城市道路3710万平方米，新增和改造给水排水管网9575公里，新增城市绿地6322万平方米。城市基础设施水平明显提高，城市功能有所增强，城市环境明显改善，城市面貌发生了显著的变化。

继续推进城市管理综合执法，进一步理顺城市管理体制。深入开展园林城市创建活动，城市品位和管理水平有新的提升。宁波、嘉兴、绍兴和富阳被省政府命名为省级园林城市；杭州市通过国家园林城市复查；宁波、绍兴和富阳通过国家园林城市考评。继续推进城市环境综合整治，促进了城市环境进一步改善。至2003年底，全省共有杭州环城北路等96条城市道路被命名为“省级城市街容示范路”。积极做好应对非典疫情的各项工作，加强了市政公用基础设施运行和管理。

（三）建筑业

2003年，我省建筑业保持了规模及效益指标均居全国第一。其中产值连续2年全国第一，实现利税连续6年全国第一。2003年全省建筑业完成总产值3127.28亿元，比2002年增加长37.0%。2003年全省建筑业增加值634.2亿元，利税总额177.7亿元，比1989年分别增长15倍、37倍。建筑业省外市场份额继续扩大，省外产值1008.65亿元，占全省建筑业总产值43.5%，全省建筑业对外承包工程和劳务合作完成的营业额为1.20亿美元。

建筑业企业结构调整步伐加快，特级、一级建筑业企业数全国第一。建筑业产品的质量稳步提高，全省交付使用的建设工程合格率100%，全年共创“钱江杯”等省部级优质工程150多项、詹天佑大奖两项、国家优质工程奖“鲁班奖”7项，鲁班奖得奖数全国第一，我省正由建筑大省向建筑强省迈进。

（四）住宅与房地产业

2003年，全省房地开发投资进一步增长，房地产开发完成投资980.05亿元，比2002年增长33.5%。商品房开发竣工面积和销售面积协调增长，全省商品房施工面积10804.76万平方米，全省竣工商品房3214.85万平方米，分别比2002年增长33.5%和22.5%，销售商品房2781.84万平方米，比2002年增长28.5%。空置商品房已连续五年下降，2003年全省空置商品房比上年下降10.3%。城镇居民居住水平又创新高，人均建筑面积31.02平方米，比上年增长2.3%，连续两年位居全国第一。

2003年，经济适用住房建设进一步加快，全省经济适用房新开工面积和竣工面积分别是502.41万平方米和149.6万平方米，分别比上年增长19.6%和减少10%。

2003年全省归集住房公积金103.95亿元，比上年增长38.6%；个人住房公积金贷款余额170.94亿元，比上年增长67.7 %。

（五）风景名胜区和历史文化名城保护

截止到2003年底，全省国家级风景名胜区共有14处，国家级风景名胜区数量全国第一，省级风景名胜区39处，全省风景名胜区总面积4771平方公里，占全省国土面积的4.8%。杭州、绍兴、宁波、衢州和临海5座国家级历史文化名城和嘉兴等12座省级历史文化名城，以及乌镇、南浔等43处省级历史文化保护区。

2003年，开展了国家级风景名胜区环境综合整治检查工作；组织完成了西湖、“两江一湖”等6个国家重点风景名胜区和大明山等4个省级风景名胜区总体规划审查工作；完成了温州等12个历史文化名城与历史文化保护区保护规划审查工作，加强了历史文化名城和历史文化保护区维护维修工作。

（六）勘察设计咨询业

2003年，勘察设计咨询业企业营业收入、施工图设计建筑面积两项主要指标跃居全国第一。全省勘察设计总收入达到了37.1亿元，分别比2002年增长25%；完成施工图建筑面积11623万平方米，比上年增长99.6%，创我省历史最高水平。勘察设计行业结构调整和改革取得成效。截止到2003年底，全省有勘察设计单位541家，其中甲级院97家，乙级院175家，从业人员达3.14万人。一、二级注册建筑师558人，一、二级注册结构工程师1024人，约占全国十分之一。完成施工图投资额1201亿元。为适应勘察设计市场专业化的发展要求创造了条件，32家企业获建筑智能化、消防、装饰轻钢、幕墙等专项设计资质。

（七）建设科技

2003年，我省建设科技工作对提高建设领域科技质量、全面提升住宅产业化水平、提供技术、资金、管理等方面提供了积极的支持。通过鉴定和评审的科研成果和产品70项。全省化学建材产值超过60亿元。针对钢结构产业现状，通过《浙江省钢结构产业发展的现状与对策研究》，提出了进一步发展壮大浙江钢结构产业发展对策建议。制定《浙江省建设信息化发展纲要》（2003—2007年），明确建设信息化发展目标。一批建设信息系统和软件得到应用，电子政务和信息服务水平大步提高。通过大量新技术、新产品的应用和新标准规范的执行，砼条孔砖、太阳能热水器与建筑一体化应用技术等均处于国内领先水平，住宅质量进一步提高。

（八）精神文明建设

大力推进审批制度改革和政务公开。设置网上窗口，试行网上审批。认真办理省人大代表建议、省政协委员提案。及时处理群众来信来访1186件（次），接受各方监督。继续开展机关和行业精神文明创建活动。供水行业荣获首批省文明行业称号，全省建设系统有44个单位被命名为系统文明服务示范点，系统文明服务示范点总数达102个；12个单位被命名为全国、全省青年文明号，全国、全省青年文明号总数达121个，79个单位保持省级文明单位称号。加大党风廉政建设和行政监察力度，开展房地产行风评议活动。会同省监察厅、省检察院出台了建设市场不良行为记录和公示暂行办法。

详细地址： 浙江省杭州市省府路1号省府大院二号楼
法定代表人： 陈继松
邮政编码： 310025
联系电话： 0571-87055127
电子信箱： boyfangzi@163.net

浙江省劳动和社会保障厅

▲ 陈加元副省长、陈小恩厅长视察全省劳动力交流大会现场

浙江省劳动和社会保障厅是省政府组成部门，是全省劳动和社会保障事业的主管部门。机关编制78名，现在编人员81名。厅内设12个职能处（室），下属十三个事业单位。陈小恩同志任厅党组书记、厅长。

2003年，在省委、省政府正确领导下，我厅围绕“就业再就业、社会保险、劳动管理和劳动关系调整”三条主线开展工作，劳动保障事业取得了长足进展：在就业再就业工作方面，全省净增城镇就业岗位52万个，帮助31万名城镇失业人员实现了就业和再就业，再就业培训18万人，全省城镇登记失业率为4.2%；在社会保险工作方面，全省养老保险、失业保险、医疗保险、工伤保险、生育保险参保人数分别达765万人、390万人、460万人、260万人和210万人，社会保障体系日趋完善；在劳动管理和劳动关系调整方面，全省职工劳动合同签订率达到75%，全省劳动监察机构主动检查用人单位4万余家；同时，大力加强街道（乡镇）社区劳动保障工作平台等基础建设。各项工作都全面完成了省政府下达的年度考核指标。

详细地址： 浙江省杭州市省府大楼二号楼
法定代表人： 陈小恩
邮政编码： 310025
联系电话： 0571-87053051

▲ 浙江省及杭州市贯彻执行《工伤保险条例》大型宣传咨询活动在杭州武林广场举行

▲ 老工人，《劳动法》为您撑腰！

浙江省药品监督管理局

一、体制改革情况

浙江省药品监督管理局是2000年省级政府机构改革中新组建的，为浙江省政府主管全省药品监督管理的直属机构。2001年，根据国务院国发［2000］10号文件和省政府浙政发［2001］48号文件精神，全省药品监督管理系统实行省以下垂直管理。

浙江省药品监管局党委成员和局领导共6人。局机关内设办公室（财务审计处）、人事教育处、药品注册处、医疗器械处、安全监管处、市场监督处、稽查处、政策法规处、机关党委、纪检监察室等10个职能处室。下辖省医药高等专科学校、省药品检验所、省医疗器械检验所、省药品认证中心、省医药经济发展中心、《中国现代应用药学》杂志社、省医药信息站等7个事业单位。

2001年底，基本完成了市、县级药品监管局的组建工作，全省现有11个市级局和64个县级局。

二、药品监管局职能

药品监督管理体制改革后，根据药监部门的“三定”规定，特别是《药品管理法》的全面修订，《药品管理法实施条例》和《医疗器械监督管理条例》的相继出台，赋予药监部门重大的职责。省药品监管局负责对全省药品医疗器械进行行政监督和技术监督。主要有十个方面的职责：一是对药品和医疗器械生产、经营企业和医院制剂室实行许可证制度；二是对新药和新医疗器械进行审评，并实行生产批准文号或产品注册证制度；三是对药品研究、生产、经营各环节执行相应的强制性质量管理规范认证制度（GMP、GSP、GLP、GCP、GAP、GPP等）；四是对毒、麻、精、放药品及特种医疗器械实行特殊管理制度；五是对已批准生产、进口的药品实施不良反应监测制度；六是对药品和医疗器械广告实行审批监督制度；七是对医药从业人员实施执业药师资格和职业资格认定制度；八是对药品和医疗器械质量实行监督抽查和质量公告制度；九是对制售假劣药品、医疗器械等违法行为进行查处制度；十是利用监督手段配合宏观调控部门贯彻国家医药产业政策。

三、2003年药品行政执法情况

今年以来，全省共受理案件7102起，立案6807起，罚没金额3559万余元。在整顿和规范药品市场秩序中，先后开展了13个专项监督检查行动。特别和公安联合打假行动，有6个案子列为公安厅督办案件，其中查获的“假贺普汀”案，列为国家公安部督办案件，指定浙江省药监局作为上线在全国范围内查。这个案子不但在国内取得反响，而且在国外也取得良好声誉，英国企业通过外交途径特意致信省政府及我局，对我局查办案件表示赞誉和感谢。

▲ 10月21日，国家食品药品监督管理局郑筱萸局长（右二）到浙江省药监局视察工作

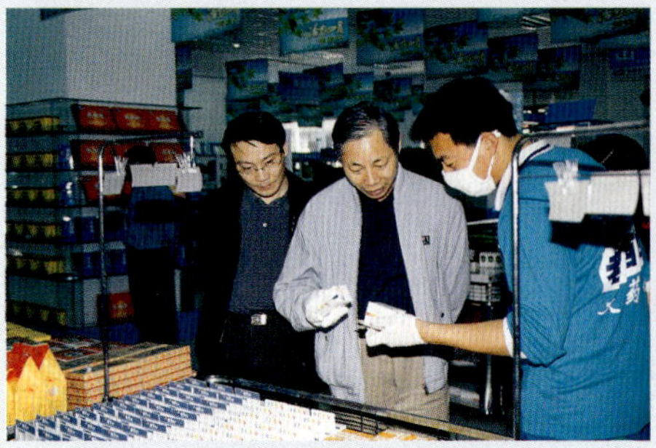

▲ 5月1日，浙江省药监局郑尚金局长（右三）到杭州老百姓大药房检查

▲ 3月19日，浙江省药监局和浙江省公安厅召开“联合打击生产销售假劣药品医疗器械违法犯罪专项行动”电视电话会议

▲ 在抗非典期间，浙江省药监系统执法人员深入药品仓库检查药品质量与保管情况

详细地址：浙江省杭州市莫干山路文北巷27号
法定代表人：郑尚金
邮政编码：310002
联系电话：0571-88075815
传真号码：0571-88077514

浙江出入境检验检疫局

▲ 检验检疫局配备了各类先进的仪器设备，确保出口产品顺利进入国际市场

浙江出入境检验检疫局是担负浙江省区域内（宁波市除外）出入境卫生检疫、动植物检疫、商品检验、鉴定、认证和监督管理职责的行政执法机构。2003年，浙江检验检疫部门自觉服从、服务于全省经济建设大局，以改革创新的新观念引领执法把关工作，忠诚实践“三个代表”重要思想，坚持以改革促发展，以创新求提高，以实干聚民心，在改革检验检疫监管模式、提升综合检测实力、提高信息化建设水平、增强队伍素质等方面取得了新突破，为浙江全面建设小康社会和推进大开放、大发展作出了新贡献。

一年来，依法把关工作取得显著成绩。共检验检疫出入境货物57万批、176.5亿美元，发现不合格出入境货物2136批、1亿多美元。其中不合格入境货物批次达923批、6772万美元，分别比上年增长58.9%和104.9%；出口货物不合格批次达1213批、3229万美元。查验出入境船舶4983艘次、飞机3742架次、集装箱8.5万标箱。共对4.7万人次的出入境人员进行了监测体检，发现病例1.2万人。先后截获各类动植物危险性有害生物及疫病68批次，有效地保障了出入境人员的健康和国民经济的安全。

大力推行检验检疫监管新模式，全面实施“大通关”战略，努力推进长三角检验检疫行政执法和通关运作一体化，出入境通关效率不断提高。共对576家出口生产企业实施了分类管理。对2034家企业实行了更为科学、便捷、有效的周期检验、过程检验、跟踪检验等九种检验检疫监管新模式。为4430家企业安装了电子报检及产地证电子签证企业端软件。对277家出口企业实施“绿色通道”制度，对10家企业开展了“电子审单快速核放”试点。这一系列改革创新措施的实施，既提高了通关效率，降低了企业成本，又强化了对企业全过程的有效监管，保证了出口商品的安全卫生质量，达到了提速、增效、减负、严密监管的目的。

自身建设得到了不断加强。拥有一支上千人的专业检验检疫队伍，建立了24个各类实验室，配置了数千万元的先进的、现代化的精密检测仪器设备。在全省设置了12个分支局、9个办事处和9个现场办、机构设置、签证流程更加科学、合理、简便，实现了网络化。完成了3项国家标准、21项行业标准、29项地方标准和7项检验检疫规程的制定，发表各类科技论文近百篇，承担并完成国家科技部和浙江省重点科技项目各一项，获得各类科技奖项7项。

▲ 检验检疫人员对浙江进口成套设备进行检验，为国家重点项目保驾护航

详细地址： 浙江省杭州市文三路2号
法定代表人： 慎仁安
邮政编码： 310012
联系电话： 0571-88381581
传真号码： 0571-88381500
电子信箱： bgs@ziq.gov.cn

PICC 中国人民财产保险股份有限公司
PICC Property and Casualty Company Limited

浙江省分公司

▲ 省政府和省有关部门领导出席揭牌庆典。

▲ 浙江省副省长陈加元为人保财险浙江省分公司揭牌。

▲ 人保财险浙江省分公司领导班子成员通过电视电话会议参加总公司揭牌庆典。

公司地址：杭州市中河中路66号
邮政编码：310009
联系电话：0571-87810888
传真号码：0571-87820300
电子信箱：piccof@zhej.piccnet.com.cn
公司网址：www.picc.com.cn
电子商务平台：www.e-picc.com.cn

中国人民财产保险股份有限公司浙江省分公司党委书记、总经理：**朱守中**

中国人民财产保险股份有限公司前身为中国人民保险公司。中国人保成立于1949年10月，半个多世纪以来几经变迁，在非寿险、寿险、再保险等领域做出了开创性的贡献，始终处于我国保险业发展前列，在非寿险市场上占据主导地位。2003年6月，经国务院同意、中国保监会批准，中国人保独家发起设立中国人民财产保险股份有限公司，人保财险在全球成功发售股票并于香港上市，成为内地第一家在海外上市的金融机构。

中国人民财产保险股份有限公司浙江省分公司是人保财险系统最好的省级分公司之一，也是省内最大的股份制财产保险公司，在我省财产保险市场发挥主导作用。公司技术先进，实力雄厚，人才荟萃，机构遍布全省各地，具有同业无可比拟的产品、服务和网络优势。目前，已开办企事业单位财产保险、家庭财产保险、机动车辆保险、货物运输保险、船舶保险、建筑安装工程保险、责任保险和各种意外伤害保险等100多个险种，承担风险责任1万多亿元，业务量占我省财产保险市场份额的62%以上。全省已有5万多家企业、100多万户家庭和130多万辆机动车辆参加我公司的财产保险，服务渗透到我省经济生活的各个领域，在历次抗灾救灾中表现突出，受到了地方党委、政府和人民群众的充分肯定。

重组改制使中国人民财产保险股份有限公司浙江省分公司的发展从一个新的历史起点开始迈向新的历史征途。重组改制后的人保财险浙江省分公司承担原中国人保浙江省分公司所有保单责任，继承原中国人保浙江省分公司全部的商业性保险业务。目前，人保财险浙江省分公司正紧紧围绕公司和股东价值最大化的目标，弘扬求实、诚信、拼搏、创新的企业精神，树立以市场为导向、客户为中心的经营理念，加强经营管理，提升服务质量，朝着建设国内领先、国际一流的知识型、现代化非寿险公众公司奋进，致力为浙江的经济发展、社会安定提供更多更好的保险服务。

浙江省审计厅

▲ 厅长：**陈正兴**

2003年是全省审计机关成立20周年，全省各级审计机关紧紧围绕提前基本实现现代化的战略目标，克服“非典”带来的不利影响，各项审计工作取得显著成绩。据统计，1～12月，全省共完成审计单位5177个，完成年度计划的157%，查出违规金额136.82亿元，查出管理不规范金额273.13亿元，损失浪费金额2.3亿元，其中应交财政金额15.31亿元，应减少财政拨款或补贴1.29亿元，归还原渠道资金23.99亿元，应调帐处理金额43.24亿元，应自行纠正金额270.37亿元，向司法、纪检机关移送案件和事项41件。

财政审计进一步深化。今年突出“同级审”主题，集中体现了：注重与专项资金审计的结合，今年重点对企业挖潜改造资金、扶贫资金、政府采购资金和预算收入退库资金进行了全省同步审计；注重审计与审计调查并行，既对省本级财政支出进行了审计，又首次对省财政转移支付各市、县的资金开展了审计调查；注重以财政性资金投资为突破口，在投资审计领域对绩效审计进行了有益的探索。

经济责任审计进一步完善。1～12月，全省对1631名领导干部开展了经济责任审计，查出违规金额36.82亿元，建议给予党纪政纪处分4人，移送纪监察、司法机关17人。组织各市审计局分别对丽水、余姚、江山等7名市、县长开展经济责任审计。乡镇长规范化试点取得了较好的成效，组织全省80个县（市、区）审计机关对101名乡镇领导干部进行了经济责任审计规范化试点。

国有企业审计进一步推进。省审计厅继续组织了浙江天健、浙江万邦等6家会计师事务所对巨化集团、杭钢、交通集团等20家省属授权经营企业进行年度审计。经审核统计，今年20家集团公司审计，共调增资产36.70亿元，调减资产39.31亿元；调增负债18.44亿元，调 减负债9.75亿元；调增所有者权益30.07亿元，调减所有者权益41.37亿元；调增收入3.30亿元，调减收入4.97亿元；调增成本费用3.96亿元，调减成本费用5.37亿元。并指出了个别集团公司存在的较大经营风险等重大问题。今年还根据省政府的要求开展了对全省农村信用社的试点审计工作。

详细地址：浙江省杭州市体育场路555号
法定代表人：陈正兴
邮政编码：310007
联系电话：0571-87051614
电子信箱：gaoge_ready@sohu.com

JI TING ZH… 审计厅 SHENG SHEN

▲ 2003年全省审计工作会议

▲ 审计现场

中国工商银行 浙江省分行

INDUSTRIAL AND COMMERCIAL BANK OF CHINA　ZHEJIANG PROVINCIAL BRANCH

省分行行长丁仲麓光荣当选"十六大"代表。

中国工商银行浙江省分行是中国工商银行所辖一级分行，现辖属1个营业部、9个二级分行、117个支行（营业部）、954个营业网点，截止2003年底各项存款达2458亿元，各项贷款达1870亿元。是浙江省内规模最大、资金实力最强的商业银行。

多年来，工行浙江省分行坚持以客户为中心、以市场为导向，不断改进金融服务，目前除了提供传统的存、贷、汇业务外，牡丹卡、消费信贷、住房金融和其他各项中间业务发展迅速，先后推出网上银行、电话银行、个人理财、汇款直通车等业务新品，形成了具有一定品牌优势和市场竞争力的业务产品体系。

经过多年的发展，**中国工商银行浙江省分行**的市场竞争能力、创新能力、盈利能力和风险控制能力得到很大的提高，资产质量和经营效益在国内同业处于先进水平。在工商银行经营管理综合考评中，连续8年位居省级分行第一名。

中国工商银行浙江省分行坚持物质文明和精神文明两手抓，大力开展文明行业创建工作，曾得到国务院表彰，并荣获"全国金融系统文明建设先进单位"称号。2002年被浙江省省委、省政府命名为首批"文明行业"。

中国工商银行浙江省分行将继续奉行"客户至上、信誉第一"的宗旨，发扬"创业、创新、团队、诚信"的企业精神，深化"为客户创造价值、为员工创造价值、为社会创造价值"的企业价值观。以奋发有为、与时俱进的姿态，深化改革、加快创新，竭诚为社会各界和广大客户奉献一流的服务!

研究改革发展问题

浙江省首家智能银行在杭州开业

WWW.ZJ.ICBC.COM.CN

浙江省国

▲ 10月26日，省国税局举办了全省国税系统市地局领导班子成员、省局机关处级干部及党支部书记学习"三个代表"重要思想培训班。

▲ 根据国家税务总局的部署，在全省推行了增值税纳税申报"一窗式"管理模式，将申报、认证和抄税工作"三合一"，减少纳税人排队时间和次数，大大方便了纳税人。

▲ 7月22日，国家税务总局谢旭人局长、王力总经济师和部分司局领导来浙江考察调研，听取了省国税局、省地税局的工作汇报，并召集部分市地税务局长就进一步加强基层建设和深化征管改革展开座谈。谢旭人局长对浙江的税收工作表示肯定，并对今年下半年的工作提出了具体要求。

家税务局

2003年，浙江省国税系统深入学习党的十六大和十六届三中全会精神，努力实践"三个代表"重要思想，大力组织税收收入，全面深化税收征管改革，不断强化税收管理，依法治税、从严治队，全省国税工作取得了新的突破。全省国税收入总量一举跨上700亿、800亿两个台阶，达到827.15亿元，比上年同期增长20.20%，增收138.99亿元。加上海关代征和车辆购置税，全省国税全口径收入首次突破了千亿大关，历史性地达到1139.61亿元。

税收对经济的促进作用进一步增强。2003年全省国税累计办理出口退税329.04亿元，办理生产性出口企业预免预抵税款114亿元，为外贸企业出具应退未退税证实书落实出口退税专项托管贷款196.68亿元。办理民政福利、校办、资源综合利用、饲料企业免税或退税，软件集成电路超税负返还，审核外汇借款以税还贷，审批内资和外资企业购买国产设备投资抵免所得税等共计109亿元，有力地促进我省经济和社会的持续健康发展。

详细地址：浙江省杭州市华浙广场5号
法定代表人：钱宝荣
邮政编码：310006
联系电话：0571-85270961
传真号码：0571-85270810
电子信箱：taoqh@zjtax.gov.cn
企业网址：www.zjtax.gov.cn

中国农业银行
AGRICULTURAL BANK OF CHINA

实力雄厚、信誉卓著的中国农业银行浙江省分行

中国农业银行浙江省分行自1979年恢复以来，始终以服务浙江经济，满足客户需求为己任，充分发挥资金融通主渠道作用，积极支持浙江省重点企业、重点项目和非国有经济的发展，为浙江经济发展、社会进步和人民生活水平的提高作出了重要的贡献。与此同时，自身实力和经营效益也得到不断提高，现已发展成为一家金融服务多功能、全方位、现代化的实力雄厚、经营稳健、信誉良好、效益显著的国有商业银行省级分行。

近两年来，中国农业银行浙江省分行积极应对入世后金融业激烈竞争的挑战，坚持以改革促发展，以创新为动力，面向市场，面向客户，面向未来，按照现代商业银行的运作要求不断深化管理体制和经营机制改革，取得了良好的经营业绩。到2003年底，全行总资产已超过2000亿元，两年增长62%，各项存款达到1985亿元，各项贷款达到1505亿元。整体经营实力在浙江金融同业和全国农业系统中名列前茅。国际业务、银行卡业务、代客理财业务、各种代收付业务迅速发展，业务产品和服务不断更新，形成了一系列有农行特色的知名品牌产品，极大地满足了社会公众的金融需求。全行电子化网络遍布全省城乡，全省农行1000多个营业网点实现联网作业，与证券、税务、保险、联通、移动通迅等大批黄金客户建立了网络联结，并与93个主要国家和地区的804家银行建立了直接代理行关系，可与境外所有银行进行业务往来，服务功能日益完善，市场竞争力显著提高。在业务快速发展的同时，浙江农行加强内部管理，严格控制风险，不断改善资产质量，实现了经营效益的大幅度提升，在全国农行系统业务经营考评中，浙江省分行连续多年位居前列。

继往开来，中国农业银行浙江省分行全体员工正满怀信心，以奋发有为、与时俱进的姿态应对金融市场全面开放的挑战，为把浙江农行建设成内控严密、运行安全、服务和效益优良的现代商业银行而不懈努力，为浙江省加快建设小康社会、提前基本实现现代化做出新的贡献。

▲ 全省农行积极支持农业龙头企业，促进农业产业结构调整。

详细地址：浙江省杭州市长庆街55号
法定代表人：郑家祥
邮政编码：310003
联系电话：0571-87226132

▲ 全省农行大力支持浙江中小企业发展，承诺自2002年10月起，五年内向浙江中小企业新增贷款1000亿元。到2003年底，两年内各项贷款新增596亿元，有力地促进了浙江经济的快速发展。

▲ 全省农行实施"科技兴行"战略，网络遍布全省城乡，正大阔步地向"现代网络银行"迈进。

浙江省散装水泥办公室

1987年以来，浙江省以散装水泥供应量和散装率年均增长42.89%、提高3.08个百分点的速度，实现了跨越式发展，走出了一条具有浙江特色的快速健康发展散装水泥之路。全省散装水泥供应量自2000年起年年全国夺魁（1986年为倒数第六位）；水泥散装率从2001年起，年年列各省、自治区首位（1986年为倒数第二位）。17年累计，全省供应使用散装水泥1.46亿吨，取得了65.7亿元的综合经济效益和巨大的社会、环境效益，为节约资源、保护环境，实施可持续发展作出了一定贡献。

与此同时，出书办报、开课讲学、建陈列馆、摄电视连续剧等，在散装水泥基础设施建设、科技创新、文化创新和制度创新等方面也取得了斐然绩效。

2003年全省散装量达到3809万吨，比上年增加1370.51万吨，在全国率先实现年净增加量突破千万吨大关；散装率达53.35%，比上年提高10.88个百分点，成为全国第一个水泥散装率超过50%的省份。2003年全省因供应散装水泥，为国家创综合经济效益17.14亿元。

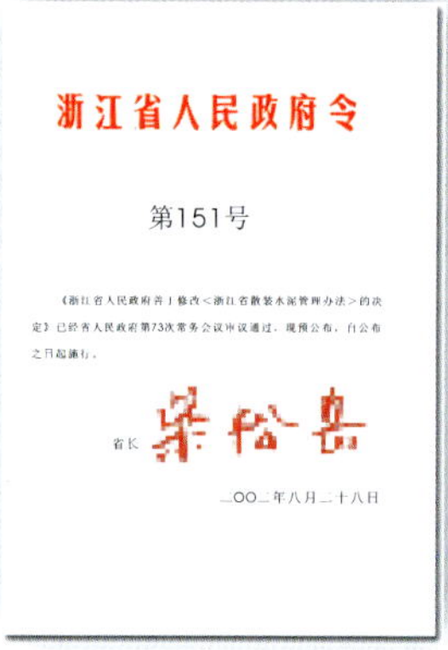
浙江省人民政府令

第151号

《浙江省人民政府关于修改<浙江省散装水泥管理办法>的决定》已经省人民政府第73次常务会议审议通过，现予公布，自公布之日起施行。

省长

二〇〇二年八月二十八日

《浙江省促进散装水泥发展办法》
（省政府第151号令）
2002. 8. 28发布

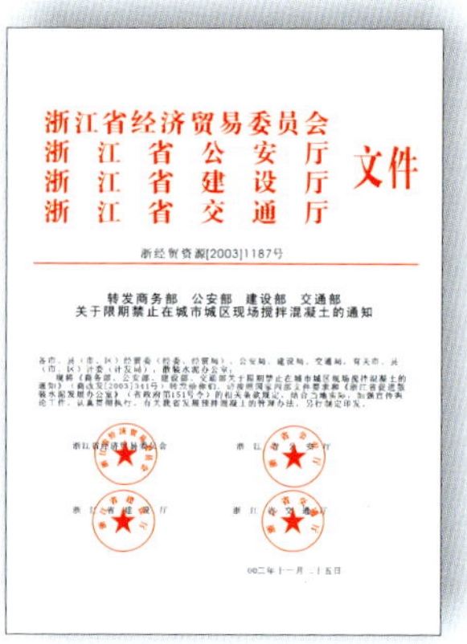
浙江省经济贸易委员会
浙江省公安厅
浙江省建设厅
浙江省交通厅
文件

浙经贸资源[2003]1187号

转发商务部 公安部 建设部 交通部
关于限期禁止在城市城区现场搅拌混凝土的通知

浙江省经贸委、公安厅、
建设厅、交通厅转发商务部、
公安部、建设部、交通部
《关于限期禁止在城市城区
现场搅拌混凝土的通知》
（浙经贸资源[2003]1187号）

中华人民共和国国务院

国务院对进一步加快发展
散装水泥意见的批复

内贸部、国家计委、国家经贸委、财政部、建设部、国家建材局：

国务院原则同意《进一步加快发展散装水泥的意见》，由你们下发施行。

附：进一步加快发展散装水泥的意见

— 3 —

国务院对进一步加快
发展散装水泥意见的批复
国务院国函[1997]8号

浙江、中国与部分发达国家散装率比较

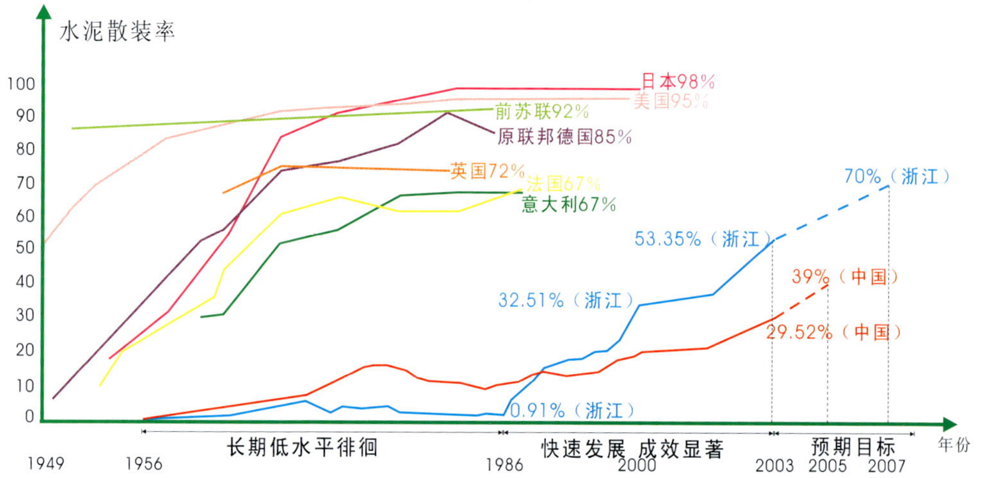

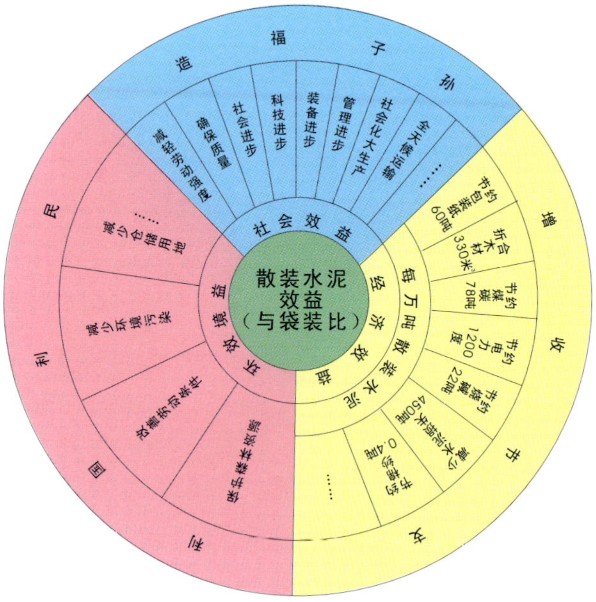

散装水泥社会、经济、环境效益示意图

各级散装水泥办公室主要职责

（一）贯彻执行国家关于发展散装水泥的法规、政策，负责省政府第151号令的具体实施和监督检查；

（二）编制散装水泥发展规划和年度计划，并组织实施；

（三）按规定征收、管理和使用散装水泥专项资金；

（四）负责散装水泥工作的信息交流、宣传教育、职工培训、统计和新技术、新工艺、新设备的推广应用；

（五）协调解决发展散装水泥工作中出现的问题；

（六）协同有关部门做好预拌混凝土的推广应用。

浙江省散装水泥办公室
The Bulk Cement Office of Zhejiang Province
地址：杭州市学院路60号　邮编：310012
ADD:Xueyuan Road 60# Hangzhou.　Postcode :310012
主任：蒋尔忠　　副主任：吴国华　包晓风
电话：0571—88862638、88857216、88857225

浙江省环境保护局

浙江省环境保护局为省政府直属部门，下辖宣教中心、固废中心、评估中心、信息中心、环境监察总队、环科院、监测中心站、辐射站、舟山海洋生态站9个直属单位。浙江生态省建设工作领导小组办公室、省太湖流域水污染防治工作领导小组办公室和省核事故场外应急委员会办公室设在局内。

2003年，是我省建设生态省、打造“绿色浙江”重大战略举措的启动之年。在省委、省政府的领导下，省环保局、生态省建设工作领导小组办公室紧密围绕省委十一届二次全会、四次全会与全

2003年3月18日在北京召开浙江生态省建设总体规划纲要论证会

省委书记习近平、副省长巴音朝鲁在张鸿铭局长的陪同下参观生态省建设图片展。

2003年7月11日，召开全省生态省建设动员大会

省生态省建设动员大会确定的目标任务，充分发挥自身的组织、指导、协调和监督、服务的职能，狠抓落实，各项工作取得了阶段性进展。

通过一年来的努力，生态省建设全面启动；生态经济发展势头良好；污染防治得到加强；生态保护与建设整体推进；社会发展进步明显。全省环保工作开始进入“六个转变”的新阶段，即：污染防治由点源治理向集中治理和区域、流域综合整治转变；污染防治由末端治理向源头和全过程控制转变；工业污染防治由浓度控制向浓度和总量控制相结合转变；由工业污染防治为主向工业、农业、生活和城乡统筹环境综合整治转变；由单一的环境保护向改善环境、促进经济社会发展“双赢”转变；环境保护以政府投入为主向社会多元化投入转变。

水质监测

开展打击不法排污企业专项检查。

从总体看，在保持经济每年以2位数增长的同时，全省环境污染和生态恶化的趋势基本得到控制，环境质量基本保持稳定，特别是杭州、宁波、绍兴等重点城市和部分地区的环境质量有了明显改善。我省的环境保护工作为全省国民经济技术、稳定、健康发展作了积极的贡献。

2004年，省环保局将以“三个代表”重要思想为指导，认真贯彻党的十六届三中全会精神，按照“五个统筹”的要求，树立全面、协调、可持续的科学发展观，以《浙江生态省建设规划纲要》为指导，以本届政府生态省目标责任制为龙头，加强法制建设，强化政策导向，夯实基础管理；努力推进经济增长方式的转变，调整优化经济结构；有计划地推进环境保护和生态建设重点工程，有效遏制局部地区存在的生态环境恶化趋势，改善生态环境质量；加强对生态市、县建设各项工作的指导，抓实施、抓深化、出成效，全面推进生态省建设。

组织策划“创建生态省 打造绿色浙江”——大型广场电视直播活动

萧山

▲ 萧山新山村—东方记者村

萧山素有“天堂宝地”之称，地理位置优越，钱塘江、富春江、浦阳江和浙东运河在境内汇流，浙赣萧甬铁路、沪杭甬高速公路、杭金衢高速公路、104国道、杭金公路穿境而过，杭州萧山国际机场座落境内。全区总面积1420平方公里，人口115万。

改革开放以来，萧山的经济社会持续快速发展。十多年来，在全国县域经济连年名列前茅，曾荣获“全国十大财神县（市）”、“全国综合实力百强县（市）”、“中国明星县（市）”等称号；2001年，萧山撤市设区后，以率先实现现代化为目标，以加快城市化来推动区域经济的发展。2002年实现了工业“冲千亿”。萧山已经成为广受外商、台商青睐的投资热土，在台湾机电电子工业同业公会公布的2003年内地10个“极力推荐投资城市”中，萧山与杭州市一同名列其中。

萧山在现代代进程中，实现了经济社会的协调发展。“奔竞不息，勇立潮头”的新时期萧山精神，正在激励萧山人民着力描绘实力雄厚、活力四射、魅力无限新萧山更加壮美的画卷。

▲ 杭州萧山机场夜景

区政府

▲ 萧山—浙江（中国）花木城

▲ 萧山住宅新区—南江公园泰和小区

萧山新区远景

浙江省体育局

一、机构设置概况

▲ 局长：李云林

浙江省体育局是浙江省人民政府主管体育工作的直属机构。现有正式编制44人，领导班子现有成员为1正3副。局长李云林、副局长、应祖明、金长征、翟晓翔。省体育总会系体育社团管理机构，主席由省人大副主任（原副省长）鲁松庭担任，副主席由体育局和其它相关部门的副厅级以上领导担任。

省体育局内设办公室、人事处、规财处、群体处、训竞处、市管处、外事处、监察室、机关党委9个职能处室。直属单位有浙江体育运动技术学院、省体训一大队、二大队等18个。其中，浙江体育运动技术学院是我省唯一的成人体育类高校。

省体训一大队、二大队和田径运动管理中心主要任务是培养竞技体育人才，为国为省争光。运动项目设有田径、游泳、篮球、排球（沙滩排球）、武术（套路、散打）、体操（艺术体操）、蹦技、举重、网球、乒乓球、羽毛球、摔跤、柔道、跆拳道、拳击、射击、皮划艇、赛艇、帆船（板）、足球、棋类（围棋、国际象棋）等21个大项。现有在训运动员635人，各类专业人员349人，其中教练员157人。

二、事业发展概况

改革开放以来，在中共浙江省委、省人民政府的正确领导下，在社会各界的大力支持下，经过广大体育工作者的辛勤耕耘，浙江体育事业取得了骄人的成绩和长足的进步：群众体育蓬勃开展，健身人群不断扩大，连续五年荣获国家体育总局颁发的全民健身周活动优秀奖，体育人口目前已超过了38.3%；竞技体育捷报频传，硕果累累， 改革开放以来的20多年间共夺得了6个奥运会冠军、125个世界冠军、202个亚洲冠军、994.5个全国

▲ **陈 桦** 第四届、第五届、第六届世界短池游泳锦标赛上，均获女子800米自由泳冠军

▲ **杨 雨** 获世界杯短池游泳系列赛总积分和第五届世界短池游泳锦标赛女子200米自由泳冠军

冠军，第十二次被国家体育总局授予竞技体育突出贡献奖；体育产业方兴未艾，2001年体育产业增加值达到了56.65亿元，占全省GDP的0.92%；体育场馆建设取得了可喜的变化，全省适应经济和社会发1995年的0.45平方国家编制五年0.57平方米；体育彩票发行节节攀升，2001年发行量达到8.26亿元，2002年则达到14.3亿元，增幅60%以上；2003年成功发行16.7亿元，跃居全国第三位，体育事业经费增长较快，2003年省体育局的行政事业经费为14659.5万元（含专款）。所有在逢切，都为新时期浙江体育的发展奠定了坚实的基础，也为我省经济和社会的全面发展做出了应有的贡献。

▲ **罗雪娟** 第九届世界游泳锦标赛上获女子100米和50米蛙泳冠军

浙江省体育局坚持"两手抓，两手都要硬"的方针，在认和效益等务工作的同时，不断加大精神文明建设的工作力度，积级究制定国民体育战线加强党建工作和思想政治工作的新思路和新途径，组织参与社区文明革统计调查形成了主要领导重视、各级齐抓共管、上下积级参与的可喜局面，取得次经济普查的对象，得到了省、市有业的全部法人单位、1999年被省直机关党工委评为先进基层党组织；2000年度被评为杭州市文明单位；两次被评为省政府工作目标考核优秀单位；2003年4月，被省委、省政府命名为省级文明单位。

详细地址：浙江省杭州市体育场路212号
法定代表人：李云林
邮政编码：310004
联系电话：0571-85153091
传真号码：0571-85153048
企业网址：www.zjsports.gov.cn

▲ 拥有8000个座位的黄龙体育中心体育馆

▲ **吴小旋** 获第二十三届奥运会女子小口径标准步枪 3 × 20 项目冠军

▲ 新建成的浙江省体育局萧山训练基地——符合国际比赛标准的室内外田径场馆

▼ 拥有6万观众席的黄龙体育中心主体育场

▲ 楼 云 获第二十三届、第二十四届奥运会男子跳马冠军

▲ 詹旭刚 获第二十六届、第二十七届奥运会男子举重70公斤级和77公斤级冠军

浙江省国

▲ 浙江省国土资源厅在杭州闹市区开展国土资源宣传

2003年，我省各级国土资源部门坚持以邓小平理论和“三个代表”重要思想为指导，勇于探索，扎实工作，全面完成了省委、省政府下达的各项工作任务。这一年，对于国土资源工作来说，是各级领导重视空前的一年，是社会各界关注空前的一年，是整顿规范力度空前的一年，也是各项工作成效最明显的一年。

2003年，全省共批准各类建设用地72.10万亩，其中，批准农用地转用62.45万亩（其中耕地46.34万亩）。全省有偿出让土地32493公顷，出让金总额1128亿元，其中招标拍卖5304公顷，出让金总额659亿元。开展土地整理320万亩，建成标准农田216万亩，通过土地整理新增耕地43.67万亩，核发建设用地折抵指标31.2万亩。按照省委、省政府关于开展“千村示范、万村整治”的要求，加大村庄整治、宅基地整理和建设用地复垦的力度。建立供地指标调控体系，努力提高土地利用效率。据土地变更调查，到10月底止全省各项建设占用耕地42.70万亩，新增耕地49.41万亩，占补相抵节余6.71万亩，全省耕地保有量3120.74万亩，连续八年实现了全省耕地占补平衡。

土地市场秩序治理整顿工作取得了明显成效，查清了全省各类开发区（园区）的底数，并按规定进行整顿规范。全省查处土地违法案件10814件。对2002年7月1日以后仍以协议方式出让的772宗经营性土地逐一进行了清查，基本纠正了违规行为。认真贯彻落实浙政发（2002）27号文件，改革征地制度，切实保障农民权益，到年底，全省除2个县外都实施了征地区片综合价，补偿标准平均提高了20%左右；有50多个县（市、区）建立了被征地农民基本生活保障制度。切实加强信访工作，积极参与省、市、县领导下访活动，解决了一批信访疑难问题。

矿政管理和地质灾害防治工作取得了新的进展。全省矿山总数从2002年底的5600个减少到5300个。开展了矿产资源管理秩序整顿“回头看”和专项整治。进一步发展和规范矿业权市场，全省采矿权出让所得达8亿多元，比上年增加3倍多。农业地质环境调查项目顺利推进，已经完成总体工作量的65%。扎实做好地质灾害防治工作，努力把地质灾害造成的损失降到最低程度。

详细地址：浙江省杭州市体育场路498号
法定代表人：王松林
邮政编码：310007
联系电话：0571-87051309

土 资 源 厅

▲ 全国矿产资源规划实施工作座谈会在我省召开，国土资源部副部长鹿心社到会讲话

▲ 全省国土资源局长会议

▲ 浙江省国土资源厅在湖州市德清县召开采矿权拍卖现场会，全面推进全省采矿权市场建设

▲ 国务院五部委联合督查组到我省检查指导土地市场秩序治理整顿工作

浙江省科学

浙江省科学技术厅是浙江省人民政府主管科学技术工作的职能部门。现有正式编制85人，内设办公室、人事处、计划处、法规处、合作处、高新处、农村处、社发处、条财处、成果处、机关党委、监察室、知识产权局等13个职能处室。

改革开放以来，在省委，省政府的领导下，省科技厅认真贯彻科技兴省和科技强省战略，在推进科技创新和科技进步方面取得了显著成绩。目前在全省已建立了杭州市国家级高新技术产业开发区，12家省级高新技术产业园区、14家高新技术特色产业基地，培育了1060家国家和省级高新技术企业，建立了158家省级高新技术企业研发中心，实施了58项重大的高新技术产业化项目，组建了26家高新技术风险投资公司。基本形成了以杭州国家高新技术产业开发区为核心、杭州湾高新技术产业带为重点的高新技术产业发展格局。

“十五”以来，省科技厅加快了科技计划管理体制改革的步伐，进一步突出重点，加强集成，大力实施应用基础研究、高技术研究发展、科技攻关、科技产业化和创新条件与环境建设等五大计划，共投入科技经费14亿元，支持项目近3000项，在工业、农业、社会发展、软科学研究、科技合作等领域取得了一大批科技成果，有力地推进了我省科技、经济、社会的持续稳定发展。2003年全省专利申请量和授权量分别为21463件和14402件，已连续3年位居全国前3名。同时，省科技厅积极开展科学技术普及活动，大幅度提高了我省社会公众的科学素养。

▲ 省委书记习近平视察杭州市国家级高新技术产业开发区

▲ 长三角区域创新体系建设论坛

▲ 2003中国浙江网上技术市场活动周

技术厅

▲ 厅长：**蒋泰维**

详细地址：浙江省杭州市环城西路33号省行政中心4号楼
法定代表人：蒋泰维
邮政编码：310006
联系电话：0571-87053675

▼ 浙江省科学技术奖励大会

▲ 副省长盛昌黎考察浙江广播电视专科学校

▲ 省教育厅厅长侯靖方在杭州市崇文实验学校调研

详细地址：浙江省杭州市文二路268号
法定代表人：侯靖方
邮政编码：310012
联系电话：0571-88228787

▲ 杭州市文三街小学学生正在体验造纸工艺

▲ 杭州下沙高教园区

浙江省教育厅

2003年的浙江教育事业继续呈现出持续快速健康协调发展的态势。

基础教育全面、协调发展。全省小学入学率为99.99%，初中入学率为98.49%，全省进城务工就业农民子女接受九年制义务教育的比例达到96.9%以上。初中毕业生升入高中阶段学校比例达到84.6%，继续名列全国省区第一位。

高等教育规模继续扩大。全省6大高教园区竣工建筑面积260万平方米，完成投资68亿元。全省72所高校招收本专科新生17.4万人，普通高考录取率达到76.5%。全省普通高校在校生达到50万人，高等教育毛入学率达到25%。4所高校获得硕士学位授予权、1所高校获得博士学位授予权。

职业与成人教育广受欢迎。各类中等职业学校共招生30.5万人，高等职业学校招生6.29万人，有130余万人次参加自学考试。继续组织开展“百万农民培训工程”和“百万职工双证制教育培训工程”。按照创建学习型社会的要求，开展学习型城市建设试点工作，积极探索通过社区教育构建和完善终身教育体系、建设学习型社会的方法和途径。

努力提高教育对外开放水平。与上海、江苏签署教育合作协议，在资源共享、师资互聘、招生就业等方面推进长江三角洲地区的交流与合作。贯彻落实《民办教育促进法》和《中外合作办学条例》，积极推进中外合作办学，提高教育的国际竞争力。

切实做好家庭经济困难学生的入学工作。推行“教育券”等教育凭证制度，从今年秋季开始，对享受最低生活保障待遇家庭子女、依法由社会福利机构监护的未成年人、革命烈士子女、列入农村五保供养范围的未成年人接受九年义务教育和高中段教育实行免费入学。各级财政投入6000万元，资助家庭济困难的中小学生6.17万人。全省累计为近6.5万名高校贫困学生发放国家助学贷款约4.2亿元。以“浙江省大学生助学计划”为载体，努力构建社会助学网络。

▲ 浙江工程学院模特专业学生正在表演

浙江大学紫金港校区

奋进中的浙江人防

浙江省人民防空办公室

▲　李　杭：浙江省人民防空办公室党组书记、主任

浙江省人民防空工作在各级党委、政府和军事机关的领导下，以十六大精神为指导，新时期军事战略方针为依据，坚持贯彻人防建设方针，求真务实，开拓创新，与时俱进，不断进取，各项工作展现出全新的面貌。

人防工程有较快增长。人防工程面积每年以超过10%的速度递增，工程总量在五年间翻了一番多，这些人防工程不仅可在战时为人民群众提供掩蔽场所，平时作为物资仓储工程、地下交通道、停车场、地下商场（街）在城市经济建设中正越来越明显地发挥出社会效益、经济效益。

人防应急能力有所增强。50个市、县（市）完成了防空袭方案、重点目标防护抢险方案、人口疏散方案的拟制工作；拟定了省战时指挥所组成方案、指挥通信保障方案等战备课题，为战时组织防空袭斗争提供了依据；省、市、县（市）人防部门先后参加了当地国动委组织的战时行动演练，提高了各级人防办的组织指挥能力；组建了人防专业队伍，每年训练五分之一强，并在县（市）开展了组建抢修合成专业队的试点工作。

通信警报有较大发展。完善了全省的单边带指挥网、车载电台通信网，正在建设省指挥自动化网，逐年提高全省防空警报覆盖面，基本消除了人防重点城市警报空白点，警报控制手段也由过去的手动、有线、单控逐步向无线统控发展，警报的发放形式也由单一的音响警报向多种形式发展，成功地利用了音响、广播、电视和寻呼机发放防空袭警报信号。

▲　结建人防工程地下车库

人防法制建设进一步加强。为了更好地落实《人民防空法》、中共中央、南京战区有关加强人民防空工作的指示，省、47个市、县（市）都相继出台了配套法规或文件，进一步规范了人民防空工作。各级人防部门采取多种措施，组织行政执法培训，努力提高工作人员素质和执法水平。推动了人防行政执法工作的全面开展。

人防宣传教育取得明显成效。充分利用报刊、广播 、电视等媒体，深入开展人防法律法规和人防知识的宣传活动。围绕我国人防建设50周年，开展了人防知识竞赛、摄影大赛和征文比赛等活动；制作了反映我省人防50周年成就的软盘和图板，在全省60个市、县（市、区）巡回展览。在415所初级中学、4所高师院校和各级党校开展了人防知识教育，2002年受教育学生达14万人之多。通过宣传教育，普及了广大公民的人防法律知识，提高了人防意识，促进了人防工作的开展。

▲　全省各市、县（市、区）普及开展人防知识教育。图为学生们正在进行防空袭疏散演习

详细地址：浙江省杭州市保俶路宝石一路4号

法定代表人：李　杭　　**电话号码：**0571-85158915　　**电子信箱：**sgq@hz.cn

邮政编码：310007　　**传真号码：**0571-85158915-2131　　**企业网址：**www.zjrf.gov.cn

浙江富兴电力燃料有限公司

浙江富兴电力燃料有限公司于2000年12月28日成立。公司由浙江省主要发电企业等19家单位共同投资组建，形成了浙江省电力燃料供应企业与发电企业紧密型结合、利益共享、风险共担的运营模式，使浙江省电力燃料供应体制实现了适应市场化需要的实质性转变。

公司成立后，依托浙江电力市场活跃、发展迅速的整体优势，确立以市场为导向、以良好的经济效益和社会效益为目标的经营战略，强化服务意识和信誉意识，积极拓展服务领域，在全国电力燃料市场着力打造“富兴”品牌，树立公司诚信形象，使公司迅速走上良性运作的轨道，确保了浙江电力燃料的稳定供应。

公司不断加大科技投入，着力提高公司的科技生产力。为提高所供煤炭的燃烧品质和燃烧效率，满足电厂锅炉的燃烧特性，公司聘请了浙江大学和西安热工研究院的专家，超前开展配煤研究，以配煤作为紧缺煤种的替代品种，扩大了公司燃煤供应的煤种范围和可靠度，提高了电厂锅炉的燃烧效率，广受电厂赞誉和欢迎。目前，公司已形成了“富动10”、“富动20”、“富动30”等三个系列共20多个配煤品种，初步确立了较完善的“产品”系列。

公司还加大对外投资力度，进一步拓展经营空间，不断增强公司的市场竞争力和发展潜力，先后投资了发煤站、洗煤场、配煤场、海运等项目，从采购、加工、发送、运输等各环节上，形成了完整的供应体系，开拓了市场，扩展了经营空间，确立了“一业为主”，多元发展“的经营格局。公司经营范围已拓展到煤炭销售、运输、装卸、储存、计量、煤质检验、石油、矿山机械、五交化产品、配煤咨询等多个领域，初步成为经营领域多元化、供销一体化的跨行业、跨地区、跨所有制的经营实体。

承担浙江省发电企业燃料供应职能的富兴电力燃料有限公司，目前已形成了较大规模。公司下辖宁波全资子公司、上海全资子公司和宁波能源检测中心、上海能源检测中心；公司在上海及省内主要港口拥有专用堆场达17万平方米；拥有储油量达4万余立方米的专用油库；拥有海运船舶5艘，总运力达21万吨，其中6万吨级的“富兴7号”轮，是目前我省最大的散装货轮；公司年配煤能力已达700万吨以上；新投建的洗煤场年洗煤能力已达200万吨；煤炭检测率达100%；年销售燃煤已达2100万吨，销售燃油达40余万吨；年销售总额已达60多亿元。

详细地址：浙江省杭州市中山北路109号

法定代表人：张　谨　　**电话号码：**0571-87089988

邮政编码：310003　　**传真号码：**0571-87082888

浙江省民族宗教事务委员会

2003年，浙江省民族宗教系统进一步学习贯彻十六大精神和“三个代表”重要思想，组织干部和民族宗教界人士开展了对“社会主义的宗教论”的研讨，举办民族宗教干部培训班43期，培训2422人次，举办各类宗教界人士读书班、培训班166期，培训人数18704人次；继续推进审批制度改革，调整并充实了政务公开内容，完善了目标管理制度，规范了行政行为，转变了工作作风；加强民族宗教法规政策工作，依法对宗教活动场所进行年检，合格率为96.9%；完善处理民族宗教突发事件的预案，妥善处理各类突发事件；支持各级宗教团体加强自身建设，调整、充实了省道协领导班子，选举产生了省天主教新一届领导班子，协助国清寺举行了智者大师诞辰1465周年纪念活动，协助宁波选定了天童寺方丈，指导宗教界推进神学思想建设，加强天主教爱国组织和教区建设，推动天主教界开展爱国主义和独立自主自办方针教育；发动宗教界开展“我为小康作贡献”活动，共捐款813万元；切实抓好防控“非典”工作，缩小宗教活动规模、减少活动次数、加强卫生管理，并开展了“抗非典，献爱心”活动，共捐款捐物103万元；加大对民族地区的扶持力度，下达民族发展资金700万元，促进了民族地区经济和社会的发展；完善民族发展资金项目库的建设，储存扶持项目2700多项，并对扶持项目立项、审批、实施、反馈、验收等环节进行监督检查；切实抓好景宁县欠发达乡镇的帮扶工作，组织实地调研，落实帮扶措施；加强民族教育工作，与省教育厅联合召开了全省民族教育工作研讨会，提出了实行“教育券”、设立专项经费、调整校网布局等措施；支持民族地区开展丰富多彩的文化活动，加大了对“三月三畲族歌会”的指导力度；组团参加第七届全国少数民族传统体育运动会，100多名运动员的参赛，荣获表演项目一等奖、二等奖等10个奖项。

▲ 国家宗教局局长叶小文与我省宗教界人士在一起。（右四为叶小文，右五为省民宗委主任钟小毛）

详细地址： 浙江省杭州市省府大楼2号楼
邮政编码： 310025
法定代表人： 钟小毛
联系电话： 0571-87055253

杭州市粮油批发交易市场

杭州市粮油批发交易市场于1992年5日开业，以米、面、油和杂粮为主要交易品种，是目前省销售规模最大的粮油专业市场，现为省级农业龙头企业，是杭城居民“口粮”的最主要供应地。市场粮油来源于苏、皖、东北等粮食主产区，架起了粮食产、销区的桥梁，物流辐射省内外，还建立了自己的粮油专业网站http://www.hzlysc.com，并开通了网上购物，已初步形成了商流、物流、信息流合一的交易体系。市场成交量连续5-6年位居全省粮食市场首位，2003年1-11月份市场成交额达到了11.32亿元，多年来市场在对缓解农民售粮难、促进农业增效、农民增收方面起到了积极作用，尤其是在去年“非典”时期的粮食抢购以及10月份的粮食大涨价中，我市场在平抑粮价、保证供应、稳定社会等社会效益方面所起的作用得到了政府的充分肯定，而且近年来先后被国家商务部、省和市价格监测中心确定为定点价格监测点，为政府部门进行粮食决策和宏观调控提供依据。市场坚持诚信立市、服务至上的宗旨，提供储存、检测、运输、信息、电子商务、配送等一条龙服务，并逐步形成了自己特色的规范服务体系，创立了较好声誉。几年来，市场获得了国家、省、市三级“百城万店无假货示范市场”、“省二星级文明规范化市场”、“浙江省农业龙头企业”、“市首批放心市场”等众多荣誉。2004年上半年，整体搬迁后的更具规模的全新粮油市场将在石祥路展现。

▲ 交易市场门面

▲ 市委书记王国平来市场视察工作

详细地址： 浙江省杭州市湖墅北路189号
法定代表人： 章少云
邮政编码： 310011
联系电话： 0571-88087952
公司网址： www.hzlysc.com

▲ 交易市场场景

浙江省经济

▲ 丁耀明主任在“浙江·香港周”浙港工贸研讨会上发言。

▲ 省委省政府组织的专家论证会现场。

浙江省经济贸易委员会是浙江省人民政府负责调节近期国民经济运行的综合经济管理部门，主要职责是：监测、分析和调节国民经济日常运行，组织制订和实施产业政策，加强投资规划引导，完善经贸法制建设，促进市场完善发展，实施行业管理，推动企业技术进步，指导各种经济成份的企业、推动国有企业改革，指导全省安全生产工作。全委上下以团结、务实、廉洁、高效的精神风貌，深入开展调查研究，积极创新工作方法，努力为广大企业服务，促进全省工业、商贸经济持续、健康、快速、协调发展。

改革开放以来，浙江工业、商贸经济迅猛发展，经济总量跃居全国前列。2002年全部工业增加值3580亿元，比上年增长13.6%，对全省国内生产总值的增长贡献率达50.2%。11项经济效益指标综合得分202.68分，首次突破200分大关；其中国家考核的7项指标综合得分150.38分，再创历史新高，并居全国第3位。企业利税总额1083.6亿元，利润总额606.1亿元，分别增长26.8%和31.9%，其中利润总额连续4年保持20%以上的增长率。

社会消费品零售总额2877.5亿元，比上年增长12.6%；批发零售贸易业零售额2022亿元，增长12.8%；餐饮业零

▲ 在政策引导下，企业不断增加技术改造投入。图为浙江新安化工生产装置。

▲ 图为浙江尖峰集团办公大楼

贸易委员会

售额309亿元，增长23.6%；其他行业零售额546亿元，增长6.5%。在全省社会消费品零售总额中，个私经济零售额为1869亿元，增长14.9%，所占比重达65%。商品交易市场成交活跃。2002年末，全省有各类商品交易市场4193个，实现成交额4997亿元，比上年增长7.4%。其中成交额超亿元的市场457个，超10亿元的市场77个，超百亿元的市场达到6个。

2003年浙江省工业、商贸经济继续快速发展。1–10月，全省规模以上工业增加值2507亿元，同比增长22.6%；企业利税总额1003.7亿元，增长25.3%，其中利润总额576.4亿元，增长29.7%。社会消费品零售总额2562.6亿元，同比增长10.3%；批发零售贸易商品销售总额7661.2亿元，增长16.1%。

浙江省经贸委将紧紧围绕建设先进制造业基地这一战略目标，加大对企业技术创新、工业结构调整、深化企业改革、发展外向型经济、流通现代化和可持续发展等方面的推进力度，一如既往地为广大企业做好服务工作，努力走出一条具有浙江特色的新型工业化道路。

▲ 我委首创的产业指导信息发布制度，在转变政府职能方面作了积极探索。图为产业指导信息发布会

▲ 大力发展高新技术产业，不断提高产品的技术含量。图为浙江天运集团生产车间

详细地址：浙江省杭州市体育场路479号
法定代表人：丁耀明
邮政编码：310007
联系电话：0571-87056755
传真号码：0571-87058111
电子信箱：xiejg@zjjmw.gov.cn
企业网址：www.zjjmw.gov.cn

（图①－⑤由浙江省经贸委档案室提供）

稳定低生育水平 提高出生人口素质

浙江省计

工作实践

▲ **领导关怀** 图为国家人口和计划生育委员会主任张维庆视察浙江省生育文化园区。

▲ **调查研究** 坚持以人为本，不断提高群众的满意度。图为省计生委主任陈艳华在基层调研，了解基层工作情况和群众对计划生育/生殖的需求。

▲ **宣传教育** 坚持宣传教育为先，促进群众婚育观念转变。图为基层计划生育工作人员进村入户对群众开展生育政策/人口与生殖健康知识等面对面宣传。

▲ **技术服务** 坚持技术服务上门，推进避孕方法知情选择。图为计划生育技术人员上门开展避孕节育/咨询和随访服务。

▲ **合作交流** 图为浙江省计生委与来访的越南人口、家庭和儿童委员会代表团合影留念。

详细地址： 浙江省杭州市省府路8号省行政中心2号楼

法定代表人： 陈艳华

邮政编码： 310025

联系电话： 0571-87052415

划生育委员会

机　　构： 系浙江省人民政府组成部门，主管全省人口和计划生育工作。
领　　导： 主任陈艳华，副主任陈燕萍、王洪江、严掌法、宋贤能、胡玉璋。
内设处室： 办公室、人事、政策法规（流管）、宣传教育、科学技术、规划财务处和机关党委。
下属单位： 省计划生育宣传教育中心、科学技术研究所、干部培训中心，省药具管理站，省人口与计划生育信息中心等。

◎主要职责

负责全省人口与计划育工作，会同有关部门做好相关的宣传教育、依法行政、科学研究、技术服务、统计分析、队伍建设、信息化建设、避孕药具供应和管理、经费管理和使用等工作；负责人口与计划生育工作的对外宣传、国际合作与交流，管理和实施计划生育国际援助项目；会同有关部门研究制定贯彻执行有关人口与计划生育工作的方针政策，起草地方性法规规章草案；协同有关部门加强人口和计划生育重大问题的战略性研究，制定人口发展规划和政策，协调有关部门研究制定和落实有利于人口与计划生育工作的相关经济社会政策和社会保障措施，推动人口和计划生育工作的综合治理；指导省计划生育协会、省人口学会、省马寅初人口基金会等社会团体工作。

◎主要成就

——比全国提前10多年实现低生育水平，人口再生产类型实现了历史性转变，人口增长得到有效控制。

——计划生育政策逐步深入人心，群众婚育观念发生了明显转变，绝大部分群众依法自主生育。

——基本建立了行政管理、技术服务和群众工作“三位一体”的人口与计划生育公共管理服务体系，工作质量和整体水平明显提高。

——社会环境氛围有了很大改善，综合治理人口问题的局面初步形成。

——产生显著的经济社会效益。若按20世纪70年代初生育水平推算，20多年来全省累计少生人口近2000万，直接为社会家庭减少经费支出4550亿元。

改革发展

浙江省计划生育委员会将更名为人口和计划生育委员会，在承担原有职能的基础上，增加人口发展战略研究以及人口和计划生育工作综合协调等职能。新时期面临的主要工作任务是：[稳定低生育水平，提高出生人口素质，促进出生人口性别比平衡，增进育龄群众生殖健康，研究人口发展战略问题]。

浙江省公

浙江省公路管理局为省交通厅主管的副厅级事业单位。受省交通厅委托，负责全省公路计划编制、建设管理、养护管理、路政管理、养路费的稽征和使用管理、公路通行费收费管理和车辆购置附加税代征工作。

在省委、省政府、交通部和省交通厅的正确领导和社会各界的大力支持下，浙江省公路管理局始终把发展作为公路事业的第一要义，始终把改革创新作为公路事业发展的不竭动力，始终坚持以人为本的发展理念，把全面协调作为公路事业发展的应有之义，团结和带领全省公路系统广大干部职工，艰苦奋斗，努力拼搏，在公路建设、管理、养护、公路规费征收和行业精神文明建设上不断取得突破。为浙江经济发展、社会进步和人民生活水平的提高作出了应有的贡献。

继实现“四小时公路交通圈”的历史性跨越之后，省政府明确了“组织实施交通‘六大工程’，实现浙江交通新跨越”和“提前实现交通现代化”的宏伟目标。在省交通厅的领导下，今后几年，该局将继续大力弘扬“团结务实，开拓创新，无私奉献，一心为民”的浙江交通精神，重点组织实施高速网络工程、乡村康庄工程、干线畅通工程、绿色通道工程建设，积极开展廉政保障工程，支持水运强省工程建设。在新的历史时期，全省公路系统广大干部职工将继往开来，与时俱进，狠抓机遇，加快发展，为我省全面建设小康社会、提前实现现代化作出更大贡献！

◀ 沥青路面大修，机械摊铺作业

路管理局

详细地址： 浙江省杭州市梅花碑4号
法人代表人： 郑黎明
邮政编码： 310009
联系电话： 0571-87813815
电子信箱： glxx9999@sina.com/glxx9999@sohu.com

▲ 屹立在甬台温高速公路宁波段塔珠岭隧道口的大型雕塑《开拓者》

▲ 甬台温高速公路温州大桥，全长6977米

▼ 甬台温高速公路宁海岵岫岭隧道夜景

詩畫江南 山水浙江

SHIHUA JIANGNAN SANSHUI ZHEJIANG

○◎浙江是我国旅游资源和旅游基础条件最优越的地区之一，自然风光秀美奇丽，人文景观底蕴深厚。目前，全省拥有杭州西湖、千岛湖、雁荡山、楠溪江、普陀山等14个国家级风景名胜区；方岩、仙华山等39个省级风景名胜区；杭州之江国家旅游度假区及萧山湘湖、绍兴会稽山等14个省级旅游度假区；杭州宋城、绍兴柯岩等25个AAAA级旅游区（点）。有全国重点文物保护单位72.5处，省级文物保护单位279处；国家级和省级森林公园70处，国家级自然保护区7处，省级自然保护区8处，其中南麂列岛国家海洋自然保护区是我国唯一加入联合国世界人类生物圈保护组织的岛屿。此外，还有中国优秀旅游城市10个，国家级历史文化名城5座，省级历史文化名城12座，国家级、省级水利旅游区13处，还有茶叶、丝绸、南宋官窑、中药等4座国家级博物馆和一大批省级博物馆。“诗画江南，山水浙江”，是我省鲜明的旅游主题，自然与文化交融，绚丽多彩的自然风光与内涵丰富的人文景观交相辉映，构成了全省独具魅力的旅游特色。

浙江省旅游局

ZHEJIAN PROVINCIAL TOURISM BUREAU

○◎改革开放以来，在省委、省政府的正确领导和高度重视下，浙江旅游业呈现出快速、稳定发展的良好态势，产业规模不断扩大，产品结构日趋完善，行业形象更加鲜明。从“七五”到“九五”，全省接待海外旅游者949.38万人次，旅游创汇28.53亿美元；接待国内游客4.89亿人次，实现旅游收入2098.42亿元人民币。2002年，全省接待入境旅游者204.1万人次，旅游外汇收入9.28亿美元；接待国内游客8020万人次，国内旅游收入633.8亿元；全省实现旅游总收入710.83亿元人民币，相当于全省国内生产总值的9.27%，旅游综合实力位居全国第五。旅游业已成为浙江省发展最快、最具活力的产业之一。

○◎产业规模迅速扩张，产业体系逐步健全。近几年，我省旅游业食、住、行、游、购、娱六要素全面协调发展。在旅游综合接待能力方面，全省现有国际旅行社46家，国内旅行社645家，出境游组团社15家，国际旅行社自主外联能力名列全国第三，百强旅行社数量位居全国第四；全省有旅游星级饭店742家，名列全国第二，其中五星级7家，四星级46家，三星级192家。国际知名的酒店品牌，如雷迪森（Radisson）、假日（Holiday-Inn）、香格里拉（Shangri-la）、雅高（Accor）、凯悦（Hyatt）等在浙江都有连锁酒店。全省A级旅游区（点）的数量全国第三。一大批知名餐馆如楼外楼、知味观、天香楼等，每天食客盈门。浙菜作为我国八大菜系享誉海内外。全省有1所旅游学院，有20多所高等院校设有旅游专业，并拥有一支英、日、法、德、西班牙等十几个语种和粤、闽方言的翻译导游队伍；有接待国际、国内游客的旅游客运、出租汽车4万余辆、游船2000余艘。全省知名旅游商品众多，杭州丝绸、龙井茶、绍兴加饭酒、青田石雕、东阳木雕等一大批旅游工艺品吸引广大游客竞相选购。

○◎产品种类日益丰富，产品结构不断完善。近年来，我省旅游精品、名品不断涌现，旅游产品从原来单一的观光产品向观光、休闲度假、购物、以及工业游、农业游、生态游等多产品方向发展。经过多年的景区建设和市场培育、促销推广，浙江已形成以杭州西湖风景名胜区为中心，东、西、南、北4条各具特色的旅游线路和全省旅游网络。同时，针对海外市场，结合浙江的旅游资源特色，组合推广了"新江南秀丽山水"旅游线。

○◎浙江的旅游基础设施日臻完善，旅游交通能力快速增强。航空方面，已有杭州、宁波、温州、舟山、黄岩、义乌、衢州7个机场，150余条航线，还开通了杭州至曼谷、汉城的国际航线，杭州至香港、澳门，宁波至香港、澳门，温州至香港的地区航线以及杭州至吉隆坡、东京包机航线。铁路方面，浙赣复线已经全面通车，设施齐全的杭州新客站已投入使用，旅游列车数量不断增加。公路方面，全省4小时公路交通网络已经形成。建成了2千公里高等级公路，开通了沪杭甬、甬台温、杭金衢高速公路，杭丽温高速公路已部分开通，杭州----千岛湖高等级路面和杭州----绍兴新的国道复线的建成，缓和了繁忙的浙东、浙西旅游交通。水运方面，上海至普陀、宁波至上海、宁波至平湖等均已开通快速游船航线，宁波、温州已开通了至香港的客货定期航班。

○◎行业管理日趋规范，企业实力明显增强。近年来，我省开展了旅游市场秩序整顿、旅游市场打假打非专项整治和全省旅游行业行风民主评议等一系列活动。为规范旅游业管理，我省以创建优秀旅游城市、创建A级旅游区(点)、星级饭店评定等为抓手，积极引导旅游企业内强素质，外树形象，不断提高服务质量，壮大实力。通过全面整治，不但优化了全省旅游环境，也树立了浙江旅游业的良好形象。

○◎进入21世纪，作为朝阳产业的浙江旅游业正持续、高速、健康、稳定地发展，呈现出一派生机勃发的景象。"十五"期间，浙江将努力实现从旅游资源大省向旅游经济强省的跨越，力争成为中国山水风光和历史文化旅游的重要地区，并使旅游业真正成长为浙江社会和经济发展的支柱产业。

局长：纪根立
详细地址：杭州市石函路1号 邮政编码：310007
电话号码：0571-87054459 传真号码：0571-85156429
网址：www.tourzj.gov.cn www.tourzj.com
电子邮箱：info@tourzj.gov.cn

浙江省对外贸

▲ 厅长：冯　明

详细地址：浙江省杭州市教场路18号
法定代表人：冯　明
邮政编码：310003
电话号码：0571－87706037
传真号码：0571－87706029

浙江省对外贸易经济合作厅是浙江省人民政府负责全省对外进出口贸易、利用外资、对外投资和其他对外经济技术合作的综合经济管理部门。以务实的工作作风，主动、热情、高效的服务，先进的技术手段，努力为促进浙江与境外工商界在贸易、投资等多领域的互利合作，营造一个优质的发展经营环境，进一步推动浙江的对外开放是该厅的一贯宗旨。

改革开放20多年来，浙江开放型经济发展迅速，全省初步形成了全方位、多层次、宽领域的对外开放格局。浙江省的国际交往不断拓展，目前浙江与世界上218个国家和地区建立了直接的经济贸易关系。2003年全省进出口总额614.23亿美元，其中出口416.03亿美元，进口198.20亿美元。新批外商投资企业4442家，实际利用外资54.49亿美元。新批境外投资项目301个，中方投资8513万美元。

2004年浙江省开放型经济继续快速增长。1－5月，浙江省进出口总额307.83亿美元，同比增长37.50%，其中出口201.07亿美元，同比增长36.99%；进口106.76亿美元，同比增长38.01%。新批外商投资企业1599家，合同利用外资56.01亿美元，实际利用外资22.11亿美元，分别增长2.8%、53.7%和44.9%。新批境外投资项目147个，中方投资4652万美元，完成外经营业额5.37亿美元，同比分别增长58.1%、74.2%和29.1%。在中国大陆各省市中，浙江省的进出口规模居第四位，利用外资规模居第五位。

易经济合作厅

◀ 浙江对外经济合作——援缅农业机械制造厂加工车间

▲ 交易会上的浙江企业展位

▲ 第五届浙江投资贸易洽谈会、第二届中国国际日用消费品博览会开幕式

利用外资的平台——浙江经济技术开发区

浙江省

● 研究提出全省国民经济和社会发展战略、中长期规划和年度计划，以及区域、生产力布局、城市化、产业发展等专项规划；研究提出总量平衡、发展速度和结构调整的调控目标及调控政策，衔接、平衡各主要行业的行业规划。

● 负责全省社会总需求和总供给等重要经济总量的平衡和重大比例关系的协调，引导和促进全省经济结构合理化和区域经济协调发展；组织编制资源开发、国土整治、生态环境保护建设规划；编制省重点工程农用地转为建设用地的年度计划并参与相关管理工作；研究提出促进实施可持续发展战略的政策措施。

● 根据国内外经济形势的发展趋向，综合分析研究全省国民经济和社会发展的情况，进行宏观经济的预测、预警；负责汇总和分析财政、金融、价格运行情况，研究提出全省运用财税、金融、投资和价格等经济手段进行调控的政策建议；研究提出全省直接融资发展的目标和政策；研究编制全省企业债券的发行计划和政策措施，负责企业发行债券的审批和监管工作。

● 研究提出全社会固定资产投资总规模，规划重大项目的布局；负责全省固定资产投资的综合管理，综合平衡省掌握的用于固定资产投资的资金并纳入投资计划管理，协调引导其他投资资金的投向；负责安排限额以内及省直单位的基本建设项目；会同有关部门负责国有基础设施资产权益转让项目的管理。

● 负责全省基本建设和重点项目的综合管理；编制重点建设项目计划并组织实施；指导和协调全省招标投标工作，制定相应的实施管理办法；负责工程咨询业的管理；组织和管理全省重大项目稽察工作。

发展计划委员会

● 会同有关部门研究提出我省利用外资和境外投资的发展战略、总量平衡和结构优化的目标与政策；承担全口径外债管理。

● 研究提出全省内外贸的发展战略和规划，监测和分析内外贸市场的供求状况、对外贸易的运行情况；负责全省重要农产品进出口的计划管理；搞好粮食宏观调控和全省粮食等重要商品、物资储备的计划管理；指导监督全省重要商品的订货、储备、轮换和投放，研究指导全省市场流通设施建设规划和总体布局。

● 负责科学技术、教育、文化、卫生等社会事业以及国防建设与全省国民经济和社会发展计划、规划的衔接平衡；提出经济与社会协调发展、相互促进的政策，协调各项社会事业发展中的重大问题；推进重大科技成果的产业化，参与社会保障制度改革政策的制定。

● 会同有关部门研究提出农村经济发展速度、总量平衡、结构调整和生产力布局的目标及政策建议；负责全省农业资源的综合管理和农业区划工作。

● 研究提出全省主要产业门类的发展战略，会同有关部门组织编制产业发展规划和年度计划；组织参与确定省重点产业项目，研究提出主要产品的专项发展规划。

● 研究制订投融资、计划、价格等体制改革方案，并指导实施，参与有关法规、规章的草拟工作。

● 管理省物价局、省政府经济技术协作办公室和省经济建设规划院。承办省政府交办的其他事项。

详细地址：浙江省杭州市省府路1号
法定代表人：史久武
邮政编码：310025
联系电话：0571-87052581
企业网址：www.zjdpc.gov.cn

中共浙江省委党校

▲ 全省校校长暨干部教育培训工作会议

▲ 省委党校报告厅

中共浙江省委党校创建于1949年9月24日，1956年5月改名为“中共浙江省委初级党校”，1957年3月与浙江行政学院合并，改为现名“中共浙江省委党校”。1970年后一度停办，1973年复校。党的十一届三中全会之后，与浙江行政学院、浙江省社会主义学院实行“一套班子、三块牌子”的办学体制。1999年，省委决定浙江省社会主义学院单独建院，此后省委党校与浙江行政学院实行“两块牌子，一套工作班子”的体制。

学校位于杭州市西湖区，校园面积126亩，建筑面积5.88万平方米，校区可同时容纳在校学员1000余人。图书馆面积4260平方米，藏书40余万册。现有政治经济学、区域经济学、马克思主义哲学、伦理学、行政管理五个硕士学位点。学校办有两份刊物:《中共浙江省委党校学报》(双月刊)，邮局公开发行;《资料通讯》(月刊)，内部发行。

学校实行校务委员会制，现任校委成员共7人:校长乔传秀(省委副书记兼)，常务副校长龚昌成，副校长汪水波、张惠康、周均美，教育长郑

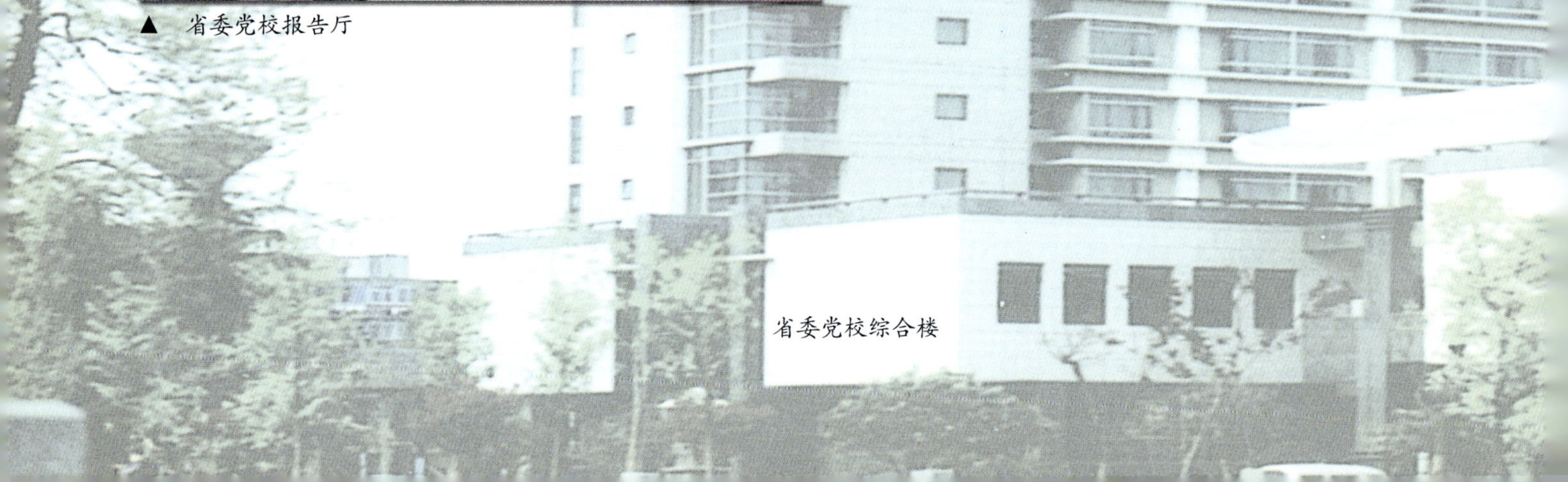
省委党校综合楼

浙江行政学院

仓元，校委委员包松竹。全校现有26个内设机构。现有教职工376人，教研人员114人。教研人员中具有正高职称31名，副高职称67名；有9名教师入选省“151人才培养工程”，其中2人为第一层次培养人才；具有博士学位6人，在读19人；学校聘请了29位省内知名专家和党政领导为兼职教授。

省委党校是省委直接领导下培养党员领导干部和理论骨干的专门学校，是省委的一个重要部门。是学习、研究、宣传马列主义、毛泽东思想和邓小平理论的重要阵地。学校的主要任务是轮训培训全省县处级以上党员领导干部、县处级中青年后备干部和理论宣传骨干。主体班次有：进修班、培训班和专题研讨班。教学的中心内容是学习邓小平理论，同时结合学习马列主义基本理论著作，学习社会主义市场经济理论、社会主义现代化建设必备知识、党建理论。行政学院是省政府领导的以国家公务员为培训对象的专门学校。主要班次有：处级公务员任职培训班、初任培训班、更新知识培训班、高层次专题研究班和专门业务岗位培训班。2003年“一校一院”共举办主体班次47个，培训轮训干部（公务员）6646人。

学校初步实现了办公自动化，校园网、中央党校远程教学网A级站开通并投入使用。

新世纪新阶段，省委党校（行政学院）继续坚持以“三个代表”重要思想和十六大精神为指导，按照全国、全省党校校长会议要求，紧贴省委省政府工作大局，围绕创建全国一流省级党校（行政学院）的目标，坚持“以加快发展为主题，以提高质量为中心，以培育特色为方向，以改革创新和开放办学为动力，以学科和队伍建设为关键”，抓规划、抓重点、抓作风、抓落实，力争到2010年学校综合实力进入全国党校（行政学院）系统前列，努力形成浙江特色鲜明、时代气息浓厚的办学格局，为全面提高领导干部素质、加强党的思想理论建设和推进浙江省提前基本实现现代化作出积极贡献。

详细地址：浙江省杭州市文一路80号
法定代表人：龚昌成
邮政编码：310012
联系电话：0571-88266666/88266018
传真号码：0571-88071527
电子信箱：office@zjdx.gov.cn
企业岗址：www.zjdx.gov.cn

浙江省气象局

浙江气象工作情况介绍

▲ 天气会商

▲ 领导视察人工增雨飞机

近几年来，浙江省气象事业快速发展，业绩辉煌。全省建成了200个中尺度气象站和61个地面自动气象站。由宁波、温州、舟山、杭州、金华五个站点组成的多普勒天气雷达网正在建设中。初步形成了以全省气象综合宽带网为依托的高速气象信息通信网络和以卫星、多普勒雷达、L波段探空雷达、地面气象自动站、中尺度自动站以及雷电监测点为探测手段的综合立体监测网。数值模式开放实验室的建立，使气象预报逐步向定时、定点、定量方向发展，大大提高了气象预报的时效、准确率和专业化程度。如今，气象服务已深入到社会和经济活动的各个方面，贯穿于生产全过程。由电视、广播、报刊、声讯电话、短信息、微机终端、等构成了迅达便捷的气象信息、咨询服务网，为党政机关和各行各业提供了有效的气象服务。在防灾减灾中，气象为政府的指挥决策服务的作用更为突出。在2003年全省抗旱中，省气象局适时组织开展飞机人工增雨作业，有效开发利用空中的水汽资源，增加旱区的降雨量，为缓解旱情作出贡献。

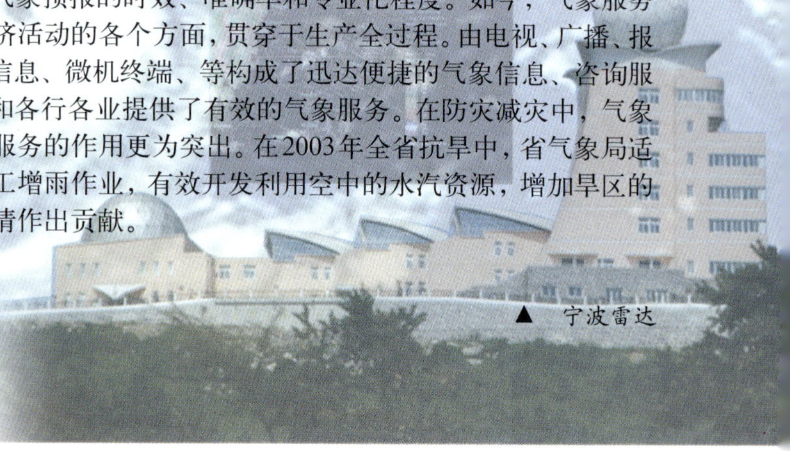
▲ 宁波雷达

TOYOTA

浙江八下里汽车服务公司
丰田汽车浙江省特约维修中心

● 业务接待

● 认真修理

浙江八下里汽车服务公司成立于一九九五年，是浙江省人民政府机关事务管理局和省司法厅联办的一类汽车大修企业，是日本丰田汽车（中国）有限公司在杭州设立的丰田汽车浙江省特约维修中心。

公司地处杭州市学院路228号，投资一千多万元，占地五千平方米，大部分维修设备、检测仪器和技术资料由丰田公司提供，并每年分批组织员工参加丰田公司在北京、广州举办的培训班。公司现有员工一百余人，其中高级工程师一名，技师、工程师五名，高级修理工三十名，中级修理工二十余名，这为我公司高质量、高速度地修复各类汽车奠定了扎实基础。

经过八年的奋斗，公司已形成了年维修能力达一万六千多辆次的规模。一九九六至二00二年度连年被杭州市维修行业评为先进企业。获九七维修质量“十佳”企业并被浙江省管理学会、浙江省商业管理办公室、浙江省统计学会、浙江省消费者学会、中国保护消费者基金会、省委企工领导小组办公室分别评为“1998、1999、2000、2001、2002年“浙江省市场服务质量信得过单位”、“浙江省商业信誉优良企业”、“浙江省十佳优秀汽修企业”、“浙江市场信誉暨消费者满意企业”、“质量服务满意单位”、“百城万店无假货活动”诚信单位等荣誉称号。建厂八年来，收到省直机关用户单位送来得“一流的管理、一流的质量、一流的技术、一流的服务”，“管理是楷模，质量有保证”，“服务优良、价格公道”，“修理技艺、精湛超群”，“丰田汽车回娘家”，等数十面金光闪闪的锦旗。在中外客户中树立了丰田优质服务的良好形象。

● 电脑管理

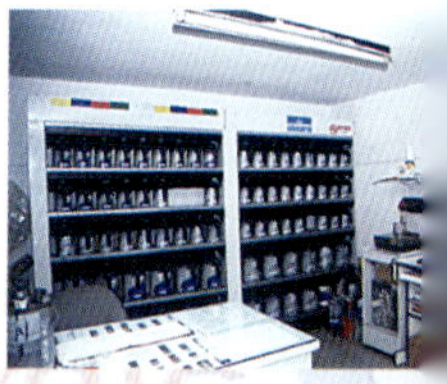
● 丰田配件专营

公司专修日本丰田系列汽车，精修各类中高档进口车和国产车，代为客户办理车辆保险、年检手续，并提供全天候的上门服务及抢修。严格实行承诺服务，始终以“以质量求生存、以服务求发展”为经营宗旨。

“开拓创新，锐意进取”。为使企业在竞争中不断发展，本公司正以丰田为主导品牌，不断加大对整车销售的投入力度。将以整车销售、维修服务、零件供应、信息反馈和咨询服务于一体的经营模式，使每位来到本公司的用户都能真正享受到从咨询、购车到维修的全方位、高品质的终身服务。

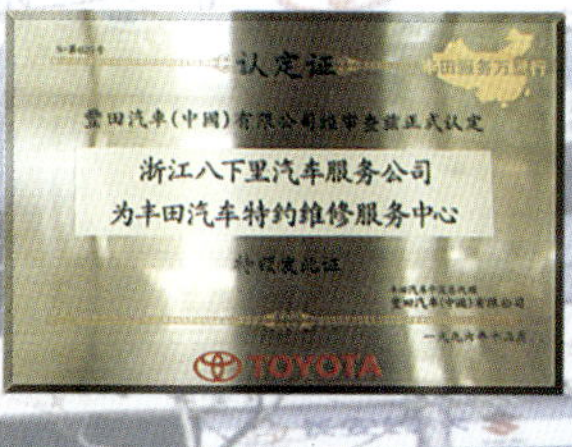

● 凌志汽车专修车间

● 电脑配漆房

● 公司外景

总 经 理：徐志金
详细地址：浙江省杭州市学院路228号
维修电话：0571—88823976
汽车租赁、销售电话：88058697 88923430 88056955
传真号码：0571—88823977
汽配销售：88823980
邮政编码：310012

浙江省吉利控股集团有限公司

吉利控股集团是一家主营经济型轿车及发动机、变速箱的研发、制造与销售的大型企业集团，法定住所在浙江省杭州市，法定代表人李书福先生，系第十届全国政协委员，注册资本6.3亿元，总资产逾45亿元。现有员工近10000人，其中各类工程技术人员约占12%。

该集团于1997年进入汽车行业，至今已累计产销各类经济型轿车15万辆，占有国内经济型轿车20%的市场份额。集团于2001年11月获准列入国家经贸委“车辆生产企业及产品公告”，系中国首家具有生产轿车资格的民营企业，所生产的系列轿车及发动机、变速箱具有自主知识产权。2002年，集团进入了中国汽车行业“3+6”的主流格局，“中国500强企业”排名第433位，“浙江省100强”排名第28位。2003年集团通过了汽车生产企业3C认证。

集团汽车产品因其油耗低、节能环保、性价比优异而深受用户喜爱，“同等价格，性能最优；同等性能，价格最优”是吉利汽车高性价比的写照，“精致、舒适、安全、环保、亲民”的品牌特色则广为市场所称誉。2002年，吉利汽车被评为“浙江省首届市民最喜爱的家庭轿车”。

目前，集团已建成浙江宁波、上海金山、浙江临海三大整车生产基地，形成了年产17万辆轿车和15万台发动机的规划产能，拥有“吉利”和“华普”二大品牌，生产“优利欧”、“美日”、“豪情”、“美人豹”、“华普”五大车型，目前轿车产品全部搭载自产发动机。此外，投资49.1亿元、占地2700亩的台州路桥汽车工业城也正在建设之中。至2007年，集团将形成61万辆轿车整车以及与之相匹配的发动机、变速箱等关键零部件的生产规模，汽车产品将覆盖高、中、低档系列，形成二、三厢轿车、跑车、SRV四种车型并举的产品格局。

集团研发实力雄厚，是目前国内进行整车研发的少数机构之一，自行研发的“美人豹”都市跑车，荣获2002年度“中国工业设计创新特别奖”，并于2003年9月被中国国家博物馆永久收藏与展示。集团还与意大利、韩国、德国的汽车企业及研发机构建立了全面的技术合作关系，系列拥有自主知识产权的新车型将于明后二年投放市场。同时，与香港主板上市公司国润控股的战略合作以及与国内数家商业银行的紧密合作，为吉利控股集团的发展提供了良好支持。

详细地址：浙江省杭州市滨江区江南大道
法定代表人：李书福
邮政编码：310052
联系电话：0571-87760103
电子信箱：zcb@geely.com
企业网址：www.geely.com

浙江省

董事长：张达洋

浙江省商业集团公司1996年3月由浙江省商业厅成建制转体设立为浙江省政府直属国有大型企业，并由省政府授权经营管理集团公司成员企事业单位的国有资产。2001年6月成立了以集团公司为核心的浙江省商业集团。目前，集团拥有15家成员企业，其中控股企业11家，参股企业4家；5家事业单位，其中2所高等职业技术学院，1所技师学院。

集团公司自建立以来，根据发展社会主义市场经济的要求，以发展为主题，效益为中心，改革为动力，弘扬“求真求实、共创共享”的企业精神，贯彻“集团公司做大做强，成员企业做精做优”的发展战略，开拓创新、锐意进取，大胆创新、积极开拓，取得了快速、健康的发展。目前已形成了初具规模、各有特色的内贸、外贸、房地产、酒店旅游、期货经纪、拍卖、典当、投资、租赁、教育等多元化经营格局和贸易服务与生产加工、商品经营与资本经营相结合的多种经营方式，贸易和合作伙伴遍及全国各地，并与美、日、欧、澳州、东南亚、港澳台等40多个国家和地区建立了贸易关系，经营规模和经济效益连年大幅度增加！2002年列全国500大企业。2003年销售收入59.69亿元，实现利润1.89亿元，分别比1998年增长3倍和8倍。在抓物质文明的同时，集团公司十分重视精神文明建设，获得党建“四个有”企业、浙江省思想政治工作优秀企业和省级文明单位等荣誉称号。

▲ 离退休老同志组织学习

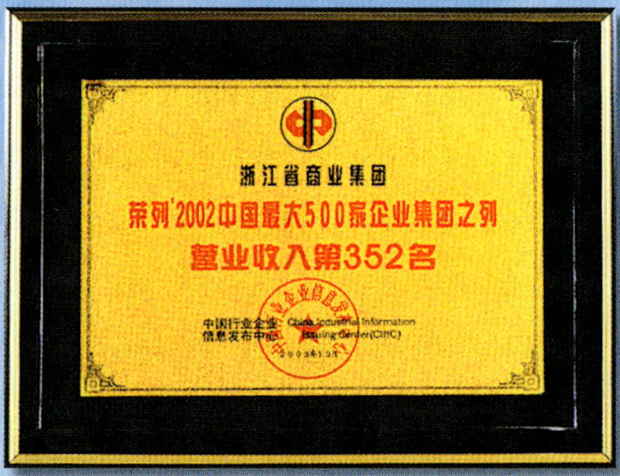

商业集团公司

详细地址：浙江省杭州市惠民路56号
法定代表人：张达洋
邮政编码：310002
联系电话：0571-87039092
传真号码：0571-87024167
电子信箱：ejcgc@egb.com.cn

▼ 省商业集团公司办公大楼

浙江省质量技术监督局

浙江省质量技术监督局简介

浙江省质量技术监督局是浙江省人民政府主管质量、标准化、计量、认证认可以及锅炉、压力容器、压力管道、特种设备(以下简称锅容管特)安全并行使执法监督职能的部门。其主要职责是:贯彻执行国家有关质量技术监督工作的法律、法规、方针和政策,拟订本省质量技术监督地方性法规、规章草案;统一管理和指导全省质量工作,组织实施国务院《质量振兴纲要》和《浙江省质量振兴实施计划》,研究拟订全省质量发展战略、中长期发展规划,制定并组织实施名牌战略和促进支柱产业、优势企业发展的政策措施、管理工业产品生产许可证和工程设备监理工作,组织协调重要产品质量、管理锅容管特安全事故的调查、分析

▲ 吕祖善省长一行赴我局调研

和处理工作，组织对重点产（商）品质量、工程质量、服务质量的监督检查，开展区域性质量问题整治；统一管理全省计量、标准化工作和认证认可工作；统一管理全省纤维产品的监督和检验工作；领导与监督质量技术行政执法工作，推行行政执法责任制；制订并组织实施质量技术监督事业发展规划，协调各行业和专业的质量技术监督工作；管理和指导质量技术监督科技工作，开展国内外有关的技术合作、学术交流活动；领导和管理市、县质量技术监督局和局直属事业单位。

浙江省质量技术监督局内设10个职能处室：办公室、人事处、规划财务处、政策法规处、质量处、监督稽查处、标准化处（应对技术贸易壁垒处）、计量处、合格评定监管处、锅容管特安全监察处，另设机关党委和浙江省监察厅驻浙江省质量技术监督局纪检监察专员办公室（简称监察室）。

▲ 局 长：**戴备军**

▶ 国家质量监督检验检疫总局李长江局长到我局视察并参观实验室

◀ 省政府金德水副省长来我局视察指导工作

现代化饮料企业巨人——
娃哈哈

浙江省信

▲ 厅长：**陈大信**

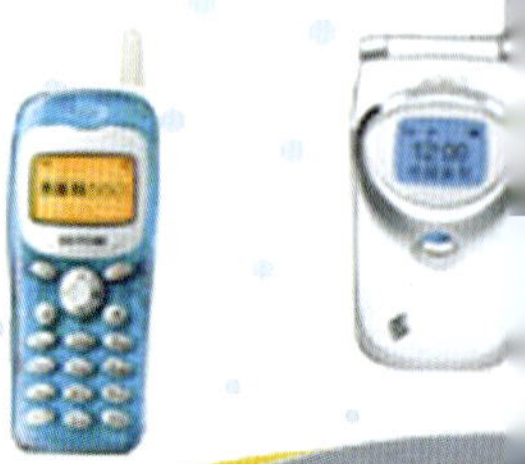

► 我省生产的“波导”、“东信”、“UT斯康达”等国产品牌手机成为追求时尚的年轻人新宠

▲ 我省已能批量生产拥有部分自有知识产权的光纤预制棒产品

◄ 光器件产品生产一片繁忙

杭州高新区软件园是国家软件产业化基地之一

息产业厅

浙江省信息产业厅是浙江省人民政府负责管理电子信息产品制造业、软件业、通信服务业，推进国民经济和社会信息化的综合经济管理部门。

改革开放以来，在“以信息化带动工业化”的战略思想指导下，该厅始终坚定不移地推进我省国民经济和社会信息化建设，大力发展电子信息产品制造业、软件业、通信服务业等信息产业，打造“数字浙江”，创建“天堂硅谷”，开拓创新，与时俱进，艰苦奋斗，浙江信息产业发展迅猛，信息化建设成效显著。全省电子信息产业销售收入从1971年的不到1亿元增加到2003年的1540亿元，短短30年，全省产业规模增长了1500倍，实现了从亿元到千亿元的历史性跨越。软件产业也取得了快速发展，软件产业销售收入从1999年的33亿元增加到2003年的150亿元，5年增长了3.5倍，产业规模列全国第四位。全行业的对外开放和资产重组也取得了明显进展，近六年来，全行业共引进外资项目826个，合同外资36亿美元，实际利用外资15.6亿美元，引入国内外的风险投资资金约5亿多元，15家企业成功上市，通过证券市场募集资金近60亿元，有力地促进了企业的技术创新和产业发展。目前全省信息产业已初步形成了以软件、微电子、通信、计算机、电子材料和电子元器件等为主体在全国具有较强竞争能力和比较优势的产业发展格局。企业信息化、城市信息化、农村信息化、社区信息化、政府信息化全面推进，信息化建设环境明显改善，信息化建设取得明显突破。

2003年，“以百亿信息化建设工程”为主要内容的数字浙江建设和环杭州湾具有国际竞争力的信息产业基地建设取得新的进展，浙江省电子信息产品制造业全行业共8000家企业，2003年实现销售收入1540亿元，利税143亿元，出口交货值290亿元，同比分别增长了40.6%，16.4%和28.3%。2003年浙江省共有7家企业进入全国电子信息百强，21家企业入围全国电子元器件百强，元件百强数位居全国第一。

详细地址：浙江省杭州市武林广场东侧省科协大楼14层
法定代表人：陈大信
邮政编码：310003
联系电话：0571-85171865/85171843
传真号码：0571-85176412

浙江省

▲ 七艺节誓师大会

省文化厅是浙江省人民政府的直属机构，现有编制62人（另有老干部服务4人），设职能处室11个：厅办公室、人事处、计划财务处、艺术处、社会文化处、文化产业与电影处、文物保护与考古处、博物馆处、文化文物市场管理办公室、外事处和直属机关党委。

主要业务范围：专业文化、社会文化、图书馆、电影、文化产业、对外（台、港、澳）文化交流、文物保护、考古、博物馆和文化、文物市场管理及文化社会团体管理。

1998年以来该厅获中宣部"五个一工程奖"8个，文化部"文华奖"12个，"群星奖"101个（其中28个金奖），少儿"蒲公英奖"82个（其中23个金奖），广电部"飞天奖"15个，中国剧协"梅花奖"13个。越剧《陆游与唐琬》入选首届国家舞台艺术精品工程剧目，昆曲《张协状元》荣获中国戏曲学会奖，风情歌舞剧《畲山风》荣获第二届全国少数民族文艺汇演创作表演双金奖，《社区来了小百花》获全国"四进社区"文艺汇演金奖，人偶剧《神奇的雀翎》获文化部"金狮奖"。

目前我省有24个县（市、区）跨入省级文化先进县的行列，21个县（市、区）成为全国文化先进县和文化工作模范地区，8个县（市、区）被评为全国万里边疆文化长廊建设成绩显著地区，240个镇乡达到"东海明珠"工程建设要求，有2个镇被命令为国家级农村儿童文化园示范点。由文化部命名的中国民间艺术之乡、中国现代民间绘画之乡20个，全省现有"全国文明图书馆"9个，国家一级图书馆12个。全省55%的公共图书馆应用了计算机管理系统。文化信息资源共享工程建设正在有序推进，目前，全省已建立杭州、温州、宁波、绍兴等6个市级分中心和28个基层中心。

到2003年底止，全省图书馆、群艺馆、文化馆（站）、博物馆和剧院等公共文化设施建设总面积达到193.7万平方米，比1997年的122.4万平方米增长了63%。全省新建图书馆18个、新建文化馆21个、新建博物馆18个。

对外文化交流渠道不断拓宽。近年来，对外、对台港澳文化交流形成新的格局。从过去单向接待来访发展到双向交流，并逐步向国际多边文化交流拓展，形成一个多层次、多渠道、全方位的对外文化交流新格局，文化交流遍及世界五大洲84个国家和地区。

文化市场管理日趋规范。几年来，省人大、省政府制定并出台一系列文化法规、规章和政策性文件。为文化、文物工作提供了有力的法律法规保障。目前，《浙江省公共图书馆管理办法》已经省政府第九次常务会议审议通过。于2003年10月1日起实行。《浙江省音像制品管理办法》（草案）、《浙江省民营文艺表演团体管理办法》（草案）、《浙江省文化馆管理办法》（草案），已报省政府法制办要求列入2003年的年度立法计划。

文化市场逐步进入健康有序的发展轨道。全省文化系统审批管理的文化经营单位有2.7万家。一个门类齐全、品种丰富、布局合理以及投资、经营主体和消费层次多元化的文化市场新格局已形成。同时，对文化市场的管理力度不断加强。2002年7月起，我省连续两年开展了电子游戏经营场所压缩整顿专项治理行动，全省电子游戏经营场所由原来的9121家压缩到808家，压缩比例达90%。去年根据中央有关规定， 完成了"网吧"管理职能的交接，开展了"网吧"等互联网上网服务营业场所专项治理及重新审核登记工作，取缔了一批非法"网吧"，引导互联网上网服务营业场所向规模化、连锁化、专业化、品牌化方向发展。省文化市场稽查队被中宣部、中央政法委、全国"扫黄"工作小组等七部委评为2001年度全国扫黄打非工作先进集体。

▲ 浙江发现早于河姆渡的文史

文物保护工作得到强化。全面启动了全省历史文化遗产普查工作，目前已取得阶段性成果。良渚遗址群保护工作全面实施，启动良渚遗址申报《世界遗产名录》

文 化 厅

工作。在国务院公布的第五批518处全国重点文物保护单位中，我省有44.5处历史文化遗产榜上有名，使我省的国保单位数量由原来的28处增加到目前的72.5处，跃居全国第5位，增幅为全国第一。全省共有130余家各类博物馆、纪念馆，全省已形成省级博物馆为龙头，市（地）级博物馆为骨干，县（市）级博物馆为主体，民办博物馆为补充的博物馆网络。“2001年度全国十大考古新发现”评选中，浙江杭州雷峰塔遗址、萧山跨湖桥遗址、南宋恭圣仁烈皇后宅遗址、杭州老虎洞南宋窑址榜上有名。博物馆建设已形成具有浙江特色的网格体系。

艺术教育进一步拓展。通过实施“深化艺术教育改革，两校合并办学，提高办学层次”，浙江艺术教育的层次得到提升。浙江艺术职业学院已正式运行。

以浙江舞台设计研究院为龙头的文化科技发展态势良好，舞台调光设备、舞台机械设备已成为我省文化科技产业的支柱产品，先后荣获国家科技进步奖2项，部、省级科技进步奖50余项。

积极筹备第七届中国艺术节。演出场馆建设进展顺利。“七艺节”20个主干场馆和20个辅助场馆，均可按原定计划完成建设和改造任务。在全国范围内征集优秀剧本，邀请文学、影视界知名作家加盟剧目创作，推出了一批有时代特点、有较高艺术质量，思想性、艺术性、观赏性俱佳的好剧目。从中选拔出13台我省参评“七艺节”重点剧目。开展社会化合作。省筹委会办公室与浙江省邮政局签订了全面合作框架协议。出台《第七届中国艺术节筹资工作方案》等政策，筹资工作在抓紧实施中。

▲ 五百巾帼喜踩街兴高采烈

▲ 嘿，当兵的人！

详细地址：浙江省杭州市曙光路11号

法定代表人：杨建新

邮政编码：310007

联系电话：0571-85214490

电子信箱：lq@zjwh.gov.cn

企业网址：www.zjwh.gov.cn

▲ 甬剧《典妻》

WENHUATING

浙江省林

林业是生态建设的主体，是国民经济和社会发展的重要组成部分。林业既是一项重要产业，又是一项社会公益事业。在贯彻可持续发展战略中，要赋予林业以重要地位，在生态建设中，要赋予林业以首要地位。林业的发展，对于改善生态面貌，促进国民经济持续健康发展，推动社会进步，加强精神文明建设，具有极为重要的作用。

浙江是一个“七山一水两分田”的省份。全省陆域面积10.18万平方公里，70%以上为山地丘陵，林业用地面积9821.85万亩，占全

▲ 陈铁雄厅长考察云和林业（左二）

临安天目山柳杉林

安吉竹海

省土地总面积的63.64%。优越的自然条件、勤劳的浙江人民孕育了浙江林业的辉煌，伴随着改革开放的步伐，浙江林业建设取得了长足发展，生态状况不断改善，森林资源持续增长，林业产业不断壮大。目前，全省森林覆盖率59.4%、绿化程度92.4%，名列全国前茅，全省3000万亩重点生态公益林和2000万亩一般生态公益林建设全面实施，绿色通道建设已累计完成1.3万多公里，9个县实现高标准平原绿化，村庄绿化全面展开；以笋竹制品、人造板和木制玩具、工艺品为主要特色的林产品加工业发展迅猛，森林食品、森林旅游和野生动物驯养繁殖已成为新的经济增长点，森林食品生产基地、花卉苗木生产供应基地、木竹制品制造业基地，森林生态休闲旅游基地和野生动植物保护基地初具规模，2003年全省林业行业总产值达877亿元，位居全国第一。

进入新世纪，浙江实行林业战略性调整，按照“建万里绿色通道，创千亿林业产值，造浙江秀美山川”的要

业厅

淳安千岛湖国家森林公园

求，全面推进生态公益林、万里绿色通道、平原城镇绿化、林业产业化经营四大工程建设，为“建设生态省、打造绿色浙江”发挥主体作用。

加强生态建设、维护生态安全，是21世纪人类面临的共同主题，是实现经济社会可持续发展的重要基础；实现山川秀美，走生产发展、生活富裕、生态良好的文明发展道路，是时代赋予我们的光荣任务。在省委、省政府的领导下，统筹人与自然和谐发展，统筹城市林业与乡村林业协调发展，统筹山区、平原、海岛林业协调发展，统筹林业生态与林业产业协调发展，力争早日建成比较完备的森林生态体系和比较发达的林业产业体系，在全国率先实现林业现代化。

瓯江白鹭成群

网　址：http://www.zjly.gov.cn

嘉善人造板生产

▲ **叶鸿达**：2004 年 3 月 12 日任浙江省海洋与渔业局局长

▲ 中国水产科学研究院与省海洋与渔业局合作，在淳安县千岛湖设立冷水型鱼类养殖科技成果转化示范基地。我省冷水型资源十分丰富，对促进山区冷水型鱼类的养殖具有现实意义。图为王衍亮院长和余匡军副局长参加基地揭牌仪式

▲ 中国水产科学研究院与省海洋与渔业局在淳安县千岛湖的科技成果转化示范基地

浙江省海洋与渔业局

浙江省海洋与渔业局是省政府主管海洋综合管理渔业工作的直属机构。主要职责是：

一、贯彻执行国家有关海洋与渔业的法律、法规和方针政策以及有关国际公约、条约；受委托研究起草有关海洋与渔业行政管理的地方性法规、规章草案，经审议通过后组织实施；制订本省海洋资源、渔业资源管理的技术标准、规程、规范和办法；组织编制海洋功能区划、海洋利用规划、海洋与渔业产业发展总体规划，与有关部门合作组织编制海洋环境保护与整治规划，并监督实施。

二、组织实施对海洋的综合管理，监督管理国家授权的海域使用，按规定实施海域使用制度和海域有偿使用制度；依法监督涉外海洋设施建造、海底工程和其他开发活动；参与审批并监管海洋、海岛、海岸带重大工程项目以及开采海矿、海砂、海洋油气和海底电缆、管道的铺设、海上人工构造物设置项目。

三、负责海洋环境的监督管理与渔业水域生态环境保护工作；组织海洋环境的调查、监测、监视和评价，协助省有关部门制订陆源污染物排海标准和总量控制制度，并监督实施；负责防治海洋工程项目和海洋倾废对海洋污染损害以及渔业水域生态的环境保护工作；审核新建、改建、扩建海岸和海洋工程环境影响报告书；负责海洋自然保护区以及渔业资源的增殖工作，管理国家分工的海洋自然资源。

四、实施辖区内的巡航监视，依法行使海洋监察、渔政渔港监督管理、渔船检验；负责全省水产品质量、水产种苗的监督管理；制定渔船、渔机、网具的建造规范和技术标准并监督实施；指导海洋与渔业执法队伍建设和装备管理；负责水生野生动物保护；指导渔业无线电和渔船管理工作。

五、负责渔业行业管理，组织实施渔业生产经营许可制度；指导全省水产养殖、捕捞、加工、流通和远洋渔业开发活动；指导渔业经济体制改革、渔业产业结构调整、产品品质改善和渔业产业化工作；负责渔港、水产原（良）种场、水产品市场、休闲渔业、现代化示范园区的规划和建设；组织实施水生动植物防疫检疫工作；负责全省海洋与渔业信息网络、水产养殖病害防治网络建设和管理；监督管理减轻渔民负担工作。

六、研究制订海洋与渔业发展的重大技术进步措施，负责海洋与渔业的科技管理工作；组织实施"科技兴海"、"科技兴渔"战略，指导海洋与渔业教育及标准化工作，组织科技攻关和重大科研项目的研究及成果管理。

七、负责海洋与渔业的外事、外经工作，组织开展对国外和香港、澳门特别行政区及台湾地区有关海洋与渔业经济、技术交流与合作，处理有关涉外事务。

八、负责海洋经济与渔业产业的统计、信息工作，指导全省海洋与渔业行政管理工作。

九、承办省政府交办的其他事项。

▲ 浙江省海洋与渔业局中国海监船队在巡航

详细地址：浙江省杭州市莫干山路76号
法定代表人：叶鸿达
邮政编码：310005
联系电话：0571-88901395
传真号码：0571-88845201

浙江省广播电视局

▲ 省委领导在浙江省广播电视监测中心视察工作

▶ 浙江省广播电视局领导陪同盛昌黎副省长到该局视察工作

浙江省广播电视局是省政府直属机构，对全省广播影视业实行行业管理、行政管理。全省现有广电集团三个，浙江广电集团，主要负责省本级广播电视宣传和事业、产业的发展；杭州、宁波广电集团与广电局合署办公，一套人马。我省是全国唯一一个省、市、县（市）三级完整办有广播电视播出机构的省份。目前，省、市、县三级共办广播节目98套，平均每日播音时间约1615小时；电视节目104套，平均每周播出时间约10157小时。省本级办有7套电视7套广播节目。省、市、县三级广播电视播出机构共90家，广播电视从业人员超过2.5万人。

2003年全省广播电视广告、收视费、网络业务开发等经营创收共39.18亿元，比上年增长17.91%。创收收入中的广告收入为22.16亿元，收视费收入11.49亿元。

目前，从省到市县全部实现了有线广播电视光缆联网；乡镇和行政村有线广播电视联网率，分别达到了93%和65%。我省在全国率先实现行政村村村通广播电视后，继续实施农村入户工程，到今年底基本实现自然村村村通广播电视。全省有线广播电视入户率达到51%，用户数777.02万户；广播、电视人口综合覆盖率分别达到97.34%和98.14%，大大高于全国平均水平。

目前省级有7套广播节目和1套电视节目，通过卫星覆盖41个国家和地区的20多亿人口。全国各省、市、县有线电视网大多转播浙江卫视节目。浙江广播电视新闻、社教、文艺类节目在历届全国评奖中也名列前茅。

到目前为止，全省广播影视制作节目公司68家，总资金2亿多元，固定资产6亿多元。在节目公司中，实际参与影视剧制作30家，其中具有电视剧制作甲种资格的影视制作单位6家，乙种资格14家，其中民营企业占到广播影视制作单位总数的60%以上。全省广播剧、电视剧、电影年产量30多部、650集左右。去年全省电视剧多元投资共1.8亿元，比上年增长50%，使浙江成为全国电视剧生产数量最大、投资最多、得奖较多的省份之一。目前全省有各类影视拍摄基地8家，其中横店影视城、浙北江南水乡古镇群、舟山桃花岛等已经成为具有国际影响的影视剧拍摄基地。

目前，全省开办宾馆、饭店视听点播业务的单位有117家、境外卫星电视地面接收设施业务的单位是686家、广播电视播出机构互联网播放视听节目的网站5家。

详细地址： 浙江省杭州市莫干山路111号
法定代表人： 林吕建
邮政编码： 310005
联系电话： 0571-56353225
传真号码： 0571-88074827

◀ 浙江省广播电视局长林吕建在浙江省广播电视监测中心开通仪式上

▶ 国家广电总局计财司李兰田副司长（左三）、浙江省广播电视局副局长胡瑞庭（左五）、副局长陈永昊为获得浙江省广播电视统计先进集体的单位颁奖

富阳市供电局

▲ 深夜抢修

国家一流县供电企业——富阳市供电局，现有员工350余名，专业技术人才200余名。富阳市供电局始终坚持两个文明协调发展，努力做好地方经济建设的先行官。至今，全市电网拥有220千伏变电所2座、110千伏变电所11座、35千伏变电所14座，变电总容量129.34万千伏安，为富阳市的经济发展和生产生活提供源源不断的电力保障。富阳市先后成为全国节电示范县、农村电气化县，该局也相继被评为全国“三为”服务达标单位、县级电网调度自动化系统实用化单位、安全文明生产双达标单位、浙江省电力系统行风建设与优质服务“十佳县供电局”等。2001年、2002年、2003年，该局在富阳市委组织的市直机关“争创满意单位，争做满意公仆”活动中，连续三年被评为“满意单位”，局长沈跃建被评为“满意公仆”。该局还先后获得浙江省职工职业道德建设十佳单位、省电力公司优质服务先进集体、杭州市职工职业道德建设先进集体、杭州市电力局文明单位、富阳市文明单位等称号。

详细地址：浙江省富阳市光明路5号
法定代表人：沈跃建
邮政编码：311400
联系电话：0571-63391024
传真号码：0571-63322442
企业网址：www.fyep.com

▲ 9月17日，500kV富阳变奠基仪式

▲ 优质服务走上街头

▲ 农网改造后的农村配电房

实施交通『六大工程』实现交通新的跨越式发展

▶ 厅长：赵詹奇

浙江省交通厅

目前我省已初步建成一个与其它运输方式协调发展的公路水路交通运输网络，实现了“四小时公路交通圈”，交通紧张状况已经得到缓解，正在逐步实现基本适应。

党的十六大提出了我国在本世纪头二十年全面建设小康社会的奋斗目标，省第十一次党代会作出了我省提前到2020年基本实现现代化的战略决策。面对新时期的新形势、新任务、新要求，交通必须实现新的跨越式发展。

交通新的跨越式发展总体目标是：到2010年公路水路交通与我省经济社会发展相适应，比原规划提前5年；到2015年基本实现现代化。

▲ 现代化的宁波北仑国际集装箱码头

一、到2010年与经济社会发展相适应

全省公路总里程达94600公里，包括通村公路40700公里，其中高速公路超过3400公里，全省公路密度达93公里／百平方公里，高速公路密度达3.3公里／百平方公里。20万以上人口的城市都通高速公路，通乡镇公路全部实现等级化和路面硬化，基本实现行政村通地方标准以上公路。沿海主要港口吞吐能力达4.5亿吨，集装箱吞吐能力达1000万标准箱，宁波舟山港口集装箱吞吐能力达800万标准箱 。

二、到2015年最终实现跨越式发展，提前5年基本实现现代化

全省公路总里程达10.7万公里，其中高速公路5000公里，全省公路密度近105公里／百平方公里，高速公路密度达4.9公里／百平方公里。实现“县县通高速，（行政村）村村通（标准化）公路”。全省沿海港口吞吐能力达7亿吨、集装箱吞吐能力达2000万标准箱，其中宁波舟山港口集装箱吞吐能力达1500万标准箱。全省内河四级以上高等级航道达1400公里，占全省内河干线航道总里程的80%以上。

本届政府的五年，对交通实现新的跨越式发展极为重要。为此，将以接轨上海，构筑长三角区域大交通和宁波、舟山港口资源整合为龙头，组织实施“高速网络工程、干线畅通工程、水运强省工程、乡村康庄工程、绿色通道工程、廉政保障工程”等交通“六大工程”。

高速网络工程。确保建成高速公路1000公里，力争建成1200公里；

干线畅通工程。对6条国道和28条省道，共2000公里二级及以上公路进行改造，使我省5000公里干线公路达到畅通标准；

水运强省工程。新建30年万吨级泊位，沿海主要港口吞吐能力达到35000万吨，新增等级航道300公里，基本形成浙北高等级航道骨干网络；

乡村康庄工程。完成50000公里通乡、通村公路建设和路基、路面改造完善，标准化公路通行政村率达到90%，通村公路硬化率从51%提高到80%；

绿色通道工程。共建成公路绿色通道17000公里，内河绿色通道360公里；

廉政保障工程。推进党风廉政建设和反腐败工作；认真落实招投标制度、双合同制度、执法监察制度、全程跟踪监察制度和廉政建设奖罚制度，督促领导干部廉洁自律，树立交通行业良好行风和形象，防止大案要案发生。

详细地址：浙江省杭州市梅花碑4号
法定代表人：赵詹奇
邮政编码：310009
联系电话：0571-87813823
电子信箱：yhllmm@sina.com

▲ 甬台温高速公路温州大桥雄姿

◀ 建设中的杭州湾跨海大桥

浙江省司法厅

▲ 厅长: **胡虎林**

浙江省司法厅是我省监狱劳教、律师公证、普法依法治理、法学教育、基层法律服务、人民调解、安置帮教、法律援助、司法鉴定、司法考试等项工作的行政主管部门。厅管理的机构有省监狱管理局，直属单位有省劳教局、省律师协会、省公证员协会，归口管理省法学会。目前全省已有律师事务所486家，执业律师5277人；公证处97家，公证员274名；法律服务所672个，基层法律服务工作者3802人。法律服务进入决策层工作取得积极进展，全省共建政府法律顾问团组495家，担任国家机关、政府负责人法律顾问873个，8个市、57个县（市、区）法律服务人员参与了领导信访接待日活动。

积极响应省委、省政府的号召，在全系统深入开展学习推广新时期“枫桥经验”活动，有力带动基层司法行政工作的整体走强。建立和完善直接面向基层、服务群众的工作体制，加强司法所建设，在已经建立司法所的乡镇，建立疑难、重大矛盾纠纷调解中心，构建起“大调解”工作格局，积极化解社会矛盾，维护基层社会稳定。同时依托司法所，建立健全多层次的安置帮教工作网络，做好刑释解教人员回归社会的安置帮教工作，使我省近年来归正人员重新违法犯罪率低于全国平均水平。按照法制宣传与法制实践相结合的原则，改革工作机制，创新工作载体，全面部署开展“民主法治村”建设和“法律进社区”活动，普法和基层依法治理工作不断深化，社会的法治意识和基层民主法治程度不断提高。积极探索和完善法律援助、司法鉴定工作机制。

坚持以人为本，努力建设一支高素质的干警队伍。以政治坚定、业务精通、作风

▶ 为服刑人员提供法律援助

▲ 2003年8月，吕祖善省长听取胡虎林厅长关于法律援助工作情况汇报

优良、执法公正为总要求，坚持政治建警与素质育警、从严治警与从优待警相结合，把公正文明执法作为加强队伍建设的核心环节，努力做到执法效果和社会效果的有机统一。同时加大系统、规范性、职业性教育培训力度，广泛开展岗位练兵活动，积极推行电子政务，队伍业务能力明显提高。通过狠抓基层党建、广泛开展记《警情日记》活动，加大立功创模力度，整个队伍的工作作风和精神面貌发生了可喜的变化，涌现出了以张求水、房新桥等为代表的一大批英模人物。1998年以来，全系统有18个单位先后获得部级以上荣誉称号，37名干警荣立个人一、二等功。目前，我省已有8个监狱、劳教所被司法部命名为部级现代化文明监狱、劳教所，有12个监狱、劳教所被命名为省级现代化文明监狱、劳教所，创建工作继续走在全国前列。

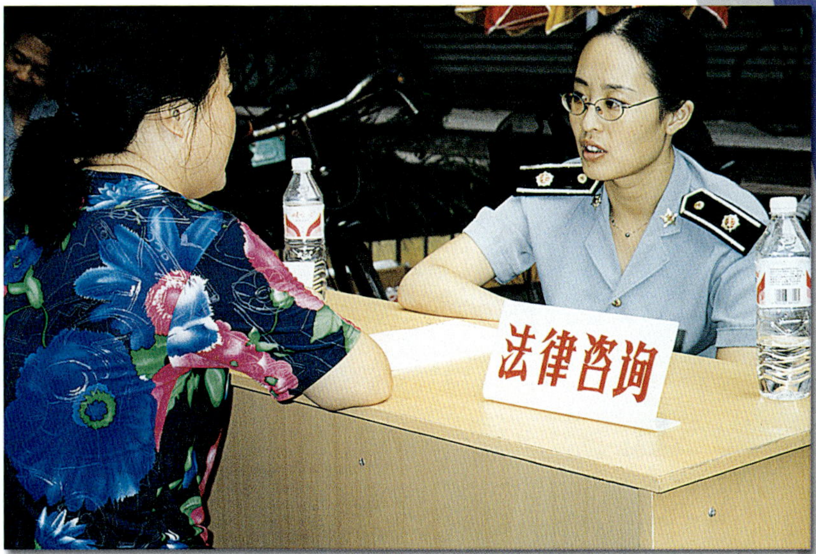

▲ 公证员认真接待当事人

详细地址： 浙江省杭州市省府路11号政法大楼
法定代表人： 胡虎林
邮政编码： 310007
联系电话： 0571-87054383
电子信箱： zjsft@yahoo.com.cn

▲ “12·4”全国法制宣传日·浙江现场

浙江省监狱

▲ 局长：葛炳瑶

浙江省监狱管理局

2003年，浙江省监狱系统认真贯彻落实省委、省政府和司法部的总体工作部署，在省司法厅党委的正确领导下，把抗击非典作为重大的政治任务来抓，克服持续高温干旱和拉闸限电等困难，经过广大民警职工的艰苦工作，全省监狱工作继续呈现良好的发展态势，实现了持续稳定发展的目标。

面对全省监狱押犯总量在高位攀升和构成日趋复杂的情况，广大监狱民警自我加压，想方设法克服困难，确保了监管改造秩序持续安全稳定。至12月底，全省监狱系统已保持连续57个月没有罪犯逃脱的记录。对罪犯的教育改造紧紧围绕提高改造质量这个中心，抓好罪犯思想政治教育，以爱国主义教育为主题，在全体罪犯中开展了《国情国策》教育。以反逃跑读本、反逃跑警示教育电教片为教材，在全体罪犯中开展了反逃跑专题教育。以提高转化率为重点，大力加强对法轮功罪犯和顽危犯的个别教育。组织召开了全省第六次改造积极分子代表大会，全省有219名改造积极分子代表参加会议，充分发挥了改造典型的引导作用。围绕促进公正执法和保障罪犯合法权益，认真实施重新修订的《浙江省罪犯奖惩考核办法》和《浙江省老弱病残犯鉴定程序及

监狱一角

工作持续稳定发展

标准》，继续深入开展专项整治工作，落实狱务公开制度，进一步规范了执法行为。对省属部分监狱罪犯大伙房、供应站及囚服的发放标准和经费使用进行了审计，保证了罪犯生活经费的专款专用和足额到位。

全系统从增强思想政治素质、弘扬敬业奉献精神，提高执法业务能力等方面入手，全面开展了十六大精神主题教育、坚持“两个务必”教育和向郑培民同志学习等活动；加大党风廉政建设和反腐败斗争的力度，完善对权力的监督制约机制；坚持从严治警与从优待警相结合，狠抓民警的管理教育，改善民警的工作、生活条件，从而有效地提高了民警队伍的综合素质。按照省委政法委的统一部署，全省监狱开展了“公正执法树形象”集中教育活动。在教育活动中，针对监狱执法执纪工作中存在的问题，积极探索建立思想教育、权力制约、监督管理、法纪约束、测评预警和廉政激励等6个方面的机制。在抗击非典的战斗中，广大民警大力弘扬浙江监狱民警精神，以强烈的责任心和使命感投身于这场战斗，展现了特别能吃苦、特别能战斗的精神风貌，涌现了很多先进事迹和先进人物。14个省属监狱单位党委班子换届选举顺利进行，并落实了厅党委提出的党委副书记兼任纪委书记的要求。认真贯彻落实领导干部个人重大事项报告、任前廉政谈话、诫勉谈话、干部廉政档案等制度，注重把纪检监察工作监督渗透到刑罚执行、监管改造、生产经营和队伍建设的各个方面，强化监督制约的力度，使党风廉政建设责任制得到了进一步的落实。

▲ 医学专家咨询

▲ 狱警巡逻

▲ 法律援助

▲ 政治学习

详细地址：浙江省杭州市天目山路110号
法定代表人：葛炳瑶
邮政编码：310007
联系电话：0571-88256726

中国人民解放军73

中国人民解放军73021部队1927年由贺龙元帅亲手创建。红军时期，创建了洪湖、湘鄂西、湘鄂川黔边革命根据地，参加了举世闻名的二万五千里长征，被誉为“铁流后卫”。抗日战争时期，部队挺进冀中，转战晋察冀，坚持晋西北，参加大反攻，取得了抗日战争的最后胜利。解放战争时期，部队北上绥远，南下晋北，西渡黄河，转战陕北，并长期担负着保卫陕甘宁，保卫延安，保卫党中央的光荣任务，为中国人民的解放事业建立了不朽的功勋；新中国成立后，部队先后参加了西北剿匪，抗美援朝，东南沿海紧急备战和老山地区防御作战等重大行动，圆满完成了上级赋予的教育训练、国防施工，生产值勤、抢险救灾等各项急、难、险、重任务。先后参加了青藏筑路、广济会战等136项重点工程，168次抢险救灾。特别是在九八年九江抗洪抢险斗争中，部队将士舍生忘死，众志成城，用自己的生命捍卫了九江。受到了江泽民主席、朱镕基总理等中央领导人的亲切接见，并被高度评价为“谱写了一曲壮丽凯歌，创造了人间奇迹”。七十余年的战斗历程，有近百万烈士血沃中华。

该部是一支光荣的红军部队，现有红军单位26个，这些红军单位犹如一颗颗红色的种子，在艰苦卓绝的革命岁月中，磨炼出了六大光荣传统：

一、铁心跟党的磐石信念

二、万难不屈的硬骨雄风

三、勇于牺牲的奉献品格

四、艰苦奋斗的创业精神

五、拥政爱民的赤子情怀

六、求真创新的务实作风

这些光荣传统激励着一代代红军传人，先后涌现出硬骨头六连、攻坚英雄连、尖刀七连等49个英模单位和刘四虎、尹玉芬、钱富生等105位英模个人，其中该部的“三八女子救护队”被授予“全军三八红旗集体”称号，为部队的历史写下了光辉灿烂的一页。

该部是一支战功卓著，全面过硬，倍受关注的老红军部队，部队总结出的战备工作“三分”、“四定”在全军得到推广，并一直受到党中央三代领导核心的关怀厚爱，毛主席在延安机场亲切接见我部全体指战员，军委邓主席先后六次接见我师英模代表，军委主席江泽民视察六连并题词，老一辈无产阶级革命家对部队的建设和发展高度重视，寄予厚望。党政军领导，社会各界名人先后有千余人次亲临我部检查指导，并题词勉励。

◀训练间隙乐一乐

021 部队

▲ 部领导：
左 参谋长：**王春宁**
中 部队长：**叶志胜**
右 政 委：**陶征明**

▲ 在“非典”期间该部官兵踊跃捐款

详细地址：浙江省杭州市留下镇73021部队
法定代表人：叶志胜
邮政编码：310023
联系电话：0571-87344244

▶ 该部防空兵怒射「天狼」

浙江省乡镇企业局 中小企业局

一、机构设置概况

浙江省乡镇企业局（中小企业局）为浙江省经济贸易委员会管理的主管乡镇企业（中小企业）的副厅级行政机构。正式编制36人，领导班子现有成员为省经贸委副主任省乡镇企业局（中小企业局）局长吴家曦，省经贸委巡视员省乡镇企业局（中小企业局）副局长何荣飞，副局长沈金虎，党组成员局长助理高剑明，党组成员纪检组长刘应邦。

省乡镇企业局（中小企业局）内设办公室、政策法规处、财务统计处、综合处（省经贸委中小企业处与其合署）、科技创新服务处、对外经济合作处、人事教育处等7个职能处室。直属全额拨款事业单位有省乡镇企业产品质量监督中心、省中小企业服务中心、省乡镇企业局对外经济交流中心、省乡镇企业局后勤服务中心。局属自收自支事业单位有省乡镇企业科技教育培训中心、省地方工业产品检测中心、省水泥质量检测站。

二、事业发展概况

浙江乡镇企业中小企业起步早、发展快，已成为浙江农村经济的主体力量和国民经济的重要支柱。现在全省共有乡镇企业中小企业107万余家，其中工业企业67.09万家，占我省工业企业总数的62.7%以上。2003年，实现了“21111”目标：全年营业收入20610多亿元，利润1100多亿元，劳动者报酬1180多亿元，工业性投入1300多亿元，职工就业达到1000多万人，从1998年至今，主要经济指标已获得全国“六连冠”。乡镇企业中小企业对国家和社会的贡献概括起来可用“45678”来表述：乡镇企业中小企业吸纳和转移了45.46%的农村劳动力；农民人均年收入中来自乡镇企业中小企业的占了50%以上；乡镇企业中小企业交纳的税金及附加占了地方财政收入的近60%；村级经济财力来源由乡镇企业中小企业创造和提供的达到了75%；乡镇企业中小企业占全省工业增加值的比重已达到88%。全省乡镇企业中小企业继续保持了快速增长的良好发展势头，促进了我省经济社会持续稳定协调健康发展。

详细地址：浙江省杭州市环城北路296号
法定代表人：吴家曦
邮政编码：310006
联系电话：0571-85156152

空二十八师

中国人民解放军九四九三六部队是一支具有光荣传统的部队，曾先后被总部、空军评为训练一级师管理教育和基层建设先进单位。近年来，该部以新时期军事战略方针为统揽，严格要求、严格训练、严格管理，部队全面建设水平在原有的基础上进一步巩固提高，成为捍卫国家主权和和平安宁的重要“拳头”力量。该部作为我军的对外开放部队，多年来一直担负接待外国军事代表团参观的任务，以精湛过硬的素质，充分展示了我军的威武形象。

在完成繁重军事任务的同时，该部积极参与第二故乡的建设，服务社会，服务群众。先后圆满完成了秦山核电站航空取样飞行、中央电视台直播“钱江潮”拍摄、“亚太国际跳伞”、“飞越浙江”、“人工增雨”等一系列飞行保障任务。尤其在1996年“6.30”余杭西险大塘堵决抢险与1999年7月嘉兴太浦河南栅港筑堤抗洪的战斗中，发扬“特别能奉献、特别能吃苦、特别守纪律、特别能战斗”的团队精神，连续奋战，顽强拼搏，圆满完成任务，保证了人民生命财产的安全。该部还先后出动官兵2万多人次、车辆1000多台次积极参加杭州市上塘河改造、蔬菜基地建设、西湖西进等重点工程建设；派出1万多人次参加杭州市环境整治、义务助民活动，以及“春运”、“西博会”秩序维护等“精神文明和双拥共建”活动；同时，该部还累计接待地方来队参观人员8万余人次，帮助地方大型企业和院校军训11万余人次，为第二故乡的两个文明建设作出了应有的贡献。1993年以来，该部所属团站先后17次被杭州市、嘉兴市政府评为“军民共建”、“拥政爱民”等先进单位或标兵单位，2000年该部被空军评为“拥政爱民先进单位”。

▲ 现任师长王国敬训练剪影

◀ 战前动员

▲ 外宾来访

▼ 参加浙江人工增雨的该师官兵与省长吕祖善合影

浙江省地质勘查局

▲ 党委书记、局长：**张盛丰**

浙江省地质勘查局是隶属浙江省政府管理的正厅级事业单位，下属一个副厅级事业局、14家地勘单位、11家工程勘察院和11家企业，职工总数14000多人。2002年末总资产13亿元，2002年市场总收入15亿元，2003年突破20亿元。

该局过去专业从事地质勘查工作，从20世纪80年代初开始拓展市场，从90年代初开始推行企业化经营，目前已经形形成以地质勘查、工程勘察、工程施工、矿产品加工贸易、眼视光学产品和相关医疗服务等为主的多元化的产业格局，并涉足房地产、旅游、五金加工出口、机械制造、城市环境保护等多项产业。

在地质勘查领域，该局有五十年的工作经验和资料的积累，拥有一大批高级专业技术人才，有多项基础研究成果获省级科学进步奖，在第四纪地层、水文地质、城市地质、灾害地质、农业地质等应用领域的研究和实践具有领先的实力。近几年来承担了全省省、市、县级地质灾害防治规划工作、主要的矿山合理开发利用方案的编制和矿山生态环境治理工作，为我省生态省建设作出了贡献。

在工程勘查领域，该局11家勘察院拥有甲级资质（其中3家为综合甲级），2002年业务量达3亿元，2003年突破4.7亿元。在省内和上海市场有完善的经营网络。勘察院全部通过ISO9002质量体系认证，2002年一项成果获国优，并包揽浙江省"钱江杯"优秀勘察成果一等奖。完成了秦山核电站、大亚湾核电站、杭州湾跨海公路大桥、杭州萧山国际机场、朱家尖跨海大桥等重点工程的勘察任务。其中浙江省工程勘察院水上勘探在国内具有领先实力。

在工程施工领域，该局拥有市政总承包一级、隧道施工一级、地基与基础施工一级、土石方工程专业一级、房屋建设总承包二级、交通工程二级等优良资质；拥有项目经理300多名，其中一级项目经理130名。全部施工单位都通过ISO9002质量体系认证，并通过多年的经验积累形成了较成熟的管理模式。在市政、交通领域拥有较强的经营和施工能力，在隧道、地基与基础施工领域拥有自己的核心技术。在土石方领域曾完成单项230万方的城市爆破工程。该局施工单位参与了一大批国家、省、市重点工程建设。

在矿产品加工贸易领域，该局在非金属矿产品的应用研究和开发方面取得多项部级优秀成果，目前拥有年5000吨的生产线和良好的出口渠道。浙江省工业矿产对外贸易公司2003年出口额2500万美元。

该局参与投资的浙江泰恒眼镜集团有限公司是温州市重点出口创汇企业。2003年自营出口交货值达1790万美元。该公司联合温州医学院和医院，走产学研一体化、眼视光学产品生产销售和医疗服务一体化的路子，其产品科技含量不断提高，并在重庆与当地医疗机构联合开办眼视光医院。

详细地址： 浙江省杭州市体育场路498号

法人代表人： 张盛丰

邮政编码： 310007

联系电话： 0571-85115076

传真号码： 0571-87059204

企业网址： www.zjdk.gov.cn

▲ 特大型国有企业镇海炼化从初建至今的工程地质勘察基本由浙江地勘局下属省工程勘察院承担。新建 8×5 万 m^3 原油罐详细工程地质报告获部优秀工程勘察一等奖。

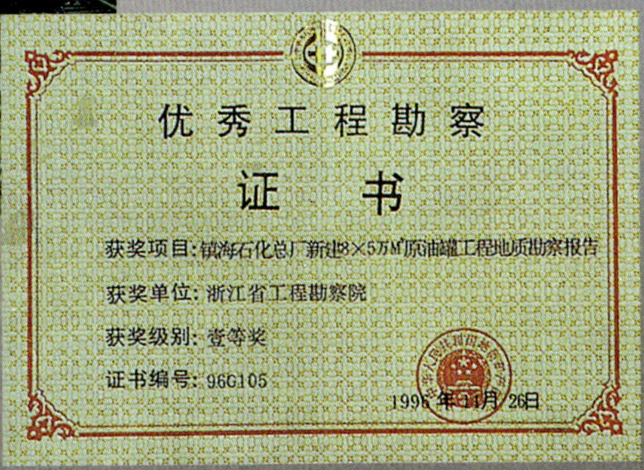

优秀工程勘察

证　书

获奖项目：镇海石化总厂新建8×5万M³原油罐工程地质勘察报告

获奖单位：浙江省工程勘察院

获奖级别：壹等奖

证书编号：96G105

1996年11月26日

▶ 秦山核电站一、二、三期工程物探、工程地质选址

▶ 广东大亚湾核电站中低放废物处置场等项目的工程物探、工程地质选址

浙江出版联合集团

▶新出版大楼

浙江出版联合集团是在浙江省新闻出版局、浙江省出版总社实现政事、政企分开的基础上，以浙江省出版总社及所属单位为基础，于2000年12月组建成立的，为省政府直属的事业性质企业化管理的综合性出版集团。2003年1月被新闻出版总署列为全国试点出版集团。集团以图书、报刊、音像制品、电子出版物的出版、印制、发行为主业，同时经营物资贸易、光盘复制、资本经营和物业管理等业务。现有直属（控股）企事业单位16家，其中子集团4家，出版单位10家，物业管理和投资公司各1家，出版报刊16种。

▲ 图书大楼

集团组建以来，紧紧围绕完成宣传文化工作和国有资产保值增值两大任务，以发展、繁荣出版为中心，牢牢把握正确的出版导向，坚持以发展为主题，结构调整为主线，深化改革为动力，按照尽快建立适应社会主义市场经济要求、符合出版工作规律的新的管理体制和运行机制的总体要求，狠抓结构调整、深化改革、科学管理和集团化建设，妥善处理改革、发展、稳定三者关系，各项工作都取到了明显成效。近三年来，各项出版、经济指标均有较快增长，出版了《中国绘画全集》、《走进浙江》、《大败局》、“冒险小虎队”系列等一大批社会效益和经济效益俱佳的优秀图书，共有12种集团版图书连续八届入选中宣部“五个一工程”，22种入选国家图书奖，40种入选中国图书奖。2003年，实现销售收入42亿元，利润总额近3亿元。

▲ 近年获国家奖部分图书

浙江出版联合集团将以邓小平理论和“三个代表”重要思想为指导，按照中央、省委关于深化文化体制改革的总体要求，进一步解放思想、实事求是、与时俱进、开拓创新，努力出版发行更多积极健康、人民群众喜闻乐见的出版物，实现集团产业的持续协调健康发展，为浙江建设文化大省和提前基本实现现代化，为社会全面进步作出更大贡献。

详细地址：浙江省杭州市天目山路40号
法定代表人：侯玉琪
邮政编码：310013
联系电话：0571-88808886、88808887
企业网址：www.zjcb.com

▲ 出版大楼

浙江树人大学

前进中的浙江树人大学

浙江树人大学创办于1984年，是改革开放以来我国最早成立并经国家教育部首批批准承认学历的全日制民办高校之一。自第三次全国教育工作会议后，学校走上了一条快速发展的道路。目前学校占地面积500余亩，建筑面积25万平方米，藏书量60多万册，在校生1万多名，教职工600余人，涵盖经济、管理、文学、工学、法学与艺术兼具的多学科民办高校。经过全校师生的努力，2003年经国家教育部批准，成为浙江省唯一的一所民办本科院校。

学校位于杭州城区，目前设有管理学院、城建学院、人文学院、信息科技学院、生物与环境工程学院、外经贸学院、语言学院、艺术学院、成人教育学院等9个学院，有工商管理、国际经济与贸易、计算机科学与技术、城市规划、社会工作、电子与信息工程、日语、土木工程、汉语言文学、环境工程等10个本科专业，其中国际经济与贸易学科被列为省重点扶持学科，有英语、家政学等39个专科专业，其中应用电子技术、日语两个专业被列为省重点建设专业。学校先后成立了民办高等教育、陶瓷、中小民营企业、园林设计所、国际金融所等7个研究所。

学校重视师资队伍建设，在现有的教师队伍中，高级职称的占44%，高质量的师资队伍为教学质量的提高提供了保证。学校的办学成绩也赢得了政府和社会各界的肯定，2000年2月，省政府授予学校“优秀民办学校”的称号；历年来，学校毕业生深受用人单位欢迎，就业情况良好。

学校积极开展对外交流，与日本常叶学园、京都创成大学、韩国大佛大学等建立了密切的合作关系，由浙江树人大学选送到日本留学的学生已达400余名。学校还与美国、加拿大、香港、台湾等国家和地区的高校建立了良好的校际交流关系。

当前，浙江树人大学全校师生认真实践“崇德重智、树人为本”的校训，弘扬“艰苦创业、务实创新、敬业奉献”的树大精神，深入开展“树优良学风，建文明校园”活动，为建设一流的民办本科院校，实现学校“上层次、上水平、创特色、争一流”的目标而努力奋斗！

详细地址： 杭州市舟山东路19号.
法定代表人： 朱　玉
邮政编码： 310015
联系电话： 0571-88297011
传真号码： 0571-88297012
电子信箱： zjsrxb@sohu.com
学校网址： www.zjsru.cn

浙江省省机关事务管理局

◀ 省人民大会堂主会场

▲ 全国人大副委员长许嘉璐在詹泰安局长的陪同下视察北山幼儿园

浙江省省级机关事务管理局是浙江省人民政府主管省级机关行政事务工作的直属机构。现有人员编制71人，领导班子成员为局长詹泰安、副局长章润根、俞企成、乔国英、直属机关党委书记、纪检组长黄昌桐。局机关设办公室、计财处、房地产基建管理处、行政处、服务处、车辆管理处、人事处、保卫处、监察室、审计处、直属机关党委、莫干山管理局等12个职能处室。此外还有省行政中心规划办公室（省行政中心规划领导小组设在该局的机构）、幼儿教育办公室及23个下属单位，全局现有干部职工3200人。主要承担省行政中心综合管理和省级单位房地产、住房公积金、公务用车、小区物业等管理工作，同时还承担省重要会议保障、经济房建设、幼儿入托、食堂用餐、通迅服务、煤气供应、领导生活服务等后勤保障工作。

近几年来，在省委省政府领导下，在各有关部门的大力支持下，省级机关事务管理局主要抓了以下几项工作：一是结合实际，加大改革力度。分离行政管理职能和服务职能，明确机关和局属单位各自的职责；同时，调整结构，按市场取向优化配置局后勤资源，提高产业集中度，2000年先后重组了汽车服务中心和后勤经济发展中心。二是加快基础服务设施建设，努力缓解供需矛盾。(1) 改善办公和住房条件。新建了行政中心7号楼和新省府路，改善了大院办公条件；为机关多建房。据统计，最近五年，已建成住宅2074套，计建筑面积21.6万平方米，目前在建住宅33.8万平方米，2565套，大大缓解了机关干部住房紧张的矛盾。同时，截止2003年底，累计归集公积金35.47亿元，发放个人住房贷款23.2亿元，各项指标在全省房改系统中名列前茅。(2) 努力改善机关用车条件。狠抓车队内部管理，千方百计提高使用率，贷款购买了大客车，在确保对内服务同时，开展对外经营，弥补经费不足，连续11年被评为杭州市安全行车先进单位。(3) 加强幼儿园建设。98年以来，共招收幼儿1900多名。北山、武林门幼儿园建成省级示范性幼儿园，武林门幼儿园2002年成为我省教育行业首家通过IS09001－2000版国际质量体系认证的幼儿园。北山、武林门幼儿园还成功开设了3所分园，利用品牌优势，为社会办幼教，不仅缓解了机关入托难的矛盾，而且为今后幼儿园社会化奠定了一定基础。(4) 加快服务设施改造。自筹资金，新建了老龙井御茶园、莫干山99号等，现有三星级涉外旅游饭店两家，四星级一家。另外，每年都圆满完成了省委全会、人代会、政协会和经济工作会议等重要会议和活动的保障，平均每年无偿为700多场次的政务活动提供保障，同时，还为近5000名机关干部提供就餐，为7000多名机关干部职工供应煤气，并为100多位副省以上领导搞好生活服务。四是抓精神文明和职工队伍建设。我们以作风建设为重点，利用争先创优的载体，扎扎实实开展精神文明建设，涌现了全国"五一"劳动奖章获得者1名，省劳模1名，省直优秀共产党员6名等先进个人。车管处党委连续两次被评为省先进基层党组织，2003年还被全国总工会授予"全国五一劳动奖状"。局直属机关党委被评为省级机关先进基层党组织，局女职工委员会获得了全国女职工先进集体；局团委被评为省"五四红旗团委"。局还被评为全国"三五"普法先进单位。

▲ 之江饭店成为四星级饭店

详细地址： 浙江省杭州市保俶路81号

法定代表人： 詹泰安

邮政编码： 310007

联系电话： 0571-87052608

▲ 省领导与局领导及省人民大会堂工作人员合影留念

编　者　说　明

一、《浙江统计年鉴－2004》是一部全面反映浙江国民经济和社会发展情况的资料性年刊，本年鉴收录了浙江及各市、县2003年经济和社会各方面大量的统计数据，以及改革开放以来浙江主要统计数据。

二、全书内容分为18部分，即：1. 综合；2. 人口和从业人员；3. 固定资产投资；4. 物价；5. 人民生活；6. 农业；7. 工业；8. 建筑业和地质勘查；9. 交通运输和邮电通讯业；10. 批发零售贸易和餐饮业；11. 对外经济贸易和旅游；12. 财政和金融；13. 城市建设和环境保护；14. 教育科技、专利、测绘和标准计量；15. 文化、体育和卫生；16. 档案、司法、社会福利、工会、妇联组织和社会治安；17. 市地县国民经济主要指标；18. 附录（企业统计情况及部分企业简介）。为便于读者使用，部分统计表下作了简要注释，每篇章后附有《主要统计指标解释》。

三、本年鉴对过去发表的统计资料重新予以核实，凡与本年鉴数据有出入的，以本年鉴为准。

四、本年鉴凡带续表的资料，如有注解均注在最后一张续表的下方。

五、本年鉴中符号使用说明："…"表示数据不足本表最小单位数；"#"表示其中主要项；"空格"表示该项统计指标数据不详或无该项数据。

《浙江统计年鉴》自公开出版以来，受到了社会各界的关心和支持，对年鉴编辑工作提出了许多宝贵意见，对此我们深表谢意。为进一步提高统计年鉴的编辑水平，欢迎读者继续对年鉴的不足之处给予批评和指正。

Preface

Zhejiang Statistical Yearbook 2004 is an annual statistics publication, which contains very comprehensive statistics of Zhejiang 's social and economic development in 2003 and selected data since China adopted the policy of reforming and opening to the outside world.

The yearbook is composed of 18 parts. 1. General Suryey 2. Population and Employment 3. Investment in Fixed Assets 4. Prices 5. People's Livelihood 6. Agriculture 7. Industry 8. Construction and Geological Prospecting 9. Transportation, Posts and Telecommunication 10. Wholesale and Retail Sale Trade and Catering Trade 11. Foreign Economy and Trade, Tourism 12. Public Finance and Banking 13. City Construction and Environment Protection 14. Education, Science, Patent, Surveying and Mapping, Standard Calculating 15. Culture, Sports, and Public Health 16. Archives, Judicature, Social Welfare and Labour Union 17. Main Indicators of National Economy by City, Prefecture and County 18. Appendix. In addition, brief notes are placed at lower part of some tables and explanatory notes on main indicators are provided at end of each part.

The statistics in former statistical yearbook have been already checked. The data in Zhejiang statistical yearbook 2004 shall be regarded as authentic ones. The footnotes are placed at the last page, if the table is a continued one.

Notations used in this yearbook:

"…" indicates that the figure is not large enough to be measured with the smallest unit in the table. "#" indicates the major items of the total. "blank" indicates that the data not available.

Since issued openly, Previous editions of Zhejiang Statistics Yearbook have enjoyed wide concern and support, All circles have made many valuable suggestions, we express heartfelt thanks. In order to enhance yearbook editorial level, we welcome all candid comments and criticism from our readers.

目　录
CONTENTS

一、综合
Chapter 1 GENERAL SURVEY

二、人口和从业人员
Chapter 2 POPULATION and EMPLOYMENT

三、固定资产投资

Chapter 3 INVESTMENT in FIXED ASSETS

五、人民生活
Chapter 5 PEOPLE'S LIVELIHOOD

Chapter 6 AGRICULTURE

九、交通运输和邮电通信业
Chapter 9 TRANSPORTATION, POSTS and TELECOMMUNICATIONS

十、批发、零售贸易和餐饮业
Chapter 10 WHOLESALE and RETAIL SALE TRADE and CATERING TRADE

十一、对外经济贸易和旅游
Chapter 11 FOREIGN ECONOMY and TRADE, TOURISM

十二、财政和金融
Chapter 12 PUBLIC FINANCE and BANKING

十三、城市建设和环境保护
Chapter 13 CITY CONSTRUCTION and ENVIRONMENT PROTECTION

十四、教育、科技、专利、测绘和标准计量

Chapter 14 EDUCATION, SCIENCE, PATENT, SVRVEYING & MAPPING and STANDARD CALCULATING

十六、档案、司法、社会福利和工会组织
Chapter 16 ARCHIVES, JUDICATURE, SOCIAL WELFARE and LABOUR UNION

十七、各市、县国民经济主要指标

Chapter 17 Major Indicators of National Economy by City, Prefecture and County

综　合

General Survey

Chapter 1

1. 综　合

General Survey

2003 年全省生产总值	Gross Domestic Product	9395 亿元	(100 million yuan)
第一产业	Primary Industry	728 亿元	(100 million yuan)
第二产业	Secondary Industry	4941 亿元	(100 million yuan)
# 工业	Industry	4381 亿元	(100 million yuan)
第三产业	Tertiary Industry	3726 亿元	(100 million yuan)
2003 年人均 GDP	Per Capita GDP	20147 元	(yuan)
2003 年生产总值构成	Structure of Gross Domestic Product	100%	
第一产业	Primary Industry	7.7%	
第二产业	Secondary Industry	52.6%	
# 工业	Industry	46.6%	
第三产业	Tertiary Industry	39.7%	

全省生产总值 (亿元)

Gross Domestic Product (100 million yuan)

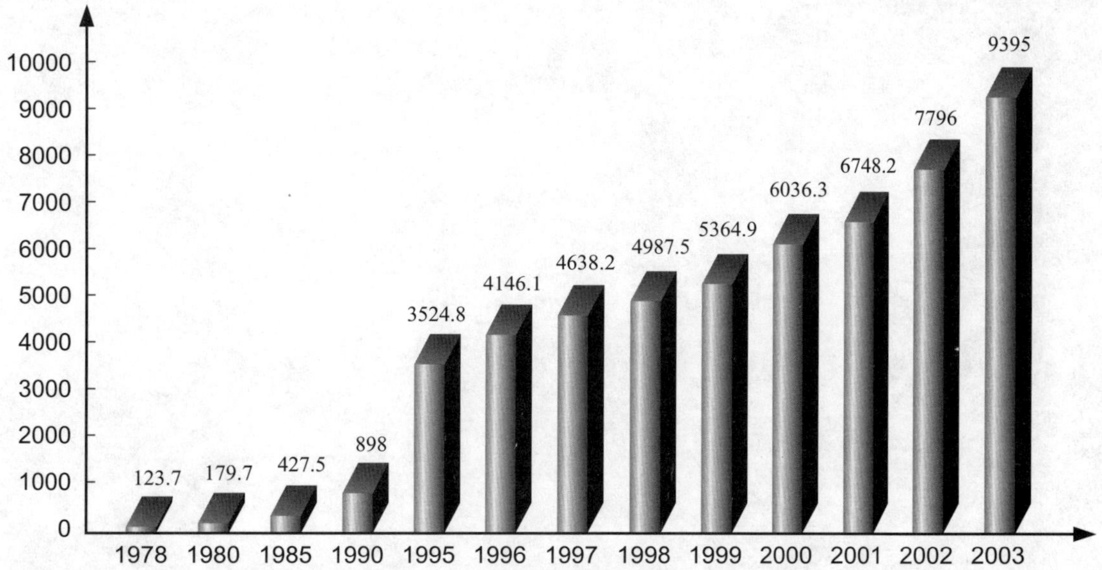

1－1 行政区划(2003 年底)
Divisions of Administrative Areas(End of 2003)

单位:个 (unit)

地 区	Region	市辖区 Districts under City Administration	县及县级市 Counties (Cities)	建制镇 Towns	乡 Townships	村 Villages
合 计	**Total**	30	58	791	543	38322
杭州市	Hangzhou	8	5	121	56	4284
宁波市	Ningbo	6	5	89	13	3812
温州市	Wenzhou	3	8	119	143	5952
嘉兴市	Jiaxing	2	5	55	2	1028
湖州市	Huzhou		3	48	19	1054
绍兴市	Shaoxing	1	5	80	18	4693
金华市	Jinhua	2	7	73	46	5730
衢州市	Quzhou	2	4	55	81	2602
舟山市	Zhoushan	2	2	23	12	556
台州市	Taizhou	3	6	66	28	5134
丽水市	Lishui	1	8	62	125	3477

1-2 人口和自然资源
Population and Natural Resources

项目		Item		2003
人口		**Population**		
年末人口总数	(万人)	Year-end Population	(10000 persons)	4551.58
人口密度	(人/平方公里)	Density of Population	(person/sq. km)	447
土地		**Land**		
土地面积	(万平方公里)	Land Area	(10000 sq. km)	10.18
山区面积	(%)	Mountains Area	(%)	70.4
平原面积	(%)	Plains Area	(%)	23.2
河流湖泊面积	(%)	Rivers Area	(%)	6.4
气候(主要城市)		**Climate(Main Cities)**		
年平均降雨量	(毫米)	Total Precipitation	(millimeters)	1039
年平均气温	(摄氏度)	Average Temperature	(℃)	17.9
森林		**Forest**		
林地面积	(万公顷)	Area of Afforestated Land	(10000 hectares)	554
森林覆盖率	(%)	Forest-coverage Rate	(%)	59.4
林木蓄积量	(万立方米)	Total Standing Stock Volume	(10000 cu. m)	13847
水资源		**Water Resources**		
水资源总量	(亿立方米)	Hydropower Resources	(100 million cu. m)	574.48
总供水量	(亿立方米)	Total Amount of Water Supply	(100 million cu. m)	205.98
用水量构成	(%)	Component of Water Use	(%)	
农田灌溉		Farmlands Irrigation		47.9
农牧渔畜		Agriculture, Animal Husbandry and Fishery		6.5
工业		Indrstry		26.8
居民生活		Consumption for Life		10.0
城镇公共用水		Urban Public Consumption		3.2
生态环境补水		Supplement for Ecological Environment		5.6
淡水已养殖面积	(千公顷)	Cultivated Freshwater Area	(1000 hectare)	215.10
海水已养殖面积	(千公顷)	Cultivated Seawater Area	(1000 hectare)	117.41
海岸线总长度	(公里)	Length of Mainland Coastline	(km)	6486
矿产资源(保有储量)	**(万吨)**	**Mineral Resources(Ensured Reserves)**	**(10 000 tons)**	
铁矿石		Iron Ore		3981
煤		Coal		9498
沸石岩		Zeolite		12704
叶蜡石		Pyrophyllite		3583
莹石矿石(矿石)		Fluorite		2073
明矾石矿石(矿石)		Alumstone		9836
水泥石灰岩		Cement Limestone		255031

1-3 各市水资源总量

Total Amount of Water Resourses by City

单位:亿立方米 (100 million cu. m)

城市	City	2001	2002	2003
合　计	**Total**	**936.82**	**1230.48**	**574.48**
杭州市	Hangzhou	157.70	213.07	102.65
宁波市	Ningbo	75.70	100.47	29.31
温州市	Wenzhou	146.95	141.10	80.76
嘉兴市	Jiaxing	19.09	28.78	4.68
湖州市	Huzhou	33.37	46.70	21.35
绍兴市	Shaoxing	58.36	93.79	30.82
金华市	Jinhua	70.40	130.16	57.37
衢州市	Quzhou	90.69	146.18	81.51
舟山市	Zhoushan	6.45	12.55	1.70
台州市	Taizhou	93.95	101.02	36.30
丽水市	Lishui	184.16	216.66	128.03

1-4 各市总供水量
Total Amount of Water Supply by City

单位:亿立方米 (100 million cu. m)

城市	City	2001	2002	2003
合计	**Total**	**205.35**	**208.01**	**205.98**
杭州市	Hangzhou	40.29	39.92	44.72
宁波市	Ningbo	18.36	18.25	18.08
温州市	Wenzhou	18.81	18.27	17.87
嘉兴市	Jiaxing	22.75	23.19	28.36
湖州市	Huzhou	18.21	18.04	17.64
绍兴市	Shaoxing	18.94	18.61	20.26
金华市	Jinhua	24.20	27.25	18.83
衢州市	Quzhou	15.04	16.26	15.94
舟山市	Zhoushan	1.50	1.54	1.46
台州市	Taizhou	18.04	17.67	15.39
丽水市	Lishui	9.21	9.01	7.43

1-5 主要城市平均气温(2003年)

Average Temperature in Major Cities(2003)

单位:0.1摄氏度 (0.1℃)

城市名称 City		1月 Jan.	2月 Feb.	3月 Mar.	4月 Apr.	5月 May	6月 June	7月 July	8月 Aug.	9月 Sep.	10月 Oct.	11月 Nov.	12月 Dec.	年平均 Annual Average
杭州	Hangzhou	43	76	107	164	211	250	310	294	261	105	130	64	175
宁波	Ningbo	48	82	107	167	208	249	315	299	266	192	144	74	179
温州	Wenzhou	81	104	122	178	216	251	305	293	270	210	170	103	192
嘉兴	Jiaxing	35	69	99	157	204	248	301	291	260	180	130	58	169
湖州	Huzhou	33	68	102	158	207	252	300	290	254	174	121	52	168
绍兴	Shaoxing	40	77	107	167	213	252	316	296	259	181	130	58	175
金华	Jinhua	53	89	120	182	219	255	325	307	271	199	145	72	186
衢州	Quzhou	51	85	115	179	217	251	314	298	261	192	140	66	181
舟山	Zhoushan	52	78	99	154	192	231	286	286	261	192	152	82	172
丽水	Lishui	62	106	128	195	225	255	319	300	269	202	155	76	191
临海	Linhai	62	94	117	180	217	251	309	295	266	198	155	83	186

注:本表由省气象局整理提供.表1-6至1-7同。
The data on this table are provided by Provincial Meteorological Bureau. Table from 1-6 to 1-7 are the same.

1-6 主要城市降水量(2003年)
Precipitation in Major Cities(2003)

单位:0.1毫米 (0.1millimeters)

城市名称 City		1月 Jan.	2月 Feb.	3月 Mar.	4月 Apr.	5月 May	6月 June	7月 July	8月 Aug.	9月 Sep.	10月 Oct.	11月 Nov.	12月 Dec.	全年 Annual Total
杭州	Hangzhou	413	1376	1722	1254	885	1161	814	484	437	324	437	282	9489
宁波	Ningbo	400	961	1235	791	1040	1076	376	1069	533	220	588	322	8611
温州	Wenzhou	522	853	1108	2441	1287	1035	379	2626	2369	203	747	80	13650
嘉兴	Jiaxing	503	844	1009	760	761	600	764	1397	77	171	788	232	7906
湖州	Huzhou	461	942	1059	995	598	876	1298	1211	460	575	615	296	9386
绍兴	Shaoxing	447	1292	1368	1329	1003	1841	431	1376	319	492	620	262	10780
金华	Jinhua	630	1220	1363	1304	1400	2207	188	733	244	78	873	212	10452
衢州	Quzhou	642	1504	1616	1990	2159	2819	410	1171	1161	111	1189	217	14989
舟山	Zhoushan	561	967	1192	705	899	942	410	1082	534	293	522	248	8355
丽水	Lishui	583	767	835	1979	1110	1717	85	1685	910	98	263	110	10142
临海	Linhai	618	661	1096	1300	771	788	842	2719	1112	166	306	127	10506

1－7 主要城市日照时数(2003 年)
Sunshine Hours in Major Cities(2003)

单位:0.1 小时 (0.1hours)

城市名称 City		1月 Jan.	2月 Feb.	3月 Mar.	4月 Apr.	5月 May	6月 June	7月 July	8月 Aug.	9月 Sep.	10月 Oct.	11月 Nov.	12月 Dec.	全年 Annual Total
杭州	Hangzhou	1124	763	1191	1055	1233	1331	2485	1967	1837	1776	1201	1299	17262
宁波	Ningbo	1407	909	1274	1224	1294	1517	2812	2059	2164	2015	1242	1607	19584
温州	Wenzhou	1510	914	1056	891	1121	985	2531	1999	1911	1794	1365	1701	17778
嘉兴	Jiaxing	1544	1060	1473	1286	1431	2030	2401	2145	2194	1831	1412	1372	20179
湖州	Huzhou	1475	879	1405	965	1209	1439	2149	1809	1722	1737	1224	1407	17420
绍兴	Shaoxing	1392	954	1283	1123	1111	1562	2795	2213	2165	1943	1227	1463	19231
金华	Jinhua	1430	943	1500	1364	1619	1690	3183	2609	2180	1901	1500	1719	21638
衢州	Quzhou	1200	854	1479	1609	1874	1683	3391	2727	2322	1979	1614	2045	22777
舟山	Zhoushan	1516	1099	1276	1253	1293	1359	2731	2406	2307	2131	1247	1653	20271
丽水	Lishui	1078	889	1190	1442	1421	1104	3090	2122	1955	1927	1292	1384	18894
临海	Linhai	1422	931	1274	1112	1354	1173	2727	2220	2083	1990	1451	1835	19532

1-8　国民经济和社会发展总量与速度

指标		Item	
人口		**Population**	
年末总人口	（万人）	Year-end Population	（10000 persons）
年末从业人员数	**（万人）**	**Year-end Employment**	**（10000 persons）**
全省生产总值	**（亿元）**	**Gross Domestic Product**	**（100 million yuan）**
第一产业		Primary Industry	
第二产业		Secondary Industry	
第三产业		Tertiary Industry	
人均生产总值	**（元）**	**Per Capital GDP**	**（yuan）**
运输、邮电和通信		**Transportation, Post and Telecommunications Services**	
旅客周转量	（亿人公里）	Turnover Volume of Passenger Traffic	（100 million passenger-km）
货物周转量	（亿吨公里）	Turnover Volume of Freight Traffic	（100 million ton-km）
电话普及率	（部/百人）	Number of Telephone Sets Owned per 100 persons	（set/100 persons）
全社会固定资产投资总额	**（亿元）**	**Total Investment in Fixed Assets**	**（100 million yuan）**
财政收支		**Finance**	
财政总收入	（亿元）	Financial Revenue	（100 million yuan）
#地方财政收入	（亿元）	Local Financial Revenue	
财政支出	（亿元）	Financial Expenditure	（100 million yuan）

1－8 Main Aggregate Indicators on National Economic and Social Development and Their Related Indices

1978	1990	1995	2000	2002	2003	指数 Indices(2003 为以下各年%)(2003 as Percentage of the Following Years)			1979－2003 平均年增长(%) Average Annual Growth Rate (%)
						1978	2000	2002	
3750.96	4234.91	4369.63	4501.22	4535.98	4551.58	121.3	101.1	100.3	0.8
1794.96	**2554.46**	**2621.47**	**2726.09**	**2858.56**	**2918.74**	**162.6**	**107.1**	**102.1**	**2.0**
123.72	**897.99**	**3524.79**	**6036.34**	**7796.0**	**9395**	**2167.4**	**142.2**	**114.4**	**13.1**
47.09	225.04	559.80	664.16	694.0	728	283.2	113.4	103.6	4.2
53.52	408.18	1834.47	3183.47	3982.0	4941	4556.3	146.9	116.7	16.5
23.11	264.77	1130.52	2188.71	3120.0	3726	2461.9	144.0	113.8	13.7
331	**2122**	**8074**	**13309**	**16838**	**20147**	**1754.7**	**138.2**	**113.6**	**12.1**
66.68	**257.29**	**483.06**	**606.73**	**706.85**	**718.39**	**1077.4**	**118.4**	**101.7**	**10.0**
164.19	**400.65**	**874.29**	**1199.74**	**1616.61**	**2047.48**	**1247.0**	**170.7**	**126.7**	**10.6**
	1.6	**9.1**	**45.5**	**78.4**	**88.8**				
23.23	**186.96**	**1357.90**	**2267.22**	**3596.31**	**4993.57**	**21496.2**	**220.3**	**138.9**	**23.9**
27.45	101.59	248.50	658.42	1166.58	1468.89	5351.1	223.1	125.9	17.3
27.45	101.59	116.82	342.77	566.85	706.56	2574.0	206.1	124.7	13.9
17.43	80.23	180.29	431.30	749.90	896.77	5145.0	207.9	119.6	17.1

指标	Item	
贸易	**Trade**	
社会消费品零售总额	(亿元)Total Retail Sales of Consumer Goods	(100 million yuan)
进出口总额	(亿美元)Total Imports and Exports Value	(USD100 million)
#出口总额	(亿美元)Total Exports Value	(USD100 million)
价格指数	**Price Indices**	
居民消费价格指数(上年＝100)	General Consumer Price Index(Preceding year＝100)	
城乡居民收入	**Living Standard**	
城镇居民人均可支配收入	(元) Per Capital Disposable Income of Urban Households	(yuan)
农村居民人均纯收入	(元) Per Capital Annual Net Income of Rural Housholds	(yuan)
教育和文化	**Education and Culture**	
高等学校在校学生数	(万人) Students Enrollment in Institutions of Higher Education	(10000 persons)
中等专业学校在校学生数	(万人) Students Enrollment in Specializad Secondary Schools	(10000 persons)
普通中学在校学生数	(万人) Student Enrollment in Regular Secondary Schools	(10000 persons)
小学在校学生数	(万人) Students Enrollment in Primary Schools	(10000 persons)
报纸出版数量	(万份) Number of Newspapers Published	(10000 copies)
杂志出版数量	(万份) Number of Magazines Published	(10000 copies)
图书出版数量	(万份) Number of Books Published	(10000 copies)

注：1. 本表价值量指标按当年价格计算,发展速度按可比价格计算。

2. 城镇居民人均可支配收入、农村居民人均纯收入发展速度均已扣除价格变动因素。

1－8 continued

1978	1990	1995	2000	2002	2003	指数 Indices(2003 年为以下各年%)(2003 as Percentage of the Following years)			1979－2003 平均年增长(%) Average Annual Growth Rate(%)
						1978	2000	2002	
46.86	353.75	1325.70	2298.76	2877.52	3157.09	6737.3	137.3	109.7	18.3
0.70	27.73	115.12	278.34	419.57	614.23	87747.1	220.7	146.4	31.1
0.52	21.89	76.98	194.44	294.11	416.03	8000.6	214.0	141.5	30.7
	102.1	116.6	101.1	99.1	101.9				
332	1932	6221	9279	11716	13180	688.1	143.8	111.9	8.0
165	1099	2966	4254	4940	5431	795.2	124.9	107.8	8.6
2.4	6.0	9.3	22.2	40.9	50.4	2100.0	227.0	123.2	13.0
2.8	6.7	13.9	14.8	12.3	12.1	432.1	81.8	98.4	6.0
214.7	169.6	210.5	249.6	270.3	270.1	125.8	108.2	99.9	0.9
501.4	372.4	353.8	353.8	343.8	340.3	67.9	96.2	99.0	-1.5
24080	66865	113514	173526	212445	241645	1003.5	139.3	113.7	9.7
393	4716	8417	8736	8268	9104	2316.5	104.2	110.1	13.4
12033	19596	22608	27014	30201	30263	251.5	112.0	100.2	3.8

1. Figures in value terms are calculated at current prices, While the indices and growth rates are calculated at comparable prices.
2. The indices of per-capital Annual Disposable income of urban households and per-capital Annual net income of rural households are deducted the factor of changes in prices.

1－9 国民经济社会发展结构指标
Structural Indicators on National Economic and Social Development

单位:%　　　　(%)

指　　标	Item	1978	1990	1995	2000	2002	2003
人口	**Population**						
城乡结构	Urban and Rural Structure						
城镇	Urban	14.5	31.2	32.6	48.7	51.9	53.0
乡村	Rural	85.5	68.8	67.4	53.3	48.1	47.0
性别结构	Sexual						
男	Male	51.9	51.8	51.7	51.5	51.4	51.3
女	Female	48.1	48.2	48.3	48.5	48.6	48.7
就业	**Employment**						
产业结构	Industrial Structure						
第一产业	Primary Industry		53.2	44.0	35.58	30.97	28.30
第二产业	Secondary Industry		29.8	33.7	35.45	37.44	41.20
第三产业	Tertiary Industry		17.0	22.3	28.97	31.59	30.50
国民核算	**National Accounting**						
生产总值产业结构	Industral Structure of GDP						
第一产业	Primary Industry	38.1	25.1	15.9	11.0	8.9	7.7
第二产业	Secondary Industry	43.3	45.4	52.0	52.7	51.1	52.6
第三产业	Tertiary Industry	18.6	29.5	32.1	36.3	40.0	39.7
居民消费结构	Structure of Resident Consumption						
农村居民	Rural Consumption		72.4	61.7	57.9	56.0	53.9
城镇居民	Urban Consumption		27.6	38.3	42.1	44.0	46.1
固定资产投资结构	Structure of Total Investment in Fixed Assets						
城镇	Urban Areas		51.0	55.9	68.3	65.8	63.7
乡村	Rural Areas		49.0	44.1	31.7	34.2	36.3
财政	**Government Finance**						
财政收入结构	Strucure of Govemment Revenue						
中央	Central Govemment			53.0	47.9	51.4	51.9
地方	Local Govemments			47.0	52.1	48.6	48.1
利用外资	**Utilization of Foreign Capital**						
实际利用外资结构	Structure of Foreign Capital Actually Utilized						
对外借款	Loans From Abroad		69.63	17.99	34.96	31.63	27.34
外商直接投资	Direct Investment By Foreign Entrepreneurs		29.84	81.69	64.79	67.30	71.91
外商其他投资	Other Investment By Foreign Entrepreneurs		0.53	0.32	0.25	1.07	0.75

1－9 续表 1 continued

指　　标	Item	1978	1990	1995	2000	2002	2003
产业	**Industrial**						
农业	**Agriculture**						
农林牧渔业产值结构	Structure of Gross Output Value of Agriculture						
农业	Farming	77.4	59.4	55.5	49.3	46.4	45.5
林业	Forestry	3.0	4.7	5.8	5.2	5.5	5.6
牧业	Animal Husbandry	14.3	23.7	16.3	17.4	18.6	20.0
渔业	Fishery	5.3	12.2	22.4	28.1	29.5	28.9
工业	**Industry**						
规模以上工业总产值结构	Structure of Gross Output Value of Industry Above Designated Size						
轻工业	Light Industry	60.18	65.20	62.7	54.1	55.0	51.7
重工业	Heavy Industry	39.82	34.8	37.3	45.9	45.0	48.3
建筑业	**Construction**						
建筑业总产值结构	Structure of Gross Output Value of Construction						
国有企业	State Owned Enterprise		25.4	16.0	10.6	6.3	5.1
集体企业	Collective－owned Enterprise		74.56	79.0	28.6	7.9	5.3
港澳台商投资企业	Enterprise With Funds From Hong Kong, Macao & Taiwan				0.8	0.5	0.4
外商投资企业	Foreign Funded Enterprise				0.5	0.7	0.4
其他	Other Enterprise			5.04	59.5	84.6	88.8
交通运输业	**Transportation**						
货运量结构	Structure of Freight Traffic						
按运输方式分	By Means of Transportation						
铁路	Railways	16.7	5.1	3.1	2.6	2.7	2.6
公路	Highways	31.8	68.3	72.3	73.5	70.2	68.7
水运	Waterways	51.5	26.6	24.6	23.9	27.1	28.7

1－9 续表 2 continued

指　　标	Item	1978	1990	1995	2000	2002	2003
国内商业	**Domestic Trade**						
社会消费品零售总额构成	Composition of Retail Sales of Consumer Goods						
市	Cities	20.8	43.3	53.7	54.60	57.36	63.3
县	Counties	30.9	13.7	9.7	9.80	9.97	10.4
县以下	Below Counties	48.3	43.0	36.6	35.60	32.67	26.2
对外经济贸易	**Foreign Trade**						
出口商品结构	Structure of Exports						
初级产品	Primary Goods		26.2	18.30	10.06	6.98	5.9
工业制成品	Manufactured Goods		73.8	81.70	89.94	93.02	94.1
进口商品结构	Structure of Imports						
初级产品	Primary Goods		17.8	27.24	24.21	17.95	15.9
工业制成品	Manufactured Goods		82.2	72.76	75.79	82.05	84.1
国际旅游	**International Tourism**						
来华旅游人数结构	Structure of Tourists						
外国人	Foreigners		23.46	54.48	57.18	59.49	59.1
港澳台同胞	Hong Kong and Macao Compatriots, Taiwan Compatriots		68.97	42.12	42.82	40.51	40.9
教育、科技、文化	**Education, Science and Culture**						
教育	**Education**						
在校学生结构	Structure of Student Enrollment						
大学生	College and University Students		1.1	1.5	3.2	5.5	6.7
中学生	Seconday School Students		32.9	39.5	43.9	46.3	46.6
小学生	Primary School Students		66.0	59.0	52.9	48.2	46.7

注：工业总产值 1978－1995 为乡及乡以上独立核算工业企业，2000－2003 为规模以上工业企业。

The gross industrial output value from 1978 to 1995 is calculated by industrial enterprises at township level and above, and the figures from 2000 to 2003 refers to industrial enterprise above designated size.

1-9 续表 3 continued

指 标	Item	1978	1990	1995	2000	2002	2003
专任教师结构	Full - time Teachers By Type						
大学生	College and University Students	1.92	4.64	4.10	5.80	7.10	7.93
中学生	Seconday School Students	36.27	41.47	44.80	45.25	49.18	49.89
小学生	Primary School Students	61.81	53.88	51.10	48.95	43.72	42.18
生活	**People's Livelihood**						
城镇居民消费结构	Consumption Structure of Urban Residents						
食品	Food			47.05	39.21	39.88	36.64
衣着	Clothing			11.51	8.12	8.54	8.55
家庭设备用品及服务	Household Facilities, Articles and Services			12.12	9.43	5.99	6.10
医疗保健	Medical Services			3.72	7.71	7.66	7.60
交通和通讯	Transportation and Communications			5.81	8.88	10.32	12.60
娱乐教育、文化	Recreation, Education and Culture			8.04	13.07	16.15	15.31
居住	Residence			7.13	8.55	8.48	9.81
其他商品和服务	Others			4.64	5.05	2.99	3.39
农村居民消费结构	Consumption Structure of Rural Residents						
食品	Food			50.38	43.52	40.82	38.19
衣着	Clothing			6.60	5.17	5.61	5.35
家庭设备用品及服务	Household Facilities, Articles and Services			6.23	4.52	4.60	4.82
医疗保健	Medical Services			4.33	6.19	7.23	7.15
衣着	Clothing			3.24	8.51	9.72	11.57
娱乐教育、文化	Recreation, Education and Culture			5.34	10.15	11.91	12.39
居住	Residence			18.59	17.98	15.62	18.08
其他商品和服务	Others			3.74	3.93	3.85	2.45

1-10 人均主要工农业产品产量

Per Capita Output of Major Industrial and Agricultural Products

年份 Year	粮食 (公斤) Grain (kg)	棉花 (公斤) Cotton (kg)	油料 (公斤) Oil-bearing Crops (kg)	糖料 (公斤) Sugar Crops (kg)	茶叶 (公斤) Tea (kg)	水果 (公斤) Fruits (kg)	猪牛羊肉 (公斤) Pork, Beef and Mutton (kg)	水产品 (公斤) Aquatic Products (kg)
1978	393.44	1.95	5.92	17.20	1.57	3.92	11.33	23.47
1980	376.81	2.18	7.58	15.43	1.98	5.91	18.52	21.46
1985	404.18	2.03	11.02	27.43	2.32	11.12	19.10	26.13
1986	396.34	1.87	10.60	32.63	2.58	12.85	20.03	28.94
1987	387.97	1.60	9.68	26.56	2.83	17.32	18.60	30.52
1988	374.78	1.05	10.39	20.01	3.09	12.45	19.56	30.92
1989	371.01	1.00	9.14	16.74	2.81	23.57	19.67	30.84
1990	375.68	1.52	11.45	14.87	2.77	25.35	20.28	32.92
1991	386.05	1.77	10.72	16.19	2.69	31.66	20.13	35.57
1992	363.51	1.39	11.72	17.55	2.79	23.95	22.73	39.72
1993	334.03	1.35	8.97	18.43	2.84	34.63	22.74	44.02
1994	324.46	1.28	7.99	16.21	2.47	40.64	22.68	59.62
1995	328.53	1.43	11.48	15.11	2.34	49.28	23.61	73.03
1996	345.91	1.56	11.88	14.57	2.26	51.91	16.85	78.03
1997	338.58	1.08	11.08	13.61	2.31	61.07	18.44	90.61
1998	323.64	1.46	8.02	13.97	2.55	46.55	19.05	95.33
1999	312.52	0.91	12.14	15.94	2.64	62.64	19.27	99.33
2000	266.91	0.65	12.91	21.97	2.60	84.89	22.65	104.70
2001	234.05	0.70	12.91	23.49	2.67	114.54	24.67	104.83
2002	208.10	0.49	10.37	25.05	3.06	110.62	26.37	106.16
2003	174.61	0.46	9.63	27.27	2.92	125.09	26.90	106.26

1－10 续表 continued

年份 Year	布（米）Cloth（m）	机制纸及纸板（公斤）Machine－made Paper and Paperboard（kg）	纱（公斤）Yarn（kg）	原煤（吨）Coal（ton）	发电量（千瓦小时）Electricity（kwh）	钢（公斤）Steel（kg）	水泥（公斤）Cement（kg）
1978	9.28	4.25	1.95	42.71	135.66	8.58	48.54
1980	12.81	5.81	2.47	37.56	213.83	15.14	59.85
1985	21.79	13.33	3.93	37.55	329.14	15.80	199.44
1986	27.73	14.62	4.31	36.46	365.89	17.01	246.43
1987	27.64	16.57	4.89	35.23	422.43	18.70	296.90
1988	30.85	17.58	5.46	34.51	458.95	17.41	316.97
1989	29.91	18.75	5.15	34.30	478.23	18.36	307.44
1990	37.09	18.60	4.77	32.45	494.23	19.27	317.39
1991	31.85	21.77	4.78	32.76	570.41	21.80	381.81
1992	30.96	18.93	5.77	33.67	674.23	27.94	460.03
1993	41.03	30.46	5.53	32.24	717.55	32.15	517.72
1994	41.92	35.70	5.44	29.88	767.05	38.53	623.49
1995	74.55	51.80	6.51	28.76	921.77	61.13	749.64
1996	36.38	49.90	6.42	27.97	1022.52	53.47	808.92
1997	84.67	60.46	7.47	26.07	1101.22	61.53	777.57
1998	23.66	35.98	6.73	20.63	1109.71	57.33	771.21
1999	27.87	55.18	7.10	18.57	1185.80	59.92	851.53
2000	36.10	63.55	7.62	16.27	1393.36	65.15	944.64
2001	51.88	82.31	8.73	15.96	1581.83	68.20	1061.36
2002	70.54	109.61	10.64	16.23	1718.67	89.41	1268.31
2003	94.13	132.36	12.62	15.27	2184.63	115.99	1568.54

1-11 平均每天主要社会经济活动

Indicators on Average Daily Social and Economic Activities

指　标	Item	1978	1990	1995	2000	2002	2003
平均每天创造财富	**Daily Production**						
生产总值（亿元）	Gross Domestic Product (100 million yuan)	0.34	2.46	9.66	16.52	21.36	25.74
第一产业	Primary Industry	0.13	0.62	1.53	1.82	1.90	2.00
第二产业	Secondary Industry	0.15	1.12	5.03	8.72	10.91	13.54
#工业	Industry	0.13	1.00	5.38	7.90	9.81	12.00
建筑业	Construction	0.02	0.12	0.55	0.82	1.10	1.53
第三产业	Tertiary Industry	0.06	0.73	3.10	6.00	8.55	10.20
#交通运输仓储和邮电通信业	Transport, Storage, Post & Telecommunication Services	0.01	0.12	0.56	1.17	1.65	1.92
批发和零售贸易餐饮业	Wholesale and Retail Trade & Catering Services	0.02	0.25	1.30	2.27	2.84	3.18
财政收入（亿元）	Financial Revenue (100 million yuan)	0.08	0.28	0.68	1.80	3.20	4.02
粮食（万吨）	Grain (10 000 tons)	4.02	4.35	3.92	3.28	2.58	2.17
棉花（万吨）	Cotton (10 000 tons)	0.02	0.02	0.02	0.01	0.01	0.01
油料（万吨）	Oil-bearing Crops (10 000 tons)	0.06	0.13	0.14	0.16	0.13	0.12
肉类（万吨）	Meat (10 000 tons)	0.12	0.23	0.28	0.28	0.33	0.33
水产品（万吨）	Aquatic Products (10 000 tons)	0.24	0.38	0.87	1.29	1.32	1.32
原煤（万吨）	Coal (10 000 tons)	0.44	0.38	0.34	0.20	0.20	0.19
发电量（亿千瓦小时）	Electricity (100 million kwh)	0.14	0.57	1.10	1.71	2.13	2.72
成品钢材（万吨）	SteeL Products (10 000 tons)	0.09	0.22	0.73	0.80	1.11	1.44
水泥（万吨）	Cement (10 000 tons)	0.50	3.67	8.95	11.61	15.73	19.53
每天消费量	Daily National Consumption						
最终消费（亿元）	Final Consumption Expenditure (100 million yuan)		1.50	4.10	7.60	10.25	11.97
居民消费	Resident Consumption		1.30	3.39	5.36	7.00	8.24
#农村居民	Rural Resident		0.94	2.09	3.11	3.91	4.44

1－11 续表 continued

指 标	Item	1978	1990	1995	2000	2002	2003
城镇居民	Urban Resident		0.36	2.30	2.26	3.08	3.80
政府消费	Govemment Consumption Expenditure		0.20	0.71	2.24	3.25	3.73
社会消费品零售总额（亿元）	Total Retail Sales of Consumer Goods (100 million yuan)	0.13	0.97	3.63	6.30	7.88	9.64
每天其他经济活动	**Other Daily Economic Activities**						
资本形成总额（亿元）	Gross Capital Formation (100 million yuan)		0.69	4.90	7.32	9.50	12.71
固定资产形成	Fixed Capital Formation		0.51	3.72	6.21	8.92	12.21
存货增加	Changes in Stock		0.18	1.18	1.11	0.58	0.50
竣工住宅面积（万平方米）	Residential Buildings Completed (10000 sq. m)		12.34	16.30	17.61	16.41	18.61
客运量（万人）	Passenger Traffic (10000 persons)	56.26	165.33	299.01	340	373	385
货运量（万吨）	Freight Traffic (10000 tons)	23.18	91.71	170.65	205	248	283
沿海主要港口货物吞吐量（万吨）	Cargo Handled at Principal Seaports (10000 tons)	2.38	11.84	30.24	53.80	69.87	88.26
邮电业务量（万元）	Business Volume of Postal and Telecommunications Services (10000 yuan)	19	241	1726	8879	9957	13828
进出口总额（万美元）	Total Imports and Exports (USD 10000)		760	3154	7625	11495	16828
出口总额	Exports		600	2109	5327	8058	11398
进口总额	Imports		160	1045	2298	3437	5430
实际利用外资额（万美元）	Foreign Capital Actually Used (USD 10000)		44.48	421.82	681.97	1286.43	2076.23
每天人口变动和婚姻	**Daily Population Changes and Marriages**						
出生（人）	Births (person)	1856	1774	1494	1318	1265	1232
死亡（人）	Deaths (person)	596	730	796	784	785	814
结婚（对）	Marriages (couple)		1013	979	1052	975	978
离婚（对）	Divorces (couple)		21	37	56	66	88

注：本表价值量指标按当年价格计算。The data in Value terms in the table are calculated at current prices.

1-12 全省生产总值

Gross Domestic Product

年份 Year	全省生产总值(亿元) Gross Domestic Product (100 million yuan)	第一产业 Primary Industry	第二产业 Secondary Industry	工业 Industry	建筑业 Construction	第三产业 Tertiary Industry	#交通运输和仓储业、邮电通讯业 Transportation, Storage, Postal and Telecommunications	#批发和零售贸易餐饮业 Wholesale & Retail Trade and Catering Services	人均生产总值(元) Per-capita GDP (yuan)
1978	123.72	47.09	53.52	46.97	6.55	23.11	3.22	7.98	331
1979	157.64	67.56	64.07	55.59	8.48	26.01	4.15	8.72	417
1980	179.68	64.61	84.07	73.71	10.36	31.00	4.88	10.55	470
1981	204.45	69.06	94.68	84.08	10.60	40.71	7.16	15.35	530
1982	233.41	84.88	98.44	87.21	11.23	50.09	9.12	19.43	597
1983	256.23	82.89	113.12	102.55	10.57	60.22	11.20	23.12	648
1984	322.07	104.4	141.48	127.91	13.57	76.19	15.47	28.42	807
1985	427.50	123.88	198.91	178.68	20.23	104.71	20.31	40.52	1063
1986	500.06	136.29	230.89	206.63	24.26	132.88	24.98	48.77	1231
1987	603.71	159.41	281.47	249.69	31.78	162.83	29.47	58.78	1470
1988	765.76	195.68	354.39	315.36	39.03	215.69	36.24	81.96	1842
1989	843.72	210.95	386.25	346.50	39.75	246.52	43.39	88.50	2009
1990	897.99	225.04	408.18	363.74	44.44	264.77	45.01	91.86	2122
1991	1081.75	245.22	494.11	438.36	55.75	342.42	60.04	127.94	2540
1992	1365.06	262.67	653.43	581.73	71.70	448.96	80.03	174.33	3187
1993	1909.49	317.84	980.42	873.92	106.50	611.23	110.33	239.58	4431
1994	2666.86	443.87	1388.06	1236.74	151.32	834.93	147.17	335.60	6149
1995	3524.79	559.80	1834.47	1632.37	202.10	1130.52	204.59	473.35	8074
1996	4146.06	609.18	2200.19	1962.80	237.39	1336.69	234.89	567.84	9455
1997	4638.24	637.48	2509.56	2254.90	254.66	1491.20	288.93	617.69	10515
1998	4987.50	631.31	2709.08	2445.43	263.65	1647.11	321.75	665.80	11247
1999	5364.89	631.94	2902.81	2630.00	272.81	1830.14	364.90	712.42	12037
2000	6036.34	664.16	3183.47	2883.37	300.10	2188.71	428.30	827.78	13309
2001	6748.15	667.40	3487.50	3134.04	353.46	2593.25	503.68	908.83	14655
2002	7796.00	694.00	3982.00	3580.00	402.00	3120.00	602.00	1035.26	16838
2003	9395.00	728.00	4941.00	4381.00	560.00	3726.00	700.88	1159.25	20147

注：本表按当年价格计算。2000 年以后人均生产总值均按常住人口计算。

The figures in this table are calculated at current prices. The per capita GDP has calculated at permanent residence since 2000 .

1－13　按行业和构成分的全省生产总值
Gross Domestic Product by Sector and Structure

单位:亿元　　(100 million yuan)

指　标	Item	1978	1990	1995	2000	2002	2003
全省生产总值	**Gross Domestic Product**	123.72	897.99	3524.79	6036.34	7796.00	9395.00
按行业分	**by Sector**						
第一产业(农业)	Primary Industry(Agriculture)	47.09	225.04	559.8	664.16	694.00	728.00
第二产业	Secondary Industry	53.52	408.18	1834.47	3183.47	3982.00	4941.00
工业	Industry	46.97	363.74	1962.80	2883.37	3580.00	4381.00
建筑业	Construction	6.55	44.44	202.10	300.10	402.00	560.00
第三产业	Tertiary Industry	23.11	264.77	1130.52	2188.71	3120.00	3726.00
农林牧渔服务业	Farming, Forestry, Animal Husbandry, Fishery and Services		0.56	5.01	6.40	7.44	8.88
地质勘探水利管理业	Geological Prospecting and Water Conservancy		1.12	4.25	7.16	9.94	13.16
交通运输和仓储业、邮电通讯业	Transportation, Storage, Postal and Telecommunications Services	3.22	45.01	204.59	428.30	602.00	700.88
批发和零售贸易、餐饮业	Wholesale & Retail Trade and Catering Services	7.98	91.86	473.35	827.78	1035.26	1159.25
金融保险业	Banking and Insurance		44.48	139.69	209.25	323.26	416.97
房地产业	Real Estate Trade		17.21	56.05	116.90	186.83	238.50
社会服务业	Social Services		16.95	86.48	220.20	330.41	396.49
卫生、体育、社会福利事业	Health Care, Sports and Social Welfare		6.88	30.75	80.89	134.22	167.64
教育、文艺、广播电影电视事业	Education, Culture, Arts, Radio, Film and Television		15.36	49.09	135.76	247.48	311.08
科学研究和综合技术服务业	Scientific Research and Polytechnical Services		3.35	6.91	16.28	27.73	35.27
国家政党机关和社会团体	Government Agencies, Party Agencies and Social Organizations		17.21	59.35	126.71	190.07	244.62
其他	Others		4.78	15.00	13.08	25.36	33.26
按构成分	**by Structure**						
劳动者报酬	Remuneration of Laborers		476.40	1683.28	2982.39	3636.03	4375.29
固定资产折旧	Depreciation of Fixed Assets		89.08	299.86	767.78	963.03	1152.81
生产税净额	Net Taxes on Production		121.02	404.55	872.66	1189.64	1399.18
营业盈余	Operating Surplus		211.49	1137.10	1413.51	2007.30	2467.22

1-14 全省生产总值指数(1978 年 = 100)

Indices of Gross Domestic Product (1978 = 100)

年份 Year	全省生产总值 Gross Domestic Product	第一产业 Primary Industry	第二产业 Secondary Industry	#工业 Industry	#建筑业 Construction	第三产业 Tertiary Industry	#交通运输和仓储业、邮电通讯业 Transportation Storage Postal and Telecommunication	#批发和零售贸易餐饮业 Wholesale & Retail Trade and Catering Services	人均生产总值 Per-capita GDP
1978	100	100	100	100	100	100	100	100	100
1979	113.5	110.8	117.9	117.1	124.3	108.1	111.8	106.8	112.2
1980	131.9	107.8	155.8	156.1	153.6	122.1	136.5	119.8	129.0
1981	147.1	113.0	173.4	176.5	151.8	154.0	190.7	166.8	142.4
1982	163.9	131.6	182.0	184.8	160.4	181.9	231.5	203.6	156.7
1983	177.1	123.7	210.3	219.2	147.6	211.0	279.1	230.4	167.5
1984	215.6	147.5	260.8	272.6	178.2	253.8	371.6	267.4	202.0
1985	262.3	150.3	352.9	367.9	247.5	302.6	451.6	327.7	243.7
1986	294.0	156.2	402.2	420.3	275.3	353.4	518.2	366.3	270.6
1987	328.8	157.8	469.9	489.2	334.1	392.0	580.2	403.9	299.2
1988	365.7	156.3	546.6	575.0	348.1	430.6	654.3	452.8	328.8
1989	363.5	156.7	551.2	584.8	315.2	408.4	566.8	392.7	323.7
1990	377.8	160.9	579.9	616.7	322.3	414.1	564.3	361.8	333.8
1991	445.2	173.6	685.8	730.1	386.8	520.3	741.8	488.6	390.9
1992	529.9	174.7	858.8	924.4	429.8	642.1	947.2	623.1	462.5
1993	646.6	183.1	1143.9	1250.7	488.8	743.9	1132.7	722.2	560.9
1994	755.9	191.1	1458.5	1600.9	593.4	860.6	1430.7	837.0	668.6
1995	905.5	205.5	1726.8	1885.9	739.4	1016.4	1718.2	1033.7	775.0
1996	1020.5	214.5	1994.5	2183.9	829.6	1129.3	1948.4	1159.9	869.5
1997	1133.7	224.1	2249.8	2474.3	891.8	1247.9	2182.3	1258.4	960.2
1998	1248.2	231.3	2492.7	2479.0	947.1	1391.4	2413.6	1376.7	1052.4
1999	1373.0	238.9	2776.9	3073.3	1004.9	1527.7	2693.6	1489.6	1151.3
2000	1524.1	249.7	3101.8	3442.1	1094.3	1709.5	3019.5	1646.0	1269.9
2001	1684.1	261.7	3443.0	3820.8	1224.5	1906.1	3315.4	1823.8	1381.6
2002	1894.6	273.4	3904.3	4340.4	1365.3	2163.4	3753.1	2046.3	1544.6
2003	2167.4	283.2	4556.3	5021.8	1728.5	2461.9	4364.9	2263.2	1754.7

注：本表按可比价格计算。 The figures in this table are calculated at comparable prices.

1－15　全省生产总值构成
Structure of Gross Domestic Product

单位:%　　　　(%)

年份 Year	生产总值 Gross Domestic Product	第一产业 Primary Industry	第二产业 Secondary Industry	#工业 Industry	#建筑业 Construction	第三产业 Tertiary Industry	#交通运输和仓储业、邮电通讯业 Transportation Storage Postal and Telecommunications	#批发和零售贸易餐饮业 Wholesale & Retail Trade and Catering Services
1978	100	38.1	43.3	38.0	5.3	18.6	2.6	6.5
1979	100	42.9	40.6	35.3	5.3	16.5	2.6	5.5
1980	100	36.0	46.8	41.0	5.8	17.2	2.7	5.9
1981	100	33.8	46.3	41.1	5.2	19.9	3.5	7.5
1982	100	36.4	42.2	37.4	4.8	21.4	3.9	8.3
1983	100	32.3	44.2	40.0	4.2	23.5	4.4	9.0
1984	100	32.4	43.9	39.7	4.2	23.7	4.8	8.8
1985	100	29.0	46.5	41.8	4.7	24.5	4.8	9.5
1986	100	27.2	46.2	41.3	4.9	26.6	5.0	9.8
1987	100	26.4	46.6	41.4	5.2	27.0	4.9	9.7
1988	100	25.6	46.3	41.2	5.1	28.1	4.7	10.7
1989	100	25.0	45.8	41.1	4.7	29.2	5.1	10.5
1990	100	25.1	45.4	40.5	4.9	29.5	5	10.2
1991	100	22.7	45.7	40.5	5.2	31.6	5.6	11.8
1992	100	19.2	47.9	42.6	5.3	32.9	5.9	12.8
1993	100	16.6	51.4	45.8	5.6	32.0	5.8	12.5
1994	100	16.6	52.1	46.4	5.7	31.3	5.5	12.6
1995	100	15.9	52.0	46.3	5.7	32.1	5.8	13.4
1996	100	14.7	53.1	47.4	5.7	32.2	5.7	13.7
1997	100	13.7	54.1	48.6	5.5	32.2	6.2	13.3
1998	100	12.7	54.3	49.0	5.3	33.0	6.5	13.3
1999	100	11.8	54.1	49.0	5.1	34.1	6.8	13.3
2000	100	11.0	52.7	47.7	5.0	36.3	7.1	13.7
2001	100	9.9	51.7	46.5	5.2	38.4	7.5	13.5
2002	100	8.9	51.1	45.9	5.2	40.0	7.7	13.3
2003	100	7.7	52.6	46.6	6.0	39.7	7.5	12.3

注：本表按当年价格计算。The figures in this table are calculated at current prices.

1-16 第三产业增加值
Value-added of the Tertiary Industry

单位:亿元 (100 million yuan)

行　业	Sector	1995	2000	2001	2002	2003
总　计	**Total**	**1130.52**	**2188.71**	**2593.25**	**3130.00**	**3726.00**
农、林、牧、渔服务业	Services for Farming, Forestry, Animal Husbandry and Fishery	5.01	6.40	7.11	7.44	8.88
地质勘查业、水利管理业	Geological Prospecting and Water Conservancy	4.25	7.16	7.84	9.94	13.16
交通运输、仓储及邮电通信业	Transport, Storage, Post and Telecommunication Services	204.59	428.30	503.68	602.00	700.88
交通运输和仓储业	Transport and Storage	164.96	268.37	334.11	401.78	453.55
邮电通信业	Post and Telecommunications	39.63	159.93	169.57	200.22	247.33
批发和零售贸易餐饮业	Wholesale and Retail Trade and Catering Services	473.35	827.78	908.83	1035.26	1159.29
金融、保险业	Finance and Insurance	139.69	209.25	243.94	323.26	416.97
房地产业	Real Estate	56.05	116.90	146.31	186.83	238.50
社会服务业	Social Services	86.48	220.20	277.35	330.41	396.49
卫生、体育和社会福利业	Health Care, Sports and Social Welfare	30.75	80.89	109.03	134.22	167.64
教育、文化艺术及广播电影电视业	Education, Culture and Art, Radio, Film and Television	49.09	135.76	198.20	247.48	311.08
科学研究和综合技术服务业	Scientific Research and Polytechnic Services	6.91	16.28	21.95	27.73	35.27
社会团体	Agencies and Social Organizations	59.35	126.71	149.56	190.07	244.62
其他行业	Others	15.00	13.08	19.45	25.36	33.26

注:本表按当年价格计算。The Data in this table are calculated at current prices.

1-17 第三产业增加值构成
Composition of Value - added of the Tertiary Industry

单位:% (%)

行业	Sector	1995	2000	2001	2002	2003
总计	**Total**	**100**	**100**	**100**	**100**	**100**
农、林、牧、渔服务业	Services for Farming, Forestry, Animal Husbandry and Fishery	0.44	0.29	0.27	0.24	0.24
地质勘查业、水利管理业	Geological Prospecting and Water Conservancy	0.38	0.33	0.30	0.32	0.35
交通运输、仓储及邮电通信业	Transport, Storage, Post and Telecommunication Services	18.10	19.57	19.42	19.29	18.81
交通运输和仓储业	Transport and Storage	14.59	12.26	12.88	12.88	12.17
邮电通信业	Post and Telecommunications	3.51	7.31	6.54	6.42	6.64
批发和零售贸易餐饮业	Wholesale and Retail Trade and Catering Services	41.87	37.82	35.05	33.18	31.11
金融、保险业	Finance and Insurance	12.36	9.56	9.41	10.36	11.19
房地产业	Real Estate	4.96	5.34	5.64	5.99	6.40
社会服务业	Social Services	7.65	10.06	10.70	10.59	10.64
卫生、体育和社会福利业	Health Care, Sports and Social Welfare	2.72	3.70	4.20	4.30	4.50
教育、文化艺术及广播电影电视业	Education, Culture and Art, Radio, Film and Television	4.34	6.20	7.64	7.93	8.35
科学研究和综合技术服务业	Scientific Research and Polytechnic Services	0.61	0.74	0.85	0.89	0.95
国家机关、政党机关和社会团体	Government Agencies, Parties Agencies and Social Organizations	5.25	5.79	5.77	6.09	6.57
其他行业	Others	1.33	0.60	0.75	0.81	0.89

本表按当年价格计算。The Data in this table are are calculated at current prices.

1-18 第三产业增加值指数(上年=100)
Indices of Value - added of the Tertiary Industry (Preceding = 100)

行　业	Sector	2000	2001	2002	2003
总　计	**Total**	**111.9**	**111.5**	**113.5**	**113.8**
农、林、牧、渔服务业	Services for Farming, Forestry, Animal Husbandry and Fishery	107.4	110.9	98.9	112.4
地质勘查业、水利管理业	Geological Prospecting and Water Conservancy	112.8	109.5	119.6	124.9
交通运输、仓储及邮电通信业	Transport, Storage, Post and Telecommunication Services	112.1	109.8	113.2	116.3
交通运输和仓储业	Transport and Storage	110.8	112.0	111.4	112.3
邮电通信业	Post and Telecommunications	113.7	106.0	116.4	122.9
批发和零售贸易餐饮业	Wholesale and Retail Trade and Catering Services	110.5	110.8	112.2	110.6
金融、保险业	Finance and Insurance	105.0	111.0	119.4	124.0
房地产业	Real Estate	111.4	112.2	113.6	114.3
社会服务业	Social Services	114.1	114.5	113.6	108.6
卫生、体育和社会福利业	Health Care, Sports and Social Welfare	117.5	112.3	111.4	113.0
教育、文化艺术及广播电影电视业	Education, Culture and Art, Radio, Film and Television	125.1	115.4	113.0	113.8
科学研究和综合技术服务业	Scientific Research and Polytechnic Services	120.4	110.5	114.3	115.1
国家机关、政党机关和社会团体	Government Agencies, Parties Agencies and Social Organizations	116.2	111.9	115.0	116.5
其他行业	Others	106.6	114.3	118.0	118.7

注:本表按可比价格计算。The Data in this table calculated at comparable prices.

1-19 按支出法计算的全省生产总值

Gross Domestic Product Calculated by Expenditure Approach

单位:亿元 (100 million yuan)

指 标	Item	1990	1995	2000	2002	2003
全省生产总值	**Gross Domestic Product Calculated with Expenditure Approach**	**897.99**	**3569.15**	**6040.00**	**7796.00**	**9395.00**
最终消费	**Final Consumption**	**548.85**	**1495.24**	**2774.65**	**3741.66**	**4368.50**
居民消费	Resident Consumption	474.67	1235.98	1957.85	2553.86	3008.27
农村居民	Rural Resident	343.73	762.32	1134.31	1428.96	1622.25
城镇居民	Urban Resident	130.94	473.66	823.54	1124.90	1386.02
政府消费	Government Consumption	74.18	259.26	816.80	1187.80	1360.23
资本形成总额	**Total Capital Formation**	**252.44**	**1786.79**	**2673.60**	**3467.46**	**4639.06**
固定资本形成总额	Fixed Capital Formation	186.96	1357.90	2267.20	3255.13	4455.21
存货增加	Changes in Inventories	65.48	428.89	406.40	212.33	183.85
货物和服务净出口	**Net Export**	**96.70**	**287.12**	**591.75**	**586.88**	**387.44**
出口	Export	424.25	1193.83	2677.81	4795.57	6065.44
进口	Import	327.55	906.71	2086.06	4208.69	5678.00

注：本表按当年价格计算。 The data in this table are calculated at current prices.

1-20 总 产 出

Total Output

单位:亿元 (100 million yuan)

指 标	Item	1990	1995	2000	2002	2003
总产出	**Total Output**	2357.60	11561.90	20581.09	26159.11	31927.00
第一产业	Primary Industry	336.04	891.71	1062.87	1101.86	1165.23
第二产业	Secondary Industry	1581.00	8574.83	15304.11	19020.22	23560.46
工业	Industry	1434.15	7754.48	14018.32	17203.78	21030.10
建筑业	Construction	146.85	820.35	1285.79	1816.44	2530.36
第三产业	Tertiary Industry	440.46	2095.36	4214.11	6037.03	7201.31
#交通运输仓储及邮电业	Transportation, Storage, Postal and Telecommunications	80.95	370.89	757.52	1118.66	1299.64
批发和零售贸易业餐饮业	Wholesale & Retail Trade and Catering Services	156.49	933.13	1608.51	2038.75	2300.98

注：本表按当年价格计算。 The data in this table are calculated at current prices.

1－21 居民消费水平和指数

Resident Consumption Level and Its Indices

年　　份 Year	居　民 总消费水平 （元／人） Resident Consumption level （yuan/person）	农村居民 总消费水平 Rural Resident	城镇居民 总消费水平 Urban Resident	居民总消费 水平指数 Indices of Resident Consumption Level （1978＝100）	农村居民 消费水平指数 Rural Resident	城镇居民 消费水平指数 Urban Resident
1978	193	164	409	100.0	100.0	100.0
1979	216	184	451	111.2	112.0	107.6
1980	237	200	482	118.8	120.9	107.3
1981	310	276	534	152.9	164.6	114.3
1982	344	312	544	168.9	185.7	114.3
1983	368	337	562	178.4	198.4	114.7
1984	420	382	651	199.0	220.8	128.5
1985	550	489	892	227.0	247.5	152.8
1986	661	579	1089	257.1	276.4	175.5
1987	774	681	1247	279.6	305.5	181.1
1988	993	864	1646	297.2	323.6	193.7
1989	1092	955	1780	275.2	298.8	179.4
1990	1122	975	1857	276.6	298.8	183.3
1991	1227	1055	2086	294.9	318.7	195.0
1992	1375	1146	2496	311.2	330.4	213.6
1993	1653	1305	3308	327.9	340.8	233.2
1994	2249	1730	4640	360.1	364.6	267.1
1995	2831	2138	5926	389.6	389.5	292.2
1996	3412	2580	7052	435.2	439.7	316.7
1997	3670	2744	7566	454.8	457.7	327.4
1998	3784	2824	7630	469.8	474.6	328.8
1999	3877	2797	7985	483.9	477.4	345.9
2000	4366	3229	8478	544.9	550.9	367.3
2001	5060	3803	9459	596.1	591.2	406.6
2002	5515	4017	10481	649.7	627.8	447.7
2003	6451	4665	11688	739.4	705.6	489.3

注：本表绝对数按当年价格计算，指数按可比价格计算。

The absolute figures in this table are calculated at current prices, while the indices are calculated at comparable prices.

主要统计指标解释

生产总值 是按市场价格计算的国内生产总值的简称。它是一个国家(地区)所有常住单位在一定时期内生产活动的最终成果。生产总值有三种表现形态,即价值形态、收入形态和产品形态。从价值形态看,它是所有常住单位在一定时期内所生产的全部货物和服务价值超过同期投入的全部非固定资产货物和服务价值的差额,即所有常住单位增加值之和;从收入形态看,它是所有常住单位在一定时期内所创造并分配给常住单位和非常住单位的初次分配收入之和;从产品形态看,它是最终使用的货物和服务减去进口货物和服务。在实际核算中,国内生产总值的三种表现形态表现为三种计算方法,即生产法、收入法和支出法。三种方法分别从不同的方面反映国内生产总值及其构成。

三次产业 根据社会生产活动历史发展的顺序对产业结构的划分,产品直接取自自然界的部门称为第一产业,对初级产品进行再加工的部门称为第二产业,为生产和消费提供各种服务的部门称为第三产业。它是世界上通用的产业结构分类,但各国的划分不尽一致。我国的三次产业划分是:

第一产业:农业(包括种植业、林业、牧业、副业和渔业)。

第二产业:工业(包括采掘工业、制造业、自来水、电力、蒸气、热水、煤气)和建筑业。

第三产业:除第一、第二产业以外的其他各业。

支出法国内生产总值 指一个国家(或地区)所有常住单位在一定时期内用于最终消费、资本形成总额,以及货物和服务的净出口总额,它反映本期生产的国内生产总值的使用构成。

最终消费 指常住单位在一定时期内对于货物和服务的全部消费支出,也就是常住单位为满足物质文化和精神生活的需要,从本国经济领土和国外购买的货物和服务的支出;不包括非常住单位在本国经济领土内的消费支出。最终消费分为居民消费和政府消费。

居民消费 指常住住户对货物和服务的全部最终消费指出。居民消费按市场价格计算,既按居民支付的购买者价格计算。购买者价格是购买者取得货物所支付的价格包括购买着支付的运输和商业费用。居民消费除了直接以货币形式购买货物和服务的消费之外,还包括以其他方式获得的货物和服务的消费支出既所谓的虚拟消费支出。居民虚拟消费支出包括以下几种类型:单位以实物报酬及实物转移的形式提供给劳动者的货物和服务;住户生产并由本住户消费了的货物和服务,其中的服务仅指住户的自有住房服务;金融机构提供的金融媒介服务;保险公司提供的保险服务。

政府消费 指政府部门为全社会提供公共服务的消费支出和免费或以较低价格向住户提供的货物和服务的净支出前者等于政府服务的产出价值减去政府单位所获得的经营收入的价值,政府服务的产出价值等于它的经常性业务支出加上固定资产折旧;后者等于政府部门免费或以较低价格向住户提供的货物和服务的市场减去向住户收取的价值。

资本形成总额 指常住单位在一定时期内获得的减去处置的固定资产加存货的变动,包括固定资本形成总额和存货增加。

固定资本形成总额 指常住单位购置、转入和自产自用的固定资产,扣除固定资产的销售和转,分有形固定资产形成总额和无形固定资产形成总额。有形固定资产形成总额包括一定时期内完成的建筑工程安装工程和设备工器具(减处置)价值,以及土地改良新增役种奶毛娱乐用牲畜和新增林木价值。无形固定资产总额包括矿藏的勘探计算机软件娱乐和文学艺术品原件等获得减处置。

存货增加 指常住单位存货实物量变动的市场价值,即期末价值减期初价值的差额。存货量增加可以是正值,也可以是负值;正值表示存货上升,负值表示存货下降。它包括生产单位购进的原材料燃料和储备物资等存货,以及生产单位生产的产成品在制品等存货等。

货物和服务净出口 指货物和服务出口减货物和服务出口的差额。出口包括常住单位从非常住单位出售或无偿转让的各种货物和服务的价值;进口包括常住单位从非常住单位购买或无偿得到的各种货物和服务的价值。由于服务活动的提供与使用同时发生,因此服务的进出口业务并不发生出入境现象,一般把常住单位从国外得到的服务作为进口,非常住单位从本国得到的服务作为出口。货物的进口和出口都按离岸价格计算。

劳动者报酬 指劳动者因从事生产活动所获得的全部报酬。包括劳动者获得的各种形式的工资,奖金和津贴,既包括货币形式的,也包括实物形式的;还包括劳动者所享受的公费医疗和医药卫生费上下班交通补贴和单位支付的社会保险费等。对于个体经济来说其所有者所获得的劳动报酬和经营利润不易区分,这两部分统一作为劳动者报酬处理。

生产税净额 指生产税减生产补贴后的余额。生产税指政府对生产单位生产生产销售和从事经营活动以及因从事生产活动使用某些生产要素(如固定资产土地劳动力)所征收的各种税附加费和规费生产补贴和生产税相反指政府对生产单位的单方面收入转移,因此视为负生产税,包括政策亏损补贴粮实系统价格补贴外贸企业出口退税收入等。

固定资产折旧 在一定时期内为弥补固定资产损耗按照核定的固定资产损耗率提取的固定资产折旧,或按国民经济核算统一规定的折旧率虚拟计算的固定资产折旧。它反映了固定资产在当期生产中的转移价值。各类企业和企业化管理的事业单位的固定资产折旧是指实际计提并计入成本费中的折旧费;不计提折旧的政府机关非企业化管理的事业单位和居民住房的固定资产折旧是按照统一规定的折旧率和固定资产原值计算的虚拟折旧。原则上,固定资产折旧应按固定资产的重置价值计算,但是目前我国尚不具备对全社会固定资产进行重估价的基础,所以暂时只能采用上诉方法。

营业盈余 指常住单位创造的增加值扣除劳动者报酬生产水净额和固定资产折旧后的余额。他相当于企业的营业利润加上生产补贴,但要扣除从利润中开支的工资和福利等。

Explanatory Notes on Main Statistical Indicators

Gross Domestic Product(GDP) refers to gross domestic product calculated at market prices, which is the final products of all resident units in a country (or region) during a certain period of time. Gross domestic product is expressed in three different forms, i. e. value added, income, and products respectively. The form of value added refers to the total value of all products and services produced by all resident units during a certain period of time minus total value of input of materials and services of the nature of non-fixed assets or the summation of the value added of all resident units; the form of income includes all the income created by all resident units and distributed primarily to all resident and non-resident units; the form of products refers to all final goods and services minus imports of goods and services. In the practice of national accounting, gross domestic product is calculated with three approaches, i. e. product approach, income approach, and expenditure approach respectively to reflect gross domestic product and its composition from different aspects.

Three Industries Industry structure has been classified according to the historical sequence of development. Primary industry refers to extraction of natural resources; secondary industry involves processing of primary products ; and tertiary industry provides services of various kinds for production and consumption. The above classification is universal although it varies to some extent form country to country. Industry in China comprises:

Primary industry: agriculture (including farming, forestry, animal husbandry, sideline production and fishery).

Secondary industry: industry (including mining and quarrying , manufacturing , water supply , electricity generation and supply, steam, hot water, gas) and construction.

Tertiary industry: all other industries not included in primary or secondary industry.

GDP Calculated by Expenditure Approach refers to total expenditure on final consumption , total capital formation and net export of goods and services by resident units of a country in a certain period of time. It reflects the composition of GDP by its use.

Final consumption refers to the total expenditure of resident units on final consumption of goods and services in a certain period, namely the expenditure of the resident units for perchases of good and services from domestic economic territory and abroad to meet the requirements of meterial, cultural and spritual lifeIt excludes the expenditure of non – resiudent units on consumption in the economic territory of the country . The final consumption is classified into household consumption and government consumption.

Households Consumption refers to the total expenditure of resident households on the final consumption of goods and services. The households consumption is calculated at market prices, namely the purchaser's prices which the households pay; the purchaser' sprices of goods are the prices the households pay when they obtain the goods including the transport and commercial expenses paid by the households. In addition to the consumption of goods and services bought by the households directly with money, the expenditure on goods and services obtained by the households in other ways , i. e. the so – called imputed expenditure on consumption, is also included in the households consumption. The imputation expenditure of the households on consumption includes the following types: (a) the goods and services privided to the households by the units in the form of payment in kind and transfer in kind; (b) the goods and services produced and consumed by the households themselves, in which the services refer only to the services provided by the residential buildings owned by the households; (c) the services of financial intermediary provided by the financial institution; (d) the insurance services provided by the insurance companies.

Goverment Consumption refers to the expenditure on the consumption of the public services provided by the government to the whole society and the net expenditure on the goods and services provided by the government to the households at free charge or lower prices. the former equals to the output value of the government services minus the value of operating income obtained by the government departments. (The output value of the government services equals to its current operating expenditure plus depreciation of fixed assets). The latter equals to the market value of the goods and services provided by the government free of charge or at low prices to the households minus the value received by the government from the households.

Total Capital Formation refers to the fixed assets acquired minus those disposed and the change in inventory including the total fixed assets formation and the increase in inventory.

Total Fixed Capital Formation refers to the value of fixed assets purchased, transferred in by the resident units and those produced and used by themselves deducting the value of fixed assets sold and transferred out. It can be classfied into total tangible assets formation and total intangible assets formation. The total tangible assets formation and total intangible assets formation. The total tangible assets formation include the value of construction projects, installation projects completed and the equipment apparatus and instruments purchasedas well as the value of land improved, the value of draught animals, breeding stock ,milk ,wool and recreational animals and the newly increased economic forest in a certain period. The total ingangible assets formation includes the prospecting of minerals, the acquisition of computer software, the orginals of recreational works and works of literature and arts minus the disposal of them.

Increase in Inventory refers to the market value of the change in inventory, i. e. the difference of value between the beginning and the end of the period. The increase in inventory can be positive or negative. A positive value indicates the increase in inventory while a negative value indicates the decrease in stock. The inventory includes the raw materials, fuels, and reserve materials purchased by the production units as well as the inventory of finished products, semifinished products work - in - progress ect.

Net Export og Goods and Services refers to the difference of the exports of goods and services minus the imports of goods and services. The imports include the value of various goods and services sold or gratuitously transferred by the resident units to the non - resident units. The imports include the value of various goods and services purchased or gratuitously acquired by the resident units from the non - resident units. Because the provisionof services and the use of them happen simultaneously, the import and export of services do not appear to have the phenomena of crossing the border of the country. The acquisition of services by the resident units from abroad is uaually treated as import while the acquisition of services by non - resident units in this country is uaually treated as export. The export and import of goods are calculated at FOB.

Labourer's Remuneration refers to the whole payment of various forms earned by the labourers from the productive activities they are engaged in. It includes wages, bonuses and allowances the labourers earned in monetary form and in kind . It also includes the free medical services provided to the labourers and the medicine expenses, traffic subsidies and social insurance free paid by the labourers' working units for them. As the individual economy is concerned, since the labourers' remuneration is not easily distingushed from the operating profit, both are treated as labourers remuneration.

Net Taxes on Production refers to the residual of the taxes on production minus the subsidies on production. The taxes on production refer to the various taxes, extra charges and fees levied on the production units on their production, sail and business activities as well as on some factors of production, such as fixed assets, land and labour force, used in the production activities they are engaged in. In contrast to the taxes on rpoduction, the subsidies on production refer to the unilateral transfer of part of the government's revenue to the production units and is therefore regarded as negative taxes on production. They include sunsidies on the loss due to implementation of government policies, price subsidies to the grain institutions, foreign trade corporations' receipts from drawback, ect.

Depreciation of Fixed Assets refers to the depreciation of fixed assets of a given period, drawn in accordance with the stipulated depreciation rate for purpose of compensating the wear loss of the fixed assets or the depreciation of fixed assets calculated in a fictitious way in accordance with the stipulated unified depreciation rate in the national economic accounting system. It reflects the value of transfer of the fixed assets in the production of the current period. The depreciation of fixed assets in various enterprises and institutions managed as enterprises refers to the depreciation expenses actually drawn and calculated as part of the cost. In government agencies and institutions not managed as enterprises which do not draw the depreciation expenses, as well as for the house of residents, the depreciation of fixed assets is the imputed depreciation, which is calculated in accordance with the stipulated unified depreciation rate. In principle, the depreciation of fixed assets should bs calculated on the basis of the repurchased value of the fixed assets. however, there is no actual condition to reevaluated all the fixed assets in China. therefore, the abovementioned methods are temporarily adopted at present.

Operating Surplus refers to the balance of the value added created by the resident units deducting the labourers' remuneration, net taxes on production and the depreciation of fixed assets. It is equivalent to the business profit of the enterprises plus subsidies on production, but the wages and welfare expenses paid from the profits should be deducted.

ZHEJIANG STATISTICAL YEARBOOK

人口和从业人员

Population and Employment

Chapter2

2. 人口和从业人员
Population and Employment

2003年年末总人口	Total Population (Year-end)	4551.58 万人	(10000 persons)
#男性	Male	2335.61 万人	(10000 persons)
#农业人口	Agriculture	2215.97 万人	(10000 persons)
2003年年末总户数	Total Household	1485.72 万户	(10000 households)
2003年人口密度	Density of Population	447 人/平方公里	(persons/sq.km)
2003年人口自然增长率	Population Natural Growth Rate	3.28‰	
2003年年末社会从业人员	Employed Persons (Year-end)	2918.74 万人	(10000 persons)
#职工人数	Staff and Workers	373.21 万人	(10000 persons)

年末从业人员 (万人)

Employed Persons Year-end (10000 persons)

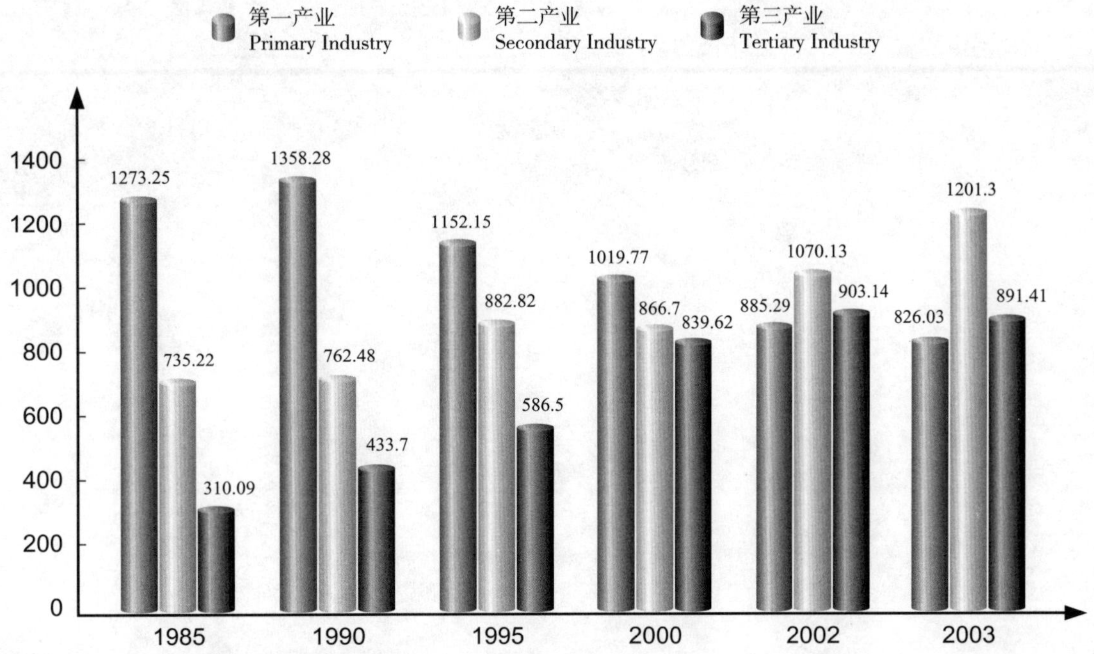

2-1 历年总户数和总人口数(年底数)

Total Population and Households(year-end)

年份 Year	总户数 (万户) Total Households (10000 households)	总人口数 (万人) Total Population (10000 persons)	按性别分 By Sex		按农业和非农业分 By Agriculture and Non-agriculture	
			男性 Male	女性 Female	农业人口 Agriculture	非农业人口 Non - agriculture
1978	897.62	3750.96	1948.29	1802.67	3321.96	429.00
1979	905.32	3792.33	1967.40	1824.93	3332.57	459.76
1980	923.58	3826.58	1985.59	1840.99	3346.40	480.18
1981	965.92	3871.51	2007.55	1863.96	3362.04	509.47
1982	990.66	3924.32	2034.98	1889.34	3387.79	536.53
1983	1014.03	3963.10	2056.06	1907.04	3413.05	550.05
1984	1038.85	3993.09	2071.46	1921.63	3425.47	567.62
1985	1081.20	4029.56	2090.69	1938.87	3395.35	634.21
1986	1122.09	4070.07	2112.05	1958.02	3417.19	652.88
1987	1167.30	4121.19	2137.38	1983.81	3455.14	666.05
1988	1211.08	4169.85	2161.26	2008.59	3487.61	682.24
1989	1240.41	4208.88	2180.83	2028.05	3515.46	693.42
1990	1259.49	4234.91	2193.71	2041.20	3538.13	696.78
1991	1276.80	4261.37	2206.65	2054.72	3555.37	706.00
1992	1297.81	4285.91	2218.72	2067.19	3560.13	725.78
1993	1311.07	4313.30	2232.72	2080.58	3563.24	750.06
1994	1321.54	4341.20	2246.57	2094.63	3565.19	776.01
1995	1339.82	4369.63	2259.54	2110.09	3567.14	802.49
1996	1353.99	4400.09	2273.54	2126.55	3570.17	829.92
1997	1369.79	4422.28	2282.85	2139.43	3557.19	865.09
1998	1389.44	4446.86	2293.29	2153.57	3539.78	907.08
1999	1410.25	4467.46	2302.64	2164.82	3519.79	947.67
2000	1440.40	4501.22	2316.54	2184.68	3506.20	995.02
2001	1447.67	4519.84	2323.87	2195.97	3473.63	1046.21
2002	1466.19	4535.98	2330.30	2205.68	3438.76	1097.22
2003	1485.72	4551.58	2335.61	2215.97	3394.08	1157.50

注：本表资料为公安年报数。
Data in this table are taken from the annual reports of the Bureau of Public Security.

2-2 各市、县总户数和总人口数(2003年底)

Total Households and Population by City and County(End of 2003)

地区 Region		总户数(万户) Total Households (10000 households)	总人口数(万人) Total Population (10000 persons)	按性别分 By Sex		按农业和非农业分 By Agriculture and Non-agriculture	
				男性 Male	女性 Female	农业人口 Agriculture	非农业人口 Non-agriculture
合计	**Total**	**1485.72**	**4551.58**	**2335.61**	**2215.97**	**3394.09**	**1157.50**
杭州市	**Hangzhou**	**201.12**	**642.78**	**329.04**	**313.74**	**379.11**	**263.67**
市辖区	District	119.01	393.19	201.14	192.05	177.06	216.13
上城区	Shangcheng	11.39	31.27	16.03	15.24	0.02	31.25
下城区	Xiacheng	11.19	33.22	17.24	15.98	0.74	32.48
江干区	Jianggan	9.98	38.03	20.63	17.40	10.84	27.20
拱墅区	Gongshu	9.47	29.27	15.34	13.93	1.89	27.38
西湖区	Xihu	13.30	53.03	27.78	25.25	10.51	42.53
滨江区	Binjiang	3.02	12.50	6.20	6.29	4.12	8.38
萧山区	Xiaoshan	37.01	115.74	57.40	58.34	87.90	27.84
余杭区	Yuhang	23.65	80.12	40.50	39.62	61.05	19.07
桐庐县	Tonglu	14.05	39.37	20.05	19.32	30.70	8.67
淳安县	Chunan	14.58	45.14	23.32	21.82	38.74	6.40
建德市	Jiande	17.12	51.20	26.56	24.63	39.58	11.62
富阳市	Fuyang	19.76	62.40	31.89	30.51	51.16	11.24
临安市	Linan	16.59	51.49	26.09	25.40	41.87	9.62
宁波市	**Ningbo**	203.47	549.07	277.64	271.44	380.26	168.81
市辖区	District	80.30	206.91	103.55	103.36	96.96	109.95
海曙区	Haishu	10.70	29.26	14.65	14.61	1.42	27.84
江东区	Jiangdong	9.06	23.55	11.81	11.73	0.51	23.04
江北区	Jiangbei	8.79	23.09	11.72	11.37	8.78	14.31
北仑区	Beilun	13.92	33.76	16.90	16.86	20.52	13.25
镇海区	Zhenhai	8.71	21.67	11.04	10.63	10.06	11.61
鄞州区	Yinzhou	29.13	75.58	37.42	38.16	55.68	19.90
象山县	Xiangshan	17.83	52.63	27.17	25.46	42.53	10.10
宁海县	Ninghai	20.63	58.24	30.44	27.80	50.99	7.25
余姚市	Yuyao	28.56	82.43	41.55	40.88	65.99	16.44
慈溪市	Cixi	38.70	100.71	50.34	50.37	85.57	15.13
奉化市	Fenghua	17.46	48.15	24.58	23.57	38.21	9.94
温州市	**Wenzhou**	211.72	742.28	387.77	354.50	599.32	142.95
市辖区	District	39.66	134.65	68.54	66.11	75.17	59.48
鹿城区	Lucheng	20.07	65.14	32.89	32.24	16.08	49.06
龙湾区	Longwan	8.45	30.63	15.83	14.80	25.67	4.96
瓯海区	Ouhai	11.14	38.88	19.81	19.07	33.41	5.47
洞头县	Dongtou	3.53	12.39	6.47	5.92	10.99	1.40
永嘉县	Yongjia	25.77	88.72	47.07	41.65	79.71	9.01
平阳县	Pingyang	22.87	84.61	44.37	40.24	70.04	14.56
苍南县	Cangnan	32.78	122.56	64.84	57.71	99.45	23.10

2-2 续表 1 continued

地区 Region		总户数（万户）Total Households (10000 households)	总人口数（万人）Total Population (10000 persons)	按性别分 By Sex		按农业和非农业分 By Agriculture and Non-agriculture	
				男性 Male	女性 Female	农业人口 Agriculture	非农业人口 Non-agriculture
文成县	Wencheng	11.64	36.36	19.52	16.84	33.53	2.83
泰顺县	Taishun	10.66	34.81	18.63	16.18	31.90	2.91
瑞安市	Ruian	30.11	112.52	58.07	54.45	94.23	18.28
乐清市	Yueqing	34.70	115.67	60.27	55.40	104.30	11.37
嘉兴市	**Jiaxing**	98.58	332.96	166.24	166.72	231.65	101.31
市辖区	District	25.24	79.82	39.97	39.84	47.22	32.60
秀城区	Xiucheng	15.00	45.76	22.98	22.78	20.30	25.46
秀洲区	Xiuzhou	10.25	34.06	16.99	17.07	26.93	7.13
嘉善县	Jiashan	12.14	38.08	19.04	19.04	27.97	10.11
海盐县	Haiyan	11.47	36.45	18.13	18.32	27.19	9.26
海宁市	Haining	17.92	64.13	31.84	32.29	41.65	22.48
平湖市	Pinghu	14.07	48.36	23.93	24.43	34.61	13.75
桐乡市	Tongxiang	17.74	66.13	33.32	32.81	53.00	13.12
湖州市	**Huzhou**	80.49	256.78	130.27	126.51	182.31	74.47
市辖区	District	32.36	107.72	53.99	53.73	70.55	37.18
吴兴区	Wuxing	17.87	58.10	29.11	29.00	31.16	26.94
南浔区	Nanxun	14.49	49.62	24.89	24.73	39.38	10.24
德清县	Deqing	13.03	42.34	21.23	21.11	30.94	11.40
长兴县	Changxing	20.14	62.01	32.08	29.93	45.08	16.93
安吉县	Anji	14.95	44.71	22.96	21.75	35.75	8.96
绍兴市	**Shaoxing**	**152.56**	**433.84**	**219.76**	**214.08**	**330.84**	**103.01**
市辖区	District	22.62	63.86	31.66	32.20	21.22	42.64
越城区	Yuecheng	22.62	63.86	31.66	32.20	21.22	42.64
绍兴县	Shaoxing	24.26	70.16	34.84	35.32	58.42	11.74
新昌县	Xinchang	15.53	43.38	22.68	20.70	35.92	7.46
诸暨市	Zhuji	36.86	105.49	53.51	51.99	91.40	14.09
上虞市	Shangyu	27.03	77.41	38.75	38.66	62.86	14.56
嵊州市	Shengzhou	26.26	73.54	38.33	35.21	61.01	12.53
金华市	**Jinhua**	**161.38**	**449.91**	**231.79**	**218.12**	**356.93**	**92.97**
市辖区	District	34.07	92.18	47.48	44.70	63.11	29.07
婺城区	Wucheng	22.15	62.34	32.26	30.08	34.92	27.42
金东区	Jindong	11.92	29.83	15.22	14.62	28.19	1.64
武义县	Wuyi	11.86	32.75	17.06	15.69	28.01	4.74
浦江县	Pujiang	13.39	38.07	19.79	18.28	32.20	5.87
磐安县	Panan	7.58	20.62	10.80	9.83	18.39	2.24
兰溪市	Lanxi	22.18	65.42	34.29	31.13	53.81	11.61
义乌市	Yiwu	24.74	68.04	34.78	33.27	49.17	18.88
东阳市	Dongyang	28.60	78.99	40.09	38.90	66.71	12.28

2-2 续表 2 continued

地区 Region		总户数（万户）Total Households (10000 households)	总人口数（万人）Total Population (10000 persons)	按性别分 By Sex		按农业和非农业分 By Agriculture and Non-agriculture	
				男性 Male	女性 Female	农业人口 Agriculture	非农业人口 Non-agriculture
永康市	Yongkang	18.96	53.83	27.49	26.34	45.54	8.30
衢州市	**Quzhou**	**78.27**	**244.83**	**128.76**	**116.07**	**203.03**	**41.80**
市辖区	District	26.06	80.23	42.05	38.18	61.28	18.95
柯城区	Kecheng	13.85	40.40	20.73	19.66	23.19	17.21
衢江区	Qujiang	12.21	39.83	21.31	18.52	38.09	1.74
常山县	Changshan	9.95	32.33	17.13	15.20	28.15	4.19
开化县	Kaihua	10.57	34.36	18.00	16.35	30.21	4.15
龙游县	Longyou	13.73	40.72	21.53	19.19	34.62	6.10
江山市	Jiangshan	17.96	57.19	30.05	27.14	48.77	8.41
舟山市	**Zhoushan**	**35.64**	**97.12**	**48.82**	**48.30**	**63.53**	**33.59**
市辖区	District	24.48	68.96	34.84	34.12	42.92	26.03
定海区	Dinghai	13.40	36.82	18.64	18.17	22.07	14.74
普陀区	Putuo	11.09	32.14	16.20	15.95	20.85	11.29
岱山县	Daishan	8.22	19.97	9.94	10.03	15.11	4.86
嵊泗县	Shengsi	2.93	8.19	4.04	4.15	5.49	2.70
台州市	**Taizhou**	**182.03**	**552.61**	**285.38**	**267.23**	**457.26**	**95.35**
市辖区	District	47.90	146.05	74.47	71.58	117.50	28.55
椒江区	Jiaojing	16.09	47.15	24.02	23.13	34.84	12.31
黄岩区	Huangyan	18.51	57.19	29.23	27.96	46.85	10.34
路桥区	Lujiao	13.30	41.70	21.22	20.48	35.81	5.89
玉环县	Yuhuan	12.94	39.28	20.18	19.09	21.69	17.59
三门县	Sanmen	12.42	40.25	21.20	19.05	36.20	4.05
天台县	Tiantai	18.64	55.52	29.12	26.40	46.48	9.04
仙居县	Xianju	14.52	46.43	24.27	22.16	41.87	4.57
温岭市	Wenling	39.71	114.50	58.67	55.84	97.01	17.49
临海市	Linhai	35.89	110.58	57.48	53.10	96.51	14.07
丽水市	**Lishui**	**80.45**	**249.40**	**130.14**	**119.26**	**209.84**	**39.56**
市辖区	District	13.13	36.84	18.86	17.98	24.54	12.30
莲都区	Liandu	13.13	36.84	18.86	17.98	24.54	12.30
青田县	Qingtian	14.17	47.17	24.70	22.46	41.52	5.65
云和县	Yunhe	3.29	10.93	5.76	5.17	9.03	1.90
庆元县	Qingyuan	6.28	19.79	10.24	9.56	17.08	2.72
缙云县	Jinyun	15.17	43.53	22.61	20.93	39.67	3.86
遂昌县	Shunchang	7.18	22.55	11.92	10.64	19.07	3.48
松阳县	Shongyang	7.57	23.10	12.11	10.99	20.18	2.92
景宁自治县	Jingning	5.27	17.93	9.58	8.35	15.37	2.56
龙泉市	Longquan	8.39	27.55	14.36	13.19	23.38	4.17

注：本表资料为公安年报数。 Data in this table were taken from the annual reports of the Bureau of Public Security,

2-3 历年人口自然变动情况
Population Natural Changes

年份 Year	年末常住人口（万人） Total Population with Permanent Residence (year-end)	出生 Birth 人数（万人） Population (10000 persons)	出生 Birth 出生率(‰) Birth Rate (‰)	死亡 Death 人数（万人） Population (10000 persons)	死亡 Death 死亡率(‰) Death Rate (‰)	自然增长 Natural Growth 人数（万人） Population (10000 persons)	自然增长 Natural Growth 自然增长率(‰) Natural Growth Rate(‰)
1978		67.75	18.17	21.75	5.83	46.00	12.34
1979		67.82	17.98	22.23	5.89	45.59	12.09
1980		59.40	15.59	23.97	6.29	35.43	9.30
1981		69.00	17.93	24.12	6.27	44.89	11.66
1982		71.38	18.31	23.17	5.94	48.21	12.37
1983		62.66	15.89	25.13	6.37	37.53	9.52
1984		49.80	12.52	23.82	5.99	25.97	6.53
1985		50.59	12.61	24.25	6.05	26.34	6.56
1986		64.64	15.96	24.06	5.94	40.58	10.02
1987		69.67	17.01	28.34	6.92	41.33	10.09
1988		64.42	15.54	26.32	6.35	38.10	9.19
1989		63.68	15.20	26.85	6.41	36.83	8.79
1990	4238.00	64.75	15.33	26.65	6.31	38.10	9.02
1991	4269.50	61.59	14.48	27.18	6.39	34.41	8.09
1992	4304.40	63.10	14.72	28.17	6.57	34.93	8.15
1993	4334.80	58.79	13.61	28.42	6.58	30.37	7.03
1994	4363.70	56.67	13.24	28.25	6.64	28.42	6.60
1995	4389.00	54.52	12.66	29.07	6.75	25.45	5.91
1996	4413.00	53.21	12.09	28.96	6.58	24.25	5.51
1997	4434.80	50.47	11.41	28.66	6.48	21.81	4.93
1998	4456.20	49.57	11.15	28.14	6.33	21.43	4.82
1999	4475.40	47.51	10.64	28.36	6.35	19.15	4.29
2000	4596.00	48.09	10.30	28.63	6.13	19.46	4.17
2001	4613.36	46.14	10.02	28.78	6.25	17.39	3.77
2002	4646.85	46.19	9.98	28.65	6.19	17.54	3.79
2003	4679.55	44.96	9.66	29.70	6.38	15.26	3.28

注：表中2000年数为第五次人口普查数，其余年份为人口抽样调查数。

The data in 2000 were taken from the fifth population census, the rest were estimated on the basis of the annual sample surveys on population changes.

2－4 各市人口自然变动情况
Population Natural Changes by City

单位:‰ （‰）

地区 Region		自然增长率 Natural Growth Rate		出生率 Birth Rate		死亡率 Death Rate	
		2002	2003	2002	2003	2002	2003
全　省	**Total**	**3.79**	**3.28**	**9.98**	**9.66**	**6.19**	**6.38**
杭州市	Hangzhou	2.71	2.31	8.38	8.04	5.67	5.73
宁波市	Ningbo	1.66	1.33	7.60	7.75	5.94	6.42
温州市	Wenzhou	6.77	9.31	11.36	14.32	4.59	5.01
嘉兴市	Jiaxing	0.83	-0.07	7.59	7.10	6.76	7.17
湖州市	Huzhou	1.39	-0.36	7.35	7.22	5.96	7.58
绍兴市	Shaoxing	2.69	1.54	9.48	8.65	6.79	7.10
金华市	Jinhua	3.70	3.70	10.11	9.98	6.41	6.28
衢州市	Quzhou	4.53	4.46	10.01	10.42	5.48	5.96
舟山市	Zhoushan	-0.32	-0.92	6.21	6.16	6.53	7.08
台州市	Taizhou	5.64	6.01	11.66	12.08	6.02	6.07
丽水市	Lishui	6.04	4.94	11.78	10.66	5.74	5.72

注：本表为抽样调查数,各市系公安统计年报数。

The total data were estimated on the basis of the annual sample surveys, The regional data were taken from the annual reports of the Bureau of Public Security.

2－5 各市、县总户籍人口年龄构成(2003年底)

Total Households and Population by City and County(End of 2003)

地区 Region		18岁以下 Age 0－18		18－35岁 Age 18－35		35－60岁 Age 35－60		60岁以上 Age 65 and over	
		人数 Population	占总人口% Percentage to Total	人数 Population	占总人口% Percentage to Total	人数 Population	占总人口% Percentage to Total	人数 Population	占总人口% Percentage to Total
浙江省		**938.77**	**20.63**	**1220.54**	**26.82**	**1773.37**	**38.96**	**618.91**	**13.60**
杭州市	**Hangzhou**	**119.24**	**18.55**	**172.30**	**26.81**	**260.70**	**40.56**	**90.54**	**14.09**
市辖区	District	67.72	17.22	109.89	27.95	158.71	40.36	56.87	14.46
上城区	Shangcheng	4.39	14.04	7.12	22.78	13.46	43.04	6.30	20.14
下城区	Xiacheng	4.61	13.87	8.98	27.03	13.66	41.12	5.97	17.97
江干区	Jianggan	5.13	13.49	14.32	37.64	13.67	35.94	4.91	12.92
拱墅区	Gongshu	4.14	14.14	8.59	29.34	11.69	39.94	4.85	16.59
西湖区	Xihu	7.58	14.30	22.02	41.52	17.09	32.23	6.23	11.95
滨江区	Binjiang	2.47	19.78	4.46	35.69	4.26	34.06	1.31	10.47
萧山区	Xiaoshan	24.82	21.44	25.57	22.09	49.64	42.89	15.71	13.57
余杭区	Yuhang	14.58	18.20	18.82	23.49	35.24	43.98	11.48	14.33
桐庐县	Tonglu	7.77	19.73	10.01	25.42	16.26	41.31	5.33	13.53
淳安县	Chunan	9.55	21.15	11.59	25.67	17.93	39.73	6.07	13.45
建德市	Jiande	11.51	22.48	11.68	22.81	20.86	40.76	7.15	13.96
富阳市	Fuyang	13.46	21.56	16.13	25.86	24.77	39.70	8.04	12.88
临安市	Linan	9.23	17.93	13.01	25.26	22.16	43.03	7.09	13.77
宁波市	**Ningbo**	101.98	18.57	137.84	25.10	233.29	42.49	75.96	13.83
市辖区	District	35.96	17.38	54.43	26.30	88.39	42.72	28.14	13.60
海曙区	Haishu	4.65	15.89	8.82	30.13	11.62	39.71	4.18	14.27
江东区	Jiangdong	4.13	17.56	6.38	27.10	10.00	42.47	3.03	12.87
江北区	Jiangbei	3.46	14.97	7.16	31.00	9.39	40.68	3.08	13.35
北仑区	Beilun	5.96	17.66	8.15	24.14	14.81	43.85	4.85	14.35
镇海区	Zhenhai	3.74	17.25	4.86	22.42	10.00	46.15	3.07	14.17
鄞州区	Yinzhou	14.02	18.55	19.06	25.22	32.57	43.09	9.93	13.14
象山县	Xiangshan	8.99	17.08	14.72	27.96	21.74	41.31	7.18	13.65
宁海县	Ninghai	11.64	19.99	16.93	29.07	22.22	38.15	7.45	12.79
余姚市	Yuyao	16.13	19.57	18.10	21.96	35.92	43.58	12.28	14.89
慈溪市	Cixi	20.14	20.00	22.14	21.99	43.99	43.68	14.43	14.33
奉化市	Fenghua	9.13	18.95	11.52	23.93	21.03	43.67	6.48	13.46
温州市	**Wenzhou**	174.13	23.46	231.86	31.24	245.93	33.13	90.36	12.17
市辖区	District	27.24	20.23	41.15	30.56	48.97	36.37	17.29	12.84
鹿城区	Lucheng	12.21	18.75	18.90	29.02	24.88	38.20	9.14	14.03
龙湾区	Longwan	7.00	22.86	9.57	31.24	10.71	34.95	3.35	10.95
瓯海区	Ouhai	8.02	20.62	12.68	32.61	13.39	34.43	4.80	12.34
洞头县	Dongtou	2.62	21.15	3.87	31.21	4.46	35.99	1.44	11.66
永嘉县	Yongjia	21.89	24.68	28.68	32.33	27.89	31.43	10.26	11.56
平阳县	Pingyang	19.24	22.74	26.12	30.88	28.38	33.55	10.86	12.83
苍南县	Cangnan	31.52	25.72	39.41	32.16	38.14	31.12	13.49	11.01

注：本资料为公安年报数。Data in this table were taken from the annual reports of the Bureau of Public Security.

2-5 续表 1 continued

地区	Region	18岁以下 Age 0-18		18-35岁 Age 18-35		35-60岁 Age 35-60		60岁以上 Age 65 and over	
		人数 Population	占总人口% Percentage to Total	人数 Population	占总人口% Percentage to Total	人数 Population	占总人口% Percentage to Total	人数 Population	占总人口% Percentage to Total
文成县	Wencheng	8.49	23.35	11.67	32.11	11.28	31.03	4.91	13.51
泰顺县	Taishun	7.62	21.88	11.59	33.30	10.81	31.04	4.80	13.78
瑞安市	Ruian	25.73	22.87	34.50	30.66	38.64	34.34	13.65	12.13
乐清市	Yueqing	29.78	25.75	34.86	30.14	37.37	32.30	13.66	11.81
嘉兴市	**Jiaxing**	67.61	20.31	70.06	21.04	143.96	43.24	51.33	15.42
市辖区	District	15.80	19.80	17.43	21.83	34.25	42.91	12.34	15.46
秀城区	Xiucheng	8.63	18.85	10.39	22.71	19.67	42.98	7.07	15.45
秀洲区	Xiuzhou	7.18	21.07	7.03	20.65	14.58	42.81	5.27	15.47
嘉善县	Jiashan	7.67	20.14	7.27	19.08	16.93	44.47	6.21	16.31
海盐县	Haiyan	7.28	19.98	7.72	21.19	16.11	44.20	5.34	14.64
海宁市	Haining	12.73	19.86	13.93	21.72	27.69	43.18	9.77	15.24
平湖市	Pinghu	9.94	20.56	9.70	20.06	21.20	43.85	7.51	15.53
桐乡市	Tongxiang	14.18	21.44	14.02	21.20	27.77	42.00	10.16	15.37
湖州市	**Huzhou**	51.83	20.18	58.68	22.85	107.49	41.86	38.78	15.10
市辖区	District	21.35	19.82	22.39	20.78	46.04	42.74	17.95	16.66
吴兴区	Wuxing	11.78	20.27	13.54	23.30	23.82	41.00	8.96	15.43
南浔区	Nanxun	9.57	19.28	8.85	17.83	22.22	44.78	8.99	18.11
德清县	Deqing	8.53	20.13	9.69	22.88	17.86	42.19	6.27	14.80
长兴县	Changxing	13.06	21.06	15.46	24.94	25.03	40.37	8.45	13.62
安吉县	Anji	8.90	19.89	11.14	24.92	18.55	41.50	6.12	13.69
绍兴市	Shaoxing	90.82	20.93	102.25	23.57	181.39	41.81	59.39	13.69
市辖区	District	13.22	20.70	15.73	24.64	26.26	41.12	8.65	13.54
越城区	Yuecheng	13.22	20.70	15.73	24.64	26.26	41.12	8.65	13.54
绍兴县	Shaoxing	16.15	23.02	14.74	21.01	29.61	42.21	9.65	13.76
新昌县	Xinchang	8.22	18.95	11.71	26.99	17.38	40.07	6.07	14.00
诸暨市		22.26	21.10	24.73	23.44	44.22	41.92	14.28	13.53
上虞市	Shangyu	16.51	21.33	17.40	22.48	32.68	42.22	10.82	13.98
嵊州市	Shengzhou	14.46	19.66	17.94	24.39	31.23	42.47	9.92	13.48
金华市	**Jinhua**	**93.79**	**20.85**	**123.03**	**27.34**	**172.03**	**38.24**	**61.06**	**13.57**
市辖区	District	17.21	18.67	27.81	30.17	35.36	38.36	11.80	12.80
婺城区	Wucheng	11.36	18.22	19.68	31.57	23.53	37.74	7.77	12.47
金东区	Jindong	5.85	19.61	8.12	27.23	11.83	39.66	4.03	13.51
武义县	Wuyi	6.23	19.03	8.35	25.49	13.16	40.18	5.01	15.31
浦江县	Pujiang	8.25	21.67	10.49	27.55	14.35	37.69	4.98	13.08
磐安县	Panan	4.04	19.60	6.10	29.60	7.81	37.86	2.67	12.93
兰溪市	Lanxi	13.01	19.89	16.33	24.96	26.50	40.50	9.58	14.65
义乌市	Yiwu	15.60	22.92	18.13	26.64	25.45	37.40	8.87	13.04
东阳市	Dongyang	17.32	21.92	20.57	26.04	30.09	38.09	11.01	13.94

2-5 续表 2 continued

地区 Region		18岁以下 Age 0-18		18-35岁 Age 18-35		35-60岁 Age 35-60		60岁以上 Age 65 and over	
		人数 Population	占总人口% Percentage to Total	人数 Population	占总人口% Percentage to Total	人数 Population	占总人口% Percentage to Total	人数 Population	占总人口% Percentage to Total
永康市	Yongkang	12.13	22.53	15.25	28.33	19.32	35.89	7.13	13.24
衢州市	**Quzhou**	**48.74**	**19.91**	**70.02**	**28.60**	**93.17**	**38.06**	**32.89**	**13.44**
市辖区	District	16.04	20.00	22.76	28.37	30.39	37.88	11.04	13.76
柯城区	Kecheng	7.87	19.48	11.22	27.78	15.69	38.85	5.61	13.89
衢江区	Qujiang	8.18	20.52	11.53	28.96	14.69	36.89	5.43	13.63
常山县	Changshan	6.44	19.92	9.95	30.76	11.85	36.64	4.10	12.68
开化县	Kaihua	6.37	18.53	10.31	30.02	13.09	38.09	4.59	13.36
龙游县	Longyou	7.79	19.12	11.06	27.15	16.23	39.86	5.65	13.87
江山市	Jiangshan	12.11	21.17	15.95	27.88	21.62	37.80	7.52	13.14
舟山市	**Zhoushan**	**16.10**	**16.58**	**23.78**	**24.49**	**43.25**	**44.53**	**13.98**	**14.40**
市辖区	District	11.30	16.39	17.54	25.44	30.19	43.78	9.92	14.39
定海区	Dignhai	6.20	16.84	9.68	26.28	15.67	42.58	5.26	14.30
普陀区	Putuo	5.10	15.87	7.87	24.47	14.52	45.16	4.66	14.49
岱山县	Daishan	3.36	16.80	4.42	22.13	9.27	46.40	2.93	14.67
嵊泗县	Shengsi	1.45	17.64	1.82	22.25	3.79	46.30	1.13	13.81
台州市	**Taizhou**	**120.40**	**21.79**	**155.13**	**28.07**	**205.54**	**37.19**	**71.55**	**12.95**
市辖区	District	31.03	21.25	39.75	27.21	55.08	37.71	20.19	13.83
椒江区	Jiaojiang	10.15	21.52	13.20	27.99	17.62	37.38	6.19	13.12
黄岩区	Huangyan	11.84	20.71	15.11	26.43	21.81	38.13	8.42	14.73
路桥区	Lujiao	9.04	21.68	11.44	27.42	15.64	37.51	5.58	13.39
玉环县	Yuhuan	7.52	19.14	11.74	29.89	14.87	37.86	5.15	13.10
三门县	Sanmen	8.60	21.37	12.62	31.34	14.51	36.04	4.53	11.25
天台县	Tiantai	13.44	24.20	16.06	28.93	19.59	35.28	6.44	11.59
仙居县	Xianju	11.21	24.14	12.56	27.05	16.97	36.55	5.70	12.27
温岭市	Wenling	24.73	21.59	30.24	26.41	43.77	38.22	15.77	13.77
临海市	Linhai	23.88	21.59	32.16	29.09	40.76	36.86	13.78	12.46
丽水市	**Lishui**	**54.14**	**21.71**	**75.58**	**30.31**	**86.62**	**34.73**	**33.06**	**13.26**
市辖区	District	7.56	20.52	10.86	29.48	13.64	37.01	4.79	13.00
莲都区	Liandu	7.56	20.52	10.86	29.48	13.64	37.01	4.79	13.00
青田县	Qingtian	11.97	25.38	14.74	31.26	14.39	30.50	6.07	12.86
云和县	Yunhe	2.10	19.24	3.21	29.34	4.00	36.61	1.62	14.81
庆元县	Qingyuan	4.44	22.45	6.73	34.01	6.45	32.60	2.17	10.94
缙云县	Jinyun	9.29	21.35	12.88	29.60	15.60	35.83	5.76	13.22
遂昌县	Shunchang	4.42	19.62	6.18	27.38	8.67	38.43	3.29	14.57
松阳县	Shongyang	5.01	21.68	6.78	29.34	8.32	36.02	2.99	12.96
景宁自治县	Jingning	3.60	20.08	6.10	34.02	5.92	33.02	2.31	12.88
龙泉市	Longquan	5.73	20.81	8.10	29.42	9.63	34.98	4.08	14.80

注：本表资料为公安年报数。
Data in this table we/re taken from the annual reports of the Bureau of Public Security,

2-6 非农业人口变动情况
Changes of Non-agriculture Population

单位:万人 (10000 persons)

项目	Item	1990	1995	2000	2002	2003
增加人口数合计	**Increased Population**	**45.64**	**65.08**	**110.28**	**132.87**	**125.72**
出生人口	Birth Population	6.61	5.94	11.16	8.95	8.63
非农业人口迁入	Non-agriculture Population Transfered into	29.65	31.35	47.71	68.72	51.73
农业人口转非农业人口	Population Changed into Non-agriculture	6.41	16.77	33.46	43.32	46.72
#招生	Students Recruited	2.41	6.23	7.55	9.26	8.53
招工	Workers Recruited	1.07	1.34	0.40	0.95	1.99
复员转业	Demobilized Soldiers	0.54	0.57	1.07	0.71	0.76
其他人口	Others	1.94	9.77	6.19	10.73	17.48
减少人口数合计	**Decreased Population**	**41.23**	**38.60**	**62.85**	**81.86**	**65.44**
死亡人口	Death Population	3.65	3.89	5.59	4.37	4.93
非农业人口迁出	Non - agriculture Population Transfered out	30.59	29.59	45.95	66.58	46.78
服兵役	Enlisting in the Army	0.63	0.31	0.54	0.51	0.46
其他人口	Others	6.36	4.81	9.87	9.80	12.93

2-7 计划生育情况
Family Planning

单位:% (%)

地区	Region	计划内生育率 Birth Rate Control			已婚育龄妇女独生子女领证率 Proportion of Only Child Certificate		
		2000	2002	2003	2000	2002	2003
合计	**Total**	**96.05**	**97.25**	**88.94**	**19.84**	**19.08**	**20.98**
杭州市	Hangzhou	97.98	98.34	97.77	31.53	28.73	33.80
宁波市	Ningbo	98.66	98.83	98.65	26.08	23.21	25.88
温州市	Wenzhou	86.67	95.58	61.94	12.26	13.75	12.85
嘉兴市	Jiaxing	98.57	98.68	98.67	36.47	34.19	47.03
湖州市	Huzhou	98.82	98.38	98.55	30.56	31.49	27.48
绍兴市	Shaoxing	99.44	99.33	98.97	18.74	18.80	20.77
金华市	Jinhua	97.27	98.85	98.01	11.64	11.30	11.24
衢州市	Quzhou	98.02	98.13	96.97	11.22	11.08	10.64
舟山市	Zhoushan	99.59	99.37	99.27	15.08	11.18	14.12
台州市	Taizhou	97.05	97.98	97.54	12.52	12.58	12.92
丽水市	Lishui	95.10	94.92	93.57	7.29	6.95	7.49

2-8 从业人员总数(年底数)

Total Number of Employed Persons(Year-end)

单位:万人 (10000 persons)

年份 Year	从业人员总数 Employed Persons	职工合计 Staff and Workers	国有单位 State-owned Units	城镇集体单位 Urban Collective Owned Units	其他单位 Other Types of Ownership	城镇私营和个体从业人员 Urban Private Enterprises and Individuals	乡村从业人员 Rural Employed Persons	其它从业人员 Other Employed Persons
1978	1794.96	312.89	183.14	129.75		1.51	1480.56	
1979	1829.90	339.91	196.78	143.13		2.00	1487.99	
1980	1856.42	359.73	208.50	151.23		3.51	1493.18	
1981	1954.53	397.35	223.62	155.73		4.11	1571.07	
1982	2021.74	374.33	232.29	142.04		5.25	1642.16	
1983	2141.16	382.75	237.68	145.07		7.61	1750.80	
1984	2248.91	402.51	228.26	172.72	1.53	9.55	1836.85	
1985	2318.56	426.57	240.71	183.81	2.05	12.09	1879.90	
1986	2386.42	443.04	251.92	188.73	2.39	12.87	1930.51	
1987	2444.73	459.65	263.46	192.97	3.22	15.69	1969.39	
1988	2502.73	475.74	274.30	196.97	4.47	22.54	2004.45	
1989	2522.86	470.12	274.95	189.34	5.83	27.03	2025.71	
1990	2554.46	476.02	280.87	189.12	6.03	29.84	2048.60	
1991	2579.36	492.81	293.41	191.09	8.31	30.98	2049.22	6.35
1992	2600.38	491.37	297.96	181.62	11.79	38.29	2065.04	5.68
1993	2615.89	502.36	300.59	176.12	25.65	52.54	2052.66	8.33
1994	2640.51	500.88	294.13	170.42	36.33	82.39	2024.39	32.85
1995	2621.47	498.61	294.59	161.89	42.13	96.44	2015.45	10.97
1996	2625.06	495.35	290.22	156.25	48.88	108.99	2010.21	10.51
1997	2619.66	482.26	285.05	144.53	52.68	110.27	2016.20	10.93
1998	2612.54	455.80	256.61	102.94	96.25	122.86	2021.56	12.32
1999	2625.17	427.45	233.15	80.21	114.09	163.34	2021.24	13.14
2000	2726.09	398.53	208.19	58.93	131.41	208.56	2106.14	12.86
2001	2796.65	372.39	185.36	41.28	145.75	236.00	2173.63	14.63
2002	2858.56	367.14	179.67	35.49	151.98	280.97	2185.87	24.58
2003	2918.74	373.21	170.40	30.53	172.28	349.19	2168.74	27.60

注:1978-2000年按户籍统计,2001-2003年按所在地统计。
Data in this table from 1978 to 2000 were calculated at registered residence, data were calculated at location from 2001 to 2003.

2－9 分行业从业人员总数(2003 年底数)

Number of Employed Persons by Sector(End of 2003)

单位:万人 (10000 persons)

行　业	Sector	城乡合计 Total	城镇 Urban	乡村 Rural
总　计	**Total**	**2918.74**	**750.00**	**2168.74**
农、林、牧、渔业	Farming, Forestry, Animal Husbandry and Fishery	827.57	4.61	822.96
采掘业	Mining and Quarrying	4.88	2.14	2.74
制造业	Manufacturing	989.16	242.02	747.14
电力、煤气及水的生产和供应业	Electricity, Gas and Water Production and Supply	9.02	9.02	
建筑业	Construction	198.24	61.00	137.24
交通运输、仓储及邮政业	Transport, Storage and Post	122.38	28.30	94.08
信息传输、计算机服务和软件业	Information Transmissing, Computer Services and Software	10.02	8.68	1.34
批发和零售业	Wholesale and Retail Sale Trade	361.32	145.90	215.42
住宿餐饮业	Hotels and Catering Services	114.92	38.01	76.91
金融业	Banking	18.34	18.34	
房地产业	Real Estate	5.80	5.52	0.28
租赁与商务服务业	Leasing and Commercial Services	29.16	23.43	5.73
科学研究、技术服务与地质勘查业	Scientific Research and Technic Services and Geological Prospecting	8.75	8.14	0.61
水利、环境和公共设施管理业	Water Conservancy, Environment and Public Facilities Management	6.58	6.17	0.41
居民服务及其他服务业	Resident Services and Other Services	84.69	27.05	57.64
教育	Education	51.99	51.17	0.82
卫生、社会保障和社会福利业	Health Care, Social Security and Social Welfare	25.71	23.89	1.82
文化、体育与娱乐业	Cultuer, Sports and Recreation	11.82	8.22	3.60
公共管理和社会组织	Public Management and Social Organization	38.39	38.39	

2-10 按行业分的城镇单位从业人员总数(年底数)
Number of Urban Employed Persons by Sector(Year-end)

单位:万人 (10000 persons)

行　业	Sector	2000	2001	2002	2003
总计	**Total**	**384.41**	**366.31**	**368.66**	**392.81**
农、林、牧、渔业	Farming, Forestry, Animal Husbandry and Fishery	4.82	4.50	3.83	2.96
采掘业	Mining and Quarrying	2.23	1.95	1.81	1.73
制造业	Manufacturing	115.76	103.05	99.66	111.52
电力、煤气及水的生产和供应业	Electricity, Gas and Water Production and Supply	8.98	8.93	8.88	8.85
建筑业	Construction	43.44	42.65	45.09	51.86
地质勘查业、水利管理业	Geological Prospecting and Water Conservancy	1.64	1.73	1.75	1.74
交通运输、仓储及邮电通讯业	Transport, Storage, Post and Telecommunications	21.69	19.41	19.92	20.72
批发和零售贸易、餐饮业	Wholesale and Retail Sale Trade and Catering Services	31.97	24.88	23.30	23.00
金融、保险业	Banking and Insurance	16.34	17.67	18.57	18.36
房地产业	Real Estate Trade	3.99	4.53	5.07	5.08
社会服务业	Social Services	19.03	21.07	21.95	23.41
卫生、体育和社会福利业	Health Care, Sports and Social Welfare	20.88	21.35	21.93	22.76
教育、文化艺术和广播电影电视业	Education, Culture and Art, Radio, Film and Television	51.05	51.71	53.10	54.44
科学研究和综合技术服务业	Scientific Research and Polytechnical Services	4.37	4.54	4.76	4.82
国家机关、政党机关和社会团体	Government Agencies, Party Agencies and Social Organizations	34.78	33.73	34.40	37.12
其他行业	Others	3.44	4.61	4.64	4.42

2-11 分所有制城镇单位从业人员总数(2003年底)
Number of Urban Employed Persons by Ownership(End of 2003)

单位:万人 (10000 persons)

行业	Sector	合计 Total	国有单位 State-owned Units	城镇集体 Urban Collective Owned Units	其它单位 Others
总计	**Total**	**392.81**	**179.02**	**32.18**	**181.61**
农、林、牧、渔业	Farming, Forestry, Animal Husbandry and Fishery	2.70	2.36	0.20	0.14
采掘业	Mining and Quarrying	1.72	0.51	0.03	1.18
制造业	Manufacturing	111.49	8.31	6.80	96.38
电力、煤气及水的生产和供应业	Electricity, Gas and Water Production and Supply	9.02	6.37	0.43	2.22
建筑业	Construction	51.86	3.66	9.15	39.05
交通运输、仓储及邮电业	Transport, Storage and Post	19.72	12.10	0.98	6.64
信息传输、计算机服务和软件业	Information Transmissing, Computer Services and Software	4.80	2.38	0.08	2.35
批发和零售业	Wholesale and Retail Sale Trade	20.66	4.87	2.55	13.24
住宿餐饮业	Hotels and Catering Services	8.84	2.63	0.84	5.37
金融业	Banking	18.34	9.96	3.43	4.95
房地产业	Real Estate	5.03	1.79	0.18	3.05
租赁与商务服务业	Leasing and Commercial Services	10.35	5.20	1.41	3.74
科学研究、技术服务与地质勘查业	Scientific Research and Technic Services and Geological Prospecting	7.06	5.46	0.27	1.33
水利、环境和公共设施管理业	Water Conservancy, Environment and Public Facilities Management	5.34	3.61	1.37	0.36
居民服务及其他服务业	Resident Services and Other Services	0.87	0.48	0.15	0.25
教育	Education	49.68	48.17	0.55	0.97
卫生、社会保障和社会福利业	Health Care, Social Security and Social Welfare	22.40	18.69	3.56	0.15
文化、体育与娱乐业	Cultuer, Sports and Recreation	4.53	4.26	0.13	0.15
公共管理和社会组织	Public Management and Social Organization	38.39	38.22	0.07	0.10

2－12 分行业城镇单位从业人员总数(2003年底)

Number of Urban Employed Persons by Sector(End of 2003)

单位:万人 (10000 persons)

行业	Sector	单位从业人员 Employed Persons	#在岗职工合计 Staff and Workers at Work	#专业技术人员 Specialized Technical Personnel	#女性 Female
总计	**Total**	**392.81**	**373.21**	**114.57**	**51.44**
农、林、牧、渔业	Farming, Forestry, Animal Husbandry and Fishery	2.70	2.62	1.13	0.27
采掘业	Mining and Quarrying	1.72	1.70	0.28	0.09
制造业	Manufacturing	111.49	109.02	14.12	4.60
电力、煤气及水的生产和供应业	Electricity, Gas and Water Production and Supply	9.02	8.83	2.81	0.80
建筑业	Construction	51.86	48.46	7.27	1.23
交通运输、仓储及邮政业	Transport, Storage and Post	19.72	18.72	3.15	0.91
信息传输、计算机服务和软件业	Information Transmissing, Computer Services and Software	4.80	4.22	1.59	0.58
批发和零售业	Wholesale and Retail Sale Trade	20.66	19.45	4.65	2.01
住宿餐饮业	Hotels and Catering Services	8.84	8.37	1.02	0.46
金融业	Banking	18.34	14.68	9.14	4.58
房地产业	Real Estate	5.03	4.57	1.66	0.58
租赁与商务服务业	Leasing and Commercial Services	10.35	9.73	2.35	0.93
科学研究、技术服务与地质勘查业	Scientific Research and Technic Services and Geological Prospecting	7.06	6.43	4.32	1.20
水利、环境和公共设施管理业	Water Conservancy, Environment and Public Facilities Management	5.34	4.92	0.89	0.28
居民服务及其他服务业	Resident Services and Other Services	0.87	0.82	0.14	0.06
教育	Education	49.68	47.84	41.02	21.48
卫生、社会保障和社会福利业	Health Care, Social Security and Social Welfare	22.40	21.57	16.32	10.25
文化、体育与娱乐业	Cultuer, Sports and Recreation	4.53	4.28	2.21	0.94
公共管理和社会组织	Public Management and Social Organization	38.39	36.97	0.49	0.19

行业	Sector	#使用的农村劳动力 Rural Labourer	长期职工 Long-term Staff and Workers	其他从业人员 Others	#聘用的离通休人员 Retired and Resigned Persons Employed	#聘用的港澳台和外籍人员 Employed Persons from Hong Kong, Macao, Taiwan and Foreigner
总计	**Total**	**87.44**	**317.44**	**19.60**	**2.97**	**0.26**
农、林、牧、渔业	Farming, Forestry, Animal Husbandry and Fishery	0.23	2.51	0.08	0.01	
采掘业	Mining and Quarrying	0.15	1.69	0.01		
制造业	Manufacturing	42.16	89.76	2.47	0.73	0.21
电力、煤气及水的生产和供应业	Electricity, Gas and Water Production and Supply	0.40	8.56	0.20	0.03	
建筑业	Construction	30.52	28.51	3.39	0.22	
交通运输、仓储及邮政业	Transport, Storage and Post	1.45	17.40	1.00	0.05	
信息传输、计算机服务和软件业	Information Transmissing, Computer Services and Software	0.12	3.73	0.58	0.02	
批发和零售业	Wholesale and Retail Sale Trade	1.27	17.26	1.21	0.26	
住宿餐饮业	Hotels and Catering Services	2.08	6.55	0.47	0.11	
金融业	Banking	1.02	13.61	3.66	0.05	
房地产业	Real Estate	0.35	3.96	0.46	0.16	0.01
租赁与商务服务业	Leasing and Commercial Services	1.67	8.69	0.62	0.13	
科学研究、技术服务与地质勘查业	Scientific Research and Technic Services and Geological Prospecting	0.31	6.02	0.63	0.25	
水利、环境和公共设施管理业	Water Conservancy, Environment and Public Facilities Management	1.27	4.35	0.41	0.02	
居民服务及其他服务业	Resident Services and Other Services	0.11	0.75	0.05	0.01	
教育	Education	1.93	44.48	1.84	0.30	0.03
卫生、社会保障和社会福利业	Health Care, Social Security and Social Welfare	1.13	19.82	0.83	0.40	
文化、体育与娱乐业	Cultuer, Sports and Recreation	0.15	4.00	0.25	0.06	
公共管理和社会组织	Public Management and Social Organization	1.10	35.78	1.42	0.17	

2-13 按行业分的国有单位从业人员总数(年底数)

Number of Urban Employed Persons in State-owned Units by Sector(Year-end)

单位:万人 (10000 persons)

行业	Sector	2000	2001	2002	2003
总计	**Total**	**202.53**	**183.94**	**181.07**	**179.02**
农、林、牧、渔业	Farming, Forestry, Animal Husbandry and Fishery	4.32	4.06	3.38	2.58
采掘业	Mining and Quarrying	1.94	0.82	0.56	0.51
制造业	Manufacturing	23.70	14.40	11.88	8.31
电力、煤气及水的生产和供应业	Electricity, Gas and Water Production and Supply	6.68	6.50	6.11	6.27
建筑业	Construction	5.77	4.33	4.18	3.66
地质勘查业、水利管理业	Geological Prospecting and Water Conservancy	1.55	1.63	1.65	1.62
交通运输、仓储及邮电通讯业	Transport, Storage, Post and Telecommunications	15.74	12.16	11.89	11.88
批发和零售贸易、餐饮业	Wholesale and Retail Sale Trade and Catering Services	11.79	6.81	6.12	5.39
金融、保险业	Banking and Insurance	10.17	10.82	11.05	9.97
房地产业	Real Estate Trade	2.30	2.25	2.07	1.89
社会服务业	Social Services	10.38	11.13	10.98	11.38
卫生、体育和社会福利业	Health Care, Sports and Social Welfare	17.06	17.80	18.26	19.05
教育、文化艺术和广播电影电视业	Education, Culture and Art, Radio, Film and Television	50.25	50.65	51.62	52.74
科学研究和综合技术服务业	Scientific Research and Polytechnical Services	3.89	3.86	3.92	3.94
国家机关、政党机关和社会团体	Government Agencies, Party Agencies and Social Organizations	34.70	33.59	34.33	36.97
其他行业	Others	2.29	3.13	3.07	2.85

2-14 分行业国有单位从业人员总数(2003年底)
Number of Urban Employed Persons in State-owned Units by Sector(End of 2003)

单位:万人 (10000 persons)

行业	Sector	单位从业人员 Employed Persons	#在岗职工合计 Staff and Workers at Work	#专业技术人员 Specialized Technical Personnel	#女性 Female
总计	**Total**	**179.02**	**170.40**	**77.65**	**38.54**
农、林、牧、渔业	Farming, Forestry, Animal Husbandry and Fishery	2.36	2.29	1.00	0.25
采掘业	Mining and Quarrying	0.51	0.49	0.08	0.02
制造业	Manufacturing	8.31	8.11	1.30	0.40
电力、煤气及水的生产和供应业	Electricity, Gas and Water Production and Supply	6.37	6.21	2.05	0.59
建筑业	Construction	3.66	3.5	0.96	0.23
交通运输、仓储及邮政业	Transport, Storage and Post	12.1	11.29	1.97	0.55
信息传输、计算机服务和软件业	Information Transmissing, Computer Services and Software	2.38	2.10	0.81	0.31
批发和零售业	Wholesale and Retail Sale Trade	4.87	4.61	1.20	0.46
住宿餐饮业	Hotels and Catering Services	2.63	2.53	0.27	0.14
金融业	Banking	9.96	8.38	5.42	2.67
房地产业	Real Estate	1.79	1.68	0.63	0.24
租赁与商务服务业	Leasing and Commercial Services	5.20	4.82	1.22	0.52
科学研究、技术服务与地质勘查业	Scientific Research and Technic Services and Geological Prospecting	5.46	5.09	3.42	0.99
水利、环境和公共设施管理业	Water Conservancy, Environment and Public Facilities Management	3.61	3.38	0.73	0.22
居民服务及其他服务业	Resident Services and Other Services	0.48	0.46	0.08	0.04
教育	Education	48.17	46.56	40.21	20.99
卫生、社会保障和社会福利业	Health Care, Social Security and Social Welfare	18.69	18.03	13.70	8.82
文化、体育与娱乐业	Cultuer, Sports and Recreation	4.26	4.03	2.11	0.91
公共管理和社会组织	Public Management and Social Organization	38.22	36.84	0.48	0.18

单位:万人 2-14 续表 continued (10000 persons)

行业	Sector	#使用的农村劳动力 Rural Labourer	长期职工 Long-term Staff and Workers	其他从业人员 Others	#聘用的离通休人员 Retired and Resigned Persons Employed	#聘用的港澳台和外籍人员 Employed Persons from Hong Kong, Macao, Taiwan and Foreigner
总计	**Total**	**9.14**	**158.15**	**8.61**	**1.13**	**0.02**
农、林、牧、渔业	Farming, Forestry, Animal Husbandry and Fishery	0.14	2.20	0.07		
采掘业	Mining and Quarrying	0.03	0.49	0.01		
制造业	Manufacturing	1.23	7.19	0.20	0.04	
电力、煤气及水的生产和供应业	Electricity, Gas and Water Production and Supply	0.10	6.06	0.16	0.02	
建筑业	Construction	0.59	2.39	0.16	0.02	
交通运输、仓储及邮政业	Transport, Storage and Post	0.59	10.80	0.82	0.02	
信息传输、计算机服务和软件业	Information Transmissing, Computer Services and Software	0.07	1.98	0.28		
批发和零售业	Wholesale and Retail Sale Trade	0.22	4.22	0.26	0.03	
住宿餐饮业	Hotels and Catering Services	0.56	1.95	0.10	0.03	
金融业	Banking	0.26	7.61	1.58	0.01	
房地产业	Real Estate	0.04	1.49	0.11	0.03	
租赁与商务服务业	Leasing and Commercial Services	0.62	4.19	0.38	0.04	
科学研究、技术服务与地质勘查业	Scientific Research and Technic Services and Geological Prospecting	0.21	4.81	0.37	0.12	
水利、环境和公共设施管理业	Water Conservancy, Environment and Public Facilities Management	0.61	2.99	0.23	0.01	
居民服务及其他服务业	Resident Services and Other Services	0.03	0.43	0.02		
教育	Education	1.81	43.31	1.60	0.22	0.02
卫生、社会保障和社会福利业	Health Care, Social Security and Social Welfare	0.85	16.61	0.66	0.32	
文化、体育与娱乐业	Cultuer, Sports and Recreation	0.09	3.77	0.23	0.05	
公共管理和社会组织	Public Management and Social Organization	1.09	35.65	1.39	0.16	

2-15 按行业分的城镇集体单位从业人员总数(年底数)

Number of Urban Employed Persons in Collective Owned Units by Sector(Year-end)

单位:万人 (10000 persons)

行　业	Sector	2000	2001	2002	2003
总计	**Total**	**54.05**	**38.27**	**34.23**	**32.18**
农、林、牧、渔业	Farming, Forestry, Animal Husbandry and Fishery	0.34	0.23	0.27	0.23
采掘业	Mining and Quarrying	0.05	0.02	0.03	0.03
制造业	Manufacturing	16.01	8.49	6.79	6.80
电力、煤气及水的生产和供应业	Electricity, Gas and Water Production and Supply	0.29	0.27	0.36	0.40
建筑业	Construction	15.33	12.22	10.09	9.15
地质勘查业、水利管理业	Geological Prospecting and Water Conservancy	0.08	0.07	0.06	0.06
交通运输、仓储及邮电通讯业	Transport, Storage, Post and Telecommunications	1.79	1.01	0.94	1.00
批发和零售贸易、餐饮业	Wholesale and Retail Sale Trade and Catering Services	7.97	4.29	3.78	2.79
金融、保险业	Banking and Insurance	3.7	3.49	3.54	3.43
房地产业	Real Estate Trade	0.23	0.21	0.23	0.17
社会服务业	Social Services	2.82	2.94	3.02	2.97
卫生、体育和社会福利业	Health Care, Sports and Social Welfare	3.74	3.44	3.58	3.57
教育、文化艺术和广播电影电视业	Education, Culture and Art, Radio, Film and Television	0.59	0.56	0.56	0.67
科学研究和综合技术服务业	Scientific Research and Polytechnical Services	0.22	0.21	0.18	0.20
国家机关、政党机关和社会团体	Government Agencies, Party Agencies and Social Organizations	0.08	0.12	0.04	0.04
其他行业	Others	0.80	0.70	0.76	0.66

2－16　分行业城镇集体单位从业人员总数(2003年底)

Number of Urban Employed Persons in Collective Owned Units by Sector(End of 2003)

单位:万人　　(10000 persons)

行　业	Sector	单位从业人员 Employed Persons	#在岗职工合计 Staff and Workers at Work	#专业技术人员 Specialized Technical Personnel	#女性 Female
总计	**Total**	**32.18**	**30.53**	**8.46**	**3.56**
农、林、牧、渔业	Farming, Forestry, Animal Husbandry and Fishery	0.20	0.19	0.10	0.01
采掘业	Mining and Quarrying	0.03	0.03	0.01	
制造业	Manufacturing	6.80	6.54	0.74	0.22
电力、煤气及水的生产和供应业	Electricity, Gas and Water Production and Supply	0.43	0.42	0.12	0.03
建筑业	Construction	9.15	8.72	1.25	0.19
交通运输、仓储及邮政业	Transport, Storage and Post	0.98	0.95	0.05	0.02
信息传输、计算机服务和软件业	Information Transmissing, Computer Services and Software	0.08	0.07	0.02	0.01
批发和零售业	Wholesale and Retail Sale Trade	2.55	2.35	0.46	0.17
住宿餐饮业	Hotels and Catering Services	0.84	0.78	0.09	0.04
金融业	Banking	3.43	3.37	2.09	1.06
房地产业	Real Estate	0.18	0.16	0.05	0.02
租赁与商务服务业	Leasing and Commercial Services	1.41	1.34	0.34	0.10
科学研究、技术服务与地质勘查业	Scientific Research and Technic Services and Geological Prospecting	0.27	0.25	0.14	0.04
水利、环境和公共设施管理业	Water Conservancy, Environment and Public facilities Management	1.37	1.21	0.09	0.04
居民服务及其他服务业	Resident Services and Other Services	0.15	0.13	0.02	0.01
教育	Education	0.55	0.46	0.30	0.21
卫生、社会保障和社会福利业	Health Care, Social Security and Social Welfare	3.56	3.40	2.51	1.37
文化、体育与娱乐业	Cultuer, Sports and Recreation	0.13	0.12	0.07	0.02
公共管理和社会组织	Public Management and Social Organization	0.07	0.05	0.01	

单位:万人　　2-16　续表　continued　　(10000 persons)

行　业	Sector	#使用的农村劳动力 Rural Labourer	长期职工 Long-term Staff and Workers	其他从业人员 Others	#聘用的离通休人员 Retired and Resigned Persons Employed	#聘用的港澳台和外籍人员 Employed Persons from Hong Kong, Macao, Taiwan and Foreigner
总计	**Total**	**10.11**	**25.03**	**1.65**	**0.33**	
农、林、牧、渔业	Farming, Forestry, Animal Husbandry and Fishery	0.04	0.19			
采掘业	Mining and Quarrying	0.01	0.03			
制造业	Manufacturing	2.91	5.61	0.26	0.06	
电力、煤气及水的生产和供应业	Electricity, Gas and Water Production and Supply	0.16	0.38	0.02		
建筑业	Construction	4.93	5.35	0.43	0.04	
交通运输、仓储及邮政业	Transport, Storage and Post	0.26	0.90	0.03	0.01	
信息传输、计算机服务和软件业	Information Transmissing, Computer Services and Software	0.01	0.07	0.01		
批发和零售业	Wholesale and Retail Sale Trade	0.14	2.17	0.20	0.03	
住宿餐饮业	Hotels and Catering Services	0.19	0.59	0.06	0.02	
金融业	Banking	0.36	3.29	0.06		
房地产业	Real Estate		0.14	0.03	0.01	
租赁与商务服务业	Leasing and Commercial Services	0.12	1.20	0.06	0.02.04	
科学研究、技术服务与地质勘查业	Scientific Research and Technic Services and Geological Prospecting	0.03	0.24	0.03	0.01	
水利、环境和公共设施管理业	Water Conservancy, Environment and Public Facilities Management	0.58	1.09	0.16		
居民服务及其他服务业	Resident Services and Other Services	0.02	0.12	0.02		
教育	Education	0.06	0.42	0.09	0.04	
卫生、社会保障和社会福利业	Health Care, Social Security and Social Welfare	0.27	3.08	0.17	0.08	
文化、体育与娱乐业	Cultuer, Sports and Recreation	0.03	0.12	0.01		
公共管理和社会组织	Public Management and Social Organization		0.05	0.02	0.01	

2-17 按行业分的其他单位从业人员总数(年底数)

Number of Urban Employed Persons in Other Ownership Units by Sector(Year-end)

单位:万人 (10000 persons)

行业	Sector	2000	2001	2002	2003
总计	**Total**	**127.84**	**144.10**	**153.36**	**181.61**
农、林、牧、渔业	Farming, Forestry, Animal Husbandry and Fishery	0.16	0.21	0.18	0.15
采掘业	Mining and Quarrying	0.24	1.11	1.22	1.19
制造业	Manufacturing	76.05	80.16	80.99	96.41
电力、煤气及水的生产和供应业	Electricity, Gas and Water Production and Supply	2.01	2.16	2.41	2.18
建筑业	Construction	22.34	26.10	30.81	39.05
地质勘查业、水利管理业	Geological Prospecting and Water Conservancy	0.01	0.03	0.03	0.06
交通运输、仓储及邮电通讯业	Transport, Storage, Post and Telecommunications	4.16	6.24	7.08	7.85
批发和零售贸易、餐饮业	Wholesale and Retail Sale Trade and Catering Services	12.21	13.78	13.40	14.82
金融、保险业	Banking and Insurance	2.47	3.36	3.98	4.95
房地产业	Real Estate Trade	1.46	2.07	2.77	3.02
社会服务业	Social Services	5.83	7.00	7.96	9.05
卫生、体育和社会福利业	Health Care, Sports and Social Welfare	0.08	0.11	0.09	0.15
教育、文化艺术和广播电影电视业	Education, Culture and Art, Radio, Film and Television	0.21	0.50	0.92	1.03
科学研究和综合技术服务业	Scientific Research and Polytechnical Services	0.26	0.47	0.67	0.69
国家机关、政党机关和社会团体	Government Agencies, Party Agencies and Social Organizations		0.02	0.03	0.11
其他行业	Others	0.35	0.78	0.81	0.92

2-18 分行业其他单位从业人员总数(2003年底)

Number of Urban Employed Persons in Other Ownership Units by Sector(End of 2003)

单位:万人 (10000 persons)

行业	Sector	单位从业人员 Employed Persons	#在岗职工合计 Staff and Workers at Work	#专业技术人员 Specialized Technical Personnel	#女性 Female
总计	**Total**	**181.61**	**172.28**	**28.46**	**9.34**
农、林、牧、渔业	Farming, Forestry, Animal Husbandry and Fishery	0.14	0.13	0.03	0.01
采掘业	Mining and Quarrying	1.18	1.18	0.20	0.07
制造业	Manufacturing	96.38	94.37	12.09	4.00
电力、煤气及水的生产和供应业	Electricity, Gas and Water Production and Supply	2.22	2.20	0.65	0.18
建筑业	Construction	39.05	36.25	5.06	0.80
交通运输、仓储及邮政业	Transport, Storage and Post	6.64	6.48	1.13	0.34
信息传输、计算机服务和软件业	Information Transmissing, Computer Services and Software	2.35	2.05	0.76	0.27
批发和零售业	Wholesale and Retail Sale Trade	13.24	12.49	2.99	1.38
住宿餐饮业	Hotels and Catering Services	5.37	5.07	0.66	0.28
金融业	Banking	4.95	2.93	1.63	0.85
房地产业	Real Estate	3.05	2.73	0.98	0.32
租赁与商务服务业	Leasing and Commercial Services	3.74	3.57	0.79	0.31
科学研究、技术服务与地质勘查业	Scientific Research and Technic Services and Geological Prospecting	1.33	1.09	0.76	0.17
水利、环境和公共设施管理业	Water Conservancy, Environment and Public Facilities Management	0.36	0.33	0.07	0.02
居民服务及其他服务业	Resident Services and Other Services	0.25	0.24	0.04	0.01
教育	Education	0.97	0.82	0.51	0.28
卫生、社会保障和社会福利业	Health Care, Social Security and Social Welfare	0.15	0.14	0.10	0.06
文化、体育与娱乐业	Cultuer, Sports and Recreation	0.15	0.13	0.01	
公共管理和社会组织	Public Management and Social Organization	0.10	0.08	0.01	

行业	Sector	#使用的农村劳动力 Rural Labourer	长期职工 Long-term Staff and Workers	其他从业人员 Others	#聘用的离通休人员 Retired and Resigned Persons Employed	#聘用的港澳台和外籍人员 Employed Persons from Hong Kong, Macao, Taiwan and Foreigner
总计	**Total**	**68.18**	**134.27**	**9.34**	**1.51**	**0.24**
农、林、牧、渔业	Farming, Forestry, Animal Husbandry and Fishery	0.04	0.12	0.01		
采掘业	Mining and Quarrying	0.11	1.17	0.01		
制造业	Manufacturing	38.03	76.96	2.01	0.62	0.20
电力、煤气及水的生产和供应业	Electricity, Gas and Water Production and Supply	0.15	2.12	0.03	0.01	
建筑业	Construction	25.01	20.77	2.80	0.16	
交通运输、仓储及邮政业	Transport, Storage and Post	0.60	5.70	0.16	0.03	
信息传输、计算机服务和软件业	Information Transmissing, Computer Services and Software	0.04	1.70	0.29	0.02	
批发和零售业	Wholesale and Retail Sale Trade	0.91	10.86	0.75	0.19	
住宿餐饮业	Hotels and Catering Services	1.33	4.01	0.31	0.06	0.01
金融业	Banking	0.40	2.71	2.02	0.03	
房地产业	Real Estate	0.30	2.33	0.32	0.12	
租赁与商务服务业	Leasing and Commercial Services	0.93	3.31	0.17	0.07	
科学研究、技术服务与地质勘查业	Scientific Research and Techmic Services and Geological Prospecting	0.07	0.97	0.24	0.12	
水利、环境和公共设施管理业	Water Conservancy, Environment and Public Facilities Management	0.08	0.27	0.03	0.01	
居民服务及其他服务业	Resident Services and Other Services	0.06	0.20	0.01		
教育	Education	0.06	0.75	0.15	0.05	0.01
卫生、社会保障和社会福利业	Health Care, Social Security and Social Welfare	0.01	0.13	0.01	0.01	
文化、体育与娱乐业	Cultuer, Sports and Recreation	0.03	0.11	0.02		
公共管理和社会组织	Public Management and Social Organization	0.01	0.08	0.02	0.01	

2－19　按三次产业分的从业人员总数(年底数)

Number of Employed Persons by Type of Industry(Year-end)

年份 year	从业人员总数(万人)Total(10000 persons)			构成(以合计为100) Composition(Total＝100)		
	第一产业 Primary Industry	第二产业 Secondary Industry	第三产业 Tertiary Industry	第一产业 Primary Industry	第二产业 Secondary Industry	第三产业 Tertiary Industry
1985	1273.25	735.22	310.09	54.9	31.7	13.4
1986	1275.22	765.13	346.07	53.4	32.1	14.5
1987	1272.01	802.04	370.68	52.0	32.8	15.2
1988	1282.16	803.67	416.90	51.2	32.1	16.7
1989	1330.74	770.12	422.00	52.7	30.5	16.7
1990	1358.28	762.48	433.70	53.2	29.8	17.0
1991	1366.99	770.86	441.51	53.0	29.9	17.1
1992	1359.49	770.81	470.08	52.3	29.6	18.1
1993	1248.22	886.90	480.77	47.7	33.9	18.4
1994	1193.56	917.87	529.08	45.2	34.8	20.0
1995	1152.15	882.82	586.50	44.0	33.7	22.3
1996	1129.34	886.02	609.70	43.0	33.8	23.2
1997	1113.27	881.42	624.97	42.5	33.6	23.9
1998	1108.81	854.14	649.59	42.4	32.7	24.9
1999	1078.16	784.29	762.73	41.0	29.9	29.1
2000	969.97	966.30	789.82	35.58	35.45	28.97
2001	935.24	1009.55	851.86	33.44	36.10	30.46
2002	885.29	1070.13	903.14	30.97	37.44	31.59
2003	826.03	1201.30	891.41	28.30	41.20	30.50

注:按三次产业划分口径从2000年开始作调整。　The data by sector were adjusted since 2000.

2-20 按三次产业分的城镇从业人员人数(年底数)

Number of Urban Employed Persons by Type of Industry(Year-end)

年份 year	绝对数(万人) Absolute Value(10000 persons)			构成(以合计为100) Composition(Total = 100)		
	第一产业 Primary Industry	第二产业 Secondary Industry	第三产业 Tertiary Industry	第一产业 Primary Industry	第二产业 Secondary Industry	第三产业 Tertiary Industry
1985	11.23	245.45	181.98	2.6	56.0	41.5
1986	11.55	254.98	189.38	2.5	55.9	41.5
1987	11.60	256.34	198.40	2.4	55.8	41.7
1988	11.26	273.97	213.05	2.3	55.0	42.8
1989	10.76	267.93	218.46	2.2	53.9	43.9
1990	10.44	270.95	224.47	2.1	53.6	44.4
1991	10.39	284.91	234.84	2.0	53.7	44.3
1992	10.31	280.89	244.14	1.9	52.5	45.6
1993	9.06	297.13	257.04	1.6	52.8	45.6
1994	5.17	247.36	267.83	1.0	47.5	51.5
1995	5.08	243.01	281.42	1.0	45.9	53.1
1996	4.77	244.64	294.06	0.9	45.0	54.1
1997	4.72	242.85	298.45	0.8	44.5	54.7
1998	4.69	237.67	308.43	0.9	43.1	56.0
1999	4.87	231.31	328.84	0.9	40.9	58.2
2000	4.61	237.18	342.04	0.8	40.6	58.6
2001	4.03	255.90	363.09	0.6	41.1	58.3
2002	3.21	270.12	399.36	0.48	40.15	59.37
2003	3.07	314.18	432.75	0.40	41.9	57.7

2-21 分行业全部职工人数(年底数)
Number of Staff and Workers by Sector(Year-end)

单位:万人 (10000 persons)

行 业	Sector	1990	1995	2000	2002	2003
总 计	**Total**	**476.02**	**498.61**	**398.53**	**367.14**	**387.76**
农、林、牧、渔业	Farming, Forestry, Animal Husbandry and Fishery	12.40	8.09	5.45	4.20	3.27
采掘业	Mining and Quarrying	5.80	5.26	2.78	2.15	2.00
制造业	Manufacturing	224.97	205.94	127.03	104.34	114.61
电力、煤气及水的生产和供应业	Electricity, Gas and Water Production and Supply	6.49	8.29	9.03	8.96	8.85
建筑业	Construction	25.65	45.01	44.23	43.99	49.40
地质勘查业、水利管理业	Geological Prospecting and Water Conservancy	4.07	2.15	1.76	1.85	1.84
交通运输、仓储及邮电通讯业	Transport, Storage, Post and Telecommunications	28.01	27.64	23.30	20.36	20.73
批发和零售贸易、餐饮业	Wholesale and Retail Sale Trade and Catering Services	63.58	66.85	35.63	24.17	23.50
金融、保险业	Banking and Insurance	7.88	12.30	14.62	15.00	15.47
房地产业	Real Estate Trade	1.58	2.78	3.78	4.74	4.79
社会服务业	Social Services	11.55	15.99	18.53	20.92	22.37
卫生、体育和社会福利业	Health Care, Sports and Social Welfare	14.96	17.51	20.35	21.32	22.15
教育、文化艺术及广播电影电视业	Education, Culture and Art, Radio, Film and Television	37.57	44.04	50.15	51.78	52.87
科学研究和综合技术服务业	Scientific Research and Polytechnical Services	2.93	4.24	4.19	4.48	4.55
国家机关、政党机关和社会团体	Government Agencies, Party Agencies and Social Organizations	26.15	30.78	34.20	34.00	36.63
其他行业	Others	2.43	1.74	3.50	4.88	4.73

2-22 分行业国有单位职工人数(年底数)

Number of Staff and Workers in State-owned Units by Sector (Year-end)

单位:万人 (10000 persons)

行业	Sector	1990	1995	2000	2002	2003
总计	**Total**	**280.87**	**294.59**	**208.19**	**179.67**	**177.19**
农、林、牧、渔业	Farming, Forestry, Animal Husbandry and Fishery	11.86	7.58	4.94	3.74	2.88
采掘业	Mining and Quarrying	5.56	4.81	2.45	0.71	0.62
制造业	Manufacturing	107.42	96.27	28.37	13.88	9.70
电力、煤气及水的生产和供应业	Electricity, Gas and Water Production and Supply	6.19	7.81	6.75	6.18	6.24
建筑业	Construction	8.05	10.82	6.37	4.45	3.96
地质勘查业、水利管理业	Geological Prospecting and Water Conservancy	3.81	2.06	1.66	1.76	1.73
交通运输、仓储及邮电通讯业	Transport, Storage, Post and Telecommunications	18.22	20.21	16.80	11.95	11.55
批发和零售贸易、餐饮业	Wholesale and Retail Sale Trade and Catering Services	28.90	32.38	13.19	6.51	5.55
金融、保险业	Banking and Insurance	5.06	8.16	8.84	8.71	8.82
房地产业	Real Estate Trade	1.23	2.10	2.25	2.02	1.86
社会服务业	Social Services	7.22	10.18	10.27	10.57	10.94
卫生、体育和社会福利业	Health Care, Sports and Social Welfare	10.86	13.40	16.65	17.79	18.59
教育、文化艺术及广播电影电视业	Education, Culture and Art, Radio, Film and Television	36.15	43.24	49.42	50.52	51.42
科学研究和综合技术服务业	Scientific Research and Polytechnical Services	2.87	4.01	3.78	3.78	3.76
国家机关、政党机关和社会团体	Government Agencies, Party Agencies and Social Organizations	25.55	30.48	34.12	33.93	36.51
其他行业	Others	1.92	1.08	2.33	3.17	3.06

2-23 分行业城镇集体单位职工人数(年底数)
Number of Staff and Workers in Urban Collective Owned Units by Sector(Year-end)

单位:万人 (10000 persons)

行业	Sector	1990	1995	2000	2002	2003
总计	**Total**	**189.12**	**161.89**	**58.93**	**35.49**	**32.81**
农、林、牧、渔业	Farming, Forestry, Animal Husbandry and Fishery	0.44	0.30	0.35	0.27	0.24
采掘业	Mining and Quarrying	0.24	0.41	0.06	0.03	0.03
制造业	Manufacturing	112.60	75.81	18.61	7.67	7.29
电力、煤气及水的生产和供应业	Electricity, Gas and Water Production and Supply	0.30	0.27	0.29	0.35	0.39
建筑业	Construction	17.55	33.00	15.51	9.99	8.91
地质勘查业、水利管理业	Geological Prospecting and Water Conservancy	0.26	0.09	0.09	0.07	0.06
交通运输、仓储及邮电通讯业	Transport, Storage, Post and Telecommunications	9.73	6.92	2.09	1.07	1.09
批发和零售贸易、餐饮业	Wholesale and Retail Sale Trade and Catering Services	34.24	30.56	9.92	4.35	3.35
金融、保险业	Banking and Insurance	2.82	3.95	3.68	3.66	3.60
房地产业	Real Estate Trade	0.35	0.36	0.24	0.23	0.16
社会服务业	Social Services	3.90	4.23	2.80	2.86	2.76
卫生、体育和社会福利业	Health Care, Sports and Social Welfare	4.10	4.10	3.62	3.44	3.42
教育、文化艺术及广播电影电视业	Education, Culture and Art, Radio, Film and Television	1.42	0.77	0.55	0.48	0.58
科学研究和综合技术服务业	Scientific Research and Polytechnical Services	0.06	0.19	0.21	0.16	0.18
国家机关、政党机关和社会团体	Government Agencies, Party Agencies and Social Organizations	0.60	0.30	0.08	0.04	0.03
其他行业	Others	0.51	0.63	0.83	0.82	0.74

2-24 分行业其他单位职工人数(年底数)
Number of Staff and Workers in Units of Other Types of Ownership by Sector(Year-end)

单位:万人 (10000 persons)

行　业	Sector	1990	1995	2000	2002	2003
总　计	**Total**	**6.03**	**42.13**	**131.41**	**151.98**	**177.75**
农、林、牧、渔业	Farming, Forestry, Animal Husbandry and Fishery	0.10	0.21	0.16	0.19	0.14
采掘业	Mining and Quarrying		0.04	0.27	1.41	1.35
制造业	Manufacturing	4.95	33.86	80.05	82.79	97.63
电力、煤气及水的生产和供应业	Electricity, Gas and Water Production and Supply		0.21	1.99	2.43	2.21
建筑业	Construction	0.05	1.19	22.35	29.55	36.53
地质勘查业、水利管理业	Geological Prospecting and Water Conservancy			0.01	0.02	0.04
交通运输、仓储及邮电通讯业	Transport, Storage, Post and Telecommunications	0.06	0.51	4.41	7.34	8.10
批发和零售贸易、餐饮业	Wholesale and Retail Sale Trade and Catering Services	0.44	3.91	12.52	13.31	14.61
金融、保险业	Banking and Insurance		0.19	2.10	2.63	3.05
房地产业	Real Estate Trade		0.32	1.29	2.49	2.77
社会服务业	Social Services	0.43	1.58	5.46	7.49	8.67
卫生、体育和社会福利业	Health Care, Sports and Social Welfare		0.01	0.08	0.09	0.14
教育、文化艺术及广播电影电视业	Education, Culture and Art, Radio, Film and Television		0.03	0.18	0.78	0.87
科学研究和综合技术服务业	Scientific Research and Polytechnial Services		0.04	0.20	0.54	0.61
国家机关、政党机关和社会团体	Government Agencies, Party Agencies and Social Organizations				0.03	0.09
其他行业	Others		0.03	0.34	0.89	0.94

2-25 分行业城镇单位职工人数(2003年底)

Number of Urban Employed Persons by Sector(End of 2003)

单位:万人 (10000 persons)

行业	Sector	合计 Total	国有单位 State-owned Units	城镇集体 Urban Collective Owned Units	其它单位 Others
总计	**Total**	**387.76**	**177.19**	**32.81**	**177.75**
农、林、牧、渔业	Farming, Forestry, Animal Husbandry and Fishery	3.00	2.65	0.20	0.14
采掘业	Mining and Quarrying	1.98	0.61	0.03	1.34
制造业	Manufacturing	114.57	9.70	7.29	97.59
电力、煤气及水的生产和供应业	Electricity, Gas and Water Production and Supply	9.02	6.35	0.42	2.25
建筑业	Construction	49.39	3.95	8.91	36.54
交通运输、仓储及邮政业	Transport, Storage and Post	20.03	11.88	1.09	7.06
信息传输、计算机服务和软件业	Information Transmissing, Computer Services and Software	4.45	2.23	0.07	2.16
批发和零售业	Wholesale and Retail Sale Trade	21.28	5.07	3.09	13.13
住宿餐饮业	Hotels and Catering Services	8.76	2.74	0.82	5.20
金融业	Banking	15.46	8.81	3.60	3.05
房地产业	Real Estate	4.73	1.76	0.17	2.79
租赁与商务服务业	Leasing and Commercial Services	10.25	5.16	1.44	3.66
科学研究、技术服务与地质勘查业	Scientific Research and Technic Services and Geological Prospecting	6.63	5.27	0.26	1.09
水利、环境和公共设施管理业	Water Conservancy, Environment and Public Facilities Management	5.09	3.53	1.23	0.34
居民服务及其他服务业	Resident Services and Other Services	0.85	0.46	0.15	0.25
教育	Education	48.29	47.01	0.46	0.82
卫生、社会保障和社会福利业	Health Care, Social Security and Social Welfare	21.81	18.25	3.42	0.14
文化、体育与娱乐业	Cultuer, Sports and Recreation	4.37	4.11	0.12	0.13
公共管理和社会组织	Public Management and Social Organization	37.79	37.66	0.05	0.08

2-26 按行业分的城镇单位女性从业人员(年底数)
Number of Urban Female Employed Persons by Sector(Year-end)

单位:万人 (10000 persons)

行业	Sector	2000	2001	2002	2003
总计	**Total**	**148.79**	**141.48**	**141.57**	**150.32**
农、林、牧、渔业	Farming, Forestry, Animal Husbandry and Fishery	1.45	1.30	1.06	0.83
采掘业	Mining and Quarrying	0.52	0.46	0.46	0.37
制造业	Manufacturing	53.97	47.80	46.11	52.14
电力、煤气及水的生产和供应业	Electricity, Gas and Water Production and Supply	2.36	2.32	2.34	2.29
建筑业	Construction	4.34	4.11	3.88	4.02
地质勘查业、水利管理业	Geological Prospecting and Water Conservancy	0.36	0.38	0.37	0.36
交通运输、仓储及邮电通讯业	Transport, Storage, Post and Telecommunications	5.93	5.33	5.63	5.87
批发和零售贸易、餐饮业	Wholesale and Retail Sale Trade and Catering Services	14.28	11.35	10.55	10.53
金融、保险业	Banking and Insurance	7.93	8.89	9.74	9.77
房地产业	Real Estate Trade	1.34	1.48	1.62	1.69
社会服务业	Social Services	8.82	9.23	9.21	9.73
卫生、体育和社会福利业	Health Care, Sports and Social Welfare	12.27	12.57	13.07	13.58
教育、文化艺术和广播电影电视业	Education, Culture and Art, Radio, Film and Television	24.99	25.65	26.56	27.51
科学研究和综合技术服务业	Scientific Research and Polytechnical Services	1.27	1.34	1.39	1.42
国家机关、政党机关和社会团体	Government Agencies, Party Agencies and Social Organizations	7.68	7.51	7.72	8.55
其他行业	Others	1.28	1.76	1.85	1.66

2-27 分行业城镇单位女性从业人员(2003年底)

Number of Urban Female Employed Persons by Sector(End of 2003)

单位:万人 (10000 persons)

行业	Sector	合计 Total	国有单位 State-owned Units	城镇集体经济单位 Urban Collective Owned Units	其它单位 Others
总计	**Total**	**150.32**	**70.16**	**11.61**	**68.55**
农、林、牧、渔业	Farming, Forestry, Animal Husbandry and Fishery	0.75	0.67	0.03	0.05
采掘业	Mining and Quarrying	0.37	0.09		0.28
制造业	Manufacturing	52.14	2.86	3.46	45.82
电力、煤气及水的生产和供应业	Electricity, Gas and Water Production and Supply	2.35	1.66	0.09	0.61
建筑业	Construction	4.02	0.50	0.71	2.81
交通运输、仓储及邮政业	Transport, Storage and Post	5.47	3.30	0.29	1.88
信息传输、计算机服务和软件业	Information Transmissing, Computer Services and Software	1.73	0.79	0.03	0.91
批发和零售业	Wholesale and Retail Sale Trade	9.25	1.75	1.11	6.38
住宿餐饮业	Hotels and Catering Services	4.88	1.49	0.45	2.94
金融业	Banking	9.76	5.13	1.73	2.89
房地产业	Real Estate	1.67	0.63	0.08	0.97
租赁与商务服务业	Leasing and Commercial Services	3.95	1.81	0.41	1.73
科学研究、技术服务与地质勘查业	Scientific Research and Technic Services and Geological Prospecting	1.87	1.50	0.07	0.30
水利、环境和公共设施管理业	Water Conservancy, Environment and Public Facilities Management	1.98	1.24	0.62	0.12
居民服务及其他服务业	Resident Services and Other Services	0.32	0.15	0.07	0.10
教育	Education	25.70	24.78	0.39	0.54
卫生、社会保障和社会福利业	Health Care, Social Security and Social Welfare	13.45	11.38	1.98	0.09
文化、体育与娱乐业	Cultuer, Sports and Recreation	1.77	1.64	0.06	0.06
公共管理和社会组织	Public Management and Social Organization	8.87	8.78	0.02	0.07

2-28 按行业和经济类型分的工业、建筑业企业职工人数(年底数)

Number of Staff and Workers in Industry and Construction Enterprises by Sector and Ownership(Year-end)

单位:万人 (10000 persons)

分　类	Category	1995	2000	2002	2003
总　计	**Total**	**264.49**	**183.07**	**159.44**	**174.86**
采掘业	**Mining and Quarrying**	**5.25**	**2.78**	**2.15**	**2.00**
按经济类型分组	**By Ownership**				
国有经济单位	State-owned Units	4.80	2.45	0.71	0.62
城镇集体经济单位	Urban Collective Units	0.41	0.06	0.03	0.03
其他各种经济类型	Units of Other Types of Ownership	0.04	0.27	1.41	1.35
按行业分组	**By Sector**				
煤炭采选业	Coal Mining and Dressing	1.77	1.09	0.90	0.85
石油和天然气开采业	Petroleum and Natural Gas Extraction				
黑色金属矿采选业	Ferrous Metals Mining and Dressing	0.42	0.24	0.21	0.16
有色金属矿采选业	Nonferrous Metals Mining and Dressing	0.90	0.57	0.36	0.34
非金属矿采选业	Nonmetals Mining and Dressing	2.14	0.87	0.65	0.60
其他矿采选业	Other Minerals Mining and Dressing	0.01		0.02	0.02
木材及竹材采运业	Logging and Transport of Wood and Bamboo	0.01	0.01	0.01	0.01
制造业	**Manufacturing**	**205.94**	**127.03**	**104.33**	**114.61**
按经济类型分组	**By Ownership**				
国有经济单位	State-owned Units	96.27	28.37	13.88	9.70
城镇集体经济单位	Urban Collective Units	75.81	18.61	7.67	7.29
其他各种经济类型单位	Units of Other Types of Ownership	33.86	80.05	82.79	97.63
按行业分组	**By Sector**				
食品加工业	Food Processing	6.46	3.67	3.26	2.82
食品制造业	Food Manufacturing	7.67	4.44	3.62	3.72
饮料制造业	Beverage Manufacturing	4.98	4.29	2.54	2.43
烟草制造业	Tobacco Processing	0.46	0.35	0.38	0.40
纺织业	Textile Industry	35.42	15.96	10.77	12.37
服装及其他纤维制品制造业	Garments and Other Fiber Products	9.57	7.97	7.80	9.62
皮革、毛皮、羽绒及其制品业	Leather, Furs, Down and Related Products	5.13	4.80	4.40	7.08
木材加工及竹、藤、棕、草制品业	Timber Processing, Bamboo, Cane, Palm Fiber and Straw Products	1.45	0.94	0.77	0.83
家具制造业	Furniture Manufacturing	1.35	0.45	0.36	0.58
造纸及纸制品业	Papermaking and Paper Products	4.19	2.56	2.22	2.08
印刷业记录媒介的复制	Printing and Record Medium Reproducts	3.24	2.04	1.81	1.72

单位:万人　　2-28 续表 continued　　(10000 persons)

分　类	Category	1995	2000	2002	2003
文教体育用品制造业	Cultural, Educational and Sport Goods	1.90	1.96	1.44	1.48
石油加工及炼焦业	Petroleum Processing and Coking	0.84	0.85	0.81	0.80
化学原料及化学制品制造业	Raw Chemical Materials and Chemcial Products	13.75	9.84	8.24	8.41
医药制造业	Medical and Pharmaceutical Products	3.77	3.70	3.35	3.96
化学纤维制造业	Chemical Fiber	3.09	1.69	1.21	1.14
橡胶制品业	Rubber Products	2.64	1.98	2.18	2.51
塑料制品业	Plastic Products	7.02	4.92	3.24	3.98
非金属矿物制品业	Nonmetal Mineral Products	11.33	5.89	3.88	3.41
黑色金属冶炼及压延加工业	Smelting and Pressing of Ferrous Metals	4.16	3.14	2.22	1.87
有色金属冶炼及压延加工业	Smelting and Pressing of Nonferrous Metals	1.52	0.87	0.78	0.85
金属制品业	Metal Products	8.90	5.17	4.16	4.71
普通机械制造业	Ordinary Machinery	17.50	10.54	8.63	8.69
专用设备制造业	Equipment for Special Purposes	10.80	5.78	4.24	4.42
交通运输设备制造业	Transport Equipment	9.40	5.41	4.96	5.36
武器弹药制造业	Weapons and Ammunition	0.12	0.09	0.08	0.06
电气机械及器材制造业	Electric Equipment and Machinery	12.30	8.46	6.88	7.85
电子及通信设备制造业	Electronic and Telecommunications	6.87	5.23	5.19	5.84
仪器仪表及文化、办公用机械制造业	Instruments, Meter, Cultural and Office Machinery	4.25	2.54	1.97	2.21
其他制造业	Other Manufacturing	5.86	2.59	2.94	3.40
电力、煤气及水的生产和供应业	**Electricity, Gas and Water Production and Supply**	**8.29**	**9.03**	**8.96**	**8.85**
按经济类型分组	**By Ownership**				
国有经济单位	State-owned Units	7.81	6.75	6.18	6.24
城镇集体经济单位	Urban Collective Owned Units	0.27	0.29	0.35	0.39
其他各种经济类型单位	Units of Other Types of Ownership	0.21	1.99	2.43	2.21
按行业分组	**By Sector**				
电力、蒸汽、热水的生产和供应业	Electricity, Steam and Hot Water Production and Supply	6.63	7.15	7.10	6.91
煤气生产和供应业	Gas Production and Supply	0.50	0.37	0.37	0.36
自来水的生产和供应业	Water Prodution and Supply	1.16	1.51	1.49	1.58
建筑业	**Construction**	**45.01**	**44.23**	**43.99**	**49.40**
按经济类型分组	**By Ownership**				
国有经济单位	State-owned Units	10.82	6.37	4.45	3.96
城镇集体经济单位	Urban Collective Owned Units	33.00	15.51	9.99	8.91
其他各种经济类型单位	Units of Other Types of Ownership	1.19	22.35	29.55	36.53

2－29　分行业城镇私营从业人员和个体从业人员人数(2003年底数)

Employed Persons in Urban Private Enterprises and Self-employed Individuals by Sector(End of 2003)

单位:万人　　(10000 persons)

行　业	Sector	合计 Total	城镇私营 Private Enterprises	城镇个体 Individuals
总计	**Total**	**349.19**	**218.27**	**130.92**
农、林、牧、渔业	Farming, Forestry, Animal Husbandry and Fishery	1.91	1.54	0.37
采掘业	Mining and Quarrying	0.42	0.27	0.14
制造业	Manufacturing	130.53	106.26	24.27
电力、煤气及水的生产和供应业	Electricity, Gas and Water Production and Supply			
建筑业	Construction	9.14	9.02	0.11
交通运输、仓储及邮政业	Transport, Storage and Post	8.58	3.72	4.86
信息传输、计算机服务和软件业	Information Transmissing, Computer Services and Software	3.88	3.24	0.64
批发和零售业	Wholesale and Retail Sale Trade	121.25	55.99	65.26
住宿餐饮业	Hotels and Catering Services	26.31	9.85	16.45
金融业	Banking			
房地产业	Real Estate	0.49	0.42	0.08
租赁与商务服务业	Leasing and Commercial Services	12.74	7.31	5.43
科学研究、技术服务与地质勘查业	Scientific Research and Technic Services and Geological Prospecting	1.06	0.83	0.23
水利、环境和公共设施管理业	Water Conservancy, Environment and Public Facilities Management	0.83	0.83	
居民服务及其他服务业	Resident Services and Other Services	25.49	14.62	10.87
教育	Education	1.48	1.25	0.23
卫生、社会保障和社会福利业	Health Care, Social Security and Social Welfare	1.48	1.25	0.23
文化、体育与娱乐业	Cultuer, Sports and Recreation	3.58	1.84	1.74
公共管理和社会组织	Public Management and Social Organization			

2-30 城镇新就业人数
Number of Newly Employed Persons in Urban Areas

单位:万人 (10000 persons)

项　目	Item	1990	1995	2000	2002	2003
总　计	**Total**	**21.93**	**38.73**	**67.97**	**72.71**	**84.29**
按就业人员主要来源分	**By Source of Major Employment**					
城镇失业人员	Urban Unemployment	7.21	12.67	35.73	37.14	39.66
农村劳动力	Rural Labor Force	5.50	10.44	8.66	11.44	18.03
大学、中专、技工学校毕业生	Graduates from Universities, Secondary Technical Schools and Worker Training Schools	4.62	5.94	5.82	6.59	8.56
部队转业干部和退伍军人	Demobilized Soldiers and Armymen Transferred to Civilian Work	0.63	0.69	0.85	0.64	0.67
其　他	Others	3.97	8.99	16.91	16.90	17.37
按就业人员安置去向分	**By Direction of Employment Assignment**					
国有经济单位	State-owned Units	12.57	12.99	6.90	7.00	8.13
城镇集体经济单位	Urban Collective-owned Units	6.11	7.06	2.38	1.93	2.14
其他经济单位	Others	0.44	4.63	13.37	18.80	27.97
城镇私营和个体劳动	Urban Private Enterprises and Individual Laborers	2.81	14.05	45.32	44.98	46.05

2-31 城镇失业人员和失业率(年底数)

Number of Unemployed Persons and the Unemployment Rate in Urban Areas(Year-end)

年份 Year	年末城镇登记失业人员(万人) Unemployed Persons in Urban Areas (10000 persons)	城镇登记失业率(%) Unemployment Rate in Urban Areas	年份 Year	年末城镇登记失业人员(万人) Unemployed Persons in Urban Areas (10000 persons)	城镇登记失业率(%) Unemployment Rate in Urban Areas
1978	24.40	7.2	1991	10.87	2.0
1979	13.22	3.7	1992	12.97	2.4
1980	10.23	2.7	1993	14.68	2.6
1981	5.24	1.3	1994	16.09	2.6
1982	9.27	2.4	1995	17.72	2.8
1983	7.15	1.8	1996	16.22	2.6
1984	4.69	1.1	1997	18.75	3.0
1985	3.45	0.8	1998	19.96	3.3
1986	5.50	1.2	1999	21.17	3.4
1987	7.51	1.6	2000	21.82	3.4
1988	7.73	1.5	2001	23.99	3.7
1989	10.53	2.1	2002	27.73	4.0
1990	11.24	2.2	2003	28.27	3.7

2-32 单位从业人员变动情况
Changes of Employed Persons

单位:万人 (10000 persons)

分类	Category	2000	2001	2002	2003
本年增加人数	**Total Increment**	**36.01**	**37.65**	**44.68**	**58.58**
#从农村招收	Recruited from Rural Area	12.98	13.44	17.15	27.05
从城镇招收	Recruited from Urban Area	5.52	5.67	7.14	8.95
录用的退伍军人	Demobilized Soldiers	0.84	0.66	0.64	0.66
录用的大、中专、技工学校毕业生	Graduates from Universities, Secondary Technical Schools and Worker Training Schools	5.82	6.24	6.59	8.57
调入	Transfered into	5.89	6.39	5.88	6.12
其它	Others	4.96	5.25	7.28	7.23
本年减少人数	**Total Decrement**	**48.97**	**43.38**	**41.34**	**42.54**
#离休退休退职	Retired and Resigned Persons	6.20	5.49	5.02	4.69
开除除名辞退	Discharged Persons	2.97	3.59	3.12	4.00
终止解除合同	Terminated Contracts	22.31	19.69	19.12	20.92
离开本单位仍保留劳动关系的职工	Staff and Workers Leaving Their Working Units While Keeping Their Labour Contract	6.40	3.76	2.58	1.86
调出	Transfered Out	5.15	5.75	5.42	5.19
其它	Others	5.94	5.11	6.08	5.89

2-33 按经济类型分的单位从业人员变动情况(2003年)
Changes of Employed Persons by Ownership(2003)

单位:万人 (10000 persons)

分 类	Category	合计 Total	国有经济单位 State-owned Units	城镇集体经济单位 Urban Collective Owned Units	其它各种经济单位 Others
本年增加人数	Total Increment	**58.58**	**15.39**	**3.24**	**39.95**
#从农村招收	Recruited from Rural Area	27.05	2.38	1.83	22.84
从城镇招收	Recruited from Urban Area	8.95	1.69	0.50	6.76
录用的退伍军人	Demobilized Soldiers	0.66	0.30	0.04	0.33
录用的大、中专、技工学校毕业生	Graduates from Universities, Secondary Technical Schools and Worker Training Schools	8.57	3.80	0.30	4.46
调入	Transfered into	6.12	4.41	0.14	1.57
其它	Others	7.23	2.81	0.43	3.99
本年减少人数	Total Decrement	**42.54**	**12.77**	**3.27**	**26.50**
#离休退休退职	Retired and Resigned Persons	4.69	2.55	0.40	1.73
开除除名辞退	Discharged Persons	4.00	1.26	0.29	2.44
终止解除合同	Terminated Contracts	20.92	2.28	1.45	17.19
离开本单位仍保留劳动关系的职工	Staff and Workers Leaving Their Working Units While Keeping Their Labour Contract	1.86	0.83	0.21	0.82
调出	Transfered Out	5.19	3.80	0.19	1.19
其它	Others	5.89	2.05	0.72	3.12

2－34 离休、退休、退职职工人数(年底数)
Number of Retired and Resigned Persons(Year-end)

单位:万人 (10000 persons)

年份 Year	合计 Total	离休干部 Retired Veterans	退休职工 Retired Persons	退职职工 Resigned Persons	离休、退休、退职人数与在职职工人数之比(以在职职工为100) Ratio of Staff and Workers on Their Posts to Retired and Resigned Persons (Employed Staff and Workers＝100)
1985	64.33	3.00	58.82	2.51	15.1
1986	69.33	3.41	63.00	2.92	15.6
1987	70.78	3.53	64.68	2.57	15.4
1988	75.16	3.72	68.61	2.83	15.8
1989	80.25	4.19	72.61	3.45	17.1
1990	81.70	4.34	72.98	3.00	17.2
1991	86.17	4.44	77.35	3.08	17.5
1992	89.62	4.63	80.96	2.83	18.2
1993	94.08	4.71	86.06	3.31	18.7
1994	98.73	4.67	90.79	3.27	19.7
1995	103.35	4.49	95.63	3.23	20.7
1996	109.66	4.37	102.03	3.26	22.1
1997	112.48	4.23	104.82	3.43	23.3
1998	118.56	4.16	111.06	3.34	26.0
1999	124.33	3.93	116.63	3.75	29.1
2000	131.69	3.74	124.04	3.91	33.0
2001	142.90	3.66	135.34	3.90	38.4
2002	149.11	3.38	141.87	3.86	40.6
2003	162.37	3.43	154.59	4.35	43.5

2-35 各市企业年末单位从业人员
Employed Persons in Enterprises by City(Year-end)

单位:万人 (10000 Persons)

城　市	City	年末单位从业人员 Number of Employed Persons at the Year-end		#在岗职工 Staff and Workers at Work		离岗职工 Laid-off Staff and Workers	
		2002	2003	2002	2003	2002	2003
全省	**Total**	**241.19**	**261.21**	**227.76**	**246.81**	**19.64**	**16.49**
杭州市	Hangzhou	53.71	53.01	49.67	49.76	4.37	3.49
宁波市	Ningbo	42.32	48.38	39.71	45.00	1.78	1.03
温州市	Wenzhou	36.89	44.11	34.90	42.36	4.22	3.51
嘉兴市	Jiaxing	19.19	20.29	17.75	18.75	1.71	1.43
湖州市	Huzhou	9.39	8.62	8.54	7.66	1.00	0.78
绍兴市	Shaoxing	26.36	28.78	25.34	27.86	1.73	1.36
金华市	Jinhua	15.23	15.94	15.08	15.76	1.06	0.92
衢州市	Quzhou	6.68	6.79	6.47	6.24	0.68	0.60
舟山市	Zhoushan	6.91	6.45	6.70	6.14	0.77	0.65
台州市	Taizhou	18.99	21.50	18.02	20.22	1.67	1.56
丽水市	Lishui	5.52	5.88	5.38	5.61	0.65	0.43

2-36 各市国有控股企业年末单位从业人员
Employed Persons in State-owned and State Holding Majority Shares Enterprises by City (Year-end)

单位:万人 (10000 Persons)

城 市	City	年末单位从业人员 Number of Employed Persons at the Year-end		#在岗职工 Staff and Workers at Work		离岗职工 Laid-off Staff and Workers	
		2002	2003	2002	2003	2002	2003
全省	**Total**	**100.33**	**95.34**	**93.37**	**88.29**	**11.34**	**9.21**
杭州市	Hangzhou	29.06	26.91	27.10	25.13	2.77	2.14
宁波市	Ningbo	16.23	15.07	15.29	13.95	1.17	0.65
温州市	Wenzhou	10.87	10.18	9.88	9.34	2.16	1.73
嘉兴市	Jiaxing	6.43	6.27	5.47	5.44	0.78	0.79
湖州市	Huzhou	5.33	4.62	4.81	4.17	0.67	0.57
绍兴市	Shaoxing	7.16	6.46	6.63	5.89	0.85	0.66
金华市	Jinhua	6.13	5.64	6.04	5.57	0.55	0.50
衢州市	Quzhou	4.76	4.34	4.61	4.12	0.60	0.54
舟山市	Zhoushan	4.49	4.07	4.40	3.94	0.58	0.49
台州市	Taizhou	7.46	7.81	6.82	6.90	0.87	0.86
丽水市	Lishui	2.42	2.50	2.33	2.38	0.35	0.26

2-37 各市事业年末单位从业人员
Employed Persons in Institations by City(Year-end)

单位:万人 (10000 Persons)

城 市	City	年末单位从业人员 Number of Employed Persons at the Year-end		#在岗职工 Staff and Workers at Work		离岗职工 Laid-off Staff and Workers	
		2002	2003	2002	2003	2002	2003
全省	**Total**	**93.19**	**95.16**	**89.61**	**91.28**	**1.97**	**2.08**
杭州市	Hangzhou	19.61	20.28	18.62	19.32	0.48	0.47
宁波市	Ningbo	11.84	12.42	11.40	11.90	0.17	0.18
温州市	Wenzhou	12.51	12.73	12.02	12.22	0.24	0.27
嘉兴市	Jiaxing	7.19	7.37	6.91	7.05	0.12	0.14
湖州市	Huzhou	4.86	4.68	4.41	4.28	0.08	0.07
绍兴市	Shaoxing	7.50	7.73	7.29	7.39	0.13	0.16
金华市	Jinhua	8.42	8.37	8.32	8.26	0.20	0.22
衢州市	Quzhou	3.46	3.47	3.31	3.30	0.04	0.05
舟山市	Zhoushan	2.55	2.58	2.48	2.48	0.04	0.05
台州市	Taizhou	9.46	9.76	9.12	9.36	0.25	0.24
丽水市	Lishui	5.04	5.05	4.98	4.99	0.09	0.10

2－38 各市机关年末单位从业人员
Employed Persons in Government Agencies by City(Year-end)

单位:万人 (10000 Persons)

城 市	City	年末单位从业人员 Number of Employed Persons at the Year-end		#在岗职工 Staff and Workers at Work		离岗职工 Laid－off Staff and Workers	
		2002	2003	2002	2003	2002	2003
全省	**Total**	**34.27**	**36.43**	**33.20**	**35.12**	**0.79**	**0.91**
杭州市	Hangzhou	6.73	7.08	6.52	6.78	0.24	0.28
宁波市	Ningbo	4.28	4.54	4.19	4.40	0.11	0.11
温州市	Wenzhou	5.12	5.56	4.98	5.40	0.04	0.06
嘉兴市	Jiaxing	2.08	2.23	2.02	2.18	0.06	0.05
湖州市	Huzhou	1.91	1.97	1.71	1.75	0.05	0.05
绍兴市	Shaoxing	2.54	2.68	2.43	2.55	0.08	0.09
金华市	Jinhua	3.14	3.54	3.10	3.48	0.04	0.06
衢州市	Quzhou	1.93	2.12	1.83	2.05	0.06	0.05
舟山市	Zhoushan	1.13	1.13	1.10	1.10	0.03	0.03
台州市	Taizhou	3.27	3.40	3.18	3.28	0.04	0.07
丽水市	Lishui	2.15	2.19	2.12	2.16	0.03	0.04

2-39 各市单位年末人才资源
Trained Personnel Resources by City(Year-end)

单位:万人 (10000 Person)

城 市	City	人才资源年末人数 Number of Trained Personnel Resources		专业技术人员 Specialzed Technical Personnel		#女性 Female	
		2002	2003	2002	2003	2002	2003
全省	**Total**	**162.73**	**173.33**	**111.52**	**114.57**	**50.17**	**51.44**
杭州市	Hangzhou	37.09	38.93	25.68	26.20	11.49	11.80
宁波市	Ningbo	23.50	25.61	16.10	16.96	7.22	7.57
温州市	Wenzhou	21.96	24.47	14.45	15.28	6.37	6.83
嘉兴市	Jiaxing	11.80	12.54	7.93	8.06	3.51	3.63
湖州市	Huzhou	7.37	7.50	5.15	5.03	2.37	2.23
绍兴市	Shaoxing	14.13	14.93	10.06	10.29	4.34	4.33
金华市	Jinhua	13.40	14.03	9.42	9.37	4.23	4.15
衢州市	Quzhou	6.61	7.02	4.29	4.35	1.78	1.82
舟山市	Zhoushan	4.58	4.68	3.02	3.02	1.51	1.49
台州市	Taizhou	14.50	15.16	9.98	10.34	4.75	4.92
丽水市	Lishui	7.74	8.09	5.40	5.57	2.56	2.63

2-40 各市按经济类型分的全部单位专业技术人员(2003年底)
Specialized Technical Personnel by City and Ownership(End of 2003)

单位:万人 (10000 Person)

城市	City	总计 Total	国有 State-owned Units	集体 Collective-owned Units	其他 Other Types of Ownership	在总计中:女性 Female 全部 Total	国有 State-owned Units	集体 Collective-owned Units	其他 Other Types of Ownership
全省	**Total**	**114.57**	**77.65**	**8.46**	**28.46**	**51.44**	**38.54**	**3.56**	**9.34**
杭州市	Hangzhou	26.21	17.87	1.28	7.05	11.80	8.64	0.62	2.54
宁波市	Ningbo	16.96	10.22	1.23	5.51	7.57	5.16	0.59	1.82
温州市	Wenzhou	15.28	10.56	1.16	3.56	6.83	5.49	0.34	0.99
嘉兴市	Jiaxing	8.06	5.55	0.51	2.00	3.63	2.70	0.23	0.70
湖州市	Huzhou	5.03	3.62	0.42	0.99	2.23	1.69	0.19	0.34
绍兴市	Shaoxing	10.29	6.38	1.05	2.87	4.33	3.12	0.36	0.85
金华市	Jinhua	9.37	6.61	1.00	1.76	4.15	3.16	0.44	0.55
衢州市	Quzhou	4.35	3.07	0.29	0.99	1.82	1.36	0.12	0.35
舟山市	Zhoushan	3.02	1.98	0.27	0.77	1.49	1.11	0.14	0.24
台州市	Taizhou	10.34	7.28	0.82	2.24	4.92	3.85	0.35	0.72
丽水市	Lishui	5.57	4.46	0.43	0.68	2.63	2.23	0.18	0.22

2-41 分行业年末单位专业技术人员(2003年底)

Specialized Technical Personnel by Sector(End of 2003)

单位:万人 (10000 Person)

行业	Sector	全部 Total	#国有 State-owned Units	#集体 Collective-owned Units	#女性 Female		
					全部 Total	#国有 State-owned Units	#集体 Collective-owned Units
总计	**Total**	**114.57**	**77.65**	**8.46**	**51.44**	**38.54**	**3.56**
农、林、牧、渔业	Farming, Forestry, Animal Husbandry and Fishery	1.13	1.00	0.10	0.27	0.25	0.01
采掘业	Mining and Quarrying	0.28	0.08	0.01	0.09	0.02	
制造业	Manufacturing	14.12	1.30	0.74	4.60	0.40	0.22
电力、煤气及水的生产和供应业	Electricity, Gas and Water Production and Supply	2.81	2.05	0.12	0.80	0.59	0.03
建筑业	Construction	7.27	0.96	1.25	1.23	0.23	0.19
交通运输、仓储及邮政业	Transport, Storage and Post	3.15	1.97	0.05	0.91	0.55	0.02
信息传输、计算机服务和软件业	Information Transmissing, Computer Services and Software	1.59	0.81	0.02	0.58	0.31	0.01
批发和零售业	Wholesale and Retail Sale Trade	4.65	1.20	0.46	2.01	0.46	0.17
住宿餐饮业	Hotels and Catering Services	1.02	0.27	0.09	0.46	0.14	0.04
金融业	Banking	9.14	5.42	2.09	4.58	2.67	1.06
房地产业	Real Estate	1.66	0.63	0.05	0.58	0.24	0.02
租赁与商务服务业	Leasing and Commercial Services	2.35	1.22	0.34	0.93	0.52	0.10
科学研究、技术服务与地质勘查业	Scientific Research and Technic Services and Geological Prospecting	4.32	3.42	0.14	1.20	0.99	0.04
水利、环境和公共设施管理业	Water Conservancy, Environment and Public Facilities Management	0.89	0.73	0.09	0.28	0.22	0.04
居民服务及其他服务业	Resident Services and Other Services	0.14	0.08	0.02	0.06	0.04	0.01
教育	Education	41.02	40.21	0.30	21.48	20.99	0.21
卫生、社会保障和社会福利业	Health Care, Social Security and Social Welfare	16.32	13.70	2.51	10.25	8.82	1.37
文化、体育与娱乐业	Cultuer, Sports and Recreation	2.21	2.12	0.07	0.94	0.91	0.02
公共管理和社会组织	Public Management and Social Organization	0.49	0.48	0.01	0.19	0.18	

2-42 五次人口普查人口基本情况

项 目	Item	第一次 The First Time 1953.7.1
总户数(万户)	**Total Family Households(10000 Households)**	**579.16**
平均每户人数(人)	Average Size of Family Households(person)	3.87
总人口(万人)	**Total Population(10000 persons)**	**2241.57**
按性别分	**By Sex**	
男	Male	1178.34
女	Female	1063.23
按城乡分	**By Residence**	
市镇人口	Urban	289.27
乡村人口	Rural	1952.30
按民族分	**By Nationality**	
汉 族	The Han Nationality	2233.22
少数民族	Minority Nationality	8.35
#畲族	The She Nationality	5.27
苗族	The Miao Nationality	2.84
回族	The Hui Nationality	0.19
满族	The Man Nationality	0.04
蒙古族	The MengGu Nationality	…
壮族	The Zhuang Nationality	…
按文化程度分	**By Educational Level**	
大学	University	
高中	Senior Secondary School	
初中	Junior Secondary School	
小学	Primary School	
文盲、半文盲(15岁及15岁以上)	Illiterate and Semiliterate(15 years old and over)	

2 – 42 Basic Statistics on National Population Census

第二次 The Second Time 1964.7.1	第三次 The Third Time 1982.7.1	第四次 The Fourth Time 1990.7.1	第五次 The Fifth Time 2000.11.1
656.63	**960.36**	**1176.77**	**1478.97**
4.31	3.96	3.46	3.00
2831.86	**3888.46**	**4144.59**	**4593.06**
1479.06	2016.70	2136.48	2358.15
1352.80	1871.76	2008.11	2234.91
306.86	999.69	2628.02	2235.66
2525.00	2888.77	1516.57	2357.40
2821.19	3872.30	4123.45	4553.52
10.67	16.16	21.14	39.54
10.06	14.83	17.27	17.10
0.04	0.05	0.32	5.34
0.38	0.94	1.72	1.96
0.09	0.12	0.27	0.51
0.02	0.02	0.06	0.36
0.03	0.11	0.77	1.90
8.05	18.21	48.50	146.79
31.86	202.19	290.37	495.36
120.27	691.55	983.98	1531.94
809.63	1531.44	1643.92	1683.34
	930.67	723.64	321.85

主要统计指标解释

人口数　指一定时点、一定地区范围内的有生命的个人的总和。

年度统计的年末人口数是指每年12月31日24时的人口数。

出生率（又称粗出生率）　指一定时期内（通常为一年）平均每千人所出生的人数的比率，一般用千分率表示。计算公式：

$$出生率=\frac{年出生人数}{年平均人数}\times 1000‰$$

出生人数是指活产婴儿，即胎儿脱离母体时（不管怀孕月数），有过呼吸或其他生命现象。

年平均人数是年初、年底人口数的平均数，也可用年中人口数代替。

死亡率（又称粗死亡率）　指一定时期内（通常为一年）一定地区的死亡人数与同期平均人数（或期中人数）之比，一般用千分率表示。计算公式：

$$死亡率=\frac{年死亡人数}{年平均人数}\times 1000‰$$

人口自然增长率　指一定时期内（通常为一年）人口自然增加数（出生人数减死亡人数）与该时期内平均人数（或期中人数）之比，一般用千分率表示。计算公式：

$$人口自然增长率=\frac{本年出生人数-本年死亡人数}{年平均人数}\times 1000‰$$

人口自然增长率=人口出生率-人口死亡率

从业人员　指从事一定社会劳动并取得劳动报酬或经营收入的人员。包括：

(1)在岗职工

(2)再就业的离退休人员

(3)私营业主

(4)个体户主

(5)私营和个体从业人员

(6)乡镇企业从业人员

(7)农村从业人员

(8)其他从业人员（包括民办教师、宗教职业者等）。

这一指标反映了一定时期内全部劳动力资源的实际利用情况，是研究我省基本省情省力的重要指标。

各单位从业人员：　指在各级国家机关、政党机关、社会团体及企业、事业单位中工作，并取得工资或其他劳动报酬的全部人员。包括：在岗职工、再就业的离退休人员、民办教师以及在各单位中工作的外方人民和港澳台方人员、兼职人员、借用的外单位人员和第二职业者。不包括离开本单位仍保留劳动关系的职工。各单位的从业人员反映了各单位实际参加生产或工作的全部劳动力。

城镇私营和个体从业人员：　城镇私营从业人员指在工商行政管理部门注册登记，其经营地址设在县城关镇（含城关镇）以上的私营企业从业人员；包括私营企业投资者和雇工。城镇个体从业的人员指在工商管理部门注册登记，并持有城镇户口或在城镇长期居住，经批准从事个体工商经营的从业人员；包括个体经营者和在个体工商户劳动的家庭帮工和雇工。

城镇登记失业人员：　指有非农业户口，在一定的劳动年龄内，有劳动能力，无业而要求就业，并在当地就业服务机构进行求职登记的人员。

城镇登记失业率　指城镇登记失业人数同城镇单位从业人数、城镇私营企业及个体从业人数和城镇登记失业人数之和的比。计算公式为：

$$城镇登记失业率=\frac{城镇登记失业人数}{城镇单位从业人数+城镇私营企业及个体从业人员+城镇登记失业人数}\times 100\%$$

职工　指在国有经济、城镇集体经济、联营经济、股份制经济、外商和港、澳、台投资经济、其他经济单位及其附属机构工作，并由其支付工资的各类人员，不包括返聘的离退休人员、民办教师、在国有经济单位工作的外方人员和港、澳、台人员（1998年以后的数据均为在岗职工数据，其他相关指标如职工工资总额，职工平均工资等指标也从1998年按此口径进行了相应的调整）。

国有单位职工　指在国有经济单位及其附属机构工作，并由其支付工资的各类人员。

城镇集体单位职工　指在城镇集体经济单位及其管理部门工作，并由其支付工资的各类人员。

其他单位职工　指在联营经济、股份制经济、外商投资经济、港、澳、台投资经济单位工作，并由其支付工资的各类人员。

在岗职工　指在本单位工作并由单位支付工资的人员，以及有工作岗位，但由于学习、病伤、产假等原因暂未工作，仍由单位支付工资的人员。

Explanatory Notes on Main Statistical Indicators

Total Population refers to the total number of people alive at a certain point of time within a given area. The annual statistics on total population is taken at midnight , the 31st of December.

Birth Rate (or Crude Birth Rate) refers to the ratio of the number of births to the average population during a certain period of time (usually a year) , which is often expressed in ‰. The following formula is used:

$$\text{Birth Rate} = \frac{\text{Number of Births}}{\text{Average Number of Population}} \times 1000‰$$

Number of Births refers to live births ,i. e. the births when babies had showed any vital phenomena regardless of the length of pregnancy.

Annual Average Number of Population is the average of the number of population at the beginning of the year and that at the end of the year. Sometimes it is substituted for with the mid-year population.

Death Rate (or Crude Death Rate) refers to the ratio of the number of deaths to the average population (or midyear population) during a certain period of time (usually a year) , which is often expressed in ‰. The following formula is uesd:

$$\text{Death Rate} = \frac{\text{Number of Deaths}}{\text{Annual Average Number of Population}} \times 1000‰$$

Natural Growth Rate of Population refers to the ratio of natural increase in population (number of births minus number of deaths) in a certain period of time (usually a year) to the average population (or midyear population) of the same period, which is often expressed in ‰. The following formulas are applied:

$$\text{Natural Growth of Population} = \frac{\text{Number of Births} - \text{Number of Deaths}}{\text{Average Number of Population}} \times 1000‰$$

Natural Growth of Population = Birth Rate-Death Rate

Employed Persons refers to the persons who are engaged in social work and receive remuneration payment or earn business income , including :

(1) total staff and workers,

(2) re-employed retirees,

(3) employers of private enterprises,

(4) self - employed workers,

(5) employees in private enterprises and individual economy,

(6) employees in town enterprises

(7) employed persons in the rural areas,

(8) other employed persons (including teachers in the schools run by the local people ,people engaged in religious profession , etc.).

This indicator reflacts the actual utilization of total labour force during a certain period of time and is often used for the research on provincial economic situation and power.

Persons Employed in Various Units refer to all the persons working in government agencies of various levels, political and party organizations, social organizations, enteprises and institutions, and receiving wages or other forms of payment. they include fully - employed staff and workers, reemployed retirees, teachers in schools run by local people, foreigners and Chinese compatriots from Hong Kong, Macao, Taiwan working in various units, parttime employees, employees of other units working temporarily at current posts, and employees holding the second job, but exclude staff and workers who have left their working units while keeping their labour contract (employment relation) unchanged. This indicator reflacts the total number of laborers actually engaged in production or other operations in various units.

Persons Employed in Private Enterprrises and Selfemployed Individuals in Urban Areas Persons employed in private enterprises refer to the persons employed in the private enterprises which have been registered at the departments of industrial and commercial administration and are situated at a country town (i. e. a town where the country government is located) for business operation-or at urban areas with the level higher than a country town. The selfemployed individuals in urban areas refer to persons who hold the certificates of resience in urban areas or have resided in the urban areas for a long time and have been registered at the department of industrial and commercial administration and approved to be engaged in individual industrial or commercial business including selfemployed persons as well as helpers and hire labourers who work in the indvidual households engaged in industrial or commercial business.

Registered Urban Unemployed Persons The registered unemployed persons in urban areas refer to persons who are registered as permanent residents in urban areas engaged in nonagricultural activities, aged within the range of working age, capable to labour, unemployed but desirous to be employed and have been registered at the local government service agencies to apply ffor a job.

Registered Urban Unemployment Rate Registered unemployment rate in urban areas refers to the ratio of the number of the registered unemployed persons to the sum of the number of the person employed in various units and in private enterprises in urban areas, urban selfemployed individuals and the registered urban unemployed persons. The formula is as follows:

Registered urban unemployment rate = number of registered urban unemployed persons ÷ (number of persons employed in urban units + number of persons employed in urban private enterprises + and selfemployed individual in urban Areas + number of registered utban unemployed persons) × 100%

Staff and Workers refer to the persons who work in (and receive payment therefrom) enterprises and institutions of state ownership , collective ownership , joint ownership , share holding , foreign ownership, and ownership by entrepreneurs from Hong Kong, Macao, and Taiwan , and other types of ownership and their affiliated units, excluding the retired persons invited to work in the units again, teachers in the schools run by the local people and foreigners and persons coming from HongKong, Macao and Taiwan and working in the state – owned economic units. (Number of staff and workers in this yearbook include only fully employed staff and worker, excluding those who have left their working units while keeping their labour contract employment relation unchanged).

Staff and Workers in State – owned Economic Units refer to the person who work in the state – owned economic units or their attached units and are listed in their payrolls.

Staff and Workerrs of Collective Owned Units refer to the persons who work in collective owned units in urban areas and their administration departments and recieve payment therefrom.

Staff and Workers in Units of Other types of Ownrship refer to those who work in (and receive payment therefrom) enterprises and institutions of joint ownership, share holding, foreign ownership, and ownership by enterpreneurs from Hong Kong , Macao and Taiwan.

Fully Employed Staff and Workers refers to persons who work in, and receive wages from their working units, as well.

固定资产投资

Investment in Fixed Assets

Chapter3

3. 固定资产投资
Investment in Fixed Assets

2003年全社会固定资产投资总额	Total Investment in Fixed Assets	4993.57 亿元	(100 million yuan)
城镇以上投资	Investment at Town Level and Above	3182.09 亿元	(100 million yuan)
农村投资	Rural Investment	1811.48 亿元	(100 million yuan)
农户投资	Peasant Household	211.39 亿元	(100 million yuan)
非农户投资	Non-peasant Household	1600.09 亿元	(100 million yuan)
2003年全社会房屋竣工建筑面积	Floor Space of Buildings Completed	16019.71 万平方米	(10000 Sq.m)
# 住宅竣工面积	Residential Buildings	6793.84 万平方米	(10000 Sq.m)

全社会固定资产投资 (亿元)

Total Investment in Fixed Assets (100 million yuan)

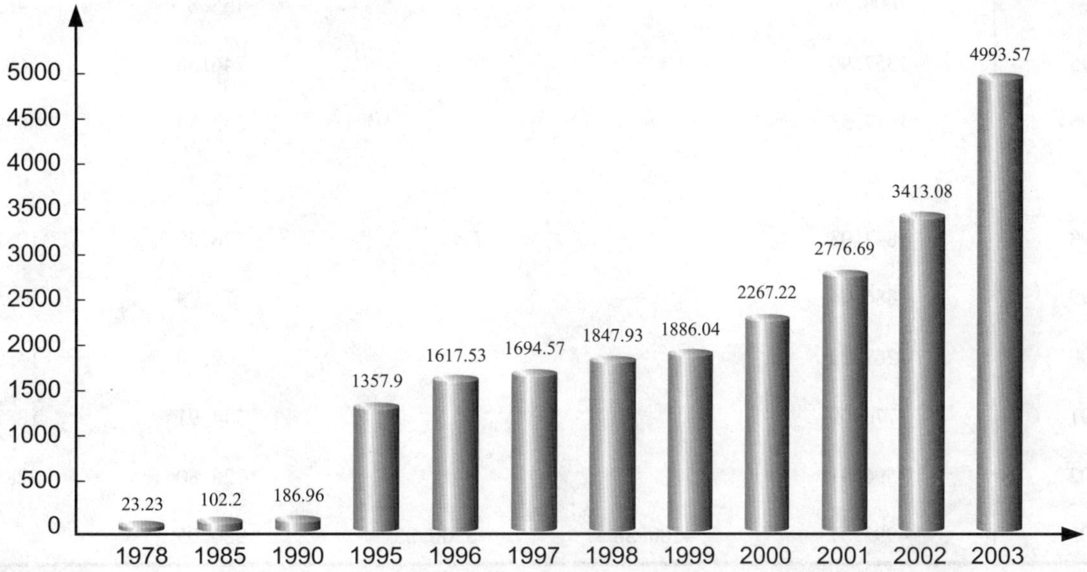

3－1 全社会固定资产投资

Total Investment in Fixed Assets

单位:亿元 (100 million yuan)

年 份 Year	全社会投资 Total Investment	总计中: 限额以上 投 资 Investment Above Designated Size	投资项目 投 资 Investment In projects	房地产开发 投 资 Real Estate Development	总计中: 国有及其他 类型投资 Investment of State-owned Units and Others
1978	23.23				12.27
1979	26.11				13.06
1980	33.25				15.99
1981	34.16				15.13
1982	41.72				20.74
1983	44.04				21.27
1984	64.89				27.28
1985	102.20				39.51
1986	127.39				50.83
1987	156.20				59.44
1988	188.95				69.73
1989	179.49				68.60
1990	186.96			9.54	79.87
1991	239.75			11.73	97.87
1992	361.18			24.23	155.33
1993	683.83			93.15	327.87
1994	1006.39			155.82	485.66
1995	1357.90			246.38	690.47
1996	1617.53			243.54	849.31
1997	1694.57			215.44	910.71
1998	1847.93			226.69	1082.07
1999	1886.04			271.99	1225.59
2000	2267.22			362.18	1489.98
2001	2776.69			544.91	1887.94
2002	3596.31			728.80	2285.15
2003	4993.57	4180.38	3200.33	980.05	

3－2　全社会固定资产投资和房屋建筑面积
Total Investment in Fixed Assets and Floor Space of Building

指　标	Item	1990	1995	2000	2001	2002	2003
投资总额(亿元)	**Total Investment (100 million yuan)**	**186.96**	**1357.90**	**2267.22**	**2776.69**	**3596.31**	**4993.57**
城镇以上投资	**Investment at Town Level and Above**	**95.34**	**758.63**	**1548.51**	**1957.75**	**2364.95**	**3182.09**
农村投资	**Rural Investment**	**91.62**	**599.27**	**718.71**	**818.94**	**1231.36**	**1811.48**
农户投资	Peasant Household			225.89	191.57	201.49	211.39
非农户投资	Non－peasant Household			492.82	627.37	1029.87	1600.09
按构成分	**By Structure**						
建筑安装工程	Construction and Installation	140.30	787.63	1336.06	1582.03	1968.09	2665.83
设备工器具购置	Purchase of Equipment and Instruments	36.64	324.24	580.59	675.17	878.99	1197.03
其他费用	Others	10.02	246.04	350.57	519.80	749.23	1130.71
总投资中:住宅投资	**Residential Buildings**	**74.18**	**345.01**	**477.48**	**582.58**	**777.25**	**968.54**
房屋建筑面积(万平方米)	**Floor Space of Buildings (10000 sq.m)**						
施工面积	Floor Space under Construction	6562.34	12767.23	15341.33	17817.67	22287.56	31213.37
#住宅	Residential Buildings	4849.46	8010.64	8914.28	9516.92	11061.61	13584.14
竣工面积	Floor Space Completed	5653.66	8520.67	9738.02	9583.27	12365.31	16019.71
#住宅	Residential Buildings	4504.60	5949.29	6428.21	5450.94	5991.46	6793.84

3－3 限额以上固定资产投资完成情况(2003年)
Investment In Fixed Assets Above Designated Size(2003)

单位:万元　　　　(10000 yuan)

指　标	Item	2003	指　标	Item	2003
投资额	**Total Investment**	**41803791**	**按构成分**	**by Structure**	
投资项目	Projects	32003277	建筑工程	Construction	20257501
房地产开发	Real Estate Development	9800514	安装工程	Installation	1957963
按登记注册类型分	**by Registered type**		设备工器具购置	Purchase of Equipment and Instruments	8784976
内资	Domestic Funds	37720578	#购置旧设备	Purchase of Old Equipment	67503
国有	State－owned	12911465	用于更新的设备	Renewal of Equipment	1631457
集体	Collective－owned	1053798	其他费用	Others	10804301
股份合作	Share－cooperations	728044	#旧建筑物购置费	Purchase of Old Buildings	201724
国有联营	State Joint	16236	土地购置费	Purchase of Land	7008008
集体联营	Collective Joint	35097	施工项目个数(个)	Projects under Construction (unit)	16175
国有与集体联营	State－collective Joint	15743	全投项目个数(个)	Projects Completed and Put into Use(unit)	6120
其他联营	Other Joint	43828	施工房屋面积(平方米)	Floor Space under Construction(sq. m)	224668661
国有独资公司	State Sole Funds	891441	竣工房屋面积(平方米)	Floor Space Completed (sq. m)	77855688
其他有限责任公司	Other Limited Liability Corporations	13646129	新增固定资产	Newly Increased Fixed Assets	23311912
股份有限公司	Share－holding Corporations Ltd.	2770147	**资金来源合计**	**Source of Funds**	**49460038**
私营	Private	5304627	上年末结余资金	Funds Surplus Last Year	3354493
其他	Others	304023	本年资金来源小计	Funds This Year	46105545
港澳台商投资	Investment from HongKong, Macao and Taiwan	1801258	#国家预算内资金	State Budgetary Appropriations	792132
外商投资	Investment from Foreign	2264847	国内贷款	Domestic Loans	12476799
个体经营	Individual	17108	债券	Debenture	25739
按国有及非国有情况分	**by State and Non－state Owned**		利用外资	Foreign Investment	1645429
国有及国有控股企业投资	State－owned and State－holding	17862293	自筹资金	Fundraising	22355922
非国有投资	Non－state－owned	23941498	其他资金	Others	8809524
#民间投资	Nongovernmental	20375619			

3-4 限额以上分行业施工和投产项目个数(2003年)

Number of Projects Under Construction and Put Into Use Above Designated Size By Sector(2003)

指　标	Item	施工项目个数(个) Projects Under Construction (unit)	投产项目个数(个) Projects Completed and Put Into Use (unit)	项目建成投产率(%) Rate of Projects Completed and Put Into Use (%)
总计	**Total**	**16175**	**6120**	**37.8**
第一产业	Primary Industry	125	56	44.8
第二产业	Secondary Industry	11571	4374	37.8
第三产业	Tertiary Industry	4479	1690	37.7
按国民经济行业分组	**by Sector**			
农林牧渔业	**Farming, Forestry, Animal Husbandry and Fishery**	**125**	**56**	**44.8**
农业	Farming	42	23	54.8
林业	Forestry	3		
畜牧业	Animal Husbandry	15	4	26.7
渔业	Fishery	8	2	25.0
农、林、牧、渔服务业	Services	57	27	47.4
采矿业	**Mining and Quarrying**	**62**	**26**	**41.9**
煤炭采选业	Coal Mining and Dressing	2	1	50.0
黑色金属矿采选业	Ferrous Metals Mining and Dressing	2	2	100.0
有色金属矿采选业	Nonferrous Metals Mining and Dressing	3	2	66.7
非金属矿采选业	Nonmetal Minerals and Dressing	54	20	37.0
其他矿采选业	Other	1	1	100.0
制造业	**Manufacturing**	**10572**	**3953**	**37.4**
农副食品加工业	Non-staple Food Processing	191	75	39.3
食品制造业	Food Manufacturing	135	56	41.5
饮料制造业	Beverage Manufacturing	96	40	41.7
烟草加工业	Tobacco Processing	13	10	76.9
纺织业	Textile Industry	1456	520	35.7
纺织服装、鞋、帽制造业	Garments, Shoes and Hats Manufacturing	741	258	34.8
皮革、毛皮、羽毛(绒)及其制造业	Leather, Furs, Down and Related Products	334	119	35.6
木材加工及竹、藤、棕、草制品业	Timber Processing, Bamboo, Cane, Palm Fiber and Straw Products	163	61	37.4

3-4 续表1 continued

指 标	Item	施工项目个数（个）Projects Under Construction (unit)	投产项目个数（个）Projects Completed and Put Into Use (unit)	项目建成投产率(%) Rate of Projects Completed and Put Into Use (%)
家具制造业	Furniture Manufacturing	164	54	32.9
造纸及纸制品业	Papermaking and Paper Products	271	112	41.3
印刷业、记录媒介的复制	Printing and Record Medium Reproduction	180	82	45.6
文教体育用品制造业	Cultural, Educational and Sports Goods	145	65	44.8
石油加工、炼焦及核燃料加工业	Petroleum Processing, Cooking and Nuclear Fuel Processing	110	69	62.7
化学原料及化学制品制造业	Raw Chemical Materials and Chemical Products	523	210	40.2
医药制造业	Medical and Pharmaceutical Products	311	98	31.5
化学纤维制造业	Chemical Fiber	144	69	47.9
橡胶制品业	Rubber Products	89	27	30.3
塑料制品业	Plastic Products	569	276	48.5
非金属矿物制品业	Nonmetal Mineral Products	500	172	34.4
黑色金属冶炼及压延加工业	Smelting and Pressing of Ferrous Metals	163	48	29.4
有色金属冶炼及压延加工业	Smelting and Pressing of Nonferrous Metals	125	51	40.8
金属制品业	Metal Products	626	254	40.6
通用设备制造业	Equipment in Common Use	896	307	34.3
专用设备制造业	Equipment for Special Purpose	455	183	40.2
交通运输设备制造业	Transportation Equipment	496	180	36.3
电气机械及器材制造业	Electric Equipment and Machinery	863	306	35.5
通信设备、计算机及其他电子设备制造业	Telecommunications Equipment, Computer and Other Electronic Equipment	289	105	36.3
仪器仪表及文化、办公用机械制造业	Instruments, Meters, Cultural and Office Machinery	145	39	26.9
工艺品及其他制造业	Handicraft Article and Other Manufacturing Industry	361	94	26.0
废弃资源和废旧材料回收加工业	Recovery of Resource Discarded and Useless Material	18	13	72.2
电力、燃气及水的生产和供应业	**Production and Supply of Electricity, Gas and Water**	**785**	**355**	**45.2**
电力、热力的生产和供应	Production and Supply of Electricity and Heating Power	616	316	51.3
燃气生产和供应业	Production and Supply of Gas	28	7	25.0
水的生产和供应业	Production and Supply of Water	141	32	22.7
建筑业	**Construction**	**152**	**40**	**26.3**
房屋和土木工程建筑业	Civil Engineering	134	32	23.9

3－4　续表2　continued

指　标	Item	施工项目个数（个）Projects Under Construction (unit)	投产项目个数（个）Projects Completed and Put Into Use (unit)	项目建成投产率(%) Rate of Projects Completed and Put Into Use (%)
建筑安装业	Installation	7	4	57.1
建筑装饰业	Decoration	3		
其他建筑业	Other Construction	8	4	50.0
交通运输、仓储和邮政业	**Transport, Storage and Postal Services**	**689**	**266**	**38.6**
铁路运输业	Railway Transport	1		
道路运输业	Highway Transport	519	189	36.4
城市公共交通业	City Transport	40	16	40.0
水上运输业	Waterway Transport	68	37	54.4
航空运输业	Air Transport	7	3	42.9
装卸搬运和其他运输服务业	Carrying and Other Transport Services	5		
仓储业	Storage	37	14	37.8
邮政业	Postal Services	12	7	58.3
信息传输、计算机服务和软件业	**Information Transmission, Computer Services and Software**	**341**	**274**	**80.4**
电信和其他信息传输服务业	Telecommunication and Other Information Transmission Services	326	266	81.6
计算机服务业	Computer Services	4	2	50.0
软件业	Software	11	6	54.5
批发和零售业	**Wholesale and Retail Trade**	**163**	**65**	**39.9**
批发业	Wholesale Trade	83	37	44.6
住宿和餐饮业	**Hotels and Catering Services**	**86**	**30**	**34.9**
住宿业	Hotels	77	23	29.9
餐饮业	Catering Services	9	7	77.8
金融业	**Banking**	**29**	**5**	**17.2**
银行业	Bank	25	4	16.0
其他金融活动	Other Finance	4	1	25.0
房地产业	**Real Estate**	**96**	**32**	**33.3**
房地产业	Real Estate	96	32	33.3
租赁和商务服务业	**Leasing and Commercial Services**	**105**	**31**	**29.5**
租赁业	Leasing	3	2	66.7

3-4 续表3 continued

指　标	Item	施工项目个数(个) Projects Under Construction (unit)	投产项目个数(个) Projects Completed and Put Into Use (unit)	项目建成投产率(%) Rate of Projects Completed and Put Into Use (%)
商务服务业	Commercial Services	102	29	28.4
科学研究、技术服务和地质勘查业	**Scientific Research, Technic Services and Geological Prospecting**	**38**	**8**	**21.1**
研究与试验发展	Research and Experiment Development	12	2	16.7
专业技术服务业	Technical Services	20	5	25.0
科技交流和推广服务业	Scientific and Technical Interchange and Popularization	5	1	20.0
地质勘查业	Geological Prospecting	1		
水利、环境和公共设施管理业	**Water Conservancy, Environment and Public Facilities Management**	**1682**	**549**	**32.6**
水利管理业	Water Conservancy	185	37	20.0
环境管理业	Environment	81	20	24.7
公共设施管理业	Public Facilities	1416	492	34.7
居民服务和其他服务业	**Resident Services and Other Services**	**22**	**5**	**22.7**
居民服务业	Resident Services	17	4	23.5
其他服务业	Other Services	5	1	20.0
教育	**Education**	**476**	**192**	**40.3**
教育	Education	476	192	40.3
卫生、社会保障和社会福利业	**Health Care, Social Security and Social Welfare**	**138**	**37**	**26.8**
卫生	Health Care	120	29	24.2
社会福利业	Social Welfare	18	8	44.4
文化、体育和娱乐业	**Culture, Sports and Recreation**	**151**	**54**	**35.8**
新闻出版业	Press Publishing	7	1	14.3
广播、电视、电影和音像业	Radio, Film, Television and Audio-video	49	34	69.4
文化艺术业	Culture and Arts	60	13	21.7
体育	Sports	27	5	18.5
娱乐业	Recreation	8	1	12.5
公共管理和社会组织	**Public Management**	**463**	**142**	**30.7**
中国共产党机关	Communist Party Agencies	6	1	16.7
国家机构	Government Agencies	403	125	31.0
群众团体、社会团体和宗教组织	Mass Organizations, Social Organizations and Religion Organizations	10		
基层群众自治组织	Mass Grassroot Organizations	44	16	36.4

3－5 限额以上分行业投资和新增固定资产(2003年)

Investment and Newly Increased Fixed Assets Above Designated Size by Sector(2003)

指 标	Item	投资额(万元) Investment (10000 yuan)	新增固定资产(万元) Newly Increased Fixed Assets (10000 yuan)	固定资产交付使用率(%) Rate of Fixed Assets Put Into Use (%)
总计	**Total**	**41803791**	**23311912**	**55.8**
第一产业	Primary Industry	141131	105972	75.1
第二产业	Secondary Industry	18133828	9752956	53.8
第三产业	Tertiary Industry	23528832	13452984	57.2
按国民经济行业分组	**by Sector**			
农林牧渔业	**Farming, Forestry, Animal Husbandry and Fishery**	**141131**	**105972**	**75.1**
农业	Farming	42976	38050	88.5
林业	Forestry	6480		
畜牧业	Animal Husbandry	15078	8375	55.5
渔业	Fishery	6262	2909	46.5
农、林、牧、渔服务业	Services	70335	56638	80.5
采矿业	**Mining and Quarrying**	**60552**	**46719**	**77.2**
煤炭采选业	Coal Mining and Dressing	2590	2110	81.5
黑色金属矿采选业	Ferrous Metals Mining and Dressing	1146	5971	521.0
有色金属矿采选业	Nonferrous Metals Mining and Dressing	1350	1050	77.8
非金属矿采选业	Nonmetal Minerals and Dressing	54966	37088	67.5
其他矿采选业	Other	500	500	100.0
制造业	**Manufacturing**	**15371455**	**8761197**	**57.0**
农副食品加工业	Non－staple Food Processing	182593	112439	61.6
食品制造业	Food Manufacturing	149058	86583	58.1
饮料制造业	Beverage Manufacturing	156098	109917	70.4
烟草加工业	Tobacco Processing	23907	34086	142.6
纺织业	Textile Industry	2849898	1726803	60.6
纺织服装、鞋、帽制造业	Garments, Shoes and Hats Manufacturing	738856	357431	48.4
皮革、毛皮、羽毛(绒)及其制造业	Leather, Furs, Down and Related Products	338115	203497	60.2
木材加工及竹、藤、棕、草制品业	Timber Processing, Bamboo, Cane, Palm Fiber and Straw Products	175974	108675	61.8

3-5 续表1 continued

指 标	Item	投资额（万元）Investment (10000 yuan)	新增固定资产（万元）Newly Increased Fixed (10000 yuan)	固定资产交付使用率（%）Rate of Fixed Assets Put Into Use (%)
家具制造业	Furniture Manufacturing	193760	91270	47.1
造纸及纸制品业	Papermaking and Paper Products	541773	263558	48.6
印刷业、记录媒介的复制	Printing and Record Medium Reproduction	195243	123338	63.2
文教体育用品制造业	Cultural, Educational and Sports Goods	125273	73974	59.1
石油加工、炼焦及核燃料加工业	Petroleum Processing, Cooking and Nuclear Fuel Processing	160248	201005	125.4
化学原料及化学制品制造业	Raw Chemical Materials and Chemical Products	963529	339124	35.2
医药制造业	Medical and Pharmaceutical Products	455817	279127	61.2
化学纤维制造业	Chemical Fiber	532507	368353	69.2
橡胶制品业	Rubber Products	202186	119807	59.3
塑料制品业	Plastic Products	632991	379023	59.9
非金属矿物制品业	Nonmetal Mineral Products	1037233	625279	60.3
黑色金属冶炼及压延加工业	Smelting and Pressing of Ferrous Metals	428036	213303	49.8
有色金属冶炼及压延加工业	Smelting and Pressing of Nonferrous Metals	225383	159133	70.6
金属制品业	Metal Products	703733	406426	57.8
通用设备制造业	Equipment in Common Use	915514	515335	56.3
专用设备制造业	Equipment for Special Purpose	487464	305147	62.6
交通运输设备制造业	Transportation Equipment	816192	404232	49.5
电气机械及器材制造业	Electric Equipment and Machinery	996302	528002	53.0
通信设备、计算机及其他电子设备制造业	Telecommunications Equipment, Computer and Other Electronic Equipment	565307	368830	65.2
仪器仪表及文化、办公用机械制造业	Instruments, Meters, Cultural and Office Machinery	155026	78873	50.9
工艺品及其他制造业	Handicraft Article and Other Manufacturing Industry	360162	149055	41.4
废弃资源和废旧材料回收加工业	Recovery of Resource Discarded and Useless Material	63277	29572	46.7
电力、燃气及水的生产和供应业	**Production and Supply of Electricity, Gas and Water**	**2392503**	**792901**	**33.1**
电力、热力的生产和供应	Production and Supply of Electricity and Heating Power	2088275	653695	31.3
燃气生产和供应业	Production and Supply of Gas	59401	32817	55.2
水的生产和供应业	Production and Supply of Water	244827	106389	43.5
建筑业	**Construction**	**309318**	**152139**	**49.2**
房屋和土木工程建筑业	Civil Engineering	259735	137070	52.8

3－5 续表2 continued

指 标	Item	投资额（万元）Investment（10000 yuan）	新增固定资产（万元）Newly Increased Fixed（10000 yuan）	固定资产交付使用率（%）Rate of Fixed Assets Put Into Use（%）
建筑安装业	Installation	7020	4558	64.9
建筑装饰业	Decoration	4056	3426	84.5
其他建筑业	Other Construction	38507	7085	18.4
交通运输、仓储和邮政业	**Transport, Storage and Postal Services**	**3027569**	**2188228**	**72.3**
铁路运输业	Railway Transport	5991	5597	93.4
道路运输业	Highway Transport	2381085	1774878	74.5
城市公共交通业	City Transport	66614	48339	72.6
水上运输业	Waterway Transport	483088	211528	43.8
航空运输业	Air Transport	5056	86754	1715.9
装卸搬运和其他运输服务业	Carrying and Other Transport Services	13517	3326	24.6
仓储业	Storage	61395	53807	87.6
邮政业	Postal Services	10823	3999	36.9
信息传输、计算机服务和软件业	**Information Transmission, Computer Services and Software**	**880014**	**486689**	**55.3**
电信和其他信息传输服务业	Telecommunication and Other Information Transmission Services	870108	464885	53.4
计算机服务业	Computer Services	1561	3250	208.2
软件业	Software	8345	18554	222.3
批发和零售业	**Wholesale and Retail Trade**	**297743**	**232301**	**78.0**
批发业	Wholesale Trade	183513	160300	87.4
住宿和餐饮业	**Hotels and Catering Services**	**189236**	**111383**	**58.9**
住宿业	Hotels	175323	100988	57.6
餐饮业	Catering Services	13913	10395	74.7
金融业	**Banking**	**44426**	**12106**	**27.2**
银行业	Bank	42234	11382	26.9
其他金融活动	Other Finance	2192	724	33.0
房地产业	**Real Estate**	**10152201**	**5717511**	**56.3**
房地产业	Real Estate	351687	166759	47.4
租赁和商务服务业	**Leasing and Commercial Services**	**456231**	**191572**	**42.0**
租赁业	Leasing	943	1050	111.3

3 - 5 续表3 continued

指 标	Item	投资额（万元）Investment（10000 yuan）	新增固定资产（万元）Newly Increased Fixed（10000 yuan）	固定资产交付使用率（%）Rate of Fixed Assets Put Into Use（%）
商务服务业	Commercial Services	455288	190522	41.8
科学研究、技术服务和地质勘查业	**Scientific Research, Technic Services and Geological Prospecting**	**111097**	**46277**	**41.7**
研究与试验发展	Research and Experiment Development	14882	2605	17.5
专业技术服务业	Technical Services	93127	41438	44.5
科技交流和推广服务业	Scientific and Technical Interchange and Popularization	2898	2234	77.1
地质勘查业	Geological Prospecting	190		
水利、环境和公共设施管理业	**Water Conservancy, Environment and Public Facilities Management**	**5588509**	**2416059**	**43.2**
水利管理业	Water Conservancy	560844	253096	45.1
环境管理业	Environment	255124	25796	10.1
公共设施管理业	Public Facilities	4772541	2137167	44.8
居民服务和其他服务业	**Resident Services and Other Services**	**125581**	**88299**	**70.3**
居民服务业	Resident Services	120231	86799	72.2
其他服务业	Other Services	5350	1500	28.0
教育	**Education**	**1146605**	**1050230**	**91.6**
教育	Education	1146605	1050230	91.6
卫生、社会保障和社会福利业	**Health Care, Social Security and Social Welfare**	**286085**	**225475**	**78.8**
卫生	Health Care	267642	214084	80.0
社会福利业	Social Welfare	18443	11391	61.8
文化、体育和娱乐业	**Culture, Sports and Recreation**	**335528**	**151113**	**45.0**
新闻出版业	Press Publishing	10865	585	5.4
广播、电视、电影和音像业	Radio, Film, Television and Audio-video	44576	45825	102.8
文化艺术业	Culture and Arts	193747	57043	29.4
体育	Sports	72728	44040	60.6
娱乐业	Recreation	13612	3620	26.6
公共管理和社会组织	**Public Management**	**888007**	**535741**	**60.3**
中国共产党机关	Communist Party Agencies	13644	3560	26.1
国家机构	Government Agencies	821709	507981	61.8
群众团体、社会团体和宗教组织	Mass Organizations, Social Organizations and Religion Organizations	11447	376	3.3
基层群众自治组织	Mass Grassroot Organizations	41207	23824	57.8

3－6 限额以上分行业施工和竣工面积(2003年)
Floor Space of Buildings Under Construction and Completed Above Designated Size by Sector(2003)

指 标	Item	施工房屋面积(平方米) Floor Space of Buildings Under Construction (sq. m)	竣工房屋面积(平方米) Floor Space of Buildings Completed (sq. m)	房屋建筑面积竣工率(%) Rate of Floor Space of Buildings Completed(%)
总计	**Total**	**224668661**	**77855688**	**34.7**
第一产业	Primary Industry	350724	119982	34.2
第二产业	Secondary Industry	79159565	31306537	39.5
第三产业	Tertiary Industry	145158372	46429169	32.0
按国民经济行业分组	**by Sector**			
农林牧渔业	**Farming, Forestry, Animal Husbandry and Fishery**	**350724**	**119982**	**34.2**
农业	Farming	88338	22171	25.1
林业	Forestry			
畜牧业	Animal Husbandry	163621	71960	44.0
渔业	Fishery	29798		
农、林、牧、渔服务业	Services	68967	25851	37.5
采矿业	**Mining and Quarrying**	**37632**	**34466**	**91.6**
煤炭采选业	Coal Mining and Dressing	500	500	100.0
黑色金属矿采选业	Ferrous Metals Mining and Dressing	2505	1339	53.5
有色金属矿采选业	Nonferrous Metals Mining and Dressing			
非金属矿采选业	Nonmetal Minerals and Dressing	34527	32527	94.2
其他矿采选业	Other	100	100	100.0
制造业	**Manufacturing**	**77111806**	**30695050**	**39.8**
农副食品加工业	Non－staple Food Processing	844277	543005	64.3
食品制造业	Food Manufacturing	558894	260662	46.6
饮料制造业	Beverage Manufacturing	654452	393842	60.2
烟草加工业	Tobacco Processing	125637	34100	27.1
纺织业	Textile Industry	11349277	4799138	42.3
纺织服装、鞋、帽制造业	Garments, Shoes and Hats Manufacturing	5378509	1888662	35.1
皮革、毛皮、羽毛(绒)及其制造业	Leather, Furs, Down and Related Products	3106346	1455532	46.9
木材加工及竹、藤、棕、草制品业	Timber Processing, Bamboo, Cane, Palm Fiber and Straw Products	817014	384992	47.1

指 标	Item	施工房屋面积（平方米）Floor Space of Buildings Under Construction (sq. m)	竣工房屋面积（平方米）Floor Space of Buildings Completed (sq. m)	房屋建筑面积竣工率(%) Rate of Floor Space of Buildings Completed(%)
家具制造业	Furniture Manufacturing	1636566	603986	36.9
造纸及纸制品业	Papermaking and Paper Products	3081954	870864	28.3
印刷业、记录媒介的复制	Printing and Record Medium Reproduction	821542	321677	39.2
文教体育用品制造业	Cultural, Educational and Sports Goods	1171546	422298	36.0
石油加工、炼焦及核燃料加工业	Petroleum Processing, Cooking and Nuclear Fuel Processing	25117	7117	28.3
化学原料及化学制品制造业	Raw Chemical Materials and Chemical Products	2706325	766538	28.3
医药制造业	Medical and Pharmaceutical Products	1935327	534544	27.6
化学纤维制造业	Chemical Fiber	1339953	642966	48.0
橡胶制品业	Rubber Products	421336	239257	56.8
塑料制品业	Plastic Products	30576	1355696	40.5
非金属矿物制品业	Nonmetal Mineral Products	2981180	1356068	45.5
黑色金属冶炼及压延加工业	Smelting and Pressing of Ferrous Metals	3717891	361692	9.7
有色金属冶炼及压延加工业	Smelting and Pressing of Nonferrous Metals	836740	459361	54.9
金属制品业	Metal Products	5073762	2289884	45.1
通用设备制造业	Equipment in Common Use	4801064	2105036	43.8
专用设备制造业	Equipmentation for Special Purpose	3271633	1402762	42.9
交通运输设备制造业	Transport Equipment	3505154	1638380	46.7
电气机械及器材制造业	Electric Equipment and Machinery	5254715	2530625	48.2
通信设备、计算机及其他电子设备制造业	Telecommunications Equipment, Computer and Other Electronic Equipment	3686123	1288213	34.9
仪器仪表及文化、办公用机械制造业	Instruments, Meters, Cultural and Office Machinery	996406	361872	36.3
工艺品及其他制造业	Handicraft Article and Other Manufacturing Industry	3221312	1015103	31.5
废弃资源和废旧材料回收加工业	Recovery of Resource Discarded and Useless Material	441178	361178	81.9
电力、燃气及水的生产和供应业	**Production and Supply of Electricity, Gas and Water**	**1434767**	**321879**	**22.4**
电力、热力的生产和供应	Production and Supply of Electricity and Heating Power	1272298	258218	20.3
燃气生产和供应业	Production and Supply of Gas	6753		
水的生产和供应业	Production and Supply of Water	155716	63661	40.9
建筑业	**Construction**	**575360**	**255142**	**44.3**
房屋和土木工程建筑业	Civil Engineering	546307	246438	45.1

3－6 续表2 continued

指 标	Item	施工房屋面积（平方米）Floor Space of Buildings Under Construction (sq. m)	竣工房屋面积（平方米）Floor Space of Buildings Completed (sq. m)	房屋建筑面积竣工率（%）Rate of Floor Space of Buildings Completed(%)
建筑安装业	Installation	9983	954	9.6
建筑装饰业	Decoration	11320		
其他建筑业	Other Construction	7750	7750	100.0
交通运输、仓储和邮政业	**Transport, Storage and Postal Services**	**1264084**	**507279**	**40.1**
铁路运输业	Railway Transport	3914	2914	74.5
道路运输业	Highway Transport	415832	207599	49.9
城市公共交通业	City Transport	131353	64061	48.8
水上运输业	Waterway Transport	27848	4260	15.3
航空运输业	Air Transport	68109	66706	97.9
装卸搬运和其他运输服务业	Carrying and Other Transport Services	56350	10500	18.6
仓储业	Storage	516747	135153	26.2
邮政业	Postal Services	43931	16086	36.6
信息传输、计算机服务和软件业	**Information Transmission, Computer Services and Software**	**353319**	**191716**	**54.3**
电信和其他信息传输服务业	Telecommunication and Other Information Transmission Services	271117	152739	56.3
计算机服务业	Computer Services	19320	18000	93.2
软件业	Software	62882	20977	33.4
批发和零售业	**Wholesale and Retail Trade**	**1980657**	**761841**	**38.5**
批发业	Wholesale Trade	1254084	481083	38.4
住宿和餐饮业	**Hotels and Catering Services**	**1127864**	**363785**	**32.3**
住宿业	Hotels	1080082	316003	29.3
餐饮业	Catering Services	47782	47782	100.0
金融业	**Banking**	**214891**	**10685**	**5.0**
银行业	Bank	204891	10685	5.2
其他金融活动	Other Finance	10000		
房地产业	**Real Estate**	**112432033**	**33276646**	**29.6**
房地产业	Real Estate	112432033	33276646	29.6
租赁和商务服务业	**Leasing and Commercial Services**	**1524207**	**646021**	**42.4**
租赁业	Leasing	15188	8188	53.9

3-6 续表3 continued

指 标	Item	施工房屋面积（平方米）Floor Space of Buildings Under Construction (sq. m)	竣工房屋面积（平方米）Floor Space of Buildings Completed (sq. m)	房屋建筑面积竣工率(%) Rate of Floor Space of Buildings Completed(%)
商务服务业	Commercial Services	1509019	637833	42.3
科学研究、技术服务和地质勘查业	**Scientific Research, Technic Services and Geological Prospecting**	**556945**	**121699**	**21.9**
研究与试验发展	Research and Experiment Development	165230	3000	1.8
专业技术服务业	Technical Services	369172	113583	30.8
科技交流和推广服务业	Scientific and Technical Interchange and Popularization	22543	5116	22.7
地质勘查业	Geological Prospecting			
水利、环境和公共设施管理业	**Water Conservancy, Environment and Public Facilities Management**	**2882093**	**690591**	**24.0**
水利管理业	Water Conservancy	2795		
环境管理业	Environment	43640	8640	19.8
公共设施管理业	Public Facilities	2835658	681951	24.0
居民服务和其他服务业	**Resident Services and Other Services**	**1202371**	**696851**	**28.0**
居民服务业	Resident Services	1158038	686518	59.3
其他服务业	Other Services	44333	10333	23.3
教育	**Education**	**12587955**	**5798813**	**46.1**
教育	Education	12587955	5798813	46.1
卫生、社会保障和社会福利业	**Health Care, Social Security and Social Welfare**	**2323341**	**735532**	**31.7**
卫生	Health Care	2084356	647473	31.1
社会福利业	Social Welfare	238985	88059	36.8
文化、体育和娱乐业	**Culture, Sports and Recreation**	**1562520**	**444891**	**28.5**
新闻出版业	Press Publishing	99744		
广播、电视、电影和音像业	Radio, Film, Television and Audio-video	393465	232820	59.2
文化艺术业	Culture and Arts	662151	82928	12.5
体育	Sports	379035	129143	34.1
娱乐业	Recreation	28125		
公共管理和社会组织	**Public Management**	**5146092**	**2182819**	**42.4**
中国共产党机关	Communist Party Agencies	138877	31081	22.4
国家机构	Government Agencies	4507319	1977041	43.9
群众团体、社会团体和宗教组织	Mass Organizations, Social Organizations and Religion Organizations	171147	6975	4.1
基层群众自治组织	Mass Grassroot Organizations	328749	167722	51.0

3-7 限额以上国有及国有控股经济分行业投资和资金来源(2003年)

Investment and Sources of Funds in State - owned and State - holding Units Above Designated by Sector(2003)

单位:万元 (10000 yuan)

指 标	Item	2003
投资总计	**Total**	**17862293**
第一产业	Primary Industry	67205
第二产业	Secondary Industry	4096554
第三产业	Tertiary Industry	13698534
按国民经济行业分组	**by Sector**	
农林牧渔业	**Farming, Forestry, Animal Husbandry and Fishery**	**67205**
农业	Farming	15197
林业	Forestry	6480
畜牧业	Animal Husbandry	4544
渔业	Fishery	1070
农、林、牧、渔服务业	Services	39914
采矿业	**Mining and Quarrying**	**5786**
煤炭采选业	Coal Mining and Dressing	2110
黑色金属矿采选业	Ferrous Metals Mining and Dressing	1146
有色金属矿采选业	Nonferrous Metals Mining and Dressing	500
非金属矿采选业	Nonmetal Minerals and Dressing	2030
制造业	**Manufacturing**	**1875403**
农副食品加工业	Non - staple Food Processing	24327
食品制造业	Food Manufacturing	12972
饮料制造业	Beverage Manufacturing	62007
烟草加工业	Tobacco Processing	18955
纺织业	Textile Industry	163467
纺织服装、鞋、帽制造业	Garments, Shoes and Hats Manufacturing	27106
皮革、毛皮、羽毛(绒)及其制造业	Leather, Furs, Down and Related Products	1068
木材加工及竹、藤、棕、草制品业	Timber Processing, Bamboo, Cane, Palm Fiber and Straw Products	16131
家具制造业	Furniture Manufacturing	28320
造纸及纸制品业	Papermaking and Paper Products	182148
印刷业、记录媒介的复制	Printing and Record Medium Reproduction	10867
文教体育用品制造业	Cultural, Educational and Sports Goods	579

指 标	Item	2003
石油加工、炼焦及核燃料加工业	Petroleum Processing, Cooking and Nuclear Fuel Processing	147366
化学原料及化学制品制造业	Raw Chemical Materials and Chemical Products	306521
医药制造业	Medical and Pharmaceutical Products	103942
化学纤维制造业	Chemical Fiber	34564
橡胶制品业	Rubber Products	46588
塑料制品业	Plastic Products	17258
非金属矿物制品业	Nonmetal Mineral Products	139027
黑色金属冶炼及压延加工业	Smelting and Pressing of Ferrous Metals	56728
有色金属冶炼及压延加工业	Smelting and Pressing of Nonferrous Metals	9596
金属制品业	Metal Products	46734
通用设备制造业	Equipment in Common Use	78570
专用设备制造业	Equipment for Special Purpose	36490
交通运输设备制造业	Transportation Equipment	83136
电气机械及器材制造业	Electric Equipment and Machinery	106258
通信设备、计算机及其他电子设备制造业	Telecommunications Equipment, Computer and Other Electronic Equipment	55105
仪器仪表及文化、办公用机械制造业	Instruments, Meters, Cultural and Office Machinery	4136
工艺品及其他制造业	Handicraft Article and Other Manufacturing Industry	55437
电力、燃气及水的生产和供应业	**Production and Supply of Electricity, Gas and Water**	**1959463**
电力、热力的生产和供应	Production and Supply of Electricity and Heating Power	1701388
燃气生产和供应业	Production and Supply of Gas	45061
水的生产和供应业	Production and Supply of Water	213014
建筑业	**Construction**	**255902**
房屋和土木工程建筑业	Civil Engineering	220498
建筑安装业	Installation	4128
其他建筑业	Other Construction	31276
交通运输、仓储和邮政业	**Transport, Storage and Postal Services**	**2634251**
铁路运输业	Railway Transport	5991
道路运输业	Highway Transport	2075631
城市公共交通业	City Transport	58994
水上运输业	Waterway Transport	448711
航空运输业	Air Transport	5056

指 标	Item	2003
装卸搬运和其他运输服务业	Carrying and Other Transport Services	1000
仓储业	Storage	28045
邮政业	Postal Services	10823
信息传输、计算机服务和软件业	**Information Transmission, Computer Services and Software**	**690450**
电信和其他信息传输服务业	Telecommunication and Other Information Transmission Services	687894
软件业	Software	2556
批发和零售业	**Wholesale and Retail Trade**	**136624**
批发业	Wholesale Trade	93020
住宿和餐饮业	**Hotels and Catering Services**	**72937**
住宿业	Hotels	70307
餐饮业	Catering Services	2630
金融业	**Banking**	**36212**
银行业	Bank	34320
其他金融活动	Other Finance	1892
房地产业	**Real Estate**	**2177988**
房地产业	Real Estate	2177988
租赁和商务服务业	**Leasing and Commercial Services**	**277316**
租赁业	Leasing	157
商务服务业	Commercial Services	277159
科学研究、技术服务和地质勘查业	**Scientific Research, Technic Services and Geological Prospecting**	**94791**
研究与试验发展	Research and Experiment Development	10943
专业技术服务业	Technical Services	82210
科技交流和推广服务业	Scientific and Technical Interchange and Popularization	1448
地质勘查业	Geological Prospecting	190
水利、环境和公共设施管理业	**Water Conservancy, Environment and Public Facilities Management**	**5037557**
水利管理业	Water Conservancy	554261
环境管理业	Environment	243856
公共设施管理业	Public Facilities	4239440
居民服务和其他服务业	**Resident Services and Other Services**	**122207**
居民服务业	Resident Services	119657
其他服务业	Other Services	2550

指　标	Item	2003
教育	**Education**	**1018658**
教育	Education	1018658
卫生、社会保障和社会福利业	**Health Care, Social Security and Social Welfare**	**254491**
卫生	Health Care	241457
社会福利业	Social Welfare	13034
文化、体育和娱乐业	**Culture, Sports and Recreation**	**315889**
新闻出版业	Press Publishing	10865
广播、电视、电影和音像业	Radio, Film, Television and Audio-video	39390
文化艺术业	Culture and Arts	187147
体育	Sports	70918
娱乐业	Recreation	7569
公共管理和社会组织	**Public Management**	**829163**
中国共产党机关	Communist Party Agencies	13644
国家机构	Government Agencies	808114
群众团体、社会团体和宗教组织	Mass Organizations, Social Organizations and Religion Organizations	3876
基层群众自治组织	Mass Grassroot Organizations	3529
自年初累计资金来源合计	**Source of Funds**	**20064087**
上年末结余资金	Surplus Funds Last Year	1468741
本年资金来源小计	Funds This Year	18595346
#国家预算内资金	State Budgetary Appropriations	764558
国内贷款	Domestic Loans	5745257
债券	Debenture	18944
利用外资	Foreign Investment	260896
自筹资金	Fundraising	9541441
其他资金	Others	2264250

3-8 限额以上非国有经济分行业投资和资金来源(2003年)

Investment and Sources of Funds in Non-State-owned Units Above Designated Size by Sector(2003)

单位:万元 (10000 yuan)

指 标	Item	2003
投资总计	**Total**	**23941498**
第一产业	Primary Industry	73926
第二产业	Secondary Industry	14037274
第三产业	Tertiary Industry	9830298
按国民经济行业分组	**by Sector**	
农林牧渔业	**Farming, Forestry, Animal Husbandry and Fishery**	**73926**
农业	Farming	27779
畜牧业	Animal Husbandry	10534
渔业	Fishery	5192
农、林、牧、渔服务业	Services	30421
采矿业	**Mining and Quarrying**	**54766**
煤炭采选业	Coal Mining and Dressing	480
有色金属矿采选业	Nonferrous Metals Mining and Dressing	850
非金属矿采选业	Nonmetal Minerals and Dressing	52936
其他矿采选业	Other	500
制造业	**Manufacturing**	**13496052**
农副食品加工业	Non-staple Food Processing	158266
食品制造业	Food Manufacturing	136086
饮料制造业	Beverage Manufacturing	94091
烟草加工业	Tobacco Processing	4952
纺织业	Textile Industry	2686431
纺织服装、鞋、帽制造业	Garments, Shoes and Hats Manufacturing	711750
皮革、毛皮、羽毛(绒)及其制造业	Leather, Furs, Down and Related Products	337047
木材加工及竹、藤、棕、草制品业	Timber Processing, Bamboo, Cane, Palm Fiber and Straw Products	159843
家具制造业	Furniture Manufacturing	165440
造纸及纸制品业	Papermaking and Paper Products	359625
印刷业、记录媒介的复制	Printing and Record Medium Reproduction	184376
文教体育用品制造业	Cultural, Educational and Sports Goods	124694
石油加工、炼焦及核燃料加工业	Petroleum Processing, Cooking and Nuclear Fuel Processing	12882

指　标	Item	2003
化学原料及化学制品制造业	Raw Chemical Materials and Chemical Products	657008
医药制造业	Medical and Pharmaceutical Products	351875
化学纤维制造业	Chemical Fiber	497943
橡胶制品业	Rubber Products	155598
塑料制品业	Plastic Products	615733
非金属矿物制品业	Nonmetal Mineral Products	898206
黑色金属冶炼及压延加工业	Smelting and Pressing of Ferrous Metals	371308
有色金属冶炼及压延加工业	Smelting and Pressing of Nonferrous Metals	215787
金属制品业	Metal Products	656999
通用设备制造业	Equipment in Common Use	836944
专用设备制造业	Equipment for Special Purpose	450974
交通运输设备制造业	Transport Equipment	733056
电气机械及器材制造业	Electric Equipment and Machinery	890044
通信设备、计算机及其他电子设备制造业	Telecommunications Equipment, Computer and Other Electronic Equipment	510202
仪器仪表及文化、办公用机械制造业	Instruments, Meters, Cultural and Office Machinery	150890
工艺品及其他制造业	Handicraft Article and Other Manufacturing Industry	304725
废弃资源和废旧材料回收加工业	Recovery of Resource Discarded and Useless Material	63277
电力、燃气及水的生产和供应业	**Production and Supply of Electricity, Gas and Water**	**433040**
电力、热力的生产和供应	Production and Supply of Electricity and Heating Power	386887
燃气生产和供应业	Production and Supply of Gas	14340
水的生产和供应业	Production and Supply of Water	31813
建筑业	**Construction**	**53416**
房屋和土木工程建筑业	Civil Engineering	39237
建筑安装业	Installation	2892
建筑装饰业	Decoration	4056
其他建筑业	Other Construction	7231
交通运输、仓储和邮政业	**Transport, Storage and Postal Services**	**393318**
道路运输业	Highway Transport	305454
城市公共交通业	City Transport	7620
水上运输业	Waterway Transport	34377
装卸搬运和其他运输服务业	Carrying and Other Transport Services	12517

指　标	Item	2003
仓储业	Storage	33350
信息传输、计算机服务和软件业	**Information Transmission, Computer Services and Software**	**189564**
电信和其他信息传输服务业	Telecommunication and Other Information Transmission Services	182214
计算机服务业	Computer Services	1561
软件业	Software	5789
批发和零售业	**Wholesale and Retail Trade**	**161119**
批发业	Wholesale Trade	90493
住宿和餐饮业	**Hotels and Catering Services**	**116299**
住宿业	Hotels	105016
餐饮业	Catering Services	11283
金融业	**Banking**	**8214**
银行业	Bank	7914
其他金融活动	Other Finance	300
房地产业	**Real Estate**	**7974213**
房地产业	Real Estate	7974213
租赁和商务服务业	**Leasing and Commercial Services**	**178915**
租赁业	Leasing	786
商务服务业	Commercial Services	178129
科学研究、技术服务和地质勘查业	**Scientific Research, Technic Services and Geological Prospecting**	**16306**
研究与试验发展	Research and Experiment Development	3939
专业技术服务业	Technical Services	10917
科技交流和推广服务业	Scientific and Technical Interchange and Popularization	1450
水利、环境和公共设施管理业	**Water Conservancy, Environment and Public Facilities Management**	**550952**
水利管理业	Water Conservancy	6583
环境管理业	Environment	11268
公共设施管理业	Public Facilities	533101
居民服务和其他服务业	**Resident Services and Other Services**	**3374**
居民服务业	Resident Services	574
其他服务业	Other Services	2800
教育	**Education**	**127947**
教育	Education	127947

指　标	Item	2003
卫生、社会保障和社会福利业	**Health Care, Social Security and Social Welfare**	**31594**
卫生	Health Care	26185
社会福利业	Social Welfare	5409
文化、体育和娱乐业	**Culture, Sports and Recreation**	**19639**
广播、电视、电影和音像业	Radio, Film, Television and Audio-video	5186
文化艺术业	Culture and Arts	6600
体育	Sports	1810
娱乐业	Recreation	6043
公共管理和社会组织	**Public Management**	**58844**
国家机构	Government Agencies	13595
群众团体、社会团体和宗教组织	Mass Organizations, Social Organizations and Religion Organizations	7571
基层群众自治组织	Mass Grassroot Organizations	37678
自年初累计资金来源合计	**Source of Funds**	**29395951**
上年末结余资金	Surplus Funds Last Year	1885752
本年资金来源小计	Funds This Year	27510199
#国家预算内资金	State Budgetary Appropriations	27574
国内贷款	Domestic Loans	6731542
债券	Debenture	6795
利用外资	Foreign Investment	1384533
自筹资金	Fundraising	12814481
其他资金	Others	6545274

3－9 限额以上港澳台经济分行业投资和资金来源(2003年)

Investment and Sources of Funds in HongKong, Macao and Taiwan Units Above Designated Size by Sector(2003)

单位:万元 (10000 yuan)

指 标	Item	2003
投资总计	**Total**	**1801258**
第一产业	Primary Industry	2209
第二产业	Secondary Industry	1311385
第三产业	Tertiary Industry	487664
按国民经济行业分组	**by Sector**	
农林牧渔业	**Farming, Forestry, Animal Husbandry and Fishery**	**2209**
农业	Farming	1500
渔业	Fishery	709
采矿业	**Mining and Quarrying**	**2500**
非金属矿采选业	Nonmetal Minerals and Dressing	2500
制造业	**Manufacturing**	**1259916**
农副食品加工业	Non－staple Food Processing	2480
食品制造业	Food Manufacturing	25447
饮料制造业	Beverage Manufacturing	5182
纺织业	Textile Industry	339282
纺织服装、鞋、帽制造业	Garments, Shoes and Hats Manufacturing	82035
皮革、毛皮、羽毛(绒)及其制造业	Leather, Furs, Down and Related Products	23776
木材加工及竹、藤、棕、草制品业	Timber Processing, Bamboo, Cane, Palm Fiber and Straw Products	9834
家具制造业	Furniture Manufacturing	39155
造纸及纸制品业	Papermaking and Paper Products	11115
印刷业、记录媒介的复制	Printing and Record Medium Reproduction	8734
文教体育用品制造业	Cultural, Educational and Sports Goods	12549
石油加工、炼焦及核燃料加工业	Petroleum Processing, Cooking and Nuclear Fuel Processing	285
化学原料及化学制品制造业	Raw Chemical Materials and Chemical Products	127318

指 标	Item	2003
医药制造业	Medical and Pharmaceutical Products	9472
化学纤维制造业	Chemical Fiber	51826
橡胶制品业	Rubber Products	13337
塑料制品业	Plastic Products	42499
非金属矿物制品业	Nonmetal Mineral Products	60844
黑色金属冶炼及压延加工业	Smelting and Pressing of Ferrous Metals	29375
有色金属冶炼及压延加工业	Smelting and Pressing of Nonferrous Metals	8116
金属制品业	Metal Products	31296
通用设备制造业	Equipment in Common Use	49288
专用设备制造业	Equipment for Special Purpose	43570
交通运输设备制造业	Transportation Equipment	29077
电气机械及器材制造业	Electric Equipment and Machinery	90449
通信设备、计算机及其他电子设备制造业	Telecommunications Equipment, Computer and Other Electronic Equipment	69669
仪器仪表及文化、办公用机械制造业	Instruments, Meters, Cultural and Office Machinery	12970
工艺品及其他制造业	Handicraft Article and Other Manufacturing Industry	29976
废弃资源和废旧材料回收加工业	Reavery of Resource Discorrded and Useless Material	960
电力、燃气及水的生产和供应业	**Production and Supply of Electricity, Gas and Water**	**48469**
电力、热力的生产和供应	Production and Supply of Electricity and Heating Power	38414
燃气生产和供应业	Production and Supply of Gas	2605
水的生产和供应业	Production and Supply of Water	7450
建筑业	**Construction**	**500**
房屋和土木工程建筑业	Civil Engineering	500
交通运输、仓储和邮政业	**Transport, Storage and Postal Services**	**42669**
道路运输业	Highway Transport	19587
水上运输业	Waterway Transport	18971

指 标	Item	2003
仓储业	Storage	4111
信息传输、计算机服务和软件业	**Information Transmission, Computer Services and Software**	**89353**
电信和其他信息传输服务业	Telecommunication and Other Information Transmission Services	89353
批发和零售业	**Wholesale and Retail Trade**	**9073**
住宿和餐饮业	**Hotels and Catering Services**	**24525**
住宿业	Hotels	23425
餐饮业	Catering Services	1100
房地产业	**Real Estate**	**295652**
房地产业	Real Estate	295652
租赁和商务服务业	**Leasing and Commercial Services**	**4525**
商务服务业	Commercial Services	4525
科学研究、技术服务和地质勘查业	**Scientific Research, Technic Services and Geological Prospecting**	**3939**
研究与试验发展	Research and Experiment Development	3939
水利、环境和公共设施管理业	**Water Conservancy, Environment and Public Facilities Management**	**10547**
公共设施管理业	Public Facilities	10547
教育	**Education**	**7381**
教育	Education	7381
资金来源合计	**Source of Funds**	**2045242**
上年末结余资金	Surplus Funds Last Year	113349
本年资金来源小计	Funds This Year	1931893
#国家预算内资金	State Budgetary Appropriations	1047
国内贷款	Domestic Loans	444302
利用外资	Foreign Investment	526786
自筹资金	Fundraising	725839
其他资金	Others	233919

3－10 限额以上外商经济分行业投资和资金来源(2003 年)

Investment and Sources of Funds in Foreign－owned Units Above Designated by Sector(2003)

单位:万元 (10000 yuan)

指 标	Item	2003
投资总计	**Total**	**2264847**
第一产业	Primary Industry	103
第二产业	Secondary Industry	1898974
第三产业	Tertiary Industry	365770
按国民经济行业分组	**by Sector**	
农林牧渔业	**Farming,Forestry,Animal Husbandry and Fishery**	**103**
农业	Farming	103
制造业	**Manufacturing**	**1748019**
农副食品加工业	Non－staple Food Processing	9870
食品制造业	Food Manufacturing	15327
饮料制造业	Beverage Manufacturing	15871
纺织业	Textile Industry	148526
纺织服装、鞋、帽制造业	Garments,Shoes and Hats Manufacturing	125255
皮革、毛皮、羽毛(绒)及其制造业	Leather,Furs,Down and Related Products	44495
木材加工及竹、藤、棕、草制品业	Timber Processing,Bamboo,Cane,Palm Fiber and Straw Products	24532
家具制造业	Furniture Manufacturing	35138
造纸及纸制品业	Papermaking and Paper Products	118549
印刷业、记录媒介的复制	Printing and Record Medium Reproduction	25570
文教体育用品制造业	Cultural,Educational and Sports Goods	10896
石油加工、炼焦及核燃料加工业	Petroleum Processing,Cooking and Nuclear Fuel Processing	16157
化学原料及化学制品制造业	Raw Chemical Materials and Chemical Products	134288
医药制造业	Medical and Pharmaceutical Products	59205
化学纤维制造业	Chemical Fiber	99493
橡胶制品业	Rubber Products	87349

指　标	Item	2003
塑料制品业	Plastic Products	35823
非金属矿物制品业	Nonmetal Mineral Products	58731
黑色金属冶炼及压延加工业	Smelting and Pressing of Ferrous Metals	191585
有色金属冶炼及压延加工业	Smelting and Pressing of Nonferrous Metals	37168
金属制品业	Metal Products	44195
通用设备制造业	Equipment in Common Use	49985
专用设备制造业	Equipmentation for Special Purpose	21385
交通运输设备制造业	Transport Equipment	51051
电气机械及器材制造业	Electric Equipment and Machinery	82506
通信设备、计算机及其他电子设备制造业	Telecommunications Equipment, Computer and Other Electronic Equipment	160428
仪器仪表及文化、办公用机械制造业	Instruments, Meters, Cultural and Office Machinery	17674
工艺品及其他制造业	Handicraft Article and Other Manufacturing Industry	18967
废弃资源和废旧材料回收加工业	Recovery of Resource Discarded and Useless Material	8000
电力、燃气及水的生产和供应业	**Production and Supply of Electricity, Gas and Water**	**150840**
电力、热力的生产和供应	Production and Supply of Electricity and Heating Power	146107
燃气生产和供应业	Production and Supply of Gas	1983
水的生产和供应业	Production and Supply of Water	2750
建筑业	**Construction**	**115**
建筑装饰业	Decoration	115
交通运输、仓储和邮政业	**Transport, Storage and Postal Services**	**55858**
道路运输业	Highway Transport	31293
水上运输业	Waterway Transport	21765
仓储业	Storage	2800
信息传输、计算机服务和软件业	**Information Transmission, Computer Services and Software**	**89624**
电信和其他信息传输服务业	Telecommunication and Other Information Transmission Services	89443
计算机服务业	Computer Services	181

指　标	Item	2003
批发和零售业	**Wholesale and Retail Trade**	**16000**
批发业	Wholesale Trade	16000
住宿和餐饮业	**Hotels and Catering Services**	**20111**
住宿业	Hotels	20111
房地产业	**Real Estate**	**164737**
房地产业	Real Estate	164737
租赁和商务服务业	**Leasing and Commercial Services**	**2407**
商务服务业	Commercial Services	2407
水利、环境和公共设施管理业	**Water Conservancy, Environment and Public Facilities Management**	**9205**
公共设施管理业	Public Facilities	9205
教育	**Education**	**215**
教育	Education	215
文化、体育和娱乐业	**Culture, Sports and Recreation**	**7613**
体育	Sports	1810
娱乐业	Recreation	5803
自年初累计资金来源合计	**Source of Funds**	**2514113**
上年末结余资金	Surplus Funds Last Year	140469
本年资金来源小计	FundsThis Year	2373644
#国家预算内资金	State Budgetary Appropriations	6600
国内贷款	Domestic Loans	425146
债券	Debenture	250
利用外资	Foreign Investment	801507
自筹资金	Fundraising	971399
其他资金	Others	168742

3-11 限额以上私营个体经济分行业投资和资金来源(2003年)

Investment and Sources of Funds in Private-owned Units Above Designated Size by Sector(2003)

单位:万元 (10000 yuan)

指 标	Item	2003
投资总计	**Total**	**5321735**
第一产业	Primary Industry	20685
第二产业	Secondary Industry	3241998
第三产业	Tertiary Industry	2059052
按国民经济行业分组	**by Sector**	
农林牧渔业	**Farming, Forestry, Animal Husbandry and Fishery**	**20685**
农业	Farming	11539
畜牧业	Animal Husbandry	975
渔业	Fishery	2592
农、林、牧、渔服务业	Services	5579
采矿业	**Mining and Quarrying**	**18416**
煤炭采选业	Coal Mining and Dressing	480
非金属矿采选业	Nonmetal Minerals and Dressing	17436
其他矿采选业	Others	500
制造业	**Manufacturing**	**3182841**
农副食品加工业	Non-staple Food Processing	47406
食品制造业	Food Manufacturing	23104
饮料制造业	Beverage Manufacturing	29071
纺织业	Textile Industry	627925
纺织服装、鞋、帽制造业	Garments, Shoes and Hats Manufacturing	267888
皮革、毛皮、羽毛(绒)及其制造业	Leather, Furs, Down and Related Products	60534
木材加工及竹、藤、棕、草制品业	Timber Processing, Bamboo, Cane, Palm Fiber and Straw Products	32245
家具制造业	Furniture Manufacturing	49363
造纸及纸制品业	Papermaking and Paper Products	75961
印刷业、记录媒介的复制	Printing and Record Medium Reproduction	69133
文教体育用品制造业	Cultural, Educational and Sports Goods	40178
石油加工、炼焦及核燃料加工业	Petroleum Processing, Cooking and Nuclear Fuel Processing	3417
化学原料及化学制品制造业	Raw Chemical Materials and Chemical Products	129862
医药制造业	Medical and Pharmaceutical Products	56802

指 标	Item	2003
化学纤维制造业	Chemical Fiber	113595
橡胶制品业	Rubber Products	30899
塑料制品业	Plastic Products	142520
非金属矿物制品业	Nonmetal Mineral Products	159842
黑色金属冶炼及压延加工业	Smelting and Pressing of Ferrous Metals	44525
有色金属冶炼及压延加工业	Smelting and Pressing of Nonferrous Metals	63565
金属制品业	Metal Products	202527
通用设备制造业	Equipment in Common Use	254149
专用设备制造业	Equipment for Special Purpose	117536
交通运输设备制造业	Transport Equipment	116507
电气机械及器材制造业	Electric Equipment and Machinery	229007
通信设备、计算机及其他电子设备制造业	Telecommunications Equipment, Computer and Other Electronic Equipment	44588
仪器仪表及文化、办公用机械制造业	Instruments, Meters, Cultural and Office Machinery	41243
工艺品及其他制造业	Handicraft Article and Other Manufacturing Industry	88882
废弃资源和废旧材料回收加工业	Recovery of Resource Discarded and Useless Material	20567
电力、燃气及水的生产和供应业	**Production and Supply of Electricity, Gas and Water**	**30283**
电力、热力的生产和供应	Production and Supply of Electricity and Heating Power	29673
水的生产和供应业	Production and Supply of Water	610
建筑业	**Construction**	**10458**
房屋和土木工程建筑业	Civil Engineering	10078
建筑安装业	Installation	380
交通运输、仓储和邮政业	**Transport, Storage and Postal Services**	**23739**
道路运输业	Highway Transport	3593
水上运输业	Waterway Transport	11001
装卸搬运和其他运输服务业	Carrying and Other Transport Services	7255
仓储业	Storage	1890
信息传输、计算机服务和软件业	**Information Transmission, Computer Services and Software**	**1050**
计算机服务业	Computer Services	1050
批发和零售业	**Wholesale and Retail Trade**	**12980**
批发业	Wholesale Trade	3780
住宿和餐饮业	**Hotels and Catering Services**	**10118**
住宿业	Hotels	3900
餐饮业	Catering Services	6218

指　标	Item	2003
房地产业	**Real Estate**	**1976498**
房地产业	Real Estate	1976498
租赁和商务服务业	**Leasing and Commercial Services**	**5976**
租赁业	Leasing	786
商务服务业	Commercial Services	5190
科学研究、技术服务和地质勘查业	**Scientific Research, Technic Services and Geological Prospecting**	**3717**
专业技术服务业	Technical Services	3717
水利、环境和公共设施管理业	**Water Conservancy, Environment and Public Facilities Management**	**1585**
环境管理业	Environment	200
公共设施管理业	Public Facilities	1385
教育	**Education**	**18359**
教育	Education	18359
卫生、社会保障和社会福利业	**Health Care, Social Security and Social Welfare**	**2880**
卫生	Health Care	1480
社会福利业	Social Welfare	1400
文化、体育和娱乐业	**Culture, Sports and Recreation**	**1350**
文化艺术业	Culture and Arts	1350
公共管理和社会组织	**Public Management**	**800**
国家机构	Government Agencies	800
自年初累计资金来源合计	**Source of Funds**	**6337185**
上年末结余资金	Surplus Funds Last Year	278402
本年资金来源小计	Funds This Year	6058783
#国家预算内资金	State Budgetary Appropriations	252
国内贷款	Domestic Loans	1305167
债券	Debenture	2452
利用外资	Foreign Investment	58200
自筹资金	Fundraising	3300394
其他资金	Others	1392318

3-12 房地产开发投资主要指标

Main Indicators of Investment in Real Estate Development

单位:万元　　(10000 yuan)

指　标	Item	2001	2002	2003
开发投资额	**Development**	**5449072**	**7287980**	**9800514**
#商品房建设	Construction of Selling House	3859601	5070475	6190556
土地开发	Land Development	288643	451913	404286
按登记注册类型分	**by Registered type**			
内资	Domestic Funds	5197652	7021747	9348805
国有	State - owned	978250	812916	890877
集体	Collective - owned	310095	299402	268014
股份合作	Share - cooperations	120625	147592	213687
国有联营	State Joint	53799	22567	15556
集体联营	Collective Joint	13478	13808	2649
国有与集体联营	State - collective Joint	9927	4586	5386
其他联营	Other Joint	5342	3233	2795
国有独资公司	State Sole Funds	84621	87119	151290
其他有限责任公司	Other Limited Liability Corporations	2604239	3953248	5013708
股份有限公司	Share - holding Corporations Ltd.	350681	592809	811642
私营	Private	661700	1070951	1957798
其他	Others	4895	13516	15403
港澳台商投资	Investment from HongKong, Macao and Taiwan	130999	136329	290312
外商投资	Investment from Foreign	120421	129904	161397
按构成分	**by Structure**			
建筑工程	Construction	3065348	3983917	5254301
安装工程	Installation	150138	234053	321984
设备工器具购置	Purchase of Equipment and Instruments	45976	74901	72256
其他费用	Others	2187610	2995109	4151973
#旧建筑物购置费	Purchase of Old Buildings	12296	49768	39013
土地购置费	Purchase of Land	1856194	2521158	3389979

指　标	Item	2001	2002	2003
按用途分	**by Purpose**			
住宅	Residential Buildings	3808907	5470212	7158355
#别墅、高档公寓	Villas and High - grade	245185	429636	600408
经济适用房	Economical Houses	182179	235738	367706
办公楼	Office Buildings	327319	321825	481362
商业营业用房	Commercial Buildings	751984	1015394	1454305
其他	Others	560862	480549	706492
新增固定资产	Newly Increased Fixed Assets	2992491	4192006	5550752
开发土地面积(平方米)	Land Space Developed(sq. m)	11565786	16967367	17909338
购置的土地面积(平方米)	Land Space Purchased(sq. m)	92871547	36395902	34079357
施工面积(平方米)	Floor Space Under Construction(sq. m)	63717938	81902690	108047647
#住宅	Residential Buildings	49873620	63909463	84408868
竣工面积(平方米)	Floor Space Completed(sq. m)	20538900	26605980	32148543
#住宅	Residential Buildings	16508825	21161633	25717176
销售面积(平方米)	Floor Space of Selling House(sq. m)	18014546	22192981	27818419
#住宅	Residential Buildings	15440368	18739711	23567831
资金来源合计	**Source of Funds**	**8721415**	**11699030**	**15687368**
上年末结余资金	Surplus Funds Last Year	1020372	1282581	1846094
本年资金来源小计	Funds This Year	7701043	10416449	13841274
#国家预算内资金	State Budgetary Appropriations	135	800	200
国内贷款	Domestic Loans	2057867	2986153	3941332
债券	Debenture	10	520	850
利用外资	Foreign Investment	17962	29296	45555
自筹资金	Fundraising	1429773	1794516	2534602
其他资金	Others	4195296	5605164	7318735

3－13　按资质等级分的房地产开发投资(2003 年)
Investment in Real Estate Development by Classification(2003)

单位:万元　　(10000 yuan)

指　标	Item	投资额 Investment	一级 The First Grade	二级 The Second Grade	三级 The Third Grade
开发投资额	**Development**	**9800514**	**627867**	**1504425**	**4692748**
#商品房建设	Construction of Selling House	6190556	409623	1105439	2851358
土地开发	Land Development	404286	11944	100757	143591
按登记注册类型分	**by Registered type**				
内资	Domestic Funds	9348805	627867	1504425	4516387
国有	State－owned	890877	127916	157234	475541
集体	Collective－owned	268014		46100	86003
股份合作	Share－cooperations	213687		15454	177917
国有联营	State Joint	15556	3140	6043	6373
集体联营	Collective Joint	2649			2445
国有与集体联营	State－collective Joint	5386			5236
其他联营	Other Joint	2795			2795
国有独资公司	State Sole Funds	151290		4203	120328
其他有限责任公司	Other Limited Liability Corporations	5013708	311065	1012040	2265217
股份有限公司	Share－holding Corporations Ltd.	811642	185746	166438	321165
私营	Private	1957798		83002	1053367
其他	Others	15403		13911	
港澳台商投资	Investment from HongKong, Macao and Taiwan	290312			139471
外商投资	Investment from Foreign	161397			36890
按构成分	**by Structure**				
建筑工程	Construction	5254301	359625	896208	2401267
安装工程	Installation	321984	25124	82172	133231
设备工器具购置	Purchase of Equipment and Instruments	72256	1768	20672	29324
其他费用	Others	4151973	241350	505373	2128926
#旧建筑物购置费	Purchase of Old Buildings	39013		16575	10821
土地购置费	Purchase of Land	3389979	180758	358916	1769282

单位:万元　　3-13　续表　continued　　(10000 yuan)

指　标	Item	投资额 Investment	一级 The First Grade	二级 The Second Grade	三级 The Third Grade
按用途分	**by Purpose**				
住宅	Residential Buildings	7158355	486030	1132181	3355401
#别墅、高档公寓	Villas and High - grade	600408	32643	76699	217008
经济适用房	Economical Houses	367706	54721	71952	159248
办公楼	Office Buildings	481362	53362	95119	237117
商业营业用房	Commercial Buildings	1454305	31871	153908	712223
其他	Others	706492	56604	123217	388007
新增固定资产	Newly Increased Fixed Assets	5550752	532653	1024063	2467185
开发土地面积(平方米)	Land Space Developed(sq. m)	17909338	551646	2269213	7480267
购置的土地面积(平方米)	Land Space Purchased(sq. m)	34079357	1288620	3607761	15367958
施工面积(平方米)	Floor Space Under Construction (sq. m)	108047647	5694821	18403049	50143142
#住宅	Residential Buildings	84408868	4647382	14546056	38815760
竣工面积(平方米)	Floor Space Completed(sq. m)	32148543	1905858	5439284	13971631
#住宅	Residential Buildings	25717176	1557189	4514152	11312173
销售面积(平方米)	Floor Space of Selling House (sq. m)	27818419	1675362	4907584	11706056
#住宅	Residential Buildings	23567831	1440164	4340925	9942155
资金来源合计	**Source of Funds**	**15687368**	**1252634**	**2940555**	**6765165**
上年末结余资金	Surplus Funds Last Year	1846094	289573	359813	692717
本年资金来源小计	Funds This Year	13841274	963061	2580742	6072448
#国家预算内资金	State Budgetary Appropriations	200			
国内贷款	Domestic Loans	3941332	447700	845545	1650339
债券	Debenture	850			850
利用外资	Foreign Investment	45555			1227
自筹资金	Fundraising	2534602	128837	270114	1190959
其他资金	Others	7318735	386524	1465083	3229073

3－14 各市限额以上固定资产投资完成情况(2003 年)

Investment In Fixed Assets Above Designated Size by City(2003)

城 市	City	投资额(亿元) Investment (100 million yuan)	#投资项目(亿元) Projects (100 million yuan)	#房地产开发(亿元) Real Estate Development (100 million yuan)	施工项目个数(个) Projects Under Construction (unit)
合 计	**Total**	**4180.38**	**3200.33**	**980.05**	**16175**
杭州市	Hangzhou	895.21	636.36	258.85	2189
宁波市	Ningbo	741.04	556.78	184.26	2857
温州市	Wenzhou	351.84	216.91	134.93	1535
嘉兴市	Jiaxing	449.57	377.13	72.44	1741
湖州市	Huzhou	228.35	186.83	41.52	1138
绍兴市	Shaoxing	504.77	430.30	74.47	2154
金华市	Jinhua	321.53	243.98	77.56	1313
衢州市	Quzhou	134.59	99.07	35.53	724
舟山市	Zhoushan	86.75	68.56	18.19	287
台州市	Taizhou	282.25	225.76	56.50	1597
丽水市	Lishui	131.29	105.46	25.83	638

3－14 续表 continued

城 市	City	全投项目个数（个）Projects Completed and Put Into Use (unit)	房屋施工面积（平方米）Floor Space Under Construction (sq. m)	房屋竣工面积（平方米）Floor Space Completed (sq. m)	新增固定资产（亿元）Newly Increased Fixed Assets (100 million yuan)
合 计	Total	6120	224668661	77855688	2331.19
杭州市	Hangzhou	565	43927906	16180124	577.54
宁波市	Ningbo	1488	45974312	15337321	438.42
温州市	Wenzhou	677	29173845	7874897	248.92
嘉兴市	Jiaxing	663	24987150	8247881	199.18
湖州市	Huzhou	283	9809125	3091916	92.46
绍兴市	Shaoxing	826	20708312	8385289	274.24
金华市	Jinhua	326	16763701	6383038	147.10
衢州市	Quzhou	320	6770041	3080248	91.06
舟山市	Zhoushan	121	3370736	1223110	39.27
台州市	Taizhou	619	17777989	6164729	155.57
丽水市	Lishui	232	5405544	1887135	67.44

3－15 各市按资质等级分的房地产开发企业个数(2003 年)
Number of Enterprises for Real Estate Development by Classification and by City(2003)

单位:个 (unit)

城 市	City	合计 Total	一级企业 The First Enterprises	二级企业 The Second Enterprises	三级企业 The Third Enterprises	四级企业 The Fourth Enterprises	暂定 Undefined Enterprises	其他 Others
合 计	**Total**	**2301**	**27**	**178**	**999**	**726**	**294**	**77**
杭州市	Hangzhou	400	13	61	183	77	42	24
宁波市	Ningbo	309	7	12	160	115	10	5
温州市	Wenzhou	376	5	40	254	18	59	
嘉兴市	Jiaxing	196		7	50	69	63	7
湖州市	Huzhou	119	2	10	29	49	16	13
绍兴市	Shaoxing	197		21	111	43	12	10
金华市	Jinhua	212		6	56	87	60	3
衢州市	Quzhou	128		3	32	69	19	5
舟山市	Zhoushan	101		2	25	66	5	3
台州市	Taizhou	168		12	59	92	4	1
丽水市	Lishui	95		4	40	41	4	6

3－16 各市按登记注册类型分的房地产开发企业个数(2003 年)

Number of Enterprises for Real Estate Development by Registered Type and by City(2003)

单位:个 (unit)

城 市	City	合计 Total	国有 State－owned	集体 Collective－owned	股份合作 Share－cooperations	国有联营 State Joint
合 计	**Total**	**2301**	**189**	**110**	**57**	**7**
杭州市	Hangzhou	400	47	5	2	
宁波市	Ningbo	309	29	32	6	2
温州市	Wenzhou	376	27	14	19	1
嘉兴市	Jiaxing	196	16	3	1	2
湖州市	Huzhou	119	19	6	2	1
绍兴市	Shaoxing	197	8	27	13	
金华市	Jinhua	212	10	7	4	
衢州市	Quzhou	128	4			
舟山市	Zhoushan	101	12	5	2	1
台州市	Taizhou	168	12	7	6	
丽水市	Lishui	95	5	4	2	

单位:个　　　　3－16　续表1　continued　　　　(unit)

城　市	City	集体联营 Collective Joint	国有与集体联营 State－collective Joint	其他联营 Other Joint	国有独资公司 State Sole Funds	其他有限责任公司 Other Limited Liability Corporations
合　计	**Total**	**3**	**2**	**3**	**26**	**1051**
杭州市	Hangzhou		1	1	4	209
宁波市	Ningbo				3	94
温州市	Wenzhou			1	11	230
嘉兴市	Jiaxing				1	109
湖州市	Huzhou					51
绍兴市	Shaoxing				1	66
金华市	Jinhua		1	1		80
衢州市	Quzhou				2	37
舟山市	Zhoushan				2	56
台州市	Taizhou	3			2	94
丽水市	Lishui					25

城　市	City	股份有限公司 Share - holding Corporations Ltd.	私营 Private	其他 Others	港澳台商投资 Investment from HongKong, Macao and Taiwan	外商投资 Investment from Foreign
合　计	**Total**	**158**	**590**	**3**	**57**	**45**
杭州市	Hangzhou	29	85		15	2
宁波市	Ningbo	31	82		22	8
温州市	Wenzhou	5	45		4	19
嘉兴市	Jiaxing	12	50			2
湖州市	Huzhou	10	20	1	3	6
绍兴市	Shaoxing	26	49	1	5	1
金华市	Jinhua	6	98		4	1
衢州市	Quzhou	4	81			
舟山市	Zhoushan		22		1	
台州市	Taizhou	4	33		3	4
丽水市	Lishui	31	25	1		2

3－17 各市按资质等级分的房地产开发从业人员数(2003 年)
Number of Employed Persons In Real Estate Development by Classification and by City(2003)

单位:人 (persons)

城 市	City	合计 Total	一级企业 The First Enterprises	二级企业 The Second Enterprises	三级企业 The Third Enterprises	四级企业 The Fourth Enterprises	暂定 Undefined Enterprises	其他 Others
合 计	**Total**	**54035**	**2068**	**8192**	**24680**	**11925**	**5185**	**1985**
杭州市	Hangzhou	11513	1161	2732	4835	1250	893	642
宁波市	Ningbo	6497	458	555	3404	1902	151	27
温州市	Wenzhou	10541	357	1714	6917	294	1259	
嘉兴市	Jiaxing	3602		317	1078	1132	999	76
湖州市	Huzhou	2719	92	297	559	656	244	871
绍兴市	Shaoxing	4488		830	2580	773	191	114
金华市	Jinhua	4465		283	1610	1444	1063	65
衢州市	Quzhou	2101		92	732	999	201	77
舟山市	Zhoushan	1936		47	653	1145	47	44
台州市	Taizhou	3984		630	1558	1734	61	1
丽水市	Lishui	2189		695	754	596	76	68

3-18 各市按登记注册类型分的房地产开发从业人员数(2003年)

Number of Employed Persons In Real Estate Development by Registered Type and by City(2003)

单位:人 (persons)

城市	City	合计 Total	国有 State - owned	集体 Collective - owned	股份合作 Share - cooperations	国有联营 State Joint
合计	**Total**	**54035**	**5275**	**2188**	**1516**	**177**
杭州市	Hangzhou	11513	1777	105	34	
宁波市	Ningbo	6497	650	476	223	70
温州市	Wenzhou	10541	998	359	496	30
嘉兴市	Jiaxing	3602	349	25	9	53
湖州市	Huzhou	2719	406	97	44	21
绍兴市	Shaoxing	4488	154	735	360	
金华市	Jinhua	4465	173	125	95	
衢州市	Quzhou	2101	76			
舟山市	Zhoushan	1936	244	45	82	3
台州市	Taizhou	3984	341	178	137	
丽水市	Lishui	2189	107	43	36	

单位:人　　　　3－18　续表1　continued　　　　(persons)

城　市	City	集体联营 Collective Joint	国有与集体联营 State－collective Joint	其他联营 Other Joint	国有独资公司 State Sole Funds	其他有限责任公司 Other Limited Liability Corporations
合　计	**Total**	**55**	**35**	**90**	**627**	**25274**
杭州市	Hangzhou		30	30	107	6332
宁波市	Ningbo				83	1930
温州市	Wenzhou			46	292	6499
嘉兴市	Jiaxing				17	1859
湖州市	Huzhou					808
绍兴市	Shaoxing				19	1633
金华市	Jinhua		5	14		1839
衢州市	Quzhou				30	539
舟山市	Zhoushan				24	1174
台州市	Taizhou	55			55	2268
丽水市	Lishui					393

单位:人　　3－18　续表2　continued　　(persons)

城　市	City	股份有限公司 Share－holding Corporations Ltd.	私营 Private	其他 Others	港澳台商投资 Investment from HongKong, Macao and Taiwan	外商投资 Investment from Foreign
合　计	**Total**	**4494**	**11433**	**53**	**1264**	**1554**
杭州市	Hangzhou	1012	1633		409	44
宁波市	Ningbo	788	1720		410	147
温州市	Wenzhou	303	1031		124	363
嘉兴市	Jiaxing	371	900			19
湖州市	Huzhou	178	316	5	45	799
绍兴市	Shaoxing	404	1021	28	112	22
金华市	Jinhua	110	1959		127	18
衢州市	Quzhou	50	1406			
舟山市	Zhoushan		355		9	
台州市	Taizhou	91	713		28	118
丽水市	Lishui	1187	379	20		24

3-19 各市按资质等级分的房地产开发投资额(2003 年)
Investment In Real Estate Development by Classification and by City(2003)

单位:万元 (10000 yuan)

城市	City	合计 Total	一级企业 The First Enterprises	二级企业 The Second Enterprises	三级企业 The Third Enterprises	四级企业 The Fourth Enterprises	暂定 Undefined Enterprises	其他 Others
合 计	**Total**	**9800514**	**627867**	**1504425**	**4692748**	**1592638**	**1108520**	**274316**
杭州市	Hangzhou	2588452	356316	620141	1031768	205132	228264	146831
宁波市	Ningbo	1842589	189818	122695	1206438	305145	13913	4580
温州市	Wenzhou	1349297	56297	279762	818748	20535	173955	
嘉兴市	Jiaxing	724390		56111	191708	184448	260280	31843
湖州市	Huzhou	415160	25436	50358	150315	89737	76911	22403
绍兴市	Shaoxing	744682		146952	459379	88264	38085	12002
金华市	Jinhua	775553		47085	273376	218762	228400	7930
衢州市	Quzhou	355283		14886	120167	134593	65625	20012
舟山市	Zhoushan	181872		7825	71439	96149	5748	711
台州市	Taizhou	564954		121733	227593	207982	7643	3
丽水市	Lishui	258282		36877	141817	41891	9696	28001

3-20 各市按登记注册类型分的房地产开发投资额(2003年)

Investment In Real Estate Development by Registered Type and by City(2003)

单位:万元 (10000 yuan)

城 市	City	合计 Total	国有 State - owned	集体 Collective - owned	股份合作 Share - cooperations	国有联营 State Joint
合 计	**Total**	**9800514**	**890877**	**268014**	**213687**	**15556**
杭州市	Hangzhou	2588452	420887	22969	2800	
宁波市	Ningbo	1842589	117931	83477	60261	5640
温州市	Wenzhou	1349297	114486	41274	31405	
嘉兴市	Jiaxing	724390	86150	314	280	8866
湖州市	Huzhou	415160	48953	8031	1345	1050
绍兴市	Shaoxing	744682	10282	73912	35696	
金华市	Jinhua	775553	15992	11702	52945	
衢州市	Quzhou	355283	3008			
舟山市	Zhoushan	181872	26022	3530	3000	
台州市	Taizhou	564954	46459	22225	22686	
丽水市	Lishui	258208	707	580	3269	

城　市	City	集体联营 Collective Joint	国有与集体联营 State－collective Joint	其他联营 Other Joint	国有独资公司 State Sole Funds	其他有限责任公司 Other Limited Liability Corporations
合　计	**Total**	**2649**	**5386**	**2795**	**151290**	**5013708**
杭州市	Hangzhou		5236		26822	1650188
宁波市	Ningbo				37851	615125
温州市	Wenzhou			1195	43876	949236
嘉兴市	Jiaxing				4356	352778
湖州市	Huzhou					204525
绍兴市	Shaoxing				16900	314173
金华市	Jinhua		150	1600		305136
衢州市	Quzhou				12228	105086
舟山市	Zhoushan				1997	114604
台州市	Taizhou	2649			7260	342157
丽水市	Lishui					60700

城　市	City	股份有限公司 Share－holding Corporations Ltd.	私营 Private	其他 Others	港澳台商投资 Investment from HongKong, Macao and Taiwan	外商投资 Investment from Foreign
合　计	**Total**	**811642**	**1957798**	**15403**	**290312**	**161397**
杭州市	Hangzhou	159229	239372		51364	9585
宁波市	Ningbo	326630	449309		112448	33917
温州市	Wenzhou	54187	56981		9349	47308
嘉兴市	Jiaxing	60422	191103			20121
湖州市	Huzhou	26813	97262	797	7740	18644
绍兴市	Shaoxing	42624	217244	13114	9545	11192
金华市	Jinhua	12951	272797		86815	15465
衢州市	Quzhou	7502	224759			
舟山市	Zhoushan		32719			
台州市	Taizhou	6258	97191		13051	5018
丽水市	Lishui	115026	76361	1492		147

3-21 各市房地产开发企业建造的商品房屋面积和价格(2003年)
Floor Space and Price of Building for Real Estate Development by City(2003)

城市	City	施工面积(万平方米) Floor Space of Buildings Under Construction (10000sq. m)	竣工面积(万平方米) Floor Space of Buildings Completed (10000sq. m)	房屋面积竣工率(%) Rate of Floor Space of Buildings Completed(%)	竣工房屋价值(万元) Value of Buildings Completed (10000yuan)	竣工房屋造价(元/平方米) Cost of Buildings Completed (yuan/sq. m)
合计	**Total**	**10804.8**	**3214.9**	**29.8**	**4781533**	**1487.3**
杭州市	Hangzhou	2449.9	701.4	28.6	1662658	2370.6
宁波市	Ningbo	2026.8	635.5	31.4	869351	1367.9
温州市	Wenzhou	1852.2	415.6	22.4	629170	1514.0
嘉兴市	Jiaxing	899.6	240.2	26.7	251653	1047.6
湖州市	Huzhou	479.8	156.0	32.5	185651	1189.9
绍兴市	Shaoxing	702.3	248.5	35.4	303448	1221.0
金华市	Jinhua	821.7	279.9	34.1	318983	1139.8
衢州市	Quzhou	377.9	164.6	43.5	125641	763.5
舟山市	Zhoushan	227.0	87.6	38.6	95191	1087.2
台州市	Taizhou	721.4	201.3	27.9	262133	1302.1
丽水市	Lishui	246.1	84.3	34.3	77654	920.7

3-22 各市房地产开发企业建造的住宅面积和价格(2003年)

Floor Space and Price of Residential Buildings for Real Estate Development by City(2003)

城市	City	施工面积(万平方米) Floor Space of Buildings Under Construction (10000sq. m)	竣工面积(万平方米) Floor Space of Buildings Completed (10000sq. m)	房屋面积竣工率(%) Rate of Floor Space of Buildings Completed(%)	竣工房屋价值(万元) Value of Buildings Completed (10000yuan)	竣工房屋造价(元/平方米) Cost of Buildings Completed (yuan/sq. m)
合　计	**Total**	**8440.9**	**2571.7**	**30.5**	**3674520**	**1428.8**
杭州市	Hangzhou	1904.7	554.0	29.1	1242552	2243.0
宁波市	Ningbo	1632.6	529.8	32.5	698663	1318.7
温州市	Wenzhou	1387.4	316.5	22.8	479286	1514.5
嘉兴市	Jiaxing	730.8	196.8	26.9	202225	1027.6
湖州市	Huzhou	339.8	106.9	31.5	126618	1184.1
绍兴市	Shaoxing	558.1	199.5	35.8	240398	1204.8
金华市	Jinhua	647.5	233.7	36.1	248982	1065.5
衢州市	Quzhou	291.8	121.5	41.6	81747	672.8
舟山市	Zhoushan	198.3	78.9	39.8	85754	1087.4
台州市	Taizhou	559.5	164.3	29.4	207045	1260.0
丽水市	Lishui	190.6	69.8	36.6	61250	877.4

3-23 各市房地产开发企业商品房屋销售面积和价格(2003年)
Floor Space and Cost of Selling of Commercial Houses for Real Estate Development by City(2003)

城 市	City	销售面积(万平方米) Floor Space Sold of Commercial Houses (10000sq. m)	销售额(万元) Total Sales of Commercial Houses (10000yuan)	商品房屋销售价格(元/平方米) Average Selling Price of Commercial Houses (yuan/sq. m)
合 计	**Total**	**2781.8**	**7613003**	**2736.7**
杭州市	Hangzhou	555.5	2187798	3938.6
宁波市	Ningbo	548.6	1571945	2865.4
温州市	Wenzhou	289.4	908550	3139.3
嘉兴市	Jiaxing	246.5	490545	1990.1
湖州市	Huzhou	167.5	304085	1815.5
绍兴市	Shaoxing	226.2	572261	2530.0
金华市	Jinhua	271.9	505478	1859.1
衢州市	Quzhou	149.3	268444	1797.8
舟山市	Zhoushan	75.0	186100	2482.0
台州市	Taizhou	168.5	446640	2650.8
丽水市	Lishui	83.5	171157	2049.5

3-24 各市房地产开发企业住宅销售面积和价格(2003年)

Floor Space and Cost of Selling of Residential Buildings for Real Estate Development by City(2003)

城 市	City	销售面积(万平方米) Floor Space Sold of Commercial Houses (10000sq. m)	销售额(万元) Total Sales of Commercial Houses (10000yuan)	商品房屋销售价格(元/平方米) Average Selling Price of Commercial Houses (yuan/sq. m)
合 计	**Total**	**2356.8**	**5776372**	**2451.0**
杭州市	Hangzhou	471.1	1722848	3657.2
宁波市	Ningbo	463.3	1177246	2540.9
温州市	Wenzhou	231.4	650228	2810.0
嘉兴市	Jiaxing	214.6	396114	1845.7
湖州市	Huzhou	135.0	219038	1622.0
绍兴市	Shaoxing	192.7	435875	2261.8
金华市	Jinhua	240.3	385601	1605.0
衢州市	Quzhou	120.4	147718	1227.2
舟山市	Zhoushan	65.7	153851	2341.4
台州市	Taizhou	149.5	364687	2438.7
丽水市	Lishui	72.7	123166	1693.5

主要统计指标解释

全社会固定资产投资额 固定资产投资额是以货币表现的建造和购置固定资产活动的工作量,它是反映固定资产投资规模、速度、比例关系和使用方向的综合性指标。全社会固定资产投资包括国有经济单位投资、城乡集体经济单位投资、其他各种经济类型的单位投资和城乡居民个人投资。按照我国现行计划管理体制,全社会固定资产投资总额分为基本建设、更新改造、房地产开发投资和其他固定资产投资四个部分;城乡集体经济单位投资包括城镇集体所有制单位投资和农村集体所有制单位投资;其他各种经济类型单位投资包括联营经济、股份制经济、中外合资经营、中外合作经营、外资、与大陆合资经营、与大陆合作经营、港澳台独资及其他经济的单位投资。城乡居民个人投资包括城市、县城、镇、工矿区所辖范围内的个人建房和农村个人建房及购买生产性固定资产的投资。

房地产开发投资 包括各种经济类型的房地产开发公司、商品房建设公司及其他房地产开发单位统一开发的包括统代建、拆迁还建的住宅、厂房、仓库、饭店、宾馆、度假村、写字楼、办公楼等房屋建筑物和配套的服务设施、土地开发工程,如道路、给水、排水、供电、供热、通讯、平整场地等基础设施工程的投资。包括非房地产企业实际从事房地产开发或经营活动,不包括单纯的土地交易活动。

施工项目 指报告期内曾进行建筑或安装工程施工活动的建设项目。包括报告期内新开工项目、报告期以前开工跨入报告期继续施工的项目以及报告期施工过并在报告期内全部建设投产或停缓建的项目。

全部建成投产项目 工业项目是指设计文件规定形成生产能力的主体工程及其相应配套的辅助设施全部建成,经负荷试运转,证明具备生产设计规定合格产品的条件,并经过验收鉴定合格或达到竣工验收标准,与生产性工程配套的生产福利设施可以满足近期正常生产的需要,正式移交生产的建设项目。非工业项目是指设计文件规定的主体工程和相应的配套工程全部建成,能够发挥设计规定的全部效益,经验收鉴定合格或达到竣工验收标准,正式移交使用的建设项目。

施工和竣工房屋建筑面积 房屋建筑面积是从房屋外墙线算起的各层平面面积的总和,包括房屋结构(如柱、墙)占用的面积和地下室面积。多层建筑按各自然层面积总和计算,包括房屋内的楼隔层,突出墙面的眺望间、门斗、有柱雨罩的面积。不包括突出墙面结构的构件、艺术装饰等所占的面积,如台阶等。凹阳台、挑阳台按其水平投影面积一半计算建筑面积。

新增固定资产 指通过投资活动所形成的新的固定资产价值。包括已经建成投入生产或交付使用的工程价值和达到固定资产标准的设备、工具、器具的价值及有关应摊入的费用。它是以价值形式表示的固定资产投资成果的综合性指标,可以综合反映不同时期、不同部门、不同地区的固定资产投资成果。

Explanatory Notes on Main Statistical Indicators

Total Investmentin in Fixed Assets: Amount of investment in fixed assets refers to the volume of activities in construction and purchases of fixed assets in monetary terms. It is a comprehensive indicator which shows the size, pace, proportional relations and use orientation of the investment in fixed assets. Total investment in fixed assets in the whole country includes the investment by the state-owned units, the investment by the urban and rural collective units, the investment by the units of other types of ownership and the investment by the individuals in the urban and rural areas. According to China's current planning management system, the investment in fixed assets in the whole country is classified into the following four parts: investment in capital construction, investment in innovation, investment in real estates development and other investment in fixed assets. The investment by the urban and rural collective units includes the investment by the urban collective units and the investment by the rural collective units. The investment by the units of other types of ownership includes the investment by the units of joint-owned economy, share-holding economy, Sino-foreign joint economy, Sino-foreign cooperative economy, economy exclusively with foreign investment, Mainland-Hong kong or Mainland-Macao or Mainland-Taiwan joint economy, Mainland-Hong kong or Mainland-Macao or Mainland-Taiwan cooperative economy, and economy exclusively with investment of Hong Kong or Macao or Taiwan. The investment by the individuals in the urban and rural areas includes the investment in personal house building in the areas under the jurisdiction of city , county, town and special industrial and mining areas as well as the investment in personal house building and purchase of productive fixed assets in the rural areas.

Investment in Real Estate Development: It includes the investment by the real estate development companies, commercial buildings construction companies and other real estate development units of various types of ownership in the construction of house buildings, such as residential buildings, factory buildings, warehouses, hotels, guesthouses, holiday villages, office buildings, and the complementary service facilities and land development projects, such as roads, watersupply, water drainage, power supply, heating, telecommunications, land levelling and other projects of infrastructure. It covers the activities of the non-real estate companies in real estate development or management, but excludes the activities in simple land transactions.

Projects Under Construction refer to projects having construction and installation activities undertaken in the reference period, including projects started in the reference period, or continued from the previous period, or completed and put into production or suspended in the reference period.

Projects Completed and Put into Use Industrial projects refer to the major projects and accessory facilities completed which result in forming production capacity and have been checked and accepted while the living and welfare facilities have been completed and can ensure normal production and formally put into production. Non-industrial projects refer to the major projects and accessory facilities completed which possess the disigned capacity and have been checked, accepted and formally put into production.

Floor Space of Buildings Under Construction and Completed refers to total floor space in each story of buildings calculated from the outside line of building walls, including the space occupied by constructions like pillars or walls and basements. The floor space of multi – story building includes the total floor space of each story, including area occupied by separating walls, watching rooms, doorways, and pillars, but excluding protruding wall structures, artistic decoration, etc. (for example, flight of steps). The space of recessed verand and tantilevered balcony is counted by half of the projection area.

Newly Increased Fixed Assets refer to the newly increased value of fixed assets through investment, including the value of projects completed and put into production, the value of equipment, tools, and vessels considered as fixed assets, as well as the relevant expenses as investment in fixed assets. This is a comprehensive indicator of investment in fixed assets, reflecting the achievements of investment in fixed assets in different periods, different sectors, and different regions.

价 格

Prices

Chapter4

4. 价 格
Prices

2003 年居民消费价格指数	Consumer Price Indices	101.9%
# 城市	Urban Areas	100.5%
农村	Rural Areas	102.9%
2003 年商品零售价格指数	Retail Price Indices of Commodities	99.6%

居民消费价格指数 (1985=100)

Residents Consumer Price Indices

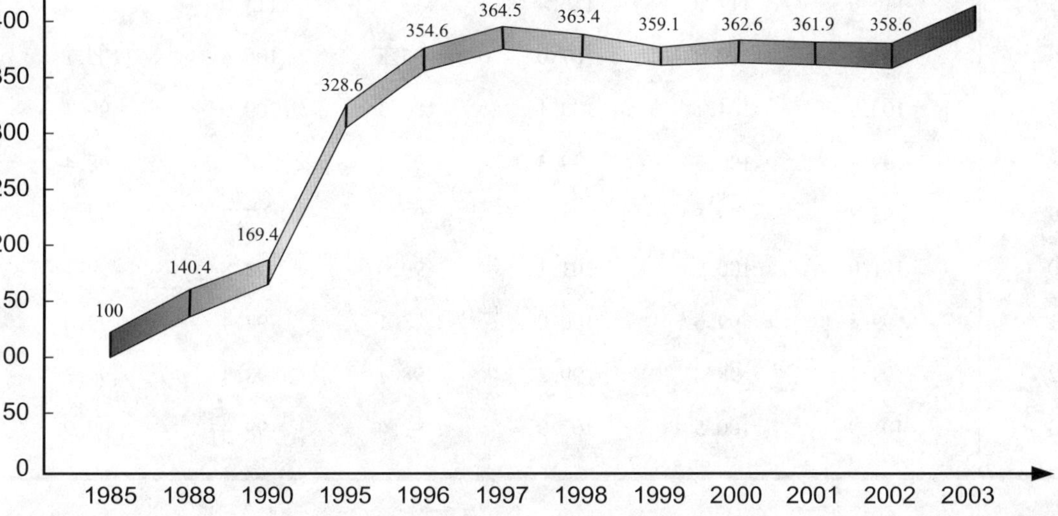

4-1 各种价格总指数

General Price Indices

（上年=100）　　　　　　　　　　　　　　　　　　　　　　　　　　　　（preceding year=100）

年份 Year	居民消费价格指数 General Consumer Price Indices			商品零售价格指数 General Retail Price Indices of Commodities			工业品出厂价格指数 Ex-Factory Price Indices of Industrial Products
	全省 Total	城市 Urban Areas	农村 Rural Areas	全省 Total	城市 Urban Areas	农村 Rural Areas	
1978		100.0		100.1	99.9	100.1	
1979		102.6		102.1	103.4	101.5	
1980		108.8		108.0	109.5	106.9	
1981		101.7		101.5	101.6	101.4	
1982		101.9		100.9	102.1	100.1	
1983		102.8		102.0	102.9	101.2	
1984	103.0	103.7	101.8	103.4	103.5	103.4	
1985	114.8	115.1	114.3	114.0	115.2	112.9	
1986	106.2	106.3	106.1	106.0	106.1	105.9	
1987	108.8	110.9	106.4	109.5	111.3	107.4	
1988	121.5	123.4	119.8	122.1	124.2	120.5	
1989	118.2	116.8	119.6	117.8	116.6	118.7	
1990	102.1	102.1	102.0	101.6	101.4	101.8	100.4
1991	103.5	105.6	101.5	103.0	105.2	101.4	101.8
1992	107.5	109.2	104.8	106.6	108.9	104.1	104.8
1993	119.8	121.4	117.4	116.7	119.1	115.2	117.3
1994	124.8	124.7	124.9	121.7	120.0	124.8	117.5
1995	116.6	117.0	116.4	113.5	113.0	114.3	112.3
1996	107.9	109.8	107.0	105.8	106.4	105.1	99.5
1997	102.8	104.1	102.1	100.3	100.9	99.4	99.2
1998	99.7	100.5	99.3	98.4	98.4	98.4	95.6
1999	98.8	99.5	98.5	97.7	97.7	97.7	96.8
2000	101.0	100.9	101.1	99.0	98.8	99.1	101.1
2001	99.8	99.6	100.0	98.1	97.4	99.0	98.3
2002	99.1	98.8	99.3	98.7	98.4	99.3	96.9
2003	101.9	100.5	102.9	99.6	99.4	99.9	100.6

4－2 各种价格总指数(1985年＝100)

General Price Indices(1985＝100)

年份 Year	居民消费价格指数 General Consumer Price Index			商品零售价格指数 General Retail Price Index of Commodities
	全省 Total	城市 Urban Areas	农村 Rural Areas	
1986	106.2	106.3	106.1	106.0
1987	115.5	117.9	112.9	116.1
1988	140.4	145.5	135.2	141.7
1989	165.9	169.9	161.8	166.9
1990	169.4	173.5	165.0	169.6
1991	175.4	183.2	167.5	174.7
1992	188.5	200.0	175.5	186.2
1993	225.8	242.9	206.0	217.3
1994	281.8	302.8	257.3	264.5
1995	328.6	354.3	299.5	300.2
1996	354.6	389.1	320.5	317.6
1997	364.5	405.0	327.2	318.6
1998	363.4	407.0	324.9	313.5
1999	359.1	405.0	320.1	306.3
2000	362.6	408.6	323.6	303.2
2001	361.9	407.0	323.6	297.4
2002	358.6	402.1	321.3	293.5
2003	365.4	404.1	330.6	292.3

4-3 价格总指数(2003 年)
General Price Indices(2003)

年份 Year	居民消费价格指数 General Consumer Price Index			商品零售价格指数 General Retail Price Index of Commodities
	全省 Total	城市 Urban Areas	农村 Rural Areas	
1978 = 100		573.8		397.0
1980 = 100		513.9		360.1
1985 = 100	365.4	404.1	330.6	292.3
1990 = 100	215.7	233.1	200.3	172.3
1995 = 100	111.3	114.1	110.3	97.4
1996 = 100	103.1	103.8	103.2	92.1
1997 = 100	100.3	99.8	101.0	91.8
1998 = 100	100.6	99.3	101.8	93.3
1999 = 100	101.8	99.8	103.3	95.4
2000 = 100	100.8	98.9	102.2	96.4
2001 = 100	101.0	99.3	102.2	98.3
2002 = 100	101.9	100.5	102.9	99.6

4-4 居民消费价格指数
Residents Consumer Price Indices

（上年=100） (preceding year=100)

项目	Item	2001	2002	2003
居民消费价格总指数	**General Consumer Price Index**	**99.8**	**99.1**	**101.9**
城市	Urban Areas	99.6	98.8	100.5
农村	Rural Areas	100.0	99.3	102.9
食品	**Food**	**98.7**	**101.1**	**102.8**
粮食	Grain	104.1	99.4	103.2
油脂	Oil and Fat	91.1	99.7	112.9
肉禽及其制品	Meal, Poultry and Their Products	100.3	99.3	105.3
蛋	Eggs	106.6	104.1	98.4
水产品	Aquatic Products	94.3	95.7	100.2
鲜菜	Vegetables	94.7	116.8	107.9
烟酒及用品	**Tobacco, Liquor and Articles**	**99.4**	**99.5**	**101.2**
衣着	**Clothing**	**98.4**	**95.2**	**96.7**
家庭设备用品及维修服务	**Houehold Facilities Articles and Maintenance Services**	**97.0**	**96.8**	**96.9**
医疗保健和个人用品	**Medicine, Medical Articles and Personal Goods**	**99.6**	**97.8**	**100.1**
交通和通讯	**Transportation and Communication**	**95.6**	**95.3**	**95.1**
娱乐教育文化用品及服务	**Recreation, Education, Culture Articles and Services**	**107.2**	**100.0**	**111.2**
居住	**Residence**	**99.8**	**99.2**	**101.2**

4-5 城乡居民消费价格指数
Residents Consumer Price Indices by Urban and Rural Areas

(上年=100)　　(preceding year=100)

项目	Item	全省 Total		城市 Urban Areas		农村 Rural Areas	
		2002	2003	2002	2003	2002	2003
居民消费价格总指数	**General Consumer Price Index**	**99.1**	**101.9**	**98.8**	**100.5**	**99.3**	**102.9**
非食品价格指数	**Non-food Price Index**	**98.2**	**101.4**	**97.4**	**99.7**	**98.9**	**102.7**
服务项目价格指数	**Price Index of Services**	**100.7**	**106.9**	**100.3**	**103.1**	**101.0**	**110.1**
扣除鲜菜鲜果总指数	**General Price Index Except Fresh Vegetables and Fruits**	**98.5**	**101.8**	**98.0**	**100.3**	**98.9**	**102.9**
消费品价格指数	**Price Index of Consumer Goods**	**98.6**	**100.2**	**98.4**	**99.6**	**98.8**	**100.7**
一、食品	**Food**	**101.1**	**102.8**	**101.7**	**102.2**	**100.5**	**103.4**
粮食	Grain	99.4	103.2	100.9	103.3	97.5	103.1
淀粉及薯类	Starches and Potatoes	93.9	103.8	92.4	102.2	100.4	103.1
干豆类及豆制品	Dried Bean and Related Products	97.6	107.9	97.6	105.2	97.6	109.3
油脂	Oil and Fat	99.7	112.9	100.2	113.0	99.1	113.8
肉禽及其制品	Meat, Poultry and Their Products	99.3	105.3	98.7	105.0	99.7	105.7
蛋	Eggs	104.1	98.4	104.1	99.8	103.9	97.4
水产品	Aquatic Products	95.7	100.2	95.8	99.5	95.7	100.1
菜	Vegetables	114.3	107.4	116.1	106.8	111.5	107.6
调味品	Condiment	100.1	99.7	98.8	99.1	100.9	100.0
糖	Sugar	97.2	99.2	98.4	98.7	96.4	99.3
茶及饮料	Tea and Beverage	97.5	99.6	97.2	97.8	97.7	101.1
干鲜瓜果	Dried and Fresh Melons, Fruits	110.5	103.0	113.5	102.0	107.2	104.7
糕点饼干面包	Cakes Coockies and Bread	99.3	100.4	99.3	100.6	99.2	100.2
奶及奶制品	Milk and Related Products	98.6	100.4	98.8	99.8	97.8	101.5
在外用膳食品	Eating Outside	100.2	99.9	100.5	100.7	99.4	98.6
其它食品及食品加工服务	Other Foods and Foods Services	99.1	97.4	98.5	98.5	99.3	97.0
二、烟酒及用品	**Tobacco, Liquor and Articles**	**99.5**	**101.2**	**99.1**	**100.7**	**99.7**	**101.5**
烟草	Tobacco	99.5	101.6	100.3	101.5	99.1	101.6
酒	Liquor	100.1	100.7	98.6	99.6	100.8	101.1
吸烟饮酒用品	Articles for Smoking and Drinking	95.1	98.8	94.1	98.6	99.3	99.2

项目	Item	全省 Total		城市 Urban Areas		农村 Rural Areas	
		2002	2003	2002	2003	2002	2003
三、衣着	**Clothing**	**95.2**	**96.7**	**93.7**	**96.6**	**97.3**	**96.7**
服装	Garments	94.1	96.9	92.5	97.1	96.7	96.5
衣着材料	Clothing Material	98.0	99.0	96.8	98.4	99.1	99.3
鞋袜帽	Shoes, Stockings and Hats	97.2	95.8	96.2	94.5	98.1	96.7
衣着加工服务	Processing Services for Clothing	99.3	100.6	99.4	101.1	99.3	99.6
四、家庭设备用品及维修服务	**Household Facilities Articles and Maintenance Services**	**96.8**	**96.9**	**96.4**	**95.9**	**97.3**	**98.2**
耐用消费品	Durable Consumer Goods	94.7	94.6	94.3	93.8	95.3	95.9
室内装饰品	Interior Decorations	97.2	97.8	97.1	97.1	97.6	98.7
床上用品	Bed Articles	98.1	95.8	97.9	93.1	98.4	100.1
家庭日用杂品	Daily Use Household Articles	98.6	99.9	98.4	99.2	98.8	100.1
家庭服务及加工维修服务	Household and Processing Maintenance Services	99.8	100.9	99.0	100.8	101.8	101.1
五、医疗保健和个人用品	**Medicine, Medical Articles and Personal Goods**	**97.8**	**100.1**	**97.1**	**98.6**	**98.3**	**101.1**
医疗保健	Medicine and Medical Articles	97.6	100.1	96.1	98.0	98.8	101.6
个人用品及服务	Personal Goods and Services	98.2	100.1	99.5	100.2	97.4	100.2
六、交通和通讯	**Transportation and Communication**	**95.3**	**95.1**	**95.4**	**94.6**	**95.2**	**95.5**
交通	Transportation	**94.8**	**95.4**	**96.4**	**97.3**	**93.7**	**94.0**
通信	Communication	95.7	94.8	94.5	92.3	97.3	97.2
七、娱乐教育文化用品及服务	**Recreation, Education, Culture Articles and Services**	**100.0**	**111.2**	**99.1**	**103.7**	**100.9**	**117.4**
文娱用耐用消费品及服务	Durable Consumer Goods for Recreational Use	91.0	92.2	89.8	91.0	92.6	93.5
教育	Education	103.4	120.7	104.6	112.1	102.5	125.4
文化娱乐用品	Culture and Recreational Articles	100.7	101.1	100.5	101.1	101.1	101.1
旅游及外出	Tourism and Going out	88.6	92.2	88.3	91.6	96.3	95.6
八、居住	**Residence**	**99.2**	**101.2**	**98.8**	**102.0**	**99.5**	**100.4**
建房及装修材料	Building and Decoration Materials	97.3	100.9	97.4	100.6	97.2	100.9
租房	Rent Houses	110.7	104.2	113.1	105.4	100.4	100.4
自有住房	Personal Housing	96.0	99.2	94.6	99.1	100.2	99.5
水、电、燃料	Water, Electricity and Fuels	101.3	102.1	98.7	103.8	105.6	99.4

4-6 商品零售价格分类指数(2003年)
General Retail Price Indices of Commodities (2003)

(上年=100) (Preceding year=100)

项目	Item	全省 Total	城市 Urban Areas	农村 Rural Areas
商品零售价格指数	**General Retail Price Indices**	**99.6**	**99.4**	**99.9**
一、食品类	**Food**	**102.7**	**102.0**	**103.6**
粮食	Grain	102.4	102.6	102.2
油脂	Oil and Fat	111.7	111.2	112.7
肉禽及其制品	Meat, Poultry and Their Products	105.5	105.4	105.6
蛋	Eggs	99.1	99.6	98.7
水产品	Aquatic Products	99.4	99.6	98.8
二、饮料、烟酒类	**Beverages, Tobacco and Liquor**	**100.6**	**100.3**	**100.9**
饮料	Beverages	99.3	98.2	100.6
烟草	Tobacco	101.6	101.8	101.3
酒	Liquor	100.1	99.5	100.6
三、服装、鞋帽类	**Garments, Shoes and Hats**	**96.6**	**96.6**	**96.6**
服装	Garments	96.8	96.8	96.8
鞋袜帽	Shoes, Stockings and Hats	95.9	95.6	96.3
其它	Other	96.6	100.9	94.2
四、纺织品类	**Textiles**	**97.6**	**95.9**	**99.4**
其它衣着	Other Clothing	99.3	98.8	99.6
床上用品	Bed Articles	96.3	94.3	99.2
五、家用电器及音像器材	**Household Appliances and Audiovisual Eqiupment**	**94.1**	**94.2**	**94.1**
家庭设备	Household Facilities	94.3	94.4	94.2
文娱用耐用消费品	Durable Consumer Goods for Recreation Use	92.6	91.6	93.5
音像器材类	Audiovisual Eqiupment	97.9	97.9	97.9
六、文化办公用品	**Culture and Official Articles**	**95.7**	**95.6**	**96.0**
七、日用品类	**Articles for Daily Use**	**98.3**	**98.7**	**97.8**
日用百货	General Merchandise	97.7	98.6	96.3

项目	Item	全省 Total	城市 Urban Areas	农村 Rural Areas
日用杂品	Sundries for Daily Use	99.9	99.2	100.7
洗涤用品	Washing Goods	97.9	98.3	97.6
其它日用品	Others for Daily Use	98.5	99.1	97.9
八、体育娱乐用品	**Sports and Recreation**	**98.3**	**97.8**	**98.7**
体育用品	Sports Goods	99.8	100.4	99.3
娱乐用品	Recreation Goods	97.2	96.2	98.2
九、交通、通信用品	**Transportation and Communication Articles**	**92.4**	**93.3**	**91.0**
交通运输机械	Transportation Mechanism	95.2	95.6	94.1
通讯器材类	Communication Appliance	83.0	80.1	85.2
十、家具	**Furniture**	**97.1**	**96.8**	**97.3**
十一、化妆品类	**Cosmetics**	**99.2**	**98.9**	**99.6**
十二、金银珠宝类	**Jewelry**	**109.3**	**109.0**	**109.6**
十三、中西药品及医疗保健用品类	**Traditional Chinese Westen Medicines and Medical Appliances and Articles**	**97.4**	**97.1**	**97.8**
医疗器具及用品	Medical Appliances and Articles	99.7	100.2	98.9
中药材及中成药	Traditional Chinese Medicine	106.2	104.8	108.1
西药	Westen Medicines	91.7	91.8	91.4
保健器具及用品	Health Care Appliances and Articles	97.8	98.3	96.9
十四、书报杂志及电子出版物类	**Newspaper, Magazines and Electronic Publication**	**99.8**	**100.4**	**99.0**
教材及参考书	Teaching Materials and Reference Books	98.8	98.5	99.3
书报杂志	Newspaper and Magazines	101.3	102.1	100.2
电子音像制品	Electronic Publication	98.3	100.0	96.6
十五、燃料类	**Fuels**	**108.8**	**108.9**	**108.7**
煤炭及制品类	Coal and lts Products	100.0	101.3	98.3
石油及制品类	Petroleum and lts Products	111.2	110.6	112.3
十六、建筑材料及五金电料类	**Building Materials and Hardware and Electric Materials**	**100.6**	**100.5**	**100.7**
建筑装璜材料	Building Decoration Materials	101.0	100.7	101.2
五金电料类	Hardware and Electric Materials	99.6	100.0	99.3

4－7　农业生产资料价格分类指数
Price Indices of Agricultural Means of Production by Category

（上年＝100）　　（preceding year＝100）

项目	Item	1990	1995	2000	2001	2002	2003
农业生产资料价格指数	Price Indices of Agricultural Means of Production	104.0	129.8	100.4	99.7	99.5	102.9
一、小农具	Small Farm Tools	106.4	115.2	98.2	101.9	99.2	101.5
二、饲料	Forage		137.0	95.1	104.6	100.0	103.3
三、产品畜	Livestock Products		133.9	116.3	100.2	93.8	112.3
四、役畜	Draught Animal		140.8	102.0	120.2	111.0	103.6
五、半机械化农具	Semi－mechanized Farm Tools	100.8	112.1	99.3	98.1	99.3	100.8
六、机械化农具	Mechanized Farm Tools	101.7	111.4	97.8	97.5	98.4	100.5
七、化学肥料	Chemical Fertilizer	102.2	140.8	93.0	100.0	101.4	102.3
八、农药及农药械	Pesticide and Its Appliances	114.1	122.7	95.0	97.0	99.6	99.1
化学农药	Chemical Pesticide	116.7	123.2	94.8	97.1	99.7	99.0
农药器械	Pesticide Appliances	99.8	116.2	97.0	96.2	98.2	99.5
九、农用机油	Oil for Farm Machinery	108.3	102.0	123.2	94.4	99.9	107.2
十、其它农业生产资料	Others	102.2	135.2	101.3	100.3	97.3	101.4

4-8 各市、县商品零售价格指数和农业生产资料零售价格指数(2003年)

General Retail Price Indices of Commodities and Agricultural Means of Production by City and County(2003)

(上年=100) (preceding year=100)

市(县)名称 City(County)	商品零售价格指数 General Retail Price Index of Commodities	一、食品类 Food	二、饮料、烟酒类 Beverages, Tobacco and Liquor	三、服装、鞋帽类 Garments, Shoes and Hats	四、纺织品类 Textiles	五、家用电器及音响器材类 Household Appliances and Audiovisual Equipment
杭州市 Hangzhou	98.1	102.1	99.4	96.4	91.4	91.1
宁波市 Ningbo	101.6	103.6	102.4	99.7	99.6	97.2
温州市 Wenzhou	98.9	102.2	99.6	94.8	97.4	94.9
嘉兴市 Jiaxing	101.0	103.8	100.1	94.0	96.4	93.5
湖州市 Huzhou	100.0	97.8	101.7	100.4	100.1	96.5
绍兴市 Shaoxing	98.3	101.0	99.6	97.5	99.9	94.2
金华市 Jinhua	98.0	105.5	98.4	85.9	92.0	92.3
衢州市 Quzhou	99.7	101.2	99.6	92.6	95.5	91.6
舟山市 Zhoushan	101.1	104.0	100.5	98.2	100.7	92.4
台州市 Taizhou	98.4	102.7	103.6	95.4	99.9	94.7
丽水市 Lishui	99.9	104.2	101.9	97.3	100.0	96.3
萧山市 Xiaoshan	98.8	102.9	100.9	91.9	101.3	91.1
建德市 Jiande	99.5	103.0	100.6	97.7	99.6	92.7
海宁市 Haining	100.5	103.8	100.8	98.8	99.4	96.8
安吉县 Anji	100.4	100.9	100.2	100.9	92.6	94.5
新昌县 Xingchang	101.1	104.7	101.5	95.0	99.4	94.6
浦江县 Pujiang	101.4	103.9	101.1	98.7	96.5	95.9
兰溪市 Lanxi	99.6	101.4	100.3	97.9	99.8	98.4
江山市 Jiangshan	100.8	105.4	99.7	99.9	100.5	97.7
临海市 Linhai	100.8	102.5	106.1	99.8	100.0	89.4
龙泉市 Longquan	100.7	106.0	99.8	97.5	99.1	93.3

市(县)名称 City(County)	六、文化办公用品类 Culture and Official Articles	七、日用品类 Articles for Daily Use	八、体育娱乐用品类 Sports and Recreation	九、交通通讯用品类 Transportation and Communication Articles	十、家具类 Furniture	十一、化妆品类 Cosmetics
杭州市 Hangzhou	97.5	97.8	94.7	90.6	95.3	99.5
宁波市 Ningbo	95.4	99.0	98.6	92.8	99.4	100.1
温州市 Wenzhou	88.5	99.2	97.5	94.2	96.9	98.6
嘉兴市 Jiaxing	97.9	100.5	98.6	96.0	99.2	97.1
湖州市 Huzhou	98.2	100.2	100.0	96.9	100.0	96.5
绍兴市 Shaoxing	99.0	98.6	98.6	92.3	95.0	91.0
金华市 Jinhua	90.2	97.9	99.6	93.9	98.3	100.0
衢州市 Quzhou	99.8	98.5	99.6	97.5	96.0	100.0
舟山市 Zhoushan	92.1	99.9	99.7	95.0	91.8	100.1
台州市 Taizhou	94.2	97.6	96.5	88.1	91.6	101.1
丽水市 Lishui	95.4	99.9	96.0	89.6	100.0	100.0
萧山市 Xiaoshan	95.8	95.1	96.7	90.6	97.6	100.0
建德市 Jiande	91.3	99.5	100.3	93.8	99.5	99.3
海宁市 Haining	96.1	97.8	98.4	96.9	96.9	99.9
安吉县 Anji	93.0	98.2	101.6	92.7	88.5	100.0
新昌县 Xingchang	98.3	99.3	100.1	92.1	94.2	98.4
浦江县 Pujiang	99.5	98.4	100.0	96.3	97.5	100.0
兰溪市 Lanxi	99.7	97.4	99.2	90.0	99.6	99.5
江山市 Jiangshan	98.3	99.2	101.2	95.9	96.7	100.0
临海市 Linhai	90.0	99.3	97.7	96.5	99.4	100.3
龙泉市 Longquan	93.6	91.9	97.0	89.5	95.9	92.1

市（县）名称 City（County）	十二、金银珠宝类 Jewelry	十三、中西药品及医疗保健用品类 Traditional Chinese Westen Medicines and Medical Appliances and Articles	十四、书报杂志及电子出版物类 Newspaper, Magazines and Electronic Publication	十五、燃料类 Fuels	十六、建筑材料及五金电料类 Building Materials and Hardware and Electric Materials	十七、农业生产资料零售价格指数 Retail Price Indices of Agricultural Means of Production
杭州市 Hangzhou	104.2	94.9	100.2	107.9	100.4	
宁波市 Ningbo	124.0	104.6	102.7	106.5	101.6	
温州市 Wenzhou	103.1	94.8	101.1	109.8	101.4	
嘉兴市 Jiaxing	112.8	103.5	99.7	111.5	102.4	
湖州市 Huzhou	104.8	102.9	99.3	114.5	100.3	
绍兴市 Shaoxing	109.6	90.8	99.0	109.9	99.3	
金华市 Jinhua	100.4	86.3	99.7	110.8	98.2	
衢州市 Quzhou	100.0	104.0	99.5	106.0	101.0	
舟山市 Zhoushan	106.8	105.4	99.4	108.4	100.6	
台州市 Taizhou	103.5	91.6	99.3	108.8	98.5	
丽水市 Lishui	102.2	94.7	98.5	112.0	99.5	
萧山市 Xiaoshan	100.1	101.9	97.2	110.3	98.3	103.1
建德市 Jiande	106.2	93.0	99.8	109.4	101.0	104.5
海宁市 Haining	115.2	94.0	99.6	108.8	101.1	102.0
安吉县 Anji	108.6	101.2	100.9	114.5	100.9	102.7
新昌县 Xingchang	114.7	104.4	99.5	107.8	101.5	103.7
浦江县 Pujiang	102.0	103.3	100.6	110.5	100.7	101.3
兰溪市 Lanxi	103.3	97.5	99.7	113.1	99.4	101.3
江山市 Jiangshan	108.3	91.9	99.8	110.7	100.9	101.5
临海市 Linhai	114.7	101.9	100.5	106.6	102.8	105.8
龙泉市 Longquan	107.3	98.4	97.6	113.1	103.1	102.9

4-9 各市、县居民消费价格指数(2003年)

Residents Consumer Price Indices by City and County(2003)

(上年=100) (preceding year=100)

市(县)名称 City(County)	居民消费价格指数 Consumer Price Index	一、食品类 Food	粮食 Grain	肉禽及其制品 Meat and Poultry	蛋类 Eggs	水产品 Aquatic Products	鲜菜 Fresh Vegetables
杭州市 Hangzhou	99.5	101.4	104.2	102.1	99.6	97.7	102.6
宁波市 Ningbo	101.2	103.4	100.7	107.3	99.5	106.4	106.8
温州市 Wenzhou	100.1	101.8	99.3	104.1	98.6	98.3	104.2
嘉兴市 Jiaxing	100.7	103.3	105.1	106.0	101.5	100.4	109.5
湖州市 Huzhou	100.0	97.5	104.7	103.6	95.8	95.9	110.8
绍兴市 Shaoxing	100.0	100.0	104.2	107.3	98.9	94.8	105.9
金华市 Jinhua	100.8	105.5	102.5	107.7	97.6	105.4	123.7
衢州市 Quzhou	101.8	101.5	98.0	105.6	102.5	96.3	106.5
舟山市 Zhoushan	101.3	103.8	103.5	104.0	100.4	102.0	109.8
台州市 Taizhou	100.4	102.7	104.0	103.9	97.3	103.8	101.3
丽水市 Lishui	101.0	103.5	105.7	104.0	97.6	101.8	104.5
萧山市 Xiaoshan	100.0	103.0	103.7	103.4	99.2	101.2	112.0
建德市 Jiande	100.9	102.3	102.6	102.3	97.8	100.9	111.7
海宁市 Haining	101.3	104.1	101.4	104.7	102.9	97.4	124.3
安吉县 Anji	100.9	100.7	92.3	103.0	100.4	99.9	99.3
新昌县 Xingchang	103.2	104.9	105.3	108.4	101.0	102.5	102.7
浦江县 Pujiang	102.9	104.3	104.8	107.4	102.9	109.4	108.6
兰溪市 Lanxi	104.1	103.1	102.6	106.8	96.1	89.0	131.2
江山市 Jiangshan	102.9	105.8	105.9	105.3	98.7	99.7	152.1
临海市 Linhai	102.5	102.3	107.3	106.3	93.5	106.2	80.4
龙泉市 Longquan	101.0	104.5	102.9	103.6	103.6	97.7	111.0

市（县）名称 City（County）	二、烟酒及用品类 Tobacco，Liquor and Articles	三、衣着类 Clothing	四、家庭设备用品及维修服务类 Household Appliances and Articles	五、医疗保健个人用品类 Health Care Services	六、交通和通讯工具类 Means of Transportation and Communication	七、娱乐教育文化及服务类 Recreation，Education and Culture	八、居住类 Residence
杭州市 Hangzhou	99.9	97.2	95.2	97.9	95.2	100.0	101.9
宁波市 Ningbo	102.8	100.4	97.2	102.1	96.4	99.8	102.0
温州市 Wenzhou	100.7	95.6	96.7	96.0	95.8	102.8	103.6
嘉兴市 Jiaxing	100.8	94.6	96.0	101.6	95.2	102.2	103.5
湖州市 Huzhou	101.4	100.4	98.6	101.9	97.9	103.6	104.2
绍兴市 Shaoxing	99.6	97.1	97.5	94.8	94.9	109.1	100.6
金华市 Jinhua	98.1	87.1	96.0	91.9	94.1	109.2	101.9
衢州市 Quzhou	99.6	93.2	95.7	101.6	97.2	112.1	103.2
舟山市 Zhoushan	100.7	98.5	95.4	102.9	97.7	101.2	101.7
台州市 Taizhou	103.7	95.6	96.0	95.3	96.8	103.9	101.7
丽水市 Lishui	102.5	97.6	97.9	97.2	94.5	103.0	103.7
萧山市 Xiaoshan	101.0	91.4	97.5	101.6	93.8	104.6	100.3
建德市 Jiande	100.8	97.4	97.0	95.4	96.7	110.9	101.1
海宁市 Haining	101.0	99.0	97.7	98.0	99.5	101.5	102.9
安吉县 Anji	100.4	101.1	94.4	99.8	97.7	107.0	101.6
新昌县 Xingchang	101.6	94.8	98.5	103.9	96.1	113.1	102.7
浦江县 Pujiang	101.0	99.0	97.0	101.2	98.7	110.2	104.4
兰溪市 Lanxi	100.1	99.3	99.2	100.5	95.8	122.7	102.3
江山市 Jiangshan	99.8	99.9	99.9	96.0	96.1	113.4	100.7
临海市 Linhai	106.7	99.8	97.4	101.6	98.0	110.9	100.7
龙泉市 Longquan	98.9	97.4	97.2	98.7	93.5	106.2	101.9

4－10 分月各种价格指数(2003年)
Price Indices by Month(2003)

(上年同期＝100)　　(preceding period＝100)

项目	Item	1月	2月	3月	4月	5月	6月
居民消费价格指数	**Consumer Price indices**	**99.6**	**100.9**	**101.3**	**101.4**	**101.2**	**101.0**
城市	Urban Areas	99.6	99.9	100.4	100.2	99.8	99.5
农村	Rural Areas	99.5	101.7	101.9	102.5	102.2	102.1
#服务项目价格指数	Services Price Indices	100.3	106.1	107.2	106.7	106.8	106.9
城市	Urban Areas	100.5	101.3	103.4	102.3	102.5	102.7
农村	Rural Areas	100.2	110.5	110.3	110.4	110.5	110.5
商品零售价格指数	**Retail Price Index of Commodities**	**99.6**	**99.6**	**99.5**	**99.6**	**99.0**	**98.6**
城市	Urban Areas	99.4	99.6	99.5	99.5	98.9	98.4
农村	Rural Areas	99.8	99.5	99.6	99.8	99.2	98.7
农业生产资料零售价格指数	**Price Index of Agricultural Means of Production**	**103.9**	**101.9**	**102.2**	**101.4**	**100.6**	**100.4**

(上年同期＝100)　　4－10 续表 continued　　(preceding period＝100)

项目	Item	7月	8月	9月	10月	11月	12月
居民消费价格指数	**Consumer Price Indices**	**101.0**	**101.8**	**102.2**	**103.3**	**104.3**	**104.5**
城市	Urban Areas	99.7	100.4	100.7	101.5	102.2	102.2
农村	Rural Areas	102.1	102.8	103.3	104.8	106.0	106.3
#服务项目价格指数	Services Price Indices	107.3	107.2	108.4	108.5	108.3	108.5
城市	Urban Areas	103.3	103.3	104.4	104.7	104.2	104.4
农村	Rural Areas	110.6	110.5	112.0	112.0	111.8	112.0
商品零售价格指数	**Retail Price Index of Commodities**	**98.4**	**99.1**	**99.3**	**100.2**	**101.2**	**101.3**
城市	Urban Areas	98.1	99.0	99.1	99.9	100.5	100.6
农村	Rural Areas	98.6	99.3	99.6	100.8	102.1	102.3
农业生产资料零售价格指数	**Price Index of Agricultural Means of Production**	**100.7**	**101.7**	**102.9**	**104.7**	**106.9**	**106.9**

4－11 固定资产投资价格指数
Price Indices of Investment in Fixed Assets

（上年＝100） （preceding year＝100）

项目	Item	1995	2000	2001	2002	2003
固定资产投资价格指数	**Price Indices of Investment in Fixed Assets**	**107.2**	**100.3**	**100.4**	**100.4**	**103.5**
建筑安装工程	**Construction and Installation**	**105.7**	**101.5**	**101.2**	**101.3**	**106.1**
#人工费	Manpower	126.2	101.6	102.4	103.3	102.9
机械使用费	Using Expenses of Machanism	106.6	101.6	99.8	99.8	101.0
材料费	Materials	101.2	101.7	101.1	101.1	107.6
钢材	Steel Products	93.3	104.2	99.7	100.3	113.0
木材	Timber	108.5	99.5	100.3	101.9	101.0
水泥	Cement	100.8	97.7	103.5	101.2	106.1
地方材料	Local Materials	108.0	100.4	102.8	101.8	104.9
化工材料	Chemical Materials		110.5	99.7	103.6	102.1
电料	Electrical Material		99.6	98.8	100.0	101.0
其他材料	Others	104.6	100.9	101.6	101.3	100.2
设备、工器具购置	**Purchase of Equipment, Tools and Instruments**	**104.2**	**96.4**	**97.6**	**96.4**	**98.2**
金属制品业	Metal Products	106.7	98.0	98.8	98.8	100.7
机械工业	Machanical Industry	103.6	98.9	99.0	97.8	99.3
交通运输设备	Transport Equipment	102.2	94.1	98.1	95.8	96.9
电气机械及器材	Electric Equipment and Machinery	109.7	95.6	95.6	95.8	99.2
电子及通信设备制造业	Electronic and Telecommunication Equipment	98.0	95.2	97.8	93.6	96.1
仪器仪表及其他计量器	Instruments, Meters and Others	110.1	99.1	99.1	98.3	98.6
其他费用投资	**Others**	**119.0**	**101.7**	**101.1**	**102.1**	**101.7**

4－12 工业品出厂价格指数
Ex-Factory Price Indices of Industrial Products

(上年＝100) (Preceding year＝100)

项目	Item	1990	1995	2000	2001	2002	2003
全省	**General Index**	**100.4**	**112.3**	**101.1**	**98.3**	**96.9**	**100.6**
轻工业	**Light Industry**	**101.2**	**115.2**	**100.4**	**98.0**	**96.6**	**99.9**
以农产品为原料	Using Farm Products as Raw Materials	102.5	116.2	100.9	98.9	96.7	100.3
以非农产品为原料	Using Non Farm Products as Raw Materials	99.0	113.5	99.3	95.7	96.5	99.7
重工业	**Heavy Industry**	**99.3**	**108.3**	**102.0**	**98.6**	**97.2**	**101.9**
采掘	Mining and Quarrying Industry	92.4	108.5	98.2	99.4	105.9	102.4
原料	Raw Material Industry	100.3	108.2	107.8	98.6	98.1	104.1
加工	Manufacturing Industry	99.3	108.4	98.1	98.5	96.5	100.3
生产资料	**Means of Production**	**99.6**	**111.0**	**102.9**	**98.0**	**96.5**	**101.2**
采掘	Mining and Quarrying Industry	92.4	108.5	98.1	99.4	105.9	102.4
原料	Raw Material Industry	100.2	112.0	108.6	97.7	97.0	103.9
加工	Manufacturing Industry	99.7	110.1	98.7	98.3	96.1	100.0
生活资料	**Means of Subsistence**	**101.2**	**113.6**	**98.0**	**98.8**	**97.8**	**99.4**
食品	Food	99.9	118.2	95.2	99.2	99.3	101.4
衣着	Clothing	103.8	112.2	99.9	99.8	98.6	98.9
一般日用品	Articles for Daily Use	99.9	114.5	99.0	98.4	97.4	99.8
耐用消费品	Durable Consumer Goods	98.3	102.1	92.9	95.6	95.2	97.1
分部门	**by Sector**						
冶金工业	Metallurgical Industry	105.8	109.1	102.5	96.5	96.8	104.8
电力工业	Power Industry	97.3	103.6	101.9	98.9	99.9	100.0
煤炭及炼焦工业	Coal Industry	99.5	108.9	101.3	111.8	118.4	101.4
石油工业	Petroleum Industry	108.3	109.8	140.7	97.8	94.0	112.7
化学工业	Chemical Industry	99.5	124.8	100.5	95.6	96.8	101.6
机械工业	Machinery Industry	100.9	105.8	96.5	98.0	96.1	98.4
建筑材料工业	Building Materials Industry	92.6	96.8	100.3	101.8	99.0	104.4
森林工业	Timber Industry	93.0	104.5	96.8	99.0	95.9	99.7
食品工业	Food Industry	99.7	118.2	94.5	99.2	99.3	101.9
纺织工业	Textile Industry	102.4	109.8	107.5	97.5	92.8	99.8
缝纫工业	Tailoring Industry	110.5	123.3	99.7	100.0	98.7	98.7
皮革工业	Leather Industry	94.9	114.2	100.1	101.7	98.1	99.6
造纸工业	Paper Industry	104.2	138.5	99.9	97.6	96.4	98.2
文教艺术品工业	Cultural, Educational & Handicrafts Articles Industry	97.0	111.1	99.2	99.1	97.9	99.4
其他工业	Others	99.8	143.6	99.3	105.7	103.1	102.4

4－13　按行业分的工业品出厂价格指数

Ex-Factory Price Indices of Industrial Products by Sector

（上年＝100）　　(Preceding year＝100)

项目	Item	2000	2001	2002	2003
全省	**General Index**	**101.1**	**98.3**	**96.9**	**100.6**
煤炭开采和洗选业	Coal Mining and Dressing	99.5	114.4	131.1	100.3
黑色金属矿采选业	Ferrous Metals Mining and Dressing	95.5	101.4	103.0	105.5
有色金属矿采选业	Nonferrous Metals Mining and Dressing	102.7	102.3	96.0	104.3
非金属矿采选业	Nonmetal Minerals Mining and Dressing	97.6	97.2	99.7	103.2
其他采矿业	Logging and Transport of Wood and Bamboo	99.3	100.1	100.0	
农副食品加工业	Food Processing	89.6	99.6	99.7	107.7
食品制造业	Food Production	97.0	99.0	98.0	99.0
饮料制造业	Beverage Production	96.9	98.5	98.6	98.9
烟草制品业	Tobacco Processing	103.2	100.2	99.9	100.3
纺织业	Textile Industry	106.2	97.8	93.4	99.8
纺织服装、鞋帽制造业	Garments and Other Fiber Products	99.6	100.3	99.2	98.1
皮革、皮毛、羽毛(绒)及其制品业	Leather, Furs and Related Products	99.8	100.8	98.0	99.6
木材加工及木、竹、藤、棕、草制品业	Timber Processing, Bamboo, Cane, Palm Fiber & Straw Products	96.9	99.2	95.4	99.7
家具制造业	Furniture Manufacturing	98.0	98.1	98.5	99.2
造纸及纸制品业	Papermaking and Paper Products	100.0	97.0	96.0	98.2
印刷业和记录媒介的复制	Printing and Record Medium Reproduction				99.3
文教体育用品制造业	Cultural, Educational and Sports Articles	99.1	100.5	99.0	100.3
石油加工、炼焦及核燃加工业	Petroleum Processing and Coking	139.7	97.9	94.2	112.5
化学原料及化学制品制造业	Raw Chemical Materials and Chemical Products	99.9	97.2	97.4	102.3
医药制造业	Medical and Pharmaceutical Products	96.4	96.1	96.8	97.1
化学纤维制造业	Chemical Fiber	112.3	85.1	96.4	107.8
橡胶制品业	Rubber Products	96.8	98.3	98.0	99.2
塑料制品业	Plastic Products	102.5	98.3	95.1	98.6
非金属矿物制品业	Nonmetal Mineral Products	101.0	103.2	99.1	104.3
黑色金属冶炼及压延加工业	Smelting and Pressing of Ferrous Metals	100.6	98.3	96.2	111.5
有色金属冶炼及压延加工业	Smelting and Pressing of Nonferrous Metals	108.9	92.8	95.7	106.8
金属制品业	Metal Products	97.9	98.8	98.8	100.7
通用设备制造业	Ordinary Machanism	98.9	99.0	97.8	99.3
专用设备制造业	Equipment for Special Purpose	98.3	99.9	96.8	99.4
交通运输设备制造业	Transportation Equipment Manufacturing	94.1	98.1	95.8	96.9
电气机械及器材制造业	Electric Machinery and Equipment	95.6	95.6	95.7	99.2
通信设备、计算机及其他电子设备制造业	Electronic and Telecommunications Equipment	95.2	97.8	93.6	96.1
仪器仪表及文化办公用机械制造业	Instruments, Meters and Cultive and office Equipment	99.1	99.1	98.3	98.6
工艺品及其他制造业	Other Manufacturing	98.8	98.4	97.7	100.0
废弃资源和废旧材料回收加工工业	Retrieve Processing of Abandoned Resources and old Materials				102.5
电力、热力的生产和供应业	Production and Supply of Electric Power	101.8	98.8	99.8	100.0
煤气生产和供应业	Production and Supply of Gas	106.5	104.2	101.4	100.1
水的生产和供应业	Production and Supply of Tap Water	118.5	106.2	107.2	103.7

4－14 主要原材料、燃料、动力购进价格分类指数
Purchasing Price Indices of Raw Material, Fuels and Motive Power by Category

（上年＝100）　　(preceding year＝100)

项目	Item	1990	1995	2000	2001	2002	2003
总指数	**General Purchasing Price Indices**	**104.7**	**119.2**	**107.2**	**99.6**	**97.5**	**105.8**
燃料动力类	Fuels and Motive Power	109.0	107.3	110.7	102.0	103.9	105.8
黑色金属材料类	Ferrous Metals Material	104.6	95.5	102.8	100.0	97.1	110.1
有色金属材料和电线类	Nonferrous Metal Materials and Electric Wire	90.5	127.9	107.7	94.6	95.9	106.9
化工原料类	Chemical Raw Materials	107.4	125.7	112.2	96.5	96.7	103.6
木材及纸浆类	Logging and Paper Pulp	103.5	133.9	103.5	94.3	96.5	101.0
建筑材料类及非金属矿类	Building Materials and Nonmetal Minerals	94.1	102.8	100.9	97.6	96.2	100.8
其他工业原材料及半成品类	Other Industrial Raw Materials		105.3	109.3	97.7	95.4	100.7
农副产品类	Farm Products	105.7	133.5	102.4	108.5	95.2	112.2
纺织原料类	Textile Raw Materials	105.5	122.9	105.1	98.7	95.3	102.6

4-15 房地产价格指数

Price Indices of Real Estate

（上年=100） （preceding year=100）

项目	Item	2002	2003
一、房屋销售价格指数	Selling Price Indices of Houses	111.3	112.7
1.商品房	Commercial Houses	108.1	111.6
住宅	Residential Buildings	108.4	112.5
经济适用房	Economical Houses	104.2	102.2
普通住宅	General Residential Buildings	108.3	113.3
多层住宅	Multilayer Buildings	109.6	115.2
高层住宅	High - layer Buildings	106.6	110.4
豪华住宅	Luxury Residential Buildings	111.5	110.8
别墅	Villas	113.7	111.5
高档公寓	High - grade Apartment	106.4	109.2
非住宅	Non - Residential Buildings	107.3	108.9
写字楼	Office Buildings	104.9	107.6
商业用房	Houses for Business Use	108.1	109.8
其他	Others	106.3	111.7
2.公房	State - owned Houses	100.0	100.4
住宅	Residential Buildings	100.0	100.4
3.私房	Private - owned Houses	123.0	116.6
住宅	Residential Buildings	125.1	117.7
非住宅	Non - Residential Buildings	108.8	109.9
二、土地交易价格指数	Transactions Price Indices of Land	117.1	104.9
1.居民住宅用地	Land for Residential Buildings Use	119.7	108.3
豪华住宅用地	Luxury Residential Buildings	109.6	107.7
普通住宅用地	General Residential Buildings	121.2	108.4
2.工业用地	Land for Industry Use	104.4	104.8
3.商业、旅游、娱乐用地	Land for Business Tourism and Entertainment	117.1	106.3
4.其他用地	Land for Other Use	116.0	104.2
三、房屋租赁价格指数	Renting Price Indices of Houses	102.7	103.5
1.住宅	Residential Buildings	107.3	102.9
公房	State - owned Houses	109.5	103.6
私房	Private - owned Houses	106.4	101.3
2.办公用房	Office Buildings	101.7	121.4
高标准写字楼	High - grade Office Buildings	101.6	126.9
普通办公用房	General Office Buildings	101.8	105.4
3.商业用房	Houses for Business Use	101.7	127.0
4.厂房仓库	Workshops and Storehouses	100.4	108.3
工业厂房	Industry Workshops	100.7	112.9
仓库	Storehouses	99.7	111.6

4－16 各城市房地产价格指数
Price Indices of Real Estate by City

（上年＝100）　　　　　　　　　　　　　　　　　　　　　　　　（preceding year＝100）

城市	City	房屋销售价格指数 Selling Price Indices of Houses		土地交易价格指数 Transactions Price Indices of Land		房屋租赁价格指数 Renting Price Indices of Houses	
		2002	2003	2002	2003	2002	2003
全省	Total	111.3	112.7	102.7	104.9	117.1	121.4
杭州市	Hangzhou	106.9	106.1	103.0	106.7	125.0	138.1
宁波市	Ningbo	116.4	116.6	102.8	106.0	109.2	113.2
温州市	Wenzhou	112.8	111.0	103.1	108.8	114.8	138.9
湖州市	Huzhou	101.9	107.6	101.6	101.1	117.4	124.5
绍兴市	Shaoxing	108.8	122.5	105.0	105.8	128.2	123.5
嘉兴市	Jiaxing	111.9	119.9	101.9	103.3	104.7	122.7
金华市	Jinhua	113.3	111.1	102.6	107.1	113.5	122.5
衢州市	Quzhou	107.6	112.3	101.6	102.1	113.6	116.1
台州市	Taizhou	113.9	109.5	102.1	102.9	102.9	100.8
丽水市	Lishui	120.5	129.6	103.8	110.0	155.8	208.3
舟山市	Zhoushan	107.8	117.3	104.9	104.8	112.9	115.2

主要统计指标解释

商品零售价格指数 是反映城乡商品零售价格变动趋势的一种经济指数。零售物价的调整变动直接影响到城乡居民的生活支出和国家的财政收入,影响居民购买力和市场供需平衡,影响消费与积累的比例。因此,计算零售价格指数,可以从一个侧面对上述经济活动进行观察和分析。

居民消费价格指数 是反映一定时期内城乡居民所购买的生活消费品价格和服务项目价格变动趋势和程度的相对数。是综合了城市居民消费价格指数和农民消费价格指数计算取得。利用居民消费价格指数,可以观察和分析消费品的零售价格和服务价格变动对城乡居民实际生活支出的影响程度。

城市居民消费价格指数 是反映城市职工及其家庭所购买的生活消费品和服务项目价格变动趋势和程度的相对数。编制城市居民消费价格指数,可以观察和分析消费品的零售价格和服务项目价格变动对职工货币工资的影响,作为研究职工生活和确定工资政策的依据。

农村居民消费价格指数 是反映农村居民家庭所购买的生活消费品的价格和服务项目价格变动趋势和程度的相对数。用它可以观察农村消费品的零售价格和服务项目价格变动对农村居民生活消费支出的影响,直接反映农民生活水平的实际变化情况,为分析和研究农村居民生活问题提供依据。

农产品收购价格指数 是反映国有商业、集体商业、个体商业、外贸部门、国家机关、社会团体等各种经济类型的商业企业和有关部门收购农产品价格的变动趋势和程度的相对数。农产品收购价格指数可以观察和研究农产品收购价格总水平的变化情况,以及对农民货币收入的影响,作为制订和检查农产品价格政策的依据。计算指数所选的商品有 11 个大类、包括 276 种农副土特产品。采用加权倒数平均公式(即按报告期实际收购金额加权综合法)计算。

农村工业品零售价格指数 是反映农村市场工业品零售价格水平变动趋势和程度的相对数。通过农村工业品零售价格指数,可以观察工业品零售价格变动对农民货币支出的影响。

工业品出厂价格指数 是反映全部工业产品出厂价格总水平的变动趋势和程度的相对数。其中除包括工业企业售给商业、外贸、物资部门的产品外,还包括售给工业和其他部门的生产资料以及直接售给居民的生活消费品。通过工业生产价格指数能观察出厂价格变动对工业总产值的影响。

固定资产投资价格指数 是反映固定资产投资额价格变动趋势和程度的相对数。固定资产投资额是由建筑安装工程投资完成额、设备、工器具购置投资完成额和其他费用投资完成额三部分组成的。编制固定资产投资价格指数应首先分别编制上述三部分投资的价格指数,然后采用加权算术平均法求出固定资产投资价格总指数。

编制固定资产投资价格指数可以准确地反映固定资产投资中涉及的各类商品和取费项目价格变动趋势和变动幅度,消除按现价计算的固定资产投资指标中的价格变动因素,真实地反映固定资产投资的规模、速度、结构和效益,为国家科学地制定,检查固定资产投资计划并提高宏观调控水平,为完善国民经济核算体系提供科学的、可靠的依据。

Explanatory Notes on Main Statistical Indicators

Retail Price Index reflects the general change in retail prices of commodities. The change and adjustment in retail prices directly affect the living expenditure of urban and rural residents, government revenue, purchasing power of residents and the equilibrium of market supply and demand, and the ratio of consumption to accumulation. Therefore, the calculation of retail price index is useful to analyze the changes of the above economic activities.

Consumer Price Index reflects the relative change in prices of consumer goods and services purchased by urban and rural residents, and is a composite index derived from the urban consumer price index and the rural consumer price index. Consumer price index can be used to analyze the impact of consumer price change on actual expenditure for living cost of urban and rural residents.

Urban Consumer Price Index reflects the relative change in prices of consumer goods and services purchased by urban staff and workers and their families and can be used to observe and analyze the impact of price changes in consumer goods and services on money wages of staff and workers, and provide basis for policy making concerning the living cost and wages of staff and workers.

Rural Consumer Price Index reflects the relative change in prices of consumer goods and services purchased by rural households and can be used to observe the impact of change in prices of consumer goods and services on living expenditure and actual change in peasants´living cost. It provides basis for analysis and research on peasants´living cost and welfare.

Index of Purchasing Prices of Farm Products reflects the relative change in purchasing prices of farm products purchased by state-owned, collective-wned, and individual commercial enterprises, foreign trade sectors, government agencies, social organizations and other units of various types of ownership. It is used to observe the impact of change in purchasing prices of farm products on money income of peasants and is calculated with the method of weighted harmonic mean, taking the amount of purchases during a given period as the weight.

Retail Price Index of Rural Industrial Products reflects the relative change in prices of industrial products in rural market and can be used to observe the impact of the price change on farmers´money expenditure.

Ex-factory Price Index of Industrial Products reflects the change in general ex-factory prices of all industrial products, including sales of industrial products to commercial enterprises, foreign trade sectors, materials supplying and distributing sectors as well as sales of production means to industry and other sectors and sales of consumer goods to residents. It can be used to analyze the impact of ex-factory prices on gross industrial output value.

Price Index of Investment in Fixed Assets reflects the change in prices of investment in fixed assets. The investment in fixed assets consists of three components, namely the investment in construction and installation, the investment in purchases of equipment and instrument, and the investment in other items. Price index of investment in fixed assets is calculated as the weighted arithmetic mean of the price indices of the three components of investment in fixed assets.

Price index of investment in fixed assets reflects the changes of prices in various goods and services involved in investment in fixed assets and therefore can be used to observe the actual size, speed, structure, and efficiency of investment in fixed assets and provides reliable and scientific data for government planning, management, decision making, and further improving the current national accounting system.

人民生活

People's Livelihood

Chapter5

5. 人民生活
People's Livelihood

2003 年全部职工工资总额	Total Wages of Staff and Workers	797.54 亿元	(100 million yuan)
# 国有单位	State-owned Units	469.63 亿元	(100 million yuan)
2003 年全部职工平均工资	Average Wages of Staff and Workers	20853 元	(yuan)
# 国有单位	State-owned Units	26651 元	(yuan)
2003 年城镇居民人均可支配收入	Per Capita Disposable Income of Urban Resident	13180 元	(yuan)
2003 年农村居民人均纯收入	Per Capita Net Income of Rural Residents	5431 元	(yuan)
2003 年城镇居民人均住房面积	Per Capita Living Space of Urban Residents	21.60 平方米	(sq.m)
2003 年农村居民人均住房面积	Per Capita Living Space of Rural Residents	50.73 平方米	(sq.m)

职工工资总额 (亿元)
Total Wages of Staff and Workers (100 million yuan)

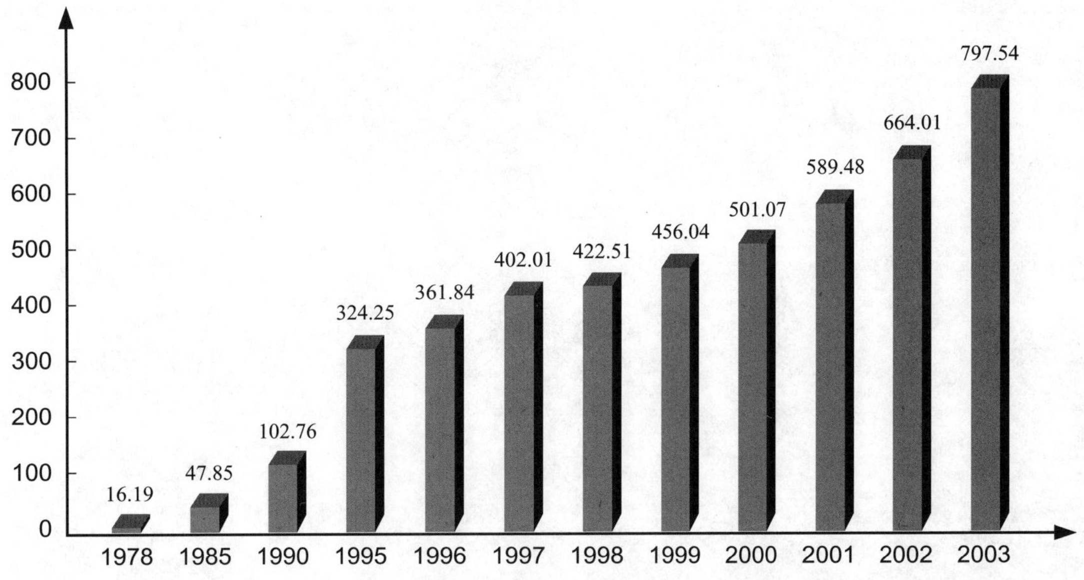

5－1 人民物质文化生活
People's Material and Cultural Life

项目		Item		1990	1995	2000	2001	2002	2003
城乡居民收入与支出	**(元)**	**Income and Expenditure of Urban and Rual Residents**	**(yuan)**						
农村居民人均纯收入		Annual Per Capita Net Income of Rural Residents		1099	2966	4254	4582	4940	5431
农村居民人均生活消费支出		Annual Per Capita Living Expenditure of Rural Residents		946	2378	3231	3479	3693	4287
城镇居民人均可支配收入		Annual Per Capita Disposable Income of Urban Residents		1932	6221	9279	10465	11716	13180
城镇居民人均消费支出		Annual Per Capita Expenditure of Urban Residents		1604	5263	7020	7952	8713	9713
居民消费水平	**(元)**	**Per Capita Consumption**	**(yuan)**	**1122**	**2831**	**4366**	**5060**	**5515**	**6451**
农村居民		Rural Residents		975	2138	3229	3803	4017	4665
城镇居民		Urban Residents		1857	5926	8478	9459	10481	11688
居民生活质量		**Life Quality**							
居民人均住房面积	(平方米)	Per Capita Floor Space of Residents Buildings	(sq. m)						
农村居民		Rural Areas		29.26	34.14	46.42	47.82	49.53	50.73
城镇居民		Urban Areas		13.55	15.64	19.87	20.30	21.12	21.60
居民家庭恩格尔系数		Engle Coefficient							
城市		Urban		55.1	0.47	39.2	36.20	37.90	36.60
农村		Rural		46.10	50.40	43.50	41.60	40.80	38.20
交通		**Traffic**							
农村每百户拥有自行车	(辆)	Number of Bicycles per 100 Households in Rural Areas	(unit)	163	196	180	180	175	169
城镇每百户拥有自行车	(辆)	Number of Bicycles per 100 Households in Urban Areas	(unit)	212	230	199	200	190	177
每万人拥有民用汽车	(辆)	Civil Motor Vehicles per 10000 Persons	(unit)	36	82	151	189	238	298

5－1 续表 continued

项目		Item		1990	1995	2000	2001	2002	2003
储蓄		**Savings**							
城乡居民储蓄存款年末余额	(亿元)	Balance of Savings Deposit of Rural and Urban Residents(year-end)	(100 million yuan)	306.75	1377.22	3594.65	4262.38	5233.7	6452.2
平均每人储蓄存款余额	(元)	Per Capita Balance of Savings Deposits	(yuan)	724	3152	8016	9430	11538	14176
文化、教育及卫生		**Culture, Education and Public Health**							
农村每百户拥有彩色电视机	(台)	Number of Color Tv Sets per 100 Households in Rural Areas	(unit)	9	33	83	93	103	110
城镇每百户拥有彩色电视机	(台)	Number of Color Tv Sets per 100 Households in Urban Areas	(unit)	63	96	139	150	152	159
农村每百户拥有家用电脑	(台)	Number of Computer Per 100 Househdds in Rural Areas	(unit)			0.89	1.96	3.37	5.96
城镇每百户拥有家用电脑	(台)	Number of Computer Per 100 Househdds in Urba-nAreas	(unit)			14.02	20.04	29.60	40.23
每百人每天有报纸杂志	(份)	Daily Newspapers and Magazines Per 100 persons	(copy)	4.65	7.64	10.4	11.9	13.3	15.1
学龄儿童入学率	(%)	Enrollment Ratio of School-age Children	(%)	99.30	99.70	99.93	99.97	99.99	99.98
每千人口拥有在校大学生数	(人)	Students Enrollment in University 1000 Persons	(person)	1.43	2.13	4.72	6.49	9.00	10.65
每千人口拥有医疗床位数	(张)	Number of Hospital Beds per 1000 Persons	(person)	2.29	2.44	2.53	2.55	2.64	2.78
每千人口拥有医生数	(人)	Number of Doctors Per 1000 Persons	(person)	1.39	1.53	1.65	1.70	1.64	1.74
就业		**Employment**							
城镇登记失业率	**(%)**	**Regisyered Unemployment Rate in Urban Areas**		**2.2**	**2.8**	**3.4**	**3.7**	**4.0**	**3.7**
农村居民家庭每一劳动力负担人数	(人)	Number of Dependents Per Rural Laborer in Rural Honseholds	(person)	1.46	1.35	1.39	1.40	1.39	1.37
城镇每一就业者负担人数	(人)	Number of Dependents per Urban Employee	(person)	1.60	1.58	1.80	1.84	1.89	1.86
邮电通信		**Post and Telecommunication**							
电话普及率	(部/每人)	Telephone Popularization Rate	(set/person)	1.6	9.1	45.5	62.3	78.4	88.8
固定电话	(部/每人)	Fixed Telephone	(set/person)		8.5	30.5	38.2	46.1	46.5
移动电话	(部/每人)	Mobile Telephones	(set/person)			15.0	24.1	32.4	42.3

5-2 城镇单位职工工资总额
Total Wages of Staff and Workers in Urban Units

单位:亿元 (100 million yuan)

年 份 Year	工资总额 Total Wages of Staff and Workers	国有单位职工 State-owned Units	城镇集体单位职工 Urban Collective Owned Units	其他经济单位职工 Units of Other Types of Ownership
1985	47.85	28.69	18.91	0.25
1986	58.01	35.45	22.23	0.33
1987	66.62	40.68	25.44	0.50
1988	85.04	52.71	31.50	0.83
1989	94.46	59.08	34.17	1.21
1990	102.76	66.10	35.33	1.33
1991	115.98	74.42	39.39	2.17
1992	138.04	90.82	43.44	3.78
1993	192.98	123.08	58.80	11.10
1994	274.27	175.09	76.99	22.19
1995	324.25	201.67	90.46	32.12
1996	361.84	222.18	98.06	41.60
1997	402.01	251.85	100.13	50.03
1998	422.51	257.01	74.83	90.67
1999	456.04	273.77	66.23	116.04
2000	501.07	293.83	56.99	150.25
2001	589.48	351.40	47.61	190.47
2002	664.01	397.69	47.24	219.08
2003	797.54	469.63	49.68	278.23

5-3 城镇单位职工工资总额指数(1985年=100)
Indices of Total Wages of Staff and Workers in Urban Units(1985=100)

年份 Year	工资总额指数 Indices of Total Wages		国有单位职工 State-owned Units		城镇集体单位职工 Urban Collective Owned Units	
	货币指数 Money Wage	实际指数 Real Wage	货币指数 Money Wage	实际指数 Real Wage	货币指数 Money Wage	实际指数 Real Wage
1986	121.2	114.1	123.6	116.3	117.6	110.6
1987	139.2	118.2	141.8	120.3	134.5	114.2
1988	177.7	122.2	183.7	126.4	166.5	114.5
1989	197.4	116.2	205.9	121.2	180.7	106.4
1990	214.7	128.2	230.4	132.8	186.8	107.7
1991	242.4	132.4	259.4	141.6	208.3	113.7
1992	288.5	144.2	316.6	159.3	229.7	114.8
1993	403.3	166.1	429.0	176.7	310.9	128.1
1994	573.1	189.3	610.3	201.6	406.8	134.4
1995	677.6	191.4	702.9	198.5	478.4	135.1
1996	756.1	194.3	774.4	199.0	518.5	133.2
1997	840.0	207.4	877.8	216.7	529.5	130.7
1998	883.0	217.0	895.8	220.1	395.7	97.2
1999	953.1	235.4	954.2	235.7	350.2	86.5
2000	1047.2	256.3	1024.2	250.7	310.4	73.8
2001	1231.9	302.1	1224.8	300.4	251.8	61.8
2002	1387.7	343.3	1386.2	343.1	249.8	61.8
2003	1666.8	404.7	1637.0	397.4	262.7	63.8

5－4 分行业城镇单位职工工资总额

Total Wages of Staff and Workers in Urban Units by Sector

单位:亿元 (100 million yuan)

行业	Sector	1990	1995	2000	2001	2002	2003
总计	**Total**	**102.76**	**324.25**	**501.07**	**589.48**	**664.01**	**797.54**
农、林、牧、渔业	Farming, Forestry, Animal Husbandry and Fishery	2.67	4.57	5.42	6.57	6.39	5.24
采掘业	Mining and Quarrying	1.43	3.25	2.61	2.63	2.61	2.61
制造业	Manufacturing	46.43	123.21	129.86	126.95	132.65	154.88
电力、煤气及水的生产和供应业	Electricity, Gas and Water Production and Supply	1.78	7.98	18.09	21.60	24.66	30.58
建筑业	Construction	6.22	32.66	49.72	53.50	60.09	76.53
地质勘查业、水利管理业	Geological Prospecting and Water Conservancy	0.96	1.54	2.17	3.03	3.42	3.80
交通运输、仓储及邮电通讯业	Transport, Storage, Post and Telecommunications	7.30	20.55	34.78	41.14	46.28	55.00
批发和零售贸易、餐饮业	Wholesale and Retail Sale Trade and Catering Services	12.88	37.38	39.14	36.11	38.01	42.85
金融、保险业	Banking and Insurance	1.68	10.10	23.93	32.40	37.30	47.47
房地产业	Real Estate Trade	0.34	2.35	5.85	7.71	9.53	10.42
社会服务业	Social Services	2.51	11.13	22.01	29.10	32.48	37.33
卫生、体育和社会福利业	Health Care, Sports and Social Welfare	3.35	13.67	34.23	44.63	52.70	63.23
教育、文化艺术和广播电影电视业	Education, Culture and Art, Radio, Film and Television	8.18	28.88	69.16	95.66	112.93	134.61
科学研究和综合技术服务业	Scientific Research and Polytechnical Services	0.68	3.52	7.06	9.42	11.46	13.69
国家机关、政党机关和社会团体	Government Agencies, Party Agencies and Social Organizations	5.82	22.09	52.65	71.48	84.57	108.18
其他行业	Others	0.53	1.37	4.39	7.55	8.93	11.14

5－5 分行业国有经济单位职工工资总额
Total Wages of Staff and Workers in State-owned Units by Sector

单位:亿元 (100 million yuan)

行业	Sector	1990	1995	2000	2001	2002	2003
总计	**Total**	**66.10**	**201.66**	**293.83**	**351.40**	**397.69**	**469.63**
农、林、牧、渔业	Farming, Forestry, Animal Husbandry and Fishery	2.56	4.25	4.83	5.94	5.68	4.55
采掘业	Mining and Quarrying	1.40	3.07	2.30	1.11	0.86	0.75
制造业	Manufacturing	25.19	58.88	29.63	19.50	19.69	16.57
电力、煤气及水的生产和供应业	Electricity, Gas and Water Production and Supply	1.72	7.60	12.48	15.29	17.26	22.30
建筑业	Construction	2.42	9.09	9.28	8.29	7.95	7.92
地质勘查业、水利管理业	Geological Prospecting and Water Conservancy	0.91	1.49	2.06	2.89	3.26	3.61
交通运输、仓储及邮电通讯业	Transport, Storage, Post and Telecommunications	5.20	16.44	26.04	27.40	27.96	32.07
批发和零售贸易、餐饮业	Wholesale and Retail Sale Trade and Catering Services	6.46	19.88	16.61	12.50	13.73	14.46
金融、保险业	Banking and Insurance	1.08	6.56	14.64	18.88	21.97	27.09
房地产业	Real Estate Trade	0.27	1.75	3.58	4.42	4.69	4.74
社会服务业	Social Services	1.64	7.29	12.80	16.90	17.55	20.68
卫生、体育和社会福利业	Health Care, Sports and Social Welfare	2.52	10.96	29.54	39.25	46.58	56.43
教育、文化艺术和广播电影电视业	Education, Culture and Art, Radio, Film and Television	7.93	28.37	68.24	94.17	110.64	131.76
科学研究和综合技术服务业	Scientific Research and Polytechnical Services	0.67	3.33	6.45	8.46	9.90	11.71
国家机关、政党机关和社会团体	Government Agencies, Party Agencies and Social Organizations	5.71	21.88	52.54	71.30	84.49	108.02
其他行业	Others	0.42	0.82	2.81	5.10	5.48	6.99

5-6 分行业城镇集体经济单位职工工资总额

Total Wages of Staff and Workers in Urban Collective Owned Units by Sector

单位:亿元 (100 million yuan)

行业	Sector	1990	1995	2000	2001	2002	2003
总计	**Total**	**35.33**	**90.46**	**56.99**	**47.61**	**47.24**	**49.68**
农、林、牧、渔业	Farming, Forestry, Animal Husbandry and Fishery	0.07	0.16	0.42	0.39	0.51	0.51
采掘业	Mining and Quarrying	0.03	0.16	0.05	0.01	0.04	0.04
制造业	Manufacturing	20.17	39.17	14.93	8.99	7.40	7.65
电力、煤气及水的生产和供应业	Electricity, Gas and Water Production and Supply	0.06	0.21	0.40	0.39	0.58	0.71
建筑业	Construction	3.79	22.43	15.45	13.61	12.79	12.21
地质勘查业、水利管理业	Geological Prospecting and Water Conservancy	0.05	0.05	0.10	0.09	0.11	0.10
交通运输、仓储及邮电通讯业	Transport, Storage, Post and Telecommunications	2.08	3.73	1.96	1.24	1.29	1.41
批发和零售贸易、餐饮业	Wholesale and Retail Sale Trade and Catering Services	6.34	14.49	8.12	4.80	4.18	3.51
金融、保险业	Banking and Insurance	0.60	3.35	5.67	6.63	7.68	9.70
房地产业	Real Estate Trade	0.06	0.32	0.32	0.27	0.32	0.28
社会服务业	Social Services	0.76	2.38	2.83	3.42	3.73	3.90
卫生、体育和社会福利业	Health Care, Sports and Social Welfare	0.83	2.71	4.57	5.22	5.95	6.55
教育、文化艺术和广播电影电视业	Education, Culture and Art, Radio, Film and Television	0.25	0.48	0.67	0.78	0.79	1.02
科学研究和综合技术服务业	Scientific Research and Polytechnical Services	0.01	0.13	0.29	0.31	0.31	0.38
国家机关、政党机关和社会团体	Government Agencies, Party Agencies and Social Organizations	0.12	0.21	0.11	0.16	0.06	0.05
其他行业	Others	0.11	0.48	1.10	1.30	1.50	1.67

5-7 分行业城镇其他经济单位职工工资总额

Total Wages of Staff and Workers in Urban Other Ownership Units by Sector

单位:亿元 (100 million yuan)

行业	Sector	1990	1995	2000	2001	2002	2003
总计	**Total**	**1.33**	**32.12**	**150.25**	**190.47**	**219.08**	**278.23**
农、林、牧、渔业	Farming, Forestry, Animal Husbandry and Fishery	0.05	0.15	0.17	0.24	0.20	0.18
采掘业	Mining and Quarrying		0.02	0.26	1.51	1.72	1.82
制造业	Manufacturing	1.07	25.16	85.30	98.46	105.56	130.65
电力、煤气及水的生产和供应业	Electricity, Gas and Water Production and Supply		0.17	5.21	5.92	6.82	7.58
建筑业	Construction	0.01	1.14	24.99	31.60	39.35	56.40
地质勘查业、水利管理业	Geological Prospecting and Water Conservancy			0.01	0.05	0.04	0.09
交通运输、仓储及邮电通讯业	Transport, Storage, Post and Telecommunications	0.01	0.38	6.78	12.50	17.04	21.53
批发和零售贸易、餐饮业	Wholesale and Retail Sale Trade and Catering Services	0.09	3.02	14.41	18.81	20.11	24.88
金融、保险业	Banking and Insurance		0.18	3.62	6.89	7.66	10.68
房地产业	Real Estate Trade		0.29	1.95	3.02	4.51	5.40
社会服务业	Social Services	0.10	1.46	6.38	8.78	11.20	12.75
卫生、体育和社会福利业	Health Care, Sports and Social Welfare			0.12	0.16	0.17	0.25
教育、文化艺术和广播电影电视业	Education, Culture and Art, Radio, Film and Television		0.03	0.25	0.71	1.50	1.83
科学研究和综合技术服务业	Scientific Research and Polytechnical Services		0.06	0.32	0.65	1.24	1.60
国家机关、政党机关和社会团体	Government Agencies, Party Agencies and Social Organizations				0.02	0.02	0.11
其他行业	Others		0.06	0.48	1.15	1.95	2.47

5-8 分行业城镇单位职工工资总额(2003年)

Total Wages of Staff and Workers in Urban Units by Sector(2003)

单位:亿元 (100 million yuan)

行业	Sector	工资总额 Total Wages of Staff and Workers	国有单位 State-Owned Units	城镇集体单位 Urban Collective owned Units	其他单位 Units of Other Types of Ownership
总计	**Total**	**797.54**	**469.63**	**49.68**	**278.23**
农、林、牧、渔业	Farming, Forestry, Animal Husbandry and Fishery	4.56	3.96	0.43	0.17
采掘业	Mining and Quarrying	2.60	0.74	0.04	1.82
制造业	Manufacturing	154.84	16.57	7.65	130.62
电力、煤气及水的生产和供应业	Electricity, Gas and Water Production and Supply	30.95	22.52	0.77	7.66
建筑业	Construction	76.55	7.93	12.21	56.41
交通运输、仓储及邮政业	Transport, Storage and Post	43.68	28.30	1.37	14.01
信息传输、计算机服务和软件业	Information Transport, Computer Services and Software	18.83	9.05	0.12	9.66
批发与零售业	Wholesale and Retail Sale	40.38	14.05	3.25	23.08
住宿和餐饮业	Hotels and Catering Services	11.40	3.62	0.97	6.81
金融业	Banking	47.39	27.04	9.70	10.65
房地产业	Real Estate Trade	10.27	4.54	0.30	5.43
租赁与商务服务业	Leasing and Commercial Services	19.49	10.43	2.74	6.32
科学研究、技术服务与地质勘查业	Science Research, Technology Services and Geological Prospecting	18.20	15.10	0.57	2.53
水利、环境和公共设施管理业	Water Conservancy, Environment and Public Facilities Management	9.40	7.18	1.73	0.49
居民服务及其他服务业	Resident and Other Services	1.59	1.10	0.16	0.33
教育	Education	122.09	119.59	0.77	1.73
卫生、社会保障和社会福利业	Health Care, Social Securities and Social Welfare	62.38	55.59	6.54	0.25
文化、体育与娱乐业	Culture, Sports and Entertainment	11.61	11.20	0.25	0.15
公共管理与社会组织	Public Management and Social Organization	111.33	111.12	0.10	0.11

5-9 城镇单位职工平均工资

Average Wage of Staff and Workers in Urban Units

单位:元 (yuan)

年份 Year	平均工资 Average Wage	国有单位 State-owned Units	城镇集体单位 Urban Collective Owned Units	其他单位 Units of Other Types of Ownership
1985	1159	1226	1071	1247
1986	1346	1442	1271	1455
1987	1493	1584	1365	1635
1988	1841	1961	1667	2014
1989	2031	2158	1838	2209
1990	2220	2383	1964	2412
1991	2422	2583	2152	2831
1992	2884	3088	2507	3368
1993	3932	4168	3439	4544
1994	5597	6034	4671	6334
1995	6619	6952	5702	7813
1996	7413	7734	6414	8672
1997	8386	8847	7026	9584
1998	9259	10012	7230	9432
1999	10632	11684	8229	10167
2000	12414	13775	9479	11539
2001	15770	18926	11281	13508
2002	18227	22195	13281	14650
2003	20853	26651	15174	16036

5－10 城镇单位职工平均工资指数(1985 年＝100)

Indices of Average Wage of Staff and Workers in Urban Units（1985＝100）

年份 Year	平均工资 Indices of Average Wage		国有单位职工 State-owned Units		城镇集体单位职工 Urban Collective Owned Units	
	货币指数 Average Money Wage	实际指数 Average Real Wage	货币指数 Average Money Wage	实际指数 Average Real Wage	货币指数 Average Money Wage	实际指数 Average Real Wage
1986	116.1	109.2	117.6	110.6	118.7	111.7
1987	128.8	109.2	129.2	109.6	127.5	108.1
1988	158.8	109.1	160.0	110.0	155.6	106.9
1989	175.2	103.1	176.0	103.6	171.6	101.0
1990	191.5	110.4	194.4	112.0	183.4	105.7
1991	209.0	114.1	210.7	115.0	200.9	109.7
1992	248.8	124.4	251.9	126.0	234.1	117.1
1993	339.3	139.7	340.0	140.0	321.1	132.2
1994	482.9	159.4	492.2	162.4	436.1	143.9
1995	571.1	161.1	567.0	160.0	532.4	150.2
1996	639.6	164.4	630.8	162.1	598.9	153.9
1997	723.6	178.6	721.6	178.1	656.0	161.9
1998	798.9	196.3	816.6	200.6	675.1	165.9
1999	917.3	226.6	953.0	235.4	768.3	189.8
2000	1071.1	262.1	1123.6	275.0	885.1	216.6
2001	1360.7	333.7	1543.7	378.6	1053.3	258.3
2002	1572.6	389.2	1810.4	448.1	1240.1	306.9
2003	1799.2	436.8	2173.9	527.8	1416.9	344.0

5-11 分行业城镇单位职工平均工资

Average Wage of Staff and Workers in Urban Units by Sector

单位:元　　　　(yuan)

行业	Sector	1990	1995	2000	2001	2002	2003
总计	**Total**	**2220**	**6619**	**12414**	**15770**	**18227**	**20853**
农、林、牧、渔业	Farming, Forestry, Animal Husbandry and Fishery	2142	5692	9740	12880	14655	15792
采掘业	Mining and Quarrying	2532	6152	8889	10276	11773	12721
制造业	Manufacturing	2148	6059	9853	11357	12730	13847
电力、煤气及水的生产和供应业	Electricity, Gas and Water Production and Supply	2822	9803	19906	24019	27511	34553
建筑业	Construction	2528	7697	11809	12894	14236	15751
地质勘查业、水利管理业	Geological Prospecting and Water Conservancy	2310	6982	11889	16428	18523	20763
交通运输、仓储及邮电通讯业	Transport, Storage, Post and Telecommunications	2661	7480	14590	19429	22667	26411
批发和零售贸易、餐饮业	Wholesale and Retail Sale Trade and Catering Services	2047	5628	10047	12756	15505	18171
金融、保险业	Banking and Insurance	2213	8448	16756	21408	25020	30724
房地产业	Real Estate Trade	2179	8791	15717	18130	20309	22213
社会服务业	Social Services	2221	7164	11984	14363	15785	17070
卫生、体育和社会福利业	Health Care, Sports and Social Welfare	2284	7944	17102	21690	25034	29102
教育、文化艺术和广播电影电视业	Education, Culture and Art, Radio, Film and Television	2205	6733	13964	19059	22069	25769
科学研究和综合技术服务业	Scientific Research and Polytechnical Services	2343	8251	16859	21633	25769	30605
国家机关、政党机关和社会团体	Government Agencies, Party Agencies and Social Organizations	2263	7299	15478	21627	24999	29702
其他行业	Others	2228	7955	12829	16006	18293	23648

5-12 分行业国有经济单位职工平均工资

Average Wage of Staff and Workers in State-owned Units by Sector

单位:元 (yuan)

行业	Sector	1990	1995	2000	2001	2002	2003
总计	**Total**	**2383**	**6952**	**13775**	**18926**	**22195**	**26651**
农、林、牧、渔业	Farming, Forestry, Animal Husbandry and Fishery	2142	5642	9548	12782	14505	15543
采掘业	Mining and Quarrying	2570	6317	8975	9559	11640	11699
制造业	Manufacturing	2373	6180	9032	11367	14015	16978
电力、煤气及水的生产和供应业	Electricity, Gas and Water Production and Supply	2856	9904	18352	23194	27907	35698
建筑业	Construction	2992	8725	13613	16340	17332	19076
地质勘查业、水利管理业	Geological Prospecting and Water Conservancy	2327	7043	11913	16481	18624	20962
交通运输、仓储及邮电通讯业	Transport, Storage, Post and Telecommunications	2897	8205	15303	20705	23148	27598
批发和零售贸易、餐饮业	Wholesale and Retail Sale Trade and Catering Services	2259	6220	11637	15998	20745	25824
金融、保险业	Banking and Insurance	2236	8264	16868	20979	25261	30686
房地产业	Real Estate Trade	2265	8544	15996	19796	23199	25979
社会服务业	Social Services	2332	7356	12492	15684	16865	19160
卫生、体育和社会福利业	Health Care, Sports and Social Welfare	2369	8329	18059	22901	26556	30955
教育、文化艺术和广播电影电视业	Education, Culture and Art, Radio, Film and Television	2221	6738	13984	19118	22150	25917
科学研究和综合技术服务业	Scientific Research and Polytechnical Services	2348	8292	16999	22377	26358	31510
国家机关、政党机关和社会团体	Government Agencies, Party Agencies and Social Organizations	2269	7302	15482	21657	25030	29755
其他行业	Others	2213	7778	12788	16262	17518	23128

5-13 分行业城镇集体经济单位职工平均工资

Average Wage of Staff and Workers in Urban Collective Owned Units by Sector

单位:元 (yuan)

行业	Sector	1990	1995	2000	2001	2002	2003
总计	**Total**	**1964**	**5702**	**9479**	**11281**	**13281**	**15174**
农、林、牧、渔业	Farming, Forestry, Animal Husbandry and Fishery	1588	5517	12137	15955	18656	21038
采掘业	Mining and Quarrying	1391	4194	8102	7881	10438	12294
制造业	Manufacturing	1913	5232	7871	8356	9427	10529
电力、煤气及水的生产和供应业	Electricity, Gas and Water Production and Supply	2132	8084	13035	13331	16933	17685
建筑业	Construction	2301	7261	10699	11415	13017	13933
地质勘查业、水利管理业	Geological Prospecting and Water Conservancy	2046	5971	11436	14490	16416	15661
交通运输、仓储及邮电通讯业	Transport, Storage, Post and Telecommunications	2213	5376	8514	10306	11864	12875
批发和零售贸易、餐饮业	Wholesale and Retail Sale Trade and Catering Services	1865	4727	6952	7855	9433	10211
金融、保险业	Banking and Insurance	2172	8729	15526	18584	20979	26565
房地产业	Real Estate Trade	1858	8815	13585	13431	14102	16139
社会服务业	Social Services	1972	5743	10181	11781	13294	14408
卫生、体育和社会福利业	Health Care, Sports and Social Welfare	2062	6696	12762	15642	17357	19320
教育、文化艺术和广播电影电视业	Education, Culture and Art, Radio, Film and Television	1804	6329	12398	14898	16539	17997
科学研究和综合技术服务业	Scientific Research and Polytechnical Services	2106	6172	13648	15240	19099	21743
国家机关、政党机关和社会团体	Government Agencies, Party Agencies and Social Organizations	1991	6968	13702	14328	11696	14782
其他行业	Others	2290	7639	12958	17427	17783	22292

5-14 分行业城镇其他经济单位职工平均工资

Average Wage of Staff and Workers in Urban Other Ownership Units by Sector

单位:元 (yuan)

行 业	Sector	1990	1995	2000	2001	2002	2003
总计	**Total**	**2412**	**7813**	**11539**	**13054**	**14650**	**16036**
农、林、牧、渔业	Farming, Forestry, Animal Husbandry and Fishery	4774	8100	10576	11425	11623	12127
采掘业	Mining and Quarrying		5072	8324	10909	11871	13204
制造业	Manufacturing	2345	7574	10659	11740	12826	13779
电力、煤气及水的生产和供应业	Electricity, Gas and Water Production and Supply	2188	8456	26289	28069	27999	34360
建筑业	Construction	2378	10122	11988	12900	14155	15811
地质勘查业、水利管理业	Geological Prospecting and Water Conservancy			12064	17914	17214	20411
交通运输、仓储及邮电通讯业	Transport, Storage, Post and Telecommunications	2482	7511	15007	18554	23478	26532
批发和零售贸易、餐饮业	Wholesale and Retail Sale Trade and Catering Services	2384	7899	11082	13074	14930	17105
金融、保险业	Banking and Insurance		10878	18558	26832	29992	35947
房地产业	Real Estate Trade	4583	10823	15615	16596	18496	20048
社会服务业	Social Services	2623	9844	11949	13341	15208	15235
卫生、体育和社会福利业	Health Care, Sports and Social Welfare		6250	15592	15920	20323	23296
教育、文化艺术和广播电影电视业	Education, Culture and Art, Radio, Film and Television		9857	13474	17324	20175	22059
科学研究和综合技术服务业	Scientific Research and Polytechnical Services		16144	17785	17602	23650	27491
国家机关、政党机关和社会团体	Government Agencies, Party Agencies and Social Organizations				10598	8850	13066
其他行业	Others		20695	12779	13785	21434	26419

5-15 分行业城镇单位职工平均工资(2003年)

Average Wage of Staff and Workers in Urban Units by Sector(2003)

单位:元 (yuan)

行业	Sector	职工平均工资 Average Wages of Staff and Workers	国有单位 State-owned Units	城镇集体单位 Urban Collective Owned Units	其他单位 Units of Other Types of Ownership
总计	**Total**	**20853**	**26651**	**15174**	**16036**
农、林、牧、渔业	Farming, Forestry, Animal Husbandry and Fishery	14975	14666	21093	12129
采掘业	Mining and Quarrying	12729	11705	12294	13207
制造业	Manufacturing	13849	16978	10526	13781
电力、煤气及水的生产和供应业	Electricity, Gas and Water Production and Supply	34318	35500	17945	34104
建筑业	Construction	15762	19150	13937	15817
交通运输、仓储及邮政业	Transport, Storage and Post	21728	23758	12502	19747
信息传输、计算机服务和软件业	Information Transport, Computer Services and Software	42752	40500	16757	46051
批发与零售业	Wholesale and Retail Sale	18874	27483	10209	17616
住宿和餐饮业	Hotels and Catering Services	13140	13198	11679	13347
金融业	Banking	30704	30663	26566	35926
房地产业	Real Estate Trade	22167	26139	16466	20005
租赁与商务服务业	Leasing and Commercial Services	19469	20549	19229	18005
科学研究、技术服务与地质勘查业	Science Research, Technology Services and Geological Prospecting	28035	29093	21984	24261
水利、环境和公共设施管理业	Water Conservancy, Environment and Public Facilities Management	18722	20476	14536	15128
居民服务及其他服务业	Resident and Other Services	18674	24052	11268	13170
教育	Education	25611	25745	17060	22494
卫生、社会保障和社会福利业	Health Care, Social Securities and Social Welfare	29176	31078	19317	23281
文化、体育与娱乐业	Culture, Sports and Entertainment	26715	27381	21118	11523
公共管理与社会组织	Public Management and Social Organization	29635	29690	18235	12770

5－16 各市城镇单位职工工资总额和平均工资

Total Wages and Average Wage of Staff and Workers in Urban Units by City

地 区	Region	1990	1995	2000	2001	2002	2003
工资总额(万元)	**Total Wages(10000 yuan)**	**1027555**	**3242463**	**5010723**	**5894824**	**6640097**	**7975423**
浙东北	**Eastern and Northern Region**	**714630**	**2297002**	**3376136**	**3899276**	**4330161**	**5139125**
杭州市	Hangzhou	277910	890488	1296365	1511260	1648398	1904643
宁波市	Ningbo	156732	573191	950196	1079955	1173543	1436157
嘉兴市	Jiaxing	94589	264438	363545	415236	488590	588648
湖州市	Huzhou	62431	172611	200524	222379	251874	279568
绍兴市	Shaoxing	88146	289166	431195	510508	594020	742774
舟山市	Zhoushan	34822	107108	134311	159938	173736	187335
浙西南	**Western and Southern Region**	**310076**	**940669**	**1629148**	**1989083**	**2302537**	**2812531**
温州市	Wenzhou	98610	308271	612964	764545	884168	1107427
金华市	Jinhua	70799	220058	332108	394095	464011	566220
衢州市	Quzhou	41221	119869	156894	187818	194997	221203
台州市	Taizhou	64706	206887	395935	476969	557525	676158
丽水市	Lishui	34740	85584	131247	165656	201836	241523
平均工资(元)	**Average Wage (yuan)**	**2220**	**6619**	**12414**	**15770**	**18227**	**20853**
浙东北	**Eastern and Northern Region**	**2309**	**6940**	**12955**	**16439**	**19070**	**22243**
杭州市	Hangzhou	2380	7156	13715	17645	20712	23969
宁波市	Ningbo	2228	7361	14823	18535	20748	23486
嘉兴市	Jiaxing	2350	6229	11474	14640	17237	20067
湖州市	Huzhou	2275	6267	9806	12307	16019	19250
绍兴市	Shaoxing	2161	6716	11428	14357	16503	19342
舟山市	Zhoushan	2478	6856	11094	14165	16003	18184
浙西南	**Western and Southern Region**	**2040**	**5949**	**11439**	**14646**	**16874**	**19418**
温州市	Wenzhou	1989	6040	11229	14374	16551	18324
金华市	Jinhua	2082	5925	12008	15380	17184	20126
衢州市	Quzhou	2166	5710	10446	13818	15668	18116
台州市	Taizhou	1995	6320	12446	15611	18246	20418
丽水市	Lishui	2050	5282	9837	12890	15487	18260

5-17 分行业城镇单位从业人员劳动报酬
Remuneration Payment to Employed Persons in Urban Collective Owned Units by Sector

单位:亿元 (100 million yuan)

行业	Sector	2000	2001	2002	2003
总计	**Total**	**503.44**	**595.57**	**679.13**	**815.74**
农、林、牧、渔业	Farming, Forestry, Animal Husbandry and Fishery	5.23	6.37	6.24	5.14
采掘业	Mining and Quarrying	2.40	2.41	2.36	2.47
制造业	Manufacturing	127.86	125.91	133.16	156.49
电力、煤气及水的生产和供应业	Electricity, Gas and Water Production and Supply	18.07	21.59	24.58	30.68
建筑业	Construction	49.95	55.30	63.41	82.19
地质勘查业、水利管理业	Geological Prospecting and Water Conservancy	2.08	2.97	3.33	3.70
交通运输、仓储及邮电通讯业	Transport, Storage, Post and Telecommunications	34.45	40.53	46.18	55.75
批发和零售贸易、餐饮业	Wholesale and Retail Sale Trade and Catering Services	38.46	36.05	38.61	43.77
金融、保险业	Banking and Insurance	26.48	35.18	43.20	52.22
房地产业	Real Estate Trade	6.14	8.03	10.07	11.00
社会服务业	Social Services	22.96	30.36	34.92	38.78
卫生、体育和社会福利业	Health Care, Sports and Social Welfare	34.79	45.34	53.74	64.41
教育、文化艺术和广播电影电视业	Education, Culture and Art, Radio, Film and Television	69.79	96.25	114.26	136.15
科学研究和综合技术服务业	Scientific Research and Polytechnical Services	7.29	9.69	11.90	14.27
国家机关、政党机关和社会团体	Government Agencies, Party Agencies and Social Organizations	53.08	72.03	84.28	107.70
其他行业	Others	4.40	7.55	8.89	11.03

5－18 分行业城镇单位从业人员劳动报酬(2003 年)
Remuneration Payment to Employed Persons in Urban by Sector(2003)

单位:亿元 (100 million yuan)

行业	Sector	单位从业人员劳动报酬 Total Remuneration	在岗职工工资总额 Wages of Staff and Workers at Work	其他从业人员劳动报酬 Remuneration Payment to Other Employed Persons	#聘用的离退休人员 Re-employed Retirees	#聘用的港澳台和外籍人员 Re-employed Persons from Hong Kong, Macao & Taiwan and Foreigner
总计	**Total**	**815.74**	**784.83**	**30.91**	**4.71**	**2.85**
农、林、牧、渔业	Farming, Forestry, Animal Husbandry and Fishery	4.47	4.39	0.07	0.01	
采掘业	Mining and Quarrying	2.45	2.43	0.02		
制造业	Manufacturing	156.45	151.19	5.26	1.07	2.31
电力、煤气及水的生产和供应业	Electricity, Gas and Water Production and Supply	31.05	30.67	0.39	0.06	
建筑业	Construction	82.22	76.04	6.18	0.37	
交通运输、仓储及邮政业	Transport, Storage and Post	43.80	42.55	1.26	0.06	0.07
信息传输、计算机服务和软件业	Information Transport, Computer Services and Software	19.57	18.43	1.13	0.04	0.02
批发与零售业	Wholesale and Retail Sale	41.12	39.55	1.58	0.29	0.02
住宿和餐饮业	Hotels and Catering Services	11.76	11.20	0.56	0.12	0.11
金融业	Banking	52.13	46.15	5.99	0.08	0.03
房地产业	Real Estate Trade	10.86	10.13	0.73	0.26	0.10
租赁与商务服务业	Leasing and Commercial Services	19.85	19.10	0.75	0.21	
科学研究、技术服务与地质勘查业	Science Research, Technology Services and Geological Prospecting	19.15	18.02	1.13	0.52	0.01
水利、环境和公共设施管理业	Water Conservancy, Environment and Public Facilities Management	9.50	9.17	0.33	0.04	0.01
居民服务及其他服务业	Resident and Other Services	1.63	1.57	0.05	0.01	0.01
教育	Education	123.42	121.26	2.16	0.47	0.15
卫生、社会保障和社会福利业	Health Care, Social Securities and Social Welfare	63.54	62.08	1.46	0.86	
文化、体育与娱乐业	Culture, Sports and Entertainment	11.81	11.51	0.30	0.05	0.01
公共管理与社会组织	Public Management and Social Organization	110.95	109.38	1.57	0.17	

5-19 分行业国有单位从业人员劳动报酬
Remuneration Payment to Employed Persons in State-owned Units by Sector

单位:亿元 (100 million yuan)

行业	Sector	2000	2001	2002	2003
总计	**Total**	**294.37**	**352.97**	**401.95**	**473.53**
农、林、牧、渔业	Farming, Forestry, Animal Husbandry and Fishery	4.64	5.76	5.54	4.46
采掘业	Mining and Quarrying	2.11	0.99	0.71	0.70
制造业	Manufacturing	27.71	18.31	18.73	15.73
电力、煤气及水的生产和供应业	Electricity, Gas and Water Production and Supply	12.42	15.20	17.15	22.38
建筑业	Construction	8.98	8.08	8.03	7.96
地质勘查业、水利管理业	Geological Prospecting and Water Conservancy	1.97	2.82	3.17	3.50
交通运输、仓储及邮电通讯业	Transport, Storage, Post and Telecommunications	25.84	26.96	27.77	32.63
批发和零售贸易、餐饮业	Wholesale and Retail Sale Trade and Catering Services	16.20	12.39	13.94	14.75
金融、保险业	Banking and Insurance	16.75	20.82	25.09	28.70
房地产业	Real Estate Trade	3.64	4.44	4.77	4.80
社会服务业	Social Services	12.98	17.23	18.15	21.10
卫生、体育和社会福利业	Health Care, Sports and Social Welfare	29.99	39.84	47.41	57.38
教育、文化艺术和广播电影电视业	Education, Culture and Art, Radio, Film and Television	68.79	94.81	111.67	132.95
科学研究和综合技术服务业	Scientific Research and Polytechnical Services	6.55	8.59	10.14	12.09
国家机关、政党机关和社会团体	Government Agencies, Party Agencies and Social Organizations	52.98	71.61	84.19	107.51
其他行业	Others	2.82	5.11	5.47	6.90

5-20 分行业国有单位从业人员劳动报酬(2003年)
Remuneration Payment to Employed Persons in State-owned Units by Sector(2003)

单位:亿元 (100 million yuan)

行业	Sector	单位从业人员劳动报酬 Total Remuneration	在岗职工工资总额 Wages of Staff and Workers at Work	其他从业人员劳动报酬 Remuneration Payment to Other Employed Persons	#聘用的离退休人员 Re-employed Retirees	#聘用的港澳台和外籍人员 Re-employed Persons from Hong Kong, Macao & Taiwan and Foreigner
总计	**Total**	**473.53**	**462.05**	**11.48**	**1.87**	**0.11**
农、林、牧、渔业	Farming, Forestry, Animal Husbandry and Fishery	3.87	3.81	0.06		
采掘业	Mining and Quarrying	0.69	0.68	0.01		
制造业	Manufacturing	15.73	15.58	0.14	0.05	
电力、煤气及水的生产和供应业	Electricity, Gas and Water Production and Supply	22.60	22.29	0.32	0.04	
建筑业	Construction	7.98	7.66	0.32	0.06	
交通运输、仓储及邮政业	Transport, Storage and Post	28.50	27.57	0.93	0.03	
信息传输、计算机服务和软件业	Information Transport, Computer Services and Software	9.44	8.83	0.61		
批发与零售业	Wholesale and Retail Sale	14.27	13.84	0.43	0.04	
住宿和餐饮业	Hotels and Catering Services	3.62	3.52	0.10	0.03	
金融业	Banking	28.65	26.28	2.38	0.01	
房地产业	Real Estate Trade	4.59	4.45	0.14	0.04	
租赁与商务服务业	Leasing and Commercial Services	10.56	10.20	0.37	0.06	
科学研究、技术服务与地质勘查业	Science Research, Technology Services and Geological Prospecting	15.58	14.94	0.64	0.23	
水利、环境和公共设施管理业	Water Conservancy, Environment and Public Facilities Management	7.16	6.97	0.19	0.03	
居民服务及其他服务业	Resident and Other Services	1.10	1.09	0.02		
教育	Education	120.58	118.77	1.81	0.33	0.10
卫生、社会保障和社会福利业	Health Care, Social Securities and Social Welfare	56.52	55.31	1.21	0.71	
文化、体育与娱乐业	Culture, Sports and Entertainment	11.37	11.10	0.27	0.05	0.01
公共管理与社会组织	Public Management and Social Organization	110.71	109.17	1.54	0.16	

5-21 分行业城镇集体单位从业人员劳动报酬
Remuneration Payment to Employed Persons in Urban Collective Owned Units by Sector

单位:亿元 (100 million yuan)

行业	Sector	2000	2001	2002	2003
总计	**Total**	**56.64**	**47.18**	**47.74**	**50.24**
农、林、牧、渔业	Farming, Forestry, Animal Husbandry and Fishery	0.42	0.37	0.51	0.50
采掘业	Mining and Quarrying	0.05	0.02	0.03	0.04
制造业	Manufacturing	14.52	8.54	7.39	7.71
电力、煤气及水的生产和供应业	Electricity, Gas and Water Production and Supply	0.39	0.42	0.60	0.72
建筑业	Construction	15.70	13.72	13.04	12.41
地质勘查业、水利管理业	Geological Prospecting and Water Conservancy	0.10	0.10	0.11	0.10
交通运输、仓储及邮电通讯业	Transport, Storage, Post and Telecommunications	1.89	1.19	1.30	1.40
批发和零售贸易、餐饮业	Wholesale and Retail Sale Trade and Catering Services	7.72	4.56	4.15	3.52
金融、保险业	Banking and Insurance	5.69	6.58	7.50	9.45
房地产业	Real Estate Trade	0.33	0.29	0.35	0.29
社会服务业	Social Services	2.93	3.50	3.88	4.11
卫生、体育和社会福利业	Health Care, Sports and Social Welfare	4.68	5.32	6.15	6.76
教育、文化艺术和广播电影电视业	Education, Culture and Art, Radio, Film and Television	0.71	0.82	0.90	1.14
科学研究和综合技术服务业	Scientific Research and Polytechnical Services	0.31	0.32	0.33	0.42
国家机关、政党机关和社会团体	Government Agencies, Party Agencies and Social Organizations	0.11	0.16	0.06	0.06
其他行业	Others	1.09	1.27	1.45	1.61

5-22 分行业城镇集体单位从业人员劳动报酬(2003年)
Remuneration Payment to Employed Persons in State-owned Units by Sector(2003)

单位:亿元　　(100 million yuan)

行业	Sector	单位从业人员劳动报酬 Total Remuneration	在岗职工工资总额 Wages of Staff and Workers at Work	其他从业人员劳动报酬 Remuneration Payment to Other Employed Persons	#聘用的离退休人员 Re-employed Retirees	#聘用的港澳台和外籍人员 Re-employed Persons from Hong Kong, Macao & Taiwan and Foreigner
总计	**Total**	**50.24**	**48.66**	**1.57**	**0.45**	
农、林、牧、渔业	Farming, Forestry, Animal Husbandry and Fishery	0.42	0.42			
采掘业	Mining and Quarrying	0.04	0.04			
制造业	Manufacturing	7.71	7.43	0.28	0.07	
电力、煤气及水的生产和供应业	Electricity, Gas and Water Production and Supply	0.78	0.76	0.02		
建筑业	Construction	12.41	12.16	0.25	0.05	
交通运输、仓储及邮政业	Transport, Storage and Post	1.36	1.33	0.03		
信息传输、计算机服务和软件业	Information Transport, Computer Services and Software	0.13	0.12	0.01		
批发与零售业	Wholesale and Retail Sale	3.26	3.05	0.20	0.02	
住宿和餐饮业	Hotels and Catering Services	1.02	0.96	0.06		
金融业	Banking	9.45	9.39	0.06	0.01	
房地产业	Real Estate Trade	0.31	0.29	0.03	0.01	
租赁与商务服务业	Leasing and Commercial Services	2.73	2.65	0.08	0.03	
科学研究、技术服务与地质勘查业	Science Research, Technology Services and Geological Prospecting	0.62	0.57	0.06	0.05	
水利、环境和公共设施管理业	Water Conservancy, Environment and Public Facilities Management	1.82	1.71	0.11		
居民服务及其他服务业	Resident and Other Services	0.18	0.16	0.02		
教育	Education	0.88	0.76	0.12	0.06	
卫生、社会保障和社会福利业	Health Care, Social Securities and Social Welfare	6.75	6.52	0.23	0.14	
文化、体育与娱乐业	Culture, Sports and Entertainment	0.26	0.25	0.01		
公共管理与社会组织	Public Management and Social Organization	0.12	0.10	0.02		

5-23 分行业城镇其他单位从业人员劳动报酬
Remuneration Payment to Employed Persons in Urban Other Ownership Units by Sector

单位:亿元 (100 million yuan)

行业	Sector	2000	2001	2002	2003
总计	**Total**	**152.42**	**195.41**	**229.44**	**291.96**
农、林、牧、渔业	Farming, Forestry, Animal Husbandry and Fishery	0.17	0.24	0.20	0.18
采掘业	Mining and Quarrying	0.24	1.40	1.62	1.73
制造业	Manufacturing	85.63	99.07	107.04	133.05
电力、煤气及水的生产和供应业	Electricity, Gas and Water Production and Supply	5.25	5.96	6.82	7.58
建筑业	Construction	25.26	33.50	42.34	61.82
地质勘查业、水利管理业	Geological Prospecting and Water Conservancy	0.01	0.06	0.05	0.10
交通运输、仓储及邮电通讯业	Transport, Storage, Post and Telecommunications	6.71	12.40	17.11	21.71
批发和零售贸易、餐饮业	Wholesale and Retail Sale Trade and Catering Services	14.55	19.10	20.52	25.50
金融、保险业	Banking and Insurance	4.03	7.81	10.61	14.07
房地产业	Real Estate Trade	2.18	3.30	4.95	5.91
社会服务业	Social Services	7.05	9.64	12.89	13.57
卫生、体育和社会福利业	Health Care, Sports and Social Welfare	0.13	0.18	0.17	0.27
教育、文化艺术和广播电影电视业	Education, Culture and Art, Radio, Film and Television	0.28	0.79	1.69	2.06
科学研究和综合技术服务业	Scientific Research and Polytechnical Services	0.43	0.78	1.43	1.76
国家机关、政党机关和社会团体	Government Agencies, Party Agencies and Social Organizations		0.02	0.02	0.13
其他行业	Others	0.50	1.16	1.97	2.53

5-24 分行业城镇其他单位从业人员劳动报酬(2003年) Remuneration Payment to Employed Persons in Urban Other Ownership Units by Sector(2003)

单位:亿元 (100 million yuan)

行业	Sector	单位从业人员劳动报酬 Total Remuneration	在岗职工工资总额 Wages of Staff and Workers at Work	其他从业人员劳动报酬 Remuneration Payment to Other Employed Persons	#聘用的离退休人员 Re-employed Retirees	#聘用的港澳台和外籍人员 Re-employed Persons from Hong Kong, Macao & Taiwan and Foreigner
总计	**Total**	**291.96**	**274.11**	**17.85**	**2.39**	**2.74**
农、林、牧、渔业	Farming, Forestry, Animal Husbandry and Fishery	0.18	0.17	0.01		
采掘业	Mining and Quarrying	1.72	1.71	0.01		
制造业	Manufacturing	133.02	128.17	4.85	0.95	2.31
电力、煤气及水的生产和供应业	Electricity, Gas and Water Production and Supply	7.66	7.62	0.05	0.02	
建筑业	Construction	61.83	56.22	5.61	0.26	
交通运输、仓储及邮政业	Transport, Storage and Post	13.95	13.66	0.29	0.03	0.08
信息传输、计算机服务和软件业	Information Transport, Computer Services and Software	10.00	9.49	0.51	0.04	0.02
批发与零售业	Wholesale and Retail Sale	23.60	22.65	0.94	0.23	0.02
住宿和餐饮业	Hotels and Catering Services	7.12	6.72	0.39	0.08	0.11
金融业	Banking	14.03	10.48	3.55	0.06	0.03
房地产业	Real Estate Trade	5.95	5.40	0.56	0.21	0.10
租赁与商务服务业	Leasing and Commercial Services	6.55	6.25	0.31	0.13	
科学研究、技术服务与地质勘查业	Science Research, Technology Services and Geological Prospecting	2.95	2.52	0.43	0.25	0.01
水利、环境和公共设施管理业	Water Conservancy, Environment and Public Facilities Management	0.53	0.48	0.04	0.01	0.01
居民服务及其他服务业	Resident and Other Services	0.34	0.32	0.02		0.01
教育	Education	1.96	1.73	0.23	0.08	0.05
卫生、社会保障和社会福利业	Health Care, Social Securities and Social Welfare	0.27	0.25	0.02	0.01	
文化、体育与娱乐业	Culture, Sports and Entertainment	0.18	0.15	0.03		
公共管理与社会组织	Public Management and Social Organization	0.12	0.11	0.02	0.01	

5-25 各市企业单位从业人员劳动报酬(2003年)

Remuneration Payment to Employed Persons in Enterprises by City(2003)

单位:亿元 (100 million yuan)

城市 City		单位从业人员劳动报酬 Remuneration Payment to Employed Persons	#在岗职工工资总额 Wages of Staff and Workers at Work	离岗职工生活费 Living Expenses of Laid-off Staff and Workers	在岗职工平均工资(元) Average Wage of Staff and Workers at Work (yuan)
总计	**Total**	**467.33**	**442.74**	**8.76**	**18267**
杭州市	Hangzhou	113.90	108.51	2.57	21750
宁波市	Ningbo	100.13	91.86	1.20	20946
温州市	Wenzhou	65.75	63.22	0.69	15593
嘉兴市	Jiaxing	35.31	32.67	0.88	17399
湖州市	Huzhou	13.54	12.69	0.50	16448
绍兴市	Shaoxing	43.50	42.09	0.62	15356
金华市	Jinhua	26.68	26.40	0.49	16986
衢州市	Quzhou	10.51	10.02	0.58	16050
舟山市	Zhoushan	10.04	9.67	0.34	15707
台州市	Taizhou	36.85	34.87	0.62	18072
丽水市	Lishui	9.54	9.17	0.28	16352

5－26 各市国有控股企业单位从业人员劳动报酬(2003年)
Remuneration Payment to Employed Persons in Enterprises with Controling Share Hold by State by City(2003)

单位:亿元 (100 million yuan)

城市 City		单位从业人员劳动报酬 Remuneration Payment to Employed Persons	#在岗职工工资总额 Wages of Staff and Workers at Work	离岗职工生活费 Living Expenses of Laid－off Staff and Workers	在岗职工平均工资(元) Average Wage of Staff and Workers at Work (yuan)
总计	**Total**	**226.24**	**215.01**	**5.97**	**24324**
杭州市	Hangzhou	70.53	67.71	1.68	26563
宁波市	Ningbo	43.43	41.01	0.80	29151
温州市	Wenzhou	23.91	22.48	0.51	24385
嘉兴市	Jiaxing	15.73	14.68	0.54	26769
湖州市	Huzhou	8.59	8.11	0.36	19162
绍兴市	Shaoxing	13.61	12.67	0.33	21291
金华市	Jinhua	12.39	12.28	0.35	21901
衢州市	Quzhou	7.82	7.53	0.55	18174
舟山市	Zhoushan	6.86	6.68	0.26	16996
台州市	Taizhou	16.36	15.09	0.39	23002
丽水市	Lishui	5.46	5.22	0.19	21956

5－27 各市事业单位从业人员劳动报酬(2003 年)

Remuneration Payment to Employed Persons in Institutions by City(2003)

单位:亿元 (100 million yuan)

城市 City		单位从业人员劳动报酬 Remuneration Payment to Employed Persons	#在岗职工工资总额 Wages of Staff and Workers at Work	离岗职工生活费 Living Expenses of Laid－off Staff and Workers	在岗职工平均工资(元) Average Wage of Staff and Workers at Work (yuan)
总计	**Total**	**242.26**	**237.41**	**2.04**	**26367**
杭州市	Hangzhou	57.24	55.88	0.54	29273
宁波市	Ningbo	34.62	33.90	0.20	29018
温州市	Wenzhou	32.41	31.72	0.21	26220
嘉兴市	Jiaxing	18.19	17.85	0.14	25654
湖州市	Huzhou	9.95	9.58	0.06	22648
绍兴市	Shaoxing	22.58	22.13	0.19	30616
金华市	Jinhua	20.27	20.08	0.19	24610
衢州市	Quzhou	6.69	6.57	0.03	20102
舟山市	Zhoushan	5.87	5.76	0.07	23319
台州市	Taizhou	23.94	23.41	0.25	25536
丽水市	Lishui	9.78	9.73	0.09	19566

5－28 各市机关单位从业人员劳动报酬(2003年)
Remuneration Payment to Employed Persons in Government and Party Agencies by City (2003)

单位:亿元 (100 million yuan)

城市	City	单位从业人员劳动报酬 Remuneration Payment to Employed Persons	#在岗职工工资总额 Wages of Staff and Workers at Work	离岗职工生活费 Living Expenses of Laid－off Staff and Workers	在岗职工平均工资(元) Average Wage of Staff and Workers at Work (yuan)
总计	**Total**	**106.14**	**104.68**	**1.92**	**29998**
杭州市	Hangzhou	22.69	22.39	0.58	33216
宁波市	Ningbo	16.28	16.10	0.35	37068
温州市	Wenzhou	15.01	14.79	0.11	27516
嘉兴市	Jiaxing	7.26	7.19	0.13	33253
湖州市	Huzhou	5.27	5.05	0.08	29153
绍兴市	Shaoxing	9.10	8.93	0.25	35386
金华市	Jinhua	9.41	9.35	0.11	27032
衢州市	Quzhou	4.93	4.86	0.07	23803
舟山市	Zhoushan	2.87	2.84	0.05	25793
台州市	Taizhou	8.45	8.34	0.12	25577
丽水市	Lishui	4.84	4.80	0.08	22377

5-29 离休、退休、退职人员保险福利费用构成情况(2003年)
Social Insurance and Welfare Funds for Retired and Resigned Persons(2003)

单位:亿元 (100 million yuan)

项目	Item	合计 Total	离休金 Pensions for Retired Veterans	退休金 Pensions for Retired Persons	退职生活费 Living Expenses for Resignation Allowances	医疗卫生费 Expenses for Medical Care	其他 Others
总计	**Total**	**213.70**	**8.48**	**170.23**	**2.74**	**20.63**	**11.63**
企业	**Enterprises**	**134.83**	**2.91**	**109.18**	**2.11**	**14.75**	**5.87**
内资企业	Domestic Funded Enterprises	131.52	2.87	106.18	2.06	14.62	5.79
国有企业	State - owned Enterprises	60.70	1.99	46.22	0.84	9.55	2.09
集体企业	Collective Owned Enterprises	24.78	0.18	22.43	0.43	1.30	0.43
其他企业	Others	46.04	0.70	37.52	0.79	3.76	3.27
港澳台商投资企业	Enterprises with Investment from HongKong, Macao and Taiwan	2.00	0.03	1.85	0.03	0.04	0.05
外商投资企业	Enterprises with Foreign Investment	1.31	0.01	1.15	0.02	0.10	0.03
事业	**Institutions**	**55.60**	**2.30**	**44.81**	**0.49**	**4.00**	**4.00**
机关	**Agencies & Organization**	**23.27**	**3.26**	**16.24**	**0.14**	**1.88**	**1.76**

5-30 城镇居民生活水平
Living Standard of Urban Resident

年 份 Year	人均可支配收入(元) Per Capita Disposable Income (yuan)	人均可支配收入增长(上年=100) Growth Rate of Per Capita Disposable Income (Preceding year=100)	人均消费性支出(元) Per Capita Consumption Expenditure (yuan)	#食品支出 Food	恩格尔系数 Engel Coefficient	人均住房使用面积(平方米) Per Captia Floor Space of Residential Buildings (sq. m)
1978	332		301			
1980	488		428			
1981	523	105.4	476	264	55.6	
1982	530	99.4	471	270	57.3	
1983	551	101.2	484	288	59.5	9.44
1984	669	117.1	795	407	51.3	9.95
1985	904	117.4	795	407	51.3	11.07
1986	1104	114.9	969	492	50.8	11.76
1987	1228	100.3	1100	570	51.8	12.15
1988	1589	104.9	1453	741	51	12.49
1989	1797	96.8	1556	851	54.7	13.05
1990	1932	105.3	1604	885	55.1	13.55
1991	2143	105.0	1806	992	55	13.71
1992	2619	111.9	2154	1111	51.6	14.13
1993	3626	114.0	2856	1417	49.4	14.47
1994	5066	112.0	4079	1945	47.4	15.58
1995	6221	105.0	5263	2489	47	15.64
1996	6956	101.8	5764	2714	46.9	15.91
1997	7359	101.6	6170	2723	43.9	16.25
1998	7837	105.3	6218	2644	42.5	18.25
1999	8428	108.0	6522	2629	40.3	19.47
2000	9279	109.1	7020	2752	39.2	19.87
2001	10465	113.3	7952	2888	36.3	20.3
2002	11716	113.4	8713	3474	37.9	21.12
2003	13180	111.9	9713	3558	36.6	21.6

注:人均可支配收入增长扣除价格变动因素。Growth rate of per-capita disposable income was excluded prices change.

5－31 城镇居民家庭基本情况
Basic Statistics on Urban Households

项　目		Item		1995	2000	2001	2002	2003
调查户数	（户）	Number of Households Surveyed	（household）	1510	1840	1900	1900	2250
平均每户家庭人口数	（人）	Average Household Size	（person）	3.02	2.91	2.89	2.84	2.81
平均每户就业人口数	（人）	Average Employed Persons per Household	（person）	1.9	1.62	1.57	1.5	1.51
平均每户就业面	（%）	Percentage of Employed Persons per Household	（%）	63.09	55.55	54.33	52.82	53.74
平均每一就业者负担人数（包括就业者本人）	（人）	Number of Persons Supported by Each Laborer（Including the Employee Himself or Herself）	（person）	1.58	1.8	1.84	1.89	1.86
平均每人全部年收入	（元）	Per Capita Annual Income	（Yuan）	6218	9271	10519	12682	14295
#可支配收入	元	Per Capita Disposal Income	（Yuan）	6221	9279	10465	11716	13180
工薪收入	元	Wages Income	（Yuan）	4826	6444	7214	8534	9693
经营净收入	元	Net Business Income	（Yuan）	99	481	554	761	1172
财产性收入	元	Property Income	（Yuan）	224	156	165	202	374
转移性收入	元	Transfer Income	（Yuan）	1069	2190	2586	3185	3057
出售财物收入	元	Income of Properties Sold	（Yuan）	6	63	22	77	322
平均每人消费性支出	（元）	Per Annual Expenditure for Consumption	（yuan）	5263	7020	7952	8713	9713
食品	元	Food	（Yuan）	2476	2752	2888	3474	3558
衣着	元	Clothing	（yuan）	606	570	669	744	830

5-31 续表 continued

项 目		Item		1995	2000	2001	2002	2003
家庭设备用品及服务	元	Household Facilities Articles and Services	(Yuan)	638	662	927	283	593
医疗保健	元	Medicine and Medical Services	(Yuan)	196	541	533	668	738
交通和通讯	元	Transportation and Communications	(Yuan)	306	623	689	899	1224
娱乐教育、文化	元	Recreation, Education and Culture	(Yuan)	423	917	1065	1407	1487
居住	元	Residence	(Yuan)	375	600	724	739	953
杂项商品和服务	元	Miscellaneous Commodities and Services	(Yuan)	244	354	457	261	330
平均每人消费性支出构成(人均消费支出=100)		Composition of Per Capita Annual Expenditure for Consumption	(%)	100	100	100	100	100
食品	%	Food		47.05	39.21	36.32	39.88	36.64
衣着	%	Clothing		11.51	8.12	8.41	8.54	8.55
家庭设备用品及服务	%	Household Facilities, Articles and Services		12.12	9.43	11.65	5.99	6.10
医疗保健	%	Medicine and Medical Services		3.72	7.71	6.70	7.66	7.60
交通和通讯	%	Transportation and Communications		5.81	8.88	8.66	10.32	12.60
娱乐教育、文化	%	Recreation, Education and Culture		8.04	13.07	13.39	16.15	15.31
居住	%	Residence		7.13	8.55	9.11	8.48	9.81
杂项商品和服务	%	Miscellaneous Commodities and Services		4.64	5.05	5.75	2.99	3.39

5-32 城镇居民家庭基本情况(2003年)

Basic Statistics on Urban Households(2003)

项 目		Item	总平均 Average	按可支配收入分组 Grouped by Disposable Income						
				最低收入户 Lowest Income Households	低收入户 Low Income Households	中等偏下户 Lower Middle Income Households	中等收入户 Middle Income Households	中等偏上户 Upper Middle Income Households	高收入户 High Income Households	最高收入户 Highest Income Households
调查户数	(户)	Number of Household Surveyed(household)	2250	225	225	450	450	450	225	225
比重	(%)	Proportion (%)	100	10	10	20	20	20	10	10
平均每户家庭人口数	(人)	Average Household Size (person)	2.81	3.11	3.02	2.91	2.83	2.67	2.69	2.57
有收入者人数	(人)	Persons with Income (person)	2.03	1.64	1.89	2	2.16	2.11	2.12	2.07
#离退休人口数	(人)	Retired(person)	0.47	0.22	0.28	0.41	0.58	0.6	0.54	0.42
无收入者人数	(人)	Persons without Income (person)	0.78	1.47	1.13	0.91	0.67	0.56	0.57	0.5
平均每户就业人口数	(人)	Average Employed Persons Per Household (person)	1.51	1.29	1.53	1.52	1.53	1.46	1.56	1.63
平均每户就业面	(%)	Percentage of Employed Persons Per Household (%)	53.74	41.48	50.66	52.23	54.06	54.68	57.99	63.42
平均每一就业者负担人数	(人)	Number of Persons Supported by Each Laborer(person)	1.86	2.41	1.97	1.91	1.85	1.83	1.72	1.58
家庭总收入	(元)	Household Income (yuan)	14295	4936	7123	9387	12196	16629	21875	33086

5－32 续表 continued

项目	Item	总平均 Average	最低收入户 Lowest Income Households	低收入户 Low Income Households	中等偏下户 Lower Middle Income Households	中等收入户 Middle Income Households	中等偏上户 Upper Middle Income Households	高收入户 High Income Households	最高收入户 Highest Income Households
			按可支配收入分组 Grouped by Disposable Income						
#可支配收入（元）	Per Capita Disposable Income(yuan)	13180	4486	6487	8578	11283	15240	20201	30868
家庭总支出（元）	Household Expenditure(yuan)	13692	5180	7354	9386	12153	15682	19880	30502
#消费性支出（元）	Per Capita Annual Expenditure for Consumption(yuan)	9713	4367	5905	7521	9022	11127	12819	18976
食品（元）	Food(yuan)	3558	2087	2639	3116	3582	4020	4127	5377
衣着（元）	Clothing(yuan)	830	286	456	594	757	985	1369	1545
家庭设备用品及服务（元）	Household Facilities, Articles and Services (yuan)	593	209	258	385	565	771	807	1241
医疗保健（元）	Medicine and Medical Services(yuan)	738	337	434	601	753	948	941	1102
交通和通讯（元）	Transportation and Communications(yuan)	1224	393	536	658	884	1402	1583	3888
娱乐教育、文化（元）	Recreation, Education and Culture(yuan)	1487	535	934	1163	1387	1586	2165	2989
居住（元）	Residence(yuan)	953	437	505	783	834	1025	1304	2020
杂项商品和服务（元）	Miscellaneous Commodities and Services(yuan)	330	83	144	220	261	390	522	815

5-33 城镇居民家庭平均每人收支情况

Per Capita Annual Income and Expenditure of Urban Households

单位:元 (yuan)

项目	Item	1995	2000	2001	2002	2003
家庭总收入	**Total Income**	**6218**	**9271**	**10519**	**12682**	**14295**
工薪收入	Wages	4826	6444	7214	8534	9693
经营净收入	Net Business Income	99	481	554	761	1172
财产性收入	Property Income	224	156	165	202	374
转移性收入	Transfer Income	1069	2190	2586	3185	3057
出售财物收入	**Income of Properties Sold**	**6**	**63**	**22**	**77**	**322**
借贷收入	**Borrowing Money and Loans**	**1918**	**2540**	**3068**	**2632**	**3647**
#提取储蓄存款	Drawing Money from Banks	1233	1662	2069	2097	2573
借入款	Borrowed Money	210	300	192	276	286
住房贷款	Asking for Banks Loan for Purchasing Houses	9	134	167	103	472
家庭总支出	**Tolal Expenditure**	**6210**	**8786**	**10074**	**11836**	**13692**
消费性支出	Consumption Expenditure	5263	7020	7952	8713	9713
购房与建房支出	Purchasing and Building Houses	496	833	1125	1079	1516
转移性支出	Transfer Expenditure	446	921	990	1237	1526
#缴纳个人收入税	Income Tax	6	21	40	112	134
捐赠支出	Expenditure for Presentation	285	636	682	786	896
赡养支出	Expenditure for Alimony	114	185	203	269	406
财产性支出	Property Expenditure	4	6	6	9	20
借贷支出	**Lend Money and Savings**	**1797**	**2455**	**3143**	**3127**	**3734**
#存入储蓄款	Savings Deposits	1288	1735	2407	2590	2909
借出款	Lend Money	73	54	35	16	55
储蓄性保险支出	Expenditure for Savings and Insurance	33	148	215	106	142
期末手存现金	**Cash Now Available**	**530**	**1210**	**1378**	**1623**	**1770**

5-34 城镇居民家庭平均每人全年收支(2003年)

Per Capita Annual Cash Income and Expenditures of Urban Households(2003)

单位:元 (yuan)

项目	Item	总平均 Average	按可支配收入分组 Grouped by Disposable Income 最低收入户 Lowest Income Households	低收入户 Low Income Households	中等偏下户 Lower Middle Income Households	中等收入户 Middle Income Households	中等偏上户 Upper Middle Income Households	高收入户 High Income Households	最高收入户 Highest Income Households
家庭总收入	**Total Income**	**14295**	**4936**	**7123**	**9387**	**12196**	**16629**	**21875**	**33086**
工薪收入	Wages	9693	3217	4648	6453	7878	11415	15384	22512
经营净收入	Net Business Income	1172	597	1005	823	1118	903	1524	2891
财产性收入	Property Income	374	36	83	145	178	244	441	2044
转移性收入	Transfer Income	3057	1086	1387	1966	3022	4068	4526	5639
出售财物收入	**Income of Property Sold**	**322**	**9**	**81**	**45**	**177**	**116**	**153**	**2294**
借贷收入	Borrowing Money and Loans	3647	953	1265	1899	2644	3854	6098	11456
#提取储蓄存款	Drawing Money from Banks	2573	827	917	1422	1891	2887	3697	7979
借入款	Borrowed Money	286	52	84	310	293	206	521	576
住房贷款	Asking for Banks Loan for Purchasing Houses	472		169	136	129	626	1657	1134
家庭总支出	**Tolal Expenditure**	**13692**	**5180**	**7354**	**9386**	**12153**	**15682**	**19880**	**30502**
消费性支出	Consumption Expenditure	9713	4367	5905	7521	9022	11127	12819	18976
购房与建房支出	Purchasing and Building Houses	1516	4	276	355	1164	1482	3355	5571
转移性支出	Transfer Expenditure	1526	397	602	800	1179	1915	2303	4244
#缴纳个人收入税	Income tax	134	7	21	42	71	175	266	474
捐赠支出	Expenditure for Presentation	896	213	373	449	721	1077	1239	2686
赡养支出	Expenditure for Alimony	406	155	174	261	318	567	636	826
财产性支出	Property Expenditure	20	10	6	1	15	14	67	55
借贷支出	**Lend Money and Savings**	**3734**	**362**	**675**	**1233**	**2106**	**3911**	**7102**	**14818**
#存入储蓄款	Savings Deposits	2909	251	498	896	1627	3278	5521	11341
借出款	Lend Money	55	6	6	7	6	43	52	370
储蓄性保险支出	Expenditure for Savings and Insurance	142	20	59	92	105	143	396	270
期末手存现金	**Cash Now Available**	**1770**	**803**	**1113**	**1340**	**1769**	**2288**	**2570**	**2771**

5-35 城镇居民家庭平均每人全年消费性支出

Per Capita Annual Consumption Expenditures of Urban Households

单位:元 (yuan)

项目	Item	1995	2000	2001	2002	2003
消费性支出	**Consumption Expenditure**	**5263**	**7020**	**7952**	**8713**	**9713**
食品	**Food**	**2476**	**2752**	**2888**	**3474**	**3558**
粮食类	Category of Grain	391	302	292	274	304
粮食	Grain	266	184	183	172	183
淀粉及薯类	Starches and Potatoes	19	15	14	10	13
干豆类及豆制品	Dried Bean and Related Products	52	48	47	41	45
油脂类	Fat or Oil	54	56	48	51	63
肉禽蛋水产品类	Meat, Poultry Eggs and Aquatic Products	940	900	892	1057	1070
肉禽及制品	Meat, Poultry and Related Products	502	448	433	457	475
蛋类	Eggs	62	48	46	48	48
水产品类	Aquatic Products	376	404	413	552	547
蔬菜类	Vegetables	244	237	234	319	311
调味品	Condiment	28	32	32	35	36
糖烟酒饮料	Sugar, Tobacco, Liquor and Beverage	287	362	396	409	456
糖类	Sugar	30	28	29	28	28
烟草类	Tobacco	146	196	219	233	255
酒和饮料	Liquor and Beverage	112	138	148	148	173
干鲜瓜果类	Dried and Fresh Melons, Fruits	204	224	227	232	255
糕点、奶及奶制品	Cake, Milk and Related Products	86	138	155	178	202
糕点	Cakes	49	56	58	58	63
奶及奶制品	Milk and Related Products	37	82	97	120	139
其它食品	Other Foods	28	52	60	88	95
饮食服务	Catering Services	267	505	601	880	828
#在外饮食	Eating Outside	266	504	601	879	828

5－35 续表 continued

项 目	Item	1995	2000	2001	2002	2003
衣着	**Clothing**	**606**	**570**	**669**	**744**	**830**
#服装	Garments	362	389	472	543	628
衣着材料	Clothing Materials	81	28	21	15	11
鞋类	Shoes	120	115	140	152	159
其它衣着用品	Other Clothing	17	25	25	23	22
衣着加工服务费	Service Expenses of Clothing Processing	25	13	11	11	10
家庭设备用品及服务	**Family Articles and Services**	**638**	**662**	**927**	**522**	**593**
#耐用消费品	Durable Consumer Goods	421	414	545	283 *	320
室内装饰品	Interior Decorations	17	17	29	19	24
床上用品	Bed Articles	34	30	37	46	48
家庭日用杂品	Articles for Daily Use	75	103	115	117	141
家具材料	Furniture Materials	18	7	39	6	13
家庭服务	Services	72	90	162	51	47
医疗保健	**Medicine and Medical Services**	**196**	**541**	**533**	**668**	**738**
交通和通讯	**Transportation and Communication**	**306**	**623**	**689**	**899**	**1224**
交通	Transportation	124	274	262	410	640
通讯	Communication	182	349	427	489	584
娱乐、教育、文化	**Recretion, Education and Cultural Services**	**423**	**917**	**1065**	**1407**	**1487**
文化娱乐用品	Goods for Recreation	492	367	360	408	389
文化娱乐服务	Services for Recreation	62	128	155	264 *	296
教育	Education	193	490	636	735	802
居住	**Residence**	**375**	**600**	**724**	**739**	**953**
住房	Housing	156	250	347	292 *	428
水电燃料及其他	Water, Electricity and Fuels	184	323	349	421	492
居住服务费	Residence Services	35	26	28	25	34
杂项商品和服务	**Miscellaneous Commodities and Services**	**244**	**354**	**457**	**261**	**330**

注：杂项商品和服务自2002年起数据统计口径调整。The data of miscellaneous commodities and servives are adjusted since 2002.

5－36　城镇居民家庭平均每人全年消费性支出(2003年)
Per Capita Annual Consumption Expenditures of Urban Households(2003)

单位:元　　(yuan)

项　目	Item	总平均 Average	按可支配收入分组 Grouped by Disposable Income 最低收入户 Lowest Income Households	低收入户 Low Income Households	中等偏下户 Lower Middle Income Households	中等收入户 Middle Income Households	中等偏上户 Upper Middle Income Households	高收入户 High Income Households	最高收入户 Highest Income Households
消费性支出	**Consumption Expenditure**	**9713**	**4367**	**5905**	**7521**	**9022**	**11127**	**12819**	**18976**
食品	**Food**	**3558**	**2087**	**2639**	**3116**	**3582**	**4020**	**4127**	**5377**
粮食类	Category of Grain	304	261	280	296	321	330	319	291
粮食	Grain	183	155	165	178	194	199	190	180
淀粉及薯类	Starches and Potatoes	13	11	11	12	13	14	14	14
干豆类及豆制品	Dried Bean and Related Products	45	36	39	45	47	50	48	44
油脂类	Fat or Oil	63	58	66	61	68	67	67	54
肉禽蛋水产品类	Meat, Poultry, Eggs and Aquatic Products	1070	691	868	1016	1102	1206	1128	1385
肉禽及制品	Meat, poultry and Related Products	475	380	446	478	489	511	468	503
蛋类	Eggs	48	38	41	46	50	52	54	49
水产品类	Aquatic Products	547	274	380	491	563	643	606	832
蔬菜类	Vegetables	311	222	276	292	322	357	345	337
调味品	Condiment	36	28	34	33	41	40	36	38
糖烟酒饮料	Sugar, Tobacco, Liquor and Beverage	456	282	339	410	480	521	518	616
糖类	Sugar	28	17	24	24	28	33	28	45
烟草类	Tobacco	255	183	201	222	262	294	294	317
酒和饮料	Liquor and Beverage	173	83	114	164	189	194	195	254
干鲜瓜果类	Dried and Fresh Melons, Fruits	255	143	204	221	263	299	302	347
糕点、奶及奶制品	Cake, Milk and Related Products	202	117	146	166	205	230	261	296
糕点	Cakes	63	37	49	53	63	71	83	83
奶及奶制品	Milk and Related Products	139	80	97	113	142	158	178	213
其它食品	Other Foods	95	47	63	83	101	106	133	125
饮食服务	Catering Services	828	295	429	600	747	932	1085	1942
#在外饮食	Eating Outside	828	294	429	599	746	931	1084	1940

项 目	Item	总平均 Average	最低收入户 Lowest Income Households	低收入户 Low Income Households	中等偏下户 Lower Middle Income Households	中等收入户 Middle Income Households	中等偏上户 Upper Middle Income Households	高收入户 High Income Households	最高收入户 Highest Income Households
			按可支配收入分组 Grouped by Disposable Income						
衣着	**Clothing**	**830**	**286**	**456**	**594**	**757**	**985**	**1369**	**1545**
#服装	Garments	628	199	334	442	557	753	1049	1212
衣着材料	Clothing	11	6	5	7	12	13	20	17
鞋类	Shoes	159	67	98	122	156	180	246	264
其它衣着用品	Other Clothing	22	10	13	16	22	26	36	36
衣着加工服务费	Service Expenses of Clothing Processing	10	3	5	6	9	12	19	16
家庭设备用品及服务	**Household Facilities, Articles and Services**	**593**	**209**	**258**	**385**	**565**	**771**	**807**	**1241**
#耐用消费品	Durable	320	106	127	203	306	462	451	598
室内装饰品	Interior	24	1	4	7	14	37	49	71
床上用品	Articles	48	15	17	37	63	53	58	84
家庭日用杂品	Articles for Daily Use	141	78	99	108	146	158	188	222
家具材料	Furniture Materials	13	2	1	13	2	13	8	67
家庭服务	Services	47	8	9	17	35	48	53	199
医疗保健	**Medical Services**	**738**	**337**	**434**	**601**	**753**	**948**	**941**	**1102**
交通和通讯	**Transportation and Communication**	**1224**	**393**	**536**	**658**	**884**	**1402**	**1583**	**3888**
交通	Transportation	640	174	182	222	315	701	706	2889
通讯	Communication	584	219	354	436	568	702	878	998
娱乐、教育、文化	**Recreation, Education and Cultural Services**	**1487**	**535**	**934**	**1163**	**1387**	**1586**	**2165**	**2989**
文化娱乐用品	Goods for Recreation	389	84	227	216	391	493	547	858
文化娱乐服务	Services for Recreation	296	50	96	139	216	368	529	851
教育	Education	802	401	611	808	779	725	1089	1281
居住	**Residence**	**953**	**437**	**505**	**783**	**834**	**1025**	**1304**	**2020**
住房	Housing	428	97	82	325	300	450	693	1260
水电燃料及其他	Water, Electricity and Fuels	492	327	401	438	502	523	580	692
居住服务费	Services	34	13	22	20	31	52	30	68
杂项商品和服务	**Miscellaneous Commodities and Services**	**330**	**83**	**144**	**220**	**261**	**390**	**522**	**815**

5-37 城镇居民家庭平均每人全年购买主要商品数量

Per Capita Annual Purchases of Major Commodities of Urban Households

名 称		Item		1995	2000	2001	2002	2003
粮食	（公斤）	Grain	(kg)	91.15	77.24	74.58	70.28	72.00
鲜菜	（公斤）	Fresh Vegetables	(kg)	93.87	87.89	89.25	108.25	101.50
食用植物油	（公斤）	Edible Vegetables Oil	(kg)	5.21	6.73	6.35	6.71	7.37
猪肉	（公斤）	Pork	(kg)	16.79	15.06	14.32	17.60	17.58
牛羊肉	（公斤）	Beef and Mutton	(kg)	1.02	0.99	0.97	1.02	1.10
家禽	（公斤）	Poultry	(kg)	7.48	9.79	9.25	11.04	11.01
鲜蛋	（公斤）	Eggs	(kg)	8.19	8.96	8.06	7.17	7.24
鱼虾	（公斤）	Fish and Shrimp	(kg)	17.32	15.63	15.77	18.67	18.78
白酒	（公斤）	White Spirit	(kg)	1.96	1.8	2.03	1.47	1.56
啤酒	（公斤）	Beer	(kg)	8.98	9.83	9.89	10.11	10.52
其他酒	（公斤）	Other Liquor	(kg)	9.3	6.44	6.06	5.66	5.95
茶叶	（公斤）	Tea	(kg)	0.14	0.17	0.17	0.14	0.14
糕点	（公斤）	Cake	(kg)	3.63	3.72	3.69	3.68	4.00
干鲜瓜果及制品	（公斤）	Dried and Fresh Melons and Fruits and Related Products	(kg)	56.41	64.35	70.25	59.55	67.88
坚果及果仁	（公斤）	Nuts and Kernels	(kg)	4.05	3.95	4.03	2.96	3.15
鲜奶	（公斤）	Fresh Milk	(kg)	5.07	10.84	12.44	15.25	16.55
服装	（件）	Garments	(piece)	6.35	7.18	7.95	7.91	8.37
鞋	（双）	Shoes	(Pair)	2.5	2.51	2.59	2.49	2.82
水	（吨）	Water	(tons)	41.28	39.02	38.13	44.07	42.39
电	（千瓦时）	Electricity	(kw.h)	242.15	318.96	361.84	424.33	543.5
煤炭	（公斤）	Coal	(kg)	31.39	16.77	15.40	13.08	12.31
液化石油气	（公斤）	Liquefied Petroleum Gas	(kg)	27.56	26.83	27.38	31.40	28.92
管道煤气	（立方米）	Pipeline Gas	(cu.m)	9.15	9.59	9.64	11.68	10.00

5-38 城镇居民家庭平均每人全年购买主要商品数量(2003年)
Per Capita Annual Purchases of Major Commodities of Urban Households(2003)

名称	Item	总平均 Average	按可支配收入分组 Grouped by Disposable Income						
			最低收入户 Lowest Income Households	低收入户 Low Income Households	中等偏下户 Lower Middle Income Households	中等收入户 Middle Income Households	中等偏上户 Upper Middle Income Households	高收入户 High Income Households	最高收入户 Highest Income Households
粮食（公斤）	Grain (kg)	72	69.31	69.33	73	76.6	76.12	68.1	62.44
鲜菜（公斤）	Fresh Vegetables (kg)	101.51	80.75	94.68	98.16	103.15	113.17	107.59	104.72
食用植物油（公斤）	Edible Vegetables Oil (kg)	7.37	7.22	7.94	7.11	7.84	7.67	7.43	5.95
猪肉（公斤）	Pork (kg)	17.58	16.42	17.62	18.74	17.1	18.65	16.55	16.24
牛羊肉（公斤）	Beef and Mutton (kg)	1.10	0.88	0.85	1.05	1.29	1.23	0.98	1.16
家禽（公斤）	Poultry (kg)	11.01	8.47	10.86	10.95	12.16	11.48	10.69	10.97
鲜蛋（公斤）	Fresh Eggs (kg)	7.24	6.24	6.49	7.14	7.62	7.7	7.9	6.9
鱼虾（公斤）	Fish and Shrimp (kg)	18.78	13.89	16.14	18.49	19.59	21.33	19.40	19.84
白酒（公斤）	White Spirit (kg)	1.56	1.4	1.32	1.47	2.07	1.55	1.62	1.1
啤酒（公斤）	Beer (kg)	10.52	5.42	7.83	13.18	11.87	12.53	8.23	8.68
其他酒（公斤）	Other Liquor (kg)	5.95	4.36	5.07	5.96	7.05	7.81	5.51	3.18
茶叶（公斤）	Tea (kg)	0.14	0.08	0.1	0.14	0.17	0.16	0.13	0.17
糕点（公斤）	Cake (kg)	4	2.77	3.35	3.71	3.98	4.63	4.73	4.57

5－38 续表 continued

名 称		Item		总平均 Average	按可支配收入分组 Grouped by Disposable Income						
					最低收入户 Lowest Income Households	低收入户 Low Income Households	中等偏下户 Lower Middle Income Households	中等收入户 Middle Income Households	中等偏上户 Upper Middle Income Households	高收入户 High Income Households	最高收入户 Highest Income Households
干鲜瓜果及制品	（公斤）	Dried and Fresh Melons and Fruits and Related Products	（kg）	67.88	46.66	62.29	62.49	69.33	79.06	73.07	76.62
坚果及果仁	（公斤）	Nuts and Kernels	（kg）	3.15	1.97	2.75	3.06	3.52	3.54	3.26	3.3
鲜奶	（公斤）	Fresh Milk	（kg）	16.55	9.47	12.27	14.59	17.71	19.53	18.83	21.74
服装	（件）	Garments	（piece）	8.37	4.46	6.09	7.16	8.17	9.93	10.96	11.85
鞋	（双）	Shoes	（pair）	2.82	1.77	2.21	2.31	2.55	2.77	3.19	5.76
水	（吨）	Water	（ton）	42.39	29.26	37.11	38.21	41.12	45.76	50.53	57.34
电	（千瓦时）	Electricity	（kwh）	543.53	331.80	417.56	479.24	549.73	576.83	668.13	814.21
煤炭	（公斤）	Coal	（kg）	12.31	24.67	19.41	11.75	13.81	11.7	3.41	1.06
液化石油气	（公斤）	LPG	（kg）	28.92	28.07	29.19	28.48	27.92	29.31	30.71	29.86
管道煤气	（立方米）	Pipeline Gas	（cu. m）	10	2.78	4.9	8.96	13.49	12.05	11.97	11.82

5－39 城镇居民家庭平均每百户耐用消费品购买量
Per 100 Urban Households Annual Average Purchases of Durable Consumer Goods

名 称		Item		1995	2000	2001	2002	2003
洗衣机	（台）	Washing Machine	(unit)	3.25	4.38	3.94	4.20	4.68
电风扇	（台）	Electric Fan	(unit)	10.46	11.09	12.25	9.96	14.04
电冰箱	（台）	Refrigerator	(unit)	2.52	3.75	3.34	4.80	4.20
微波炉	（台）	Microwave oven	(unit)		5.85	5.41	5.40	4.92
空调器	（台）	Air conditioner	(unit)	6.23	6.71	9.81	10.32	16.08
电炊具	（个）	Electric Cooking Appliances	(unit)	9.8	8.56	8.27	8.76	10.68
淋浴热水器	（个）	Shower	(unit)	5.17	4.18	3.68	4.56	5.52
排油烟机	（台）	Range Hoods	(unit)	5.89	3.29	3.13	3.48	3.24
吸尘器	（台）	Dust Collector	(unit)	0.4	0.47	0.33	1.08	0.84
摩托车	（辆）	Motorcycle	(unit)	0.86	1.97	2.45	2.28	1.44
自行车	（辆）	Bicycle	(unit)	20.46	17.13	17.55	18.48	16.8
家用汽车	（辆）	Household Car	(unit)		0.10		0.24	0.60
彩色电视机	（台）	Color TV Set	(unit)	3.77	9.02	10.88	9.84	7.8
影碟机	（台）	Video Disc Player	(unit)		4.76	4.09	4.44	3.72
录放像机	（台）	Videorecorder	(unit)	2.58	0.05	0.35	0.36	0.36
家用电脑	（台）	Household Electronic Computer	(unit)		5.33	4.30	7.08	7.32
组合音响	（台）	Hi-Fi Stereo Component System	(unit)	0.73	1.13	0.90	1.08	0.84
录音机	（台）	Recorder	(unit)	4.90	2.08	3.09	6.6	4.08
摄像机	（架）	Pickup Camera	(unit)		0.30		0.12	0.24
照相机	（架）	Camera	(unit)	1.79	1.60	2.47	1.44	2.28
钢琴	（架）	Piano	(unit)	0.07	0.10	0.04	0.12	0.12

5-40 城镇居民家庭平均每百户耐用消费品购买量(2003年)
Per 100 Urban Households Annual Average Purchases of Durable Consumer Goods(2003)

名称	Item	总平均 Average	按可支配收入分组 Grouped by Disposable Income						
			最低收入户 Lowest Income Households	低收入户 Low Income Households	中等偏下户 Lower Middle Income Households	中等收入户 Middle Income Households	中等偏上户 Upper Middle Income Households	高收入户 High Income Households	最高收入户 Highest Income Households
洗衣机 (台)	Washing Machine (unit)	4.68	1.08	4.68	3.36	4.56	6.36	3.72	7.68
电风扇 (台)	Electric Fan (unit)	14.04	3.84	11.64	14.16	14.64	15.6	17.4	17.28
电冰箱 (台)	Refrigerator (unit)	4.2	5.88	0.84	3.36	6.84	4.32	0.84	5.28
微波炉 (台)	Microwave oven (unit)	4.92	3.84	5.28	3.24	4.2	7.56	6.6	3.72
空调器 (台)	Air conditioner (unit)	16.08	5.4	8.4	12.12	16.2	20.28	27.48	19.8
电炊具 (个)	Electric Cooking Appliances (unit)	10.68	7.32	12.84	11.64	10.68	10.2	9.36	11.52
淋浴热水器 (个)	Shower (unit)	5.52	2.52	1.32	4.68	4.92	5.88	6.24	12.48
排油烟机 (台)	Range Hoods (unit)	3.24	1.2	1.08	2.88	3	4.08	5.64	4.32
吸尘器 (台)	Dust Collector (unit)	0.84	0.6		0.24	0.72	1.56	1.92	0.72
摩托车 (辆)	Motorcycle (unit)	1.44	1.68	0.96	0.84	0.48	2.52	2.64	0.6
自行车 (辆)	Bicycle (unit)	16.8	8.16	14.28	14.4	19.32	20.04	16.68	20.64
家用汽车 (辆)	Household Car (unit)	0.6					0.48	0.36	4.08
彩色电视机 (台)	Color TV Set (unit)	7.8	4.68	5.64	5.28	8.64	11.16	5.76	11.52
影碟机 (台)	Video Disc Player (unit)	3.72	1.44	5.4	1.92	3.72	3.24	5.76	6.24
录放像机 (台)	Videorecorder (unit)	0.36	0.24		1.08	0.72			
家用电脑 (台)	Household Electronic Computer (unit)	7.32	0.84	4.8	3.96	9.12	10.32	8.52	11.28
组合音响 (台)	Hi-Fi Stereo Component System (unit)	0.84		0.96	0.48	0.84	0.36	0.96	2.52
录音机 (台)	Recorder (unit)	4.08	2.04	2.04	1.32	2.4	7.2	6.48	6.96
摄像机 (架)	Pickup Camera (unit)	0.24				1.2			0.12
照相机 (架)	Camera (unit)	2.28		0.24	0.84	0.96	3.6	6.36	4.2
钢琴 (架)	Piano (unit)	0.12		0.48			0.36		

5-41 城镇居民家庭平均每百户耐用消费品拥有量

Per 100 Urban Households Annual Average Possession of Durable Consumer Goods

名称		Item		1995	2000	2001	2002	2003
组合家具	（套）	Composite Furniture	(set)	28.61	55.39	60.88	70.37	80.26
摩托车	（辆）	Motorcycle	(unit)	3.77	16.32	20.39	18.82	25.53
自行车	（辆）	Bicycle	(unit)	229.87	198.65	200.09	190.2	176.55
家用汽车	（辆）	Household Car	(unit)		0.48	0.67	1.44	2.98
洗衣机	（台）	Washing Machine	(unit)	84.64	90.03	90.93	92.41	92.69
电风扇	（台）	Electric Fan	(unit)	286.62	263.56	270.3	265.01	258.44
电冰箱	（台）	Refrigerator	(unit)	94.9	96.32	97.67	98.96	98.6
冰柜	（台）	Ice Cabinet	(unit)		3.21	3.27	2.89	4.52
彩色电视机	（台）	Color TV Set	(unit)	95.76	139.17	150.01	152.46	159.39
影碟机	（台）	Video Disc Player	(unit)		44.29	50.57	56.68	63.19
录音机	（台）	Recorder	(unit)	67.15	58.67	56.77	55.73	51.46
录放像机	（台）	Video Recorder	(unit)	23.77	27.43	28.8	26.21	20.42
家用电脑	（台）	Household Computer	(unit)		14.02	20.04	29.6	40.23
组合音响	（台）	Hi Fi Stereo Component System	(unit)	8.81	23.17	25.48	25.97	28.11
摄像机	（架）	Pickup Camera	(unit)		2.18	2.63	2.73	2.76
照相机	（架）	Camera	(unit)	37.81	45.92	50.59	49.36	50.72
钢琴	（架）	Piano	(unit)	0.79	0.78	1.11	1.22	2
中高档乐器	（件）	Medium and High - level Instrument	(unit)	8.81	6.9	8.54	7.15	6.5
微波炉	（台）	Microwave-oven	(unit)		23	30.84	41.44	51.21
空调器	（台）	Air Conditioner	(unit)	16.56	57.72	71	85.56	105.23
电炊具	（个）	Appliances for Electric Cooking	(unit)	94.9	105.84	110.7	105.8	112.09
淋浴热水器	（台）	Shower	(unit)	47.28	68.39	73.08	79.99	82.98
排油烟机	（台）	Range Hoods	(unit)	49.21	74.43	77.78	79.41	83.34
吸尘器	（台）	Dust Collector	(unit)	16.95	14.55	15.13	17.16	18.85
健身器材	（套）	Health Equipment	(unit)		4.67	5.15	5.12	5.68
移动电话	（部）	Mobile Telephone	(unit)		31.73	58.18	95.07	130.64

5-42 城镇居民家庭平均每百户耐用消费品拥有量(2003年)
Per 100 Urban Households Annual Average Possession of Durable Consumer Goods(2003)

名称		Item		总平均 Average	按可支配收入分组 Groupedby Disposable Income 最低收入户 Lowest Income Households	低收入户 Low Income Households	中等偏下户 Lower Middle Income Households	中等收入户 Middle Income Households	中等偏上户 Upper Middle Income Households	高收入户 High Income Households	最高收入户 Highest Income Households
组合家具	(套)	Composite Furniture	(set)	80.26	63.34	75.39	75.36	73.96	86	87.56	101.1
摩托车	(辆)	Motorcycle	(unit)	25.53	20.37	20.23	22	19.98	26.73	39.16	35.35
自行车	(辆)	Bicycle	(unit)	176.55	176.53	184.93	182.75	180.77	173.53	173.45	159.1
家用汽车	(辆)	Household Car	(unit)	2.98	1.5	0.21	1.9	1.39	2.46	4.28	11.04
洗衣机	(台)	Washing Machine	(unit)	92.69	81.32	86.98	91.05	91.2	95.81	100.32	99.62
电风扇	(台)	Electric Fan	(unit)	258.44	232.63	242.36	250.47	266.73	265.15	267.23	272.45
电冰箱	(台)	Refrigerator	(unit)	98.6	88.4	93.89	98.17	100.85	99.54	102.58	102.22
冰柜	(台)	Ice Cabinet	(unit)	4.52	1.28	4.56	3.38	2.09	7.45	4.04	8.72
彩色电视机	(台)	Color TV Set	(unit)	159.39	126.94	142.89	152.81	157.06	165.5	177.37	187.96
影碟机	(台)	Video Disc Player	(unit)	63.19	46.22	57.29	61.52	60.12	64.57	72.73	79.09
录音机	(台)	Recorder	(unit)	51.46	39.35	49.73	44.61	52.91	52.3	57.18	65.73
录放像机	(台)	Video - Recorder	(unit)	20.42	15.04	14.23	16.04	22.74	23.73	20.8	27.55
家用电脑	(台)	Household Computer	(unit)	40.23	13.43	27.54	31.65	37.94	47.64	57.08	63.11
组合音响	(台)	Hi Fi Stereo Component System	(unit)	28.11	16.02	18.6	23.56	26.35	33.03	36.18	40.92
摄像机	(架)	Pickup Camera	(unit)	2.76	0.29		0.77	2.02	3.03	3.39	11
照相机	(架)	Camera	(unit)	50.72	23.44	30.59	43.25	48.61	58.05	71.36	74.56
钢琴	(架)	Piano	(unit)	2	1.5	0.5	0.73	1.97	2.32	1.77	5.69
中高档乐器	(件)	Medium and High - level Instrument	(unit)	6.5	3.12	1.47	5.72	5.97	7.95	8.05	11.83
微波炉	(台)	Microwave-oven	(unit)	51.21	21.99	38.14	45.05	48.46	56.25	69.96	75.42
空调器	(台)	Air Conditioner	(unit)	105.23	49	70.65	82.05	98.86	116.6	151.04	169.89
电炊具	(个)	Appliances for Electric Cooking	(unit)	112.09	89.42	94.54	104.64	121.43	117.43	114.59	130.49
淋浴热水器	(台)	Shower	(unit)	82.98	57.59	65.76	73.42	84.7	87.48	98.27	110
排油烟机	(台)	Range Hoods	(unit)	83.34	71.96	72.99	80.11	79.16	88.56	90.79	98.25
吸尘器	(台)	Dust Collector	(unit)	18.85	6.28	12.43	13.96	14.58	21.1	29.34	37.05
健身器材	(套)	Health Equipment	(unit)	5.68	1.49	1.93	2.4	5.26	5.9	8.73	15.75
移动电话	(部)	Mobile Telephone	(unit)	130.64	77.17	89.6	121.28	120.29	148.5	172.01	173.02

5-43 城镇居民家庭居住情况

Living Conditions of Urban Households

单位:% (%)

项　目	Item	1995	2000	2001	2002	2003
调查总户数	**Number of Households Surveyed**	**100**	**100**	**100**	**100**	**100**
按房屋产权分	**By Property Right of House**					
租凭公房	Rental State-owned House	39	13.86	10.37	8.22	6.35
租凭私房	Rental Private House	1.2	1.49	1.29	1.41	1.61
自有房	Private House	59.8	83.98	87.07	88.27	90.80
原有私房	Original Private House				14.06	14.67
房改私房	Private House after House Reforming				55.83	50.48
商品房	Commercial House				18.38	25.65
其他	Others		0.67	1.26	2.1	1.24
按住宅建筑式样分	**By Building Type**					
单栋住宅	One Household	1.79	5.45	6.2	5.16	5.79
四居室	Four Bedrooms	1.72	3.75	4.91	7.68	5.87
三居室	Three Bedrooms	19.07	26.71	27.78	22.95	25.43
二居室	Two Bedrooms	47.09	46.87	44.06	53.79	52.94
一居室	One Bedroom	4.97	4.90	4.12	3.43	3.34
普通楼房	Common House	13.71	5.36	6.71	6.03	5.24
平房及其他	Others	11.66	6.97	6.24	0.97	1.4
按用水情况分	**By Water Using**					
独用自来水	Tap Water Owned Per Household	96	98.80	98.61	99.16	99.19
公用自来水	Public Tap Water	3.9	1.10	1.39	0.5	0.63
井水、河水	Wall Water and River	0.1	0.10		0.34	0.18
按卫生设备情况分	**By Health Facilities**					
无卫生设备	Without Health Facilities	23.2	7.34	7.10	4.97	2.95
有浴室厕所	Bathroom and Toilet Room Owned Per Household	69.7	85.96	85.74	87.13	87.55
有厕所无浴室	Toilet Room Owned But Without Bath Room	5.3	5.65	5.91	6.93	8.68
公用卫生设备	Public Health Facilities	1.8	1.05	1.25	0.97	0.83
按取暖设备情况分	**By Heating Facilities**					
无取暖设备	Without Heating Equipment	90.5	62.64	56.45	42.25	36.15
空调设备	Air Coditioner Owned	9.2	37.14	43.46	53.71	62.24
暖气	Warm Gas	0.3	0.12			
其它	Others		0.10	0.10	4.04	1.61
按炊用燃料使用情况分	**By Fuel Types**					
管道煤气	Pipeline Gas	6.4	10.22	10.36	16.51	18.16
液化石油气	LPG	85.2	88.57	88.52	82.53	81.09
煤	Coal	8	0.93	0.77	0.72	0.65
其他	Others	0.4	0.29	0.34	0.24	0.1

5-44 农村居民生活水平
Living Standard of Rural Resident

年 份 Year	人均纯收入（元）Per Capita Net Income (yuan)	人均纯收入增长（上年=100）Growth Rate of Per Capita Net Income (Preceding year=100)	人均消费性支出（元）Per Capita Consumption Expenditure (yuan)	#食品支出 Food	恩格尔系数 Engel Coefficient	人均居住面积（平方米）Per Captia Floor Space of Residential Buildings (sq. m)
1978	165		157	93	59.1	
1979	195	115.2	175	100	57.1	
1980	219	103.3	192	109	56.8	16.07
1981	286	129.0	267	147	55.2	14.02
1982	346	120.4	302	170	56.3	16.57
1983	359	102.3	326	183	56.2	19.32
1984	446	123.5	369	202	54.6	20.45
1985	549	112.5	474	247	52.1	22.08
1986	609	105.0	561	282	50.3	23.02
1987	725	113.6	659	320	48.6	24.73
1988	902	108.1	839	389	46.4	25.98
1989	1011	97.4	927	445	48.0	27.09
1990	1099	102.7	946	436	46.1	29.26
1991	1211	108.9	1027	518	50.5	30.77
1992	1359	108.8	1112	548	49.2	31.34
1993	1746	110.2	1263	633	50.2	32.62
1994	2225	104.1	1680	800	47.6	32.77
1995	2966	105.3	2378	1198	50.4	34.14
1996	3463	106.1	2702	1367	50.6	35.78
1997	3684	103.8	2839	1378	48.5	37.30
1998	3815	104.7	2891	1362	47.1	38.53
1999	3948	105.6	2806	1293	46.1	40.27
2000	4254	107.8	3231	1406	43.5	46.42
2001	4582	106.9	3479	1449	41.6	47.82
2002	4940	108.4	3693	1508	40.8	49.53
2003	5431	107.8	4287	1637	38.2	50.73

注：农村居民人均纯收入增长扣除价格变动因素。Growth rate of per Capita net income was excluded prices change.

5-45 农村居民家庭基本情况
Basic Statistics on Rural Households

项目		Item		1995	2000	2001	2002	2003
调查户数	**(户)**	**Number of Household Surveyed**	**(household)**	**2700**	**2700**	**2700**	**2700**	**2700**
常住人口	**(人)**	**Number of Permanent Residents**	**(person)**	**10705**	**9873**	**9817**	**9694**	**9636**
户均常住人口	(人)	Average Permanent Residents Per Household	(person)	3.96	3.66	3.64	3.59	3.57
户均整半劳动力	**(人)**	**Average Able-bodied and Semi-ablebodied Laborers Per Household**	**(person)**	**2.93**	**2.63**	**2.60**	**2.59**	**2.61**
整半劳动力占人口比重	(%)	Percentage of Able-bodied and Semi-ablebodied Laborers	(%)	73.99	71.85	71.56	72.16	73.16
每百个劳动力中:		**Among Per 100 Laborers**						
乡村企业人数	**(人)**	**Laborers in Rural Enterprises**	**(person)**	**15.04**	**15.00**	**14.31**	**14.34**	**14.79**
外出劳动力人数	**(人)**	**Laborers Outside**	**(person)**	**6.80**	**9.37**	**8.80**	**9.25**	**12.68**
平均每百个劳动力中:		**Among Per 100 Laborers**						
不识字或识字很少	(人)	Illiterate or Semiliterate	(person)	11.53	6.64	6.49	6.52	6.31
小学程度	(人)	Primary School	(person)	38.57	37.07	34.59	34.45	33.77
初中程度	(人)	Junior Secondary School	(person)	41.61	44.30	44.00	44.19	45.60
高中程度	(人)	Senior Secondary School	(person)	7.47	9.79	11.76	11.69	11.32
中专程度	(人)	Specialized Secondary School	(person)	0.63	1.80	2.51	2.44	2.13
大专程度	(人)	College	(person)	0.19	0.41	0.65	0.70	0.87
按人均纯收入分组的户数占调查户数的比重	**(%)**	**Percentage of Households Grouped by Per Capita Net Income**	**(%)**					
500元以下		<500 yuan		0.7	1.0	0.8	0.6	0.7
500-1000元		500-1000 yuan		4.3	2.9	1.6	1.8	1.7
1000-1500元		1000-1500 yuan		10.4	4.8	5.0	4.1	3.4
1500-2000元		1500-2000 yuan		14.1	7.6	6.8	5.9	5.0
2000-2500元		2000-2500 yuan		14.3	9.4	8.3	8.7	6.4
2500-3000元		2500-3000 yuan		12.7	9.1	8.9	7.3	7.1
3000-3500元		3000-3500 yuan		12.2	9.3	9.3	8.9	7.2
3500-4000元		3500-4000 yuan		7.9	9.4	8.0	7.6	7.3
4000-4500元		4000-4500 yuan		6.4	9.5	7.6	7.9	7.0
4500-5000元		4500-5000 yuan		4.5	6.8	7.5	7.3	6.8
5000元以上		>=5000 yuan		12.5	30.2	36.4	40.1	47.5
人均经营耕地面积	**(亩)**	**Cultivated Areas Run by Per Capita**	**(mu)**	**0.91**	**0.84**	**0.82**	**0.79**	**0.72**
#自留地面积	(亩)	Private Plot	(mu)	0.07	0.05	0.05	0.05	0.05
人均经营山地面积	(亩)	Hilly Areas Runned by Per Capita	(mu)	0.65	0.40	0.44	0.53	0.39

5-46 农村居民家庭基本情况(2003年)
Basic Statistics on Rural Households(2003)

项　目	Item	总平均 Average	按人均纯收入等级分组 Grouped by Level of Net Income				
			低20%收入户 Lower Income Households (20%)	次低20%收入户 Low Income House-holds (20%)	中等20%收入户 Middle Income Households (20%)	次高20%收入户 High Income Households (20%)	高20%收入户 Higher Income Households (20%)
调查户数(户)	**Number of Household Surveyed(household)**	**2700**	**540**	**540**	**540**	**540**	**540**
家庭常住人口(人)	**Permanent Residents(person)**	**9636**	**2030**	**2015**	**1974**	**1894**	**1723**
户均常住人口(人)	Average Permanent Residents Per Household (person)	3.57	3.76	3.73	3.66	3.51	3.19
户均整半劳动力(人)	**Average Able-bodied and Semi-ablebodied Laborers(person)**	**2.61**	**1469**	**1452**	**1408**	**1402**	**1319**
整半劳动力占人口比重(%)	Percentage of Able-bodied and Semi-ablebodied(%)	73.16	2.72	2.69	2.61	2.60	2.44
平均每百个劳动力中:(人)	**Among Per 100 Laborers (person)**						
乡村企业人数	Laborers in Rural Enterprises	14.79	5.79	11.50	15.98	19.97	21.68
外出劳动力人数	Laborers Outside	12.68	14.02	14.39	14.35	12.27	11.37
平均每百个劳动力中:(人)	**Among Per 100 Laborers (person)**						
不识字或识字很少	Illiterate or Semiliterate	6.31	7.56	7.30	6.82	5.56	4.09
小学程度	Primary School	33.77	37.24	33.33	32.03	33.67	32.37
初中程度	Junior Secondary School	45.60	46.70	47.59	46.88	42.72	43.90
高中程度	Senior Secondary School	11.32	6.74	9.85	11.93	14.34	14.18
中专程度	Specialized Secondary School	2.13	1.29	1.38	1.85	2.78	3.49

项 目	Item	总平均 Average	按人均纯收入等级分组 Grouped by Level of Net Income 低20%收入户 Lower Income House-holds (20%)	次低20%收入户 Low Income House-holds (20%)	中等20%收入户 Middle Income House-holds (20%)	次高20%收入户 High Income House-holds (20%)	高20%收入户 Higher Income Households (20%)
大专及以上程度(人)	College(person)	0.87	0.48	0.55	0.50	0.93	1.97
人均经营耕地面积(亩)	**Cultivated Areas Run by Per Capita(mu)**	**0.72**	**0.68**	**0.68**	**0.71**	**0.69**	**0.86**
#自留地面积	Private Plot	0.05	0.04	0.05	0.04	0.04	0.05
人均经营山地面积(亩)	Average Hilly Areas Run by Per Capita(mu)	0.39	0.59	0.53	0.29	0.28	0.25
人均新建(购)住房面积(平方米)	**Living Floor Space of House Newly Built Per Capita (sq. m)**	**1.26**	**0.96**	**0.64**	**0.44**	**1.92**	**2.56**
#钢筋混泥土结构面积	Reinforced Concrete Structure	0.97	0.65	0.40	0.35	1.55	2.10
砖木结构面积	Brick and Wood Structure	0.27	0.31	0.24	0.09	0.28	0.46
新建(购)住房每平方米价值(元)	**Value of Houses Newly Built Per Square Meter(yuan)**	**467.51**	**288.85**	**464.40**	**375.68**	**387.13**	**631.29**
年末人均住房面积(平方米)	Per Capita Living Floor Space(sq. m)	50.73	38.04	44.90	50.42	58.02	64.83
#钢筋混泥土结构面积	Reinforced Concrete Structure	27.30	14.14	20.71	26.64	36.35	41.33
砖木结构面积	Brick and Wood Structure	21.69	21.03	21.79	21.94	20.96	22.88
户均年末使住房屋价值(元)	**Houses Value Per House-holds(yuan)**	**59156**	**38582**	**46520**	**56636**	**66328**	**87713**

5-47 农村居民家庭房屋状况
Housing Conditions of Rural Households

项　目	Item	1995	2000	2001	2002	2003
年内新建房屋户数(户)	**Number of Households Newly Built House (household)**	**137**	**94**	**52**	**67**	**72**
新建房户比重(%)	Percentage of Households Newly Built House(%)	5.07	3.48	1.93	2.48	2.67
新建房屋每平方米价值(元)	**Value of Newly Built House Per Square Meter(yuan)**	**330**	**393**	**433**	**493**	**468**
人均新建生活用房面积(平方米)	**Living Floor Space of House Newly Built Per Capita(sq. m)**	**1.64**	**1.44**	**0.98**	**1.11**	**1.26**
#新建楼房面积(平方米)	Per Capita Floor Space of Multi-floor Buildings Newly Built (sq. m)	1.06	1.34	0.91	1.05	1.20
人均年末使用生活用房面积(平方米)	**Per Capita Living Floor Space (the End of Year)(sq. m)**	**34.14**	**46.42**	**47.82**	**49.52**	**50.73**
#砖木结构	Brick and Wood Structure	16.33	22.5	22.11	20.95	21.69
钢筋混凝土结构	Reinforced Concrete Structure	14.14	21.53	23.44	26.05	27.30
年末每平方米生活用房价值(元)	**Value of Living House Per Square Meter(yuan)**	**196**	**268**	**281**	**299**	**327**
户均年末使用房屋价值(元)	**Houses Value Per Household the End of Year(yuan)**	**26492**	**45461**	**48788**	**53149**	**59156**

5-48 农村居民人均总收入和纯收入

Per Capita Annual Total Income and Net Income of Rural Households

单位:元 (yuan)

项 目	Item	1995	2000	2001	2002	2003
全年总收入	**Gross Income**	**3975**	**5325**	**5804**	**6152**	**6709**
全年纯收入	**Net Income**	**2966**	**4254**	**4582**	**4940**	**5431**
#生产性纯收入	Productive Income	2750	3808	4113	4405	4934
基本收入	Basic Income	2806	3919	4226	4513	4949
工资性收入	Wage Income	1110	2001	2226	2437	2613
在非企业组织中劳动得到	Remuneration from The Organizations of Non-enterprises	149	399	456	467	411
企业劳动得到	Remuneration from Enterprises	859	1331	1451	1644	1713
乡村企业得到	from Township Enterprises	531	776	892	981	908
其他单位劳动得到	from Other Units	102	271	318	326	489
家庭经营收入	Income from Household Business	1696	1918	2000	2075	2336
农业收入	Planting	802	682	720	734	754
林业收入	Forestry	8	16	18	19	28
牧业收入	Animal Husbandry	231	219	213	200	211
渔业收入	Fishery	34	36	39	39	37
工业收入	Industry	167	274	303	312	377
建筑业收入	Construction	80	135	138	160	205
运输业收入	Transportation	95	137	139	151	194
批发零售贸易餐饮业收入	Wholesale, Retail Sale and Catering Trade	114	211	221	255	299
服务业收入	Service Trade	56	111	113	107	15
文教卫生业收入	Culture, Education and Public Health		11	11	12	116
其他家庭经营收入	Others	109	85	83	86	99
转移性收入、财产性收入	Transfer Income and Property Income	160	335	357	428	482

5-49 农村居民人均总收入和纯收入(2003年)
Per Capita Annual Total Income and Net Income of Rural Households(2003)

单位:元 (yuan)

项目	Item	总平均 Average	按人均纯收入等级分组 Grouped by Level of Net Income				
			低20%收入户 Lower Income House-holds (20%)	次低20%收入户 Low Income House-holds (20%)	中等20%收入户 Middle Income House-holds (20%)	次高20%收入户 High Income House-holds (20%)	高20%收入户 Higher Income House-holds (20%)
全年总收入	**Gross Income**	**6709.24**	**2835.69**	**4178.82**	**5679.01**	**7727.50**	**14293.21**
工资性收入	**Wage Income**	**2613.44**	**813.88**	**1562.74**	**2461.83**	**3428.26**	**5240.39**
在非企业组织中劳动得到	From Orgazinations of Non-enterprises	410.66	55.43	162.22	262.92	513.21	1176.26
在本地企业中劳动得到	From Local Enterprises	1374.78	646.60	1200.45	1845.74	2491.45	3406.29
#在本地乡镇企业得到	From Local Township Enterprises	907.86	163.59	480.51	788.17	1236.32	2060.57
常住人口外出从业得到	Income of Permanent Population Going out to Work	338.64	111.85	200.06	353.17	423.60	657.84
家庭经营收入	**Income from Household Business**	**3490.45**	**1761.13**	**2282.99**	**2770.54**	**3683.15**	**7552.93**
农业收入	Plantiag	1075.57	691.84	895.58	1009.82	1012.74	1882.56
林业收入	Forestry	50.05	61.53	58.68	38.64	55.65	33.33
牧业收入	Animal Husbandry	501.40	315.15	368.51	361.10	502.23	1036.05
渔业收入	Fishery	83.28	63.47	61.34	102.98	65.42	129.34
工业收入	Industry	674.50	280.60	255.50	356.02	712.13	1952.09
建筑业收入	Construction	213.43	57.34	177.01	245.07	297.07	311.73
交通、运输和邮电业收入	Transportation, Posts and Telecommunication	275.78	92.66	137.83	199.57	382.60	622.75
批发和零售贸易、餐饮收入	Wholesale, Retail Sale and Catering Trade	348.88	87.95	124.47	241.38	383.11	1004.26
社会服务业收入	Social Serve Trade	136.85	39.36	109.28	88.20	123.90	353.94
文教卫生业收入	Culture, Education and Public Health	16.84	2.13	9.14	2.46	26.34	49.20
其他家庭经营收入	Others	110.16	68.45	81.73	123.27	112.98	174.43
财产性收入	**Property Income**	**250.41**	**72.94**	**113.32**	**171.35**	**243.77**	**717.73**
转移性收入	**Transfer Income**	**354.94**	**187.74**	**219.77**	**275.29**	**372.31**	**782.16**
全年纯收入	**Net Income**	**5431.29**	**1704.21**	**3389.82**	**4795.61**	**6563.97**	**11693.05**

5-50 农村居民人均总支出
Per Capita Annual Expenditure of Rural Households

单位:元 (yuan)

项目	Item	1995	2000	2001	2002	2003
全年总支出	**Total Expenditure**	**3535.75**	**4231.51**	**4890.33**	**5175.29**	**5908.32**
生活消费支出	Living Expenditure for Consumption	2378.38	3230.88	3479.17	3692.89	4286.70
食品	Food	1197.97	1406.37	1448.52	1507.49	1637.04
主食	Staple Food	306.73	264.45	257.93	246.50	237.05
副食	Non-Staple Food	565.58	651.33	663.53	674.24	689.72
其他食品	Other Food	268.62	369.10	383.49	402.96	491.58
在外饮食	Eating Outside	44.71	109.08	132.37	172.66	193.92
衣着	Clothing	157.06	167.40	181.93	206.93	229.47
居住	Residence	452.92	580.53	632.00	576.90	775.16
#住房	Housing	367.03	452.83	495.52	390.88	596.16
电费	Electricity	22.93	61.88	60.35	63.33	76.53
燃料	Fuel	37.59	47.23	50.16	49.29	71.77
家庭设备、用品及服务	Household Facilities, Articles and Services	137.21	145.89	155.89	170.36	206.69
医疗保健	Medicines and Medical Services	103.20	200.06	252.03	266.50	306.31
#医药卫生保健用品	Medical Articles	59.50	103.17	131.87	154.92	155.93
交通和通讯	Transportations and Communications	76.50	275.46	299.79	359.36	496.08
#交通工具	Means of Transportation	33.25	98.08	87.73	106.57	183.88
交通费	Traffic Fare	20.88	38.74	42.16	48.15	65.62
邮电通讯费	Postage	6.99	84.98	104.24	130.57	148.28

单位:元 5-50 续表 Continued (yuan)

项目	Item	1995	2000	2001	2002	2003
文教娱乐用品及服务	Cultural, Educational and Recreational Services	193.91	367.99	411.71	503.51	531.11
文化教育娱乐用品	Cultural, Educational and Recreational Articles		48.71	51.84	49.97	63.35
学杂费	Tuition Fee	5.34	5.45	5.15	6.41	7.35
技术培训费	Training Fee	132.00	275.00	315.00	393.61	412.41
文娱费	Cultural and Recreational Fee	11.00	16.46	19.38	27.50	27.60
其他商品和服务	Other Commodities and Services	59.61	87.18	97.30	101.84	104.84
家庭经营费用支出	Expenditure for Household Business	855.39	737.22	820.50	811.76	938.38
农业生产支出	Planting	250.91	243.99	259.81	262.01	266.06
林业生产支出	Forestry	3.63	14.68	14.97	13.13	21.91
牧业生产支出	Animal Husbandry	326.79	252.25	242.23	253.09	267.59
渔业生产支出	Fishery	42.53	25.48	37.56	36.55	34.64
工业生产支出	Industry	120.08	98.50	156.57	140.77	241.50
建筑业支出	Construction	11.34	9.46	8.69	8.16	7.14
运输业支出	Transportation	46.24	52.06	57.61	57.52	50.11
批发和零售贸易餐饮业	Wholesale, Retail Sale and Catering Trade	29.05	15.24	22.90	22.65	25.04
服务业支出	Service Trade	12.23	14.87	14.26	9.63	15.21
文教卫生业支出	Culture, Education and Public Health		0.58	0.32	1.53	0.62
其他经营支出	Others	12.59	10.10	5.58	6.79	8.56
购置生产用固定资产支出	Expenditure for Purchasing Productive Fixed Assets	169.73	104.72	114.12	125.73	152.24
税费支出	Expenditure for Taxes and Expenses	53.94	60.85	60.48	57.62	44.03
#缴纳税金	Taxes	33.44	29.20	27.02	29.84	27.61
附:生产用固定资产折旧	**Depreciation of Productive Fixed Assets**	**85.88**	**128.91**	**145.10**	**156.32**	**172.28**

5-51 农村居民人均总支出(2003年)

Per Capita Annual Expenditure of Rural Households(2003)

单位:元 (yuan)

项目	Item	总平均 Average	按人均纯收入等级分组 Grouped by Level of Net Income 低20%收入户 Lower Income House-holds (20%)	次低20%收入户 Low Income House-holds (20%)	中等20%收入户 Middle Income House-holds (20%)	次高20%收入户 High Income House-holds (20%)	高20%收入户 Higher Income House-holds (20%)
全年总支出	**Gross Expenditure**	**5908.32**	**3398.37**	**3935.67**	**4675.98**	**6546.78**	**11882.47**
生活消费支出	Living Expenditure for Consumption	4286.70	2108.44	2975.89	3645.01	5044.60	8288.10
#服务性支出	Service Expenditure	1334.43	604.81	954.59	1256.64	1650.55	2379.87
食品	Food	1637.04	1010.58	1326.66	1539.82	1883.56	2578.48
#谷物	Cereal	229.95	203.26	231.35	230.01	240.88	247.66
食用油	Oil for Eating Relatied	42.53	31.61	39.88	41.21	46.11	56.10
蔬菜及制品	Vegetables and Prodacted	123.46	95.89	105.10	115.17	132.01	177.51
肉禽、蛋奶及制品	Meat, Porlty Eggs Milk and Ther Products	347.40	238.41	303.08	325.60	392.85	502.65
水产品及制品	Aguatic Products	176.33	85.39	111.09	158.80	198.40	355.58
烟、酒	Tobacco and Liquor	255.59	136.22	202.64	217.38	301.14	451.86
在外饮食	Eating Outside	193.92	64.29	126.17	200.28	254.26	352.27
衣着	Clothing	229.47	109.79	158.20	205.12	279.80	426.39
居住	Residence	775.16	244.19	409.54	489.87	847.96	2075.16
家庭设备、用品及服务	Household Facilities, Articles and Services	206.69	103.26	128.60	164.83	256.65	412.92
交通和通迅	Transportation and Communications	496.08	168.42	270.33	348.86	593.14	1208.09
文教娱乐用品及服务	Cultural, Educational and Recreational Articles and Services	531.11	254.27	392.03	532.07	676.11	859.46
医疗保健	Medicines and Medical Services	306.31	154.85	209.46	275.52	370.64	562.60
其他商品和服务	Other Commodities and Services	104.84	63.08	81.06	88.92	136.75	165.00
家庭经营费用	Expenditure For Household Business	938.38	886.04	559.69	590.68	794.16	1999.80
农业生产	Planting	266.06	261.72	209.13	223.89	217.05	439.93
林业生产	Forestry	21.91	37.51	17.09	13.61	22.38	18.16
牧业生产	Animal Husbandry	267.59	156.77	177.23	171.70	232.61	652.14
渔业生产	Fishery	34.64	56.50	16.57	46.52	27.87	23.87
工业生产	Industry	241.50	277.68	79.18	72.62	181.42	648.22

项　目	Item	总平均 Average	按人均纯收入等级分组 Grouped by Level of Net Income 低20%收入户 Lower Income Households (20%)	次低20%收入户 Low Income Households (20%)	中等20%收入户 Middle Income Households (20%)	次高20%收入户 High Income HOuseholds (20%)	高20%收入户 Higher Income Households (20%)
农村居民生产费用现金支出	Productive Expenditure Pay for Cash of Rural Inhabitant	1071.04	952.04	566.08	621.44	914.05	2490.43
农村居民生活消费现金支出	Living Expenditure Pay for Cash of Rural Inhabitant	4018.13	1821.53	2681.66	3384.42	4780.01	8057.62
食品	Food	1379.59	741.35	1047.09	1288.18	1626.45	2353.75
#谷物	Cereal	59.88	40.36	53.23	56.30	61.05	93.48
食用油	Oil for Eatingl	39.88	28.41	36.34	38.13	44.05	54.96
蔬菜及制品	Vegetables and Related Products	81.05	43.94	60.99	75.94	95.65	138.04
肉禽、蛋奶及制品	Meat, Porlty Eggs Milk and Their Products	317.22	202.04	263.88	302.42	364.34	480.45
水产品及制品	Aguatic Products	174.18	82.59	108.83	156.57	196.28	354.39
烟、酒	Tobacco and Liquor	255.59	136.22	202.64	217.38	301.14	451.86
茶叶、饮料	Tea, Beverage	24.21	9.44	16.71	21.71	29.16	47.81
其它类食品	Others	204.64	118.12	155.78	193.28	243.00	334.59
在外饮食	Eating Outside	193.92	64.29	126.17	200.28	254.26	352.27
食品加工费	Food Processing	15.31	11.43	10.96	12.32	16.91	26.62
衣着	Clothing	229.03	109.17	156.71	205.12	279.79	426.39
#服装	Garments	151.15	67.13	97.67	132.19	188.05	293.83
鞋、帽、袜类	Shoes, Hats and Stockings	52.02	27.64	40.62	46.72	59.66	91.77
居住	Residence	764.53	227.24	396.46	480.93	840.51	2069.41
#装饰、装修	Decorating	367.22	104.18	100.50	208.88	506.51	1015.44
住房	Housing	122.43	1.48	101.74	43.06	8.87	504.92
燃料	Fuel	61.48	42.54	58.26	60.76	64.42	85.14
电费	Electricity	76.53	46.49	54.49	70.00	92.74	127.37
家庭设备、用品及服务	Household Facilities, Articles and Services	206.64	103.15	128.51	164.82	256.63	412.92
交通和通讯	Transportation and Communications	496.08	168.42	270.33	348.86	593.14	1208.09
#交通工具	Means of Transportation	183.88	33.84	65.87	87.50	219.59	569.82
通讯工具	Means of Communitation	50.96	17.29	28.87	43.05	71.41	103.04
交通费	Traffic Fare	65.62	28.53	40.99	40.68	52.44	80.08
邮电费	Postage	148.28	70.28	100.85	126.35	169.33	297.64
文教娱乐用品及服务	Cultural, Educational and Recreational Articles and Services	531.11	254.27	392.03	532.07	676.11	859.46
#文化教育娱乐用品	Cultural, Educational and Recreational Articles	63.35	23.37	38.20	50.34	74.69	142.29
#学杂费	Tuition Fee	7.35	3.76	4.29	6.71	9.03	14.06
技术培训费	Training Fee	412.41	202.65	315.91	430.51	537.99	613.60
文教娱乐服务	Cultural, Educational and Recreational Services	27.60	18.60	22.83	33.02	36.71	62.31
医疗保健	Medicines and Medical Services	306.31	154.85	209.46	275.52	370.64	562.60
#购买医疗保健用品	Medical Articles	155.93	87.42	99.15	136.55	191.6	286.03
医疗保健服务消费	Medicines Services	150.39	67.44	110.32	138.97	179.03	276.57
其他商品和服务	Others	104.84	63.08	81.06	88.92	136.75	165.00

5-52 农村居民平均每人主要食品消费量
Per Capita Annual Foods Consumption of Major Commodities of Rural Households

名称		Item		1995	2000	2001	2002	2003
粮食	（公斤）	Grain	（kg）	262.36	227.26	232.62	224.02	207.26
#稻谷	（公斤）	Rice	（kg）	222.91	210.85	217.32	208.26	194.37
小麦	（公斤）	Wheat	（kg）	12.13	8.83	7.55	6.83	3.54
蔬菜及菜制品	（公斤）	Vegetable	（kg）	84.89	85.94	86.54	87.32	83.91
植物油	（公斤）	Vegetable Oil	（kg）	2.80	4.22	4.34	4.50	4.62
动物油	（公斤）	Animal Oil	（kg）	1.16	1.37	1.27	1.43	1.19
猪肉	（公斤）	Pork	（kg）	12.96	16.51	15.33	15.34	15.51
牛羊肉	（公斤）	Beef and Mutton	（kg）	0.62	0.87	0.92	0.79	0.91
奶及奶制品	（公斤）	Milk and Its Prooducts	（kg）	0.20	0.97	1.28	1.83	3.15
家禽	（公斤）	Poultry	（kg）	3.60	5.92	5.87	5.47	6.03
蛋及蛋制品	（公斤）	Eggs	（kg）	3.79	5.52	5.03	4.89	5.33
鱼类	（公斤）	Fishes	（kg）	9.09	8.86	9.08	8.98	9.11
虾、贝、蟹类	（公斤）	Shrimps	（kg）	1.32	2.56	3.10	3.41	3.41
食糖	（公斤）	Sugar	（kg）	2.47	2.46	2.36	2.36	2.13
卷烟	（盒）	Cigarettes	（box）	37.03	34.92	34.53	33.02	34.18
酒	（公斤）	Wine	（kg）	21.40	22.64	22.76	21.16	24.15
#啤酒		Beer		8.49	11.60	12.09	12.40	15.63
水果	（公斤）	Fruit	（kg）	26.53	29.14	33.10	31.46	18.92

5－53 农村居民按纯收入等级分组的人均主要食物消费量(2003年)
Per Capita Annual Consumption of Major Commodities of Rural Households(2003)

名称		Item		总平均 Average	按人均纯收入等级分组 Grouped by Level of Net Income 低20%收入户 Lower Income Households (20%)	次低20%收入户 Low Income Households (20%)	中等20%收入户 Middle Income Households (20%)	次高20%收入户 High Income Households (20%)	高20%收入户 Higher Income Households (20%)
粮食	(公斤)	Grain	(kg)	207.26	191.47	213.94	209.85	217.94	214.33
#小麦	公斤	Wheat	(kg)	194.37	5.30	4.08	2.73	2.72	2.70
稻谷	(公斤)	Rice	(kg)	3.54	174.96	197.36	196.50	204.70	199.93
豆类及豆制品	(公斤)	Beans and Related Products	(kg)	9.85	5.09	7.85	7.91	9.86	9.02
蔬菜及菜制品	(公斤)	Vegetable	(kg)	83.91	80.19	81.47	77.61	79.82	102.87
油脂类	(公斤)	Oil	(kg)	5.81	4.47	5.55	5.74	6.33	7.22
#植物油	(公斤)	Vegetable Oil	(kg)	4.62	3.30	4.16	4.65	5.16	6.10
动物油	(公斤)	Animal Oil	(kg)	1.19	1.17	1.39	1.09	1.17	1.11
肉禽及其制品	(公斤)	Meat, Porlty and Ther Products	(kg)	28.03	20.63	25.45	26.40	31.49	37.85
#猪肉	(公斤)	Pork	(kg)	15.51	14.01	16.07	14.48	16.12	17.10
牛肉	(公斤)	Beef	(kg)	0.50	0.24	0.40	0.58	0.58	0.75
羊肉	(公斤)	Mutton	(kg)	0.41	0.31	0.23	0.30	0.51	0.77
家禽	(公斤)	Poultry	(kg)	6.03	3.02	4.63	5.35	7.27	10.64
蛋类及蛋制品	(公斤)	Eggs and Products	(kg)	5.33	4.13	5.23	5.27	5.70	6.52
奶和奶制品	(公斤)	Milk and Products	(kg)	3.15	1.34	4.87	2.24	3.02	4.45
水产类	(公斤)	Aguatic Products	(kg)	14.64	8.78	11.22	14.57	16.17	23.92
#鱼类	(公斤)	Fish	(kg)	9.11	5.80	7.51	9.08	10.00	13.96
虾、贝、蟹类	(公斤)	Shrimp	(kg)	3.41	1.65	2.12	3.36	3.86	6.57
藻类	(公斤)	Alga	(kg)	0.36	0.31	0.42	0.36	0.36	0.36
食糖	(公斤)	Sugar	(kg)	2.13	1.91	1.95	2.23	2.28	2.28
酒	(公斤)	Wine	(kg)	24.15	15.43	21.85	23.49	27.26	34.43
#白酒	(公斤)	White Spirit	(kg)	1.85	1.12	1.49	1.66	2.33	2.83
啤酒	(公斤)	Beer	(kg)	15.63	10.74	13.66	14.98	17.61	22.24
果酒	(公斤)	Fruit Wine	(kg)	0.09	0.08	0.08	0.06	0.15	0.09
水果	(公斤)	Fruit	(kg)	18.92	11.41	17.20	19.27	21.98	25.98

5-54 农村居民家庭主要商品购买情况
Annual Purchases of Major Commodities of Rural Households

名 称	Item	1995	2000	2001	2002	2003
平均每人购买服装	**Per Capita Purchases of Clothing(piece)**	1.05	1.26	1.37	1.53	1.91
每百户购买文化体育用品	**Per 100 Households Purchases of Cultural and Sports Goods**					
黑白电视机(台)	Black/White TV Set(unit)	1.30	0.15	0.14	0.04	0.19
彩色电视机(台)	Color TV Set(unit)	2.85	6.70	6.04	6.52	6.37
收录机(台)	Radio Tape Recorder(unit)	2.52	2.15	1.44	11.30	1.04
录放像机(台)	Videorecorder(unit)	0.33	0.37	0.11	0.11	0.37
照相机(架)	Camera(unit)	0.33	0.19	0.26	0.37	0.22
户均购买建筑材料	**Per Household Purchases of Building Materials**					
水泥(公斤)	Cement(kg)	359.40	424.40	394.70	371.57	487.29
木材(立方米)	Timber(cu. m)	0.50	0.54	0.13	0.37	0.24
钢材(公斤)	Steel Products(kg)	43.40	42.83	36.28	40.99	47.16
水泥预制(件)	Cement Prefabricated Parts (unit)	3.20	2.96	2.22	1.79	2.01
玻璃(平方米)	Glass(sq. m)	0.80	0.54	0.45	0.33	0.31
砖瓦(块)	Brick(unit)	1507	1119	844	745	714
每百户购买耐用消费品	**Per 100 Households Purchases of Durable Consumer Goods**					
自行车(辆)	Bicycle(unit)	11.96	9.96	8.63	8.59	7.56
缝纫机(架)	Sewing Machine(unit)	1.37	0.37	0.04	0.04	0.30
洗衣机(台)	Washing Machine(unit)	1.48	1.93	2.33	1.44	2.15
电风扇(台)	Electric Fan(unit)	11.81	9.15	9.30	10.59	12.48
电冰箱(台)	Refrigerator(unit)	2.93	1.63	1.93	2.30	2.85
摩托车(辆)	Motorcycle(unit)	1.00	4.67	4.15	4.70	5.59
户均购买生产资料	**Per Household Purchases of Means of Production**					
化肥(公斤)	Chemical Fertilizer(kg)	477.53	414.52	406.74	364.01	328.57
饼肥(公斤)	Cake Fertilizer(kg)	0.91	7.00	2.18	1.09	3.10
农药(公斤)	Chemical Pesticide(kg)	11.29	14.79	13.86	13.59	12.20
农用薄膜(公斤)	Farm Film(kg)	1.62	3.15	1.88	1.46	2.57
生产用燃料(公斤)	Fuel for Production(kg)		41.10	40.48	45.22	37.56

5－55　农村居民主要耐用品购买情况(2003 年)
Per Capita Annual Purchase of Major Commodities of Rural Households(2003)

名称	Item	总平均 Average	按人均纯收入等级分组 Grouped by Level of Net Income				
			低 20% 收入户 Lower Income Households (20%)	次低 20% 收入户 Low Income Households (20%)	中等 20% 收入户 Middle Income Households (20%)	次高 20% 收入户 High Income Households (20%)	高 20% 收入户 Higher Income Households (20%)
平均每人购买服装(件)	**Per Capita Purchases of Clothing (piece)**	1.91	1.40	1.78	1.87	2.07	2.55
每百户购买文化体育用品	**Per 100 Households Purchases of Cultural and Sports Goods**						
黑白电视机(台)	Black/White TV Set(unit)	0.19	0.37	0.19		0.19	0.19
彩色电视机(台)	Color TV Set(unit)	6.37	3.70	5.19	5.19	8.15	9.63
录放像机(台)	Videorecorder(unit)	0.37	0.19	0.19	0.19	0.19	1.11
照相机(架)	Camera(unit)	0.22		0.37	0.37	0.19	0.19
影碟机(台)	Video Disc Player(unit)	2.44	1.85	1.85	2.04	2.59	3.89
组合音响(台)	Composite Acoustics(unit)	0.56	0.37		0.37	1.30	0.74
家用计算机(台)	Computer (unit)	1.63	0.19	0.74	1.11	2.22	3.89
每百户购买耐用消费品	**Per 100 Households Purchases of Durable Consumer Goods**						
洗衣机(台)	Washing Machine(unit)	2.15	0.93	1.67	1.30	4.44	2.41
电风扇(台)	Electric Fan(unit)	12.48	9.07	10.37	12.96	14.26	15.74
电冰箱(台)	Refrigerator(unit)	2.85	0.74	0.93	3.33	3.52	5.74
空调机(台)	Air Condition	4.48	1.85	1.67	3.15	7.22	8.52
热水器(台)	Water Heater(unit)	2.67	0.74	0.93	2.78	2.78	6.11
微波炉(台)	Microware Dven	0.70	0.19			0.74	2.59
自行车(辆)	Bicycle(unit)	7.56	4.81	4.44	7.59	11.48	9.44

5-55 续表 continued

名称	Item	总平均 Average	按人均纯收入等级分组 Grouped by Level of Net Income 低20%收入户 Lower Income Households (20%)	次低20%收入户 Low Income Households (20%)	中等20%收入户 Middle Income Households (20%)	次高20%收入户 High Income Households (20%)	高20%收入户 Higher Income Households (20%)
摩托车(辆)	Motorcycle(unit)	5.59	1.85	3.52	4.44	9.81	8.33
电话机(部)	Telephone(unit)	7.63	5.19	7.96	7.59	9.07	8.33
移动电话(部)	Mobile Telephone(unit)	13.04	4.63	7.96	12.22	17.22	23.15
每户购买建筑材料	Per Household Purchases of Building Materials						
水泥(公斤)	Cement(kg)	487.29	240.00	211.10	328.96	594.65	1061.75
木材(立方米)	Timber(cu. m)	0.24	0.04	0.03	0.13	0.26	0.71
钢材(公斤)	Steel Products(kg)	47.16	23.54	28.62	21.39	56.14	106.13
水泥预制件(件)	Cement Prefabricated Parts(unit)	2.01	1.39	0.39	2.50	2.62	3.13
玻璃(平方米)	Glass(sq. m)	0.31	0.04	0.09	0.28	0.25	0.88
砖瓦(块)	Brick(unit)	713.53	367.45	303.23	524.11	941.85	1431.00
沙石(立方米)	Asphalt Felt(cu. m)	4.83	1.01	0.81	2.86	10.21	9.28
每户购买生产资料	Per Household Purchases of Means of Production						
化肥(公斤)	Chemical Fertilizer(kg)	328.57	303.34	298.87	326.10	318.17	7.64
饼肥(公斤)	Cake Fertilizer(kg)	3.10	1.08	1.62	4.28	0.90	156.00
农药(公斤)	Chemical Pesticide(kg)	12.20	115.16	148.02	146.23	118.69	3.87
农用薄膜(公斤)	Farm Film(kg)	2.57	3.26	1.40	1.76	2.56	175.30
生产用燃料(公斤)	Fuel for Production(kg)	37.56	54.53	64.86	108.41	161.19	9.39

5-56 农村居民家庭平均每百户耐用消费品拥有量
Annual Average Possession of Durable Consumer Goods Per 100 Rural Households

名 称	Item	1995	2000	2001	2002	2003
自行车 （辆）	Bicycle (unit)	196.52	180.19	180.00	175.11	168.70
电风扇 （台）	Electric Fan (unit)	219.59	270.52	281.63	289.62	292.19
洗衣机 （台）	Washing Machine (unit)	14.96	34.70	37.96	40.15	43.11
电冰箱 （台）	Refrigerator (unit)	21.70	42.04	46.63	48.59	53.11
摩托车 （辆）	Motorcycle (unit)	7.04	29.78	35.93	40.33	47.56
黑白电视机 （台）	Black/White Tv Set (unit)	66.48	50.78	49.37	45.59	39.89
彩色电视机 （台）	Color TV Set (unit)	32.85	83.15	93.41	103.48	109.67
电话机 （部）	Telephone (unit)	9.81	60.26	72.33	77.15	84.15
移动电话 （部）	Moble Telephone (unit)	8.04	20.22	35.44	52.22	73.48
录像机 （台）	Video Recorder (unit)	3.93	9.04	9.56	10.30	10.19
收录机 （台）	Radio Tape Recorder (unit)	31.04	28.15	27.33	26.93	25.19
照相机 （架）	Camera (unit)	3.11	6.44	7.48	8.07	7.93
抽油烟机 （台）	Range Hoods (unit)	2.70	18.81	23.19	25.63	28.44
吸尘器 （台）	Dust Catcher (unit)	0.96	2.07	3.04	2.67	2.81
空调机 （台）	Air Conditioner (unit)	0.30	5.85	9.44	13.00	20.37

5－57 农村居民家庭平均每百户耐用消费品拥有量(2003年)
Annual Average Possession of Durable Consumer Goods Per 100 Rural Households(2003)

名称		Item		总平均 Average	按人均纯收入等级分组 Grouped by Level of Net Income				
					低20%收入户 Lower Income Households (20%)	次低20%收入户 Low Income Households (20%)	中等20%收入户 Middle Income Households (20%)	次高20%收入户 High Income Households (20%)	高20%收入户 Higher Income Households (20%)
自行车	(辆)	Bicycle	(unit)	168.70	120.37	164.07	185.37	193.15	180.56
电风扇	(台)	Electric Fan	(unit)	292.19	225.37	262.59	305.00	327.04	340.93
洗衣机	(台)	Washing Machine	(unit)	43.11	27.41	35.74	39.44	50.56	62.41
电冰箱	(台)	Refrigerator	(unit)	53.11	30.37	42.04	51.30	62.22	79.63
摩托车	(辆)	Motorcycle	(unit)	47.56	23.70	37.41	48.52	62.41	65.74
组合音响	(台)	Hi－Fi Stereo Component System	(unit)	17.44	10.56	13.89	15.00	19.63	28.15
黑白电视机	(台)	Black/White Tv Set	(unit)	39.89	39.63	39.63	41.48	41.11	37.59
彩色电视机	(台)	Color TV Set	(unit)	109.67	87.78	100.74	107.22	116.85	135.74
电话机	(部)	Telephone	(unit)	84.15	66.11	78.70	89.44	92.96	93.52
移动电话	(部)	Moble Telphone	(unit)	73.48	43.33	56.48	72.59	84.44	110.56
录像机	(台)	Video Recorder	(unit)	10.19	4.81	6.30	9.07	11.67	19.07
收录机	(台)	Radio Tape Recorder	(unit)	25.19	13.52	18.70	25.19	32.04	36.48
照相机	(架)	Camera	(unit)	7.93	4.63	4.26	6.11	6.85	17.78
抽油烟机	(台)	Range Hoods	(unit)	28.44	12.41	17.96	23.89	32.96	55.00
吸尘器	(台)	Dust Catcher	(unit)	2.81	1.30	1.11	1.30	2.96	7.41
空调机	(台)	Air Conditioner	(unit)	20.37	7.96	9.81	14.26	24.63	45.19

5－58 农村居民家庭拥有生产性固定资产情况
Purchases of Productive Fixed Assets in Rural Households

指标		Item		1995	2000	2001	2002	2003
户均生产性固定资产原值	(元)	**Per Household Original Value of Productive Fixed Assets**	(yuan)	**5107.66**	**7070.86**	**7913.71**	**8418.75**	**9222.73**
役畜、产品畜		Draught Animal and Product Lirvestock		201.50	165.79	171.43	157.87	143.37
大中型铁木农具		Large and Medium-sized Iron and wood Farm Tools		204.67	236.04	236.83	245.71	280.11
农林牧渔业机械		Agricultural Machinery		933.98	992.24	995.14	1005.45	499.42
工业机械		Industrial Machinery		527.60	1102.01	1800.90	2181.92	2568.73
运输机械		Transportation Machinery		779.53	1133.75	1390.82	1503.71	1437.00
平均每百户拥有:		**Possession Per 100 Households**						
汽车	(辆)	Vehicles for Agricultural Use	(unit)	0.94	1.52	1.60	1.97	2.21
大中型拖拉机	(辆)	Large and Medium-sized Tractors	(unit)	0.26	0.44	0.59	1.00	1.52
小型和手扶拖拉机	(辆)	Small-sized and Walking Tractors	(unit)	4.83	6.15	6.35	5.89	4.89
机动脱粒机	(台)	Motorized Thresher	(unit)	26.97	33.05	29.60	28.85	27.45
水泵	(台)	Turbine Pump	(unit)	12.66	22.49	23.75	24.95	21.70
役畜	(头)	Draught Animal	(head)	6.55	5.27	4.07	4.29	2.99
产品畜	(头)	Product Livestock	(head)	24.37	29.77	29.22	20.41	14.00

5-59 农村居民家庭拥有生产性固定资产情况(2003年)
Investment in Fixed Assets for Production(2003)

指标	Item	总平均 Average	按人均纯收入等级分组 Grouped by Level of Net Income 低20%收入户 Lower Income Households (20%)	次低20%收入户 Low Income Households (20%)	中等20%收入户 Middle Income Households (20%)	次高20%收入户 High Income Households (20%)	高20%收入户 Higher Income Households (20%)
户均生产性固定资产原值(元)	**Per Household Original Value of Productive Fixed Assets(yuan)**	**9223**	**6354**	**6507**	**7849**	**10229**	**15175**
农业	Agricaltare	3739	3193	3276	4100	3948	4178
工业	Industry	2569	705	1698	1911	2989	5540
建筑业	Construction	55	9	78	79	55	56
交通运输机械	Transportation Machinery	1437	573	944	992	1408	3268
批发和零售贸易、餐饮业	Wholesale, Retail Sale and Catering Services	1098	1706	360	654	1587	1181
社会服务业	Social Services	213	84	111	83	68	717
文教卫生业	Culture Education and Public Health	41	1	4	7	21	169
其他	Others	72	82	35	24	153	66
平均每百户拥有:	**Possession Per 100 Households**						
汽车(辆)	Vehicles for Agricultural Use(unit)	2.21	0.93	1.57	1.85	1.85	4.86
大中型拖拉机(台)	Large and Medium-sized Tractors (unit)	1.52	1.48	1.48	1.11	1.85	1.67
小型和手扶拖拉机(辆)	Small-sized and Walking Tractors (unit)	4.89	3.89	4.63	5.93	5.56	4.44
机动脱粒机(辆)	Motorized Thresher (unit)	27.45	16.99	26.74	33.98	31.54	28.00
收割机(台)	Reaper	0.70	1.30	0.56	0.65	0.56	0.46
农用动力机械(台)	Dynamioal Machirery for Agricultural Use	13.56	11.33	12.93	16.85	16.17	10.52
水泵(台)	Turbine Pump(unit)	21.70	18.24	21.48	20.46	26.20	22.09
役畜(头)	Draught Animal(head)	2.99	6.07	2.08	4.30	1.30	1.20
产品畜(头)	Product Livestock(head)	14.00	12.59	18.70	15.56	9.81	13.33

主要统计指标解释

职工工资总额 指各单位在一定时期内直接支付给本单位全部职工的劳动报酬总额。

工资总额的计算原则应以直接支付给职工的全部劳动报酬为根据。各单位支付给职工的劳动报酬以及其他根据有关规定支付的工资,不论是计入成本的还是不计入成本的,不论是按国家规定列入计征奖金税项目的,还是未列入计征奖金税项目的,不论是以货币形式支付的还是以实物形式支付的,均包括在工资总额内。

计件超额工资 是计件工资的一部分,指计件工人超额完成定额任务后所得的工资。即计件工人实得的全部计件工资级别减去应提的计件标准工资后的数额。某些企业的工人由于从事生产的工作物等级高于本人工资等级,因而其计件标准工资高于本人标准工资,其计件超额也应是全部工资减去应得的计件标准工资后的数额。

奖金 指支付给职工的超额劳动报酬和增收节支的劳动报酬。

津贴和补贴 指为了补偿职工特殊或额外的劳动消耗和因其他特殊原因支付给职工的津贴,以及为了保证职工工资水平不受物价影响支付给职工的物价补贴。

职工平均工资 指企业、事业、机关单位的职工在一定时期内平均每人所得的货币工资额。它表明一定时期职工工资收入的高低程度,是反映职工工资水平的主要指标。计算公式为:

$$职工平均工资=\frac{报告期实际支付的全部职工工资总额}{报告期全部职工平均人数}$$

职工平均实际工资 指扣除物价变动因素后的职工平均工资。计算公式为:

$$职工平均实际工资=\frac{报告期职工平均工资}{报告期城镇居民消费价格指数}$$

城镇居民家庭实际收入 包括经常或固定得到的收入和一次性收入。不包括周转性收入,如提取银行存款、向亲友借入款、收回借出款以及其他各种暂收款。

城镇居民家庭可支配收入 指被调查城镇居民家庭在支付个人所得税之后,所余下的实际收入。

城镇居民家庭消费性支出 指被调查的城镇居民家庭用于日常生活的全部支出,包括购买商品支出和文化生活、服务等非商品性支出。不包括罚没、丢失款和缴纳的各种税款(如个人所得税、牌照税、房产税等),也不包括个体劳动者生产经营过程中发生的各项费用。

农村居民家庭纯收入 指农村常住居民家庭总收入中,扣除从事生产和非生产经营费用支出、缴纳税款和上交承包集体任务金额以后剩余的,可直接用于进行生产性、非生产性建设投资、生活消费和积蓄的那一部分收入。它是反映农民家庭实际收入水平的综合性的主要指标。农民家庭纯收入,既包括从事生产性和非生产性的经营收入,又包括取自在外人口寄回带回和国家财政救济、各种补贴等非经营性收入;既包括货币收入,又包括自产自用的实物收入。但不包括向银行、信用社和向亲友贷款等属于借贷性的收入。

农村居民家庭生活消费支出 指农村常住居民家庭用于日常生活的全部开支,是反映和研究农民家庭实际生活消费水平高低的重要指标。

Explanatory Notes on Main Statistical Indicators

Total Wages of Staff and Workers refer to the total remuneration payment to staff and workers in various units during a certain period of time.

The calculation of total wages is based on the total remuneration payment to the staff and workers. Therefore, all the wages and salaries and other payments to staff and workers are included in the total wages regardless of their sources, category, and forms (in kind or cash).

Extra Piece Wages refer to the payment to workers for their extra work beyond labour quota, i. e. total amount of piece wages minus standard piece wages. For some enterprises, the standard of piece wage for some workers exceeds their normal payment. In this case, the extra piece wage is still calculated as total amount of wages minus standard picec wages.

Bonus refers to remuneration payment to workers for extra work and for increasing earnings and practicing economy.

Subsidies and Allowances refer to subsidies paid to staff and workers for compensating special or extra labour and allowances paid to staff and workers to offset the impact of inflation on real wages.

Average Wage of Staff and Workers refers to the average wage in money terms per person during a certain period of time for staff and workers in enterprises, institutions, and government agencies, which reflects the general level of wage income during a certain period of time and is calculated as follows:

$$\text{Average Wage of Staff and Workers} = \frac{\text{Total Wages of Staff and Workers in Reference Period}}{\text{Average Number of Staff and Workers in Reference Period}}$$

Average Real Wage of Staff and Workers refers to average wage of staff and workers after removing the effects of price changes, which is calculated as follows:

$$\text{Average Real Wage of Staff and Workers} = \frac{\text{Average Wage of Staff and Workers in Reference Period}}{\text{Consumer Price Index of Urban Residents in Reference Period}}$$

Total Income of Urban Households refers to the total actual cash income of the sample households, including regular or fixed income and occasional income. The imcome of a circulating nature such as withdrawal from bank deposits, loans borrowed from relatives or friends, repayment of loans received and various temporary collection of money is excluded.

Disposable Income refers to the income of the sample households which can be used for daily expenses, i. e. total income minus income tax.

Expenditure for Consumption refers to total expenditure of the sample households for consumption in daily life, including expenditure for various commodities and expenses for non-commodity items such as culture and service, etc., but excluding fines and confiscation, loss, tax payments (such as income tax, license tax, real estates tax, etc.) and various expenses by individual laborers for business purposes.

Net Income of Rural Households refers to the total income of the permanent residents of the rural households during a year after the deduction of the expenses for productive and non-productive business operation, the payment for taxes and the payment for collective units for their contracted tasks. The net income can be spent for investments in productive and non-productive construction, for consumption in daily life and for savings deposit. It is a comprehensive indicator to show the actual level of the income of the peasants 'household. The net income of the rural households includes not only the income from the productive and non-productive business operation, but also the income from the non-business operation, such as the money remitted or brought back by the members of the household who are in other places, the government relief payment and various subsidies. It includes not only the money income, but also the income in kind. But the income from borrowing from banks, friends and relatives is excluded.

Expenditure of Rural Households for Consumption refers to total expenses of rural households on daily life, including expenses on food, clothing, housing, fuel, articles for daily use and expenses on cultural life and services, This indicator is used to show the actual consumption level of peasants.

农 业

Agriculture

Chapter6

6. 农 业
Agriculture

2003 年农村人口	Number of Rural Population	3712.12 万人 (10000 persons)
2003 年农村劳动力	Number of Rural Labour Force	2219.90 万人 (10000 persons)
2003 年农林牧渔业总产值	Gross Output Value of Agriculture	1165.23 亿元 (100 million yuan)
2003 年农林牧渔业增加值	Added Value of Agriculture	727.49 亿元 (100 million yuan)
2003 年年末实有耕地面积	Cultivated Area (Year-end)	1592.14 千公顷 (1000 hectares)
2003 年农林牧渔业商品产值	Agriculture Commodity Output Value	833.11 亿元 (100 million yuan)

农业增加值 (亿元)
Added Value of Agriculture (100 million yuan)

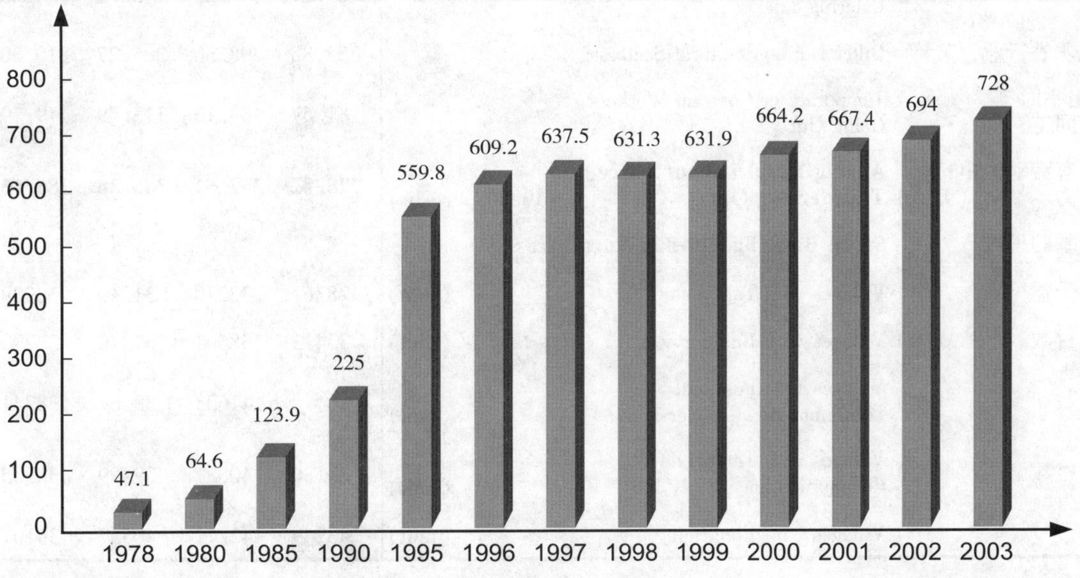

6-1 农村基本情况
Basic Statistics on Rural Areas

指标		Item		1995	2000	2001	2002	2003
农村基层组织		**Rural Grass Roots Units**	**(unit)**					
乡镇政府	(个)	Number of Township and Town Governments	(unit)	1841	1723	1415	1375	1334
#镇政府		Number of Town Governments		961	971	839	822	791
村民委员会	(个)	Number of Villages´Committees	(unit)	43364	42226	40569	39125	38322
村民小组	(万个)	Number of Villages´Groups	(10000 units)	35.50	34.35	33.44	33.61	33.45
农村住户数、人口、劳动力		**Number of Rural Households, Population and Labour Force**						
农村住户数	(万户)	Rural Households	(10000 households)	1066.29	1075.96	1122.72	1146.57	1168.74
#农业生产户数	(万人)	Agricultural Producing	(10000 persons)			977.56	968.91	943.15
农村人口	(万人)	Rural Population	(10000 persons)	3588.15	3545.48	3631.31	3664.06	3712.12
农村劳动力资源	(万人)	Rural Labour Resource	(10000 persons)	2181.35	2197.92	2262.97	2282.76	2323.05
农村劳动力	(万人)	Rural Labour Force	(10000 persons)	2097.02	2108.44	2170.08	2185.6	2219.90
按性别分		By Sex						
男		Male		1146.60	1135.82	1167.03	1170.86	1186.65
女		Female		950.42	972.62	1003.05	1014.74	1033.25
按部门分		By Section						
农林牧渔业		Farming, Forestry, Animal Husbandry and Fishery		1145.87	1014.93	985.11	929.58	872.96
工业		Industry		447.25	474.25	531.89	582.40	647.41
建筑业		Construction		99.44	110.68	116.49	122.71	130.85
交通运输、仓储业及邮电通讯业		Transportation, Storage, Post and Telecommunication Services		62.89	69.03	72.82	76.18	79.61
批发、零售贸易、餐饮业		Wholesale, Retail Sales and Catering Trades		87.69	141.25	158.5	164.43	191.22
其他非农行业		Other Non-agricultural Sectors		253.88	298.30	305.27	310.30	297.85
#外出临时工、合同工		Temporary or Contract Workers Going Out		81.57	108.13	113.79	119.19	113.66
在农村实有劳动力中：外出劳动力	**(万人)**	**Among Rural Labour Force: Transferring Out**	**(10000 perosns)**	**228.82**	**367.51**	**346.36**	**385.65**	**386.95**
农村社会基础设施		**Social Basic Facilities in Rural Areas**						
自来水受益村数	(个)	Villages with Tap Water	(unit)	28361	32270	31240	30929	31286
通汽车村数	(个)	Villages with Bus Services	(unit)	33413	38501	37310	36290	35981
通邮村数	(个)	Villages with Post and Telecommunication Services	(unit)		41633	39566	38341	37692
通电话村数	(个)	Villages with Telephone Communication	(unit)	29180	40887	39499	38305	37704
通电村数	(个)	Villages with Electricity	(unit)	43249	42211	40552	39101	38306

6-2 分行业农村从业人员

Employed Persons in Rural Areas by Sector

单位:亿元 (100 million yuan)

年份 Year	农林牧渔业 Farming, Forestry, Animal Husbandry and Fishery	工业 Industry	建筑业 Construction	交通运输仓储业及邮电通讯业 Transport, Storage, Post and Telecommunications	批发、零售贸易业、餐饮业 Wholesale, Retail Sale and Catering Services	其他非农行业 Other Non-agricultural Trade
1978	65.71	50.82	48.86	1.99	9.42	3.48
1979	91.84	69.47	67.29	2.75	15.55	4.07
1980	92.67	64.23	60.52	3.61	19.39	5.44
1981	95.56	69.21	64.48	3.79	16.45	6.11
1982	118.04	84.61	77.91	4.42	22.88	6.13
1983	118.68	83.65	74.87	4.77	23.41	6.85
1984	147.49	102.80	89.93	6.67	27.01	11.01
1985	174.05	111.20	92.85	8.87	37.84	16.14
1986	192.04	122.97	101.00	9.26	40.09	19.72
1987	227.18	141.09	113.91	11.61	48.57	25.91
1988	280.94	162.80	129.89	14.40	70.33	33.41
1989	304.50	181.26	145.97	13.60	75.68	33.96
1990	331.56	199.48	163.92	16.00	75.18	40.90
1991	363.22	217.21	180.00	17.42	76.78	51.81
1992	396.93	226.46	179.94	21.01	85.23	64.23
1993	490.13	274.85	218.01	29.80	92.11	93.37
1994	690.20	372.97	305.58	41.92	134.78	140.53
1995	868.76	481.90	407.24	50.02	142.03	194.81
1996	932.85	517.29	431.90	54.77	155.88	204.92
1997	1004.88	516.21	426.56	59.26	190.03	239.38
1998	1003.66	522.98	434.22	59.46	165.85	255.37
1999	1005.22	519.00	431.57	62.31	157.00	266.91
2000	1057.07	521.31	446.15	54.48	183.94	297.36
2001	1053.57	488.59	471.52	60.20	195.94	308.84
2002	1101.86	511.42	495.72	60.84	205.09	324.51
2003	872.96	647.41	130.85	79.61	191.22	297.85

6-3 各市乡村实有劳动力(2003年)
Rural Labour Force by City (2003)

单位:万人 (10000 persons)

地区	Region	合计 Total	#女 Female	农、林、牧、渔业 Farming, Forestry, Animal Husbandry and Fishery	#农业 Farming	工业 Industry
全省合计	**Total**	**2219.90**	**1033.25**	**872.96**	**709.86**	**647.41**
浙东北	**Eastern & Northern Region**	**1065.66**	**501.85**	**376.7**	**296.87**	**374.12**
杭州市	Hangzhou	251.95	119.05	99.4	80.83	72.12
宁波市	Ningbo	297.84	139.02	87.04	72.11	122.43
嘉兴市	Jiaxing	147.60	71.36	48.90	34.47	68.85
湖州市	Huzhou	113.16	53.05	48.49	33.79	35.65
绍兴市	Shaoxing	216.07	102.37	75.95	66.81	69.81
舟山市	Zhoushan	39.04	17.00	16.92	8.86	5.26
浙西南	**Western & Southern Region**	**1154.24**	**531.4**	**496.26**	**412.99**	**273.29**
温州市	Wenzhou	374.41	168.8	124.43	103.24	110.86
金华市	Jinhua	239.30	113.73	111.00	101.70	60.04
衢州市	Quzhou	117.91	54.06	62.24	49.52	14.28
台州市	Taizhou	307.04	143.31	125.92	102.35	80.18
丽水市	Lishui	115.58	51.50	72.67	56.18	7.93

单位:万人　　6-3 续表 continued　　(10000 persons)

地区	Region	建筑业 Construction	交通运输仓储业及邮电通讯业 Transport, Storage, Post and Telecommunications	批发、零售贸易业、餐饮业 Wholesale, Retail Sale and Catering Services	其他非农行业 Other Non-agricultural Trade	#外出合同工、临时工 Contract or Temporary Workers Transferring Out	在农村实有劳动力中:外出 Among Rural Labour Force: Transferring Out
全省合计	**Total**	**130.85**	**79.61**	**191.22**	**297.85**	**113.66**	**386.95**
浙东北	**Eastern & Northern Region**	**70.63**	**42.83**	**72.36**	**129.02**	**53.17**	**143.21**
杭州市	Hangzhou	15.24	10.54	14.42	40.23	22.70	38.65
宁波市	Ningbo	16.65	10.68	21.55	39.49	13.71	33.81
嘉兴市	Jiaxing	6.94	5.92	7.91	9.08	4.23	8.18
湖州市	Huzhou	6.38	5.68	8.76	8.20	2.52	12.48
绍兴市	Shaoxing	22.52	7.93	16.53	23.33	7.79	42.66
舟山市	Zhoushan	2.90	2.08	3.19	8.69	2.22	7.43
浙西南	**Western & Southern Region**	**60.22**	**36.78**	**118.86**	**168.83**	**60.49**	**243.74**
温州市	Wenzhou	16.64	13.11	55.13	54.24	12.61	84.61
金华市	Jinhua	14.95	7.22	17.68	28.41	13.22	42.64
衢州市	Quzhou	7.86	3.17	5.98	24.38	16.6	37.3
台州市	Taizhou	17.33	10.29	32.74	40.58	8.33	46.86
丽水市	Lishui	3.44	2.99	7.33	21.22	9.73	32.33

6-4 农、林、牧、渔业总产值

Gross Output Value of Farming, Forestry, Animal Husbandry and Fishery

单位:亿元 (100 million yuan)

年份 Year	农林牧渔业总产值 Total	农业产值 Farming	#种植业产值 Planting	林业产值 Forestry	牧业产值 Animal Husbandry	渔业产值 Fishery
1978	65.71	50.82	48.86	1.99	9.42	3.48
1979	91.84	69.47	67.29	2.75	15.55	4.07
1980	92.67	64.23	60.52	3.61	19.39	5.44
1981	95.56	69.21	64.48	3.79	16.45	6.11
1982	118.04	84.61	77.91	4.42	22.88	6.13
1983	118.68	83.65	74.87	4.77	23.41	6.85
1984	147.49	102.80	89.93	6.67	27.01	11.01
1985	174.05	111.20	92.85	8.87	37.84	16.14
1986	192.04	122.97	101.00	9.26	40.09	19.72
1987	227.18	141.09	113.91	11.61	48.57	25.91
1988	280.94	162.80	129.89	14.40	70.33	33.41
1989	304.50	181.26	145.97	13.60	75.68	33.96
1990	331.56	199.48	163.92	16.00	75.18	40.90
1991	363.22	217.21	180.00	17.42	76.78	51.81
1992	396.93	226.46	179.94	21.01	85.23	64.23
1993	490.13	274.85	218.01	29.80	92.11	93.37
1994	690.20	372.97	305.58	41.92	134.78	140.53
1995	868.76	481.90	407.24	50.02	142.03	194.81
1996	932.85	517.29	431.90	54.77	155.88	204.92
1997	1004.88	516.21	426.56	59.26	190.03	239.38
1998	1003.66	522.98	434.22	59.46	165.85	255.37
1999	1005.22	519.00	431.57	62.31	157.00	266.91
2000	1057.07	521.31	446.15	54.48	183.94	297.36
2001	1053.57	488.59	471.52	60.20	195.94	308.84
2002	1101.86	511.42	495.72	60.84	205.09	324.51
2003	1165.23	529.44	515.24	65.67	233.01	337.11

注:本表按当年价格计算。 The data in this table are calculated at current price.

6-5 农、林、牧、渔业总产值指数(1978年=100)

Indices of Gross Output Value of Farming, Forestry, Animal Husbandry and Fishery(1978=100)

年份 Year	农林牧渔业总产值 Gross Output Value of Farming, Forestry, Animal Husbandry & Fishery	农业产值 Agriculture	#种植业产值 Planting	林业产值 Forestry	牧业产值 Animal Husbandry	渔业产值 Fishery
1979	112.26	109.58	110.04	109.95	131.12	93.69
1980	109.85	105.62	103.41	115.71	133.27	94.59
1981	110.78	107.65	104.36	115.71	128.88	96.69
1982	128.98	127.88	123.64	113.26	148.37	102.71
1983	124.88	122.05	114.82	116.93	149.42	99.70
1984	145.51	145.51	132.39	149.29	156.79	116.48
1985	151.17	146.44	125.92	155.09	176.43	136.74
1986	159.30	152.77	126.90	149.90	185.83	162.85
1987	164.65	158.47	125.65	161.50	181.27	184.84
1988	168.39	162.26	122.63	157.53	189.10	182.79
1989	170.76	166.71	124.53	152.65	185.44	182.16
1990	175.37	170.34	128.84	166.08	187.23	198.14
1991	186.67	181.51	137.66	185.57	192.05	217.84
1992	193.70	179.20	129.00	198.03	209.41	251.91
1993	202.65	184.90	127.48	240.93	203.50	286.54
1994	221.50	191.86	127.47	283.27	204.03	383.96
1995	242.72	205.46	135.15	302.47	202.14	482.07
1996	258.08	221.62	142.54	319.98	203.38	516.58
1997	270.66	223.18	142.51	340.13	222.24	570.26
1998	280.94	223.98	143.15	328.23	230.46	640.51
1999	294.15	233.77	153.57	351.75	242.33	669.03
2000	307.67	230.70	150.09	391.15	265.45	741.95
2001	322.75	240.16	160.75	414.23	288.28	769.40
2002	336.31	155.05	171.36	417.96	300.39	787.87
2003	348.29	267.73	180.78	429.21	306.42	811.56

注:本表按可比价格计算。 The data in this table are calculated at comparable prices.

6-6 农、林、牧、渔业分项产值
Gross Output Value of Farming, Forestry, Animal Husbandry and Fishery by Branch

单位:亿元 (100 million yuan)

指标	Item	1995	2000	2001	2002	2003
农林牧渔业总产值	**Total**	**868.76**	**1057.07**	**1053.57**	**1101.86**	**1165.23**
农业产值	**Farming**	**481.90**	**521.31**	**488.59**	**511.42**	**529.44**
农作物种植业产值	Planting	407.24	446.15	471.52	495.72	515.24
#粮食	Grain	229.87	155.67	133.83	122.71	112.62
谷物	Cereal	212.79	135.99	117.96	103.26	93.71
豆类	Beans	6.85	10.89	6.86	10.62	10.76
薯类	Tubers	10.23	8.79	9.01	8.83	8.16
油料	Oil-bearing Crops	13.53	13.45	12.92	10.41	10.18
棉花	Cotton	9.60	3.18	3.19	2.24	2.62
麻类	Fiber Crops	0.64	0.11	0.10	0.09	0.08
糖料	Sugar Crops	4.32	8.43	8.34	9.03	9.65
蔬菜	Vegetables	83.44	140.35	149.26	158.56	159.29
茶、桑、果	Tea, Mulberry, Fruits	51.07	85.91	100.92	111.54	121.42
其他农业产值	Other Farming	74.66	75.16	17.07	15.70	14.20
林业产值	**Forestry**	**50.02**	**54.48**	**60.20**	**60.84**	**65.67**
人造林木生长	Man-made Forestry Growing	6.47	7.02	8.25	6.03	7.26
林产品	Forestry Products	27.34	27.27	31.79	32.49	36.2
竹木采伐	Lumbering	16.21	20.19	20.16	22.32	22.2
牧业产值	**Animal Husbandry**	**142.03**	**183.94**	**195.94**	**205.09**	**233.01**
牲畜繁殖、增长增重	Breeding and Growthing of Domestic Animals	78.54	104.85	112.92	118.66	142.9
家禽饲养	Poultry Raising	18.36	23.99	23.90	28.01	33.00
活的畜禽产品	Live Livestock Products	21.97	20.24	23.98	26.3	27.72
其他动物饲养	Other Animals Raising	23.16	34.65	34.91	31.97	29.25
渔业产值	**Fishery**	**194.81**	**297.35**	**308.84**	**324.63**	**337.11**
海水产品	Seawater Aquatic Products	158.22	220.57	221.08	234.63	240.84
淡水产品	Freshwater Aquatic Products	36.59	76.78	87.76	89.88	96.27

注:1.本表按当年价格计算。 The data in this table are calculated at current prices.

2.2001年起其他农业产值中不包括家庭兼营工业产值。

The output value of other farming didn't include commercial industral activities undertaken by rural household as sideline production since 2001.

6-7 农、林、牧、渔业分项产值指数(1995年=100)
Indices of Gross Output Value of Farming, Forestry, Animal Husbandry and Fishery by Branch(1995=100)

指标	Item	2000	2001	2002	2003
农林牧渔业总产值	**Total**	**124.8**	**130.8**	**136.3**	**141.0**
农业产值	**Farming**	**112.2**	**116.8**	**124.2**	**130.4**
农作物种植业产值	Planting	118.3	136.6	135.0	142.4
#粮食	Grain	84.8	72.5	66.7	56.5
油料	Oil-baring Crops	116.1	116.7	94.3	88.0
棉花	Cotton	46.9	50.7	35.8	33.6
麻类	Fiber Crops	21.4	19.3	12.5	10.8
糖料	Sugar Crops	149.5	160.6	171.6	187.6
蔬菜、瓜类	Vegetables and Melon Crops	145.9	202.4	218.7	238.4
茶、桑、果	Tea, Mulberry and Fruits	113.6	144.0	144.0	156.5
其他农业产值	Other Farming	97.1	91.9	94.5	90.0
林业产值	**Forestry**	**89.7**	**95.0**	**95.9**	**98.5**
人造林木生长	Man-made Forestry Growing	106.7	113.1	85.9	104.4
林产品	Forestry Products	62.7	71.5	77.6	85.10
竹木采伐	Lumbering	118.3	118.9	121.5	114.2
牧业产值	**Animal Husbandry**	**132.5**	**143.9**	**149.9**	**152.9**
牲畜繁殖、增长增重	Breeding of Domestic Animals	152.5	164.0	168.5	175.9
家禽饲养	Poultry Raising	126.3	135.7	149.1	165.7
活的畜禽产品	Live Livestock Products	116.9	129.4	140.4	137.7
其他动物饲养	Other Animals Raising	116.5	130.2	130.8	121.3
渔业产值	**Fishery**	**153.9**	**159.6**	**163.4**	**168.3**
海水产品	Seawater Aquatic Products	145.3	144.4	140.2	143.0
淡水产品	Freshwater Aquatic Products	194.3	231.5	273.4	300.7

注：本表按可比价格计算。 The data in this table are calculated at comparable prices.

6-8 农、林、牧、渔业增加值

The Added Value of Farming, Forestry, Animal Husbandry and Fishery

单位:亿元 (100 million yuan)

指标	Item	1995	2000	2001	2002	2003
总产值	**Gross Output Value**	**868.76**	**1057.07**	**1053.57**	**1101.86**	**1165.23**
中间消耗	**Intermediate Consumption**	**319.57**	**396.06**	**386.17**	**408.13**	**437.74**
中间物质消耗	Intermediate Material Consumption	293.50	351.99	342.65	356.02	380.92
对非物质生产部门的劳务支出	Labour Service Expenditure of Non-material Productive Sectors	26.07	44.07	43.52	52.11	56.82
增加值	**Added Value**	**549.19**	**661.02**	**667.4**	**693.73**	**727.49**
农业	Farming	336.07	371.13	362.89	375.45	389.31
林业	Forestry	41.31	40.94	46.64	47.02	50.25
牧业	Animal Husbandry	65.65	88.62	94.82	95.70	110.12
渔业	Fishery	106.16	160.32	163.05	175.56	177.81

6-9 各市、农、林、牧、渔业增加值(2003年)

The Added Value of Farming, Forestry, Animal Husbandry and Fishery by City (2003)

单位:亿元 (100 million yuan)

地区	Region	农、林、牧、渔业增加值 Total	#农业增加值 Farming	#固定资产折旧 Depreciation of Fixed Assets	#劳动者报酬 Compensation of Labourers	中间消耗 Intermediate Consumption
全省合计	**Total**	**727.49**	**389.31**	**40.11**	**611.46**	**437.74**
浙东北	**Eastern & Northern Region**	**476.76**	**256.85**	**24.87**	**371.92**	**288.68**
杭州市	Hangzhou	126.59	72.99	5.78	93.19	62.42
宁波市	Ningbo	112.23	60.34	4.72	88.13	61.52
嘉兴市	Jiaxing	68.90	40.66	3.74	56.87	45.89
湖州市	Huzhou	53.94	27.94	2.20	41.84	32.80
绍兴市	Shaoxing	82.45	50.91	3.78	67.38	44.18
舟山市	Zhoushan	32.66	4.00	4.66	24.50	41.87
浙西南	**Western & Southern Region**	**286.26**	**161.14**	**15.24**	**239.55**	**190.57**
温州市	Wenzhou	57.94	29.27	3.07	49.53	42.71
金华市	Jinhua	55.84	36.18	3.45	50.70	31.17
衢州市	Quzhou	40.14	24.67	3.05	33.10	19.72
台州市	Taizhou	92.89	41.44	4.65	72.54	74.89
丽水市	Lishui	39.46	29.57	1.02	33.68	22.05

注:全省数为省级计算数,与分市相加不等。 The total is calculated by provincial Bureau, it is not equal to the sum of regional figures.

6-10 农、林、牧、渔业分项商品产值
Commodity Output Value of Farming, Forestry, Animal Husbandry and Fishery by Branch

单位:亿元　　(100 million yuan)

指标	Item	1995	2000	2001	2002	2003
农林牧渔业商品总产值	**Total Commodity Output Value**	**491.96**	**693.90**	**742.25**	**782.34**	**833.11**
农业商品产值	**Farming**	**163.45**	**241.10**	**259.46**	**273.68**	**289.04**
种植业商品产值	Planting	161.98	235.54	253.95	268.02	284.25
#粮食	Grain	58.84	42.19	36.64	34.15	30.72
谷物	Cereal	55.02	36.85	31.32	27.27	24.13
豆类	Beans	1.77	2.95	2.84	4.42	4.34
薯类	Tubers	2.05	2.47	2.49	2.47	2.26
油料	Oil-bearing Crops	7.29	7.44	7.69	6.21	5.62
棉花	Cotton	7.73	2.68	2.37	1.58	1.79
麻类	Fiber Crops	0.59	0.09	0.07	0.07	0.05
糖料	Sugar Crops	2.73	6.17	6.19	6.73	7.29
蔬菜、瓜类	Vegetables and Melon Crops	40.05	82.87	81.68	76.48	75.25
茶、桑、果	Tea, Mulberry and Fruits	35.41	46.89	68.26	78.00	82.71
其他农业商品产值	Other Farming	1.47	5.56	5.51	5.66	4.79
林业商品产值	**Forestry**	**32.11**	**34.79**	**38.08**	**40.30**	**42.03**
村及村以下竹木采伐	Lumbering in Village Level and Below	12.97	15.15	15.09	17.56	16.73
林产品	Forest Products	19.14	19.64	22.99	22.74	25.30
牧业商品产值	**Animal Husbandry**	**113.09**	**135.61**	**150.50**	**158.96**	**180.68**
猪	Hogs	62.97	75.43	83.25	89.89	110.04
牛	Cattle and Buffaloes	0.16	0.31	0.79	1.01	1.18
羊	Sheep and Goats	1.32	2.91	2.54	3.63	4.13
家禽饲养	Poultry Raising	12.85	13.32	17.43	18.68	22.01
活的畜禽产品	Live Livestock Products	15.38	11.76	17.07	18.51	18.04
其他动物饲养	Other Animal Raising	20.41	31.88	29.25	27.12	25.15
渔业商品产值	**Fishery**	**183.31**	**283.40**	**294.20**	**309.4**	**321.35**
海水产品	Seawater Aquatic Products	148.88	211.69	214.62	227.65	233.51
淡水产品	Freshwater Aquatic Products	34.43	71.71	79.59	81.75	87.84

注:本表按当年价格计算。　The data in this table are calculated at current prices.

6－11 耕地面积变动情况(1978－2003 年)

Change of Cultivated Area (1978－2003)

单位:千公顷 (1000 hectares)

年份 Year	年末实有耕地面积 Cultivated Area at Year-end	水田面积 Paddy Fields	旱地面积 Dry Fields	本年内增加数 Increased Area in the Year	本年内减少数 Decreased Area in the Year
1978	1838.00	1480.07	357.93	7.76	9.93
1979	1831.89	1475.53	356.33	6.09	12.12
1980	1823.03	1467.89	355.15	3.65	12.03
1981	1819.87	1465.20	354.67	3.48	6.71
1982	1817.80	1468.67	349.13	2.49	4.77
1983	1816.60	1468.73	347.87	3.45	4.40
1984	1805.97	1464.13	341.87	8.47	19.08
1985	1776.71	1443.09	333.62	4.89	34.15
1986	1753.53	1423.00	330.53	3.89	27.03
1987	1744.93	1419.33	325.60	5.43	14.07
1988	1736.47	1414.42	322.08	4.68	13.10
1989	1731.29	1422.89	308.24	4.31	9.52
1990	1723.53	1429.39	294.14	3.72	11.48
1991	1715.01	1424.04	290.97	3.67	12.19
1992	1691.22	1404.78	286.44	3.77	27.49
1993	1661.22	1377.50	283.72	3.27	33.27
1994	1635.47	1363.37	272.10	4.47	30.22
1995	1617.80	1344.49	272.86	4.57	22.24
1996	1613.78	1341.43	272.35	7.89	11.91
1997	1612.42	1339.00	273.42	9.79	11.20
1998	1613.44	1337.23	276.21	12.58	11.56
1999	1609.07	1330.05	279.02	12.82	17.19
2000	1607.56	1328.93	278.63	19.81	21.32
2001	1601.46	1322.75	278.71	28.88	34.99
2002	1599.11	1310.52	288.59	37.98	40.33
2003	1592.14	1301.15	290.99	34.61	41.58

6－12 耕地面积变动情况
Change of Cultivated Area

单位:千公顷 (1000 hectares)

指标	Item	1995	2000	2001	2002	2003
年末实有耕地面积	**Cultivated Area at Year-end**	**1617.80**	**1607.56**	**1601.46**	**1599.11**	**1592.14**
水田	Paddy Fields	1344.94	1328.93	1322.75	1310.52	1301.15
旱地	Dry Fields	272.86	278.63	278.71	288.59	290.99
本年内增加数	**Increased Areas in the Year**	**4.57**	**19.81**	**28.88**	**37.98**	**34.61**
#围垦海涂	Reclaim Land from Tideland	0.89	1.47	2.53	0.94	0.44
开荒	Bring Barren under Cultivation	0.79	5.09	6.07	7.10	6.63
本年内减少数	**Decreased Areas in the Year**	**22.24**	**21.32**	**34.99**	**40.33**	**41.58**
#国家基建占地	State Capital Construction	7.47	8.79	13.59	16.25	19.67
乡村基建占地	Village Capital Construction	9.75	4.29	8.71	12.93	15.28
改林、桑、茶、果园占地	Construction for Forestry, Mulberry, Tea and Fruit Areas	2.48	5.86	2.91	3.58	4.35
挖鱼塘占地	Construction for Digging Fish Groad	1.02	0.25	0.75	1.34	0.67
其他占地	Others	1.52	2.13	2.73	1.39	1.61
按总人口人均占有耕地(公顷)	**Per Cultivated Construction by Total Population (hectare)**	**0.038**	**0.036**	**0.035**	**0.035**	**0.035**
按农业人口人均占有耕地(公顷)	**Per Cultivated Construction by Rural Population (hectare)**	**0.045**	**0.046**	**0.046**	**0.047**	**0.047**

6－13 各市耕地面积(2003 年底)
Cultivated Areas by City(End of 2003)

单位:千公顷 (1000 hectares)

地区	Region	年末实有耕地面积 Cultivated Areas at Year-end	水田面积 Paddy Fields	旱地面积 Dry Fields	本年内增加数 Increased Areas in the Year	本年内减少数 Decreased Areas in the Year	#国家基建占地 State Capital Construction	#乡村基建占地 Village Capital Construction
全省合计	**Total**	**1592.14**	**1301.15**	**290.99**	**34.61**	**41.59**	**19.67**	**15.28**
浙东北	**Eastern & Northern Region**	**930.89**	**748.70**	**182.18**	**22.81**	**24.29**	**11.60**	**9.97**
杭州市	Hangzhou	182.71	156.98	25.73	4.95	6.21	3.15	1.54
宁波市	Ningbo	211.05	145.24	65.81	4.12	5.03	2.35	2.42
嘉兴市	Jiaxing	210.56	177.06	33.51	5.12	4.55	1.87	2.67
湖州市	Huzhou	141.18	125.99	15.19	4.01	3.74	1.56	1.52
绍兴市	Shaoxing	167.65	132.66	34.99	4.14	4.22	2.38	1.71
舟山市	Zhoushan	17.74	10.77	6.97	0.47	0.54	0.29	0.11
浙西南	**Western & Southern Region**	**662.30**	**553.20**	**109.10**	**11.87**	**16.32**	**7.32**	**5.08**
温州市	Wenzhou	159.85	121.17	38.67	1.40	3.46	1.18	1.59
金华市	Jinhua	165.88	142.97	22.91	4.51	4.97	3.16	1.58
衢州市	Quzhou	100.66	87.88	12.78	2.16	1.97	1.20	0.16
台州市	Taizhou	146.77	120.41	26.36	2.29	3.80	0.93	1.55
丽水市	Lishui	89.14	80.78	8.37	1.52	2.12	0.84	0.20

6-14 各市、县耕地面积和人均耕地面积(2003年底)

Cultivated Areas and Per Capital Cultivated Area by City and County (End of 2003)

地区	Region	耕地面积合计(公顷) Total Cultivated Areas (hectare)	水田 Paddy Fields	旱地 Dry Fields	人均占有耕地面积(公顷) Per Capita Cultivated Areas (hectare)
全省合计	**Total**	**1592140**	**1301153**	**290987**	**0.035**
杭州市	**Hangzhou**	**182706**	**156981**	**25725**	**0.028**
杭州市区	District	98798	85619	13179	0.025
建德市	Jiande	17439	15178	2261	0.034
富阳市	Fuyang	21134	17977	3157	0.034
临安市	Linan	18969	16502	2467	0.037
桐庐县	Tonglu	15395	13144	2251	0.039
淳安县	Chunan	10971	8561	2410	0.024
宁波市	**Ningbo**	**211054**	**145243**	**65810**	**0.038**
宁波市区	District	64416	53126	11290	0.031
余姚市	Yuyao	38999	30788	8211	0.047
慈溪市	Cixi	43477	10077	33400	0.043
奉化市	Fenghua	21425	19309	2116	0.044
象山县	Xiangshan	19996	16354	3642	0.038
宁海县	Ninghai	22742	15590	7152	0.039
温州市	**Wenzhou**	**159846**	**121171**	**38675**	**0.022**
温州市区	District	15907	12814	3093	0.012
瑞安市	Ruian	29292	20841	8451	0.026
乐清市	Yueqing	23954	20236	3718	0.021
洞头县	Dongtou	943	211	732	8
永嘉县	Yongjia	19768	15096	4672	0.022
平阳县	Pingyang	22150	17106	5044	0.026
苍南县	Cangnan	28042	20951	7091	0.023
文成县	Wencheng	10391	6512	3879	0.029
泰顺县	Taishun	9399	7404	1995	0.027
嘉兴市	**Jiaxing**	**210562**	**177056**	**33505**	**0.063**
嘉兴市区	District	52457	44183	8274	0.066
海宁市	Haining	34436	26574	7862	0.054
平湖市	Pinghu	31209	28759	2450	0.065
桐乡市	Tongxiang	36877	27124	9753	0.056
嘉善县	Haiyan	30571	29086	1486	0.080
海盐县	Jiashan	25012	21331	3681	0.069
湖州市	**Huzhou**	**141180**	**125994**	**15186**	**0.055**
湖州市区	District	51190	45680	5509	0.048
德清县	Deqing	22151	19965	2187	0.052
长兴县	Changxing	43847	39207	4640	0.071
安吉县	Anji	23992	21142	2850	0.054
绍兴市	**Shaoxing**	**167650**	**132661**	**34989**	**0.039**
绍兴市区	District	11343	10687	656	0.018
诸暨市	Zhuji	43288	38062	5226	0.041
上虞市	Shangyu	40643	24289	16354	0.053

6－14　续表 continued

地　　区	Region	耕地面积合　　计（公顷）Total Cultivated Areas（hectare）	水　　田 Paddy Fields	旱　　地 Dry Fields	人均占有耕地面积（公顷）Per Capita Cultivated Areas（hectare）
嵊州市	Shengzhou	30171	24924	5247	0.041
绍兴县	Shaoxing	26343	23519	2824	0.038
新昌县	Xinchang	15862	11181	4681	0.037
金华市	**Jinhua**	**165884**	**142971**	**22913**	**0.037**
金华市区	District	38317	33891	4426	0.042
兰溪市	Lanxi	29096	26402	2695	0.044
东阳市	Dongyang	24067	19684	4383	0.030
义乌市	Yiwu	21845	18226	3620	0.032
永康市	Yongkang	17664	15177	2487	0.033
武义县	Wuyi	16006	14756	1250	0.049
浦江县	Pujiang	12057	10240	1817	0.032
磐安县	Panan	6833	4597	2236	0.033
衢州市	**Quzhou**	**100656**	**87876**	**12780**	**0.041**
衢州市区	District	27815	23703	4112	0.035
江山市	Jiangshan	23845	21310	2535	0.042
常山县	Changzhou	12228	10617	1611	0.038
开化县	Kaihua	12917	10823	2094	0.038
龙游县	Longyou	23852	21423	2428	0.059
舟山市	**Zhoushan**	**17736**	**10767**	**6969**	**0.018**
舟山市区	District	15241	9309	5932	0.022
岱山县	Daishan	2418	1458	960	0.012
嵊泗县	Shengsi	77		77	1
台州市	**Taizhou**	**146771**	**120410**	**26360**	**0.027**
台州市区	District	34551	29610	4941	0.024
临海市	Linhai	29453	24650	4803	0.027
温岭市	Wenling	32830	27520	5310	0.029
仙居县	Xianju	14506	12740	1766	0.031
天台县	Tiantai	15483	13268	2215	0.028
三门县	Sanmen	13050	8452	4598	0.032
玉环县	Yuhuan	6897	4170	2727	0.018
丽水市	**Lishui**	**89144**	**80776**	**8368**	**0.036**
丽水市区	District	11065	9700	1365	0.030
龙泉市	Longquan	16927	16117	809	0.061
青田县	Qingtian	10792	9144	1648	0.023
云和县	Yunhe	4212	4121	91	0.039
庆元县	Qingyuan	10414	9583	831	0.053
缙云县	Jinyun	10918	9645	1273	0.025
遂昌县	Shunchang	10429	9422	1007	0.046
松阳县	Shongyang	7538	7203	335	0.033
景宁自治县	Jingning	6849	5841	1009	0.038

6－15 农业机械年末拥有量

Possession of Agricultural Machinery (End of Year)

指标		Item		1995	2000	2001	2002	2003
农业机械总动力	**(万千瓦)**	**Total Power of Agricultural Machinery**	**(10000 kw)**	**1639.80**	**1990.09**	**2017.24**	**2053.21**	**2039.68**
耕作机械动力	**(万千瓦)**	**Mechanical Power of Cultivation**	**(10000 kw)**	**267.72**	**241.27**	**229.51**	**216.91**	**201.88**
大中型拖拉机	(台)	Large and Medium Sized Tractors	(unit)	6251	6758	6359	6117	4582
	(万千瓦)		(10000 kw)	18.21	18.14	16.31	15.65	12.91
农用小型拖拉机	(万台)	Mini-tractors for Agriculture	(10000 units)	28.68	25.20	24.10	22.84	21.82
	(万千瓦)		(10000 kw)	243.88	215.76	206.09	194.53	182.45
收获机械动力	**(万千瓦)**	**Mechanical Power of Harvesting**	**(10000 kw)**	**206.70**	**247.95**	**246.69**	**246.96**	**241.06**
联合收割机	(台)	Combine Harvesters	(unit)	2531	14303	13911	13325	12554
	(万千瓦)		(10000 kw)	3.87	25.29	24.22	24.13	23.13
机动收割机(割晒机)	(台)	Motorized Harvesters	(unit)	220	394	420	448	406
机动脱粒机	(万台)	Motorized Thresher	(10000 units)	118.42	133.37	133.75	134.94	131.91
植保机械动力	**(万千瓦)**	**Mechanical Power of Plant Protection**	**(10000 kw)**	**3.23**	**7.30**	**7.46**	**8.11**	**8.99**
机动喷雾(粉)器	(万架)	Motorized Sprayer	(10000 units)	1.94	5.20	5.34	5.62	6.06
排灌机械动力	**(万千瓦)**	**Mechanical Power of Drainage and Irrigation**	**(10000 kw)**	**176.12**	**200.66**	**203.05**	**205.28**	**207.13**
柴油机	(万台)	Diesel Engines	(10000 units)	7.68	7.84	7.88	7.91	8.24
	(万千瓦)		(10000 kw)	38.60	39.73	39.67	39.84	41.5
电动机	(万台)	Electric Engines	(10000 units)	24.92	33.27	34.43	35.96	36.51
	(万千瓦)		(10000 kw)	137.47	160.85	163.31	165.35	165.34
农副产品加工机械动力	**(万千瓦)**	**Mechanical Power of Farm Sideline Products Manufacturing**	**(10000 kw)**	**151.79**	**156.53**	**157.12**	**157.77**	**158.60**
粮食加工机械	(万台)	Mechanical Power for Grain	(10000 units)	13.96	14.05	14.09	13.80	13.61
棉花加工机械	(万台)	Mechanical Power for Cotton	(10000 units)	0.51	0.58	0.61	0.56	0.36
油料加工机械	(万台)	Mechanical Power for Oil-bearing	(10000 units)	0.44	0.59	0.60	0.63	0.66
运输机械动力	**(万千瓦)**	**Mechanical Power of Transportation**	**(10000 kw)**	**431.89**	**561.62**	**577.73**	**597.80**	**629.83**
渔业机械动力	**(万千瓦)**	**Mechanical Power of Fishery**	**(10000 kw)**	**329.83**	**452.47**	**461.90**	**468.61**	**427.48**
机动船	(万艘)	Motorized Boats	(10000 units)	5.28	5.82	5.61	5.52	5.56
	(万吨)		(10000 tons)	166.63	220.32	228.92	232.85	227.21
	(万千瓦)		(10000 kw)	305.71	416.65	426.77	430.20	427.48
其他农业机械动力	**(万千瓦)**	**Other Mechanical Power**	**(10000 kw)**	**72.59**	**122.28**	**133.78**	**151.76**	**164.72**

6-16 各市主要农业机械拥有量(2003年末)

Possession of Major Agricultural Machinery by City (End of 2003)

地　区	Region	农业机械总动力(万千瓦) Total Power of Agricultural Machinery (10000 kw)	耕作机械动力(万千瓦) Mechanical Power of Cultivation (10000 kw)	大中型拖拉机(台) Large and Medium Tractors (unit)	农用小型拖拉机 Mini-tractors 万台 (10000 units)	农用小型拖拉机 Mini-tractors 万千瓦 (10000 kw)	收获机械动力(万千瓦) Mechanical Power of Harvesting (10000 kw)
全省合计	**Total**	**2039.68**	**201.88**	**4582**	**21.82**	**182.45**	**241.06**
浙东北	**Eastern & Northern Region**	**1249.88**	**124.08**	**2940**	**13.06**	**110.46**	**173.32**
杭州市	Hangzhou	280.81	24.00	767	2.44	20.98	32.44
宁波市	Ningbo	275.01	24.79	1192	2.23	19.94	27.15
嘉兴市	Jiaxing	180.01	24.93	61	2.64	23.27	57.27
湖州市	Huzhou	153.01	26.00	335	2.74	24.46	32.07
绍兴市	Shaoxing	194.53	22.97	397	2.93	21.07	22.37
舟山市	Zhoushan	166.51	1.38	188	0.08	0.74	2.01
浙西南	**Western & Southern Region**	**784.80**	**77.80**	**1642**	**8.75**	**71.99**	**67.74**
温州市	Wenzhou	194.61	15.24	342	1.67	13.83	9.91
金华市	Jinhua	178.34	25.16	778	2.82	23.20	26.20
衢州市	Quzhou	67.27	6.61	207	0.90	5.70	5.27
台州市	Taizhou	279.97	18.16	308	1.93	16.74	24.85
丽水市	Lishui	64.61	12.63	7	1.43	12.53	1.51
省直属单位	**Units Directly under Province**	**5.01**					

注:省直属单位指省属水产渔业公司。

Units directly Under Province refers to aquatic fishery company attached to the Province.

6-16 续表1 Continued

地 区	Region	机动脱粒(打稻)机 Motorized Thresher		植保机械动力(万千瓦) Mechanical Power of Plant Protection (10000 kw)	机动喷雾(粉)器 Moterized Sprayer		排灌机械动力(万千瓦) Mechanical Power of Drainage and Irrigation (10000 kw)
		万台 (10000 units)	万千瓦 (10000 kw)		架 (unit)	千瓦 (1000 kw)	
全省合计	**Total**	**131.91**	**213.02**	**8.99**	**60640**	**8.42**	**207.13**
浙东北	**Eastern & Northern Region**	**101.04**	**154.76**	**6.47**	**44923**	**6.16**	**142.04**
杭州市	Hangzhou	21.08	30.65	0.89	4318	0.85	36.16
宁波市	Ningbo	11.84	20.91	3.54	26759	3.41	24.59
嘉兴市	Jiaxing	34.79	52.45	0.45	2575	0.43	25.60
湖州市	Huzhou	19.05	30.90	0.05	388	0.05	29.50
绍兴市	Shaoxing	13.37	18.39	1.49	10540	1.38	24.00
舟山市	Zhoushan	0.90	1.45	0.05	343	0.05	2.19
浙西南	**Western & Southern Region**	**30.87**	**58.27**	**2.52**	**15717**	**2.27**	**65.09**
温州市	Wenzhou	3.55	6.38	0.28	1697	0.27	11.59
金华市	Jinhua	11.63	24.37	0.57	2732	0.45	22.49
衢州市	Quzhou	2.66	4.86	0.96	7197	0.93	12.33
台州市	Taizhou	12.35	21.26	0.54	3451	0.54	13.43
丽水市	Lishui	0.68	1.40	0.18	640	0.08	5.25

6－16 续表2 Continued

地 区	Region	农副产品加工机械动力（万千瓦）Mechanical Power of Farm Sideline Products Manufacturing (10000 kw)	运输机械动 力（万千瓦）Mechanical Power of Transpor－tation (10000 kw)	渔业机械动 力（万千瓦）Mechanical Power of Fishery (10000 kw)	其他机械动 力（万千瓦）Other Mechanical Power (10000 kw)
全省合计	**Total**	**158.60**	**629.83**	**427.48**	**164.72**
浙东北	**Eastern & Northern Region**	**83.21**	**381.97**	**236.13**	**102.68**
杭州市	Hangzhou	22.70	141.23	2.49	20.89
宁波市	Ningbo	15.74	72.60	72.52	34.07
嘉兴市	Jiaxing	11.21	46.23	7.14	7.18
湖州市	Huzhou	9.07	42.39	5.67	8.25
绍兴市	Shaoxing	23.01	68.80	1.45	30.45
舟山市	Zhoushan	1.47	10.71	146.85	1.84
浙西南	**Western & Southern Region**	**75.39**	**247.86**	**186.35**	**62.04**
温州市	Wenzhou	19.84	51.68	56.81	29.26
金华市	Jinhua	18.65	77.32	0.08	7.86
衢州市	Quzhou	9.98	26.80	0.11	5.20
台州市	Taizhou	12.50	69.92	129.09	11.48
丽水市	Lishui	14.42	22.13	0.25	8.24
省直属单位	**Units Directly under Province**			**5.00**	

6－17 农业机械化、电气化及化肥施用量

Agricultural Mechanization, Electrification, Chemical Fertilizer Applied

指标		Item		1995	2000	2001	2002	2003
农业机械化		**Agricultural Mechanization**						
当年机耕地面积	（千公顷）	Area Sown by Machine at Current Year	（1000 hectares）	1098.73	1105.79	1068.77	1042.65	980.81
占耕地面积比重	（%）	Percentage to Cultivated Area	（%）	67.90	68.8	66.7	65.2	61.6
当年机械收割面积	（千公顷）	Mechanical Harvest Area at Current Year	（1000 hectares）	85.08	373.41	572.05	584.75	563.34
农村能源		**Energy in Rural Areas**						
农村用电量	（亿千瓦时）	Electricity Consumed	（100 million kwh）	169.17	255.27	285.25	341.10	409.04
每公顷耕地用电量	（千瓦时）	Electricity Consumed per Hectare Cultivated Area	（kwh）	10457	15879	17812	21324	25691
乡村办水电站	（处）	Hydropower Stations Run by Township and Village	（unit）	2059	2319	2385	2482	2592
发电能力	（万千瓦）	Generating Capacity	（10000 kw）	38.54	104.00	116.98	134.96	154.90
农业化肥施用量		**Agricultural Consumption of Chemical Fertilizers**						
按折标准量计算	（万吨）	Calculated by Standard	（10 000 tons）	465.45	431.21	433.81	440.66	432.69
每公顷耕地化肥施用量	（公斤）	Fertilizer Consumption of per Hectare Cultivated Area	（kg）	2877	2682	2709	2756	2718
每公顷播种面积施用量	（公斤）	Consumption of per Hectare Sown Area	（kg）	1186	1213	1336	1438	1527
按折纯量计算	（万吨）	Calculated by 100% Effective Component	（10000 tons）	97.52	89.72	90.32	91.91	90.38
每公顷耕地化肥施用量	（公斤）	Fertilizer Used per Hectare Cultivated Area	（kg）	603	558	564	575	568
每公顷播种面积施用量	（公斤）	Fertilizer Used per Hectare Sown Area	（kg）	249	252	278	300	319
农用塑料薄膜使用量	**（万吨）**	**Plastic Film Used for Agriculture**	**（10000 tons）**	**2.47**	**3.16**	**3.54**	**3.92**	**4.24**
农用柴油使用量	**（万吨）**	**Diesel Used for Agriculture**	**（10000 tons）**	**103.24**	**156.33**	**175.78**	**175.79**	**175.76**
农药使用量	**（万吨）**	**Pesticide Used**	**（10000 tons）**	**5.89**	**6.53**	**6.63**	**6.39**	**6.17**

6-18 各市农业机械化、农村能源及农业物资消耗情况(2003年)

Agricultural Mechanization, Energy and Material Consumption by City (2003)

地 区	Region	农业机械化情况(千公顷) Conditions of Agricultural Mechanization(1000 ha)		农村用电量(亿千瓦小时) Electricity Consumed in Rural Areas (100 million kwh)	农用塑料薄膜使用量(吨) Plastic Film Used for Agriculture (ton)	农用柴油使用量(吨) Diesel Used for Agriculture (ton)	农药使用量(吨) Pesticide Used (ton)
		机耕面积 Area Cultivated by Machine	机械收获面积 Area Harvested by Machine				
全省合计	**Total**	**980.81**	**563.34**	**409.04**	**42429**	**1757595**	**61666**
浙东北	**Eastern & Northern Region**	**623.75**	**390.93**	**302.77**	**24438**	**927873**	**35244**
杭州市	Hangzhou	135.83	84.17	67.94	7105	21584	8911
宁波市	Ningbo	116.55	106.43	76.61	5859	259138	6952
嘉兴市	Jiaxing	145.96	68.14	46.39	4020	11441	6541
湖州市	Huzhou	110.87	46.04	22.53	3810	21925	6433
绍兴市	Shaoxing	104.56	77.83	84.28	3369	9295	6072
舟山市	Zhoushan	9.99	5.31	5.02	275	604490	335
浙西南	**Western & Southern Region**	**357.06**	**172.41**	**106.27**	**17991**	**829722**	**26422**
温州市	Wenzhou	83.49	65.88	40.57	2664	284436	4019
金华市	Jinhua	105.82	41.77	21.93	3037	27008	6876
衢州市	Quzhou	45.50	14.43	5.87	1881	9790	7004
台州市	Taizhou	91.51	47.28	34.70	6656	501040	5574
丽水市	Lishui	30.73	3.05	3.21	3753	7448	2949

6-19 各市农用化肥施用量(2003年)

Chemical Fertilizer Applied by City (2003)

单位:万吨 (10000 tons)

地区	Region	氮肥 Nitrogenous Fertilizer		磷肥 Phosphate Fertilizer		钾肥 Potash Fertilizer		复合肥 Compound Fertilizer	
		标准量 Standard Data	折纯量 100% Effective Component	标准量 Standard Data	折纯量 100% Effective Component	标准量 Standard Data	折纯量 100% Effective Component	标准量 Standard Data	折纯量 100% Effective Component
全省合计	**Total**	**256.86**	**53.94**	**67.74**	**12.19**	**30.36**	**7.59**	**77.72**	**16.66**
浙东北	**Eastern & Northern Region**	**148.63**	**31.21**	**36.28**	**6.53**	**13.52**	**3.38**	**42.10**	**9.08**
杭州市	Hangzhou	33.33	7.00	8.39	1.51	3.75	0.94	16.92	3.51
宁波市	Ningbo	31.77	6.67	11.77	2.12	3.72	0.93	10.25	2.29
嘉兴市	Jiaxing	35.61	7.48	7.79	1.40	2.19	0.55	3.75	0.84
湖州市	Huzhou	15.21	3.19	3.53	0.64	1.33	0.33	4.78	1.04
绍兴市	Shaoxing	31.22	6.56	4.38	0.79	2.43	0.61	5.83	1.28
舟山市	Zhoushan	1.50	0.31	0.41	0.07	0.10	0.03	0.57	0.11
浙西南	**Western & Southern Region**	**108.23**	**22.73**	**31.46**	**5.66**	**16.85**	**4.21**	**35.63**	**7.58**
温州市	Wenzhou	23.51	4.94	7.33	1.32	3.21	0.80	5.41	1.20
金华市	Jinhua	25.82	5.42	7.92	1.43	3.56	0.89	8.65	1.76
衢州市	Quzhou	20.32	4.27	5.44	0.98	5.88	1.47	5.95	1.30
台州市	Taizhou	24.81	5.21	5.52	0.99	1.79	0.45	10.04	2.12
丽水市	Lishui	13.76	2.89	5.25	0.94	2.41	0.60	5.57	1.20

6－20 农田水利建设
Water Conservancy Facilities of Farmland

指标	Item		1995	2000	2001	2002	2003
水库年末累计 （座）	**Total Number of Reservoirs**	**（set）**	**3654**	**3828**	**3863**	**3910**	**3933**
总库容量 （亿立方米）	Capacity	（100 million cu. m）	344	352.69	356.45	377.95	379.99
#大、中型水库（1000 万立方米以上） （座）	Large and Medium－sized Reservoirs（above 10 million cu. m level）	（set）	124	140	144	152	154
塘坝 （处）	**Small Reservoirs**	**（place）**	**17878**	**222613**	**229988**	**230292**	**226800**
蓄水量 （亿立方米）	Capacity of Retain Water	（100 million cu. m）	4.92	8.63	8.74	9.05	9.09
水轮泵站 （处）	**Water Turbine－pump Station**	**（place）**	**464**	**2157**	**2644**	**2243**	**2213**
水轮泵 （台）	Water Turbine－pump	（unit）	549	2292	3252	2418	2432
堰坝 （万处）	**Weirs**	**（10000 places）**	**4.72**	**4.75**	**4.76**	**4.79**	**4.58**
机电井 （眼）	**Motor－electric－pumped Well**	**（unit）**	**2483**	**2448**	**2450**	**2369**	**2389**
#已配套机电井 （眼）	Equiped Motor－electric－pumped Well	（unit）	1839	2167	2196	2127	2146
水闸 （座）	**Sluice**	**（set）**	**2743**	**3139**	**5381**	**5727**	**4076**

6-21 农田水利、除涝和治理水土流失情况
Water Conservation, Waterlogging and Soil Erosion under Control

指标	Item	1995	2000	2001	2002	2003
有效灌溉面积 （千公顷）	**Effective Irrigated Areas (1000 ha)**	**1418.98**	**1403.24**	**1403.99**	**1405.84**	**1403.8**
占耕地面积比重 （%）	Percentage to Cultivated Area (%)	87.7	87.3	87.7	87.9	88.2
机电排灌面积 （千公顷）	**Mechanical and Electrical Irrigated Areas (1000 ha)**	**1068.39**	**1059.31**	**1046.57**	**1043.74**	**1038**
占耕地面积比重 （%）	Percentage to Cultivated Area (%)	66.0	65.9	65.4	65.3	65.2
每千公顷耕地有效排灌能力 （千瓦）	Effective Irrigated Capacity per 1000 Hectare Cultivated Area (kw)	919	1248	1266	927	934.05
农田旱涝保收面积 （千公顷）	**Farmland Area of Stable Yields Despite Drought or Excessive Rain (1000 ha)**	**999.71**	**1007.92**	**1020.35**	**1043.52**	**1041.14**
占耕地面积比重 （%）	Percentage to Cultivated Area (%)	61.8	62.7	63.7	65.3	65.4
水田 （千公顷）	**Paddy Fields (1000 ha)**	**915.63**	**915.16**	**907.08**	**923.41**	**941.43**
#抗旱能力在70天以上的水田 （千公顷）	Fight Drought above 70 Days (1000 ha)	958.99	951.42	946.96	918.50	912.00
易涝面积 （千公顷）	**Area Liable to Flooding or Water Logging (1000 ha)**	**526.86**	**528.41**	**526.28**	**526.82**	**528.61**
#除涝面积 （千公顷）	Flooded or WaterLogged Areas under Control (1000 ha)	460.18	477.03	472.12	477.03	479.93
占易涝面积比重 （%）	Percentage to Total Area Liable to Flooding or Waterlogging (1000 ha)	87.3	90.28	89.7	90.54	70.79
水土流失总面积（千公顷）	**Total Area of Soil Erosion (1000 ha)**	**2538.63**	**2820.35**	**2776.61**	**2718.38**	**2747.09**
#治理水土流失面积 （千公顷）	Area of Soil Erosion under Control (1000 ha)	1985.39	2117.45	2067.35	2072.38	2134.01
占水土流失比重 （%）	Percentage to Total Area of Soil Erosion (%)	78.2	75.08	74.46	76.23	77.68
堤塘长度 （公里）	**Total Length of Dikes (km)**	**6981**	**9252**	**9948**	**10475**	**10711**

6-22 各市水利设施和除涝及旱涝保收面积
Water Conservancy Facilities, Waterlogging under Control by City

地区	Region	年末水库数(座) Number of Reservoirs (year-end) (set)		水库总库容(亿立方米) Capacity of Reservoirs (100 million cu. m)		除涝面积(千公顷) Waterlogging Area under Control (1000 ha)		旱涝保收面积(千公顷) Area of Stable Yields Despite Drought or Excessive Rain (1000 ha)	
		2002	2003	2002	2003	2002	2003	2002	2003
全省合计	**Total**	**3910**	**3933**	**377.95**	**379.99**	**477.03**	**479.93**	**1043.52**	**1041.14**
浙东北	**Eastern & Northern Region**	**1864**	**1866**	**268.78**	**269.09**	**356.23**	**359.93**	**665.21**	**654.7**
杭州市	Hangzhou	576	577	232.88	233.18	53.19	53.32	142.86	130.01
宁波市	Ningbo	401	401	15.46	15.46	65.02	65.93	123.76	124.06
嘉兴市	Jiaxing					105.88	106.72	166.57	167.30
湖州市	Huzhou	150	151	6.29	6.30	86.77	88.60	115.08	116.14
绍兴市	Shaoxing	539	539	12.91	12.91	40.54	40.56	106.33	106.77
舟山市	Zhoushan	198	198	1.24	1.24	4.83	4.80	10.61	10.42
浙西南	**Western & Southern Region**	**2046**	**2067**	**109.18**	**110.9**	**120.80**	**120.00**	**378.31**	**386.44**
温州市	Wenzhou	239	258	24.97	25.27	66.53	66.06	76.06	74.60
金华市	Jinhua	787	783	17.58	17.65	10.36	10.95	104.52	114.70
衢州市	Quzhou	448	448	30.10	30.10	1.95	2.01	65.99	66.69
台州市	Taizhou	327	328	16.41	17.76	35.23	34.22	83.95	83.84
丽水市	Lishui	245	250	20.12	20.12	6.73	6.76	47.79	46.61

6－23 各市农田灌溉面积情况

Basic Statistics on Farmland Irrigated Areas by City

地区	Region	有效灌溉面积（千公顷）Effective Irrigated Areas (1000 ha)		机电排灌面积（千公顷）Mechanical and Electrical Irrigated Areas (1000 ha)	
		2002	2003	2002	2003
全省合计	**Total**	**1405.84**	**1403.80**	**1043.74**	**1038.00**
浙东北	**Eastern and Northern Region**	**837.11**	**822.14**	**713.16**	**706.59**
杭州市	Hangzhou	181.19	167.81	121.49	119.93
宁波市	Ningbo	176.48	176.81	162.09	162.15
嘉兴市	Jiaxing	192.04	191.23	192.03	191.23
湖州市	Huzhou	124.80	125.39	112.51	109.88
绍兴市	Shaoxing	149.42	147.97	115.33	113.69
舟山市	Zhoushan	13.18	12.93	9.71	9.71
浙西南	**Western and Southern Region**	**458.73**	**581.66**	**330.58**	**331.41**
温州市	Wenzhou	127.45	126.37	97.14	97.06
金华市	Jinhua	163.85	156.67	85.09	85.37
衢州市	Quzhou	89.72	90.4	34.31	35.03
台州市	Taizhou	126.03	127.95	100.54	100.51
丽水市	Lishui	81.68	80.27	13.50	13.44

6-24 主要农作物播种面积

Total Sown Area of Major Farm Crops

单位:千公顷　　(1000 hectares)

指标	Item	1995	2000	2001	2002	2003
农作物播种面积	**Sown Area of Farm Crops**	**3923.04**	**3554.33**	**3245.93**	**3064.54**	**2834.39**
粮食作物	**Grain Crops**	**2814.39**	**2233.33**	**1875.60**	**1659.09**	**1427.77**
#春粮	Spring Grain	423.55	316.70	229.08	190.81	152.46
秋粮	Autumn Grain	1519.91	1458.42	1346.02	1253.24	1145.96
谷物	Cereal	2510.38	1907.62	1565.38	1364.06	1136.24
稻谷	Rice	2137.76	1597.97	1340.00	1172.34	979.43
早稻及早中稻	Early Rice & Early Mid-rice	870.93	458.22	300.50	215.05	129.35
晚稻及迟中稻	Late Rice & Late Mid-rice	1266.83	1139.75	1039.50	957.29	850.08
#单季晚稻	Single Season Rice	301.09	570.33	643.18	684.18	671.93
小麦	Wheat	208.23	177.57	121.40	94.24	71.48
大(元)麦	Barley	117.48	70.80	44.34	38.30	26.31
玉米	Corn	39.29	52.20	51.76	52.19	51.93
其他谷物	Other Cereal	7.62	9.08	7.88	7.00	7.09
豆类	Beans	144.43	215.67	204.73	192.80	193.33
大豆	Soybeans	86.05	129.05	122.76	114.42	116.48
蚕(豌)豆	Broad Bean	49.85	68.32	63.34	58.27	54.67
杂豆	Other Beans	8.53	18.30	18.63	20.10	22.17
蕃薯	Yam	111.59	110.04	105.49	102.23	98.21
油料	**Oil-bearing Crops**	**309.32**	**315.58**	**306.62**	**289.07**	**250.90**
油菜籽	Rapeseeds	295.92	297.18	286.15	268.00	229.49
花生	Peanuts	10.18	14.33	16.32	16.99	17.52
芝麻	Sesame	3.22	4.07	4.15	4.08	3.88
棉花(皮棉)	**Cotton**	**64.53**	**26.58**	**27.66**	**18.73**	**17.63**
麻类	**Fiber Crops**	**4.37**	**0.83**	**0.76**	**0.66**	**0.58**
糖类	**Sugar Crops**	**11.78**	**16.34**	**17.38**	**18.40**	**19.21**
烟叶	**Tobacco**	**0.68**	**1.39**	**1.81**	**2.43**	**2.16**
药材类	**Medicinal Material**	**8.00**	**16.42**	**19.68**	**22.55**	**26.16**
蔬菜	**Vegetables**	**297.81**	**568.86**	**627.97**	**696.99**	**700.77**
果用瓜	**Melon as Fruits**	**50.61**	**80.78**	**94.67**	**91.60**	**97.54**
#西瓜	Watermelon	41.86	63.42	79.07	77.57	81.43
花卉苗木	**Flowers and Plants Nursery Stock**			**33.91**	**64.17**	**114.27**
其他农作物	**Other Farm Crops**	**361.55**	**301.05**	**239.89**	**200.86**	**177.40**
#绿肥	Green Manure	316.55	218.72	174.32	127.03	92.08

6 - 25 历年主要农作物播种面积

Total Sown Area of Major Farm Crops over the Years

单位:千公顷 (1000 hectares)

年份 Year	农作物播种面积 Total Sown Area	#粮食作物 Grain Crops	油料 Oil - bearing Crops	棉花 Cotton	蔬菜 Vegetables	粮经比例 Ratio to Grain Crops to Economic Crops
1978	4760.13	3472.20	207.20	85.13	126.80	72.9;27.1
1979	4731.60	3456.19	221.20	90.07	122.73	73.0;27.0
1980	4685.71	3424.40	245.60	107.27	129.33	73.1;26.9
1981	4644.13	3375.07	298.87	107.93	116.47	72.7;27.3
1982	4626.00	3437.47	253.73	106.73	124.67	74.3;25.7
1983	4578.07	3480.00	237.93	105.47	132.00	76.0;24.0
1984	4526.87	3482.53	223.93	104.80	148.40	76.9;23.1
1985	4451.70	3271.23	286.00	93.07	180.25	73.5;26.5
1986	4361.80	3166.25	294.20	80.53	199.26	72.6;27.4
1987	4374.27	3235.37	276.93	70.73	214.97	74.0;26.0
1988	4300.50	3209.85	273.40	69.00	226.61	74.6;25.4
1989	4312.87	3222.65	280.93	60.40	236.27	74.7;25.3
1990	4384.69	3266.00	302.05	68.67	248.39	74.5;25.5
1991	4379.53	3267.21	306.61	68.19	249.07	74.6;25.4
1992	4275.05	3164.20	304.08	71.09	250.02	74.0;26.0
1993	3926.16	2844.46	235.95	60.94	283.41	72.4;27.6
1994	3802.42	2741.04	235.42	61.66	298.85	72.1;27.9
1995	3923.04	2814.39	309.32	64.53	297.81	71.7;28.3
1996	3963.82	2877.17	295.71	66.71	313.12	72.6;27.4
1997	3944.16	2873.00	275.75	61.97	329.05	72.8;27.2
1998	3919.60	2799.51	281.88	62.84	368.04	71.4;28.6
1999	3899.49	2751.91	289.44	37.85	412.49	70.6;29.4
2000	3554.33	2233.33	315.58	26.58	568.86	62.8;37.2
2001	3245.93	1875.60	306.62	27.66	627.97	57.8;42.2
2002	3064.54	1659.09	289.07	18.73	696.99	54.1;45.9
2003	2834.39	1427.77	250.90	17.63	700.77	50.4;49.6

6-26 主要农作物产量
Output of Major Farm Crops

单位:万吨 (10 000 tons)

年份 Year	#粮食 Grain	棉花 Cotton	油料 Oil-bearing Crops	蔬菜 Vegetables	茶叶 Tea	水果 Fruits	#柑桔 Orange
1978	1467.20	7.26	22.06		5.87	14.61	6.78
1979	1611.30	6.69	27.03		6.55	22.45	11.24
1980	1435.50	8.29	28.86		7.54	22.50	9.14
1981	1419.20	6.81	39.99		8.93	22.79	12.06
1982	1712.10	9.76	38.62		10.71	25.80	12.85
1983	1583.70	9.37	29.76		10.20	28.30	17.18
1984	1817.15	13.29	33.89		9.56	30.66	17.85
1985	1621.29	8.13	44.19	100.26	9.31	135.38	28.54
1986	1605.09	7.56	42.94	753.99	10.43	52.05	36.15
1987	1588.99	6.54	39.66	756.29	11.59	70.95	54.91
1988	1553.64	4.37	43.06	761.63	12.82	51.60	28.60
1989	1554.28	4.19	38.28	776.85	11.78	98.75	72.47
1990	1586.10	6.42	48.35	736.63	11.70	180.91	79.73
1991	1640.00	7.53	45.56	740.15	11.41	134.49	106.42
1992	1553.50	5.96	50.08	689.38	11.94	102.37	73.85
1993	1436.18	5.79	38.57	771.46	12.23	273.55	113.52
1994	1404.00	5.54	34.59	819.60	10.69	295.40	139.27
1995	1430.90	6.25	50.00	823.51	10.21	335.39	170.03
1996	1516.77	6.84	52.11	888.17	9.90	342.18	180.41
1997	1493.53	4.76	48.88	895.04	10.17	388.95	210.51
1998	1435.20	6.49	35.55	1009.52	11.32	359.93	149.69
1999	1392.96	4.04	54.06	1127.45	11.77	428.55	212.01
2000	1196.92	2.92	57.88	1470.04	11.64	380.67	97.19
2001	1055.68	3.16	58.22	1634.13	12.06	516.64	163.81
2002	942.27	2.24	46.97	1765.28	13.85	500.90	164.28
2003	793.38	2.10	43.77	1780.19	13.27	568.38	176.66

6-27 主要农作物单位面积产量
Output of Major Farm Crops

单位:公斤/公顷 (kg/hectare)

年份 Year	粮食 Grain	谷物 Ceral	油料 Oil - bearing Crops	#油菜籽 Rapeseed
1978	4226	4268	1065	1050
1979	4662	4758	1222	1213
1980	4192	4239	1175	1179
1981	4205	4283	1338	1346
1982	4981	5105	1522	1540
1983	4551	4618	1251	1260
1984	5218	5338	1513	1529
1985	4956	5065	1545	1556
1986	5069	5221	1460	1468
1987	4911	5032	1432	1430
1988	4840	4965	1575	1588
1989	4823	4952	1363	1363
1990	4856	5000	1601	1608
1991	5020	5176	1486	1485
1992	4910	5062	1647	1647
1993	5049	5253	1635	1623
1994	5122	5369	1469	1440
1995	5084	5299	1617	1599
1996	5272	5517	1762	1748
1997	5199	5453	1772	1754
1998	5127	5407	1261	1205
1999	5062	5330	1869	1844
2000	5359	5735	1834	1808
2001	5628	6082	1899	1869
2002	5709	6223	1625	1565
2003	5557	6166	1744	1682

6－28 主要农作物产量
Output of Major Farm Crops

指标	Item	2002		2003	
		公顷产量（公斤）Output per Hectare（kg）	总产量（万吨）Total Output（10000 tons）	公顷产量（公斤）Output per Hectare（kg）	总产量（万吨）Total Output（10000 tons）
粮食作物	**Grain Crops**	**5709**	**942.27**	**5557**	**793.38**
#春粮	Spring Grain	2529	48.26	2623	39.98
秋粮	Autumn Grain	6224	780.01	5964	683.50
谷物	Cereal	6223	842.28	6166	700.60
稻谷	Rice	6724	779.63	6605	646.90
早稻	Early Rice	5388	114.00	5403	69.90
晚稻及单季稻	Late Rice & Single Season Rice	7025	665.63	6788	577.00
单季晚稻	Single Season Rice	7301	398.08	6930	465.40
小麦	Wheat	2699	25.43	2916	20.84
大(元)麦	Barley	3219	12.33	3329	8.76
玉米	Corn	3865	22.32	4140	21.50
其他谷物	Other Cereal	3662	2.57	3665	2.60
豆类	Beans	2162	41.87	2156	41.69
大豆	Soybeans	2296	26.27	2266	26.40
蚕(豌)豆	Broad Beans	1801	10.50	1900	10.39
杂豆	Other Beans	2444	5.10	2210	4.90
蕃薯	Yams	5545	58.12	5203	51.10
油料	**Oil-bearing Crops**	**1625**	**46.97**	**1744**	**43.77**
油菜籽	Rapeseeds	1565	41.93	1682	38.60
花生	Peanuts	2644	4.49	2630	4.61
芝麻	Sesame	1348	0.55	1437	0.56
棉花(皮棉)	**Cotton**	**1195**	**2.24**	**1193**	**2.10**
麻类	**Fiber Crops**	**5516**	**0.36**	**5396**	**0.31**
糖类	**Sugar Crops**	**61644**	**133.44**	**64529**	**123.93**
烟叶	**Tobacco**	**2243**	**0.55**	**2259**	**0.49**
蔬菜	**Vegetables**	**25327**	**1765.28**	**25403**	**1780.19**
果用瓜	**Melon as Fruits**	**26511**	**242.85**	**28919**	**282.09**
#西瓜	Watermelon	27390	212.45	30356	247.20

6－29 各市粮食播种面积和产量
Sown Area and Output of Grain by City

地区	Region	2002 播种面积（千公顷）Sown Area (1000 ha)	2002 公顷产（公斤）Output per Hectare (kg)	2002 总产量（万吨）Total Output (10000 tons)	2003 播种面积（千公顷）Sown Area (1000 ha)	2003 公顷产（公斤）Output per Hectare (kg)	2003 总产量（万吨）Total Output (10000 tons)
全省合计	**Total**	**1659.09**	**5709**	**942.27**	**1427.77**	**5557**	**793.38**
浙东北	**Eastern & Northern Region**	**872.74**	**6105**	**532.84**	**757.03**	**6099**	**461.72**
杭州市	Hangzhou	214.25	5441	116.58	181.40	5528	100.27
宁波市	Ningbo	172.34	5506	94.89	136.73	5525	75.55
嘉兴市	Jiaxing	194.55	6814	132.56	174.67	6738	117.68
湖州市	Huzhou	115.77	7100	82.20	112.07	7050	79.01
绍兴市	Shaoxing	162.41	6157	100.01	140.19	5980	83.83
舟山市	Zhoushan	13.42	4923	6.60	11.97	4497	5.38
浙西南	**Western & Southern Region**	**786.34**	**5269**	**414.34**	**664.47**	**5264**	**349.75**
温州市	Wenzhou	189.09	5246	99.20	164.20	5316	87.29
金华市	Jinhua	164.47	5560	91.45	134.04	5453	73.09
衢州市	Quzhou	137.26	5426	74.48	121.23	5404	65.52
台州市	Taizhou	179.45	5156	92.59	144.62	5234	75.70
丽水市	Lishui	115.96	4883	56.62	100.38	4797	48.15

注：全省粮食产量为抽样调查数，与分市相加不相等。

The total output of grain is obtained from the sample survey , it Total is not equal to the sum of regional figures.

6-30 商品粮基地粮食播种面积和产量

Sown Area and Output of Grain in Commodity Grain Bases

地区	Region	2002			2003		
		播种面积（千公顷）Sown Area（1000 ha）	公顷产（公斤）Output per Hectare（kg）	总产量（万吨）Total Output（10000 tons）	播种面积（千公顷）Sown Area（1000 ha）	公顷产（公斤）Output per Hectare（kg）	总产量（万吨）Total Output（10000 tons）
全省合计	**Total**	**1659.09**	**5679**	**942.27**	**1427.77**	**5557**	**793.38**
国家级小计	**Country Level**	**513.93**	**6225**	**319.9**	**444.03**	**6277**	**278.72**
萧山区	Xiaoshan	59.59	5125	30.54	49.76	5253	26.14
富阳市	Fuyang	26.09	5946	15.51	21.49	6083	13.07
余杭区	Yuhang	33.4	6811	22.75	28.67	7008	20.09
余姚市	Yuyao	33.44	6108	20.43	26.56	6116	16.24
奉化市	Fenghua	16.05	5875	9.43	12.12	6083	7.37
宁海县	Ninghai	19.39	5120	9.93	16.63	5046	8.39
鄞　县	Yingxian	31.6	6425	20.3	22.94	6772	15.54
嘉兴市秀洲区	Xiuzhou, Jiaxing	26.21	7062	18.51	23.95	7195	17.23
嘉善县	Jiashan	30.15	6363	19.18	25.34	6335	16.05
海盐县	Haiyan	25.34	6991	17.71	24.33	6657	16.19
桐乡市	Tongxiao	24.21	7170	17.36	22.05	7157	15.78
德清县	Deqing	11.96	7212	8.62	10.45	7080	7.40
长兴县	Changxin	38.38	6978	26.78	37.43	7028	26.31
诸暨市	Zhuji	46.32	6251	29.41	40.58	6331	25.69
绍兴县	Shaoxin	23.75	6824	16.21	20.51	6856	14.06
金东区	Jinghua	7.85	5907	4.64	5.65	6037	3.41
衢　县	Quxian	28.93	5513	15.95	27.15	5536	15.03
龙游县	Longyou	31.27	5323	16.64	28.42	5182	14.73
省级小计	**Province Level**	**229.41**	**5772**	**132.42**	**196.87**	**5706**	**112.34**
桐庐县	Tonglu	16.96	5819	9.87	15.75	5847	9.21
瑞安市	Ruian	30.5	5368	16.37	23.84	5745	13.68
海宁市	Haining	31.12	6371	19.83	28.60	6349	18.16
安吉县	Anji	21.14	6437	13.61	21.23	6201	13.16
嵊州市	Chengzhou	27.51	5987	16.47	24.11	5295	12.77
武义县	Wuyi	18.24	5365	9.78	15.94	4905	7.81
江山市	Jangshan	36.51	5839	21.32	31.48	5754	18.11
温岭市	Wenlin	31.15	5728	17.84	24.25	5679	13.77
松阳县	Songyang	16.28	4503	7.33	11.67	4863	5.67

6－31 各市油菜籽播种面积和产量

Sown Area and Output of Repeseeds by City

地区	Region	2002			2003		
		播种面积（千公顷）Sown Area（1000 ha）	公顷产（公斤）Output per Hectare（kg）	总产量（万吨）Total Output（10000 tons）	播种面积（千公顷）Sown Area（1000 ha）	公顷产（公斤）Output per Hectare（kg）	总产量（万吨）Total Output（10000 tons）
全省合计	**Total**	**268.00**	**1565**	**41.93**	**229.49**	**1682**	**38.60**
浙东北	**Eastern & Northern Region**	**204.74**	**1642**	**33.61**	**173.38**	**1766**	**30.62**
杭州市	Hangzhou	42.51	1469	6.24	37.81	1617	6.12
宁波市	Ningbo	18.89	1580	2.99	14.88	1735	2.58
嘉兴市	Jiaxing	70.49	1834	12.93	58.46	1871	10.93
湖州市	Huzhou	50.95	1572	8.01	43.41	1794	7.79
绍兴市	Shaoxing	19.55	1575	3.08	16.67	1672	2.79
舟山市	Zhoushan	2.35	1521	0.36	2.15	1897	0.41
浙西南	**Western & Southern Region**	**63.28**	**1315**	**8.32**	**55.54**	**1440**	**8.00**
温州市	Wenzhou	3.98	1291	0.51	3.2	1587	0.51
金华市	Jinhua	23.07	1345	3.1	19.30	1488	2.87
衢州市	Quzhou	26.35	1233	3.25	23.72	1330	3.16
台州市	Taizhou	3.22	1564	0.50	3.29	1692	0.56
丽水市	Lishui	6.66	1438	0.96	6.03	1488	0.90

6－32　主要茶叶产区茶园面积和茶叶产量

Area of Tea Plantation and Output in Major Producing Regions

地区	Region	2002 茶园面积（公顷）Area of Tea Plantations（1000 ha）	2002 茶叶总产量（吨）Output of Tea（10000 tons）	2003 茶园面积（公顷）Area of Tea Plantations（1000 ha）	2003 茶叶总产量（吨）Output of Tea（10000 tons）
全省合计	**Total**	**134834**	**138578**	**142815**	**132676**
26个主产区小计	**26 Producing Regions**	**91687**	**111181**	**93191**	**102251**
杭州市区	Hangzhou District	4825	7656	5120	8591
建德市	Jiande	4040	2918	4030	2767
富阳市	Fuyang	1907	2394	1770	2183
临安市	Linan	4500	2394	4115	2096
淳安县	Chunan	9524	8665	10146	7800
宁波市区	Ningbo District	3714	7651	3693	7770
余姚市	Yuyao	4064	5378	4173	5500
奉化市	Fenghua	980	1971	1016	1945
安吉县	Anji	4723	3726	5791	4081
诸暨市	Zhuji	6639	8822	6449	9540
上虞市	Shangyu	2021	2631	2308	2944
嵊州市	Shenzhou	5744	7783	10815	11592
绍兴县	Shaoxing	5744	7783	5762	8833
新昌县	Xinchang	4660	5159	5142	5461
金华区	Jinhua	2581	4350	2622	3627
东阳市	Dongyang	2191	2021	2164	1993
武义县	Wuyi	3329	5980	3728	5493
浦江县	Pujiang	2163	1240	2144	1292
衢　县	Quxian	1214	954	887	421
开化县	Kaihua	4836	1457	5193	1383
龙游县	Longyou	1122	2263	1195	2536
临海市	Linhai	999	933	952	1041
遂昌县	Shuichang	3373	2852	3976	3362

6－33 主要蚕茧产区桑园面积和蚕茧产量
Area of Mulberry Field and Output of Silk-worm Cocoons in Major Producing Regions

地区	Region	2002		2003	
		桑园面积（公顷）Area of Mulberry Field (1000 ha)	蚕茧总产量（吨）Output of Silk－worm Cocoons (10000 tons)	桑园面积（公顷）Area of Mulberry Field (1000 ha)	蚕茧总产量（吨）Output of Silk－worm Cocoons (10000 tons)
全省合计	**Total**	**80960**	**98796**	**75034**	**79110**
24 个主产区小计	**24 Producing Regions**	**71292**	**92380**	**69141**	**74572**
杭州区	Xiaoshan	2716	1141	2594	844
建德市	Jiande	628	558	699	719
桐庐市	tonglu	2208	2677	1963	2839
富阳市	Fuyang	762	971	744	1063
临安市	Linan	2642	2989	2777	3284
淳安县	Chunan	3990	3661	4139	4054
嘉兴市区	Jiaxing District	6298	8373	5496	5634
海宁市	Haining	6687	13333	6376	11056
平湖市	Pinghu	547	328	358	113
嘉善县	Jiashan	542	551	755	263
海盐县	Haiyan	3423	5719	3308	4502
桐乡市	Tongxiang	11850	20744	10846	14333
湖州市区	Huzhou District	12789	12832	11919	9556
德清县	Deqing	4655	5898	4312	4518
长兴县	Changxing	2281	1427	2110	1418
安吉县	Anji	2020	1569	1720	1745
诸暨市	Zhuji	1359	1127	1185	754
上虞市	Shangyu	2121	2731	1910	2403
嵊州市	Shenzhou	2260	2342	2090	1886
新昌县	Xinchang	1498	1947	1349	1330
兰溪市	Lanxi	1960	2098	1926	1865
浦江县	Pujiang	518	210	308	144
衢州市区	Quxian	138	81	178	95
临海市	Linhai	96	213	79	154

6－34 林业生产
Basic Indicators on Forestry

指标	Item	1995	2000	2001	2002	2003
造林面积 （千公顷）	Afforestation Area （1000 ha）	41.33	33.31	21.39	21.21	22.11
用材林	Timber Forest	13.96	7.17	3.13	0.87	1.77
经济林	Economic Forest	23.38	19.81	10.75	6.36	4.53
防护林	Shelter Forest	2.09	5.38	7.44	13.64	14.75
薪炭林	Fuel Forest	1.88	0.64		0.17	0.97
特种用途林	Forest for Special Use	0.02	0.31	0.07	0.17	0.09
零星（四旁）植树 （万株）	Planting Trees Piecemeal （10000 trees）	3531	3413	3270	2940	2448
幼林抚育实际面积 （千公顷）	Area of Tending Seedings （1000 ha）	186.86	129.20	109.95	91.86	95.50
育苗面积 （千公顷）	Area of Growing Seedings （1000 ha）	2.02	5.49	12.36	21.77	45.10
迹地更新面积 （千公顷）	Area of Forest Updating （1000 ha）	25.84	24.20	26.55	10.06	5.32
主要林产品产量 （吨）	Output of Major Forest Products （ton）					
油茶籽	Tea-oil Seeds	28373	32547	30249	32800	33035
乌桕籽	Tallow-seeds	1376	287	88	54	94
核　桃	Walnuts	6497	7152	8777	3630	7363
板　栗	Chestnut	9893	33450	38654	44848	45884

6－35 水果生产
Basic Indicators on Fruits

指标	Item	2002		2003	
		果园面积（千公顷） Area of Orchards （1000 Hectares）	产量（万吨） Total Output （10000 tons）	果园面积（千公顷） Area of Orchards （1000 Hectares）	产量（万吨） Total Output （10000 tons）
合计	**Total**	**275.60**	**500.90**	**286.71**	**568.38**
柑桔	Orange	123.96	164.28	125.04	176.66
梨	Pear	22.10	20.22	24.11	24.45
桃子	Peach	20.98	18.96	21.70	21.01
柿子	Persimmon	7.16	3.44	6.97	3.50
枇杷	Loquat	9.47	5.69	9.37	5.90
杨梅	Red Bayberry	48.31	16.42	54.17	23.04
果用瓜	Melon as Fruits		242.85		282.09
其他	Others	32.24	25.28	45.35	31.73

6-36 农产品人均产量

Per Capital Output of Agricultural Products

单位:公斤 (kg)

年份 Year	粮食 Grain	棉花 Cotton	油料 Oil - bearing Crops	糖料 Sugar Crops	茶叶 Tea	水果 Fruits	猪牛羊肉 Pork, Beef and Mutton	水产品 Aquatic Products
1978	393.44	1.95	5.92	17.20	1.57	3.92	11.33	23.47
1980	376.81	2.18	7.58	15.43	1.98	5.91	18.52	21.46
1985	404.18	2.03	11.02	27.43	2.32	11.12	19.10	26.13
1986	396.34	1.87	10.60	32.63	2.58	12.85	20.03	28.94
1987	387.97	1.60	9.68	26.56	2.83	17.32	18.60	30.52
1988	374.78	1.05	10.39	20.01	3.09	12.45	19.56	30.92
1989	371.01	1.00	9.14	16.74	2.81	23.57	19.67	30.84
1990	375.68	1.52	11.45	14.87	2.77	25.35	20.28	32.92
1991	386.05	1.77	10.72	16.19	2.69	31.66	20.13	35.57
1992	363.51	1.39	11.72	17.55	2.79	23.95	22.73	39.72
1993	334.03	1.35	8.97	18.43	2.84	34.63	22.74	44.02
1994	324.46	1.28	7.99	16.21	2.47	40.64	22.68	59.62
1995	328.53	1.43	11.48	15.11	2.34	49.28	23.61	73.03
1996	345.91	1.56	11.88	14.57	2.26	51.91	16.85	78.03
1997	338.58	1.08	11.08	13.61	2.31	61.07	18.44	90.61
1998	323.64	1.46	8.02	13.97	2.55	46.55	19.05	95.33
1999	312.52	0.91	12.14	15.94	2.64	62.64	19.27	99.33
2000	266.91	0.65	12.91	21.97	2.60	84.89	22.65	104.70
2001	234.05	0.70	12.91	23.49	2.67	114.54	24.67	104.83
2002	208.10	0.49	10.37	25.05	3.06	110.62	26.37	106.16
2003	174.61	0.46	9.63	27.27	2.92	125.09	26.90	106.26

6－37 牲畜饲养和畜产品产量
Number of Livestock and Output of Livestock Products

年份 Year	大牲畜年底头数（万头） Large Animals (Year-end) (10 000 heads)	#牛（万头） Cattle and Buffaloes (10 000 heads)	生猪年末存栏头数（万头） Namber of Hogs (10 000 heads)	羊年末存栏头数（万只） Number of Sheep and Goats (10 000 heads)	猪、牛、羊肉产量（万吨） Output of Pork, Beef and Mutton (10000 tons)	#猪肉产量（万吨） Pork (10 000 tons)
1978	82.6	82.6	1334.7	294.9	42.27	41.59
1979	84.8	84.8	1550.0	345.6	56.87	55.95
1980	83.0	83.0	1403.8	324.0	70.55	69.48
1981	82.7	82.7	1344.6	288.6	62.78	62.00
1982	82.7	82.7	1383.2	262.6	67.11	66.24
1983	80.6	80.6	1387.3	229.3	68.53	67.59
1984	78.4	78.4	1326.2	197.9	68.88	67.80
1985	76.1	76.1	1368.8	176.2	76.60	75.57
1986	75.81	75.81	1403.31	172.21	81.11	80.00
1987	74.73	74.73	1278.69	175.98	76.19	75.01
1988	71.11	71.11	1228.05	180.02	78.47	77.12
1989	69.29	69.29	1213.19	187.47	77.24	75.87
1990	68.01	68.01	1170.00	185.07	77.88	76.33
1991	65.05	65.05	1135.49	181.36	78.05	76.41
1992	60.50	60.50	1188.97	183.26	83.08	80.97
1993	54.07	54.07	1061.04	191.38	80.64	78.94
1994	50.72	50.72	989.84	205.98	78.95	76.46
1995	50.32	50.32	964.30	218.63	80.17	77.38
1996	49.48	49.48	892.68	221.31	76.31	73.47
1997	46.36	46.36	1010.06	214.55	81.33	78.40
1998	43.52	43.52	1040.56	207.58	84.48	81.38
1999	40.64	40.64	1024.36	218.95	85.87	82.55
2000	38.95	38.95	1146.88	233.51	101.57	98.03
2001	39.25	39.25	1175.10	245.02	111.28	107.39
2002	39.63	39.63	1139.17	258.61	119.40	115.09
2003	38.90	38.90	1132.38	262.90	122.22	117.24

6－38 畜牧业生产
Basic Indicators on Animal Husbandry

指标	Item	1995	2000	2001	2002	2003
生猪年末存栏头数（含未断奶小猪）（万头）	**Pigs（year－end）（10000 heads）**	**964.70**	**1146.88**	**1175.10**	**1139.17**	**1132.38**
#能繁殖的母猪（万头）	Reproducable（10000 heads）	73.16	90.00	97.78	91.03	92.66
年内肥猪出栏头数（万头）	Slaughtered Fattened Hogs（10000 heads）	1071.01	1552.40	1669.30	1719.15	1792.01
生猪出栏率（%）	Rate of Slaughtered Fattened Hogs（%）	108.20	138.40	145.60	146.37	157.30
全年饲养量（万头）	Number of Hogs Raised（10000 heads）	2060.85	2442.29	2816.18	2859.12	2924.39
牛年末存栏头数（万头）	**Cattles（year－end）（10000 heads）**	**50.32**	**38.95**	**39.25**	**39.63**	**38.9**
良种及改良种乳牛（万头）	Milch Cows of Fine Breed and Improved Varieties（10000 heads）	3.04	4.13	5.59	6.65	7.70
能耕田的牛（万头）	Cultivatable Cattles（10000 heads）	34.90	26.07	23.91	18.72	17.63
牛年内出栏头数（万只）	**Slaughtered Cattles（10000 heads）**	**7.18**	**6.99**	**8.11**	**8.97**	**9.56**
牛奶产量（万吨）	Milk（10000 tons）	9.18	11.17	17.59	22.15	24.73
羊年末存栏只数（万只）	**Sheep and Goats（year－end）（10000 heads）**	**218.63**	**233.51**	**245.02**	**258.61**	**262.9**
#绵（湖）羊	Sheep	114.27	120.15	112.62	136.78	124.40
羊年内出栏只数（万只）	**Slaughtered Sheep（10000 heads）**	**113.40**	**159.25**	**168.43**	**181.08**	**200.21**
猪、牛、羊肉产量（万吨）	**Output of Pork，Beef and Mutton（10000 tons）**	**102.83**	**101.57**	**111.28**	**119.4**	**122.22**
#猪肉产量	Pork	100.04	98.03	107.39	115.09	117.24
兔年末存栏只数（万只）	**Rabbits（year－end）（10000 heads）**	**365.22**	**445.25**	**628.42**	**530.02**	**532.65**
兔年内出栏只数（万只）	**Slaughtered Rabbits（10000 heads）**	**144.75**	**223.16**	**594.24**	**703.02**	**683.71**
家禽年末存栏只数（万只）	**Poultry（year－end）（10000 heads）**	**8846.38**	**10118.75**	**10416.91**	**11481.51**	**11036.92**
家禽年内出栏只数（万只）	**Slaughtered Poultry（10000 heads）**	**12691.7**	**15840.00**	**17017.00**	**18693.32**	**20761.32**
全年饲养量（万只）	Poultry Raised（10000 heads）	21538.08	25958.75	27433.91	30174.83	31798.24
禽蛋产量（万吨）	Poultry Eggs（10000 tons）	31.73	37.17	40.55	43.49	42.20
养蜂年末箱数（万箱）	**Number of Beehives（10000boxes）**	**74.38**	**101.17**	**101.03**	**107.13**	**94.38**
蜂蜜产量（万吨）	Honey（10000 tons）	4.57	7.09	7.27	6.97	8.14
蜂皇浆产量（吨）	Royal Jelly（ton）	785	1387	1502	1644	1652
蚕茧产量（万吨）	**Output of Silkworm Cocoon（10000 tons）**	**12.23**	**9.51**	**11.03**	**9.88**	**7.91**
全年饲养蚕种张数（万张）	Number of Silkworm Cocoon（10000 pieces）	383.13	247.60	270.55	249.16	190.97

6－39 水产品产量

Output of Aquatic Products

单位:万吨 (10 000 tons)

年份 Year	水产品产量 Total Aquatic Products	海水产品产量 Seawater Aquatic Products	#养殖 Artificially Cultured	淡水产品产量 Freshwater Aquatic Products	#养殖 Artificially Cultured
1978	87.52	81.69	3.56	5.83	4.90
1979	81.13	74.77	3.90	6.36	5.19
1980	81.79	75.03	6.60	6.76	6.67
1981	84.28	76.85	4.13	7.43	6.17
1982	87.69	78.91	4.82	8.78	7.43
1983	83.25	73.46	6.21	9.79	8.32
1984	95.28	83.26	7.86	12.02	10.29
1985	104.82	89.04	9.60	15.78	13.73
1986	117.21	97.36	10.57	19.85	17.74
1987	124.98	102.84	11.86	22.14	19.65
1988	128.20	104.31	12.33	23.89	21.28
1989	129.20	104.50	13.13	24.70	22.08
1990	138.98	113.17	13.81	25.80	23.00
1991	151.09	123.53	15.20	27.56	24.75
1992	169.75	140.20	17.34	29.54	26.68
1993	189.29	156.06	19.05	33.23	29.92
1994	258.02	222.30	24.68	35.72	32.07
1995	318.07	278.70	31.69	39.37	34.43
1996	342.14	299.23	39.51	42.91	37.00
1997	377.68	331.97	38.90	45.71	38.66
1998	422.73	372.80	46.49	49.93	42.62
1999	442.73	389.41	58.17	53.32	45.61
2000	469.51	410.46	70.88	59.05	51.42
2001	472.85	406.96	77.66	65.89	58.17
2002	480.68	409.33	85.15	71.35	63.21
2003	482.82	406.00	91.85	76.82	68.26

6-40 渔业生产
Basic Indicators on Fishery

单位:万吨 (10000 tons)

指标	Item	1995	2000	2001	2002	2003
水产品总产量	**Total Aquatic Products**	**318.07**	**469.51**	**472.85**	**480.68**	**482.82**
海水产品产量	**Seawater Aquatic Products**	**278.70**	**410.46**	**406.96**	**409.33**	**406.00**
按生产性质分	By Production Character					
海洋捕捞	Catching in Ocean	247.02	339.58	329.30	324.18	314.15
海水养殖	Seawater Aquiculture	31.68	70.88	77.66	85.15	91.85
按类别分	By Category					
鱼类	Fishes	165.57	225.15	222.96	218.92	208.45
虾蟹类	Shrimps, Prawns and Crabs	66.70	91.35	88.48	88.70	82.08
贝类	Shell-fish	44.33	90.56	91.62	98.09	76.75
藻类	Algae	1.38	2.73	2.83	3.23	3.86
头足类	Shrimps, Prawns and crabs					29.61
其他海水产品	Others	0.72	0.67	1.07	0.39	5.26
淡水产品产量	**Freshwater Aquatic Products**	**39.37**	**59.05**	**65.89**	**71.35**	**76.82**
按生产性质分	By Production Character					
天然生产	Naturally Grown	4.94	7.63	7.72	8.14	8.56
淡水养殖	Freshwater Aquiculture	34.43	51.42	58.17	63.21	68.26
按类别分	By Category					
鱼类	Fishes	36.03	46.94	51.28	54.70	54.28
虾蟹类	Shrimps, Prawns and Crabs	0.56	4.52	5.78	7.68	10.08
贝类	Shell-fish	2.31	4.50	4.48	4.13	4.48
其他类	Others	0.47	3.09	4.35	4.84	7.98
在海水产品中	Among Seawater Aquatic Products					
大黄鱼	Big Yellow Croaker	0.81	0.16	0.12	0.10	1.05
小黄鱼	Small Yellow Croaker	3.36	10.69	7.71	8.20	7.19
带鱼	Hairtail	57.99	64.91	59.48	52.96	53.10
墨鱼	Cuttle Fish	4.09	5.32	5.45	5.01	4.19
海水养殖面积(千公顷)	**Seawater Aquiculture Area (1000 ha)**	**50.79**	**106.36**	**112.75**	**116.91**	**117.41**
淡水养殖面积(千公顷)	**Freshwater Aquiculture Area (1000 ha)**	**194.40**	**207.73**	**210.76**	**212.99**	**215.10**

6－41 各市水产品产量(2003年)
Output of Aquatic Products by City (2003)

单位:万吨 (10000 tons)

地区	Region	水产品总产量 Total Output of Aquatic Products	海水产品产量 Seawater Aquatic Products	#鱼类 Fishes	淡水产品产量 Freshwater Aquatic Products	#鱼类 Fishes
全省合计	**Total**	**482.82**	**406.00**	**208.45**	**76.82**	**54.28**
浙东北	**Eastern & Northern Region**	**267.94**	**207.79**	**107.12**	**60.14**	**40.26**
杭州市	Hangzhou	13.02			13.02	8.7
宁波市	Ningbo	90.33	82.88	42.45	7.45	5.52
嘉兴市	Jiaxing	13.17	0.77	0.37	12.40	6.62
湖州市	Huzhou	16.69			16.69	11.98
绍兴市	Shaoxing	10.24	0.4	0.19	9.83	6.82
舟山市	Zhoushan	124.49	123.74	64.11	0.75	0.62
浙西南	**Western & Southern Region**	**209.78**	**193.11**	**97.88**	**16.67**	**14.02**
温州市	Wenzhou	62.46	59.66	34.58	2.79	2.1
金华市	Jinhua	4.72			4.72	4.07
衢州市	Quzhou	2.86			2.86	2.63
台州市	Taizhou	138.26	133.45	63.30	4.82	3.84
丽水市	Lishui	1.48			1.48	1.38
省直属	**Units Attached to the Province**	**5.10**	**5.10**	**3.45**		

6－42 农、林、牧、渔业商品产值和商品率
Agricultural Commodity Output Value and Commodity Rate

指标	Item	商品产值(亿元) Commodity Output Value (100 million yuan)		商品率(%) Commodity Rate(%)	
		2002	2003	2002	2003
合计	**Total**	**782.34**	**833.1**	**71.4**	**72**
农业产品	Farming Products	273.68	289	53.6	54.6
#种植业产品	Planting Products	268.02	284.32	54.1	55.2
林业产品	Forestry Products	40.30	42.03	73.5	72
畜牧业产品	Animal Husbandry Products	158.96	180.68	77.5	77.5
渔业产品	Fishery Products	309.40	321.35	95.3	95.3

注:本表按当年价格计算。 The data in this table are calculated at current prices.

6-43 平均每个农业劳动力提供的主要农产品产量
Output of Major Farm Products Provided by Per Rural Labourer

指标		Item		1995	2000	2001	2002	2003
粮食	（公斤）	Grain	(kg)	1248.7	1199.8	1072.6	1013.7	908.8
棉花	（公斤）	Cotton	(kg)	5.5	2.9	3.2	2.4	2.4
油菜籽	（公斤）	Rapeseeds	(kg)	41.3	52.9	54.3	45.1	44.2
蔬菜	（公斤）	Vegetables	(kg)	821.7	1539.1	1658.8	1899.0	2039.3
茶叶	（公斤）	Tea	(kg)	8.9	11.5	12.2	14.9	15.2
柑桔	（公斤）	Oranges	(kg)	148.4	95.8	166.3	176.7	202.4
生猪	（头）	Hogs	(head)	0.93	1.5	1.7	1.9	2.1
猪牛羊肉	（公斤）	Pork, Beef and Mutton	(kg)	69.96	100.1	113.0	128.4	140.0
禽蛋	（公斤）	Poultry Eggs	(kg)	27.7	36.6	41.2	46.8	48.3
水产品	（公斤）	Aquatic Products	(kg)	277.6	462.6	413.1	517.1	553.1

6-44 农村自然灾害情况
Basic Statistics on Rural Natural Disasters

指标		Item		1995	2000	2001	2002	2003
受灾面积	**（千公顷）**	**Area Covered**	**(1000 ha)**	**1234**	**883**	**340**	**519.94**	**795.69**
#旱灾		Drought		541	139	5	0.37	657.02
水灾		Flood		543	123	27	206.64	77.46
成灾面积	**（千公顷）**	**Area Affected**	**(1000 ha)**	**713**	**331**	**17**	**274.45**	**463.56**
#旱灾		Drought		342	59	3	0.17	383.93
水灾		Flood		299	59	13	101.81	42.27

6-45 农村经济收入和分配

Income and Distribution of Rural Economy

单位:亿元 (100 million yuan)

指标	Item	1995	2000	2001	2002	2003
一、农村经济总收入	**Total Income of Rural Economy**	**6196.17**	**12681.89**	**14367.61**	**17396.75**	**21138.92**
#出售产品收入	Income of Products for Sale	4843.61	9897.50	11222.77	13436.16	16410.47
按经营形式划分	**By Type**					
乡(镇)办企业收入	Income of Enterprises Run by Townships	1874.35	4005.01	4622.09	5561.16	7235.73
村组集体经营收入	Collective Operation Income from Villages and Groups	1329.14	1415.02	1233.85	1347.48	1583.92
农民家庭经营收入	Income from Rural Household Operation	2207.75	5432.90	5814.53	6695.18	7814.06
其他经营收入	Others	784.93	1828.96	2697.14	3792.93	4505.22
按行业划分	**By Sector**					
农林牧渔业收入	Farming, Forestry, Animal Husbandry & Fishery	711.25	999.40	1009.96	1058.85	1102.63
工业收入	Industry	4700.52	9962.21	11445.44	14089.97	17382.48
建筑业收入	Construction	228.34	377.15	415.53	495.03	638.15
运输业收入	Transportation	114.83	219.35	233.02	258.27	290.22
商饮业收入	Commerce and Catering Service	229.3	725.77	844.92	1039.31	1213.87
服务业收入	Service	95.46	178.08	194.20	220.08	237.68
其他收入	Others	116.47	219.93	224.54	235.24	273.89
二、总费用	**Total Expenses**	**4959.48**	**10529.93**	**12014.34**	**14711.81**	**18062.75**
生产费用	Production Expense	4545.26	9479.46	10777.12	13125.87	16367.97
管理费用	Managing Expense	177.81	359.89	424.17	558.91	664.92
其他费用	Others	236.41	690.58	813.04	1027.03	1029.86
三、净收入	**Net Income**	**1236.69**	**2151.96**	**2353.27**	**2684.94**	**3076.17**
四、投资收益	**Investment Profits**		**7.03**	**9.16**	**8.99**	**8.76**
五、农民外出劳务收入	**Income of Peasants Transferring out**		**171.66**	**188.60**	**211.52**	**240.24**
六、可分配净收入总额	**Total Net Income Distributed**	**1236.69**	**2330.41**	**2551.03**	**2905.45**	**3325.17**
#国家税收	National Taxes	180.68	357.35	417.04	511.12	616.24
乡村集体所得	Towship and Village Collective	32.41	47.86	50.41	46.09	42.91
农民经营所得	Operation by Peasants	904.31	1523.55	1594.90	1717.28	1840.01
七、农民从集体再分配收入	**Re-distributed Income from Collective**		**31.59**	**30.75**	**33.83**	**34.38**
八、农民所得总额	**Peasants Income**	**904.31**	**1555.14**	**1625.65**	**1751.11**	**1886.93**

6-46 农业事业机构和服务组织
Institutions Rendering Agricultural Service

指标		Item	1995	2000	2001	2002	2003
农业事业机构	**(个)**	**Institutions Engaged in Agricultural Undertaking (unit)**					
乡镇农技服务站		Agricultural Technical Service Stations	1908	1744	1695	1563	1530
家畜繁育改良站		Stations for Improving Domestic Animals Breed	20	18	17	13	10
乡镇畜牧兽医站		Veterinary Stations	1621	1529	1417	1413	1257
农业服务组织		**Agricultural Service Organizations**					
县(市)农技推广中心	(个)	Centres for Spreading Agricultural Technique (unit)	84	130	81	80	81
乡镇农技站农业技术人员	(人)	Agricultural Technical Persons (person)	13873	10908	12334	13135	11893
配有农技员的村数	(万个)	Villages with Agricultural Technical Persons (10000 units)	3.47	3.76	3.35	3.02	2.83
村不脱产农民技术人员	(万人)	Technical Peasants Unreleased from Agricultural Production in Village (10000 perosns)	5.01	6.38	7.24	6.49	6.37
科技户	(万户)	Scientific and Technological Households (10000 households)	10.70	15.13	14.7	13.44	12.59

6-47 乡镇企业单位数、总产值及职工人数
Number, Gross Output Value, and Employed Persom of Township and Village Enterprises

指标	Item	1995	2000	2001	2002	2003
单位数(万个)	**Number of Enterprises(10000 units)**	**90.22**	**108.15**	**107.98**	**107.32**	**108.12**
#集体(乡村办)	Collective Owned Enterprises at Level of Township(Village)	7.19	4.88	4.18	3.93	3.24
农业企业	Agriculture	0.05	0.03	0.03	0.11	0.02
工业企业	Industry	58.40	65.45	66.81	68.06	69.40
施工企业	Construction	0.55	0.50	0.52	0.48	0.43
交通运输业	Transportation	12.42	12.16	11.72	11.02	10.53
其他企业	Others	18.80	30.01	28.89	27.66	27.75
年末职工人数(万人)	**Employed Persons(10000 persons)**	**795.71**	**880.39**	**929.52**	**993.64**	**1082.78**
#集体(乡村办)	Collective Owned Enterprises at Level of Township(Village)	382.37	298.43	284.60	273.9	268.72
农业企业	Agriculture	0.93	0.62	0.63	1.19	0.53
工业企业	Industry	690.53	760.26	809.01	868.65	952.09
施工企业	Construction	47.58	32.86	34.48	35.5	36.66
交通运输业	Transportation	19.62	19.21	18.41	18.89	19.18
其他企业	Others	37.05	67.44	66.99	69.41	74.32
总产值(亿元)	**Total Output Value(100 million yuan)**	**7478.16**	**13412.37**	**15464.52**	**18319.03**	**22062.25**
#集体(乡村办)	Collective Owned Enterprises at Level of Township(Village)	3669.58	4842.21	5040.70	5605.15	6166.97
农业企业	Agriculture	6.92	14.92	17.64	25.82	7.75
工业企业	Industry	7004.71	12438.62	14388.48	17005.21	20456.41
施工企业	Construction	233.21	319.24	381.82	513.5	689.34
交通运输业	Transportation	72.87	136.77	140.10	161.31	176.35
其他企业	Others	160.45	502.82	676.58	613.20	732.40
工业销售产值(亿元)	**Industrial Sales Value(100 million yuan)**	**6611.04**	**12058.04**	**13964.5**	**16533.6**	**19934.73**
#集体(乡村办)	Collective Owned Enterprises at Level of Township(Village)	3139.41	4271.86	4420.03	4914.22	5472.03
营业收入(亿元)	**Business Income(100 million yuan)**	**5960.74**	**12990.52**	**12990.52**	**17922.38**	**21771.20**
#集体(乡村办)	Collective Owned Enterprises at Level of Township(Village)	2663.64	4681.98	4830.37	5749.43	6488.09
利润总额(亿元)	**Total Profits(100 million yuan)**	**278.54**	**681.06**	**681.06**	**958.47**	**1194.73**
#集体(乡村办)	Collective Owned Enterprises at Level of Township(Village)	92.27	249.35	276.88	347.21	368.07
增加值(亿元)	**Value Added(100 million yuan)**		**2839.24**	**3267.92**	**3811.64**	**4555.15**
#集体(乡村办)	Collective Owned Enterprises at Level of Township(Village)	695.47	1068.68	1112.01	1282.43	1404.53

6-48 各市乡镇企业基本情况(2003年)

Basic Statistics on Township and Village Enterprises by City (2003)

地　区	Region	企业单位数(万个) Enterprises (10000 units)	#私有企业 Enterprises Run by Private	年末职工人数(万人) Workers and Staff (10000 persons)	#私有企业 Enterprises Run by Private	总产值(亿元) Total Output Value (100 million yuan)	#私有企业 Enterprises Run by Private
全省合计	**Total**	**108.12**	**104.88**	**1082.78**	**814.06**	**22062.25**	**15895.27**
浙东北	**Eastern & Northern Region**	**68.77**	**67.60**	**675.91**	**533.63**	**15332.87**	**11526.29**
杭州市	Hangzhou	11.81	11.60	138.79	117.57	3644.15	2881.22
宁波市	Ningbo	9.08	8.48	181.51	106.32	4034.78	2392.31
嘉兴市	Jiaxing	18.99	18.86	130.65	113.91	2288.91	1942.39
湖州市	Huzhou	11.55	11.48	71.73	66.42	1626.62	1485.16
绍兴市	Shaoxing	16.68	16.54	140.08	118.68	3531.67	2660.18
舟山市	Zhoushan	0.67	0.65	13.15	10.73	206.74	165.03
浙西南	**Western & Southern Region**	**39.35**	**37.28**	**406.87**	**280.43**	**6729.38**	**4368.98**
温州市	Wenzhou	7.23	6.09	118.61	53.30	1773.51	644.19
金华市	Jinhua	7.15	7.11	105.46	96.60	1812.60	1641.54
衢州市	Quzhou	4.78	4.70	26.89	25.49	263.31	247.19
台州市	Taizhou	14.42	13.62	129.86	79.31	2615.64	1575.76
丽水市	Lishui	5.77	5.77	26.05	25.73	264.31	260.30

地　区	Region	营业收入 Business Income	利润总额 Total Profits	实交税金 Taxes	年末固定资产原值 Original Value of Fixed Assets (Year-end)	增加值 Value Added	工资总额 Total Wages
全省合计	**Total**	**21771.20**	**1194.73**	**678.39**	**5165.99**	**4555.15**	**1158.74**
浙东北	**Eastern & Northern Region**	**15238.19**	**864.66**	**476.17**	**3720.26**	**3110.61**	**748.65**
杭州市	Hangzhou	3700.77	158.59	132.02	970.50	707.79	160.30
宁波市	Ningbo	3789.93	271.94	137.32	779.08	814.99	204.88
嘉兴市	Jiaxing	2254.04	96.16	64.78	526.33	478.24	129.16
湖州市	Huzhou	1682.90	64.57	36.16	325.72	347.61	73.92
绍兴市	Shaoxing	3633.57	266.70	97.59	1064.19	718.51	166.89
舟山市	Zhoushan	176.98	6.71	8.30	54.43	43.47	13.50
浙西南	**Western & Southern Region**	**6533.01**	**330.07**	**202.22**	**1445.73**	**1444.54**	**410.09**
温州市	Wenzhou	1701.61	89.91	74.74	403.23	423.02	127.02
金华市	Jinhua	1715.08	83.10	40.35	472.89	363.92	94.82
衢州市	Quzhou	257.17	12.77	6.27	72.50	60.37	20.81
台州市	Taizhou	2601.14	130.41	75.38	429.47	533.66	146.26
丽水市	Lishui	258.01	13.88	5.48	67.64	63.57	21.17

主要统计指标解释

农林牧渔业总产值　是以货币表现的农、林、牧、渔业全部产品的总量,它反映一定时期内农业生产总规模和总成果。

农、林、牧、渔业的统计范围包括国有经济的各种专业农(农、林、牧、渔)场以及国家各级机关团体学校、部队;集体所有制的乡、镇、村各级办农场;工矿企业经营的农、林、牧、渔业,农村各种经济组织和农户经营的农林牧渔业和农民家庭兼营的商品性工业等。

粮食产量　指全社会的产量。包括国有经济经营的、集体统一经营的和农民家庭经营的粮食产量,还包括工矿企业办的农场和其他生产单位的产量。粮食除包括稻、小麦、玉米、高粱、谷子及其他杂粮外,还包括薯类和豆类。其产量计算方法,豆类按去豆荚后的干豆计算;薯类(包括甘薯和马铃薯,不包括芋头和木薯)1963年以前按每4公斤鲜薯折1公斤粮食计算,从1964年开始及以后改为按5公斤鲜薯折1公斤粮食计算。城市郊区作为蔬菜的薯类(如:马铃薯等)按鲜品计算,并且不做为粮食统计。其他粮食一律按脱粒后的原粮计算。

油料产量　指全部油料作物的生产量。包括花生、油菜籽、芝麻、向日葵籽、胡麻籽(亚麻籽)和其他油料。不包括大豆,也不包括木本油料和野生油料。花生以带壳干花生计算。

水产品产量　指人工养殖的水产品和天然生长的水产品的捕捞量。包括海水的鱼类、虾蟹类、贝类和藻类以及内陆水域的鱼类、虾蟹类和贝类,不包括淡水生植物。

猪、牛、羊肉产量　指当年出栏并已屠宰后除去头蹄下水后带骨肉(即胴体重)的重量。

耕地面积　指年初可以用来种植农作物、经常进行耕锄的田地,除包括熟地、当年新开荒地、连续撂荒未满三年的耕地和当年的休闲地(轮歇地)外,还包括以种植农作物为主并附带种植桑树、茶树、果树和其他林木的土地,以及沿海、沿湖地区已围垦利用的"海涂"、"湖田"等面积。但不包括属于专业性的桑园、茶园、果园、果木苗圃、林地、芦苇地、天然或人工草地面积。

谷物　指籽实主要供作粮食的作物。这类作物包括稻谷、小麦、玉米、谷子、高粱和其他谷物,不包括豆类和薯类作物。

Explanatory Notes on Main Statistical Indicators

Gross Output Value of Farming, Forestry, Animal Husbandry and Fishery refers to the total volume of products of farming, forestry, animal husbandry and fishery in value terms, which reflects the total scale and total result of agricultural production during a given period of time.

The statistical coverage of farming, forestry, animal husbandry and fishery are as follows:

In terms of ownership, China's agriculture includes specialized state farms (farming, forestry, animal husbandry, fishery), farms managed by various government agencies, organazations, schools, research institutions, and army; farms managed by rural collective organizations at levels of township, town, and village; farming, forestry, animal husbandry, fishery run by mining and industrial enterprises; farming, forestry, animal husbandry and fishery and some commodity industries run by various rural collective organizations and individual farmers.

Grain Yield refers to the yield in the whole country including grains produced by state farms, collective units, industrial enterprises and mines. Grain includes rice, wheat, corn, sorghum, millet and other miscellaneous grains as well as tubers and beans. Output of beans refers to dry beans without pods. The output of tubers (sweet potatoes and potatoes, not including taros and cassava) was converted into that of grain at the ratio 4:1, i. e. four kilograms of fresh tubers was equivalent to one kilogram of grain up to 1963. Since 1964 the ratio for conversion has been 5:1. Tubers supplied as vegetables (such as potatoes) in cities and suburbs are calculated as fresh vegetables and their output is not included in the output of grain. Output of all other grains refers to husked grain.

Yield of Oil-bearing Crops refers to the total yield of oil-bearing crops of various kinds, including peanuts, (dry, in shell) rapeseeds, sesame, sunflower seeds, flax seeds, and other oil-bearing crops. Soybeans, oil-bearing woody plants, and wild oil-bearing crops are not included.

Output of Aquatic Products refers to catches of both artificially cultured and naturally grown aquatic products, including fish, shrimps, crabs and shellfish in sea and inland water as well as seaweed. Freshwater plants are not included.

Output of Pork, Beef, and Mutton refers to the meat of slaughtered hogs, cattle, sheep and goats with head, feet, and offal taken away.

Cultivated Area (Area under cultivation) refers to farmland which is plowed constantly for growing crops, including cultivated land, newly cultivated land in the current year, farmland left without cultivation for less than three years and fallow land in the current year, rotation land, rotation land of grass and crops, farmland with some fruit trees, mulberry trees and other trees and cultivated seashore land, lake land, and etc. The land of mulberry fields, tea plantations, orchards, nurseries of young plants, forest land, reed land, natural and man-made grassland and other land are not included in cultivated land.

Cereals refer to seeds of various kinds of crops which are used mainly for grain. Cereals include paddy, wheat, maize, millet, Chinese sorghum, etc., except beans and tubers.

ZHEJIANG STATISTICAL YEARBOOK

工 业

Industry

Chapter 7

7. 工 业
Industry

2003年年末全部国有及规模以上非国有工业企业单位数	Number Industrial Enterprises at Year-end	25526个	(unit)
2003年年末全部国有及规模以上非国有工业企业总产值	Gross Industrial Output Value	12864.23亿元	(100 million yuan)
#轻工业	Light Industry	6654.75亿元	(100 million yuan)
重工业	Heavy Industry	6209.48亿元	(100 million yuan)
#国有企业	State-owned Units	545.81亿元	(100 million yuan)
集体企业	Collective-owned Units	690.81亿元	(100 million yuan)
股份合作企业	Share Cooperative	622.67亿元	(100 million yuan)
联营企业	Joint-owned	31.55亿元	(100 million yuan)
外商及港澳台投资企业	Foreign Funded Enterprises and Enterprises Funded by Entrepreneurs from Hong Kong, Macao & Taiwan	2585.81亿元	(100 million yuan)
私营企业	Private	4053.19亿元	(100 million yuan)
其他企业	Others	4334.39亿元	(100 million yuan)

工业增加值 (亿元)
The Value-added of Industry (100 million yuan)

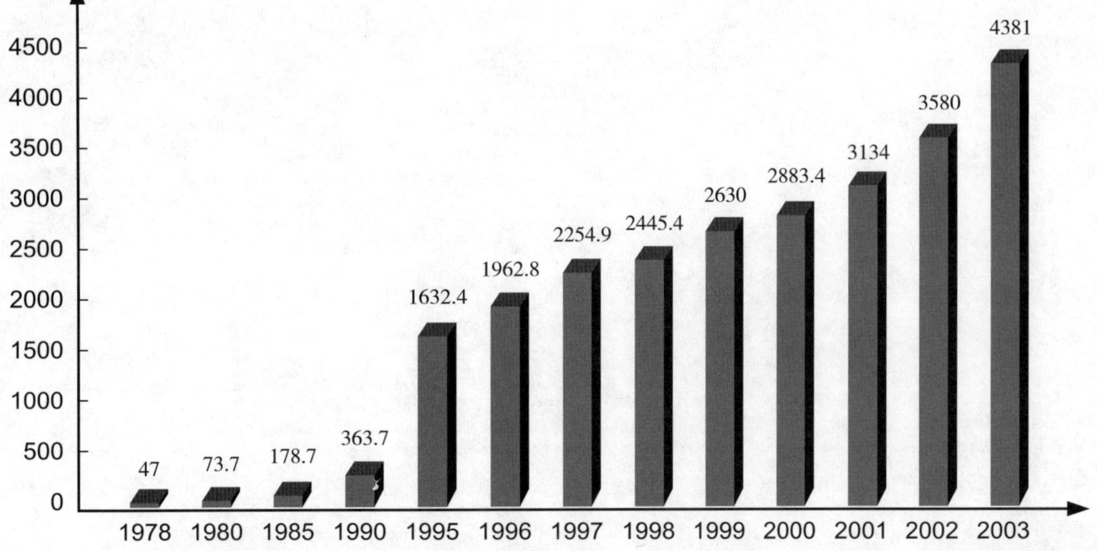

7-1 全部国有及规模以上非国有工业企业单位数
Number of All State - owned and Non - state - owned Above Designated Size Industrial Enterprises

指　标	Item	2000	2002	2003
工业企业单位数(个)	**Number of Industrial Enterprises(unit)**	**14575**	**21896**	**25526**
按轻重工业分	**by Light and Heavy Industry**			
轻工业	Light Industry	8610	13338	14276
重工业	Heavy Industry	5965	8558	11250
按注册登记类型分	**by Registered Type**			
国有企业	State-owned	1002	567	496
集体企业	Collective-owned	2183	1181	1089
股份合作企业	Share Cooperative	2575	2435	2365
联营企业	Joint - owned	122	87	73
外商及港澳台商投资企业	Foreign Funded Enterprises and Enterprises Funded by Entrepreneurs from Hong Kong, Macao & Taiwan	2117	3145	3675
私营企业	Private	4140	10301	13411
其他企业	Others	2436	4180	4417
在总计中:国有及国有控股	**State - owned and State - holding Industrial Enterprises**	**1418**	**963**	**861**
按规模分	**by Size**			
大型企业	Large - Sized Enterprises	318	281	122
中型企业	Medium - Sized Enterprises	932	786	2227
小型企业	Small - Sized Enterprises	13325	20829	23177

注：2003 年大中小型企业划分实行了新标准。
The data by size in 2003 are calculated at new standard..

7-2 全部国有及规模以上非国有工业总产值
Gross Output Value of All State - owned and Non - state - owned Above Designated Size Industrial Enterprises

指　　标	Item	2000	2002	2003
工业总产值(亿元)	**Gross Industrial Output Value(100 million yuan)**	**6603.65**	**9779.04**	**12864.23**
按轻重工业分	**by Light and Heavy Industry**			
轻工业	Light Industry	3573.91	5374.32	6654.75
重工业	Heavy Industry	3029.74	4404.72	6209.78
按注册登记类型分	**by Registered Type**			
国有企业	State-owned	538.46	517.86	545.81
集体企业	Collective-owned	1078.65	638.29	690.81
股份合作企业	Share Cooperative	623.91	565.05	622.67
联营企业	Joint Owned	47.69	47.43	31.55
外商及港澳台商投资企业	Foreign Funded Enterprises and Enterprises Funded by Entrepreneurs from Hong Kong, Macao & Taiwan	1232.40	1921.93	2585.81
私营企业	Private	1071.68	2693.55	4053.19
其他企业	Others	2010.86	3394.93	4334.39
在总计中:国有及国有控股	**State - owned and State - holding Industrial Enterprises**	**1292.72**	**1331.16**	**1686.99**
按规模分	**by Size**			
大型企业	Large - Sized Industrial Enterprises	1649.88	1939.07	2300.14
中型企业	Medium - Sized Industrial Enterprises	1086.27	1274.14	4903.18
小型企业	Small - Sized Industrial Enterprises	3867.50	6565.84	5660.91

注：工业总产值按现行价格计算。

Gross industrial output value are calculated at current prices.

7－3 按行业分的全部国有及规模以上非国有工业企业总产值

Gross Output Value of All State-owned and Non-state-owned Above Designated Size Industrial Enterprises by Sector

行　业	Sector	工业总产值（亿元）Gross Industrial Output Value (100 million yuan)	
		2002	2003
总计	**Total**	**9779.04**	**12864.23**
在总计中：轻工业	Light Industry	5374.32	6654.75
重工业	Heavy Industry	4404.72	6209.48
按工业行业分	**By Sector**		
煤炭采选业	Coal Mining and Dressing	6.43	6.75
黑色金属矿采选业	Ferrous Metals Mining and Dressing	1.42	3.64
有色金属矿采选业	Nonferrous Metals Mining and Dressing	6.96	9.40
非金属矿采选业	Nonmetal Minerals Mining and Dressing	22.31	36.24
其他采矿业	Other Minerals Mining and Dressing	0.17	0.20
农副食品加工业	Non－staple Food Processing	212.33	260.21
食品制造业	Food Manufacturing	89.35	113.64
饮料制造业	Beverage Manufacturing	170.48	200.28
烟草制品业	Tobacco Processing	107.23	120.34
纺织业	Textile Industry	1348.16	1750.42
纺织服装、鞋、帽制造业	Garments, Shoes and Hats Manufacturing	595.75	733.83
皮革、毛皮、羽毛(绒)及其制品业	Leather, Furs, Down and Related Products	446.28	552.14
木材加工及木、竹、藤、棕、草制品业	Timber Processing, Bamboo, Cane Palm Fiber and Straw Products	87.47	120.22
家具制造业	Furniture Manufacturing	60.47	85.69
造纸及纸制品业	Papermaking and Paper Products	248.43	303.47
印刷业和记录媒介的复制	Printing and Record Medium Reproduction	75.24	108.28
文教体育用品制造业	Cultural, Educational and Sports Goods	124.47	151.39

注：工业总产值按当年价格计算。

Gross industrial output value are calculated at current prices.

7－3 续表 continued

行　　业	Sector	工业总产值（亿元）Gross Industrial Output Value (100 million yuan)	
		2002	2003
石油加工、炼焦及核燃料加工业	Petroleum Processing, Cooking and Nuclear Fuel Processing	245.13	313.90
化学原料及化学制品制造业	Raw Chemical Materials and Chemical Products	546.17	674.05
医药制造业	Medical and Pharmaceutical Products	213.99	277.59
化学纤维制造业	Chemical Fiber	240.08	373.56
橡胶制品业	Rubber Products	84.72	114.46
塑料制品业	Plastic Products	365.72	486.49
非金属矿物制品业	Nonmetal Mineral Products	300.69	396.95
黑色金属冶炼及压延加工业	Smelting and Pressing of Ferrous Metals	162.09	259.89
有色金属冶炼及压延加工业	Smelting and Pressing of Nonferrous Metals	205.04	305.60
金属制品业	Metal Products	420.92	506.57
通用设备制造业	Equipment in Common Use	614.93	848.47
专用设备制造业	Special Purpose Equipment	297.08	366.66
交通运输设备制造业	Transport Equipment	520.86	735.33
电气机械及器材制造业	Electric Equipment and Machinery	840.60	1099.92
通信设备、计算机及其他电子设备制造业	Telecommunications Equipment, Computer and Other Electronic Equipment	443.71	648.67
仪器仪表及文化、办公用机械制造业	Instruments, Meters, Cultural and Office Machinery	90.47	177.40
工艺品及其他制造业	Handicraft Article and Other Manufacturing Indust		241.97
废弃资源和废旧材料回收加工业	Recovery of Resource Discarded and Useless Material		8.34
电力、热力的生产和供应业	Production and Supply of Electricity and Heating Power	351.99	427.61
燃气生产和供应业	Production and Supply of Gas	11.00	13.84
水的生产和供应业	Production and Supply of Water	24.29	30.65

7－4 主要工业产品产量
Output of Major Industrial Products

产品名称		Item		2000	2002	2003
原煤	(万吨)	Coal	(10000 tons)	72.96	73.50	69.39
原盐	(万吨)	Salt	(10000 tons)	9.50	6.13	9.81
配混合饲料	(万吨)	Forage	(10000 tons)	167.26	159.64	163.91
食用植物油	(万吨)	Edible Vegetable Oil	(10000 tons)	62.54	30.68	23.26
罐头	(万吨)	Canned Food	(10000 tons)	31.18	43.59	47.60
啤酒	(万吨)	Beer	(10000 tons)	163.69	174.25	201.68
黄酒	(万吨)	Millet Wine	(10000 tons)	42.99	38.37	40.76
软饮料	(万吨)	Soft Drink	(10000 tons)	291.94	431.87	489.46
卷烟	(万箱)	Cigarettes	(10000 cases)	99.21	109.23	112.95
纱	(万吨)	Yarn	(10000 tons)	34.19	48.17	57.34
布	(亿米)	Cloth	(100 million m)	16.19	31.94	42.77
毛线(绒线)	(吨)	Knitting Wool	(ton)	20565	27307	24603
呢绒	(万米)	Woolen Goods	(10000 m)	1558.27	2241.73	2592.39
丝	(吨)	Silk	(ton)	32418	32766	36205
丝织品	(亿米)	Silk-knit Goods	(100 million m)	24.84	36.47	45.10
机制纸	(万吨)	Machine-made Paper and Paperboard	(10000 tons)	70.46	122.74	166.97
汽油	(万吨)	Gasoline	(10000 tons)	178.98	198.94	245.05
煤油	(万吨)	Kerosene	(10000 tons)	107.28	100.40	110.31
柴油	(万吨)	Diesel Oil	(10000 tons)	387.40	488.88	549.69
燃料油	(万吨)	Fuel Oil	(10000 tons)	123.40	57.62	75.41
焦炭	(万吨)	Coke	(10000 tons)	60.13	60.55	58.81
硫酸	(万吨)	Sulphuric Acid	(10000 tons)	50.24	62.90	60.00
烧碱	(万吨)	Caustic Soda	(10000 tons)	36.92	53.48	54.25
纯碱	(万吨)	Soda Ash	(10000 tons)	8.70	10.54	11.82
电石(碳化钙)	(万吨)	Calcium Carbide	(10000 tons)	11.28	10.98	11.23
合成氨	(万吨)	Synthetic Ammonia	(10000 tons)	89.23	94.90	89.69
农用化肥	(万吨)	Chemical Fertilizer	(10000 tons)	59.22	62.01	55.75
# 氮肥		Nitrogen Fertilizer		51.88	53.38	47.33
磷肥		Phosphate Fertilizer		7.20	8.44	8.22

7－4 续表 1　continued

产品名称		Item		2000	2002	2003
农药	（吨）	Chemical Pesticide	（ton）	88106	117617	124534
纯苯	（吨）	Pure Benzene	（ton）	49210	51027	55543
肥皂	（万吨）	Soap	（10000 tons）	17.43	18.65	22.77
合成洗涤剂	（吨）	Synthetic Detergents	（ton）	321099	443392	428568
火柴	（万件）	Match	（10000 units）	39.80	24.33	4.64
化学原料药	（吨）	Chemical Raw Medicine	（ton）	54545	99564	131425
中成药	（吨）	Traditional Chinese Medicine	（ton）	11499	13194	13625
化学纤维	（万吨）	Chemical Fiber	（10000 tons）	154.08	307.25	407.57
#粘胶纤维		Glutinous Fiber		4.85	4.42	3.90
合成纤维	（万吨）	Synthetic Fiber	（10000 tons）	149.23	302.83	403.67
轮胎外胎	（万条）	Outer Cover of Tyre	（10000 units）	708.26	1221.32	1604.92
塑料制品	（万吨）	Plastic Products	（10000 tons）	153.86	253.85	320.11
水泥	（万吨）	Cement	（10000 tons）	4236.10	5742.79	7127.08
平板玻璃	（万重量箱）	Plate Glass	（10000 wt. case）	763.98	1354.33	1677.02
日用陶瓷	（万件）	Household Ceramics	（10000 units）	3165.47	1504.65	1107.80
生铁	（万吨）	Pig Iron	（10000 tons）	108.75	135.41	173.27
钢	（万吨）	Steel	（10000 tons）	144.96	265.00	334.24
成品钢材	（万吨）	Steel Products	（10000 tons）	292.14	404.83	527.03
十种有色金属	（万吨）	10 Nonferrous Metal	（10000 tons）	11.90	12.26	21.86
#铜	（吨）	Copper	（ton）	44424	62548	82952
锌	（吨）	Zinc	（ton）	20846	15912	20025
铝	（吨）	Aluminium	（ton）	53463	44169	106382
日用精铝制品	（吨）	Fine Aluminium Products for Daily Use	（ton）	24265	38743	40653
内燃机（商品量）	（万千瓦）	Internal Combustion Engines(Commodity)	（10000 kw）	435.59	589.86	828.00

7－4 续表 2　continued

产品名称		Item		2000	2002	2003
数控机床	（台）	Numerically Controlled Machine Tools	(unit)	1855	5319	6983
缝纫机	（万架）	Sewing Machine	(10000 units)	200.81	304.68	455.70
大中型拖拉机	（台）	Large and Medium-sized Tractor	(unit)	2889	5118	3392
小型拖拉机	（台）	Small-size Tractor	(unit)	47151	73066	69086
汽车	（辆）	Motor Vehicle	(unit)	9514	53367	82340
#载货汽车		Truck		1772	240	800
摩托车	（万辆）	Motorcycles	(10000 units)	147.64	144.33	161.68
自行车	（万辆）	Bicycles	(10000 units)	395.28	427.14	625.81
发电设备	（万千瓦）	Generating Equipment	(10000 kw)	76.52	92.01	147.99
交流电动机	（万千瓦）	Alternating Current Motor	(10000 kw)	336.30	641.12	781.30
变压器	（万千伏安）	Transformer	(10000 kev)	939.58	1461.40	2058.62
家用洗衣机	（万台）	Household Washing Machines	(10000 units)	199.91	376.02	525.85
家用电冰箱	（万台）	Household Refrigerators	(10000 units)	19.79	33.31	129.98
电风扇	（万台）	Electric Fan	(10000 units)	264.40	442.60	355.89
房间空气调节器	（万台）	House Air Conditioner	(10000 units)	87.70	361.37	419.13
电话机	（万部）	Telephone Set	(10000 units)	46.87	1.60	0.57
灯泡	（亿只）	Bulb	(100 million units)	4.00	7.71	11.41
电视机	（万台）	Television Set	(10000 units)	240.52	267.15	313.29
#彩色电视机		Color TV Set		17.36	46.34	94.04
表	（万只）	Watch	(10000 units)	135.24	200.56	208.86
发电量	（亿千瓦小时）	Electricity	(100 million kwh)	624.83	778.20	992.65

注:本表统计范围为全部国有及年销售收入 500 万元及以上的非国有工业企业。

The data in this table refer to state-owned industrial enterprises and non-state-owned industrial enterprises with annual sales income over 5 million yuan.

7－5 全部国有及规模以上非国有工业企业主要指标

单位:亿元

指标		Item	
企业单位数	(个)	Number of Enterprises	(unit)
#亏损企业单位数		Loss Enterprises	
工业总产值(当年价)		Gross Industrial Output Value(Current Price)	
工业增加值		Value Added of Industry	
全部职工年平均人数	(万人)	Average Number of Staff and Workers	(10000 persons)
流动资产合计		Circulating Funds	
固定资产合计		Fixed Assets	
流动资产年平均余额		Annual Average Balance of Circulating Funds	
固定资产原值		Original Value of Fixed Assets	
固定资产净值年平均余额		Annual Average Balance of Net Value of Fixed Assets	
资产总计		Total Assets	
流动负债合计		Circulating Liabilities	
长期负债合计		Long-term Liabilities	
所有者权益		Creditors´Equity	
实收资本		Total capital Hold	
产品销售收入		Sales Revenue	
产品销售成本		Cost of Sales	
产品销售税金及附加		Sales Taxes and Extra Charges	
利润总额		Total Profits	
本年应交增值税		Value Added Taxes Payable	
利税总额		Total Profits and Taxes	

注:国有、集体分组按注册登记类型划分。

7-5 Principal Indicators of All State-owned and Non-state-owned Above Designated Sized Industrial Enterprises

(100 million yuan)

合计 Total			国有单位 State-owned Units			集体单位 Collective-owned Units		
2000	2002	2003	2000	2002	2003	2000	2002	2003
14575	21896	25526	1002	567	496	2183	1181	1089
1849	2140	2314	354	184	161	287	148	122
6603.65	9779.04	12864.23	538.46	517.84	545.81	1078.65	638.29	690.81
1560.11	2403.85	3097.62	213.67	261.49	315.11	215.63	127.57	134.31
323.22	412.73	482.58	35.14	19.58	16.59	48.72	22.23	19.69
3377.81	4758.17	6482.10	556.23	486.90	497.90	461.66	281.79	311.57
2947.13	3806.50	4624.76	744.90	691.86	731.45	389.01	190.53	203.71
3207.75	4496.61	5988.82	550.58	488.36	488.16	432.60	262.32	288.21
3753.68	4981.39	6017.68	924.52	915.37	994.69	493.52	258.09	260.45
2624.63	3346.81	4024.45	627.07	585.03	623.09	341.07	167.90	168.43
7008.09	9637.31	12526.66	1458.21	1353.55	1370.91	952.79	555.96	603.04
3073.84	4280.83	5927.96	448.36	345.38	347.53	458.21	263.02	286.02
926.66	1063.29	1242.38	341.02	334.14	319.82	110.37	56.27	63.44
3005.97	4293.05	5356.33	668.83	674.01	703.55	384.21	236.67	253.58
1756.31	2315.26	2932.21	271.65	217.39	228.74	215.71	118.58	122.78
6488.67	9729.33	13002.63	752.67	880.01	1017.57	1027.47	615.11	673.82
5495.26	8223.33	11070.55	649.34	732.56	851.46	885.67	532.79	583.61
84.83	114.83	139.08	31.54	50.71	59.54	8.66	4.27	4.04
353.44	606.11	793.63	31.78	44.35	43.33	52.36	36.29	42.92
248.80	362.68	468.06	41.56	51.01	70.37	34.37	19.65	18.44
687.07	1083.63	1400.77	104.87	146.07	173.25	95.39	60.21	65.40

The data of state-owned units and collective-owned units are grouped by registered type.

7-6 按行业分的工业企业主要指标(2003年)

Main Indicators of Industrial Enterprises by Sector(2003)

单位:亿元 (100 million yuan)

行业	Sector	企业单位数(个) Number of Enterprises (unit)	#亏损企业 Loss	工业总产值 Gross Industrial Output Value	工业增加值 Value Added of Industry
总计	**Total**	**25526**	**2314**	**12864.23**	**3097.61**
在总计中:轻工业	Light Industry	14276	1413	6654.75	1530.13
重工业	Heavy Industry	11250	901	6209.48	1567.48
按工业行业分	**By Sector**				
煤炭开采和洗选业	Coal Mining and Dressing	2	1	6.75	0.97
黑色金属矿采选业	Ferrous Metals Mining and Dressing	3	1	3.64	1.07
有色金属矿采选业	Nonferrous Metals Mining and Dressing	23	1	9.40	2.13
非金属矿采选业	Nonmetal Minerals Mining and Dressing	183	10	36.24	10.47
其他采矿业	Other Minerals Mining and Dressing	2		0.20	0.07
农副食品加工业	Non - staple Food Processing	642	118	260.21	40.48
食品制造业	Food Manufacturing	270	40	113.64	28.58
饮料制造业	Beverage Manufacturing	228	31	200.28	62.56
烟草制品业	Tobacco Processing	6		120.34	94.06
纺织业	Textile Industry	3327	311	1750.42	346.87
纺织服装、鞋、帽制造业	Garments,Shoes and Hats Manufacturing	2048	225	733.83	179.89
皮革、毛皮、羽毛(绒)及其制品业	Leather,Furs,Down and Related Products	1140	85	552.14	123.80
木材加工及木、竹、藤、棕、草制品业	Timber Processing,Bamboo, Cane Palm Fiber and Straw Products	398	39	120.22	25.97
家具制造业	Furniture Manufacturing	219	24	85.69	17.61
造纸及纸制品业	Papermaking and Paper Products	786	99	303.47	66.59
印刷业和记录媒介的复制	Printing and Record Medium Reproduction	462	40	108.28	28.30
文教体育用品制造业	Cultural,Educational and Sports Goods	513	46	151.39	36.36

注:本表统计范围为全部国有及年销售收入500万元及以上的非国有工业企业。表7-7同。

The data in this table refer to state-owned industrial enterprises and non-state-owned industrial enterprises with annual sales income over 5 million yuan. the same for table 7-7。

行业	Sector	企业单位数(个) Number of Enterprises (unit)	#亏损企业 Loss	工业总产值 Gross Industrial Output Value	工业增加值 Value Added of Industry
石油加工、炼焦及核燃料加工业	Petroleum Processing, Cooking and Nuclear Fuel Processing	27	4	313.90	55.24
化学原料及化学制品制造业	Raw Chemical Materials and Chemical Products	1036	104	674.05	143.72
医药制造业	Medical and Pharmaceutical Products	335	37	277.59	81.07
化学纤维制造业	Chemical Fiber	160	23	373.56	60.46
橡胶制品业	Rubber Products	216	28	114.46	30.28
塑料制品业	Plastic Products	1450	115	486.49	102.45
非金属矿物制品业	Nonmetal Mineral Products	928	66	396.95	121.01
黑色金属冶炼及压延加工业	Smelting and Pressing of Ferrous Metals	245	19	259.89	59.51
有色金属冶炼及压延加工业	Smelting and Pressing of Nonferrous Metals	362	34	305.60	43.04
金属制品业	Metal Products	1605	123	506.57	106.03
通用设备制造业	Equipment in Common Use	2371	137	848.47	216.12
专用设备制造业	Special Purpose Equipment	871	65	366.66	88.06
交通运输设备制造业	Transport Equipment	1298	83	735.33	155.47
电气机械及器材制造业	Electric Equipment and Machinery	1931	148	1099.92	246.05
通信设备、计算机及其他电子设备制造业	Telecommunications Equipment, Computer and Other Electronic Equipment	653	64	648.67	146.23
仪器仪表及文化、办公用机械制造业	Instruments, Meters, Cultural and Office Machinery	445	27	177.40	44.96
工艺品及其他制造业	Handicraft Article and Other Manufacturing Indust	934	57	241.97	54.95
废弃资源和废旧材料回收加工业	Recovery of Resource Discarded and Useless Material	8		8.34	0.96
电力、热力的生产和供应业	Production and Supply of Electricity and Heating Power	263	61	427.61	260.75
燃气生产和供应业	Production and Supply of Gas	13	2	13.84	1.10
水的生产和供应业	Production and Supply of Water	123	46	30.65	14.19

行业	Sector	资产总计 Total Assets	流动资产合计 Circulating Funds	流动资产年平均余额 Annual Average Balance of Circulating Funds	固定资产合计 Fixed Assets
总计	**Total**	**12526**	**6482.10**	**5988.82**	**4624.75**
在总计中:轻工业	Light Industry	5917	3126.99	2891.60	2145.83
重工业	Heavy Industry	6608	3355.11	3097.22	2478.92
按工业行业分	**By Sector**				
煤炭开采和洗选业	Coal Mining and Dressing	11	3.72	3.51	6.87
黑色金属矿采选业	Ferrous Metals Mining and Dressing	4	1.76	1.72	2.17
有色金属矿采选业	Nonferrous Metals Mining and Dressing	7	3.54	3.58	2.62
非金属矿采选业	Nonmetal Minerals Mining and Dressing	32	15.67	14.69	13.43
其他采矿业	Other Minerals Mining and Dressing		0.12	0.12	0.08
农副食品加工业	Non－staple Food Processing	191	116.98	107.71	58.56
食品制造业	Food Manufacturing	110	58.62	56.13	39.54
饮料制造业	Beverage Manufacturing	221	99.02	88.78	101.63
烟草制品业	Tobacco Processing	100	67.43	63.28	27.72
纺织业	Textile Industry	1649	782.66	714.12	702.72
纺织服装、鞋、帽制造业	Garments, Shoes and Hats Manufacturing	587	345.75	318.09	173.77
皮革、毛皮、羽毛(绒)及其制品业	Leather, Furs, Down and Related Products	305	196.09	177.70	76.60
木材加工及木、竹、藤、棕、草制品业	Timber Processing, Bamboo, Cane Palm Fiber and Straw Products	92	47.75	45.80	28.95
家具制造业	Furniture Manufacturing	65	38.33	34.70	20.28
造纸及纸制品业	Papermaking and Paper Products	355	178.55	167.38	149.11
印刷业和记录媒介的复制	Printing and Record Medium Reproduction	119	62.49	57.57	47.06
文教体育用品制造业	Cultural, Educational and Sports Goods	108	65.75	59.46	28.09

行业	Sector	资产总计 Total Assets	流动资产合计 Circulating Funds	流动资产年平均余额 Annual Average Balance of Circulating Funds	固定资产合计 Fixed Assets
石油加工、炼焦及核燃料加工业	Petroleum Processing, Cooking and Nuclear Fuel Processing	167	49.39	44.81	105.67
化学原料及化学制品制造业	Raw Chemical Materials and Chemical Products	619	324.99	303.12	217.76
医药制造业	Medical and Pharmaceutical Products	333	176.03	178.82	109.79
化学纤维制造业	Chemical Fiber	296	117.30	109.43	146.36
橡胶制品业	Rubber Products	121	56.48	51.92	49.87
塑料制品业	Plastic Products	384	212.49	198.52	129.36
非金属矿物制品业	Nonmetal Mineral Products	538	244.29	217.73	225.80
黑色金属冶炼及压延加工业	Smelting and Pressing of Ferrous Metals	245	133.59	113.19	88.16
有色金属冶炼及压延加工业	Smelting and Pressing of Nonferrous Metals	159	96.06	86.61	47.09
金属制品业	Metal Products	387	236.17	214.62	99.26
通用设备制造业	Equipment in Common Use	824	495.41	445.26	231.87
专用设备制造业	Special Purpose Equipment	362	224.59	200.51	97.48
交通运输设备制造业	Transport Equipment	662	387.81	351.20	177.80
电气机械及器材制造业	Electric Equipment and Machinery	976	601.89	548.21	235.71
通信设备、计算机及其他电子设备制造业	Telecommunications Equipment, Computer and Other Electronic Equipment	690	481.17	462.90	117.17
仪器仪表及文化、办公用机械制造业	Instruments, Meters, Cultural and Office Machinery	152	92.49	88.85	37.28
工艺品及其他制造业	Handicraft Article and Other Manufacturing Indust	174	104.32	95.46	50.80
废弃资源和废旧材料回收加工业	Recovery of Resource Discarded and Useless Material	3	2.21	2.36	0.31
电力、热力的生产和供应业	Production and Supply of Electricity and Heating Power	1276	317.06	318.03	855.48
燃气生产和供应业	Production and Supply of Gas	20	5.66	6.86	12.57
水的生产和供应业	Production and Supply of Water	164	38.26	35.88	109.76

行　业	Sector	固定资产原　价 Original Value of Assets	固定资产净值年平均余额 Annual Average Balance of Next Value of Fixed Assets	年末负债合　计 Total Liabilities	流动负债 Circulating Liabilities
总计	**Total**	**6017.68**	**4024.45**	**7170.33**	**5927.95**
在总计中:轻工业	Light Industry	2690.76	1863.52	3438.87	2985.67
重工业	Heavy Industry	3326.92	2160.92	3731.45	2942.28
按工业行业分	**By Sector**				
煤炭开采和洗选业	Coal Mining and Dressing	10.04	5.88	7.52	5.05
黑色金属矿采选业	Ferrous Metals Mining and Dressing	2.90	1.61	1.38	1.03
有色金属矿采选业	Nonferrous Metals Mining and Dressing	5.06	2.46	4.01	3.29
非金属矿采选业	Nonmetal Minerals Mining and Dressing	18.09	12.56	17.71	14.90
其他采矿业	Other Minerals Mining and Dressing	0.23	0.08	0.16	0.15
农副食品加工业	Non-staple Food Processing	76.30	55.21	125.62	112.55
食品制造业	Food Manufacturing	54.54	34.78	66.80	59.00
饮料制造业	Beverage Manufacturing	141.32	91.89	109.31	101.29
烟草制品业	Tobacco Processing	39.94	23.24	11.21	11.36
纺织业	Textile Industry	891.92	608.91	1004.88	856.43
纺织服装、鞋、帽制造业	Garments, Shoes and Hats Manufacturing	209.46	149.48	340.32	304.10
皮革、毛皮、羽毛(绒)及其制品业	Leather, Furs, Down and Related Products	87.73	67.67	190.34	180.62
木材加工及木、竹、藤、棕、草制品业	Timber Processing, Bamboo, Cane Palm Fiber and Straw Products	36.04	24.44	53.62	46.78
家具制造业	Furniture Manufacturing	24.71	18.16	40.96	37.79
造纸及纸制品业	Papermaking and Paper Products	185.25	129.57	223.20	176.98
印刷业和记录媒介的复制	Printing and Record Medium Reproduction	60.80	42.49	65.73	58.05
文教体育用品制造业	Cultural, Educational and Sports Goods	35.50	25.98	57.47	55.29

单位:亿元　　7-6 续表5　continued　　(100 million yuan)

行　业	Sector	固定资产原价 Original Value of Assets	固定资产净值年平均余额 Annual Average Balance of Net Value of Fixed Assets	年末负债合计 Total Liabilities	流动负债 Circulating Liabilities
石油加工、炼焦及核燃料加工业	Petroleum Processing, Cooking and Nuclear Fuel Processing	155.99	82.45	64.36	49.86
化学原料及化学制品制造业	Raw Chemical Materials and Chemical Products	295.53	186.53	364.88	315.07
医药制造业	Medical and Pharmaceutical Products	129.51	90.73	185.98	157.12
化学纤维制造业	Chemical Fiber	190.62	127.70	181.23	128.49
橡胶制品业	Rubber Products	58.98	39.42	72.10	59.50
塑料制品业	Plastic Products	160.69	110.39	217.17	195.82
非金属矿物制品业	Nonmetal Mineral Products	284.43	195.89	312.56	239.48
黑色金属冶炼及压延加工业	Smelting and Pressing of Ferrous Metals	119.39	77.84	113.27	103.51
有色金属冶炼及压延加工业	Smelting and Pressing of Nonferrous Metals	57.24	39.93	97.46	85.62
金属制品业	Metal Products	123.43	87.27	234.66	218.77
通用设备制造业	Equipment in Common Use	309.03	204.18	474.57	436.29
专用设备制造业	Special Purpose Equipment	118.97	84.24	213.99	200.95
交通运输设备制造业	Transport Equipment	218.57	149.25	388.99	333.69
电气机械及器材制造业	Electric Equipment and Machinery	297.43	202.06	547.42	495.23
通信设备、计算机及其他电子设备制造业	Telecommunications Equipment, Computer and Other Electronic Equipment	152.79	105.25	427.02	401.58
仪器仪表及文化、办公用机械制造业	Instruments, Meters, Cultural and Office Machinery	47.52	34.42	85.32	77.39
工艺品及其他制造业	Handicraft Article and Other Manufacturing Indust	57.27	43.99	100.79	94.13
废弃资源和废旧材料回收加工业	Recovery of Resource Discarded and Useless Material	0.33	0.30	2.05	2.05
电力、热力的生产和供应业	Production and Supply of Electricity and Heating Power	1218.19	767.86	679.97	261.53
燃气生产和供应业	Production and Supply of Gas	14.95	9.04	5.46	3.72
水的生产和供应业	Production and Supply of Water	126.83	91.11	80.66	43.29

行业	Sector	长期负债 Long-term Liabilities	年末所有者权益合计 Creditors´ Equity	实收资本 Total Capital Hold	产品销售收入 Sales Revenue	产品销售费用 Sales Funds
总计	**Total**	**1242.37**	**5356.32**	**2932.20**	**13002.63**	**381.14**
在总计中:轻工业	Light Industry	453.19	2479.06	1315.73	6496.17	227.37
重工业	Heavy Industry	789.17	2877.26	1616.47	6506.46	153.77
按工业行业分	**By Sector**					
煤炭开采和洗选业	Coal Mining and Dressing	2.46	4.07	3.42	9.17	0.11
黑色金属矿采选业	Ferrous Metals Mining and Dressing	0.35	2.81	1.13	4.69	0.01
有色金属矿采选业	Nonferrous Metals Mining and Dressing	0.71	3.38	2.29	9.09	0.39
非金属矿采选业	Nonmetal Minerals Mining and Dressing	2.81	14.93	9.57	34.66	1.95
其他采矿业	Other Minerals Mining and Dressing	0.01	0.10	0.07	0.22	0.01
农副食品加工业	Non-staple Food Processing	13.07	66.13	44.53	248.07	6.39
食品制造业	Food Manufacturing	7.79	43.59	24.90	116.91	8.40
饮料制造业	Beverage Manufacturing	8.01	111.71	67.40	197.07	37.45
烟草制品业	Tobacco Processing	-0.15	89.24	9.88	125.21	6.93
纺织业	Textile Industry	148.44	644.26	348.43	1720.66	20.28
纺织服装、鞋、帽制造业	Garments, Shoes and Hats Manufacturing	36.22	247.58	133.45	714.69	23.93
皮革、毛皮、羽毛(绒)及其制品业	Leather, Furs, Down and Related Products	9.71	115.18	72.21	533.60	11.83
木材加工及木、竹、藤、棕、草制品业	Timber Processing, Bamboo, Cane Palm Fiber and Straw Products	6.83	38.57	21.33	115.07	2.28
家具制造业	Furniture Manufacturing	3.16	24.98	16.28	82.77	2.72
造纸及纸制品业	Papermaking and Paper Products	46.22	132.68	82.34	292.82	5.50
印刷业和记录媒介的复制	Printing and Record Medium Reproduction	7.68	54.03	29.83	105.94	2.25
文教体育用品制造业	Cultural, Educational and Sports Goods	2.17	50.61	25.92	143.57	5.29

单位:亿元　　7－6 续表7　continued　　(100 million yuan)

行　业	Sector	长期负债 Long-term Liabilities	年末所有者权益合计 Creditors′ Equity	实收资本 Total Capital Hold	产品销售收入 Sales Revenue	产品销售费用 Sales Funds
石油加工、炼焦及核燃料加工业	Petroleum Processing, Cooking and Nuclear Fuel Processing	14.49	103.41	33.10	329.98	2.56
化学原料及化学制品制造业	Raw Chemical Materials and Chemical Products	49.80	254.60	138.91	685.77	29.88
医药制造业	Medical and Pharmaceutical Products	28.85	147.64	70.18	269.26	26.09
化学纤维制造业	Chemical Fiber	52.73	115.05	61.70	366.27	1.55
橡胶制品业	Rubber Products	12.59	49.18	44.31	108.72	3.70
塑料制品业	Plastic Products	21.35	167.34	98.13	469.72	11.69
非金属矿物制品业	Nonmetal Mineral Products	73.08	225.70	128.43	394.15	14.35
黑色金属冶炼及压延加工业	Smelting and Pressing of Ferrous Metals	9.75	132.10	66.26	258.09	2.05
有色金属冶炼及压延加工业	Smelting and Pressing of Nonferrous Metals	11.84	62.37	31.55	300.54	2.12
金属制品业	Metal Products	15.89	153.21	85.83	484.01	12.67
通用设备制造业	Equipment in Common Use	38.28	350.16	210.68	817.13	23.18
专用设备制造业	Special Purpose Equipment	13.03	148.05	76.44	343.40	10.44
交通运输设备制造业	Transport Equipment	55.29	273.40	147.05	697.55	21.22
电气机械及器材制造业	Electric Equipment and Machinery	52.19	429.31	325.83	1043.31	45.87
通信设备、计算机及其他电子设备制造业	Telecommunications Equipment, Computer and Other Electronic Equipment	25.43	263.54	124.54	674.61	19.60
仪器仪表及文化、办公用机械制造业	Instruments, Meters, Cultural and Office Machinery	7.93	66.77	33.20	170.27	7.04
工艺品及其他制造业	Handicraft Article and Other Manufacturing Indust	6.66	74.04	42.88	233.90	6.59
废弃资源和废旧材料回收加工业	Recovery of Resource Discarded and Useless Material		0.98	0.51	8.16	0.07
电力、热力的生产和供应业	Production and Supply of Electricity and Heating Power	418.44	596.56	268.51	848.68	1.17
燃气生产和供应业	Production and Supply of Gas	1.74	15.37	5.44	14.63	1.65
水的生产和供应业	Production and Supply of Water	37.36	83.56	45.53	30.12	1.73

行　业	Sector	产品销售税金及附加 Sales Taxes and Extra Charges	利润总额 Total Profits	利税总额 Total Profits and Taxes	本年应交增值税 Value Added Taxes Payable
总计	**Total**	**139.08**	**793.63**	**1400.77**	**468.06**
在总计中:轻工业	Light Industry	94.56	380.18	690.52	215.77
重工业	Heavy Industry	44.51	413.45	710.24	252.28
按工业行业分	**By Sector**				
煤炭开采和洗选业	Coal Mining and Dressing	0.09	0.12	0.86	0.64
黑色金属矿采选业	Ferrous Metals Mining and Dressing	0.01	0.18	0.34	0.14
有色金属矿采选业	Nonferrous Metals Mining and Dressing	0.25	0.55	1.34	0.52
非金属矿采选业	Nonmetal Minerals Mining and Dressing	0.37	3.01	5.10	1.71
其他采矿业	Other Minerals Mining and Dressing			0.02	0.01
农副食品加工业	Non-staple Food Processing	1.00	6.30	11.50	4.19
食品制造业	Food Manufacturing	0.45	7.06	11.79	4.28
饮料制造业	Beverage Manufacturing	6.17	21.74	40.17	12.25
烟草制品业	Tobacco Processing	54.68	19.33	89.62	15.59
纺织业	Textile Industry	8.75	80.86	136.02	46.40
纺织服装、鞋、帽制造业	Garments, Shoes and Hats Manufacturing	3.41	41.89	67.23	21.92
皮革、毛皮、羽毛(绒)及其制品业	Leather, Furs, Down and Related Products	1.98	23.16	41.19	16.03
木材加工及木、竹、藤、棕、草制品业	Timber Processing, Bamboo, Cane Palm Fiber and Straw Products	0.57	5.76	9.70	3.36
家具制造业	Furniture Manufacturing	0.35	3.96	6.39	2.07
造纸及纸制品业	Papermaking and Paper Products	1.83	12.74	26.80	12.22
印刷业和记录媒介的复制	Printing and Record Medium Reproduction	0.60	10.38	15.23	4.24
文教体育用品制造业	Cultural, Educational and Sports Goods	0.72	8.16	12.37	3.48

单位:亿元　　7－6 续表 9　continued　　(100 million yuan)

行　业	Sector	产品销售税金及附加 Sales Taxes and Extra Charges	利润总额 Total Profits	利税总额 Total Profits and Taxes	本年应交增值税 Value Added Taxes Payable
石油加工、炼焦及核燃料加工业	Petroleum Processing, Cooking and Nuclear Fuel Processing	12.56	16.29	37.01	8.16
化学原料及化学制品制造业	Raw Chemical Materials and Chemical Products	3.30	45.62	73.09	24.16
医药制造业	Medical and Pharmaceutical Products	1.47	28.91	44.76	14.36
化学纤维制造业	Chemical Fiber	1.29	16.11	25.39	7.97
橡胶制品业	Rubber Products	1.02	7.77	12.26	3.46
塑料制品业	Plastic Products	2.54	26.70	42.34	13.09
非金属矿物制品业	Nonmetal Mineral Products	2.96	42.31	69.34	24.06
黑色金属冶炼及压延加工业	Smelting and Pressing of Ferrous Metals	1.30	17.07	27.64	9.26
有色金属冶炼及压延加工业	Smelting and Pressing of Nonferrous Metals	1.16	12.05	21.26	8.04
金属制品业	Metal Products	2.80	25.62	41.66	13.23
通用设备制造业	Equipment in Common Use	4.47	64.04	98.81	30.30
专用设备制造业	Special Purpose Equipment	1.63	27.51	41.13	11.98
交通运输设备制造业	Transport Equipment	7.58	43.94	72.52	20.99
电气机械及器材制造业	Electric Equipment and Machinery	5.40	71.98	111.55	34.17
通信设备、计算机及其他电子设备制造业	Telecommunications Equipment, Computer and Other Electronic Equipment	1.48	34.64	57.04	20.91
仪器仪表及文化、办公用机械制造业	Instruments, Meters, Cultural and Office Machinery	0.77	10.81	17.34	5.75
工艺品及其他制造业	Handicraft Article and Other Manufacturing Indust	1.29	12.15	21.13	7.68
废弃资源和废旧材料回收加工业	Recovery of Resource Discarded and Useless Material		0.12	0.23	0.10
电力、热力的生产和供应业	Production and Supply of Electricity and Heating Power	4.18	44.28	107.96	59.48
燃气生产和供应业	Production and Supply of Gas	0.04	0.51	0.76	0.20
水的生产和供应业	Production and Supply of Water	0.44	-0.18	1.71	1.44

7－7 按行业分的工业企业主要经济效益指标(2003年)

Main Economic Beneficial Indicators of Industrial Enterprises by Sector(2003)

行业	Sector	每百元资金实现利税(元) Pre-tax Profits per 100 Yuan Funds (yuan)	每百元固定资产原值实现利税(元) Pre-tax Profits per 100 Yuan Original Value of Fixed Assets (yuan)	每百元销售收入实现利税(元) Pre-tax Profits per 100 Yuan Sales Revenue (yuan)
总计	**Total**	**13.99**	**23.28**	**10.77**
在总计中:轻工业	Light Industry	14.52	25.66	10.63
重工业	Heavy Industry	13.51	21.35	10.92
按工业行业分	**By Sector**			
煤炭开采和洗选业	Coal Mining and Dressing	9.22	8.62	9.43
黑色金属矿采选业	Ferrous Metals Mining and Dressing	10.40	11.96	7.39
有色金属矿采选业	Nonferrous Metals Mining and Dressing	22.27	26.60	14.81
非金属矿采选业	Nonmetal Minerals Mining and Dressing	18.71	28.20	14.72
其他采矿业	Other Minerals Mining and Dressing	13.21	12.17	12.45
农副食品加工业	Non－staple Food Processing	7.06	15.07	4.64
食品制造业	Food Manufacturing	12.98	21.63	10.09
饮料制造业	Beverage Manufacturing	22.23	28.43	20.39
烟草制品业	Tobacco Processing	103.58	224.37	71.57
纺织业	Textile Industry	10.28	15.25	7.91
纺织服装、鞋、帽制造业	Garments, Shoes and Hats Manufacturing	14.38	32.10	9.41
皮革、毛皮、羽毛(绒)及其制品业	Leather, Furs, Down and Related Products	16.79	46.95	7.72
木材加工及木、竹、藤、棕、草制品业	Timber Processing, Bamboo, Cane Palm Fiber and Straw Products	13.82	26.93	8.44
家具制造业	Furniture Manufacturing	12.10	25.87	7.73
造纸及纸制品业	Papermaking and Paper Products	9.03	14.47	9.15
印刷业和记录媒介的复制	Printing and Record Medium Reproduction	15.22	25.05	14.38
文教体育用品制造业	Cultural, Educational and Sports Goods	14.48	34.85	8.62

注:劳动生产率按增加值计算。表7－9,7－11,7－13,7－15和7－17同。

Labor productivity is calculated at value added of industry. table 7－9,7－11,7－13, 7－15 and 7－17 are the same.

7－7 续表 1　continued

行　业	Sector	每百元资金实现利税（元）Pre-tax Profits per 100 Yuan Funds (yuan)	每百元固定资产原值实现利税（元）Pre-tax Profits per 100 Yuan Original Value of Fixed Assets (yuan)	每百元销售收入实现利税（元）Pre-tax Profits per 100 Yuan Sales Revenue (yuan)
石油加工、炼焦及核燃料加工业	Petroleum Processing, Cooking and Nuclear Fuel Processing	29.09	23.73	11.22
化学原料及化学制品制造业	Raw Chemical Materials and Chemical Products	14.93	24.73	10.66
医药制造业	Medical and Pharmaceutical Products	16.61	34.56	16.62
化学纤维制造业	Chemical Fiber	10.71	13.32	6.93
橡胶制品业	Rubber Products	13.42	20.79	11.28
塑料制品业	Plastic Products	13.71	26.35	9.01
非金属矿物制品业	Nonmetal Mineral Products	16.77	24.38	17.59
黑色金属冶炼及压延加工业	Smelting and Pressing of Ferrous Metals	14.47	23.15	10.71
有色金属冶炼及压延加工业	Smelting and Pressing of Nonferrous Metals	16.80	37.14	7.07
金属制品业	Metal Products	13.80	33.76	8.61
通用设备制造业	Equipment in Common Use	15.22	31.98	12.09
专用设备制造业	Special Purpose Equipment	14.45	34.58	11.98
交通运输设备制造业	Transport Equipment	14.49	33.18	10.40
电气机械及器材制造业	Electric Equipment and Machinery	14.87	37.51	10.69
通信设备、计算机及其他电子设备制造业	Telecommunications Equipment, Computer and Other Electronic Equipment	10.04	37.34	8.46
仪器仪表及文化、办公用机械制造业	Instruments, Meters, Cultural and Office Machinery	14.07	36.49	10.19
工艺品及其他制造业	Handicraft Article and Other Manufacturing Indust	15.15	36.90	9.04
废弃资源和废旧材料回收加工业	Recovery of Resource Discarded and Useless Material	8.69	68.32	2.84
电力、热力的生产和供应业	Production and Supply of Electricity and Heating Power	9.94	8.86	12.72
燃气生产和供应业	Production and Supply of Gas	4.78	5.08	5.20
水的生产和供应业	Production and Supply of Water	1.35	1.35	5.69

7-7 续表 2　continued

行　业	Sector	产品销售率(%) Rate of Products Sold(%)	流动资金周转次数(次) Times of Turnover Circulating Funds (time)	劳动生产率(元/人) Overall Labor Productivity (yuan/person)
总计	**Total**	**97.63**	**2.17**	**64189**
在总计中:轻工业	Light Industry	97.71	2.25	53472
重工业	Heavy Industry	97.55	2.10	79802
按工业行业分	**By Sector**			
煤炭开采和洗选业	Coal Mining and Dressing	99.86	2.61	10646
黑色金属矿采选业	Ferrous Metals Mining and Dressing	102.23	2.72	59082
有色金属矿采选业	Nonferrous Metals Mining and Dressing	99.75	2.54	39847
非金属矿采选业	Nonmetal Minerals Mining and Dressing	99.48	2.36	48523
其他采矿业	Other Minerals Mining and Dressing	110.33	1.81	40052
农副食品加工业	Non-staple Food Processing	96.29	2.30	63590
食品制造业	Food Manufacturing	100.77	2.08	50451
饮料制造业	Beverage Manufacturing	99.43	2.22	150808
烟草制品业	Tobacco Processing	103.10	1.98	2915034
纺织业	Textile Industry	98.16	2.41	48490
纺织服装、鞋、帽制造业	Garments, Shoes and Hats Manufacturing	97.70	2.25	34677
皮革、毛皮、羽毛(绒)及其制品业	Leather, Furs, Down and Related Products	98.11	3.00	42085
木材加工及木、竹、藤、棕、草制品业	Timber Processing, Bamboo, Cane Palm Fiber and Straw Products	97.34	2.51	45906
家具制造业	Furniture Manufacturing	97.55	2.38	48262
造纸及纸制品业	Papermaking and Paper Products	97.01	1.75	61395
印刷业和记录媒介的复制	Printing and Record Medium Reproduction	98.47	1.84	59753
文教体育用品制造业	Cultural, Educational and Sports Goods	96.81	2.41	36123

7－7 续表 3　continued

行　业	Sector	产品销售率(%) Rate of Products Sold(%)	流动资金周转次数(次) Times of Turnover Circulating Funds (time)	劳动生产率(元/人) Overall Labor Productivity (yuan/person)
石油加工、炼焦及核燃料加工业	Petroleum Processing, Cooking and Nuclear Fuel Processing	101.93	7.36	460881
化学原料及化学制品制造业	Raw Chemical Materials and Chemical Products	97.59	2.26	87521
医药制造业	Medical and Pharmaceutical Products	95.27	1.51	100491
化学纤维制造业	Chemical Fiber	98.39	3.35	115888
橡胶制品业	Rubber Products	96.14	2.09	56807
塑料制品业	Plastic Products	97.31	2.37	51845
非金属矿物制品业	Nonmetal Mineral Products	97.63	1.81	66768
黑色金属冶炼及压延加工业	Smelting and Pressing of Ferrous Metals	96.28	2.28	117284
有色金属冶炼及压延加工业	Smelting and Pressing of Nonferrous Metals	98.53	3.47	100841
金属制品业	Metal Products	96.60	2.26	45189
通用设备制造业	Equipment in Common Use	96.64	1.84	55044
专用设备制造业	Special Purpose Equipment	96.76	1.71	64727
交通运输设备制造业	Transport Equipment	96.87	1.99	61198
电气机械及器材制造业	Electric Equipment and Machinery	96.84	1.90	64914
通信设备、计算机及其他电子设备制造业	Telecommunications Equipment, Computer and Other Electronic Equipment	96.91	1.46	89303
仪器仪表及文化、办公用机械制造业	Instruments, Meters, Cultural and Office Machinery	98.31	1.92	49938
工艺品及其他制造业	Handicraft Article and Other Manufacturing Indust	97.59	2.45	33290
废弃资源和废旧材料回收加工业	Recovery of Resource Discarded and Useless Material	97.01	3.45	231986
电力、热力的生产和供应业	Production and Supply of Electricity and Heating Power	99.41	2.67	345610
燃气生产和供应业	Production and Supply of Gas	99.84	2.13	33406
水的生产和供应业	Production and Supply of Water	99.02	0.84	91060

7-8 按行业分的国有及国有控股工业企业主要指标(2003年)
Main Indicators of State-owned and State holding Industrial Enterprises by Sector(2003)

单位:亿元 (100 million yuan)

行业	Sector	企业单位数(个) Number of Enterprises (unit)	#亏损企业 Loss	工业总产值 Gross Industrial Output Value	工业增加值 Value Added of Industry
总计	**Total**	**861**	**241**	**1686.98**	**604.88**
在总计中:轻工业	Light Industry	374	120	488.17	196.80
重工业	Heavy Industry	487	121	1198.81	408.07
按工业行业分	**By Sector**				
煤炭开采和洗选业	Coal Mining and Dressing	1		6.64	0.93
黑色金属矿采选业	Ferrous Metals Mining and Dressing	3	1	3.64	1.07
有色金属矿采选业	Nonferrous Metals Mining and Dressing	6		4.26	1.11
非金属矿采选业	Nonmetal Minerals Mining and Dressing	9	2	1.84	0.57
其他采矿业	Other Minerals Mining and Dressing	1		0.05	0.03
农副食品加工业	Non-staple Food Processing	38	14	21.52	3.94
食品制造业	Food Manufacturing	21	6	11.65	2.89
饮料制造业	Beverage Manufacturing	20	7	105.49	31.50
烟草制品业	Tobacco Processing	4		120.15	93.99
纺织业	Textile Industry	42	9	53.51	12.21
纺织服装、鞋、帽制造业	Garments, Shoes and Hats Manufacturing	18	7	4.48	1.01
皮革、毛皮、羽毛(绒)及其制品业	Leather, Furs, Down and Related Products	4	1	6.47	1.29
木材加工及木、竹、藤、棕、草制品业	Timber Processing, Bamboo, Cane Palm Fiber and Straw Products	9		2.35	0.83
家具制造业	Furniture Manufacturing	1		0.51	0.11
造纸及纸制品业	Papermaking and Paper Products	20	2	16.15	4.98
印刷业和记录媒介的复制	Printing and Record Medium Reproduction	31	9	4.77	1.56
文教体育用品制造业	Cultural, Educational and Sports Goods	4	2	0.12	0.03

行　业	Sector	企业单位数(个) Number of Enterprises (unit)	#亏损企业 Loss	工业总产值 Gross Industrial Output Value	工业增加值 Value Added of Industry
石油加工、炼焦及核燃料加工业	Petroleum Processing, Cooking and Nuclear Fuel Processing	2		287.81	52.80
化学原料及化学制品制造业	Raw Chemical Materials and Chemical Products	48	17	119.24	26.52
医药制造业	Medical and Pharmaceutical Products	18	5	34.93	12.86
化学纤维制造业	Chemical Fiber	4		13.76	2.88
橡胶制品业	Rubber Products	6	2	5.90	2.61
塑料制品业	Plastic Products	12	4	3.69	0.62
非金属矿物制品业	Nonmetal Mineral Products	29	4	28.73	10.52
黑色金属冶炼及压延加工业	Smelting and Pressing of Ferrous Metals	6	1	109.17	34.08
有色金属冶炼及压延加工业	Smelting and Pressing of Nonferrous Metals	3		4.82	0.96
金属制品业	Metal Products	14	3	4.69	0.90
通用设备制造业	Equipment in Common Use	48	8	57.39	18.87
专用设备制造业	Special Purpose Equipment	37	11	25.95	5.97
交通运输设备制造业	Transport Equipment	39	9	76.04	19.46
电气机械及器材制造业	Electric Equipment and Machinery	29	10	9.97	2.71
通信设备、计算机及其他电子设备制造业	Telecommunications Equipment, Computer and Other Electronic Equipment	30	6	190.01	29.58
仪器仪表及文化、办公用机械制造业	Instruments, Meters, Cultural and Office Machinery	19	4	2.94	0.72
工艺品及其他制造业	Handicraft Article and Other Manufacturing Indust	2	1	1.14	0.13
废弃资源和废旧材料回收加工业	Recovery of Resource Discarded and Useless Material				
电力、热力的生产和供应业	Production and Supply of Electricity and Heating Power	164	49	308.48	210.64
燃气生产和供应业	Production and Supply of Gas	8	1	10.49	0.79
水的生产和供应业	Production and Supply of Water	111	46	28.02	13.03

行业	Sector	资产总计 Total Assets	流动资产合计 Circulating Funds	流动资产年平均余额 Annual Average Balance of Circulating Funds	固定资产合计 Fixed Assets
总计	**Total**	**2688**	**1031.78**	**996.47**	**1386.83**
在总计中:轻工业	Light Industry	697	318.49	304.06	309.35
重工业	Heavy Industry	1990	713.28	692.40	1077.48
按工业行业分	**By Sector**				
煤炭开采和洗选业	Coal Mining and Dressing	11	3.70	3.49	6.87
黑色金属矿采选业	Ferrous Metals Mining and Dressing	4	1.76	1.72	2.17
有色金属矿采选业	Nonferrous Metals Mining and Dressing	4	2.06	2.01	1.61
非金属矿采选业	Nonmetal Minerals Mining and Dressing	6	2.41	2.31	3.18
其他采矿业	Other Minerals Mining and Dressing		0.08	0.08	0.05
农副食品加工业	Non-staple Food Processing	23	13.96	12.95	8.56
食品制造业	Food Manufacturing	14	7.02	6.67	5.99
饮料制造业	Beverage Manufacturing	110	47.18	41.13	57.74
烟草制品业	Tobacco Processing	99	67.07	62.85	27.54
纺织业	Textile Industry	80	39.50	37.80	29.45
纺织服装、鞋、帽制造业	Garments, Shoes and Hats Manufacturing	3	2.45	2.48	1.04
皮革、毛皮、羽毛(绒)及其制品业	Leather, Furs, Down and Related Products	4	2.80	3.13	0.79
木材加工及木、竹、藤、棕、草制品业	Timber Processing, Bamboo, Cane Palm Fiber and Straw Products	5	2.90	2.36	2.32
家具制造业	Furniture Manufacturing		0.48	0.41	0.04
造纸及纸制品业	Papermaking and Paper Products	35	13.71	11.15	18.89
印刷业和记录媒介的复制	Printing and Record Medium Reproduction	6	2.70	2.96	3.57
文教体育用品制造业	Cultural, Educational and Sports Goods		0.07	0.08	

行业	Sector	资产总计 Total Assets	流动资产合计 Circulating Funds	流动资产年平均余额 Annual Average Balance of Circulating Funds	固定资产合计 Fixed Assets
石油加工、炼焦及核燃料加工业	Petroleum Processing, Cooking and Nuclear Fuel Processing	146	41.73	38.29	93.72
化学原料及化学制品制造业	Raw Chemical Materials and Chemical Products	168	68.69	67.60	84.05
医药制造业	Medical and Pharmaceutical Products	63	26.89	31.52	24.61
化学纤维制造业	Chemical Fiber	18	4.54	4.95	13.45
橡胶制品业	Rubber Products	10	2.21	1.87	6.74
塑料制品业	Plastic Products	2	1.17	1.30	1.61
非金属矿物制品业	Nonmetal Mineral Products	59	24.68	23.24	25.24
黑色金属冶炼及压延加工业	Smelting and Pressing of Ferrous Metals	141	72.02	58.38	56.70
有色金属冶炼及压延加工业	Smelting and Pressing of Nonferrous Metals	8	3.01	2.46	2.67
金属制品业	Metal Products	4	2.60	2.75	1.27
通用设备制造业	Equipment in Common Use	78	50.46	45.57	20.93
专用设备制造业	Special Purpose Equipment	35	24.52	21.41	6.64
交通运输设备制造业	Transport Equipment	90	57.93	57.24	25.28
电气机械及器材制造业	Electric Equipment and Machinery	12	8.27	7.82	3.70
通信设备、计算机及其他电子设备制造业	Telecommunications Equipment, Computer and Other Electronic Equipment	205	131.12	132.13	28.25
仪器仪表及文化、办公用机械制造业	Instruments, Meters, Cultural and Office Machinery	3	2.40	2.39	1.27
工艺品及其他制造业	Handicraft Article and Other Manufacturing Indust		0.58	0.58	0.30
废弃资源和废旧材料回收加工业	Recovery of Resource Discarded and Useless Material				
电力、热力的生产和供应业	Production and Supply of Electricity and Heating Power	1054	258.76	263.72	706.68
燃气生产和供应业	Production and Supply of Gas	19	5.07	6.37	12.03
水的生产和供应业	Production and Supply of Water	152	35.10	33.13	101.70

行业	Sector	固定资产原价 Original Value of Fixed Assets	固定资产净值年平均余额 Annual Average Balance of Net Value of Fixed Assets	年末负债合计 Total Liabilities	流动负债 Circulating Liabilities
总计	**Total**	**1929.96**	**1194.90**	**1370.36**	**873.15**
在总计中:轻工业	Light Industry	403.52	265.55	324.18	258.29
重工业	Heavy Industry	1526.43	929.35	1046.18	614.86
按工业行业分	**By Sector**				
煤炭开采和洗选业	Coal Mining and Dressing	10.04	5.87	7.46	5.04
黑色金属矿采选业	Ferrous Metals Mining and Dressing	2.90	1.61	1.38	1.03
有色金属矿采选业	Nonferrous Metals Mining and Dressing	3.27	1.30	2.14	1.63
非金属矿采选业	Nonmetal Minerals Mining and Dressing	4.27	3.17	2.79	2.06
其他采矿业	Other Minerals Mining and Dressing	0.14	0.05	0.10	0.10
农副食品加工业	Non - staple Food Processing	13.01	8.79	13.84	12.36
食品制造业	Food Manufacturing	8.74	5.36	9.54	8.75
饮料制造业	Beverage Manufacturing	79.18	50.83	47.72	44.86
烟草制品业	Tobacco Processing	39.66	23.06	10.97	10.97
纺织业	Textile Industry	45.69	27.93	46.54	38.68
纺织服装、鞋、帽制造业	Garments,Shoes and Hats Manufacturing	1.36	0.96	2.73	2.52
皮革、毛皮、羽毛(绒)及其制品业	Leather,Furs,Down and Related Products	0.65	0.58	2.60	2.32
木材加工及木、竹、藤、棕、草制品业	Timber Processing,Bamboo, Cane Palm Fiber and Straw Products	3.22	0.98	3.51	2.90
家具制造业	Furniture Manufacturing	0.09	0.04	0.37	0.37
造纸及纸制品业	Papermaking and Paper Products	18.89	12.88	19.12	12.67
印刷业和记录媒介的复制	Printing and Record Medium Reproduction	5.37	3.05	3.33	2.32
文教体育用品制造业	Cultural,Educational and Sports Goods	0.01	0.01	0.04	0.04

行业	Sector	固定资产原价 Original Value of Fixed Assets	固定资产净值年平均余额 Annual Average Balance of Net Value of Fixed Assets	年末负债合计 Total Liabilities	流动负债 Circulating Liabilities
石油加工、炼焦及核燃料加工业	Petroleum Processing, Cooking and Nuclear Fuel Processing	140.81	70.48	48.27	39.57
化学原料及化学制品制造业	Raw Chemical Materials and Chemical Products	117.53	73.73	109.48	85.07
医药制造业	Medical and Pharmaceutical Products	27.20	18.68	34.97	29.86
化学纤维制造业	Chemical Fiber	20.07	13.69	14.20	8.52
橡胶制品业	Rubber Products	8.15	5.76	5.99	4.14
塑料制品业	Plastic Products	2.04	1.68	1.66	0.83
非金属矿物制品业	Nonmetal Mineral Products	30.87	22.20	33.80	26.12
黑色金属冶炼及压延加工业	Smelting and Pressing of Ferrous Metals	80.55	49.64	49.45	46.59
有色金属冶炼及压延加工业	Smelting and Pressing of Nonferrous Metals	2.95	2.50	4.94	3.21
金属制品业	Metal Products	1.84	1.05	2.18	2.11
通用设备制造业	Equipment in Common Use	33.84	17.76	46.77	41.97
专用设备制造业	Special Purpose Equipment	9.99	5.69	23.64	21.11
交通运输设备制造业	Transport Equipment	37.40	21.82	53.30	44.86
电气机械及器材制造业	Electric Equipment and Machinery	5.65	3.41	7.43	6.76
通信设备、计算机及其他电子设备制造业	Telecommunications Equipment, Computer and Other Electronic Equipment	39.71	24.84	114.34	106.21
仪器仪表及文化、办公用机械制造业	Instruments, Meters, Cultural and Office Machinery	1.62	1.22	2.20	1.95
工艺品及其他制造业	Handicraft Article and Other Manufacturing Indust	0.49	0.30	0.64	0.45
废弃资源和废旧材料回收加工业	Recovery of Resource Discarded and Useless Material				
电力、热力的生产和供应业	Production and Supply of Electricity and Heating Power	1001.02	621.88	564.21	211.21
燃气生产和供应业	Production and Supply of Gas	14.35	8.57	4.92	3.22
水的生产和供应业	Production and Supply of Water	117.20	83.33	73.62	40.61

行　业	Sector	长期负债 Long-term Liabilities	年末所有者权益合计 Creditors' Equity	实收资本 Total Capital Hold	产品销售收入 Sales Revenue	产品销售费用 Sales Expense
总计	**Total**	**497.20**	**1318.05**	**569.64**	**2147.08**	**67.50**
在总计中:轻工业	Light Industry	65.88	373.34	156.50	501.77	47.93
重工业	Heavy Industry	431.32	944.71	413.13	1645.30	19.56
按工业行业分	**By Sector**					
煤炭开采和洗选业	Coal Mining and Dressing	2.42	4.09	3.41	9.07	0.11
黑色金属矿采选业	Ferrous Metals Mining and Dressing	0.35	2.81	1.13	4.69	0.01
有色金属矿采选业	Nonferrous Metals Mining and Dressing	0.50	2.10	1.86	3.96	0.08
非金属矿采选业	Nonmetal Minerals Mining and Dressing	0.73	3.64	2.81	1.94	0.10
其他采矿业	Other Minerals Mining and Dressing		0.05	0.04	0.06	
农副食品加工业	Non-staple Food Processing	1.47	9.95	5.77	22.67	0.73
食品制造业	Food Manufacturing	0.78	4.52	3.26	12.25	0.61
饮料制造业	Beverage Manufacturing	2.85	63.16	32.54	105.48	26.73
烟草制品业	Tobacco Processing		88.93	9.78	125.02	6.93
纺织业	Textile Industry	7.86	33.77	17.93	57.14	1.16
纺织服装、鞋、帽制造业	Garments, Shoes and Hats Manufacturing	0.20	1.01	0.99	4.48	0.18
皮革、毛皮、羽毛(绒)及其制品业	Leather, Furs, Down and Related Products	0.28	1.55	0.84	6.25	0.37
木材加工及木、竹、藤、棕、草制品业	Timber Processing, Bamboo, Cane Palm Fiber and Straw Products	0.61	1.91	0.91	2.30	0.23
家具制造业	Furniture Manufacturing		0.15	0.14	0.41	0.05
造纸及纸制品业	Papermaking and Paper Products	6.45	15.91	6.44	16.56	0.66
印刷业和记录媒介的复制	Printing and Record Medium Reproduction	1.00	3.62	3.27	4.81	0.03
文教体育用品制造业	Cultural, Educational and Sports Goods		0.04	0.02	0.12	

行　业	Sector	长期负债 Long-term Liabilities	年末所有者权益合计 Creditors´ Equity	实收资本 Total Capital Hold	产品销售收入 Sales Revenue	产品销售费用 Sales Funds
石油加工、炼焦及核燃料加工业	Petroleum Processing, Cooking and Nuclear Fuel Processing	8.70	98.04	26.03	305.56	1.09
化学原料及化学制品制造业	Raw Chemical Materials and Chemical Products	24.41	58.77	47.38	122.26	2.29
医药制造业	Medical and Pharmaceutical Products	5.11	28.38	12.21	37.59	5.11
化学纤维制造业	Chemical Fiber	5.67	4.62	6.40	13.91	0.16
橡胶制品业	Rubber Products	1.85	4.65	3.34	5.96	0.04
塑料制品业	Plastic Products	0.83	1.26	1.31	3.94	0.13
非金属矿物制品业	Nonmetal Mineral Products	7.68	25.30	14.56	33.47	1.62
黑色金属冶炼及压延加工业	Smelting and Pressing of Ferrous Metals	2.86	92.06	42.22	105.41	0.20
有色金属冶炼及压延加工业	Smelting and Pressing of Nonferrous Metals	1.72	3.22	1.80	4.51	0.02
金属制品业	Metal Products	0.06	1.89	1.08	4.86	0.13
通用设备制造业	Equipment in Common Use	4.80	32.16	17.30	60.23	1.48
专用设备制造业	Special Purpose Equipment	2.52	11.60	7.51	25.25	0.62
交通运输设备制造业	Transport Equipment	8.44	37.08	17.61	74.25	2.67
电气机械及器材制造业	Electric Equipment and Machinery	0.67	4.96	3.13	9.71	0.37
通信设备、计算机及其他电子设备制造业	Telecommunications Equipment, Computer and Other Electronic Equipment	8.12	90.71	32.30	181.18	9.22
仪器仪表及文化、办公用机械制造业	Instruments, Meters, Cultural and Office Machinery	0.24	1.78	0.90	3.13	0.19
工艺品及其他制造业	Handicraft Article and Other Manufacturing Indust	0.19	0.25	0.17	1.16	
废弃资源和废旧材料回收加工业	Recovery of Resource Discarded and Useless Material					
电力、热力的生产和供应业	Production and Supply of Electricity and Heating Power	352.99	490.11	195.86	738.78	0.69
燃气生产和供应业	Production and Supply of Gas	1.69	14.74	5.06	11.13	1.61
水的生产和供应业	Production and Supply of Water	33.00	79.09	42.14	27.38	1,73

行　业	Sector	产品销售税金及附加 Sales Taxes and Extra Charges	利润总额 Total Profits	利税总额 Total Profits and Taxes	本年应交增值税 Value Added Taxes Payable
总计	**Total**	**78.25**	**110.42**	**302.92**	**114.24**
在总计中:轻工业	Light Industry	59.94	46.73	139.87	33.20
重工业	Heavy Industry	18.31	63.69	163.04	81.03
按工业行业分	**By Sector**				
煤炭开采和洗选业	Coal Mining and Dressing	0.09	0.13	0.86	0.64
黑色金属矿采选业	Ferrous Metals Mining and Dressing	0.01	0.18	0.34	0.14
有色金属矿采选业	Nonferrous Metals Mining and Dressing	0.06	0.15	0.37	0.15
非金属矿采选业	Nonmetal Minerals Mining and Dressing	0.02	0.02	0.21	0.15
其他采矿业	Other Minerals Mining and Dressing				
农副食品加工业	Non－staple Food Processing	0.05	0.53	1.07	0.49
食品制造业	Food Manufacturing	0.03	0.22	0.80	0.54
饮料制造业	Beverage Manufacturing	1.76	14.68	23.03	6.58
烟草制品业	Tobacco Processing	54.68	19.31	89.58	15.58
纺织业	Textile Industry	0.16	2.47	4.03	1.39
纺织服装、鞋、帽制造业	Garments, Shoes and Hats Manufacturing		0.17	0.28	0.10
皮革、毛皮、羽毛(绒)及其制品业	Leather, Furs, Down and Related Products		0.26	0.46	0.19
木材加工及木、竹、藤、棕、草制品业	Timber Processing, Bamboo, Cane Palm Fiber and Straw Products	0.01	0.24	0.39	0.13
家具制造业	Furniture Manufacturing			0.03	0.02
造纸及纸制品业	Papermaking and Paper Products	0.05	1.27	2.19	0.85
印刷业和记录媒介的复制	Printing and Record Medium Reproduction	0.02	0.27	0.53	0.23
文教体育用品制造业	Cultural, Educational and Sports Goods				

行业	Sector	产品销售税金及附加 Sales Taxes and Extra Charges	利润总额 Total Profits	利税总额 Total Profits and Taxes	本年应交增值税 Value Added Taxes Payable
石油加工、炼焦及核燃料加工业	Petroleum Processing, Cooking and Nuclear Fuel Processing	12.53	16.26	36.44	7.64
化学原料及化学制品制造业	Raw Chemical Materials and Chemical Products	0.47	6.04	11.24	4.72
医药制造业	Medical and Pharmaceutical Products	0.17	4.86	7.67	2.64
化学纤维制造业	Chemical Fiber	0.05	0.24	0.87	0.57
橡胶制品业	Rubber Products	0.01	0.96	1.50	0.53
塑料制品业	Plastic Products			0.09	0.08
非金属矿物制品业	Nonmetal Mineral Products	0.20	2.26	4.75	2.28
黑色金属冶炼及压延加工业	Smelting and Pressing of Ferrous Metals	0.59	11.11	17.32	5.61
有色金属冶炼及压延加工业	Smelting and Pressing of Nonferrous Metals	0.01	0.81	0.95	0.13
金属制品业	Metal Products	0.01	0.02	0.16	0.13
通用设备制造业	Equipment in Common Use	0.31	5.35	8.74	3.07
专用设备制造业	Special Purpose Equipment	0.06	0.58	1.09	0.44
交通运输设备制造业	Transport Equipment	2.51	2.64	8.80	3.64
电气机械及器材制造业	Electric Equipment and Machinery	0.05	0.34	0.90	0.49
通信设备、计算机及其他电子设备制造业	Telecommunications Equipment, Computer and Other Electronic Equipment	0.35	-3.94	-1.34	2.24
仪器仪表及文化、办公用机械制造业	Instruments, Meters, Cultural and Office Machinery		0.04	0.16	0.10
工艺品及其他制造业	Handicraft Article and Other Manufacturing Indust				
废弃资源和废旧材料回收加工业	Recovery of Resource Discarded and Useless Material				
电力、热力的生产和供应业	Production and Supply of Electricity and Heating Power	3.38	22.89	77.30	51.01
燃气生产和供应业	Production and Supply of Gas	0.02	0.39	0.59	0.17
水的生产和供应业	Production and Supply of Water	0.41	-0.43	1.35	1.37

7－9 按行业分的国有及国有控股工业企业主要经济效益指标(2003年)

Main Economic Beneficial Indicators of State-owned Industrial Enterprises by Sector(Including Enterprises with Controlling Share Hold by the State)(2003)

行业	Sector	每百元资金实现利税(元) Pre-tax Profits per 100 Yuan Funds (yuan)	每百元固定资产原值实现利税(元) Pre-tax Profits per 100 Yuan Original Value of Fixed Assets (yuan)	每百元销售收入实现利税(元) Pre-tax Profits per 100 Yuan Sales Revenue (yuan)
总计	**Total**	**13.82**	**15.70**	**14.11**
在总计中:轻工业	Light Industry	24.56	34.66	27.88
重工业	Heavy Industry	10.05	10.68	9.91
按工业行业分	**By Sector**			
煤炭开采和洗选业	Coal Mining and Dressing	9.25	8.63	9.55
黑色金属矿采选业	Ferrous Metals Mining and Dressing	10.40	11.96	7.39
有色金属矿采选业	Nonferrous Metals Mining and Dressing	11.40	11.56	9.55
非金属矿采选业	Nonmetal Minerals Mining and Dressing	3.91	5.02	11.02
其他采矿业	Other Minerals Mining and Dressing	5.43	5.45	11.71
农副食品加工业	Non－staple Food Processing	4.96	8.30	4.76
食品制造业	Food Manufacturing	6.67	9.18	6.56
饮料制造业	Beverage Manufacturing	25.05	29.10	21.84
烟草制品业	Tobacco Processing	104.26	225.83	71.65
纺织业	Textile Industry	6.13	8.82	7.05
纺织服装、鞋、帽制造业	Garments,Shoes and Hats Manufacturing	8.29	20.97	6.38
皮革、毛皮、羽毛(绒)及其制品业	Leather,Furs,Down and Related Products	12.40	70.07	7.39
木材加工及木、竹、藤、棕、草制品业	Timber Processing,Bamboo, Cane Palm Fiber and Straw Products	11.72	12.16	16.95
家具制造业	Furniture Manufacturing	7.03	34.65	7.72
造纸及纸制品业	Papermaking and Paper Products	9.12	11.59	13.22
印刷业和记录媒介的复制	Printing and Record Medium Reproduction	8.94	10.00	11.16
文教体育用品制造业	Cultural,Educational and Sports Goods	-1.19	-5.92	-0.89

7－9 续表 1　continued

行　业	Sector	每百元资金实现利税（元）Pre-tax Profits per 100 Yuan Funds (yuan)	每百元固定资产原值实现利税（元）Pre-tax Profits per 100 Yuan Original Value of Fixed Assets (yuan)	每百元销售收入实现利税（元）Pre-tax Profits per 100 Yuan Sales Revenue (yuan)
石油加工、炼焦及核燃料加工业	Petroleum Processing, Cooking and Nuclear Fuel Processing	33.50	25.88	11.93
化学原料及化学制品制造业	Raw Chemical Materials and Chemical Products	7.95	9.57	9.20
医药制造业	Medical and Pharmaceutical Products	15.29	28.23	20.43
化学纤维制造业	Chemical Fiber	4.70	4.37	6.30
橡胶制品业	Rubber Products	19.74	18.50	25.31
塑料制品业	Plastic Products	3.16	4.62	2.39
非金属矿物制品业	Nonmetal Mineral Products	10.46	15.40	14.20
黑色金属冶炼及压延加工业	Smelting and Pressing of Ferrous Metals	16.04	21.51	16.44
有色金属冶炼及压延加工业	Smelting and Pressing of Nonferrous Metals	19.28	32.51	21.25
金属制品业	Metal Products	4.41	9.09	3.45
通用设备制造业	Equipment in Common Use	13.81	25.85	14.52
专用设备制造业	Special Purpose Equipment	4.04	10.94	4.33
交通运输设备制造业	Transport Equipment	11.13	23.53	11.85
电气机械及器材制造业	Electric Equipment and Machinery	8.05	16.01	9.31
通信设备、计算机及其他电子设备制造业	Telecommunications Equipment, Computer and Other Electronic Equipment	-0.86	-3.38	-0.74
仪器仪表及文化、办公用机械制造业	Instruments, Meters, Cultural and Office Machinery	4.44	9.91	5.12
工艺品及其他制造业	Handicraft Article and Other Manufacturing Indust	-0.30	-0.54	-0.23
废弃资源和废旧材料回收加工业	Recovery of Resource Discarded and Useless Material			
电力、热力的生产和供应业	Production and Supply of Electricity and Heating Power	8.73	7.72	10.46
燃气生产和供应业	Production and Supply of Gas	3.98	4.15	5.35
水的生产和供应业	Production and Supply of Water	1.16	1.15	4.94

7－9 续表 2　continued

行　　业	Sector	产品销售率(%) Rate of Products Sold(%)	流动资金周转次数(次) Times of Turnover Circulating Funds (time)	劳动生产率(元/人) Overall Labor Productivity (yuan/person)
总计	**Total**	**99.51**	**2.15**	**158698**
在总计中:轻工业	Light Industry	100.13	1.65	142324
重工业	Heavy Industry	99.25	2.38	168021
按工业行业分	**By Sector**			
煤炭开采和洗选业	Coal Mining and Dressing	99.87	2.60	10388
黑色金属矿采选业	Ferrous Metals Mining and Dressing	102.23	2.72	59082
有色金属矿采选业	Nonferrous Metals Mining and Dressing	101.23	1.97	39903
非金属矿采选业	Nonmetal Minerals Mining and Dressing	98.16	0.84	19562
其他采矿业	Other Minerals Mining and Dressing	114.33	0.80	32283
农副食品加工业	Non－staple Food Processing	98.63	1.75	34044
食品制造业	Food Manufacturing	104.05	1.84	29896
饮料制造业	Beverage Manufacturing	99.71	2.56	245792
烟草制品业	Tobacco Processing	103.11	1.99	3084792
纺织业	Textile Industry	98.25	1.51	32237
纺织服装、鞋、帽制造业	Garments, Shoes and Hats Manufacturing	99.71	1.80	26319
皮革、毛皮、羽毛(绒)及其制品业	Leather, Furs, Down and Related Products	99.46	1.99	72041
木材加工及木、竹、藤、棕、草制品业	Timber Processing, Bamboo, Cane Palm Fiber and Straw Products	97.85	0.98	45251
家具制造业	Furniture Manufacturing	82.13	1.02	61528
造纸及纸制品业	Papermaking and Paper Products	99.82	1.49	72193
印刷业和记录媒介的复制	Printing and Record Medium Reproduction	99.81	1.63	59122
文教体育用品制造业	Cultural, Educational and Sports Goods	100.19	1.50	14504

7-9 续表 3　continued

行　业	Sector	产品销售率(%) Rate of Products Sold(%)	流动资金周转次数(次) Times of Turnover Circulating Funds (time)	劳动生产率(元/人) Overall Labor Productivity (yuan/person)
石油加工、炼焦及核燃料加工业	Petroleum Processing, Cooking and Nuclear Fuel Processing	102.75	7.98	478931
化学原料及化学制品制造业	Raw Chemical Materials and Chemical Products	98.20	1.81	76821
医药制造业	Medical and Pharmaceutical Products	98.14	1.19	135631
化学纤维制造业	Chemical Fiber	102.09	2.81	114123
橡胶制品业	Rubber Products	97.64	3.18	65921
塑料制品业	Plastic Products	99.85	3.02	80769
非金属矿物制品业	Nonmetal Mineral Products	98.00	1.44	79076
黑色金属冶炼及压延加工业	Smelting and Pressing of Ferrous Metals	94.79	1.81	199030
有色金属冶炼及压延加工业	Smelting and Pressing of Nonferrous Metals	99.79	1.83	82917
金属制品业	Metal Products	100.48	1.77	31084
通用设备制造业	Equipment in Common Use	99.66	1.32	72742
专用设备制造业	Special Purpose Equipment	98.77	1.18	60704
交通运输设备制造业	Transport Equipment	101.47	1.30	66876
电气机械及器材制造业	Electric Equipment and Machinery	101.22	1.24	46627
通信设备、计算机及其他电子设备制造业	Telecommunications Equipment, Computer and Other Electronic Equipment	94.85	1.37	133676
仪器仪表及文化、办公用机械制造业	Instruments, Meters, Cultural and Office Machinery	101.52	1.31	23524
工艺品及其他制造业	Handicraft Article and Other Manufacturing Indust	98.72	2.01	27057
废弃资源和废旧材料回收加工业	Recovery of Resource Discarded and Useless Material			
电力、热力的生产和供应业	Production and Supply of Electricity and Heating Power	99.86	2.80	344675
燃气生产和供应业	Production and Supply of Gas	100.14	1.75	26491
水的生产和供应业	Production and Supply of Water	98.53	0.83	89103

7－10 按行业分的规模以上集体工业企业主要指标(2003年)

Main Indicators of Collective－owned Industrial Enterprises Above Designated Size by Sector(2003)

单位:亿元 (100 million yuan)

行　业	Sector	企业单位数(个) Number of Enterprises (unit)	#亏损企业 Loss	工业总产值 Gross Industrial Output Value	工业增加值 Value Added of Industry
总计	**Total**	**1089**	**122**	**690.81**	**134.30**
在总计中:轻工业	Light Industry	478	67	272.51	52.53
重工业	Heavy Industry	611	55	418.29	81.77
按工业行业分	**By Sector**				
煤炭开采和洗选业	Coal Mining and Dressing				
黑色金属矿采选业	Ferrous Metals Mining and Dressing				
有色金属矿采选业	Nonferrous Metals Mining and Dressing	3		2.70	0.40
非金属矿采选业	Nonmetal Minerals Mining and Dressing	41	3	12.72	3.46
其他采矿业	Other Minerals Mining and Dressing				
农副食品加工业	Non－staple Food Processing	10	3	2.09	0.31
食品制造业	Food Manufacturing	9		3.70	0.75
饮料制造业	Beverage Manufacturing	12	4	3.03	1.06
烟草制品业	Tobacco Processing				
纺织业	Textile Industry	125	19	106.44	18.95
纺织服装、鞋、帽制造业	Garments, Shoes and Hats Manufacturing	45	2	19.90	3.83
皮革、毛皮、羽毛(绒)及其制品业	Leather, Furs, Down and Related Products	16		13.36	2.38
木材加工及木、竹、藤、棕、草制品业	Timber Processing, Bamboo, Cane Palm Fiber and Straw Products	12	3	2.25	0.30
家具制造业	Furniture Manufacturing	7	1	9.35	1.52
造纸及纸制品业	Papermaking and Paper Products	48	13	12.49	2.68
印刷业和记录媒介的复制	Printing and Record Medium Reproduction	16	3	1.51	0.42
文教体育用品制造业	Cultural, Educational and Sports Goods	12	3	2.61	0.49

注:本表按注册登记类型划分。表7－11同。

The data in this table are grouped by registered type. The Same for table 7－11.

行业	Sector	企业单位数(个) Number of Enterprises (unit)	#亏损企业 Loss	工业总产值 Gross Industrial Output Value	工业增加值 Value Added of Industry
石油加工、炼焦及核燃料加工业	Petroleum Processing, Cooking and Nuclear Fuel Processing	4		0.54	0.07
化学原料及化学制品制造业	Raw Chemical Materials and Chemical Products	63	6	34.44	7.32
医药制造业	Medical and Pharmaceutical Products	14	1	8.97	2.24
化学纤维制造业	Chemical Fiber	7		23.78	4.09
橡胶制品业	Rubber Products	7	2	2.85	0.63
塑料制品业	Plastic Products	57	4	52.52	9.26
非金属矿物制品业	Nonmetal Mineral Products	75	4	22.33	6.97
黑色金属冶炼及压延加工业	Smelting and Pressing of Ferrous Metals	17	2	18.99	3.20
有色金属冶炼及压延加工业	Smelting and Pressing of Nonferrous Metals	17	1	28.72	3.82
金属制品业	Metal Products	91	9	25.68	4.33
通用设备制造业	Equipment in Common Use	117	8	42.19	13.29
专用设备制造业	Special Purpose Equipment	26	2	11.10	2.37
交通运输设备制造业	Transport Equipment	39	5	162.55	23.92
电气机械及器材制造业	Electric Equipment and Machinery	110	14	29.70	7.02
通信设备、计算机及其他电子设备制造业	Telecommunications Equipment, Computer and Other Electronic Equipment	18	3	12.10	1.68
仪器仪表及文化、办公用机械制造业	Instruments, Meters, Cultural and Office Machinery	26	3	5.01	1.33
工艺品及其他制造业	Handicraft Article and Other Manufacturing Indust	23	2	5.27	2.21
废弃资源和废旧材料回收加工业	Recovery of Resource Discarded and Useless Material				
电力、热力的生产和供应业	Production and Supply of Electricity and Heating Power	14	2	10.64	3.32
燃气生产和供应业	Production and Supply of Gas				
水的生产和供应业	Production and Supply of Water	8		1.12	0.52

行业	Sector	资产总计 Total Assets	流动资产合计 Circulating Funds	流动资产年平均余额 Annual Average Balance of Circulating Funds	固定资产合计 Fixed Assets
总计	**Total**	**603**	**311.56**	**288.20**	**203.70**
在总计中:轻工业	Light Industry	253	123.09	118.54	98.92
重工业	Heavy Industry	349	188.47	169.65	104.78
按工业行业分	**By Sector**				
煤炭开采和洗选业	Coal Mining and Dressing				
黑色金属矿采选业	Ferrous Metals Mining and Dressing				
有色金属矿采选业	Nonferrous Metals Mining and Dressing		0.23	0.33	0.11
非金属矿采选业	Nonmetal Minerals Mining and Dressing	8	3.71	3.57	3.97
其他采矿业	Other Minerals Mining and Dressing				
农副食品加工业	Non-staple Food Processing		0.53	0.59	0.20
食品制造业	Food Manufacturing	3	1.74	1.76	1.28
饮料制造业	Beverage Manufacturing	3	2.14	1.76	1.35
烟草制品业	Tobacco Processing				
纺织业	Textile Industry	121	48.78	48.12	56.11
纺织服装、鞋、帽制造业	Garments, Shoes and Hats Manufacturing	12	6.94	7.17	4.35
皮革、毛皮、羽毛(绒)及其制品业	Leather, Furs, Down and Related Products	6	5.42	4.77	1.02
木材加工及木、竹、藤、棕、草制品业	Timber Processing, Bamboo, Cane Palm Fiber and Straw Products	2	1.44	1.38	0.76
家具制造业	Furniture Manufacturing	2	1.54	1.49	0.99
造纸及纸制品业	Papermaking and Paper Products	11	7.56	6.98	3.57
印刷业和记录媒介的复制	Printing and Record Medium Reproduction	1	1.01	0.94	0.67
文教体育用品制造业	Cultural, Educational and Sports Goods	2	1.45	1.41	0.55

行业	Sector	资产总计 Total Assets	流动资产合计 Circulating Funds	流动资产年平均余额 Annual Average Balance of Circulating Funds	固定资产合计 Fixed Assets
石油加工、炼焦及核燃料加工业	Petroleum Processing, Cooking and Nuclear Fuel Processing		0.15	0.14	0.01
化学原料及化学制品制造业	Raw Chemical Materials and Chemical Products	26	14.67	13.16	7.50
医药制造业	Medical and Pharmaceutical Products	8	4.43	4.29	3.64
化学纤维制造业	Chemical Fiber	20	8.06	7.54	9.67
橡胶制品业	Rubber Products	4	2.64	2.62	0.92
塑料制品业	Plastic Products	30	17.90	17.45	9.76
非金属矿物制品业	Nonmetal Mineral Products	25	11.79	10.97	11.35
黑色金属冶炼及压延加工业	Smelting and Pressing of Ferrous Metals	11	7.34	6.21	3.37
有色金属冶炼及压延加工业	Smelting and Pressing of Nonferrous Metals	19	10.27	9.60	6.99
金属制品业	Metal Products	20	14.51	13.09	4.82
通用设备制造业	Equipment in Common Use	48	30.41	26.88	13.47
专用设备制造业	Special Purpose Equipment	9	6.47	6.16	2.10
交通运输设备制造业	Transport Equipment	134	62.08	53.39	36.59
电气机械及器材制造业	Electric Equipment and Machinery	33	21.73	20.23	6.42
通信设备、计算机及其他电子设备制造业	Telecommunications Equipment, Computer and Other Electronic Equipment	6	4.71	4.91	0.96
仪器仪表及文化、办公用机械制造业	Instruments, Meters, Cultural and Office Machinery	5	3.66	3.56	0.88
工艺品及其他制造业	Handicraft Article and Other Manufacturing Indust	5	2.70	2.55	1.69
废弃资源和废旧材料回收加工业	Recovery of Resource Discarded and Useless Material				
电力、热力的生产和供应业	Production and Supply of Electricity and Heating Power	10	3.63	3.37	6.18
燃气生产和供应业	Production and Supply of Gas				
水的生产和供应业	Production and Supply of Water	4	1.80	1.68	2.31

行　业	Sector	固定资产原　价 Original Value of Fixed Assets	固定资产净值年平均余额 Annual Average Balance of Net Value of Fixed Assets	年末负债合　计 Total Liabilities	流动负债 Circulating Liabilities
总计	**Total**	**260.44**	**168.42**	**349.45**	**286.02**
在总计中:轻工业	Light Industry	127.35	82.33	160.85	134.42
重工业	Heavy Industry	133.09	86.09	188.60	151.59
按工业行业分	**By Sector**				
煤炭开采和洗选业	Coal Mining and Dressing				
黑色金属矿采选业	Ferrous Metals Mining and Dressing				
有色金属矿采选业	Nonferrous Metals Mining and Dressing	0.26	0.24	0.21	0.16
非金属矿采选业	Nonmetal Minerals Mining and Dressing	5.59	3.73	3.85	3.43
其他采矿业	Other Minerals Mining and Dressing				
农副食品加工业	Non - staple Food Processing	0.36	0.20	0.42	0.38
食品制造业	Food Manufacturing	1.63	1.17	1.56	1.42
饮料制造业	Beverage Manufacturing	1.74	0.81	2.30	2.26
烟草制品业	Tobacco Processing				
纺织业	Textile Industry	69.51	44.63	78.35	63.13
纺织服装、鞋、帽制造业	Garments, Shoes and Hats Manufacturing	5.94	3.93	8.14	7.46
皮革、毛皮、羽毛(绒)及其制品业	Leather, Furs, Down and Related Products	1.26	0.87	4.54	4.51
木材加工及木、竹、藤、棕、草制品业	Timber Processing, Bamboo, Cane Palm Fiber and Straw Products	1.29	0.63	1.60	1.57
家具制造业	Furniture Manufacturing	1.11	0.96	1.55	1.46
造纸及纸制品业	Papermaking and Paper Products	5.20	3.45	7.70	6.97
印刷业和记录媒介的复制	Printing and Record Medium Reproduction	0.93	0.66	1.15	1.09
文教体育用品制造业	Cultural, Educational and Sports Goods	0.74	0.55	1.56	1.49

行　业	Sector	固定资产原价 Original Value of Fixed Assets	固定资产净值年平均余额 Annual Average Balance of Net Value of Fixed Assets	年末负债合计 Total Liabilities	流动负债 Circulating Liabilities
石油加工、炼焦及核燃料加工业	Petroleum Processing, Cooking and Nuclear Fuel Processing	0.02	0.01	0.12	0.12
化学原料及化学制品制造业	Raw Chemical Materials and Chemical Products	10.81	6.52	15.33	13.26
医药制造业	Medical and Pharmaceutical Products	4.38	3.17	5.60	3.87
化学纤维制造业	Chemical Fiber	12.66	8.11	12.66	7.81
橡胶制品业	Rubber Products	1.82	0.92	2.87	2.27
塑料制品业	Plastic Products	13.56	8.26	13.23	11.63
非金属矿物制品业	Nonmetal Mineral Products	15.08	10.02	14.55	11.08
黑色金属冶炼及压延加工业	Smelting and Pressing of Ferrous Metals	4.87	2.94	7.14	6.32
有色金属冶炼及压延加工业	Smelting and Pressing of Nonferrous Metals	8.79	5.98	12.51	10.91
金属制品业	Metal Products	6.77	4.60	12.94	12.45
通用设备制造业	Equipment in Common Use	18.25	12.76	28.07	23.87
专用设备制造业	Special Purpose Equipment	2.84	1.85	4.99	4.83
交通运输设备制造业	Transport Equipment	39.53	24.56	68.27	48.59
电气机械及器材制造业	Electric Equipment and Machinery	8.71	5.67	19.86	18.62
通信设备、计算机及其他电子设备制造业	Telecommunications Equipment, Computer and Other Electronic Equipment	1.74	0.92	4.75	4.56
仪器仪表及文化、办公用机械制造业	Instruments, Meters, Cultural and Office Machinery	1.46	0.81	3.03	2.90
工艺品及其他制造业	Handicraft Article and Other Manufacturing Indust	2.33	1.60	3.20	2.71
废弃资源和废旧材料回收加工业	Recovery of Resource Discarded and Useless Material				
电力、热力的生产和供应业	Production and Supply of Electricity and Heating Power	7.89	5.67	5.56	3.35
燃气生产和供应业	Production and Supply of Gas				
水的生产和供应业	Production and Supply of Water	3.23	2.06	1.68	1.38

行　业	Sector	长期负债 Long-term Liabilities	年末所有者权益合计 Creditors´ Equity	实收资本 Total Capital Hold	产品销售收入 Sales Revenue	产品销售费用 Sales Funds
总计	**Total**	**63.43**	**253.58**	**122.77**	**673.81**	**15.79**
在总计中:轻工业	Light Industry	26.43	92.67	45.95	262.48	4.94
重工业	Heavy Industry	37.00	160.91	76.82	411.32	10.85
按工业行业分	**By Sector**					
煤炭开采和洗选业	Coal Mining and Dressing					
黑色金属矿采选业	Ferrous Metals Mining and Dressing					
有色金属矿采选业	Nonferrous Metals Mining and Dressing	0.04	0.37	0.03	2.62	0.09
非金属矿采选业	Nonmetal Minerals Mining and Dressing	0.41	4.39	2.39	12.25	0.41
其他采矿业	Other Minerals Mining and Dressing					
农副食品加工业	Non - staple Food Processing	0.04	0.36	0.36	2.09	0.05
食品制造业	Food Manufacturing	0.14	1.73	1.02	3.64	0.26
饮料制造业	Beverage Manufacturing	0.04	1.41	1.13	2.97	0.44
烟草制品业	Tobacco Processing					
纺织业	Textile Industry	15.21	42.91	24.02	103.49	0.49
纺织服装、鞋、帽制造业	Garments,Shoes and Hats Manufacturing	0.68	4.36	1.66	18.12	0.28
皮革、毛皮、羽毛(绒)及其制品业	Leather,Furs,Down and Related Products	0.03	1.96	0.50	13.21	0.28
木材加工及木、竹、藤、棕、草制品业	Timber Processing,Bamboo, Cane Palm Fiber and Straw Products	0.02	0.92	0.39	2.09	0.05
家具制造业	Furniture Manufacturing	0.09	1.22	0.34	9.01	0.04
造纸及纸制品业	Papermaking and Paper Products	0.73	4.00	1.51	11.64	0.37
印刷业和记录媒介的复制	Printing and Record Medium Reproduction	0.06	0.80	0.46	1.50	0.03
文教体育用品制造业	Cultural,Educational and Sports Goods	0.07	0.62	0.25	2.59	0.05

单位:亿元 7-10 续表 7 continued (100 million yuan)

行业	Sector	长期负债 Long-term Liabilities	年末所有者权益合计 Creditors´ Equity	实收资本 Total Capital Hold	产品销售收入 Sales Revenue	产品销售费用 Sales Funds
石油加工、炼焦及核燃料加工业	Petroleum Processing, Cooking and Nuclear Fuel Processing		0.03	0.02	0.53	
化学原料及化学制品制造业	Raw Chemical Materials and Chemical Products	2.06	10.92	4.32	33.13	0.93
医药制造业	Medical and Pharmaceutical Products	1.72	3.16	1.43	8.56	1.15
化学纤维制造业	Chemical Fiber	4.85	8.01	3.63	24.51	0.10
橡胶制品业	Rubber Products	0.59	1.58	1.03	2.43	0.05
塑料制品业	Plastic Products	1.59	16.87	5.19	53.06	1.37
非金属矿物制品业	Nonmetal Mineral Products	3.47	11.02	7.33	22.12	0.60
黑色金属冶炼及压延加工业	Smelting and Pressing of Ferrous Metals	0.81	4.46	2.53	18.40	0.07
有色金属冶炼及压延加工业	Smelting and Pressing of Nonferrous Metals	1.60	7.01	3.80	28.21	0.21
金属制品业	Metal Products	0.49	7.31	3.97	25.33	0.43
通用设备制造业	Equipment in Common Use	4.20	20.31	5.66	42.80	1.65
专用设备制造业	Special Purpose Equipment	0.15	4.02	1.98	9.55	0.26
交通运输设备制造业	Transport Equipment	19.67	66.47	37.39	160.92	4.41
电气机械及器材制造业	Electric Equipment and Machinery	1.23	13.17	4.32	28.28	0.83
通信设备、计算机及其他电子设备制造业	Telecommunications Equipment, Computer and Other Electronic Equipment	0.18	2.18	0.70	9.98	0.20
仪器仪表及文化、办公用机械制造业	Instruments, Meters, Cultural and Office Machinery	0.12	2.19	0.67	4.80	0.15
工艺品及其他制造业	Handicraft Article and Other Manufacturing Indust	0.48	1.83	1.22	4.92	0.09
废弃资源和废旧材料回收加工业	Recovery of Resource Discarded and Useless Material					
电力、热力的生产和供应业	Production and Supply of Electricity and Heating Power	2.21	5.33	1.88	9.82	0.30
燃气生产和供应业	Production and Supply of Gas					
水的生产和供应业	Production and Supply of Water	0.30	2.50	1.51	1.09	

行　业	Sector	产品销售税金及附加 Sales Taxes and Extra Charges	利润总额 Total Profits	利税总额 Total Profits and Taxes	本年应交增值税 Value Added Taxes Payable
总计	**Total**	**4.03**	**42.92**	**65.39**	**18.44**
在总计中:轻工业	Light Industry	1.65	13.59	22.69	7.44
重工业	Heavy Industry	2.38	29.32	42.70	10.99
按工业行业分	**By Sector**				
煤炭开采和洗选业	Coal Mining and Dressing				
黑色金属矿采选业	Ferrous Metals Mining and Dressing				
有色金属矿采选业	Nonferrous Metals Mining and Dressing	0.16	0.24	0.61	0.20
非金属矿采选业	Nonmetal Minerals Mining and Dressing	0.15	1.08	1.79	0.55
其他采矿业	Other Minerals Mining and Dressing				
农副食品加工业	Non－staple Food Processing	0.02		0.06	0.03
食品制造业	Food Manufacturing	0.01	0.32	0.45	0.11
饮料制造业	Beverage Manufacturing	0.33	0.12	0.68	0.22
烟草制品业	Tobacco Processing				
纺织业	Textile Industry	0.45	5.71	8.65	2.48
纺织服装、鞋、帽制造业	Garments, Shoes and Hats Manufacturing	0.07	0.73	1.36	0.55
皮革、毛皮、羽毛(绒)及其制品业	Leather, Furs, Down and Related Products	0.02	0.58	1.03	0.42
木材加工及木、竹、藤、棕、草制品业	Timber Processing, Bamboo, Cane Palm Fiber and Straw Products		0.04	0.09	0.05
家具制造业	Furniture Manufacturing	0.03	0.34	0.64	0.26
造纸及纸制品业	Papermaking and Paper Products	0.11	0.33	0.99	0.55
印刷业和记录媒介的复制	Printing and Record Medium Reproduction	0.01	0.04	0.13	0.07
文教体育用品制造业	Cultural, Educational and Sports Goods	0.02	0.05	0.12	0.04

单位:亿元 7-10 续表 9 continued (100 million yuan)

行 业	Sector	产品销售税金及附加 Sales Taxes and Extra Charges	利润总额 Total Profits	利税总额 Total Profits and Taxes	本年应交增值税 Value Added Taxes Payable
石油加工、炼焦及核燃料加工业	Petroleum Processing, Cooking and Nuclear Fuel Processing			0.01	0.01
化学原料及化学制品制造业	Raw Chemical Materials and Chemical Products	0.20	3.03	4.29	1.05
医药制造业	Medical and Pharmaceutical Products	0.03	0.62	1.09	0.43
化学纤维制造业	Chemical Fiber	0.05	1.08	1.43	0.28
橡胶制品业	Rubber Products		0.08	0.12	0.03
塑料制品业	Plastic Products	0.26	2.78	3.90	0.85
非金属矿物制品业	Nonmetal Mineral Products	0.19	1.92	3.65	1.53
黑色金属冶炼及压延加工业	Smelting and Pressing of Ferrous Metals	0.11	0.70	1.23	0.41
有色金属冶炼及压延加工业	Smelting and Pressing of Nonferrous Metals	0.11	1.36	2.18	0.71
金属制品业	Metal Products	0.13	1.02	1.86	0.69
通用设备制造业	Equipment in Common Use	0.32	5.62	7.54	1.59
专用设备制造业	Special Purpose Equipment	0.07	0.68	1.07	0.31
交通运输设备制造业	Transport Equipment	0.65	10.29	13.42	2.47
电气机械及器材制造业	Electric Equipment and Machinery	0.19	2.16	3.46	1.10
通信设备、计算机及其他电子设备制造业	Telecommunications Equipment, Computer and Other Electronic Equipment	0.05	0.39	0.74	0.28
仪器仪表及文化、办公用机械制造业	Instruments, Meters, Cultural and Office Machinery	0.03	0.24	0.48	0.20
工艺品及其他制造业	Handicraft Article and Other Manufacturing Indust	0.04	0.23	0.55	0.28
废弃资源和废旧材料回收加工业	Recovery of Resource Discarded and Useless Material				
电力、热力的生产和供应业	Production and Supply of Electricity and Heating Power	0.07	0.89	1.45	0.48
燃气生产和供应业	Production and Supply of Gas				
水的生产和供应业	Production and Supply of Water	0.01	0.09	0.16	0.05

7－11 按行业分的规模以上集体工业企业主要经济效益指标(2003 年)

Main Economic Beneficial Indicators of Collective－owned Industrial Enterprises Above Designated Size by Sector(2003)

行 业	Sector	每百元资金实现利税(元) Pre-tax Profits per 100 Yuan Funds (yuan)	每百元固定资产原值实现利税(元) Pre-tax Profits per 100 Yuan Original Value of Fixed Assets (yuan)	每百元销售收入实现利税(元) Pre-tax Profits per 100 Yuan Sales Revenue (yuan)
总计	**Total**	**14.32**	**25.11**	**9.71**
在总计中:轻工业	Light Industry	11.30	17.82	8.65
重工业	Heavy Industry	16.70	32.09	10.38
按工业行业分	**By Sector**			
煤炭开采和洗选业	Coal Mining and Dressing			
黑色金属矿采选业	Ferrous Metals Mining and Dressing			
有色金属矿采选业	Nonferrous Metals Mining and Dressing	106.88	235.01	23.58
非金属矿采选业	Nonmetal Minerals Mining and Dressing	24.56	32.07	14.64
其他采矿业	Other Minerals Mining and Dressing			
农副食品加工业	Non－staple Food Processing	7.90	17.63	3.05
食品制造业	Food Manufacturing	15.57	28.01	12.55
饮料制造业	Beverage Manufacturing	26.41	39.09	22.87
烟草制品业	Tobacco Processing			
纺织业	Textile Industry	9.33	12.45	8.36
纺织服装、鞋、帽制造业	Garments,Shoes and Hats Manufacturing	12.25	22.91	7.51
皮革、毛皮、羽毛(绒)及其制品业	Leather,Furs,Down and Related Products	18.37	82.07	7.85
木材加工及木、竹、藤、棕、草制品业	Timber Processing,Bamboo, Cane Palm Fiber and Straw Products	4.82	7.50	4.63
家具制造业	Furniture Manufacturing	26.23	57.89	7.16
造纸及纸制品业	Papermaking and Paper Products	9.56	19.17	8.58
印刷业和记录媒介的复制	Printing and Record Medium Reproduction	8.07	13.92	8.67
文教体育用品制造业	Cultural,Educational and Sports Goods	6.32	16.61	4.77

7－11 续表 1　continued

行　业	Sector	每百元资金实现利税（元）Pre-tax Profits per 100 Yuan Funds (yuan)	每百元固定资产原值实现利税（元）Pre-tax Profits per 100 Yuan Original Value of Fixed Assets (yuan)	每百元销售收入实现利税（元）Pre-tax Profits per 100 Yuan Sales Revenue (yuan)
石油加工、炼焦及核燃料加工业	Petroleum Processing, Cooking and Nuclear Fuel Processing	10.95	85.67	3.22
化学原料及化学制品制造业	Raw Chemical Materials and Chemical Products	21.82	39.75	12.97
医药制造业	Medical and Pharmaceutical Products	14.69	25.02	12.81
化学纤维制造业	Chemical Fiber	9.17	11.33	5.86
橡胶制品业	Rubber Products	3.50	6.81	5.10
塑料制品业	Plastic Products	15.20	28.81	7.37
非金属矿物制品业	Nonmetal Mineral Products	17.40	24.22	16.52
黑色金属冶炼及压延加工业	Smelting and Pressing of Ferrous Metals	13.48	25.35	6.71
有色金属冶炼及压延加工业	Smelting and Pressing of Nonferrous Metals	14.02	24.85	7.75
金属制品业	Metal Products	10.53	27.48	7.35
通用设备制造业	Equipment in Common Use	19.03	41.33	17.63
专用设备制造业	Special Purpose Equipment	13.42	37.88	11.27
交通运输设备制造业	Transport Equipment	17.22	33.95	8.34
电气机械及器材制造业	Electric Equipment and Machinery	13.37	39.77	12.25
通信设备、计算机及其他电子设备制造业	Telecommunications Equipment, Computer and Other Electronic Equipment	12.79	42.66	7.48
仪器仪表及文化、办公用机械制造业	Instruments, Meters, Cultural and Office Machinery	11.13	33.28	10.13
工艺品及其他制造业	Handicraft Article and Other Manufacturing Indust	13.30	23.64	11.21
废弃资源和废旧材料回收加工业	Recovery of Resource Discarded and Useless Material			
电力、热力的生产和供应业	Production and Supply of Electricity and Heating Power	16.12	18.48	14.86
燃气生产和供应业	Production and Supply of Gas			
水的生产和供应业	Production and Supply of Water	4.30	4.98	14.74

7－11 续表 2　continued

行　　业	Sector	产品销售率(%) Rate of Products Sold(%)	流动资金周转次数(次) Times of Turnover Circulating Funds (time)	劳动生产率(元/人) Overall Labor Productivity (yuan/person)
总计	**Total**	**97.82**	**2.34**	**68209**
在总计中:轻工业	Light Industry	97.46	2.21	61568
重工业	Heavy Industry	98.06	2.42	73286
按工业行业分	**By Sector**			
煤炭开采和洗选业	Coal Mining and Dressing			
黑色金属矿采选业	Ferrous Metals Mining and Dressing			
有色金属矿采选业	Nonferrous Metals Mining and Dressing	97.58	7.80	43828
非金属矿采选业	Nonmetal Minerals Mining and Dressing	99.27	3.43	53151
其他采矿业	Other Minerals Mining and Dressing			
农副食品加工业	Non－staple Food Processing	99.04	3.49	38929
食品制造业	Food Manufacturing	98.75	2.07	72699
饮料制造业	Beverage Manufacturing	99.26	1.69	81002
烟草制品业	Tobacco Processing			
纺织业	Textile Industry	96.68	2.15	61394
纺织服装、鞋、帽制造业	Garments, Shoes and Hats Manufacturing	98.07	2.53	42280
皮革、毛皮、羽毛(绒)及其制品业	Leather, Furs, Down and Related Products	99.69	2.77	75567
木材加工及木、竹、藤、棕、草制品业	Timber Processing, Bamboo, Cane Palm Fiber and Straw Products	96.89	1.52	35515
家具制造业	Furniture Manufacturing	99.84	6.03	155199
造纸及纸制品业	Papermaking and Paper Products	95.24	1.67	46482
印刷业和记录媒介的复制	Printing and Record Medium Reproduction	100.17	1.59	42057
文教体育用品制造业	Cultural, Educational and Sports Goods	98.50	1.84	27901

7-11 续表3 continued

行　业	Sector	产品销售率(%) Rate of Products Sold(%)	流动资金周转次数(次) Times of Turnover Circulating Funds (time)	劳动生产率(元/人) Overall Labor Productivity (yuan/person)
石油加工、炼焦及核燃料加工业	Petroleum Processing, Cooking and Nuclear Fuel Processing	99.26	3.70	122895
化学原料及化学制品制造业	Raw Chemical Materials and Chemical Products	97.82	2.52	100554
医药制造业	Medical and Pharmaceutical Products	94.96	1.99	69418
化学纤维制造业	Chemical Fiber	102.06	3.25	119209
橡胶制品业	Rubber Products	97.89	0.93	25094
塑料制品业	Plastic Products	97.80	3.04	121661
非金属矿物制品业	Nonmetal Mineral Products	99.27	2.02	49788
黑色金属冶炼及压延加工业	Smelting and Pressing of Ferrous Metals	97.13	2.96	124770
有色金属冶炼及压延加工业	Smelting and Pressing of Nonferrous Metals	97.16	2.94	106883
金属制品业	Metal Products	96.91	1.94	36091
通用设备制造业	Equipment in Common Use	94.63	1.59	51960
专用设备制造业	Special Purpose Equipment	94.82	1.55	56158
交通运输设备制造业	Transport Equipment	99.33	3.01	122611
电气机械及器材制造业	Electric Equipment and Machinery	96.65	1.40	53020
通信设备、计算机及其他电子设备制造业	Telecommunications Equipment, Computer and Other Electronic Equipment	96.10	2.03	43220
仪器仪表及文化、办公用机械制造业	Instruments, Meters, Cultural and Office Machinery	98.43	1.35	37507
工艺品及其他制造业	Handicraft Article and Other Manufacturing Indust	93.42	1.93	60763
废弃资源和废旧材料回收加工业	Recovery of Resource Discarded and Useless Material			
电力、热力的生产和供应业	Production and Supply of Electricity and Heating Power	99.91	2.91	154465
燃气生产和供应业	Production and Supply of Gas			
水的生产和供应业	Production and Supply of Water	97.90	0.65	83494

7-12 按行业分的农村工业企业主要指标(2003年)

Main Indicators of Industrial Enterprises in Rural Areas by Sector (2003)

单位:亿元 (100 million yuan)

行业	Sector	企业单位数(个) Number of Enterprises (unit)	#亏损企业 Loss	工业总产值 Gross Industrial Output Value	工业增加值 Value Added of Industry
总计	**Total**	**17454**	**1298**	**7357.41**	**1572.87**
在总计中:轻工业	Light Industry	9882	836	4034.65	843.11
重工业	Heavy Industry	7572	462	3322.76	729.76
按工业行业分	**By Sector**				
煤炭开采和洗选业	Coal Mining and Dressing	1	1	0.10	0.04
黑色金属矿采选业	Ferrous Metals Mining and Dressing				
有色金属矿采选业	Nonferrous Metals Mining and Dressing	15	1	4.86	0.89
非金属矿采选业	Nonmetal Minerals Mining and Dressing	153	4	31.57	8.94
其他采矿业	Other Minerals Mining and Dressing	1		0.14	0.03
农副食品加工业	Non-staple Food Processing	415	61	131.28	21.24
食品制造业	Food Manufacturing	154	22	49.70	10.21
饮料制造业	Beverage Manufacturing	134	11	36.59	8.45
烟草制品业	Tobacco Processing				
纺织业	Textile Industry	2371	192	1112.74	223.45
纺织服装、鞋、帽制造业	Garments, Shoes and Hats Manufacturing	1504	147	512.31	121.62
皮革、毛皮、羽毛(绒)及其制品业	Leather, Furs, Down and Related Products	698	52	332.17	72.49
木材加工及木、竹、藤、棕、草制品业	Timber Processing, Bamboo, Cane Palm Fiber and Straw Products	307	23	94.29	19.75
家具制造业	Furniture Manufacturing	155	10	54.93	11.22
造纸及纸制品业	Papermaking and Paper Products	620	80	212.48	43.43
印刷业和记录媒介的复制	Printing and Record Medium Reproduction	205	13	52.23	13.18
文教体育用品制造业	Cultural, Educational and Sports Goods	361	28	104.16	24.65

注:本表统计范围为年销售收入500万元及以上的农村工业企业。表7-13同。
The data in this table refer to industrial enterprises in rural areas with an annual sales income over 5 million yuan. The Same for table 7-13.

行业	Sector	企业单位数(个) Number of Enterprises (unit)	#亏损企业 Loss	工业总产值 Gross Industrial Output Value	工业增加值 Value Added of Industry
石油加工、炼焦及核燃料加工业	Petroleum Processing, Cooking and Nuclear Fuel Processing	14		2.68	0.43
化学原料及化学制品制造业	Raw Chemical Materials and Chemical Products	651	53	303.48	61.45
医药制造业	Medical and Pharmaceutical Products	206	18	119.63	30.55
化学纤维制造业	Chemical Fiber	119	13	260.83	41.45
橡胶制品业	Rubber Products	139	18	32.13	7.62
塑料制品业	Plastic Products	953	60	316.23	63.90
非金属矿物制品业	Nonmetal Mineral Products	714	40	276.46	85.18
黑色金属冶炼及压延加工业	Smelting and Pressing of Ferrous Metals	185	12	125.57	19.58
有色金属冶炼及压延加工业	Smelting and Pressing of Nonferrous Metals	296	24	248.75	34.37
金属制品业	Metal Products	1200	94	354.44	72.54
通用设备制造业	Equipment in Common Use	1663	83	541.37	134.15
专用设备制造业	Special Purpose Equipment	544	28	250.80	59.22
交通运输设备制造业	Transport Equipment	929	44	499.11	99.27
电气机械及器材制造业	Electric Equipment and Machinery	1373	83	790.77	172.87
通信设备、计算机及其他电子设备制造业	Telecommunications Equipment, Computer and Other Electronic Equipment	377	22	231.31	44.03
仪器仪表及文化、办公用机械制造业	Instruments, Meters, Cultural and Office Machinery	242	11	60.10	16.22
工艺品及其他制造业	Handicraft Article and Other Manufacturing Indust	700	42	178.66	40.56
废弃资源和废旧材料回收加工业	Recovery of Resource Discarded and Useless Material	8		8.34	0.96
电力、热力的生产和供应业	Production and Supply of Electricity and Heating Power	38	6	23.80	8.29
燃气生产和供应业	Production and Supply of Gas	2	1	2.56	0.22
水的生产和供应业	Production and Supply of Water	7	1	0.66	0.25

行业	Sector	资产总计 Total Assets	流动资产合计 Circulating Funds	流动资产年平均余额 Annual Average Balance of Circulating Funds	固定资产合计 Fixed Assets
总计	**Total**	**6021**	**3402.91**	**3089.61**	**1899.47**
在总计中:轻工业	Light Industry	3213	1764.37	1621.41	1097.88
重工业	Heavy Industry	2808	1638.54	1468.20	801.59
按工业行业分	**By Sector**				
煤炭开采和洗选业	Coal Mining and Dressing		0.01	0.01	
黑色金属矿采选业	Ferrous Metals Mining and Dressing				
有色金属矿采选业	Nonferrous Metals Mining and Dressing	2	1.32	1.40	0.87
非金属矿采选业	Nonmetal Minerals Mining and Dressing	24	12.19	11.46	9.60
其他采矿业	Other Minerals Mining and Dressing		0.04	0.04	0.03
农副食品加工业	Non - staple Food Processing	76	48.29	45.44	20.96
食品制造业	Food Manufacturing	45	25.14	23.41	15.38
饮料制造业	Beverage Manufacturing	36	17.81	17.33	12.99
烟草制品业	Tobacco Processing				
纺织业	Textile Industry	980	478.50	437.08	410.99
纺织服装、鞋、帽制造业	Garments, Shoes and Hats Manufacturing	407	234.37	213.93	125.56
皮革、毛皮、羽毛(绒)及其制品业	Leather, Furs, Down and Related Products	176	115.55	103.96	42.71
木材加工及木、竹、藤、棕、草制品业	Timber Processing, Bamboo, Cane Palm Fiber and Straw Products	58	34.14	32.18	17.99
家具制造业	Furniture Manufacturing	37	22.35	19.77	11.99
造纸及纸制品业	Papermaking and Paper Products	206	111.79	103.90	78.63
印刷业和记录媒介的复制	Printing and Record Medium Reproduction	59	32.12	28.86	21.62
文教体育用品制造业	Cultural, Educational and Sports Goods	70	41.23	36.69	17.89

行 业	Sector	资产总计 Total Assets	流动资产合计 Circulating Funds	流动资产年平均余额 Annual Average Balance of Circulating Funds	固定资产合计 Fixed Assets
石油加工、炼焦及核燃料加工业	Petroleum Processing, Cooking and Nuclear Fuel Processing	1	1.25	1.12	0.42
化学原料及化学制品制造业	Raw Chemical Materials and Chemical Products	234	136.99	125.54	62.70
医药制造业	Medical and Pharmaceutical Products	129	75.31	74.66	41.36
化学纤维制造业	Chemical Fiber	180	73.45	70.26	84.97
橡胶制品业	Rubber Products	32	18.67	16.53	10.73
塑料制品业	Plastic Products	228	133.65	123.57	74.02
非金属矿物制品业	Nonmetal Mineral Products	328	154.36	135.38	136.68
黑色金属冶炼及压延加工业	Smelting and Pressing of Ferrous Metals	77	48.48	42.39	20.63
有色金属冶炼及压延加工业	Smelting and Pressing of Nonferrous Metals	125	77.95	70.05	35.05
金属制品业	Metal Products	263	165.17	152.65	66.01
通用设备制造业	Equipment in Common Use	492	295.66	264.97	135.57
专用设备制造业	Special Purpose Equipment	235	144.86	128.57	65.50
交通运输设备制造业	Transport Equipment	426	240.91	210.03	112.25
电气机械及器材制造业	Electric Equipment and Machinery	691	425.48	384.42	155.76
通信设备、计算机及其他电子设备制造业	Telecommunications Equipment, Computer and Other Electronic Equipment	159	103.71	91.41	35.81
仪器仪表及文化、办公用机械制造业	Instruments, Meters, Cultural and Office Machinery	55	35.15	33.53	14.40
工艺品及其他制造业	Handicraft Article and Other Manufacturing Indust	125	77.10	70.19	34.60
废弃资源和废旧材料回收加工业	Recovery of Resource Discarded and Useless Material	3	2.21	2.36	0.31
电力、热力的生产和供应业	Production and Supply of Electricity and Heating Power	43	16.33	15.40	23.48
燃气生产和供应业	Production and Supply of Gas		0.30	0.19	0.25
水的生产和供应业	Production and Supply of Water	2	0.92	0.75	1.62

行　业	Sector	固定资产原　价 Original Value of Fixed Assets	固定资产净值年平均余额 Annual Average Balance of Net Value of Fixed Assets	年末负债合　计 Total Liabilities	流动负债 Circulating Liabilities
总计	**Total**	**2339.57**	**1630.06**	**3559.25**	**3144.44**
在总计中:轻工业	Light Industry	1342.93	941.51	1946.21	1721.77
重工业	Heavy Industry	996.64	688.54	1613.04	1422.67
按工业行业分	**By Sector**				
煤炭开采和洗选业	Coal Mining and Dressing			0.05	
黑色金属矿采选业	Ferrous Metals Mining and Dressing				
有色金属矿采选业	Nonferrous Metals Mining and Dressing	1.58	1.01	1.70	1.49
非金属矿采选业	Nonmetal Minerals Mining and Dressing	12.72	8.93	12.83	11.19
其他采矿业	Other Minerals Mining and Dressing	0.08	0.02	0.06	0.05
农副食品加工业	Non-staple Food Processing	24.34	18.59	49.67	45.75
食品制造业	Food Manufacturing	16.99	12.20	28.35	24.99
饮料制造业	Beverage Manufacturing	17.21	11.72	22.62	20.76
烟草制品业	Tobacco Processing				
纺织业	Textile Industry	509.89	347.79	597.64	507.04
纺织服装、鞋、帽制造业	Garments, Shoes and Hats Manufacturing	148.36	106.66	243.21	213.47
皮革、毛皮、羽毛(绒)及其制品业	Leather, Furs, Down and Related Products	49.68	37.99	111.12	107.87
木材加工及木、竹、藤、棕、草制品业	Timber Processing, Bamboo, Cane Palm Fiber and Straw Products	22.82	16.32	33.03	31.69
家具制造业	Furniture Manufacturing	14.74	10.68	24.07	22.03
造纸及纸制品业	Papermaking and Paper Products	97.09	68.43	132.90	116.81
印刷业和记录媒介的复制	Printing and Record Medium Reproduction	27.08	19.24	35.34	33.01
文教体育用品制造业	Cultural, Educational and Sports Goods	22.04	16.19	37.16	36.08

行 业	Sector	固定资产原价 Original Value of Fixed Assets	固定资产净值年平均余额 Annual Average Balance of Net Value of Fixed Assets	年末负债合计 Total Liabilities	流动负债 Circulating Liabilities
石油加工、炼焦及核燃料加工业	Petroleum Processing, Cooking and Nuclear Fuel Processing	0.70	0.41	1.09	1.04
化学原料及化学制品制造业	Raw Chemical Materials and Chemical Products	83.51	54.69	137.67	123.89
医药制造业	Medical and Pharmaceutical Products	48.84	34.64	73.01	61.12
化学纤维制造业	Chemical Fiber	111.60	73.71	102.44	79.54
橡胶制品业	Rubber Products	13.32	8.89	21.31	18.21
塑料制品业	Plastic Products	90.00	62.71	134.16	123.20
非金属矿物制品业	Nonmetal Mineral Products	168.11	119.99	188.21	142.47
黑色金属冶炼及压延加工业	Smelting and Pressing of Ferrous Metals	24.26	18.07	51.17	45.53
有色金属冶炼及压延加工业	Smelting and Pressing of Nonferrous Metals	41.95	29.71	77.10	69.48
金属制品业	Metal Products	79.46	58.09	159.78	149.28
通用设备制造业	Equipment in Common Use	173.67	119.27	280.77	260.49
专用设备制造业	Special Purpose Equipment	78.15	55.80	139.31	131.47
交通运输设备制造业	Transport Equipment	130.76	90.58	245.90	208.24
电气机械及器材制造业	Electric Equipment and Machinery	193.89	131.82	393.95	354.51
通信设备、计算机及其他电子设备制造业	Telecommunications Equipment, Computer and Other Electronic Equipment	45.99	30.87	93.45	85.57
仪器仪表及文化、办公用机械制造业	Instruments, Meters, Cultural and Office Machinery	17.48	12.53	29.95	27.97
工艺品及其他制造业	Handicraft Article and Other Manufacturing Indust	37.06	29.24	72.38	68.64
废弃资源和废旧材料回收加工业	Recovery of Resource Discarded and Useless Material	0.33	0.30	2.05	2.05
电力、热力的生产和供应业	Production and Supply of Electricity and Heating Power	33.50	21.26	23.84	17.85
燃气生产和供应业	Production and Supply of Gas	0.27	0.18	0.23	0.23
水的生产和供应业	Production and Supply of Water	1.93	1.33	1.53	1.26

行　业	Sector	长期负债 Long-term Liabilities	年末所有者权益合计 Creditors´ Equity	实收资本 Total Capital Hold	产品销售收入 Sales Revenue	产品销售费用 Sales Funds
总计	**Total**	**414.80**	**2462.61**	**1367.16**	**7075.53**	**183.59**
在总计中:轻工业	Light Industry	224.43	1267.07	641.26	3892.82	93.57
重工业	Heavy Industry	190.37	1195.54	725.90	3182.71	90.01
按工业行业分	**By Sector**					
煤炭开采和洗选业	Coal Mining and Dressing	0.04	-0.01	0.01	0.09	
黑色金属矿采选业	Ferrous Metals Mining and Dressing					
有色金属矿采选业	Nonferrous Metals Mining and Dressing	0.20	1.14	0.31	4.78	0.28
非金属矿采选业	Nonmetal Minerals Mining and Dressing	1.64	11.64	7.57	30.11	1.69
其他采矿业	Other Minerals Mining and Dressing	0.01	0.04	0.03	0.15	
农副食品加工业	Non-staple Food Processing	3.92	26.48	16.14	120.82	2.32
食品制造业	Food Manufacturing	3.36	17.11	10.28	47.31	2.10
饮料制造业	Beverage Manufacturing	1.86	13.85	8.52	34.86	2.32
烟草制品业	Tobacco Processing					
纺织业	Textile Industry	90.59	382.46	195.96	1086.96	12.91
纺织服装、鞋、帽制造业	Garments, Shoes and Hats Manufacturing	29.73	163.90	79.19	498.50	16.93
皮革、毛皮、羽毛(绒)及其制品业	Leather, Furs, Down and Related Products	3.24	64.99	38.53	322.56	6.36
木材加工及木、竹、藤、棕、草制品业	Timber Processing, Bamboo, Cane Palm Fiber and Straw Products	1.34	25.44	12.09	90.31	1.63
家具制造业	Furniture Manufacturing	2.04	13.50	7.97	52.69	1.51
造纸及纸制品业	Papermaking and Paper Products	16.09	74.06	43.65	201.69	2.67
印刷业和记录媒介的复制	Printing and Record Medium Reproduction	2.32	24.59	11.73	50.14	1.06
文教体育用品制造业	Cultural, Educational and Sports Goods	1.08	32.95	13.78	97.64	3.56

行　业	Sector	长期负债 Long-term Liabilities	年末所有者权益合计 Creditors' Equity	实收资本 Total Capital Hold	产品销售收入 Sales Revenue	产品销售费用 Sales Funds
石油加工、炼焦及核燃料加工业	Petroleum Processing, Cooking and Nuclear Fuel Processing	0.04	0.82	0.30	2.76	0.03
化学原料及化学制品制造业	Raw Chemical Materials and Chemical Products	13.77	96.67	44.80	294.52	9.83
医药制造业	Medical and Pharmaceutical Products	11.88	56.40	21.55	115.49	4.91
化学纤维制造业	Chemical Fiber	22.89	78.29	34.60	254.73	0.83
橡胶制品业	Rubber Products	3.09	11.50	6.48	30.25	0.78
塑料制品业	Plastic Products	10.95	94.46	48.49	305.94	8.05
非金属矿物制品业	Nonmetal Mineral Products	45.74	140.71	73.21	268.27	9.12
黑色金属冶炼及压延加工业	Smelting and Pressing of Ferrous Metals	5.63	26.74	12.93	128.37	1.54
有色金属冶炼及压延加工业	Smelting and Pressing of Nonferrous Metals	7.62	48.29	22.21	244.97	1.79
金属制品业	Metal Products	10.50	104.11	55.92	337.57	8.74
通用设备制造业	Equipment in Common Use	20.28	211.69	124.79	515.81	14.53
专用设备制造业	Special Purpose Equipment	7.83	96.31	46.12	235.51	7.05
交通运输设备制造业	Transport Equipment	37.65	180.96	96.32	476.47	14.70
电气机械及器材制造业	Electric Equipment and Machinery	39.43	297.47	246.71	747.27	31.95
通信设备、计算机及其他电子设备制造业	Telecommunications Equipment, Computer and Other Electronic Equipment	7.88	66.08	30.12	214.73	7.17
仪器仪表及文化、办公用机械制造业	Instruments, Meters, Cultural and Office Machinery	1.98	25.32	13.04	57.70	1.76
工艺品及其他制造业	Handicraft Article and Other Manufacturing Indust	3.74	52.72	27.99	172.75	4.85
废弃资源和废旧材料回收加工业	Recovery of Resource Discarded and Useless Material		0.98	0.51	8.16	0.07
电力、热力的生产和供应业	Production and Supply of Electricity and Heating Power	5.99	19.37	14.40	22.22	0.35
燃气生产和供应业	Production and Supply of Gas		0.34	0.24	2.59	0.03
水的生产和供应业	Production and Supply of Water	0.27	1.08	0.50	0.67	

单位:亿元　　7－12 续表 8　continued　　(100 million yuan)

行　业	Sector	产品销售税金及附加 Sales Taxes and Extra Charges	利润总额 Total Profits	利税总额 Total Profits and Taxes	本年应交增值税 Value Added Taxes Payable
总计	**Total**	**42.04**	**430.26**	**694.42**	**222.10**
在总计中:轻工业	Light Industry	23.14	207.78	345.83	114.91
重工业	Heavy Industry	18.90	222.48	348.58	107.19
按工业行业分	**By Sector**				
煤炭开采和洗选业	Coal Mining and Dressing				
黑色金属矿采选业	Ferrous Metals Mining and Dressing				
有色金属矿采选业	Nonferrous Metals Mining and Dressing	0.18	0.36	0.88	0.33
非金属矿采选业	Nonmetal Minerals Mining and Dressing	0.31	2.82	4.54	1.40
其他采矿业	Other Minerals Mining and Dressing			0.02	0.01
农副食品加工业	Non－staple Food Processing	0.74	3.52	6.32	2.04
食品制造业	Food Manufacturing	0.22	2.67	4.12	1.21
饮料制造业	Beverage Manufacturing	1.34	1.48	4.24	1.40
烟草制品业	Tobacco Processing				
纺织业	Textile Industry	6.11	52.17	89.65	31.36
纺织服装、鞋、帽制造业	Garments, Shoes and Hats Manufacturing	2.80	27.91	45.94	15.22
皮革、毛皮、羽毛(绒)及其制品业	Leather, Furs, Down and Related Products	1.24	14.33	25.19	9.61
木材加工及木、竹、藤、棕、草制品业	Timber Processing, Bamboo, Cane Palm Fiber and Straw Products	0.48	4.44	7.55	2.61
家具制造业	Furniture Manufacturing	0.27	2.81	4.61	1.52
造纸及纸制品业	Papermaking and Paper Products	1.47	8.39	17.85	7.99
印刷业和记录媒介的复制	Printing and Record Medium Reproduction	0.31	5.19	7.31	1.80
文教体育用品制造业	Cultural, Educational and Sports Goods	0.60	5.92	9.37	2.84

单位:亿元　　7-12 续表 9　continued　　(100 million yuan)

行业	Sector	产品销售税金及附加 Sales Taxes and Extra Charges	利润总额 Total Profits	利税总额 Total Profits and Taxes	本年应交增值税 Value Added Taxes Payable
石油加工、炼焦及核燃料加工业	Petroleum Processing, Cooking and Nuclear Fuel Processing	0.02	0.15	0.23	0.04
化学原料及化学制品制造业	Raw Chemical Materials and Chemical Products	1.51	20.15	31.35	9.68
医药制造业	Medical and Pharmaceutical Products	0.63	9.22	14.20	4.35
化学纤维制造业	Chemical Fiber	0.70	12.03	17.25	4.50
橡胶制品业	Rubber Products	0.23	1.62	3.04	1.17
塑料制品业	Plastic Products	1.76	18.40	28.50	8.34
非金属矿物制品业	Nonmetal Mineral Products	2.21	32.17	51.04	16.65
黑色金属冶炼及压延加工业	Smelting and Pressing of Ferrous Metals	0.61	4.36	7.79	2.80
有色金属冶炼及压延加工业	Smelting and Pressing of Nonferrous Metals	1.00	9.68	17.45	6.77
金属制品业	Metal Products	1.96	17.59	29.07	9.51
通用设备制造业	Equipment in Common Use	3.15	40.58	62.62	18.88
专用设备制造业	Special Purpose Equipment	1.22	19.28	28.69	8.17
交通运输设备制造业	Transport Equipment	3.73	31.43	48.06	12.89
电气机械及器材制造业	Electric Equipment and Machinery	4.49	50.97	79.14	23.67
通信设备、计算机及其他电子设备制造业	Telecommunications Equipment, Computer and Other Electronic Equipment	0.96	12.26	18.71	5.48
仪器仪表及文化、办公用机械制造业	Instruments, Meters, Cultural and Office Machinery	0.39	4.84	7.39	2.15
工艺品及其他制造业	Handicraft Article and Other Manufacturing Indust	1.07	10.02	17.03	5.94
废弃资源和废旧材料回收加工业	Recovery of Resource Discarded and Useless Material		0.12	0.23	0.10
电力、热力的生产和供应业	Production and Supply of Electricity and Heating Power	0.15	3.11	4.73	1.46
燃气生产和供应业	Production and Supply of Gas	0.02	0.05	0.09	0.02
水的生产和供应业	Production and Supply of Water	0.01	0.04	0.07	0.02

7－13 按行业分的农村工业企业主要经济效益指标(2003年)

Main Economic Beneficial Indicators of Industrial Enterprises in Rural Areas by Sector(2003)

行 业	Sector	每百元资金实现利税(元) Pre-tax Profits per 100 Yuan Funds (yuan)	每百元固定资产原值实现利税(元) Pre-tax Profits per 100 Yuan Original Value of Fixed Assets (yuan)	每百元销售收入实现利税(元) Pre-tax Profits per 100 Yuan Sales Revenue (yuan)
总计	**Total**	**14.71**	**29.68**	**9.81**
在总计中:轻工业	Light Industry	13.49	25.75	8.88
重工业	Heavy Industry	16.16	34.98	10.95
按工业行业分	**By Sector**			
煤炭开采和洗选业	Coal Mining and Dressing	-6.98	-100.00	-1.26
黑色金属矿采选业	Ferrous Metals Mining and Dressing			
有色金属矿采选业	Nonferrous Metals Mining and Dressing	36.71	56.27	18.60
非金属矿采选业	Nonmetal Minerals Mining and Dressing	22.29	35.72	15.10
其他采矿业	Other Minerals Mining and Dressing	28.73	22.76	12.75
农副食品加工业	Non－staple Food Processing	9.87	25.96	5.23
食品制造业	Food Manufacturing	11.57	24.26	8.71
饮料制造业	Beverage Manufacturing	14.59	24.63	12.16
烟草制品业	Tobacco Processing			
纺织业	Textile Industry	11.42	17.58	8.25
纺织服装、鞋、帽制造业	Garments, Shoes and Hats Manufacturing	14.33	30.97	9.22
皮革、毛皮、羽毛(绒)及其制品业	Leather, Furs, Down and Related Products	17.75	50.71	7.81
木材加工及木、竹、藤、棕、草制品业	Timber Processing, Bamboo, Cane Palm Fiber and Straw Products	15.57	33.09	8.36
家具制造业	Furniture Manufacturing	15.14	31.27	8.75
造纸及纸制品业	Papermaking and Paper Products	10.36	18.39	8.85
印刷业和记录媒介的复制	Printing and Record Medium Reproduction	15.20	27.00	14.59
文教体育用品制造业	Cultural, Educational and Sports Goods	17.72	42.52	9.60

7－13 续表 1　continued

行　业	Sector	每百元资金实现利税（元）Pre-tax Profits per 100 Yuan Funds (yuan)	每百元固定资产原值实现利税（元）Pre-tax Profits per 100 Yuan Original Value of Fixed Assets (yuan)	每百元销售收入实现利税（元）Pre-tax Profits per 100 Yuan Sales Revenue (yuan)
石油加工、炼焦及核燃料加工业	Petroleum Processing, Cooking and Nuclear Fuel Processing	15.06	32.98	8.37
化学原料及化学制品制造业	Raw Chemical Materials and Chemical Products	17.40	37.55	10.65
医药制造业	Medical and Pharmaceutical Products	12.99	29.08	12.30
化学纤维制造业	Chemical Fiber	11.98	15.46	6.77
橡胶制品业	Rubber Products	11.97	22.85	10.06
塑料制品业	Plastic Products	15.30	31.68	9.32
非金属矿物制品业	Nonmetal Mineral Products	19.99	30.36	19.03
黑色金属冶炼及压延加工业	Smelting and Pressing of Ferrous Metals	12.89	32.12	6.07
有色金属冶炼及压延加工业	Smelting and Pressing of Nonferrous Metals	17.50	41.62	7.13
金属制品业	Metal Products	13.80	36.59	8.61
通用设备制造业	Equipment in Common Use	16.30	36.06	12.14
专用设备制造业	Special Purpose Equipment	15.56	36.71	12.18
交通运输设备制造业	Transport Equipment	15.99	36.76	10.09
电气机械及器材制造业	Electric Equipment and Machinery	15.33	40.82	10.59
通信设备、计算机及其他电子设备制造业	Telecommunications Equipment, Computer and Other Electronic Equipment	15.30	40.69	8.72
仪器仪表及文化、办公用机械制造业	Instruments, Meters, Cultural and Office Machinery	16.04	42.28	12.81
工艺品及其他制造业	Handicraft Article and Other Manufacturing Indust	17.14	45.98	9.86
废弃资源和废旧材料回收加工业	Recovery of Resource Discarded and Useless Material	8.69	68.32	2.84
电力、热力的生产和供应业	Production and Supply of Electricity and Heating Power	12.92	14.14	21.32
燃气生产和供应业	Production and Supply of Gas	23.98	33.86	3.59
水的生产和供应业	Production and Supply of Water	3.66	3.95	11.34

行　　业	Sector	产品销售率(%) Rate of Products Sold(%)	流动资金周转次数(次) Times of Turnover Circulating Funds (time)	劳动生产率(元/人) Overall Labor Productivity (yuan/person)
总计	**Total**	**97.29**	**2.29**	**52007**
在总计中:轻工业	Light Industry	97.48	2.40	45685
重工业	Heavy Industry	97.05	2.17	61903
按工业行业分	**By Sector**			
煤炭开采和洗选业	Coal Mining and Dressing	99.25	5.89	24509
黑色金属矿采选业	Ferrous Metals Mining and Dressing			
有色金属矿采选业	Nonferrous Metals Mining and Dressing	97.79	3.40	41218
非金属矿采选业	Nonmetal Minerals Mining and Dressing	99.38	2.63	56194
其他采矿业	Other Minerals Mining and Dressing	108.76	3.77	53183
农副食品加工业	Non－staple Food Processing	95.52	2.66	67520
食品制造业	Food Manufacturing	95.84	2.02	42502
饮料制造业	Beverage Manufacturing	96.89	2.01	66143
烟草制品业	Tobacco Processing			
纺织业	Textile Industry	98.00	2.49	48540
纺织服装、鞋、帽制造业	Garments,Shoes and Hats Manufacturing	97.83	2.33	32640
皮革、毛皮、羽毛(绒)及其制品业	Leather,Furs,Down and Related Products	98.53	3.10	42051
木材加工及木、竹、藤、棕、草制品业	Timber Processing,Bamboo, Cane Palm Fiber and Straw Products	97.42	2.81	45950
家具制造业	Furniture Manufacturing	97.28	2.67	49621
造纸及纸制品业	Papermaking and Paper Products	96.42	1.94	54826
印刷业和记录媒介的复制	Printing and Record Medium Reproduction	96.73	1.74	59299
文教体育用品制造业	Cultural,Educational and Sports Goods	96.39	2.66	36277

7－13 续表 3 continued

行　业	Sector	产品销售率(%) Rate of Products Sold(%)	流动资金周转次数(次) Times of Turnover Circulating Funds (time)	劳动生产率(元/人) Overall Labor Productivity (yuan/person)
石油加工、炼焦及核燃料加工业	Petroleum Processing, Cooking and Nuclear Fuel Processing	108.82	2.46	109565
化学原料及化学制品制造业	Raw Chemical Materials and Chemical Products	97.20	2.35	82523
医药制造业	Medical and Pharmaceutical Products	95.65	1.55	81210
化学纤维制造业	Chemical Fiber	98.43	3.63	112735
橡胶制品业	Rubber Products	96.38	1.83	34386
塑料制品业	Plastic Products	97.25	2.48	50115
非金属矿物制品业	Nonmetal Mineral Products	97.45	1.98	67272
黑色金属冶炼及压延加工业	Smelting and Pressing of Ferrous Metals	97.43	3.03	73355
有色金属冶炼及压延加工业	Smelting and Pressing of Nonferrous Metals	98.51	3.50	100865
金属制品业	Metal Products	96.87	2.21	42427
通用设备制造业	Equipment in Common Use	95.91	1.95	51199
专用设备制造业	Special Purpose Equipment	97.32	1.83	68703
交通运输设备制造业	Transport Equipment	96.73	2.27	59016
电气机械及器材制造业	Electric Equipment and Machinery	97.15	1.94	62496
通信设备、计算机及其他电子设备制造业	Telecommunications Equipment, Computer and Other Electronic Equipment	96.90	2.35	57360
仪器仪表及文化、办公用机械制造业	Instruments, Meters, Cultural and Office Machinery	96.31	1.72	37672
工艺品及其他制造业	Handicraft Article and Other Manufacturing Indust	97.54	2.46	33469
废弃资源和废旧材料回收加工业	Recovery of Resource Discarded and Useless Material	97.01	3.45	231986
电力、热力的生产和供应业	Production and Supply of Electricity and Heating Power	96.25	1.44	166168
燃气生产和供应业	Production and Supply of Gas	98.83	13.03	180258
水的生产和供应业	Production and Supply of Water	99.77	0.89	71434

7-14 按行业分的外商投资和港澳台商投资工业企业主要指标(2003 年)

Main Indicators of Foreign Funded Enterprises and Enterprises Funded by Entrepreneurs from Hong Kong, Macao and Taiwan by Sector(2003)

单位:亿元 (100 million yuan)

行业	Sector	企业单位数(个) Number of Enterprises (unit)	#亏损企业 Loss	工业总产值 Gross Industrial Output Value	工业增加值 Value Added of Industry
总计	**Total**	**3675**	**512**	**2585.80**	**630.09**
在总计中:轻工业	Light Industry	2409	331	1479.00	347.50
重工业	Heavy Industry	1266	181	1106.80	282.58
按工业行业分	**By Sector**				
煤炭开采和洗选业	Coal Mining and Dressing				
黑色金属矿采选业	Ferrous Metals Mining and Dressing				
有色金属矿采选业	Nonferrous Metals Mining and Dressing				
非金属矿采选业	Nonmetal Minerals Mining and Dressing	6	2	0.72	0.15
其他采矿业	Other Minerals Mining and Dressing				
农副食品加工业	Non - staple Food Processing	81	21	87.67	13.43
食品制造业	Food Manufacturing	63	10	42.86	11.31
饮料制造业	Beverage Manufacturing	24	7	33.71	14.20
烟草制品业	Tobacco Processing				
纺织业	Textile Industry	503	66	306.49	64.54
纺织服装、鞋、帽制造业	Garments, Shoes and Hats Manufacturing	587	96	250.53	63.35
皮革、毛皮、羽毛(绒)及其制品业	Leather, Furs, Down and Related Products	233	27	155.86	33.10
木材加工及木、竹、藤、棕、草制品业	Timber Processing, Bamboo, Cane Palm Fiber and Straw Products	66	10	24.32	4.90
家具制造业	Furniture Manufacturing	37	7	24.95	4.91
造纸及纸制品业	Papermaking and Paper Products	39	4	53.59	12.63
印刷业和记录媒介的复制	Printing and Record Medium Reproduction	35	5	22.88	6.34
文教体育用品制造业	Cultural, Educational and Sports Goods	118	18	44.83	10.81

注:本表统计范围为年产品销售收入 500 万元及以上的外商投资和港澳台商投资工业企业。表 7-15 同

The data in this table refer to Foreign Funded Industrial Enterprises and Enterprises Funded by Entrepreneurs from HongKong, Macao and Taiwan with an annual sales income over 5 million yuan. The Same for table 7-15.

行　业	Sector	企　业 单位数 (个) Number of Enterprises (unit)	#亏损 企　业 Loss	工　业 总产值 Gross Industrial Output Value	工　业 增加值 Value Added of Industry
石油加工、炼焦及核燃料加工业	Petroleum Processing, Cooking and Nuclear Fuel Processing	8	3	21.81	1.96
化学原料及化学制品制造业	Raw Chemical Materials and Chemical Products	128	15	140.36	31.68
医药制造业	Medical and Pharmaceutical Products	43	5	35.85	15.00
化学纤维制造业	Chemical Fiber	25	4	81.16	14.86
橡胶制品业	Rubber Products	24	3	62.37	17.33
塑料制品业	Plastic Products	188	34	78.70	20.40
非金属矿物制品业	Nonmetal Mineral Products	63	14	40.30	12.56
黑色金属冶炼及压延加工业	Smelting and Pressing of Ferrous Metals	15	5	43.22	6.13
有色金属冶炼及压延加工业	Smelting and Pressing of Nonferrous Metals	15	2	17.23	1.92
金属制品业	Metal Products	180	16	78.34	17.18
通用设备制造业	Equipment in Common Use	275	28	156.26	45.47
专用设备制造业	Special Purpose Equipment	105	10	40.29	9.76
交通运输设备制造业	Transport Equipment	103	12	64.53	15.50
电气机械及器材制造业	Electric Equipment and Machinery	263	32	184.30	44.00
通信设备、计算机及其他电子设备制造业	Telecommunications Equipment, Computer and Other Electronic Equipment	155	26	295.32	73.80
仪器仪表及文化、办公用机械制造业	Instruments, Meters, Cultural and Office Machinery	77	5	36.95	9.13
工艺品及其他制造业	Handicraft Article and Other Manufacturing Indust	176	15	79.10	16.10
废弃资源和废旧材料回收加工业	Recovery of Resource Discarded and Useless Material	1		3.15	0.38
电力、热力的生产和供应业	Production and Supply of Electricity and Heating Power	35	9	76.32	36.75
燃气生产和供应业	Production and Supply of Gas	3	1	0.79	0.11
水的生产和供应业	Production and Supply of Water	1		0.90	0.22

行　业	Sector	资产总计 Total Assets	流动资产合　计 Circulating Funds	流动资产年平均余额 Annual Average Balance of Circulating Funds	固定资产合　计 Fixed Assets
总计	**Total**	**2399**	**1395.80**	**1280.85**	**828.67**
在总计中:轻工业	Light Industry	1283	736.85	673.30	451.29
重工业	Heavy Industry	1115	658.95	607.54	377.37
按工业行业分	**By Sector**				
煤炭开采和洗选业	Coal Mining and Dressing				
黑色金属矿采选业	Ferrous Metals Mining and Dressing				
有色金属矿采选业	Nonferrous Metals Mining and Dressing				
非金属矿采选业	Nonmetal Minerals Mining and Dressing	1	0.59	0.61	0.88
其他采矿业	Other Minerals Mining and Dressing				
农副食品加工业	Non－staple Food Processing	69	46.71	42.73	19.79
食品制造业	Food Manufacturing	37	21.84	21.29	13.54
饮料制造业	Beverage Manufacturing	36	14.14	12.79	19.57
烟草制品业	Tobacco Processing				
纺织业	Textile Industry	317	161.96	142.61	130.29
纺织服装、鞋、帽制造业	Garments, Shoes and Hats Manufacturing	193	126.72	114.40	52.79
皮革、毛皮、羽毛(绒)及其制品业	Leather, Furs, Down and Related Products	88	63.84	58.47	19.04
木材加工及木、竹、藤、棕、草制品业	Timber Processing, Bamboo, Cane Palm Fiber and Straw Products	20	10.30	9.73	8.46
家具制造业	Furniture Manufacturing	21	12.31	11.53	6.64
造纸及纸制品业	Papermaking and Paper Products	86	35.83	36.84	45.25
印刷业和记录媒介的复制	Printing and Record Medium Reproduction	28	16.42	14.01	9.20
文教体育用品制造业	Cultural, Educational and Sports Goods	36	24.66	22.91	8.95

行业	Sector	资产总计 Total Assets	流动资产合计 Circulating Funds	流动资产年平均余额 Annual Average Balance of Circulating Funds	固定资产合计 Fixed Assets
石油加工、炼焦及核燃料加工业	Petroleum Processing, Cooking and Nuclear Fuel Processing	17	5.74	4.86	10.01
化学原料及化学制品制造业	Raw Chemical Materials and Chemical Products	108	61.43	55.99	37.88
医药制造业	Medical and Pharmaceutical Products	31	19.66	18.86	9.02
化学纤维制造业	Chemical Fiber	70	19.98	21.17	43.08
橡胶制品业	Rubber Products	66	26.08	24.65	32.13
塑料制品业	Plastic Products	77	43.87	40.41	28.50
非金属矿物制品业	Nonmetal Mineral Products	71	30.66	28.48	31.85
黑色金属冶炼及压延加工业	Smelting and Pressing of Ferrous Metals	58	22.78	18.03	33.90
有色金属冶炼及压延加工业	Smelting and Pressing of Nonferrous Metals	7	4.19	3.71	2.92
金属制品业	Metal Products	58	38.42	35.32	15.55
通用设备制造业	Equipment in Common Use	153	97.96	86.68	45.09
专用设备制造业	Special Purpose Equipment	39	26.32	24.00	9.88
交通运输设备制造业	Transport Equipment	56	36.26	32.84	16.29
电气机械及器材制造业	Electric Equipment and Machinery	146	99.69	88.26	37.07
通信设备、计算机及其他电子设备制造业	Telecommunications Equipment, Computer and Other Electronic Equipment	303	245.81	235.80	42.77
仪器仪表及文化、办公用机械制造业	Instruments, Meters, Cultural and Office Machinery	29	18.48	16.84	8.13
工艺品及其他制造业	Handicraft Article and Other Manufacturing Indust	54	36.65	32.65	14.04
废弃资源和废旧材料回收加工业	Recovery of Resource Discarded and Useless Material	1	0.85	0.96	0.16
电力、热力的生产和供应业	Production and Supply of Electricity and Heating Power	103	23.84	21.95	74.18
燃气生产和供应业	Production and Supply of Gas		0.51	0.39	0.41
水的生产和供应业	Production and Supply of Water	2	1.13	0.89	1.27

行　业	Sector	固定资产原　价 Original Value of Fixed Assets	固定资产净值年平均余额 Annual Average Balance of Net Value of Fixed Assets	年末负债合　计 Total Liabilities	流动负债 Circulating Liabilities
总计	**Total**	**1124.37**	**745.85**	**1370.00**	**1220.75**
在总计中:轻工业	Light Industry	605.37	407.37	732.59	640.89
重工业	Heavy Industry	519.00	338.48	637.41	579.86
按工业行业分	**By Sector**				
煤炭开采和洗选业	Coal Mining and Dressing				
黑色金属矿采选业	Ferrous Metals Mining and Dressing				
有色金属矿采选业	Nonferrous Metals Mining and Dressing				
非金属矿采选业	Nonmetal Minerals Mining and Dressing	1.00	0.73	1.16	0.65
其他采矿业	Other Minerals Mining and Dressing				
农副食品加工业	Non-staple Food Processing	27.50	19.33	49.75	43.56
食品制造业	Food Manufacturing	22.99	12.97	22.88	19.83
饮料制造业	Beverage Manufacturing	28.48	19.13	19.26	16.77
烟草制品业	Tobacco Processing				
纺织业	Textile Industry	173.98	116.89	178.55	154.57
纺织服装、鞋、帽制造业	Garments, Shoes and Hats Manufacturing	68.75	46.51	113.51	107.87
皮革、毛皮、羽毛(绒)及其制品业	Leather, Furs, Down and Related Products	22.99	17.02	60.14	58.03
木材加工及木、竹、藤、棕、草制品业	Timber Processing, Bamboo, Cane Palm Fiber and Straw Products	10.47	6.78	12.58	11.03
家具制造业	Furniture Manufacturing	8.43	6.23	13.08	11.98
造纸及纸制品业	Papermaking and Paper Products	63.23	42.20	50.36	29.96
印刷业和记录媒介的复制	Printing and Record Medium Reproduction	13.09	8.72	14.97	11.96
文教体育用品制造业	Cultural, Educational and Sports Goods	12.11	8.46	20.61	20.19

单位:亿元　　7-14 续表5　continued　　(100 million yuan)

行　业	Sector	固定资产原　价 Original Value of Fixed Assets	固定资产净值年平均余额 Annual Average Balance of Net Value of Fixed Assets	年末负债合　计 Total Liabilities	流动负债 Circulating Liabilities
石油加工、炼焦及核燃料加工业	Petroleum Processing, Cooking and Nuclear Fuel Processing	12.90	10.00	12.80	7.06
化学原料及化学制品制造业	Raw Chemical Materials and Chemical Products	53.50	36.37	55.37	50.55
医药制造业	Medical and Pharmaceutical Products	12.53	8.00	13.90	13.06
化学纤维制造业	Chemical Fiber	55.03	36.27	37.91	22.85
橡胶制品业	Rubber Products	36.96	24.30	38.20	30.88
塑料制品业	Plastic Products	34.93	24.56	38.58	36.04
非金属矿物制品业	Nonmetal Mineral Products	39.21	28.01	40.71	31.30
黑色金属冶炼及压延加工业	Smelting and Pressing of Ferrous Metals	38.02	26.21	18.96	17.21
有色金属冶炼及压延加工业	Smelting and Pressing of Nonferrous Metals	3.44	2.65	4.75	3.75
金属制品业	Metal Products	22.20	14.38	31.86	30.12
通用设备制造业	Equipment in Common Use	62.73	40.88	84.91	80.67
专用设备制造业	Special Purpose Equipment	12.34	9.06	21.14	20.48
交通运输设备制造业	Transport Equipment	23.84	15.42	27.84	26.20
电气机械及器材制造业	Electric Equipment and Machinery	50.86	32.70	82.92	78.73
通信设备、计算机及其他电子设备制造业	Telecommunications Equipment, Computer and Other Electronic Equipment	54.71	39.36	212.08	208.64
仪器仪表及文化、办公用机械制造业	Instruments, Meters, Cultural and Office Machinery	10.38	7.50	15.21	14.59
工艺品及其他制造业	Handicraft Article and Other Manufacturing Indust	15.59	12.12	28.46	27.75
废弃资源和废旧材料回收加工业	Recovery of Resource Discarded and Useless Material	0.17	0.15	1.35	1.35
电力、热力的生产和供应业	Production and Supply of Electricity and Heating Power	129.95	71.15	44.40	32.18
燃气生产和供应业	Production and Supply of Gas	0.47	0.40	0.42	0.42
水的生产和供应业	Production and Supply of Water	1.41	1.24	1.20	0.37

行　业	Sector	长期负债 Long-term Liabilities	年末所有者权益合计 Creditors´ Equity	实收资本 Total Capital Hold	产品销售收入 Sales Revenue	产品销售费用 Sales Funds
总计	**Total**	**149.24**	**1029.26**	**728.93**	**2534.88**	**85.99**
在总计中:轻工业	Light Industry	91.70	551.18	384.03	1447.25	57.01
重工业	Heavy Industry	57.54	478.07	344.90	1087.62	28.97
按工业行业分	**By Sector**					
煤炭开采和洗选业	Coal Mining and Dressing					
黑色金属矿采选业	Ferrous Metals Mining and Dressing					
有色金属矿采选业	Nonferrous Metals Mining and Dressing					
非金属矿采选业	Nonmetal Minerals Mining and Dressing	0.50	0.60	0.51	0.74	0.03
其他采矿业	Other Minerals Mining and Dressing					
农副食品加工业	Non - staple Food Processing	6.19	19.91	19.47	86.53	1.89
食品制造业	Food Manufacturing	3.04	14.75	9.79	48.20	4.55
饮料制造业	Beverage Manufacturing	2.48	17.59	15.29	32.47	5.35
烟草制品业	Tobacco Processing					
纺织业	Textile Industry	23.97	138.86	100.82	304.67	5.08
纺织服装、鞋、帽制造业	Garments, Shoes and Hats Manufacturing	5.63	79.59	48.89	243.69	7.04
皮革、毛皮、羽毛(绒)及其制品业	Leather, Furs, Down and Related Products	2.11	28.61	18.41	149.39	3.97
木材加工及木、竹、藤、棕、草制品业	Timber Processing, Bamboo, Cane Palm Fiber and Straw Products	1.55	7.77	6.46	22.16	0.41
家具制造业	Furniture Manufacturing	1.09	8.57	6.50	24.59	1.04
造纸及纸制品业	Papermaking and Paper Products	20.40	36.05	31.01	54.81	1.55
印刷业和记录媒介的复制	Printing and Record Medium Reproduction	3.00	13.46	7.78	23.34	0.51
文教体育用品制造业	Cultural, Educational and Sports Goods	0.42	15.49	10.99	43.85	1.75

单位:亿元　　7-14 续表 7　continued　　(100 million yuan)

行　业	Sector	长期负债 Long-term Liabilities	年末所有者权益合计 Creditors´ Equity	实收资本 Total Capital Hold	产品销售收入 Sales Revenue	产品销售费用 Sales Funds
石油加工、炼焦及核燃料加工业	Petroleum Processing, Cooking and Nuclear Fuel Processing	5.74	4.37	6.34	20.24	1.42
化学原料及化学制品制造业	Raw Chemical Materials and Chemical Products	4.81	53.15	36.97	134.22	9.11
医药制造业	Medical and Pharmaceutical Products	0.83	18.02	10.10	32.40	6.01
化学纤维制造业	Chemical Fiber	15.06	32.54	25.73	78.73	0.37
橡胶制品业	Rubber Products	7.31	28.79	23.10	60.31	2.34
塑料制品业	Plastic Products	2.53	39.07	27.19	75.90	2.48
非金属矿物制品业	Nonmetal Mineral Products	9.41	31.17	24.84	40.47	2.67
黑色金属冶炼及压延加工业	Smelting and Pressing of Ferrous Metals	1.74	39.58	36.08	38.74	0.21
有色金属冶炼及压延加工业	Smelting and Pressing of Nonferrous Metals	1.00	2.97	2.74	17.01	0.12
金属制品业	Metal Products	1.74	26.75	17.13	75.85	2.79
通用设备制造业	Equipment in Common Use	4.24	68.82	44.55	150.99	4.44
专用设备制造业	Special Purpose Equipment	0.66	17.96	11.75	37.96	1.16
交通运输设备制造业	Transport Equipment	1.64	28.77	19.38	60.38	1.57
电气机械及器材制造业	Electric Equipment and Machinery	4.19	63.52	39.49	176.57	7.92
通信设备、计算机及其他电子设备制造业	Telecommunications Equipment, Computer and Other Electronic Equipment	3.44	91.48	46.62	341.11	6.12
仪器仪表及文化、办公用机械制造业	Instruments, Meters, Cultural and Office Machinery	0.61	14.02	10.32	34.67	1.15
工艺品及其他制造业	Handicraft Article and Other Manufacturing Indust	0.70	25.67	13.06	77.73	2.49
废弃资源和废旧材料回收加工业	Recovery of Resource Discarded and Useless Material		0.10	0.08	2.98	0.01
电力、热力的生产和供应业	Production and Supply of Electricity and Heating Power	12.22	59.35	55.82	42.12	0.26
燃气生产和供应业	Production and Supply of Gas		0.53	0.35	0.97	0.02
水的生产和供应业	Production and Supply of Water	0.82	1.20	1.24	0.90	

行业	Sector	产品销售税金及附加 Sales Taxes and Extra Charges	利润总额 Total Profits	利税总额 Total Profits and Taxes	本年应交增值税 Value Added Taxes Payable
总计	**Total**	**5.67**	**179.07**	**264.09**	**79.34**
在总计中:轻工业	Light Industry	4.09	90.62	137.30	42.58
重工业	Heavy Industry	1.58	88.44	126.78	36.75
按工业行业分	**By Sector**				
煤炭开采和洗选业	Coal Mining and Dressing				
黑色金属矿采选业	Ferrous Metals Mining and Dressing				
有色金属矿采选业	Nonferrous Metals Mining and Dressing				
非金属矿采选业	Nonmetal Minerals Mining and Dressing			0.02	0.02
其他采矿业	Other Minerals Mining and Dressing				
农副食品加工业	Non - staple Food Processing	0.10	1.69	3.05	1.26
食品制造业	Food Manufacturing	0.03	3.23	5.16	1.90
饮料制造业	Beverage Manufacturing	1.42	3.20	7.14	2.51
烟草制品业	Tobacco Processing				
纺织业	Textile Industry	0.58	16.32	24.40	7.49
纺织服装、鞋、帽制造业	Garments, Shoes and Hats Manufacturing	0.51	16.06	22.88	6.30
皮革、毛皮、羽毛(绒)及其制品业	Leather, Furs, Down and Related Products	0.19	5.44	9.35	3.71
木材加工及木、竹、藤、棕、草制品业	Timber Processing, Bamboo, Cane Palm Fiber and Straw Products	0.03	0.90	1.41	0.47
家具制造业	Furniture Manufacturing	0.01	0.94	1.27	0.32
造纸及纸制品业	Papermaking and Paper Products	0.05	2.31	5.15	2.78
印刷业和记录媒介的复制	Printing and Record Medium Reproduction	0.03	3.28	4.36	1.04
文教体育用品制造业	Cultural, Educational and Sports Goods	0.03	2.53	3.24	0.67

行　业	Sector	产品销售税金及附加 Sales Taxes and Extra Charges	利润总额 Total Profits	利税总额 Total Profits and Taxes	本年应交增值税 Value Added Taxes Payable
石油加工、炼焦及核燃料加工业	Petroleum Processing, Cooking and Nuclear Fuel Processing		0.11	0.58	0.46
化学原料及化学制品制造业	Raw Chemical Materials and Chemical Products	0.53	10.74	16.34	5.06
医药制造业	Medical and Pharmaceutical Products	0.16	6.36	8.96	2.43
化学纤维制造业	Chemical Fiber	0.14	3.17	6.01	2.69
橡胶制品业	Rubber Products	0.68	4.54	6.72	1.49
塑料制品业	Plastic Products	0.10	6.40	8.65	2.14
非金属矿物制品业	Nonmetal Mineral Products	0.05	3.45	5.34	1.82
黑色金属冶炼及压延加工业	Smelting and Pressing of Ferrous Metals		3.33	4.06	0.72
有色金属冶炼及压延加工业	Smelting and Pressing of Nonferrous Metals	0.02	0.36	0.57	0.18
金属制品业	Metal Products	0.11	5.06	6.89	1.71
通用设备制造业	Equipment in Common Use	0.17	16.59	21.31	4.54
专用设备制造业	Special Purpose Equipment	0.04	3.85	5.14	1.23
交通运输设备制造业	Transport Equipment	0.03	6.15	8.61	2.41
电气机械及器材制造业	Electric Equipment and Machinery	0.18	12.82	18.08	5.07
通信设备、计算机及其他电子设备制造业	Telecommunications Equipment, Computer and Other Electronic Equipment	0.12	26.88	39.81	12.80
仪器仪表及文化、办公用机械制造业	Instruments, Meters, Cultural and Office Machinery	0.03	1.89	2.52	0.60
工艺品及其他制造业	Handicraft Article and Other Manufacturing Indust	0.12	5.17	6.95	1.65
废弃资源和废旧材料回收加工业	Recovery of Resource Discarded and Useless Material		0.03	0.07	0.04
电力、热力的生产和供应业	Production and Supply of Electricity and Heating Power	0.07	6.07	9.76	3.60
燃气生产和供应业	Production and Supply of Gas		0.05	0.06	0.01
水的生产和供应业	Production and Supply of Water			0.06	0.05

7-15 按行业分的外商投资和港澳台商投资工业企业主要经济效益指标(2003年)

Main Economic Beneficial Indicators of Foreign Funded Enterprises and Enterprises Funded by Entrepreneurs from HongKong, Macao and Taiwan by Sector(2003)

行业	Sector	每百元资金实现利税(元) Pre-tax Profits per 100 Yuan Funds (yuan)	每百元固定资产原值实现利税(元) Pre-tax Profits per 100 Yuan Original Value of Fixed Assets (yuan)	每百元销售收入实现利税(元) Pre-tax Profits per 100 Yuan Sales Revenue (yuan)
总计	**Total**	**13.03**	**23.49**	**10.42**
在总计中:轻工业	Light Industry	12.71	22.68	9.49
重工业	Heavy Industry	13.40	24.43	11.66
按工业行业分	**By Sector**			
煤炭开采和洗选业	Coal Mining and Dressing			
黑色金属矿采选业	Ferrous Metals Mining and Dressing			
有色金属矿采选业	Nonferrous Metals Mining and Dressing			
非金属矿采选业	Nonmetal Minerals Mining and Dressing	1.50	2.01	2.70
其他采矿业	Other Minerals Mining and Dressing			
农副食品加工业	Non-staple Food Processing	4.93	11.12	3.53
食品制造业	Food Manufacturing	15.08	22.47	10.72
饮料制造业	Beverage Manufacturing	22.38	25.08	22.00
烟草制品业	Tobacco Processing			
纺织业	Textile Industry	9.41	14.03	8.01
纺织服装、鞋、帽制造业	Garments, Shoes and Hats Manufacturing	14.22	33.29	9.39
皮革、毛皮、羽毛(绒)及其制品业	Leather, Furs, Down and Related Products	12.40	40.70	6.26
木材加工及木、竹、藤、棕、草制品业	Timber Processing, Bamboo, Cane Palm Fiber and Straw Products	8.56	13.49	6.38
家具制造业	Furniture Manufacturing	7.20	15.16	5.20
造纸及纸制品业	Papermaking and Paper Products	6.52	8.15	9.40
印刷业和记录媒介的复制	Printing and Record Medium Reproduction	19.22	33.36	18.72
文教体育用品制造业	Cultural, Educational and Sports Goods	10.33	26.75	7.39

7－15 续表 1 continued

行 业	Sector	每百元资金实现利税（元）Pre-tax Profits per 100 Yuan Funds (yuan)	每百元固定资产原值实现利税（元）Pre-tax Profits per 100 Yuan Original Value of Fixed Assets (yuan)	每百元销售收入实现利税（元）Pre-tax Profits per 100 Yuan Sales Revenue (yuan)
石油加工、炼焦及核燃料加工业	Petroleum Processing, Cooking and Nuclear Fuel Processing	3.94	4.54	2.90
化学原料及化学制品制造业	Raw Chemical Materials and Chemical Products	17.69	30.55	12.18
医药制造业	Medical and Pharmaceutical Products	33.36	71.50	27.66
化学纤维制造业	Chemical Fiber	10.47	10.92	7.64
橡胶制品业	Rubber Products	13.74	18.20	11.15
塑料制品业	Plastic Products	13.32	24.77	11.40
非金属矿物制品业	Nonmetal Mineral Products	9.45	13.62	13.20
黑色金属冶炼及压延加工业	Smelting and Pressing of Ferrous Metals	9.19	10.70	10.50
有色金属冶炼及压延加工业	Smelting and Pressing of Nonferrous Metals	9.08	16.80	3.40
金属制品业	Metal Products	13.88	31.06	9.09
通用设备制造业	Equipment in Common Use	16.71	33.98	14.12
专用设备制造业	Special Purpose Equipment	15.54	41.63	13.54
交通运输设备制造业	Transport Equipment	17.84	36.11	14.26
电气机械及器材制造业	Electric Equipment and Machinery	14.95	35.54	10.24
通信设备、计算机及其他电子设备制造业	Telecommunications Equipment, Computer and Other Electronic Equipment	14.47	72.77	11.67
仪器仪表及文化、办公用机械制造业	Instruments, Meters, Cultural and Office Machinery	10.37	24.31	7.28
工艺品及其他制造业	Handicraft Article and Other Manufacturing Indust	15.54	44.62	8.95
废弃资源和废旧材料回收加工业	Recovery of Resource Discarded and Useless Material	6.88	44.28	2.57
电力、热力的生产和供应业	Production and Supply of Electricity and Heating Power	10.48	7.51	23.17
燃气生产和供应业	Production and Supply of Gas	8.05	13.38	6.55
水的生产和供应业	Production and Supply of Water	3.01	4.54	7.11

7－15 续表 2　continued

行　　业	Sector	产品销售率（%）Rate of Products Sold（%）	流动资金周转次数（次）Times of Turnover Circulating Funds（time）	劳动生产率（元/人）Overall Labor Productivity（yuan/person）
总计	**Total**	**97.35**	**1.98**	**67044**
在总计中：轻工业	Light Industry	97.82	2.15	52000
重工业	Heavy Industry	96.73	1.79	104069
按工业行业分	**By Sector**			
煤炭开采和洗选业	Coal Mining and Dressing			
黑色金属矿采选业	Ferrous Metals Mining and Dressing			
有色金属矿采选业	Nonferrous Metals Mining and Dressing			
非金属矿采选业	Nonmetal Minerals Mining and Dressing	106.46	1.21	43510
其他采矿业	Other Minerals Mining and Dressing			
农副食品加工业	Non－staple Food Processing	96.09	2.03	82266
食品制造业	Food Manufacturing	107.45	2.26	77754
饮料制造业	Beverage Manufacturing	102.19	2.54	180051
烟草制品业	Tobacco Processing			
纺织业	Textile Industry	98.00	2.14	46075
纺织服装、鞋、帽制造业	Garments，Shoes and Hats Manufacturing	97.44	2.13	34471
皮革、毛皮、羽毛（绒）及其制品业	Leather，Furs，Down and Related Products	97.94	2.55	40253
木材加工及木、竹、藤、棕、草制品业	Timber Processing，Bamboo，Cane Palm Fiber and Straw Products	94.70	2.28	42305
家具制造业	Furniture Manufacturing	98.18	2.13	46812
造纸及纸制品业	Papermaking and Paper Products	99.67	1.49	109249
印刷业和记录媒介的复制	Printing and Record Medium Reproduction	101.64	1.67	132975
文教体育用品制造业	Cultural，Educational and Sports Goods	98.56	1.91	31854

7-15 续表 3 continued

行　业	Sector	产品销售率(%) Rate of Products Sold(%)	流动资金周转次数(次) Times of Turnover Circulating Funds (time)	劳动生产率(元/人) Overall Labor Productivity (yuan/person)
石油加工、炼焦及核燃料加工业	Petroleum Processing, Cooking and Nuclear Fuel Processing	92.06	4.16	507576
化学原料及化学制品制造业	Raw Chemical Materials and Chemical Products	95.93	2.40	171141
医药制造业	Medical and Pharmaceutical Products	92.76	1.72	177156
化学纤维制造业	Chemical Fiber	97.75	3.72	152149
橡胶制品业	Rubber Products	97.30	2.45	106943
塑料制品业	Plastic Products	97.00	1.88	54059
非金属矿物制品业	Nonmetal Mineral Products	96.25	1.42	96782
黑色金属冶炼及压延加工业	Smelting and Pressing of Ferrous Metals	89.31	2.15	187143
有色金属冶炼及压延加工业	Smelting and Pressing of Nonferrous Metals	99.23	4.58	98678
金属制品业	Metal Products	97.58	2.15	50181
通用设备制造业	Equipment in Common Use	96.42	1.74	78777
专用设备制造业	Special Purpose Equipment	95.26	1.58	67867
交通运输设备制造业	Transport Equipment	94.60	1.84	80118
电气机械及器材制造业	Electric Equipment and Machinery	96.56	2.00	67885
通信设备、计算机及其他电子设备制造业	Telecommunications Equipment, Computer and Other Electronic Equipment	98.46	1.45	142273
仪器仪表及文化、办公用机械制造业	Instruments, Meters, Cultural and Office Machinery	95.55	2.06	45890
工艺品及其他制造业	Handicraft Article and Other Manufacturing Indust	98.03	2.38	38341
废弃资源和废旧材料回收加工业	Recovery of Resource Discarded and Useless Material	92.96	3.10	265904
电力、热力的生产和供应业	Production and Supply of Electricity and Heating Power	97.81	1.92	451603
燃气生产和供应业	Production and Supply of Gas	99.85	2.51	69299
水的生产和供应业	Production and Supply of Water	100.00	1.01	288051

7－16 大中型工业企业主要指标(2003 年)
Main Indicators of Large and Medium-sized Industrial Enterprises(2003)

单位:亿元 (100 million yuan)

行 业	Sector	企业单位数(个) Number of Enterprises (unit)	#亏损企业 Loss	工业总产值 Gross Industrial Output Value	工业增加值 Value Added of Industry
总计	**Total**	**2349**	**131**	**7203.31**	**1752.15**
在总计中:轻工业	Light Industry	1317	82	3663.69	887.16
重工业	Heavy Industry	1032	49	3539.62	864.99
按工业行业分	**By Sector**				
煤炭开采和洗选业	Coal Mining and Dressing	1		6.64	0.93
黑色金属矿采选业	Ferrous Metals Mining and Dressing	1		3.46	1.00
有色金属矿采选业	Nonferrous Metals Mining and Dressing	6		7.11	1.51
非金属矿采选业	Nonmetal Minerals Mining and Dressing	5	1	7.57	1.74
其他采矿业	Other Minerals Mining and Dressing				
农副食品加工业	Non－staple Food Processing	27	2	55.90	11.03
食品制造业	Food Manufacturing	39	5	64.52	17.93
饮料制造业	Beverage Manufacturing	31	4	159.96	53.42
烟草制品业	Tobacco Processing	2		119.97	93.90
纺织业	Textile Industry	403	29	990.37	195.33
纺织服装、鞋、帽制造业	Garments, Shoes and Hats Manufacturing	183	8	393.81	96.76
皮革、毛皮、羽毛(绒)及其制品业	Leather, Furs, Down and Related Products	97	2	272.79	63.09
木材加工及木、竹、藤、棕、草制品业	Timber Processing, Bamboo, Cane Palm Fiber and Straw Products	22	1	45.65	10.86
家具制造业	Furniture Manufacturing	19	1	42.66	8.93
造纸及纸制品业	Papermaking and Paper Products	50	3	142.66	32.95
印刷业和记录媒介的复制	Printing and Record Medium Reproduction	17		34.86	8.75
文教体育用品制造业	Cultural, Educational and Sports Goods	41	2	70.03	16.52

行 业	Sector	企业单位数(个) Number of Enterprises (unit)	#亏损企业 Loss	工业总产值 Gross Industrial Output Value	工业增加值 Value Added of Industry
石油加工、炼焦及核燃料加工业	Petroleum Processing, Cooking and Nuclear Fuel Processing	2		287.81	52.80
化学原料及化学制品制造业	Raw Chemical Materials and Chemical Products	102	6	390.52	86.31
医药制造业	Medical and Pharmaceutical Products	57	2	191.56	58.42
化学纤维制造业	Chemical Fiber	35	3	304.49	49.69
橡胶制品业	Rubber Products	25	4	80.81	21.77
塑料制品业	Plastic Products	86	3	193.32	39.25
非金属矿物制品业	Nonmetal Mineral Products	112	9	205.86	67.55
黑色金属冶炼及压延加工业	Smelting and Pressing of Ferrous Metals	26	2	175.86	45.64
有色金属冶炼及压延加工业	Smelting and Pressing of Nonferrous Metals	25		148.46	20.51
金属制品业	Metal Products	84	1	192.24	40.80
通用设备制造业	Equipment in Common Use	205	2	413.48	110.51
专用设备制造业	Special Purpose Equipment	75	7	208.79	49.34
交通运输设备制造业	Transport Equipment	114	6	463.18	90.51
电气机械及器材制造业	Electric Equipment and Machinery	219	11	654.62	146.47
通信设备、计算机及其他电子设备制造业	Telecommunications Equipment, Computer and Other Electronic Equipment	92	7	524.13	116.96
仪器仪表及文化、办公用机械制造业	Instruments, Meters, Cultural and Office Machinery	38	1	100.25	25.53
工艺品及其他制造业	Handicraft Article and Other Manufacturing Indust	43	2	76.14	16.57
废弃资源和废旧材料回收加工业	Recovery of Resource Discarded and Useless Material				
电力、热力的生产和供应业	Production and Supply of Electricity and Heating Power	54	2	158.27	91.68
燃气生产和供应业	Production and Supply of Gas	2		2.89	0.57
水的生产和供应业	Production and Supply of Water	9	5	12.50	6.45

行　业	Sector	资产总计 Total Assets	流动资产合计 Circulating Funds	流动资产年平均余额 Annual Average Balance of Circulating Funds	固定资产合计 Fixed Assets
总计	**Total**	**7340**	**3853.51**	**3525.49**	**2552.06**
在总计中:轻工业	Light Industry	3588	1831.51	1677.75	1337.87
重工业	Heavy Industry	3751	2021.99	1847.74	1214.19
按工业行业分	**By Sector**				
煤炭开采和洗选业	Coal Mining and Dressing	11	3.70	3.49	6.87
黑色金属矿采选业	Ferrous Metals Mining and Dressing	3	1.63	1.59	2.03
有色金属矿采选业	Nonferrous Metals Mining and Dressing	5	2.40	2.38	2.12
非金属矿采选业	Nonmetal Minerals Mining and Dressing	6	2.87	2.67	3.24
其他采矿业	Other Minerals Mining and Dressing				
农副食品加工业	Non-staple Food Processing	54	35.78	32.73	14.34
食品制造业	Food Manufacturing	65	33.68	32.15	25.45
饮料制造业	Beverage Manufacturing	173	72.31	64.18	86.77
烟草制品业	Tobacco Processing	98	66.44	62.23	27.15
纺织业	Textile Industry	1069	490.58	438.70	462.45
纺织服装、鞋、帽制造业	Garments, Shoes and Hats Manufacturing	375	213.59	193.26	112.03
皮革、毛皮、羽毛(绒)及其制品业	Leather, Furs, Down and Related Products	157	101.00	87.07	37.20
木材加工及木、竹、藤、棕、草制品业	Timber Processing, Bamboo, Cane Palm Fiber and Straw Products	44	21.65	20.73	11.43
家具制造业	Furniture Manufacturing	34	20.61	18.30	11.02
造纸及纸制品业	Papermaking and Paper Products	196	87.15	82.82	94.41
印刷业和记录媒介的复制	Printing and Record Medium Reproduction	36	20.01	17.61	13.91
文教体育用品制造业	Cultural, Educational and Sports Goods	54	31.52	27.62	14.24

行　业	Sector	资产总计 Total Assets	流动资产合　计 Circulating Funds	流动资产年平均余额 Annual Average Balance of Circulating Funds	固定资产合　计 Fixed Assets
石油加工、炼焦及核燃料加工业	Petroleum Processing, Cooking and Nuclear Fuel Processing	146	41.73	38.29	93.72
化学原料及化学制品制造业	Raw Chemical Materials and Chemical Products	396	192.80	180.98	150.11
医药制造业	Medical and Pharmaceutical Products	232	125.13	131.21	75.80
化学纤维制造业	Chemical Fiber	231	85.99	80.57	119.96
橡胶制品业	Rubber Products	85	36.69	33.25	37.31
塑料制品业	Plastic Products	146	78.79	73.70	48.46
非金属矿物制品业	Nonmetal Mineral Products	336	146.97	127.06	144.47
黑色金属冶炼及压延加工业	Smelting and Pressing of Ferrous Metals	188	97.23	80.50	72.77
有色金属冶炼及压延加工业	Smelting and Pressing of Nonferrous Metals	85	46.24	40.27	28.72
金属制品业	Metal Products	165	94.84	83.40	40.62
通用设备制造业	Equipment in Common Use	453	269.90	237.18	126.65
专用设备制造业	Special Purpose Equipment	210	133.94	116.13	53.05
交通运输设备制造业	Transport Equipment	443	251.56	223.80	118.98
电气机械及器材制造业	Electric Equipment and Machinery	606	364.48	330.19	141.98
通信设备、计算机及其他电子设备制造业	Telecommunications Equipment, Computer and Other Electronic Equipment	550	394.52	380.79	81.65
仪器仪表及文化、办公用机械制造业	Instruments, Meters, Cultural and Office Machinery	79	46.43	45.16	19.77
工艺品及其他制造业	Handicraft Article and Other Manufacturing Indust	68	41.71	36.84	19.69
废弃资源和废旧材料回收加工业	Recovery of Resource Discarded and Useless Material				
电力、热力的生产和供应业	Production and Supply of Electricity and Heating Power	435	180.78	178.20	192.03
燃气生产和供应业	Production and Supply of Gas	13	3.07	5.07	9.62
水的生产和供应业	Production and Supply of Water	74	15.61	15.18	51.87

行　业	Sector	固定资产原　价 Original Value of Fixed Assets	固定资产净值年平均余额 Annual Average Balance of Net Value of Fixed Assets	年末负债合　计 Total Liabilities	流动负债 Circulating Liabilities
总计	**Total**	**3344.97**	**2152.32**	**3974.64**	**3476.68**
在总计中:轻工业	Light Industry	1683.49	1131.25	2040.53	1703.07
重工业	Heavy Industry	1661.47	1021.07	1934.11	1773.60
按工业行业分	**By Sector**				
煤炭开采和洗选业	Coal Mining and Dressing	10.04	5.87	7.46	5.04
黑色金属矿采选业	Ferrous Metals Mining and Dressing	2.76	1.49	1.17	0.89
有色金属矿采选业	Nonferrous Metals Mining and Dressing	4.17	1.97	2.87	2.18
非金属矿采选业	Nonmetal Minerals Mining and Dressing	4.56	3.12	3.17	2.74
其他采矿业	Other Minerals Mining and Dressing				
农副食品加工业	Non-staple Food Processing	20.99	14.21	35.25	31.90
食品制造业	Food Manufacturing	37.04	22.17	40.55	35.48
饮料制造业	Beverage Manufacturing	120.61	77.83	79.87	74.65
烟草制品业	Tobacco Processing	38.90	22.66	10.94	10.94
纺织业	Textile Industry	584.50	386.59	656.68	537.32
纺织服装、鞋、帽制造业	Garments, Shoes and Hats Manufacturing	133.13	92.93	211.66	179.55
皮革、毛皮、羽毛(绒)及其制品业	Leather, Furs, Down and Related Products	40.47	31.45	97.37	90.99
木材加工及木、竹、藤、棕、草制品业	Timber Processing, Bamboo, Cane Palm Fiber and Straw Products	14.78	9.37	25.17	21.12
家具制造业	Furniture Manufacturing	14.08	10.12	21.39	19.50
造纸及纸制品业	Papermaking and Paper Products	116.70	79.09	121.68	83.51
印刷业和记录媒介的复制	Printing and Record Medium Reproduction	17.45	12.08	19.65	16.37
文教体育用品制造业	Cultural, Educational and Sports Goods	18.33	13.28	25.72	24.19

单位:亿元　　7－16 续表 5　continued　　(100 million yuan)

行　业	Sector	固定资产原　价 Original Value of Fixed Assets	固定资产净值年平均余额 Annual Average Balance of Net Value of Fixed Assets	年末负债合　计 Total Liabilities	流动负债 Circulating Liabilities
石油加工、炼焦及核燃料加工业	Petroleum Processing, Cooking and Nuclear Fuel Processing	140.81	70.48	48.27	39.57
化学原料及化学制品制造业	Raw Chemical Materials and Chemical Products	204.15	124.65	233.92	195.69
医药制造业	Medical and Pharmaceutical Products	90.35	61.92	128.83	107.11
化学纤维制造业	Chemical Fiber	158.05	105.12	138.05	92.53
橡胶制品业	Rubber Products	43.54	28.78	49.82	40.72
塑料制品业	Plastic Products	58.83	41.09	79.45	70.82
非金属矿物制品业	Nonmetal Mineral Products	181.20	122.27	188.28	135.99
黑色金属冶炼及压延加工业	Smelting and Pressing of Ferrous Metals	100.71	64.53	75.86	69.00
有色金属冶炼及压延加工业	Smelting and Pressing of Nonferrous Metals	35.31	23.86	50.18	41.30
金属制品业	Metal Products	48.36	33.98	98.87	90.02
通用设备制造业	Equipment in Common Use	169.98	108.84	260.08	235.28
专用设备制造业	Special Purpose Equipment	62.56	44.32	128.93	120.57
交通运输设备制造业	Transport Equipment	142.83	96.30	259.76	213.57
电气机械及器材制造业	Electric Equipment and Machinery	178.50	118.35	343.86	304.58
通信设备、计算机及其他电子设备制造业	Telecommunications Equipment, Computer and Other Electronic Equipment	108.73	73.65	346.35	328.88
仪器仪表及文化、办公用机械制造业	Instruments, Meters, Cultural and Office Machinery	25.39	18.89	45.56	40.22
工艺品及其他制造业	Handicraft Article and Other Manufacturing Indust	20.63	16.18	40.45	36.76
废弃资源和废旧材料回收加工业	Recovery of Resource Discarded and Useless Material				
电力、热力的生产和供应业	Production and Supply of Electricity and Heating Power	321.36	167.25	60.35	159.41
燃气生产和供应业	Production and Supply of Gas	11.59	6.48	2.80	2.10
水的生产和供应业	Production and Supply of Water	63.41	40.97	34.22	16.02

行业	Sector	长期负债 Long-term Liabilities	年末所有者权益合计 Creditors′ Equity	实收资本 Total Capital Hold	产品销售收入 Sales Revenue	产品销售费用 Sales Funds
总计	**Total**	**497.95**	**3365.40**	**1575.82**	**7656.80**	**258.56**
在总计中:轻工业	Light Industry	337.45	1547.96	732.82	3624.96	162.79
重工业	Heavy Industry	160.50	1817.44	843.00	4031.84	95.76
按工业行业分	**By Sector**					
煤炭开采和洗选业	Coal Mining and Dressing	2.42	4.09	3.41	9.07	0.11
黑色金属矿采选业	Ferrous Metals Mining and Dressing	0.28	2.68	1.06	4.43	0.01
有色金属矿采选业	Nonferrous Metals Mining and Dressing	0.68	2.57	1.60	6.75	0.28
非金属矿采选业	Nonmetal Minerals Mining and Dressing	0.42	3.22	2.17	7.43	0.28
其他采矿业	Other Minerals Mining and Dressing					
农副食品加工业	Non - staple Food Processing	3.35	19.68	12.34	55.19	1.85
食品制造业	Food Manufacturing	5.07	24.79	12.76	70.51	6.33
饮料制造业	Beverage Manufacturing	5.21	93.21	52.12	157.89	35.14
烟草制品业	Tobacco Processing		87.92	9.55	124.79	6.93
纺织业	Textile Industry	119.36	412.51	215.02	982.02	12.02
纺织服装、鞋、帽制造业	Garments, Shoes and Hats Manufacturing	32.10	163.80	76.33	386.88	17.31
皮革、毛皮、羽毛(绒)及其制品业	Leather, Furs, Down and Related Products	6.37	60.29	35.87	264.29	6.75
木材加工及木、竹、藤、棕、草制品业	Timber Processing, Bamboo, Cane Palm Fiber and Straw Products	4.05	19.24	8.71	44.41	0.77
家具制造业	Furniture Manufacturing	1.88	12.90	7.69	41.90	1.37
造纸及纸制品业	Papermaking and Paper Products	38.17	74.45	42.55	138.28	2.82
印刷业和记录媒介的复制	Printing and Record Medium Reproduction	3.27	17.34	7.63	34.86	0.66
文教体育用品制造业	Cultural, Educational and Sports Goods	1.52	29.02	12.75	65.94	2.88

行业	Sector	长期负债 Long-term Liabilities	年末所有者权益合计 Creditors´ Equity	实收资本 Total Capital Hold	产品销售收入 Sales Revenue	产品销售费用 Sales Funds
石油加工、炼焦及核燃料加工业	Petroleum Processing, Cooking and Nuclear Fuel Processing	8.70	98.04	26.03	305.56	1.09
化学原料及化学制品制造业	Raw Chemical Materials and Chemical Products	38.23	162.16	83.90	412.63	21.84
医药制造业	Medical and Pharmaceutical Products	21.72	103.43	42.42	190.38	21.25
化学纤维制造业	Chemical Fiber	45.51	93.76	46.36	297.11	0.91
橡胶制品业	Rubber Products	9.09	36.03	26.17	76.30	2.87
塑料制品业	Plastic Products	8.62	66.77	31.95	189.57	5.26
非金属矿物制品业	Nonmetal Mineral Products	52.29	148.51	79.50	209.39	8.23
黑色金属冶炼及压延加工业	Smelting and Pressing of Ferrous Metals	6.85	112.75	54.10	174.19	1.22
有色金属冶炼及压延加工业	Smelting and Pressing of Nonferrous Metals	8.88	35.12	15.92	146.31	0.99
金属制品业	Metal Products	8.84	66.73	33.30	183.66	6.11
通用设备制造业	Equipment in Common Use	24.79	193.41	97.30	403.18	13.26
专用设备制造业	Special Purpose Equipment	8.36	81.57	39.58	195.64	6.05
交通运输设备制造业	Transport Equipment	46.18	183.66	96.04	441.30	14.08
电气机械及器材制造业	Electric Equipment and Machinery	39.27	262.47	128.20	622.41	33.86
通信设备、计算机及其他电子设备制造业	Telecommunications Equipment, Computer and Other Electronic Equipment	17.46	204.26	85.21	553.70	16.07
仪器仪表及文化、办公用机械制造业	Instruments, Meters, Cultural and Office Machinery	5.33	33.57	12.31	98.82	4.36
工艺品及其他制造业	Handicraft Article and Other Manufacturing Indust	3.68	28.36	14.47	73.85	2.10
废弃资源和废旧材料回收加工业	Recovery of Resource Discarded and Useless Material					
电力、热力的生产和供应业	Production and Supply of Electricity and Heating Power	-99.06	375.16	138.03	672.18	0.68
燃气生产和供应业	Production and Supply of Gas	0.70	11.05	4.38	3.54	1.54
水的生产和供应业	Production and Supply of Water	18.20	40.69	18.92	12.29	1.12

行业	Sector	产品销售税金及附加 Sales Taxes and Extra Charges	利润总额 Total Profits	利税总额 Total Profits and Taxes	本年应交增值税 Value Added Taxes Payable
总计	**Total**	**105.88**	**510.49**	**884.70**	**268.31**
在总计中:轻工业	Light Industry	75.81	254.69	459.85	129.34
重工业	Heavy Industry	30.06	255.80	424.84	138.97
按工业行业分	**By Sector**				
煤炭开采和洗选业	Coal Mining and Dressing	0.09	0.13	0.86	0.64
黑色金属矿采选业	Ferrous Metals Mining and Dressing	0.01	0.18	0.33	0.13
有色金属矿采选业	Nonferrous Metals Mining and Dressing	0.23	0.39	1.01	0.37
非金属矿采选业	Nonmetal Minerals Mining and Dressing	0.07	0.58	1.00	0.35
其他采矿业	Other Minerals Mining and Dressing				
农副食品加工业	Non - staple Food Processing	0.16	2.14	3.86	1.55
食品制造业	Food Manufacturing	0.21	4.78	7.85	2.86
饮料制造业	Beverage Manufacturing	4.85	20.18	35.75	10.72
烟草制品业	Tobacco Processing	54.68	19.30	89.54	15.55
纺织业	Textile Industry	3.93	50.25	80.12	25.93
纺织服装、鞋、帽制造业	Garments, Shoes and Hats Manufacturing	1.80	29.87	44.05	12.37
皮革、毛皮、羽毛(绒)及其制品业	Leather, Furs, Down and Related Products	0.65	14.74	23.43	8.03
木材加工及木、竹、藤、棕、草制品业	Timber Processing, Bamboo, Cane Palm Fiber and Straw Products	0.17	3.05	4.64	1.42
家具制造业	Furniture Manufacturing	0.12	2.46	3.59	1.01
造纸及纸制品业	Papermaking and Paper Products	0.65	6.51	13.20	6.03
印刷业和记录媒介的复制	Printing and Record Medium Reproduction	0.11	4.22	5.66	1.33
文教体育用品制造业	Cultural, Educational and Sports Goods	0.32	4.80	6.25	1.12

行 业	Sector	产品销售税金及附加 Sales Taxes and Extra Charges	利润总额 Total Profits	利税总额 Total Profits and Taxes	本年应交增值税 Value Added Taxes Payable
石油加工、炼焦及核燃料加工业	Petroleum Processing, Cooking and Nuclear Fuel Processing	12.53	16.26	36.44	7.64
化学原料及化学制品制造业	Raw Chemical Materials and Chemical Products	1.80	30.72	47.68	15.15
医药制造业	Medical and Pharmaceutical Products	1.04	21.47	33.56	11.04
化学纤维制造业	Chemical Fiber	0.91	14.30	21.93	6.70
橡胶制品业	Rubber Products	0.79	5.82	8.70	2.08
塑料制品业	Plastic Products	0.89	12.84	17.84	4.09
非金属矿物制品业	Nonmetal Mineral Products	1.57	27.07	42.35	13.71
黑色金属冶炼及压延加工业	Smelting and Pressing of Ferrous Metals	0.86	14.37	22.54	7.29
有色金属冶炼及压延加工业	Smelting and Pressing of Nonferrous Metals	0.43	7.42	11.31	3.45
金属制品业	Metal Products	1.03	12.02	17.19	4.13
通用设备制造业	Equipment in Common Use	1.91	38.42	54.84	14.50
专用设备制造业	Special Purpose Equipment	0.76	16.54	23.29	5.98
交通运输设备制造业	Transport Equipment	5.81	28.10	45.98	12.06
电气机械及器材制造业	Electric Equipment and Machinery	3.06	44.87	67.92	19.98
通信设备、计算机及其他电子设备制造业	Telecommunications Equipment, Computer and Other Electronic Equipment	0.79	26.83	44.20	16.57
仪器仪表及文化、办公用机械制造业	Instruments, Meters, Cultural and Office Machinery	0.33	7.01	10.29	2.94
工艺品及其他制造业	Handicraft Article and Other Manufacturing Indust	0.19	4.86	6.99	1.94
废弃资源和废旧材料回收加工业	Recovery of Resource Discarded and Useless Material				
电力、热力的生产和供应业	Production and Supply of Electricity and Heating Power	2.91	18.17	49.79	28.70
燃气生产和供应业	Production and Supply of Gas	0.02	0.37	0.53	0.14
水的生产和供应业	Production and Supply of Water	0.07	-0.71		0.65

7-17 按行业分的大中型工业企业主要经济效益指标(2003年)
Main Economic Beneficial Indicators of Large and Medium - sized Industrial Enterprises by Sector(2003)

行　业	Sector	每百元资金实现利税(元) Pre-tax Profits per 100 Yuan Funds (yuan)	每百元固定资产原值实现利税(元) Pre-tax Profits per 100 Yuan Original Value of Fixed Assets (yuan)	每百元销售收入实现利税(元) Pre-tax Profits per 100 Yuan Sales Revenue (yuan)
总计	**Total**	**15.58**	**26.45**	**11.55**
在总计中:轻工业	Light Industry	16.37	27.32	12.69
重工业	Heavy Industry	14.81	25.57	10.54
按工业行业分	**By Sector**			
煤炭开采和洗选业	Coal Mining and Dressing	9.25	8.63	9.55
黑色金属矿采选业	Ferrous Metals Mining and Dressing	10.73	12.02	7.50
有色金属矿采选业	Nonferrous Metals Mining and Dressing	23.16	24.19	14.96
非金属矿采选业	Nonmetal Minerals Mining and Dressing	17.41	22.12	13.58
其他采矿业	Other Minerals Mining and Dressing			
农副食品加工业	Non - staple Food Processing	8.24	18.43	7.01
食品制造业	Food Manufacturing	14.46	21.21	11.14
饮料制造业	Beverage Manufacturing	25.17	29.64	22.64
烟草制品业	Tobacco Processing	105.48	230.15	71.76
纺织业	Textile Industry	9.71	13.71	8.16
纺织服装、鞋、帽制造业	Garments, Shoes and Hats Manufacturing	15.39	33.09	11.39
皮革、毛皮、羽毛(绒)及其制品业	Leather, Furs, Down and Related Products	19.77	57.91	8.87
木材加工及木、竹、藤、棕、草制品业	Timber Processing, Bamboo, Cane Palm Fiber and Straw Products	15.43	31.44	10.47
家具制造业	Furniture Manufacturing	12.65	25.54	8.59
造纸及纸制品业	Papermaking and Paper Products	8.15	11.31	9.55
印刷业和记录媒介的复制	Printing and Record Medium Reproduction	19.08	32.45	16.25
文教体育用品制造业	Cultural, Educational and Sports Goods	15.30	34.13	9.49

7－17 续表 1　continued

行　业	Sector	每百元资金实现利税（元）Pre-tax Profits per 100 Yuan Funds (yuan)	每百元固定资产原值实现利税（元）Pre-tax Profits per 100 Yuan Original Value of Fixed Assets (yuan)	每百元销售收入实现利税（元）Pre-tax Profits per 100 Yuan Sales Revenue (yuan)
石油加工、炼焦及核燃料加工业	Petroleum Processing, Cooking and Nuclear Fuel Processing	33.50	25.88	11.93
化学原料及化学制品制造业	Raw Chemical Materials and Chemical Products	15.60	23.36	11.56
医药制造业	Medical and Pharmaceutical Products	17.38	37.15	17.63
化学纤维制造业	Chemical Fiber	11.81	13.88	7.38
橡胶制品业	Rubber Products	14.03	20.00	11.41
塑料制品业	Plastic Products	15.54	30.32	9.41
非金属矿物制品业	Nonmetal Mineral Products	16.99	23.38	20.23
黑色金属冶炼及压延加工业	Smelting and Pressing of Ferrous Metals	15.54	22.39	12.94
有色金属冶炼及压延加工业	Smelting and Pressing of Nonferrous Metals	17.64	32.04	7.74
金属制品业	Metal Products	14.65	35.55	9.36
通用设备制造业	Equipment in Common Use	15.85	32.26	13.60
专用设备制造业	Special Purpose Equipment	14.52	37.24	11.91
交通运输设备制造业	Transport Equipment	14.37	32.19	10.42
电气机械及器材制造业	Electric Equipment and Machinery	15.14	38.05	10.91
通信设备、计算机及其他电子设备制造业	Telecommunications Equipment, Computer and Other Electronic Equipment	9.73	40.65	7.98
仪器仪表及文化、办公用机械制造业	Instruments, Meters, Cultural and Office Machinery	16.07	40.52	10.42
工艺品及其他制造业	Handicraft Article and Other Manufacturing Indust	13.19	33.92	9.48
废弃资源和废旧材料回收加工业	Recovery of Resource Discarded and Useless Material			
电力、热力的生产和供应业	Production and Supply of Electricity and Heating Power	14.41	15.49	7.41
燃气生产和供应业	Production and Supply of Gas	4.67	4.66	15.24
水的生产和供应业	Production and Supply of Water	0.01	0.01	0.07

7－17 续表 2　continued

行　业	Sector	产品销售率（%）Rate of Products Sold（%）	流动资金周转次数（次）Times of Turnover Circulating Funds（time）	劳动生产率（元/人）Overall Labor Productivity（yuan/person）
总计	**Total**	**98.09**	**2.17**	**84840**
在总计中：轻工业	Light Industry	98.23	2.16	73526
重工业	Heavy Industry	97.93	2.18	100739
按工业行业分	**By Sector**			
煤炭开采和洗选业	Coal Mining and Dressing	99.87	2.60	10388
黑色金属矿采选业	Ferrous Metals Mining and Dressing	102.29	2.77	62017
有色金属矿采选业	Nonferrous Metals Mining and Dressing	99.69	2.83	39385
非金属矿采选业	Nonmetal Minerals Mining and Dressing	99.32	2.78	44446
其他采矿业	Other Minerals Mining and Dressing			
农副食品加工业	Non－staple Food Processing	95.68	1.69	46600
食品制造业	Food Manufacturing	104.40	2.19	53280
饮料制造业	Beverage Manufacturing	100.00	2.46	194256
烟草制品业	Tobacco Processing	103.12	2.01	3220277
纺织业	Textile Industry	98.56	2.24	55919
纺织服装、鞋、帽制造业	Garments，Shoes and Hats Manufacturing	97.71	2.00	48703
皮革、毛皮、羽毛（绒）及其制品业	Leather，Furs，Down and Related Products	98.71	3.04	62139
木材加工及木、竹、藤、棕、草制品业	Timber Processing，Bamboo，Cane Palm Fiber and Straw Products	98.35	2.14	52462
家具制造业	Furniture Manufacturing	99.11	2.29	55977
造纸及纸制品业	Papermaking and Paper Products	96.25	1.67	87708
印刷业和记录媒介的复制	Printing and Record Medium Reproduction	100.48	1.98	84885
文教体育用品制造业	Cultural，Educational and Sports Goods	96.81	2.39	44378

7－17 续表 3 continued

行 业	Sector	产品销售率(%) Rate of Products Sold(%)	流动资金周转次数(次) Times of Turnover Circulating Funds (time)	劳动生产率(元/人) Overall Labor Productivity (yuan/person)
石油加工、炼焦及核燃料加工业	Petroleum Processing, Cooking and Nuclear Fuel Processing	102.75	7.98	478931
化学原料及化学制品制造业	Raw Chemical Materials and Chemical Products	97.68	2.28	95382
医药制造业	Medical and Pharmaceutical Products	96.06	1.45	114995
化学纤维制造业	Chemical Fiber	98.27	3.69	130333
橡胶制品业	Rubber Products	96.13	2.29	78527
塑料制品业	Plastic Products	97.56	2.57	65732
非金属矿物制品业	Nonmetal Mineral Products	98.03	1.65	89852
黑色金属冶炼及压延加工业	Smelting and Pressing of Ferrous Metals	95.69	2.16	151472
有色金属冶炼及压延加工业	Smelting and Pressing of Nonferrous Metals	98.69	3.63	113614
金属制品业	Metal Products	96.34	2.20	63599
通用设备制造业	Equipment in Common Use	96.88	1.70	72454
专用设备制造业	Special Purpose Equipment	98.03	1.68	86930
交通运输设备制造业	Transport Equipment	97.01	1.97	78437
电气机械及器材制造业	Electric Equipment and Machinery	97.40	1.89	79898
通信设备、计算机及其他电子设备制造业	Telecommunications Equipment, Computer and Other Electronic Equipment	96.88	1.45	120998
仪器仪表及文化、办公用机械制造业	Instruments, Meters, Cultural and Office Machinery	101.41	2.19	71238
工艺品及其他制造业	Handicraft Article and Other Manufacturing Indust	98.33	2.00	40851
废弃资源和废旧材料回收加工业	Recovery of Resource Discarded and Useless Material			
电力、热力的生产和供应业	Production and Supply of Electricity and Heating Power	99.87	3.77	274278
燃气生产和供应业	Production and Supply of Gas	100.33	0.70	23976
水的生产和供应业	Production and Supply of Water	99.88	0.81	118888

7-18 规模以上工业企业能源购进、消费及库存(2003年)

Purchasing, Consuming, Stocks of Energy in Industrial Enterprises Above Designated Size(2003)

能源名称	Item			年初库存 Stock at the Beginning of the Year	购进量实物量 Number of Purchasing	消费量 Consumption	#工业生产消费 Industry	年末库存 Stock at the End of the Year
原煤	Coal	吨	ton	2624662	62534364	63211989	62901739	2506873
洗精煤	Coal Washing	吨	ton	20924	824515	816884	816756	26120
其他洗煤	Other Coal Washing	吨	ton	32	861	768	768	125
型煤	Forming Coal	吨	ton	119	10808	10847	10625	79
焦炭	Coke	吨	ton	86286	891955	1460002	1459478	39543
其他焦化产品	Other Coking Products	吨	ton	1	352	352	347	
焦炉煤气	Coking Coal	万立方米	10000cu. m		9	22705	22705	
高炉煤气	Blast Furnace Gas	万立方米	10000cu. m		89	252327	252327	
其他煤气	Other Gases	万立方米	10000cu. m		491	2779	2769	
天燃气	Natural Gas	万立方米	10000cu. m		177	176	176	
原油	Crude Oil	吨	ton	379277	14452655	14279205	14279133	524855
汽油	Gasoline	吨	ton	2681	238415	245530	181361	4181
煤油	Kerosene	吨	ton	917	44083	44180	43799	770
柴油	Diesel Oil	吨	ton	23453	830203	855871	770976	22814
燃料油	Fuel Oil	吨	ton	47810	1594412	2162858	2161553	60296
液化石油气	LPG	吨	ton	3042	217848	221094	218875	2429
其他石油制品	Other Petroleum Products	吨	ton	5152	164932	842927	842909	4676
热力	Heat	百万千焦	1000 million J		46042630	82625847	81974464	
电力	Electricity	万千瓦时	10000kwh		5987008	6702146	6557085	
其他燃料	Other Fuel	吨标准煤	tons of SCE	9497	196152	190551	190091	10353

主要统计指标解释

工业增加值 是指工业行业在报告期内以货币表现的工业生产活动的最终成果。

固定资产原价 固定资产原值指企业在建造、购置、安装、改建、扩建、技术改造某项固定资产时所支出的全部货币总额。它一般包括买价、包装费、运杂费和安装费等。

固定资产净值 是指固定资产原价减去历年已提折旧额后的净额。

流动资产 流动资产是指可以在一年或者超过一年的一个营业周期内变现或者耗用的资产，包括现金及各种存款、短期投资、应收及预付货款、存货等。

利税总额 指企业利润总额、产品销售税金及附加和应交增值税之和。

产品销售收入 指企业销售产品的销售收入和提供劳务等主要经营业务取得的业务总额。

产品销售成本 指企业销售产品和提供劳务等主要经营业务的实际成本。

产品销售税金及附加 指企业销售产品和提供工业性劳务等主要经营业务应负担的城市维护建设税、消费税、资源税和教育费附加。

产品销售利润 指企业销售产品和提供工业性劳务等主要经营业务收入扣除其成本、费用、税金后的利润。

利润总额 指企业实现的利润。

应交增值税 指企业在报告期内应交纳的增值税额。

资本金 指企业在工商行政管理部门登记的注册资金合计。企业资本金按投资主体可分为国家资本金、法人资本金、个人资本金和外商资本金等。资本金合计包括企业各种投资主体注册的全部资本金。

总资产 指企业拥有或控制的全部资产。包括流动资产、长期投资、固定资产、无形及递延资产、其他长期资产、递延税项等，即为企业资产负债表的资产总计项。

(1) 流动资产 指企业可以在一年内或者超过一年的一个生产周期内变现或耗用的资产合计。包括现金及各种存款、短期投资、应收及预付款项、存货等。

(2) 固定资产 指企业固定资产净值、固定资产清理、在建工程、待处理固定资产损失所占用的资金合计。

(3) 无形资产 指企业长期使用而没有实物形态的资产。包括专利权、非专利技术、商标权、著作权、土地使用权、商誉等。

总负债 指企业承担并需要偿还的全部债务。包括流动负债和长期负债、递延税项等，即为企业资产负债表的负债合计项。

(1) 流动负债 指企业在一年内或者超过一年的一个营业周期内需要偿还的债务合计，其中包括短期借款、应付及预收款项、应付工资、应交税金和应交利润等。

(2) 长期负债 指企业在一年以上或者超过一年的一个生产周期以上需要偿还的债务合计，其中包括长期借款、应付债务、长期应付款项等。

所有者权益 指企业投资人对企业净资产的所有权。企业净资产等于企业全部资产减去全部负债后的余额，其中包括投资者对企业的最初投入，以及资本公积金、盈余公积金和未分配利润，对股份制企业即为股东权益。

流动资产周转次数 指在一定时期内流动资产完成的周转次数，反映流动资产的周转速度。
计算公式为流动资金周转次数＝产品销售收入/全部流动资产平均余额。

全员劳动生产率 指根据产品的价值量指标计算的平均每一从业人员在单位时间内的产品生产量。计算公式为全员劳动生产率＝工业增加值÷全部从业人员数

Explanatory Notes on Main Statistical Indicator

Value Added of Industry refers to the final results of industrial production of the industrial trade in money terms during the reference period.

Original Value of Fixed Assets refers to the original value of all fixed assets owned by industrial enterprises, calculated at the cost paid at the time of purchase, installation, reconstruction, expansion, and technical innovation and transformation of the said assets, which includes expenses on purchase, package, transportation, and installation, etc.

Net Value of Fixed Assets is obtained by deducting depreciation over years from the original value of fixed assets.

Working Capital (Circulating Assets) refers to assets which can be cashed in or spent or consumed in an operating cycle of one year or over one year, which includes cash, various deposits, short term investment, and receivable payments, and advance payments, stock, etc.

Total Value of Profit and Tax (Pre-tax Profits) refers to the sum of the total profits, products sales tax and surcharges and the value added tax payable of industrial enterprises. It is also called pre-tax profits.

Sales Revenue of Industrial Products refers to the revenue from the sales of products by industrial enterprises and the revenue from services provided and etc.

Sales Cost of Industrial Products refers to the actual cost of products of industrial enterprises and industrial services provided, etc.

Tax and Extra Charges on Sales of Products refer to the tax on city maintenance and construction, consumption tax, resources tax and extra charges for education, which should be borne by the enterprises in selling products and providing industrial services.

Sales Profit of Products refers to the profit gained by the enterprises by deducting cost, charges and taxes from the business income of the enterprises obtained in selling products and providing industrial services.

Total Profits refer to the profits gained by the enterprises.

Value Added Tax Payable refers to the amount of the value added tax which should be paid by the enterprises in the reporting period.

Capital refers to the corporation's capital registered in the departments of administration for industry and commerce. According to the different nature of investors, corporations' capital can be divided into state capital, legal person's capital, personal capital, foreign capital, etc. Total capital includes total registered capital of all investors in the corporation.

Total Assets refer to all assets which are owned or controlled by enterprises, including circulating assets, long-term investment, fixed assets, intangible assets and deferred assets, other long-term assets, and deferred taxes, etc. The summation of above items is equal to total assets shown in the balance sheets of the enterprises.

(1) Circulating assets (working capital) refer to assets which can be cashed in or spent or consumed in an operating cycle of one year or over one year, including cash, all kinds of deposits, short term investment, receivables, advance payment, stock, etc.

(2) Fixed assets refer to the net value of fixed assets, clearance of fixed assets, project under construction, fixed assets losses in suspense. These are corporations' fund holdings.

(3) Intangible assets refer to the assets without material form used by enterprises over a long time, such as patents, non-patent technologies, trade marks, copyright, land use right, business reputation, etc.

Total liabilities refer to the debts that enterprises are responsible for repayment, including liquid liabilities, long-term liabilities and deferred taxes, etc. Total liabilities correspond to the summation item of liabilities shown in the balance sheets of the enterprises.

(1) Liquid liabilities (also called quick liabilities or immediate liabilities) refer to enterprises total debt payable within an operating cycle of one year or over one year, including short term loans, payables and advance payments, wages payables, taxes payable and profit payable, etc.

(2) Long-term liabilities refers to total debt payable within an operating cycle of one year or over one year, including long-term loans, payable liabilities, long-term payables, etc.

Creditors' Equity refers to investors' ownership of net assets of the enterprise. It is equal to the total assets of the enterprise minus its total liabilities, including the primary input from investors, capital accumulation fund, surplus accumulation fund and undistributed profit. It is the stock holders' equity in stock companies.

Turnover of working Capital refers to the number of times of turnover of working capotal in a given period of time, which reflects the speed of the turnover of working capital and is calculated as follows:

Turnover of Working Capital(%) = (Sales Revenue of Products) ÷ (Average Balance of Total Working Capital) ×100%

Overall Labour Productivity of Industrial Enterprises refers to the average output per employed person in industrial enterprises in value terms. At present, the value added and the average number of staff and workers of an industrial enterprises in a given period are used to calculate the overall labour productivity. The formula used is:

Overall Labour Productivity = (Value Added of industry) ÷ (Average Number of Staff and Workers)

建筑业和地质勘查

Construction and Geological Prospecting

Chapter8

8－1 建筑业企业单位数
Number of Construction Enterprises

年 份 Year	总 计 Total	国有施工企业 State-owned Construction Enterprises	集体施工企业 Collective Owned Construction Enterprises	其他经济类型施工企业 Others
企业单位数(个) Enterprises(unit)				
1990	2550	109	2441	
1991	2503	120	2383	
1992	2450	112	2314	24
1993	2901	160	2721	20
1994	3538	215	3273	50
1995	3549	218	3216	115
1996	3691	354	2671	666
1997	3937	399	2569	969
1998	3540	341	1572	1627
1999	3657	330	1333	1994
2000	3592	283	971	3238
2001	3370	200	575	2595
2002	3210	155	254	2801
2003	3514	156	227	3131

8－2 建筑业企业年平均从业人员

Annual Average Employed Persons in Construction Enterprises

年 份 Year	总 计 Total	国有施工企业 State-owned Construction Enterprises	集体施工企业 Collective Owned Construction Enterprises	其他经济类型施工企业 Others
平均从业人员(万人) Average Employed Persons (10000 Persons)				
1990	67.37	10.79	56.58	
1991	70.46	11.05	59.40	
1992	75.25	10.67	63.90	0.68
1993	97.28	10.07	86.71	0.50
1994	127.89	14.71	112.08	1.11
1995	144.21	17.24	121.80	5.17
1996	145.32	21.76	105.32	18.24
1997	141.22	19.85	97.16	24.21
1998	142.51	19.89	77.45	45.17
1999	150.63	19.09	65.17	66.37
2000	165.90	15.77	52.99	97.14
2001	185.17	11.32	33.24	140.61
2002	201.10	10.25	19.36	171.49
2003	247.22	10.81	17.47	218.94

8-3 建筑业企业总产值
Gross Output Value of Construction Enterprises

年　份 Year	总　计 Total	国有施工企业 State-owned Construction Enterprises	集体施工企业 Collective Owned Construction Enterprises	其他经济类型施工企业 Others
总产值(亿元) Gross Output Value (100 million yuan)				
1990	78.98	20.10	58.88	
1991	92.83	21.11	71.72	
1992	134.00	26.01	106.25	1.80
1993	260.54	35.97	222.95	1.62
1994	470.79	73.47	392.74	4.58
1995	710.23	113.69	560.75	35.79
1996	845.68	149.81	591.41	104.46
1997	883.33	157.11	572.15	154.07
1998	942.53	172.12	463.79	306.62
1999	1128.28	181.74	446.97	499.57
2000	1383.77	147.12	395.18	841.47
2001	1768.45	128.98	273.87	1365.60
2002	2282.99	143.49	179.78	1959.72
2003	3127.28	159.06	166.20	2802.02

8-4 国有建筑企业主要经济指标
Major Economic Indicators of State-owned Construction Enterprises

指标		Item		2000	2001	2002	2003
建筑业总产值	(亿元)	Gross Output Value of Construction	(100 million yuan)	147.1	128.9	143.5	159.06
增加值	(亿元)	Added Value	(100 million yuan)	30.2	27.3	27.4	32.6
实现利润总额	(亿元)	Total Profits	(100 million yuan)	2.2	2.3	2.6	3.5
上缴税金	(亿元)	Taxes Turned over to State	(100 million yuan)	4.3	4.4	3.9	4.9
房屋建筑施工面积	(万平方米)	Floor Space of Buildings under Construction	(10000 sq. m)	883.7	595.0	594.4	582.1
房屋建筑竣工面积	(万平方米)	Floor Space of Buildings Completed	(10000 sq. m)	375.9	264.3	228.8	227.6
房屋竣工率	(%)	Percentage of Buildings Completed	(%)	42.5	44.2	38.9	39.1
计算劳动生产率的平均人数	(万人)	Average Staff and Workers to Calculate Labor Productivity	(10000 persons)	15.77	11.32	10.24	10.80
年末拥有固定资产原值	(亿元)	Original Value of Fixed Assets Owned (year-end)	(100 million yuan)	47.8	39.3	39.0	40.0
年末拥有固定资产净值	(亿元)	Net Value of Fixed Assets Owned (year-end)	(100 million yuan)	33.0	25.4	25.5	29.0

注:表内数据不包括劳务分包企业,表8-5同

The data in this table excluded enterprises of labor subcontracting, the table 8-5 was the same.

8－4　续表　　continued

指　　标		Item		2000	2001	2002	2003
年末拥有机械设备总台数	（万台）	Number of Machinery and Equipment Owned (year-end)	(10000 units)	4.96	5.70	3.16	2.90
年末拥有机械设备总功率	（万千瓦）	Total Power of Machinery and Equipment Owned (year-end)	(10000 kw)	87.8	74.4	62.9	61.9
全员劳动生产率		Overall Labor Productivity					
按总产值计算	（元/人）	Calculated by Gross Output Value	(yuan/person)	93292	113936	140082	147228
按增加值计算	（元/人）	Calculated by Added－value	(yuan/person)	19147	24074	26787	30160
技术装备率	（元/人）	Value of Machines per Labourer	(yuan/person)	9721	13622	15974	14502
动力装备率	（千瓦/人）	Power of Machines Per Labourer	(kw/person)	5.6	6.6	6.5	5.9
产值利润率	（%）	Ratio of Profit to Gross Output Value	(%)	1.5	1.8	1.8	2.2

8-5 集体建筑企业主要经济指标
Major Economic Indicators of Collective - owned Construction Enterprises

指标		Item		2000	2001	2002	2003
建筑业总产值	(亿元)	Gross Output Value of Construction	(100 million yuan)	395.2	273.9	179.8	166.2
增加值	(亿元)	Added Value	(100 million yuan)	89.6	60.3	40.2	38.2
实现利润总额	(亿元)	Total Profits	(100 million yuan)	8.9	5.4	3.9	4.6
上缴税金	(亿元)	Taxes Turned over to State	(100 million yuan)	12.5	8.5	5.7	5.5
房屋建筑施工面积	(万平方米)	Floor Space of Buildings under Construction	(10000 sq. m)	5365.9	3753.8	2506.6	2195.1
房屋建筑竣工面积	(万平方米)	Floor Space of Buildings Completed	(10000 sq. m)	2359.8	1769.0	1174.0	1039.5
房屋竣工率	(%)	Percentage of Buildings Completed	(%)	44.0	47.1	46.8	47.4
计算劳动生产率的平均人数	(万人)	Average Staff and Workers to Calculate Labor Productivity	(10000 person)	52.99	33.24	19.34	17.40
年末拥有固定资产原值	(亿元)	Original Value of Fixed Assets Owned (year-end)	(100 million yuan)	78.9	52.9	33.0	27.5
年末拥有固定资产净值	(亿元)	Net Value of Fixed Assets Owned (year-end)	(100 million yuan)	59.2	40.6	25.8	24.2

8－5 续表 continued

指 标		Item		2000	2001	2002	2003
年末拥有机械设备总台数	（万台）	Number of Machinery and Equipment Owned (year-end)	(10000 units)	18.22	12.38	7.22	6.36
年末拥有机械设备总功率	（万千瓦）	Total Power of Machinery and Equipment Owned (year-end)	(10000 kw)	177.4	120.7	75.7	61.4
年末拥有机械设备净值	（亿元）	Net Value of Machinery and Equipment Owned (year-end)	(100 million yuan)	33.4	23.6	16.0	13.8
全员劳动生产率		Overall Labor Productivity					
按总产值计算	（元/人）	Calculated by Gross Output Value	(yuan/person)	74573	82391	92948	95520
按增加值计算	（元/人）	Calculated by Added-value	(yuan/person)	16904	18130	20798	21961
技术装备率	（元/人）	Value of Machines per Labourer	(yuan/person)	6303	7088	8421	7997
动力装备率	（千瓦/人）	Power of Machines per Labourer	(kw/person)	3.3	3.6	4.0	3.5
产值利润率	（%）	Ratio of Profit to Gross Output Value	(%)	2.3	2.0	2.2	2.8

8－6 各地建筑业企业单位数

Number of Construction Enterprises by Region

单位:个 (unit)

地　区	Region	2000	2001	2002	2003
合　计	**Total**	**3592**	**3370**	**3134**	**3392**
杭州市	Hangzhou	734	695	719	755
宁波市	Ningbo	557	508	482	566
温州市	Wenzhou	412	417	372	398
嘉兴市	Jiaxing	261	237	195	189
湖州市	Huzhou	177	156	141	154
绍兴市	Shaoxing	343	320	340	373
金华市	Jinhua	413	338	326	368
衢州市	Quzhou	129	127	90	105
舟山市	Zhoushan	131	130	81	80
台州市	Taizhou	290	284	261	267
丽水市	Lishui	145	158	127	137

8－7 各地建筑业企业年末从业人员

Employed Persons in Construction Enterprises by Region(Year-end)

单位:万人 (10000 Persons)

地 区	Region	2000	2001	2002	2003
合 计	**Total**	**171.05**	**183.40**	**198.84**	**242.94**
杭州市	Hangzhou	33.13	32.22	36.98	45.35
宁波市	Ningbo	23.39	25.60	29.51	37.83
温州市	Wenzhou	15.02	18.31	17.96	20.12
嘉兴市	Jiaxing	7.87	7.67	7.67	9.76
湖州市	Huzhou	6.20	7.54	6.87	6.96
绍兴市	Shaoxing	38.54	41.71	48.71	59.81
金华市	Jinhua	21.16	21.16	21.86	28.61
衢州市	Quzhou	4.02	4.76	4.43	4.92
舟山市	Zhoushan	3.08	2.92	2.65	3.28
台州市	Taizhou	15.89	17.33	18.89	22.31
丽水市	Lishui	2.76	4.20	3.30	4.00

8-8 各地建筑业企业总产值

Gross Output Value of Construction Enterprises by Region

单位:亿元 (100 million yuan)

地 区	Region	2000	2001	2002	2003
合 计	**Total**	**1383.8**	**1768.4**	**2283.0**	**3127.3**
杭州市	Hangzhou	290.4	358.2	526.0	710.0
宁波市	Ningbo	203.6	250.4	331.9	474.6
温州市	Wenzhou	106.2	152.5	164.2	194.5
嘉兴市	Jiaxing	52.7	59.2	66.3	90.8
湖州市	Huzhou	39.8	56.7	66.6	85.6
绍兴市	Shaoxing	362.3	457.2	623.7	874.3
金华市	Jinhua	152.8	186.0	223.8	335.3
衢州市	Quzhou	22.1	40.9	38.4	49.3
舟山市	Zhoushan	17.6	21.2	22.0	28.6
台州市	Taizhou	120.7	153.5	186.4	242.0
丽水市	Lishui	15.5	32.6	33.6	42.2

8-9 各地区按登记注册类型分的建筑业企业单位数(2003年)

Number of Construction Enterprises by Registration Status and Region(2003)

单位:个 (unit)

地 区 Region		建筑业企业单位数 Number of Construction Enterprises	内资企业 Domestic Capital Enterprises	#国有企业 State-owned Enterprises	#集体企业 Collective-owned Enterprises	#股份合作企业 Share Holdings Enterprises	#私营企业 Private Enterprises	港澳台商投资企业 Enterprises Funded by Entrepreneurs from Hong Kong Macao and Taiwan	外商投资企业 Foreign Funded Enterprises
合 计	**Total**	**3392**	**3358**	**154**	**221**	**106**	**1587**	**20**	**14**
杭州市	Hangzhou	755	741	53	24	7	285	8	6
宁波市	Ningbo	566	560	18	16	16	356	3	3
温州市	Wenzhou	398	398	9	57	46	135		
嘉兴市	Jiaxing	189	185	9	11	8	103	3	1
湖州市	Huzhou	154	150	17	10	2	44	3	1
绍兴市	Shaoxing	373	370	6	27	5	198		3
金华市	Jinhua	368	367	12	35	4	178	1	
衢州市	Quzhou	105	105	7	7		63		
舟山市	Zhoushan	80	79	6	3	1	46	1	
台州市	Taizhou	267	266	8	15	15	114	1	
丽水市	Lishui	137	137	9	16	2	65		

8-10 各地区按登记注册类型分的建筑业企业年末从业人员(2003年底)

Number of Employed Persons in Construction Enterprises by Registration Status and Region(End of 2003)

单位:人 (persons)

地区 Region	年末从业人员 Average Number of Employed Persons	内资企业 Domestic Capital Enterprises	#国有企业 State-owned Enterprises	#集体企业 Collective-owned Enterprises	#股份合作企业 Share Holdings Enterprises	#私营企业 Private Enterprises	港澳台商投资企业 Enterprises Funded by Entrepreneurs from Hong Kong Macao and Taiwan	外商投资企业 Foreign Funded Enterprises
合　计 Total	**2429352**	**2417538**	**104659**	**173148**	**89739**	**724350**	**3726**	**8088**
杭州市 Hangzhou	453487	450138	32453	4367	2955	84270	2082	1267
宁波市 Ningbo	378270	377909	22371	6596	38637	129613	168	193
温州市 Wenzhou	201232	201232	13381	46261	20000	36455		
嘉兴市 Jiaxing	97592	97365	5687	10016	3531	44610	186	41
湖州市 Huzhou	69593	69167	8343	6163	944	10519	406	20
绍兴市 Shaoxing	598107	591540	2115	37506	9953	211263		6567
金华市 Jinhua	286081	286041	9644	34119	2241	54558	40	
衢州市 Quzhou	49196	49196	2196	3108		26562		
舟山市 Zhoushan	32761	32737	2018	1083	10	18992	24	
台州市 Taizhou	223057	222237	2980	19564	10672	89622	820	
丽水市 Lishui	39976	39976	3471	4365	796	17886		

8-11 各地区建筑业总产值构成(2003年)
Total Construction Output Value by Structure and Region(2003)

单位:万元 (10000 yuan)

地　区	Region	建筑业总产值 Gross output Value of Construction	建筑工程产值 Output Value of Construction	安装工程产值 Output Value of Installation	其他产值 Others
合　计	**Total**	**31272779**	**26845397**	**3268934**	**1158448**
杭州市	Hangzhou	7099963	5698482	1001126	400355
宁波市	Ningbo	4746175	3964953	593325	187897
温州市	Wenzhou	1944802	1733362	185699	25741
嘉兴市	Jiaxing	908207	779780	87521	40906
湖州市	Huzhou	856229	748693	94370	13166
绍兴市	Shaoxing	8742907	7574674	830221	338012
金华市	Jinhua	3353390	3059591	227365	66434
衢州市	Quzhou	492599	448420	40433	3746
舟山市	Zhoushan	286030	252464	31850	1716
台州市	Taizhou	2420222	2222211	144925	53086
丽水市	Lishui	422255	362767	32099	27389

8-12 各地区按登记注册类型分的建筑业总产值(2003年)
Total Construction Output Value by Registration Status and Region(2003)

单位:万元 (10000 yuan)

地 区 Region	建筑业总产值 Gross Output Value of Construction	内资企业 Domestic Capital Enterprises	#国有企业 State-owned Enterprises	#集体企业 Collective-owned Enterprises	#股份合作企业 Share Holdings Enterprises	#私营企业 Private Enterprises	港澳台商投资企业 Enterprises Funded by Entrepreneurs from Hong Kong Macao and Taiwan	外商投资企业 Foreign Funded Enterprises
合 计 Total	**31272779**	**31037435**	**1590632**	**1662018**	**1029162**	**7487060**	**117623**	**117721**
杭州市 Hangzhou	7099963	6961725	675212	57872	51212	1003316	99773	38465
宁波市 Ningbo	4746175	4742174	388442	74332	395458	1334661	1482	2519
温州市 Wenzhou	1944802	1944802	108058	384192	157124	372962		
嘉兴市 Jiaxing	908207	904119	43957	97670	28153	369773	3586	502
湖州市 Huzhou	856229	853788	108215	39780	7482	121589	2309	132
绍兴市 Shaoxing	8742907	8666804	30829	371845	242039	2417892		76103
金华市 Jinhua	3353390	3353090	89206	341907	17278	530190	300	
衢州市 Quzhou	492599	492599	25553	19823		211416		
舟山市 Zhoushan	286030	285847	30534	14521	44	148221	183	
台州市 Taizhou	2420222	2410232	49328	216261	120187	809998	9990	
丽水市 Lishui	422255	422255	41298	43815	10185	167042		

8-13 各地区按所含专业分的建筑业总产值(2003年)
Total Construction Output Value by Sector and Region(2003)

单位:万元 (10000 yuan)

地区 Region		建筑业总产值 Gross Output Value of Construction	房屋和土木工程建筑业 Housing and Civil Engineering	房屋工程建筑 Housing	土木工程建筑 Civil Engineering	#铁路、道路、隧道和桥梁工程建筑 Railways, Tunnels, Roads, and Bridges	建筑安装业 Line and Equipment Installation	建筑装饰业 Building Decoration	其他建筑业 Others
合　计	**Total**	**31272779**	**27923071**	**21672418**	**6250653**	**4414054**	**1978029**	**996223**	**375456**
杭州市	Hangzhou	7099963	5847025	4334976	1512049	1042583	874834	221919	156185
宁波市	Ningbo	4746175	4051461	3109434	942027	584451	432113	192715	69886
温州市	Wenzhou	1944802	1784017	1097164	686853	423853	73999	58032	28754
嘉兴市	Jiaxing	908207	796387	590530	205857	114216	77746	29258	4816
湖州市	Huzhou	856229	774140	476628	297512	239107	50680	30226	1183
绍兴市	Shaoxing	8742907	8143960	7234577	909383	724931	215381	305348	78218
金华市	Jinhua	3353390	3190276	2477253	713023	531077	78079	82695	2340
衢州市	Quzhou	492599	422878	274320	148558	86170	55120	8253	6348
舟山市	Zhoushan	286030	250462	198632	51830	21810	25558	6762	3248
台州市	Taizhou	2420222	2296554	1652598	643956	556261	64390	47722	11556
丽水市	Lishui	422255	365911	226306	139605	89595	30129	13293	12922

8－14 各地区建筑业企业房屋建筑面积(2003年)
Floor Space of Building Construction by Region(2003)

单位:万平方米 (10000 sq. m)

地区 Region		房屋建筑面积 Floor Space of Building Construction		国有企业 State-owned Construction Enterprises		集体企业 Collective－owned Construction Enterprises	
		施工面积 Floor Space under Construction	竣工面积 Floor Space Completed	施工面积 Floor Space under Construction	竣工面积 Floor Space Completed	施工面积 Floor Space under Construction	竣工面积 Floor Space Completed
合　计	**Total**	**39473.4**	**16183.9**	**582.1**	**227.6**	**2195.1**	**1039.5**
杭州市	Hangzhou	7641.2	2692.6	228.1	91.4	42.0	28.3
宁波市	Ningbo	6244.5	2468.3	24.0	11.2	19.7	9.3
温州市	Wenzhou	2611.8	1021.6	216.2	52.5	759.3	326.9
嘉兴市	Jiaxing	1566.1	760.2	28.0	14.7	211.5	101.8
湖州市	Huzhou	912.9	460.1	4.5	4.1	57.9	25.0
绍兴市	Shaoxing	11198.8	4568.2	17.1	11.4	381.1	196.4
金华市	Jinhua	4466.0	1975.9	56.4	35.5	313.2	187.1
衢州市	Quzhou	683.0	359.9	2.4	1.4	45.1	20.8
舟山市	Zhoushan	333.8	155.0	5.4	5.4	5.8	4.1
台州市	Taizhou	3337.7	1482.4			290.3	97.0
丽水市	Lishui	477.7	239.7			69.3	42.8

8-15 各地区建筑业企业劳动生产率(2003年)
Labor Productivity of Construction by Region(2003)

单位:元/人 (yuan/person)

地区 Region		按建筑业总产值计算的劳动生产率 Overall Labor Productivity Calculated by Gross Output Value of Construction	#国有企业 State-owned Enterprises	#集体企业 Collective-owned Enterprises	按增加值计算的劳动生产率 Overall Labor Productivity Calculated by Added Value	国有企业 State-owned Enterprises	集体企业 Collective owned Enterprises
合计	**Total**	**127430**	**147228**	**95520**	**25842**	**30161**	**21961**
杭州市	Hangzhou	150407	184939	109090	25940	41011	20814
宁波市	Ningbo	120726	174361	104004	25143	26720	29040
温州市	Wenzhou	96573	92857	85616	21801	21087	18272
嘉兴市	Jiaxing	89242	71790	78481	20984	13882	17921
湖州市	Huzhou	125726	122180	64130	24319	30085	10000
绍兴市	Shaoxing	145814	150827	102694	28818	21218	23773
金华市	Jinhua	120004	92547	99586	26746	15239	23128
衢州市	Quzhou	99783	116362	89052	21028	31767	15454
舟山市	Zhoushan	90982	150860	126050	22959	37460	31814
台州市	Taizhou	110914	155413	107336	25957	39364	29592
丽水市	Lishui	106539	116103	110784	23507	30455	19219

8－16 各地区建筑业企业技术装备情况(2003 年)

Equipment Owned by Construction Enterprises by Region(2003)

地区 Region		自有机械设备总台数(台) Number of Machinery and Equipment Owned (unit)	自有机械设备总功率(万千瓦) Total Power of Machinery and Equipment Owned (10000 kw)	#施工机械功率 Power of Construction Machinery	自有机械设备净值(万元) Net Value of Machinery and Equipment Owned (10000 yuan)	技术装备率(元/人) Value of Machines per Labourer (yuan/person)	动力装备率(千瓦/人) Power of Machines per Labourer (kw/person)
合　计	**Total**	**630150**	**779.7**	**682.0**	**1858867**	**7652**	**3.21**
杭州市	Hangzhou	112725	152.9	125.4	358007	7895	3.37
宁波市	Ningbo	84145	96.2	84.6	223293	5903	2.54
温州市	Wenzhou	67089	79.5	68.7	199984	9938	3.95
嘉兴市	Jiaxing	33574	27.7	24.9	63625	6519	2.84
湖州市	Huzhou	25052	31.9	25.5	69372	9968	4.59
绍兴市	Shaoxing	134736	161.5	143.0	428119	7158	2.70
金华市	Jinhua	72707	94.8	86.4	224980	7864	3.31
衢州市	Quzhou	15732	20.1	18.0	43159	8773	4.08
舟山市	Zhoushan	9208	12.0	11.6	27288	8329	3.67
台州市	Taizhou	59777	85.1	78.4	178378	7997	3.82
丽水市	Lishui	15405	18.0	15.5	42662	10672	4.50

8－17 各地区建筑业企业资产与负债(2003年)

Assets and Liabilities of Construction Enterprises by Region(2003)

单位:万元 (10000 yuan)

地　区 Region		资产合计 Total Assets	#流动资产 Circulating Assets	#固定资产 Fixed Assets	流动负债 Liquid Liabilities	长期负债 Long-term Liabilities	所有者权益 Creditors´ Equity
合　计	**Total**	**18286813**	**13888036**	**3318552**	**11726823**	**344364**	**6215626**
杭州市	Hangzhou	4755210	3780586	667193	3316180	125399	1313631
宁波市	Ningbo	2886655	2275265	443432	1859171	55683	971801
温州市	Wenzhou	1843638	1481140	286693	1296427	14908	532303
嘉兴市	Jiaxing	727207	558413	130769	518620	6137	202450
湖州市	Huzhou	770226	579933	143756	536767	8720	224739
绍兴市	Shaoxing	3080186	2104774	750082	1671880	62789	1345517
金华市	Jinhua	1742539	1225080	426351	963528	33197	745814
衢州市	Quzhou	415123	305399	88963	278451	4242	132430
舟山市	Zhoushan	360992	296447	52511	267605	4840	88547
台州市	Taizhou	1363169	1046154	246275	835779	14372	513018
丽水市	Lishui	341868	234845	82527	182415	14077	145376

8－18 各地区建筑业企业总收入(2003 年)
Total Income of Construction Enterprises by Region(2003)

单位:万元 (10000 yuan)

地 区 Region		企业总收入 Total Income	工程结算收入 Revenue of Project Settlement Accounts	#工程结算成本 Costs of Project Settlement Accounts	#工程结算利润 Profits of Project Settlement Accounts	其他业务收入 Other Revenue from Business	#其他业务利润 Other Profits from Business
合 计	**Total**	**26753336**	**26403606**	**23820921**	**1669493**	**349730**	**74765**
杭州市	Hangzhou	6263767	6151489	5551867	393312	112278	22538
宁波市	Ningbo	4209668	4162987	3753632	278183	46681	20333
温州市	Wenzhou	1719349	1690847	1520009	111773	28502	5293
嘉兴市	Jiaxing	838221	824209	751983	45090	14012	2071
湖州市	Huzhou	799342	752915	672209	54385	46427	5730
绍兴市	Shaoxing	7038524	6980662	6364617	360767	57862	6477
金华市	Jinhua	2885054	2869643	2548779	216067	15411	5035
衢州市	Quzhou	431783	418123	372971	32065	13660	2395
舟山市	Zhoushan	249534	243295	217443	17468	6239	1210
台州市	Taizhou	1956788	1952575	1759512	125048	4213	2286
丽水市	Lishui	361306	356861	307899	35335	4445	1397

8-19 各地区建筑业企业利税总额(2003年)

Profits and Taxes of Construction Enterprises by Region(2003)

地区 Region		利税总额(万元) Total Pre-tax Profits (10000 yaun)	利润总额 Total Profits	工程结算税金及附加 Taxes and Extra Charges on Project Settlement Accounts	税金 Taxes	产值利税率(%) Ratio of Pre-tax Profits to Output Value	资产利税率(%) Ratio of Pre-tax Profits to Assets
合计	**Total**	**1776998**	**832163**	**913192**	**31643**	**5.7**	**9.7**
杭州市	Hangzhou	368954	157719	206310	4925	5.2	7.8
宁波市	Ningbo	286240	150528	131172	4540	6.0	9.9
温州市	Wenzhou	104591	41505	59065	4021	5.4	5.7
嘉兴市	Jiaxing	45954	18192	27136	626	5.1	6.3
湖州市	Huzhou	54096	26858	26321	917	6.3	7.0
绍兴市	Shaoxing	491627	227107	255278	9242	5.6	16.0
金华市	Jinhua	221007	112516	104797	3694	6.6	12.7
衢州市	Quzhou	25328	11757	13087	484	5.1	6.1
舟山市	Zhoushan	13703	5131	8384	188	4.8	3.8
台州市	Taizhou	136093	65661	68015	2417	5.6	10.0
丽水市	Lishui	29405	15189	13627	589	7.0	8.6

8－20 建筑业企业财务状况(2003 年)

Financial Indicators of Construction Enterprises (2003)

单位:万元 (10000 yuan)

指标	Item	资产合计 Total Assets	流动资产小计 Liquid Assets	长期投资 Long－term Investment	固定资产小计 Fixed Assets	无形及递延资产小计 Intangible and Deferred Assets	流动负债小计 Total Liquid Liabilities
总计	**Total**	**18286813**	**13888036**	**744317**	**3318552**	**258630**	**11726823**
#特一、二级企业	The First and Second Grade Construction Ent erprises	12816100	9763348	569426	2219471	194194	8435225
#国有及国有控股	State-owned and State-holding Industrial Enterprises	2846872	2138933	90209	555880	49385	1979301
按登记注册类型分组	**by Registration**						
内资企业	Domestic Capital Enterprises	18125547	13753179	741899	3296206	256969	11618327
#国有企业	State-owned	1375502	1034794	29224	290228	15845	947372
集体企业	Collective owned	1266412	981381	24185	242266	15548	871341
股份合作企业	Share Holding	532514	403563	29188	90224	8436	313344
私营企业	Private	4520574	3402534	135731	909966	61804	2683983
港、澳、台商投资企业	Funded by Entrepreneurs from Hong Kong, Macao and Taiwan	111962	92812	1869	15829	1468	78349
外商投资企业	Foreign Funded	49304	42045	549	6517	193	30147
按国民经济行业分组	**by Sector**						
房屋和土木工程建筑业	Housing and Civil Engineering	15266553	11591452	600850	2796333	209027	9904694
建筑安装业	Installation	1983282	1539123	107149	302399	28657	1272027
建筑装饰业	Decoration	689043	514010	27183	135245	10514	354425
其他建筑业	Others	347935	243451	9135	84575	10432	195677

指标	Item	长期负债 Long-term Liabilities	负债合计 Total Liabilities	所有者权益合计 Creditors' Equity	工程结算收入 Revenue of Project Settled Accounts	工程结算成本 Costs of Project Settled Accounts	工程结算税金及附加 Taxes and Extra Charges on Project Settled Accounts
总计	**Total**	**344364**	**12071187**	**6215626**	**26403606**	**23820921**	**913192**
#一特、二级企业	The First and Second Grade Construction Enterprises	267006	8702231	4113869	20374443	18542055	698141
#国有及国有控股	State-owned and State-holding Industrial Enterprises	68094	2047395	799477	3401026	3055549	106221
按登记注册类型分组	**by Registration**						
内资企业	Domestic Capital Enterprises	344098	11962425	6163122	26199818	23637498	908492
#国有企业	State-owned	24911	972283	403219	1556171	1367346	46989
集体企业	Collective owned	8312	879653	386759	1429237	1278457	52391
股份合作企业	Share Holding	11454	324798	207716	855828	776758	27840
私营企业	Private	85131	2769114	1751460	6212324	5578459	221822
港、澳、台商投资企业	Funded by Entrepreneurs from Hong Kong, Macao and Taiwan	266	78615	33347	108366	95104	2139
外商投资企业	Foreign Funded		30147	19157	95422	88319	2561
按国民经济行业分组	**by Sector**						
房屋和土木工程建筑业	Housing and Civil Engineering	306631	10211325	5055228	23342431	21241118	820382
线路管道设备安装业	Line and Equipment Installation	17349	1289376	693906	1898546	1578092	53531
建筑装饰业	Building Decoration	13130	367555	321488	832263	711266	29847
其他建筑业	Others	7254	202931	145004	330366	290445	9432

指标	Item	管理费用 Manage-ment Expenses	财务费用 Financial Expenses	营业利润 Business Profits	利润总额 Total Profits	应交所得税 Income Tax Payable	本年应付工资总额 Total Wages Payable
总计	**Total**	**826258**	**103973**	**814027**	**832163**	**240117**	**3865185**
#一特、二级企业	The First and Second Grade Construction Enterprises	545610	77499	554613	557920	157122	2977452
#国有及国有控股	State-owned and State-holding Industrial Enterprises	177551	8486	72531	62081	23891	352136
按登记注册类型分组	**by Registration**						
内资企业	Domestic Capital Enterprises	818699	103025	806125	824155	238267	3846391
#国有企业	State-owned	102364	3710	45820	34536	14740	174128
集体企业	Collective Owned	51432	5563	45587	45799	13772	232197
股份合作企业	Share Holding	24330	1939	27602	38110	11001	130725
私营企业	Private	202211	31205	188841	185817	52285	1047977
港、澳、台商投资企业	Funded by Entrepreneurs from Hong Kong, Macao and Taiwan	5595	704	5512	5778	1219	6518
外商投资企业	Foreign Funded	1964	244	2390	2230	631	12276
按国民经济行业分组	**by Sector**						
房屋和土木工程建筑业	Housing and Civil Engineering	603155	94236	639559	645720	182427	3533712
建筑安装业	Line and Equipment Installation	155562	2186	125017	136561	44066	193156
建筑装饰业	Building Decoration	51061	5841	35652	35467	9687	105681
其他建筑业	Others	16480	1710	13799	14415	3937	32636

主要统计指标解释

建筑业增加值 指建筑业企业在报告期内以货币表现的建筑业生产经营活动的最终成果。目前建筑业增加值采用分配法计算,即从收入的角度出发,根据生产要素在生产过程中应得的收入份额计算。具体计算公式为:

建筑业增加值 = 本年提取的固定资产折旧 + 应付工资 + 应付福利费 + 管理费用中的劳动待业保险金、税金 + 工程结算税金及附加 + 营业利润 - 转作奖金的利润。

房屋建筑施工面积 指在报告期内施工的全部房屋建筑面积。包括本期内新开工的、上期施工跨入本期继续施工、上期停建本期复工的房屋建筑面积;不包括上期开工后又停工,本期未施工的房屋建筑面积。

房屋建筑竣工面积 指在报告期内,按照设计所规定的工程内容全部完成,达到了设计规定的交工条件,经有关部门检查验收鉴定合格的房屋建筑面积。

自有机械设备年末总台数 指归本企业(或单位)所有,属于本企业固定资产的生产性机械设备年末总台数。包括施工机械、生产设备、运输设备以及其他设备。

自有机械设备年末总功率 指本企业(或单位)自有施工机械、生产设备、运输设备以及其他设备等列为在册固定资产的生产性机械设备年末总功率,按设定能力或查定能力计算。包括机械本身的动力和为该机械服务的单独动力设备,如电动机等。计算单位用千瓦,动力换算可按 1 马力 = 0.735 千瓦折合成千瓦数。电焊机、变压器、锅炉不计算动力。

工程结算收入 指企业(或单位)按工程的分部分项自行完成的建筑产品价值并已与甲方在报告期内办理结算手续的工程价款收入,以及向甲方收取的除工程价款以外的按规定列作营业收入的各种款项,如临时设施费、劳动保险费、施工机械调迁费等以及向甲方收取的各种索赔款。

工程结算利润 指已结算工程实现的利润。如为亏损以“ - ”号表示。其计算公式为:

工程结算利润 = 工程结算收入 - 工程结算成本 - 工程结算税金及附加

企业总收入 指与企业生产经营直接有关的各项收入,包括工程结算收入和其他业务收入,即:

企业总收入 = 工程结算收入 + 其他业务收入

Explanatory Notes on Main Statistical Indicators

Gross Output Value of Construction (Output Value of Projects Under Construction) refers to the gross output value of construction and installation projects that are undertaken by construction enterprises or affiliated constructing units, calculated in line with the planned schedule. It includes:

(1) Output value of construction projects, that is the value of projects covered by the project budgets;

(2) Output value of installation projects, that is the value of the installation of equipment;

(3) Output value of repair of buildings and structures, that is the value created through the repairs of buildings or structures, but does not include the value of buildings or structures being repaired and the value of the repair of production equipment;

(4) Output value of manufactured non-standard equipment, that is the value of non-standard production equipment (including raw materials and manufacturing cost) made for the construction project, irrespective of whether the equipment is manufactured on the construction site or by subsidiary workshops.

Value Added of Construction refers to the final result of the activities of production and management of construction in monetary terms in the reference period. At present, the value added of construction is calculated with the method of distribution. In other words, it is the sum of incomes of various production factors in the production process. The formula is as follows:

Value added of construction = depreciation of fixed assets in the year + wages payable + welfare expenses payable + insurance premium and tax for waiting for employment in the administrative expenses + taxes and surcharges on project settlement + profit gained from project settlement-profit used as bonus.

Floor Space of Buildings Under Construction refers to floor space of buildings under construction during the reference period, including newly started buildings, buildings started earlier and continued during the reference period, and buildings suspended earlier but restarted during the reference period. Excluded are buildings started and then suspended earlier that have not been restarted during the reference time.

Floor Space of Buildings Completed refers to the floor space of buildings that are completed in the reference period in accordance with the requirements of the design, up to the standard for putting them into use, and have been checked and accepted by concerned departments as qualified ones.

Total Number of Machinery and Equipment Owned by the Construction Enterprises (or Units) by the End of Year refers to the number of machines and equipment owned by the enterprises (or units, and listed as the fixed assets of the enterprises (or units) by the end of the year, including machinery and equipment for construction, production and transportation.

Total Power of Machinery and Equipment Owned by the Construction Enterprises (or Units) by the End of Year refer to the total power of machinery and equipment owned by the enterprises (or units), and listed as the fixed assets of the enterprises (or units) by the end of the year, including machinery and equipment for construction, production and transportation. The power of the machinery is calculated on basis of the designed or verified capacity, covering the power of the machinery/equipment and the separate power equipment serving the machinery/equipment (such as electric motors), but excluding welders, transformers and boilers. The unit use for the calculation of power is kilowatt, with horsepower converted to kilowatt by 1 horsepower = 0.735 kilowatt.

Income from Settlement of Projects refers to the income received by the construction enterprise/unit from the completed portion of the project through settlement procedures with the contractee during the reference period, and other charges to the contractee as operational costs, such as facility fee, labour insurance premium, moving cost of construction unit, as well as various types of claims to the contractee.

Profit from Settlement of Projects refers to profit realized through settled projects. It is calculated with the following formula:

$$\text{Profit from Settlement of Projects} = \text{Income from Settlement of Projects} - \text{Settled Cost} - \text{Settled Taxes and Other Cost}$$

Total Revenue of Enterprises refers to the sum of income from production and operation of enterprises, including income from settlement of projects and other operational income, namely:

$$\text{Total Revenue of Enterprises} = \text{Income from Settlement of Projects} + \text{Other Operational Income}$$

ZHEJIANG STATISTICAL YEARBOOK

交通运输和邮电通信业

Transport, Posts and Telecommunications

Chapter9

9. 交通运输和邮电通信业

Transport, Posts and Telecommunications

2003 年客运量	Passenger Traffic	140699 万人	(10000 persons)
2003 年货运量	Freight Traffic	103163 万吨	(10000 tons)
2003 年邮电业务总量	Business Volume of Posts and Telecommunication	504.72 亿元	(100 million yuan)
2003 年函件数	Number of Letters	74901 万件	(10000 cases)
2003 年订销报刊数	Newspapers and Magazines Subscribed	116953 万份	(10000 copies)
2003 年年末电话普及率	Telephone Sets Owned per 100 persons	88.8 部 / 百人	(Set/100 persons)
2003 年年末移动电话用户	Mobile Telephone Subscribers	1980 万户	(10000 users)

客运量和货运量 (万人)、(万吨)

Passenger Traffic and Freight Traffic (10000 persons)、(10000 tons)

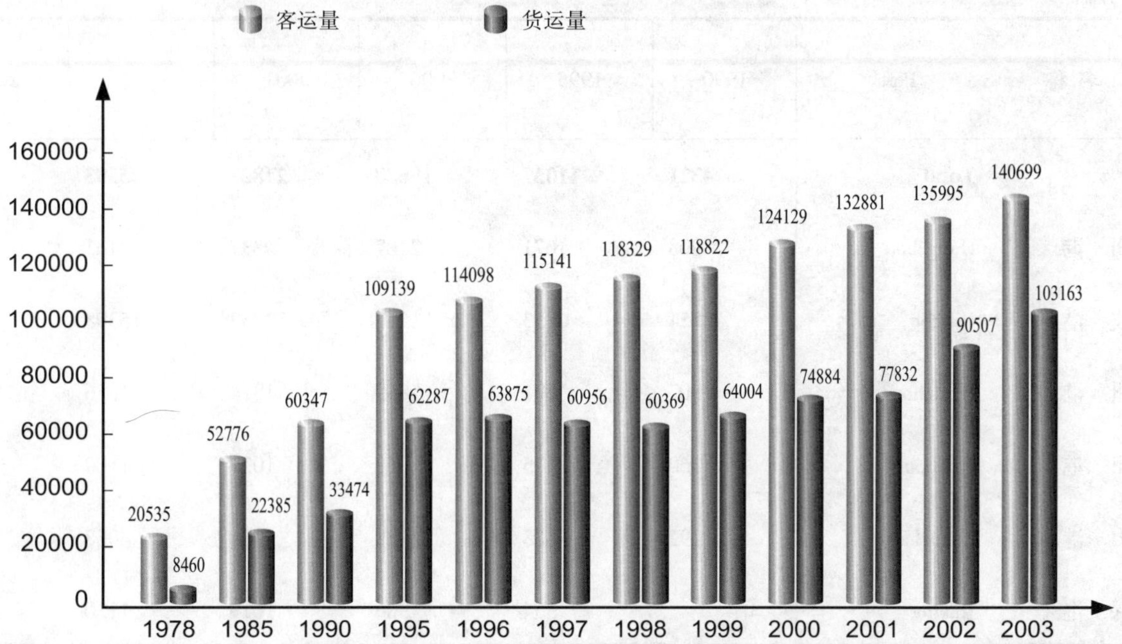

9－1 运输线路长度
Length of Transportation Routes

单位:公里 (km)

指 标	Item	1990	1995	2000	2001	2002	2003
铁路线路长度	**Length of Railways**						
营业里程	In Operation	832	921	1193	1207	1212	1212
#复线里程	Double-tracking Length	221	407	595	593	608	608
公路通车里程	**Length of Highways**	**30195**	**34329**	**41970**	**44005**	**45646**	**46193**
#一级公路	First Class Highways		110	999	1849	2070	2251
二级公路	Second Class Highways			4212	5682	5777	5948
高速公路	Expressway		94	627	774	1307	1438
内河通航里程	**Length of Navigable Inland Waterways**	**10617**	**10592**	**10408**	**10408**	**10408**	**10539**
民用航空航线(条)	**Number of Civil Aviation Routes(line)**	**41**	**114**	**174**	**182**	**165**	**174**
#国内航线	Domestic Routes	40	110	161	169	153	158

9－2 主要港口货物吞吐量
Cargo Handled at Principal Ports

单位:万吨 (10000 tons)

港口名称	Port	1990	1995	2000	2001	2002	2003
合 计	**Total**	**4321**	**11037**	**19638**	**21827**	**25503**	**32216**
杭 州 港	Hangzhou	908	1671	2187	2337	2131	2828
宁 波 港	Ningbo	2554	6853	11547	12852	15398	18543
温 州 港	Wenzhou	307	601	859	1314	1676	2338
台 州 港	Taizhou	360	475	950	1024	1100	1457
舟 山 港	Zhoushan	192	883	3189	3281	4068	5722
嘉 兴 港	Jiaxing		554	906	1019	1130	1328

9－3 民用车辆拥有量

Number of Civil Vehicles Owned

单位:辆 (unit)

指　标	Item	合计 Total 2002	2003	#个人 Individual 2002	2003
总计	**Total**	**4587992**	**5591538**	**3621813**	**4787647**
汽车	**Vehicles**	**1078311**	**1358209**	**525156**	**758716**
载客汽车	Passenger Vehicles	587846	848444	309191	531358
#大型	Large－Sized	27804	29403	924	885
中型	Medium－Sized	56694	64204	11142	16859
小型	Small－Sized	395230	614924	213620	397425
微型	Minicar	108118	139913	83505	116189
#轿车	Cars	357608	521029	203755	342925
载货汽车	Trucks	469717	482999	214452	224521
#大型	Large－Sized	14064	18653	5090	6921
中型	Medium－Sized	138007	137543	50988	48935
小型	Small－Sized	253998	260371	119488	126707
微型	Minicar	63648	66432	38886	41958
#普通载货	Ordinary	376649	371052	176832	179023
其它汽车	Others	20748	26766	1513	2837
电车	**Trolleybuses**	**80**	**70**		
无轨	Trackless	80	70		
有轨	Tramcars				
摩托车	**Motorcycles**	**3053672**	**3745567**	**2668730**	**3572153**
普通	Ordinary	2750201	3226430	2405087	3070107
轻便	Lightweigh	303471	519137	263643	502046
农用运输车	**Vehicles for Agriculture**	**8140**	**26627**	**6269**	**23521**
三轮	Three－Wheel	1321	12099	749	11111
四轮	Four－Wheel	6819	14528	5520	12410
拖拉机	**Tractors**	**431700**	**443939**	**418749**	**430620**
大型	Large－Sized	56200	69703	54514	67612
小型	Small－Sized	375500	374235	364235	363008
挂车	**Trailers**	**16002**	**16998**	**2907**	**2630**
其它类型车	**Others**	**87**	**129**	**2**	**7**
机动车驾驶员(人)	**Motor Drivers(person)**	**4560847**	**5492026**		
#汽车驾驶员	Automobile Drivers	1993573	2773670		

9－4 水路运输工具年末实有数
Number of Means Waterway Transportation (Year-end)

指　　标		Item		合计 Total		#私人 Individuals	
				2002	2003	2002	2003
机动船	(艘)	Motor Vessels	(unit)	34421	30756	30521	26758
净载重量	(吨位)	Dead Weight Tonnage	(ton)	5507345	6715360	2355775	2562852
载客量	(客位)	Passenger Capacity	(seat)	58808	60304	4926	707
货船	(艘)	Cargo Ships	(unit)	33324	29644	30213	26627
净载重量	(吨位)	Dead Weight Tonnage	(ton)	5503144	6710119	2355258	2562504
客货船	(艘)	Passenger-cargo Vessels	(unit)	30	34		
净载重量	(吨位)	Dead Weight Tonnage	(ton)	3420	4367		
载客量	(客位)	Passenger Capacity	(seat)	8584	9543		
客船	(艘)	Passenger Ships	(unit)	755	761	250	47
载客量	(客位)	Passenger Capacity	(seat)	50224	50761	4926	707
拖船	(艘)	Tugboats	(unit)	312	317	58	84
驳船	(艘)	Barges	(unit)	2830	2858	603	797
净载重量	(吨位)	Dead Weight Tonnage	(ton)	265824	269314	45861	68176
载客量	(客位)	Passenger Capacity	(seat)	1010	557		

9－5　客　运　量

Passenger Traffic

单位:万人　　(10000 persons)

年　份 Year	合　计 Total	铁　路 Railway	公　路 Highway	水　运 Waterway	民用航空 Civil Aviation
1978	20535	1889	12815	5828	3
1979	23781	2068	15543	6166	4
1980	28454	2421	19326	6702	5
1981	32458	2677	22864	6909	8
1982	35988	2735	26150	7094	9
1983	37856	2919	28468	6461	8
1984	40827	3252	30882	6683	10
1985	52776	3225	39375	10163	13
1986	57973	3126	45759	9066	22
1987	61403	3258	49589	8526	30
1988	64571	3595	52560	8382	34
1989	59477	3453	48726	7275	23
1990	60347	3018	51083	6214	32
1991	64906	3040	56495	5286	85
1992	71017	3051	62767	5087	112
1993	91553	3249	83606	4560	138
1994	100068	3559	92090	4269	150
1995	109139	3566	101370	3968	235
1996	114098	3071	107317	3446	264
1997	115141	2990	108654	3231	266
1998	118329	3169	111847	3034	279
1999	118819	3750	111771	3034	264
2000	124133	3909	116996	2938	290
2001	132881	4193	126008	2371	309
2002	135995	4511	128980	2122	382
2003	140699	4338	133968	1983	410

9-6 旅客周转量

Turnover Volume of Passenger Traffic

单位:亿人公里 (100 million person-km)

年份 Year	合计 Total	铁路 Railway	公路 Highway	水运 Waterway
1978	66.68	29.75	27.60	9.33
1979	68.22	24.77	33.26	10.19
1980	96.74	43.55	41.70	11.49
1981	111.40	49.05	50.25	12.10
1982	120.66	50.73	57.28	12.65
1983	134.73	57.46	64.54	12.73
1984	157.81	66.74	76.86	14.21
1985	201.35	75.26	107.23	18.86
1986	220.38	78.43	124.91	17.04
1987	246.98	83.94	145.85	17.19
1988	269.43	93.12	158.81	17.50
1989	257.28	87.63	153.87	15.78
1990	257.29	75.94	166.87	14.48
1991	285.85	80.91	190.95	13.99
1992	322.40	87.83	220.68	13.89
1993	398.87	98.05	288.10	12.72
1994	435.15	108.35	314.95	11.85
1995	483.06	109.80	360.09	13.17
1996	500.98	98.11	391.65	11.22
1997	529.79	101.20	417.77	10.82
1998	552.35	106.57	436.34	9.44
1999	582.71	140.01	433.50	9.20
2000	606.73	148.33	449.51	8.89
2001	651.79	164.48	479.53	7.78
2002	706.85	180.95	519.20	6.70
2003	718.39	181.03	531.63	5.73

9-7 货 运 量

Freight Traffic

单位:万吨 (10000 tons)

年 份 Year	合 计 Total	铁 路 Railway	公 路 Highway	水 运 Waterway
1978	8460	1415	2690	4355
1979	9202	1461	2998	4743
1980	9577	1523	3012	5042
1981	9608	1495	3042	5071
1982	10746	1609	3616	5521
1983	10877	1681	3728	5468
1984	11781	1736	3988	6057
1985	22385	1781	9397	11207
1986	31775	1893	17680	12202
1987	32346	1924	19426	10996
1988	37502	1877	24128	11497
1989	36358	1911	24354	10093
1990	33474	1691	22879	8904
1991	35198	1773	24162	9263
1992	41115	1915	28957	10243
1993	49867	1989	36439	11439
1994	54765	1841	40593	12331
1995	62287	1914	45052	15321
1996	63875	1928	47400	14547
1997	60956	1721	45224	14011
1998	60369	1726	45338	13305
1999	64004	1710	45754	16540
2000	74884	1955	55008	17921
2001	77832	2181	55706	19945
2002	90507	2411	63532	24564
2003	103163	2658	70907	29598

9-8 货 运 周 转 量

Turnover Volume of Freight Traffic

单位:亿吨公里 (100 million ton-km)

年 份 Year	合 计 Total	铁 路 Railway	公 路 Highway	水 运 Waterway
1978	164.19	112.77	6.69	44.73
1979	181.29	121.50	7.62	52.17
1980	190.76	126.23	8.25	56.28
1981	192.29	121.27	9.25	61.77
1982	201.83	120.49	11.49	69.85
1983	212.49	123.02	13.58	75.89
1984	232.67	127.59	16.67	88.41
1985	293.54	132.54	33.45	127.55
1986	341.20	135.18	68.14	137.88
1987	369.21	138.07	82.52	148.62
1988	403.96	136.50	96.25	171.21
1989	408.99	146.51	92.75	169.73
1990	400.65	144.43	100.75	155.47
1991	456.00	144.95	136.25	183.80
1992	546.81	167.52	158.83	220.46
1993	617.69	179.58	160.48	277.63
1994	685.41	181.55	171.63	332.23
1995	874.29	186.75	245.16	442.38
1996	900.80	178.92	266.22	455.66
1997	914.54	172.22	262.32	480.00
1998	897.88	173.28	257.11	467.49
1999	1004.10	171.80	256.90	575.40
2000	1199.74	187.16	280.02	732.56
2001	1371.60	206.48	282.53	882.59
2002	1616.61	230.41	293.60	1092.60
2003	2047.48	252.92	313.70	1480.86

9-9 按经济类型分的独立核算运输企业财务状况(2003 年)

Principal Financial Indicators of Independent Accounting Transport Enterprises by Ownership(2003)

单位:万元 (10000 yuan)

指　标	Item	总　计 Total	#国有 State-owned	#集体 Collective owned	#股份合作 Stock - cooperation	#股份制 Stock - system	#私营及其他 Private - owned Enterprises and Others
单位数(个)	Number (unit)	771	68	101	71	483	34
流动资产合计	Total Circulating Funds	528223	150057	21191	33913	302691	1877
#存货	Goods in Stock	15850	3632	213	615	10606	226
长期投资	Long-term Investment	160668	73048	3478	8	83579	38
固定资产合计	Total Fixed Assets	908024	233957	35832	25779	576243	3870
固定资产原价合计	Original Value of Fixed Assets	1283790	342592	54007	31342	795711	5603
本年折旧	Depreciation in the Year	158535	39223	6485	3054	103614	549
无形及递延资产合计	Intangible and Increased Assets	108996	18770	4594	4115	79712	540
资产总计	Total Assets	1705912	475832	65095	63815	1042225	6325
流动负债合计	Total Liquid Liabilities	764083	223445	25680	14319	478292	1818
长期负债合计	Total Long-term Liabilities	321011	80771	19530	29163	184057	49
负债合计	Total Liabilities	1085094	304215	45210	43482	662349	1866
所有者权益合计	Total Creditors´Equity	620818	171617	19885	20334	379876	4458
主营业务收入	Operating Revenue in Main Business	929146	184489	51635	48239	618621	8371
主营业务成本	Operating Costs in Main Business	703430	131568	43640	28160	478287	6956
营业费用	Operating Expenses	24742	250	979	13244	9733	534
业务税金及附加	Tax and Extra Charges on Business	29017	5606	1812	2026	18740	222
主营业务利润	Operating Profits in Main Business	171958	47065	5204	4809	111861	659
管理费用	Management Expenses	141123	38079	5509	12749	81406	385
#税金	Taxes	2355	425	165	60	1607	14
劳动、待业保险	Labor and Unemployed Insurance	22979	5154	763	71	16607	11
财务费用	Financiad Expenses	18648	5304	685	1785	10671	9547
#利息支出	Interest Expenditure	18580	4873	667	1769	11199	11
营业利润	Business Profits	45512	9400	-661	2582	34148	258
利润总额	Total Profits	64415	13715	281	2364	47428	252
本年应付工资总额	Wages Payable	262713	26222	5395	10945	215952	909
本年应付福利费总额	Welfare Funds Payable	17546	3461	525	1486	11490	81

9－10　邮电业务基本情况
Post and Telecommunications Services

年　份 Year	邮电业务总量（万元） Business Volume of Post and Telecommunications	函　件（万件） Number of Letters (10000 cases)	订销报刊累计份数（万份） Total Number of Newspaper and Magazine Subscribed (10000 copies)	特快专递（万件） Express Mail Services (10000 pieces)	通话时长（万分钟） Communication time by long－distance Telephone Call (10000 minutes)	市话年末户数（户） Number of Urban Telephone Subscribers at Year-end (Subscriber)	农话年末户数（户） Number of Rural Telephone Subscribers at Year-end (Subscriber)
1978	6851	11663	52264			42043	32919
1979	7832	14236	52264			46141	34120
1980	8991	16466	58538			51230	36838
1981	9970	18039	64945			57610	38749
1982	10834	19123	67993			65931	41513
1983	12477	23155	7373			75314	44677
1984	14879	28517	89384			89805	50487
1985	18837	33742	101657			104430	58012
1986	20564	34729	103759			121240	62935
1987	24878	39847	116953			145987	72806
1988	31300	42035	116694			188547	88729
1989	37020	36577	64557			234081	106895
1990	45396	34879	67183			280232	125783
1991	114607	32219	68849			355000	156500
1992	165815	33649	80349			486400	222100
1993	275148	39190	77457			782464	346685
1994	429179	38617	81515			1188163	585589
1995	630167	38678	85226	289	168588	1666979	936297
1996	865336	37785	90955	390	212709	1997814	1219930
1997	1129657	34186	98207	392	263562	2392544	1631650
1998	1577157	33133	102761	436	312660	2809491	2213890
1999	2190000	29439	107683	537	497232	3409993	3249300
2000	3240800	30643	106807	654	619793	4197800	4645000
2001	2799000	34839	116156	824	755690	5477000	5739000
2002	3634295	37862	114707	866	965782	7153572	6664178
2003	5047179	74901	116953	1014	1426075	9373773	7191544

注：1. 邮电业务总量 1978－2000 年按 1990 年不变价计算，2001 年开始按 2000 年不变价计算。
Business volume of post and telecommunications from 1978 to 2000 were calculated at constant price of 1990, at constant price of 2000 since 2001.

2. 按最新统计口径，自 2003 年函件包括邮送广告。
The letters in 2003 include advertisements sent by post according to new statistical scope.

9-11 邮电企业主要指标
Principal Indicators of Post and Telecommunications Enterprises

指　标		Item		1995	2000	2001	2002	2003
邮电线路长度		**Length of Postal Routes**						
邮路总长度	(公里)	Length of Postal Routes	(1000 km)	87178	100595	131355	120149	116277
农村投递路线总长度	(公里)	Rural Delivery Routes	(1000 km)	108735	114076	115838	119349	118614
长途电话电路总数	(路)	Total Long-distance Telephone Circuits	(line)	46979	114384	151688	269032	232906 (ZM)
邮运通信工具		**Telecommunications Facilities**						
火车邮厢	(辆)	Postal Railway Carriage	(unit)	16	8	8	7	7
邮政汽车	(辆)	Postal Cars	(unit)	1067	1230	1342	1399	2189
电话机	(万部)	Number of Telephone Sets	(10000 units)	372	1372	1726	2088	2174
#公用电话	(万部)	Public Telephone	(10000 unit)		21	23	25	100
长途自动交换机	(路端)	Long distance Switchboard	(terminal circuit)	216915	303633	329463	446387	455011
本地电话交换机容量	(万门)	Urban Switchboard	(10000 lines)	469	1331	1673	1926	2191
移动电话交换机	(万户)	Mobile Switchboard	(10000 lines)	62	1224	1798	2056	2477
移动电话	(万户)	Mobile Telephone	(10000 users)	25	675	1090	1468	1980
无线寻呼机	(万户)	Radio Pager	(10000 users)	132	323	245	92	31
分组交换用户	(户)	Exchange User	(user)		3400	2528	1858	1265
DDN 用户	(户)	User of DDN	(user)		24984	29574	28852	25559
帧中继用户	(户)	User of ChinaFrn	(user)		5827	6247	6802	6583
互联网用户	(万户)	Users of International Computer Network	(10000 user)			206	316	344
#宽带用户	(户)	Wide Band	(user)					126
长途光缆线路长度	(公里)	Length of Long Distance Optical Fibre Cable	(km)			9854	14074	18446

9－12 邮电通信水平
Level of Post and Telecommunications Services

指　　标		Item		1995	2000	2001	2002	2003
邮电通信水平		**Level of Postal and Telecommunications Services**						
每百人平均函件量	（件/百人）	Average Number of Letters Mailed per 100 Persons	（pieces/100 persons）	882.7	680.8	770.8	834.7	1600.6
每百人平均订阅报刊量	（份/百人）	Average Number of Newspaper Subscribed per 100 Persons	（copies/100 persons）	18.9	24.2	26.1	23.2	21.7
每百人平均包件	（件/百人）	Average Number of Parcels per 100 Persons	（pieces/100 persons）	16.3	10.8	11.7	12.9	13.9
每百人平均汇票量	（张/百人）	Average Number of Money Order per 100 Persons	（pieces/100 persons）	22.6	26.1	27.1	29.9	30.6
每百人长话量	（分钟/百人）	Number of Long-distance Telephone per 100 Persons	（minutes/100 persons）	3858	13770	16719	21292	30474
电话普及率	（部/百人）	Number of Telephone Sets Owned Per 100 Persons	（set/100 persons）	9.1	45.5	62.3	78.4	88.8
#固定电话普及率		Fixed Telephone		8.5	30.5	38.2	46.1	46.5
移动电话普及率		Mobile Telephone			15.0	24.1	32.4	42.3
人均邮政、电信费用支出（按合计总量算）	（元/人）	Per Capital Expenditure of Telecommunications	（yuan/person）	144	526	571	653	729
已通电话的乡镇	（个）	Number of Townships with Telephone Communication	（unit）		1752	1558	1375	1334
已通电话的行政村	（个）	Number of Villages with Telephone Communication	（unit）		41358	40251	39885	38819
移动电话漫游国家和地区	（个）	Contries (Regions) Connected With The Mobile Telephone Communication Network						112
移动电话（GSM）网络覆盖县（市）	（个）	Conties (Cities) Connected With GSM						123
移动电话（CDMA）网络覆盖县（市）	（个）	Conties (Cities) Connected With CDMA						61
设有局所的乡（镇）比重	（%）	Percentage of Townships with Postal Offices	（%）	93.5	81.7	97.2	85.5	85.2
按固定班期投递邮件的乡镇	（个）	Townships with Regularly Delivering Letters	（unit）	1842	1754	1648	1395	1354

主要统计指标解释

铁路营业里程　又称营业长度,指办理客货运输业务的铁路正线总长度。凡是全线或部分建成双线及以上的线路,以第一线的实际长度计算;复线、站线、段管线、岔线和特殊用途线以及不计算运费的联络线都不计算营业里程。铁路营业里程是反映铁路运输业基础设施发展水平的重要指标,也是计算客货周转量、运输密度和机车车辆运用效率等指标的基础资料。

公路里程　指在一定时期内实际达到《公路工程技术标准 JTJ01-88》规定的等级公路,并经公路主管部门正式验收交付使用的公路里程数。其计算单位为:km。它包括大中城市的郊区公路以及通过小城镇街道部分的公路里程,也包括桥梁、渡口的长度,但不包括大中城市的街道、厂矿、林区生产用道和农业生产用道的里程。两条或多条公路共同经由同一路段,只计算一次,不得重复计算里程长度。公路里程是反映公路建设发展规模的重要指标,也是计算运输网密度等指标的基础资料。

内河航道里程　也称"内河通航里程",是反映内河水运网规模、水平和发展情况的主要指标;是指在一定时期内,能通航运输船舶及排筏的天然河流、湖泊水库、运河及通航渠道的长度。包括全年季节性通航累计三个月以上的航道,但不包括仅供零散流放竹、木排的河道。

货(客)运量　指在一定时期内,各种运输工具实际运送的货物(旅客)数量。是反映运输业为国民经济和人民生活服务的数量指标,也是制定和检查运输生产计划,研究运输发展规模和速度的重要指标。货运按吨计算,客运按人计算。货物不论运输距离长短,货物类别,均按实际重量统计;旅客不论行程远近或票价多少,均按一人一次作为客运量统计。半价票、小孩票也按一人统计。

货物(旅客)周转量　指在一定时期内,由各种运输工具运送的货物(旅客)数量与其相应运输距离的乘积之总和,是反映运输业生产总成果的重要指标,也是编制和检查运输生产计划,计算运输效率、劳动生产率以及核算运输单位成本的主要基础资料。通常以吨公里和人公里为计算单位。计算货物周转量通常按发出站与到达站之间的最短距离,也就是计费距离计算。

沿海主要港口货物吞吐量　指由水运进出沿海主要港区范围,并经过装卸的货物数量,包括邮件及办理托运手续的行李、包裹以及补给运输船舶的燃、物料和淡水。其计量单位为吨。货物吞吐量的货种分类及其主要流向流量,反映了港口在国内外物资交流和对外贸易运输中的地位和作用。吞吐量可以分为进口、出口,又可以分为国内贸易和对外贸易。

邮电业务总量　指以货币表现的邮电部门用于传递信息和提供其他邮电服务的总数量。它综合反映了一定时期邮电工作的总成果,是研究邮电业务量构成和发展趋势的重要指标。它用各种邮电分类业务量,如函件件数、长途电话业务量、市内电话和农村电话的年均户数、订销报刊累计份数等,分别乘以相应的平均单价(不变价),加总后再加上出租电路和设备的收入、代用户维护电话交换机和线路等设备的收入、其他业务收入求得。

Explanatory Notes on Main Statistical Indicators

Length of Railways in Operation refers to the total length of the trunk line under passenger and freight transportation. The calculation is based on the actual length of the first line even if this line has a full or partial double track or more tracks, excluding double tracks, stationsidings, tracks under the charge of stations, , branch lines, specialpurpose lines and the non-payable connecting lines. The length of railways in operation is an important indicator to show the development of the intra-structure for the railway transport, and also the essential data to calculate volume of passenger freight transport, traffic density and utilization efficiency of the locomotives and carriages.

Length of Highways refers to the length of highways which are built in conformity with the grades specified by the highway engineering standard formulated by the Ministry of Communications, and have been formally checked and accepted by the departments of highways and put into use. The length of highways includes that of the suburb highways at large and medium-sized cities, highways passing through streets at small cities and towns, and also the length of bridges and ferries. It does not include the length of streets in big and medium-sized cities and highways built for the production purpose at factories, mines, forest areas and agricultural areas. If two or more highways go the same section of the way, the length of the section is only calculated for once and no duplication is allowed. The length of highways is an important indicator to show the development of the highway construction and to provide essential information to calculate the transport network density.

Length of Navigable Inland Waterways refers to the length of the natural rivers, lakes, reservoirs, canals, and ditches open to navigation during a given period, which enables the transport by ships and rafts. It includes the channels open to navigation for over 3 months accumulatively in a year, yet this does not include the river courses which are only used to float odd logs and bamboo rafts.

Length of Civil Aviation Routes refers to the length of all routes for regular civil aviation flights. There are usually two ways to calculate the distance between airports connected by the route length: One is to put the length of all air routes together, called duplicated calculation of the length of the routes; the other is not to allow the duplication in calculation when two or more routes passing the same section. The latter is usually used, as it can precisely show the size of the civil aviation network and indicate the extent of civil aviation serving the national economy and the people.

Freight (Passenger) Traffic refers to the volume of freight (passenger) transported with various means. Freight transport is calculated in tons and passenger traffic is calculated in the number of persons. Despite the type of freight and travelling distance, the freight transport is calculated by the principle that one person can be counted only once in one travel. The passenger who travel with a half-price ticket or a child ticket is also calculated as one person. The freight (passenger) traffic provides a quantitative measure to show how the transport industry serves the national economy and people, and is also an important indicator for planning the transport industry and for studying the development scale and speed of the transport industry.

Freight Ton-kilometers (Passenger-kilometers) refer to the sum of the products of the volume of transported cargo (passengers) multiplying by the transport distance, usually using ton-kilometre and passenger-kilometre as units for measurement. Normally, the shortest distance between the departure station and the destination station (i. e., the payable distance) is the basis to calculate the freight ton-kilometres. This is an important indicator to show the total results of the transport industry, to prepare and examine the transport plan and to measure the efficiency, the labour productivity and the unit cost of transport.

Volume of Freight Handled in Major Coastal Ports refers to the volume of cargo passing in and out the harbor area of the major coastal ports and having been loaded and unloaded. The volume includes that of the postal matters, registered luggages and fuels, materials and fresh water as supplies of the ships. The volume of freight handled may be classfied as import, export, or as domestic trade and foreign trade. The volume of freight handled by type of cargo and by main flow direction reflects the position and function of the ports in the inflow of Chinese and foreign commodities and in the transportation for foreign trade.

Business Volume of Post and Telecommunications refers to the total amount of the imformation delivered and other post and telecommunications services provided by the post and telecommunications departments for the customers. It is derived by first multiplying the business volume of different types, such as number of letters, telegrams, long distance calls, city and rural telephone subscribers and accumulated number of newspapers and journals subscribed and sold, etc. by their respective average unit price (fixed price) and then adding these products together: plus the income from maintenance of telephone exchanges and lines, and the income from other business operations. The business volume of post and telecommunications indicates the total achievements made by the post and telecommunications department during a given period of time in a comprehensive way, and is an important indicator to study the composition and development of the post and telecommunications business.

批发、零售贸易和餐饮业

Wholesale and Retail Sale Trade and Catering Trade

Chapter 10

10. 批发、零售贸易和餐饮业
Wholesale and Retail Sale Trade and Catering Trade

2003年社会消费品零售总额	Total Retail Sales of Consumer Goods	3157.09亿元 (100 million yuan)
批发零售贸易业	Wholesale and Retail Sale Trade	2696.42亿元 (100 million yuan)
餐饮业	Catering Trade	358.88亿元 (100 million yuan)
其他	Others	101.78亿元 (100 million yuan)

社会消费品零售总额 (亿元)

Total Retail Sales of Consumer Goods (100 million yuan)

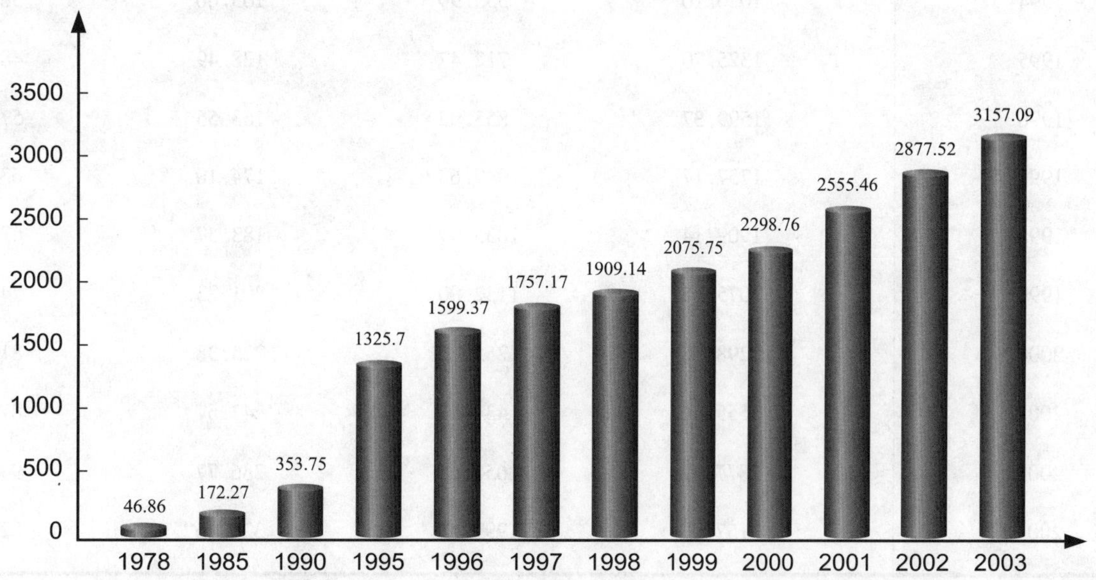

10－1 按地区分的社会消费品零售总额

Total Retail Sales of Consumer Goods by Region

单位:亿元 (100 million yuan)

年 份 Year	社会消费品零售总额 Total Retail Sales of Consumer Goods	市 City	县 County	县以下 Under County Level
1978	46.86	9.75	14.46	22.65
1979	58.97	11.56	17.68	29.73
1980	74.87	14.99	21.68	38.20
1981	85.99	23.76	17.59	44.64
1982	93.77	25.01	19.57	49.19
1983	104.24	28.06	23.10	53.08
1984	125.82	35.66	27.96	62.20
1985	172.27	55.99	40.74	75.54
1986	203.49	67.15	44.71	91.63
1987	242.58	87.80	45.29	109.49
1988	325.88	132.28	51.23	142.37
1989	346.01	141.80	51.91	152.30
1990	353.75	153.27	48.55	151.93
1991	404.00	184.56	55.79	163.65
1992	493.87	230.23	73.72	189.92
1993	695.06	334.51	101.47	259.08
1994	1020.10	553.99	103.66	362.45
1995	1325.70	712.47	128.49	484.74
1996	1599.37	855.92	163.55	579.90
1997	1757.17	949.63	174.10	633.44
1998	1909.14	1035.97	183.57	689.59
1999	2075.75	1132.00	201.23	742.52
2000	2298.76	1255.15	225.38	818.23
2001	2555.46	1434.82	247.57	873.07
2002	2877.52	1650.65	286.77	940.10
2003	3157.09	1999.88	329.46	827.74

10－2 按行业分的社会消费品零售总额

Total Retail Sales of Consumer Goods by Sector

单位:亿元 (100 million yuan)

年份 Year	社会消费品零售总额 Total Retail Sales of Consumer Goods	批发零售贸易业 Wholesale and Retail Sale Trade	餐饮业 Catering Trade	制造业 Manufacturing	其他 Others
1978	46.86	37.93	1.84	3.38	3.71
1979	58.97	47.53	2.28	4.77	4.39
1980	74.87	58.72	2.86	7.67	5.63
1981	85.99	64.64	3.21	10.23	7.91
1982	93.77	69.18	3.45	11.28	9.86
1983	104.24	77.02	3.87	12.62	10.73
1984	125.82	90.53	4.98	16.60	13.71
1985	172.27	115.86	6.56	24.78	25.07
1986	203.49	136.47	7.90	29.32	29.80
1987	242.58	160.35	9.73	34.27	38.23
1988	325.88	221.57	12.55	41.16	50.60
1989	346.01	235.20	14.06	39.41	57.34
1990	353.75	238.14	15.90	36.93	62.78
1991	404.00	271.03	19.07	40.40	73.50
1992	493.87	327.64	25.04	46.51	94.68
1993	695.06	477.75	36.09	62.25	118.97
1994	1020.10	680.67	49.73	78.57	211.13
1995	1325.70	909.76	77.35	105.08	233.51
1996	1599.37	1106.91	103.54	119.10	269.81
1997	1757.17	1213.64	116.92	119.92	306.69
1998	1909.14	1319.27	134.43	129.75	325.68
1999	2075.75	1445.86	169.52	140.06	320.31
2000	2298.76	1600.47	213.95	150.87	333.47
2001	2555.46	1792.46	250.16	165.50	347.34
2002	2877.52	2022.07	309.31	176.02	370.12
2003	3157.09	2696.42	358.88		101.78

10-3 按登记注册类型分限额以上批发零售贸易业基本情况(2003年)

Basic Conditions of Enterprises above Designated Size in Wholesale and Retail Trade by Types of Registration(2003)

单位:亿元 (100 million yuan)

指标	Item	法人企业(个) Number of Corporation (Unit)	产业活动单位数(个) Number of Economic Active (Unit)	经营网点(个) Number of Management Places (Unit)	零售网点(个) Number of Retail Trade (Unit)	从业人员(人) Persons Employed (person)
总计	**Total**	**2244**	**7468**	**11749**	**7685**	**196689**
批发业合计	**Wholesale Trade**	**1481**	**4606**	**7186**	**3533**	**103939**
#国有及国有控股	State - owend and State Holding Enterprises	510	2322	3063	1635	61116
内资企业	Domestic Funded Enterprises	1479	4593	7170	3529	103396
国有企业	State - owned Enterprises	243	1092	1071	469	27131
集体企业	Collective Owned Enterprises	60	207	305	139	3290
股份合作企业	Cooperative Enterprises	52	96	153	65	5136
联营企业	Joint Ownership Enterprises	11	17	13	1	253
国有联营企业	State Joint Ownership Enterprises	5	11	6	1	158
集体联营企业	Collective Joint Ownership Enterprises					
国有与集体联营企业	Joint State - collective Enterprises	3	3	3		43
其他联营企业	Other Joint Ownership Enterprises	3	3	4		52
有限责任公司	Limited Liability Corporations	683	2151	3809	1911	42822
国有独资公司	State Sole Funded Corporations	34	206	228	47	3875
其他有限责任公司	Other Limited Liability Corpirations	649	1945	3581	1864	38947
股份有限公司	Share - holding Corporations Ltd.	57	490	1085	681	13529
私营企业	Private Enterprises	373	540	734	263	11235
私营独资企业	Private Funded Enterprises	8	18	8	1	247
私营合伙企业	Private Partnership Corporations	7	7	7		163
私营有限责任公司	Private Limited Liability Corporations	349	503	705	260	10587
私营股份有限公司	Private Share - holding Corporations Ltd.	9	12	14	2	238
其他企业	Other Enterprises					
港澳台商投资企业	Enterprises With Funds From Hong Kong, Macao and Taiwan		3	6	1	106
合资经营企业	Joint - venture Enterprises		2	5	1	68
合作经营企业	Cooperative Enterprises					
独资经营企业	Enterprises with Sole Investment		1	1		38
投资股份有限公司	Share - holding Corporations Ltd. With Investment					
外商投资企业	Foreign Funded Enterprises	2	10	10	3	437
中外合资经营企业	Joint - venture Enterprises		6	7	1	295
中外合作经营企业	Cooperation Enterprises		2	2	1	82
外资企业	Enterprises With Sole Foreign Investment	2	2	1	1	60
外商投资股份有限公司	Share - holding Corporations Ltd. With Foreign Investment					

单位:亿元 10-3 续表 continued (100 million yuan)

指标	Item	法人企业(个) Number of Corporation (Unit)	产业活动单位数(个) Number of Economic Active (Unit)	经营网点(个) Number of Management Places (Unit)	零售网点(个) Number of Retail Trade (Unit)	从业人员(人) Persons Employed (person)
零售业合计	**Retail Trade**	**763**	**2862**	**4563**	**4152**	**92750**
#国有及国有控股	State - owend and State Holding Enterprises	169	670	1123	982	21560
内资企业	Domestic Funded Enterprises	759	2849	4510	4100	90515
国有企业	State - owned Enterprises	55	245	363	318	4971
集体企业	Collective Owned Enterprises	63	590	929	780	6910
股份合作企业	Cooperative Enterprises	33	106	122	112	2214
联营企业	Joint Ownership Enterprises	8	15	26	25	246
国有联营企业	State Joint Ownership Enterprises	3	6	17	16	53
集体联营企业	Collective Joint Ownership Enterprises	2	2	2	2	56
国有与集体联营企业	Joint State - collective Enterprises	2	6	6	6	59
其他联营企业	Other Joint Ownership Enterprises	1	1	1	1	78
有限责任公司	Limited Liability Corporations	309	1214	2066	1942	48875
国有独资公司	State Sole Funded Corporations	35	118	132	121	4642
其他有限责任公司	Other Limited Liability Corporations	274	1096	1934	1821	44233
股份有限公司	Share - Holding Corporations Ltd.	36	155	199	176	10810
私营企业	Private Enterprises	255	524	805	747	16489
私营独资企业	Private Funded Enterprises	13	21	34	34	716
私营合伙企业	Private Partnership Corporations	5	7	7	6	139
私营有限责任公司	Private Limited Liability Corporations	229	488	727	672	15014
私营股份有限公司	Private Share - holding Corporations Ltd.	8	8	37	35	620
其他企业	Other Enterprises					
港澳台商投资企业	Enterprises With Funds From Hong Kong, Macao and Taiwan	1	5	16	15	890
合资经营企业	Joint - venture Enterprises	1	4	15	15	880
合作经营企业	Cooperative Enterprises					
独资经营企业	Enterprises with Sole Investment		1	1		10
投资股份有限公司	Share - holding Corporations Ltd.					
外商投资企业	Foreign Funded Enterprises	3	8	37	37	1345
中外合资经营企业	Joint - venture Enterprises	1	1	1	1	18
中外合作经营企业	Cooperation Enterprises	2	6	6	6	1227
外资企业	Enterprises With Sole Foreign Investment		1	30	30	100
外商投资股份有限公司	Foreign Investment Share - holding Corporations Ltd.					

10－4 分行业限额以上批发零售贸易基本情况(2003年)
Basic Conditions of Enterprises above Designated Size in Wholesale and Retail Trade by Types of Registration(2003)

单位:亿元　　(100 million yuan)

指标	Item	法人企业(个) Number of Corporation (Unit)	产业活动单位数(个) Number of Economic Active (Unit)	经营网点(个) Number of Management Places (Unit)	零售网点(个) Number of Retai Trade (Unit)	从业人员(人) Persons Employed (person)
总计	**Total**	**2244**	**7468**	**11749**	**7685**	**196689**
批发业	**Wholesale**	**1481**	**4606**	**7186**	**3533**	**103939**
农畜产品批发	Agricultural and Animal Products	36	318	349	115	2387
食品、饮料及烟草制品批发	Food Beverages Tobacoo and Its Products	222	1058	971	400	24758
#米、面制品及食用油批发	Rice, Flour and Its Products, Edible Oil	48	225	226	77	4358
烟草制品批发	Tobacoo and Its Products	76	528	333	113	10908
纺织、服装及日用品批发	Textile Garments and Articles for Daily Use	224	373	1601	825	12606
#服装批发	Garments	58	69	607	163	2873
文化、体育用品及器材批发	Culture Sports Articles and Equipment	51	68	82	12	1836
医疗及医疗器材批发	Medicines and Medical Appliances	95	809	971	722	18517
矿产品、建材及化工产品批发	Mineral Products, Building Materials and Chemical Products	489	1317	2359	1288	26515
#煤炭及制品	Coal and Related Products	39	57	76	12	1958
石油及制品批发	Petroleurn and Related Products	118	672	1549	1048	13131
金属及金属矿批发	Metal Materials and Mineral	164	198	188	8	5139
建材批发	Bulding Materials	35	81	89	23	1793
化肥批发	Fertilizer	23	170	258	130	1118
机械设备、五金交电及电子产品批发	Machinery Equipment Hardware and Electric Products	262	386	525	157	14197
#汽车、摩托车及零配件批发	Motor Vehicles Motorcycles and Parts	69	116	162	56	3094
家用电器批发	Household Appliances	35	62	62	25	2794
计算机、软件及辅助设备批发	Computers, Soflware and Auxiliary Equipment	12	12	21	11	535
贸易经纪与代理	Manage and Agencies in Trade	2	2	3		30
其他批发	Others	100	275	325	14	3093

单位:亿元　　10-4 续表 continued　　(100 million yuan)

指标	Item	法人企业(个) Number of Corporation (Unit)	产业活动单位数(个) Number of Economic Active (Unit)	经营网点(个) Number of Management Places (Unit)	零售网点(个) Number of Retai Trade (Unit)	从业人员(人) Persons Employed (person)
零售业	**Retail Sale**	**763**	**2862**	**4563**	**4152**	**92750**
综合零售	Synthesizs	242	1126	1871	1724	60105
#百货零售	Consumer Goods	114	632	790	727	34581
超级市场零售	Supermarkets	98	311	533	508	21841
食品、饮料及烟草制品专门零售	Food Beverages Tobacoos and Its Products	57	411	579	502	4956
纺织服装及日用品专门零售	Textile Garments and Articles for Daily Use	19	133	249	228	2263
#服装零售	Garments Articles	4	7	28	25	716
文化、体育用品及器材专门零售	Calture Sports Articles and Equipments	74	239	341	324	4948
#体育用品零售	Sports Articles	1	5	1	1	117
图书零售	Books	63	214	315	302	4293
医疗及医疗器材专门零售	Medicines and Medical Appliances	44	293	677	661	5066
#药品零售	Medicines	41	285	667	651	4948
汽车、摩托车、燃料及零售	Motor Vehicles Motorcycles Fuel	195	304	393	337	7453
#汽车零售	Motor Vehicles	120	139	209	176	4006
机动车燃料零售	Fuel for Motor Vehicles Use	27	78	72	60	2194
家用电器及电子产品专门零售	Household Appliance Electric Products	97	159	171	152	6165
#家用电器零售	Household Appliance	67	124	114	103	4873
计算机、软件及辅助设备零售	Computer, Software and Auxiliary Equipment	25	27	43	39	901
通信设备零售	Communication Equipment	4	7	13	9	344
五金、家具及室内装饰材料专门零售	Hardware Furniture Decoration Indoors	9	59	64	60	720
无店铺及其他零售	Non-shop and Other Retail Sale	26	138	218	164	1074

10-5 按登记注册类型分限额以上批发零售贸易业商品购、销、存总额基本情况(2003年)

Total Purchases, Sales and Inventory of Enterprises above Designated Size in Wholesale and Retail Trade by Types of Registration(2003)

单位:亿元 (100 million yuan)

指标	Item	购进总额 Purchases	销售总额 Sales 合计 Total	批发 Wholesale	零售 Retail Sale	年末库存总额 Inventory
总计	**Total**	**5069.46**	**5219.99**	**4390.07**	**829.92**	**310.52**
批发业合计	**Wholesale Trade**	**4448.22**	**4577.32**	**4282.01**	**295.31**	**239.83**
#国有及国有控股	State - owend and State Holding Enterprises	2440.81	2494.66	2328.96	165.70	134.47
内资企业	Domestic Funded Enterprises	4430.95	4558.44	4267.01	291.43	238.69
国有企业	State - owned Enterprises	1010.56	1078.39	1034.40	44.00	51.05
集体企业	Collective Owned Enterprises	64.98	69.63	67.62	2.02	4.27
股份合作企业	Cooperative Enterprises	125.37	119.27	114.88	4.39	3.20
联营企业	Joint Ownership Enterprises	20.79	21.13	20.70	0.44	0.45
国有联营企业	State Joint Ownership Enterprises	4.21	4.34	4.24	0.10	0.29
集体联营企业	Collective Joint Ownership Enterprises					
国有与集体联营企业	Joint State - collective Enterprises	4.48	4.51	4.40	0.11	0.13
其他联营企业	Other Joint Ownership Enterprises	12.11	12.29	12.05	0.24	0.03
有限责任公司	Limited Liability Corporations	2076.84	2163.83	2023.96	139.87	124.42
国有独资公司	State Sole Funded Corporations	66.77	67.45	63.57	3.88	11.63
其他有限责任公司	Other Limited Liability Corporations	2010.07	2096.38	1960.38	135.99	112.79
股份有限公司	Share - holding Corporations Ltd.	649.30	617.13	555.17	61.96	25.63
私营企业	Private Enterprises	483.12	489.05	450.29	38.76	29.68
私营独资企业	Private Funded Enterprises	8.21	8.29	7.88	0.41	0.22
私营合伙企业	Private Partnership Corporations	6.62	6.77	6.57	0.20	0.10
私营有限责任公司	Private Limited Liability Corporations	459.74	465.13	427.00	38.13	29.23
私营股份有限公司	Private Share - holding Corporations Ltd.	8.55	8.86	8.83	0.02	0.13
其他企业	Other Enterprises					
港澳台商投资企业	Enterprises With Funds From Hong Kong, Macao and Taiwan	2.28	2.39	2.39		0.71
合资经营企业	Joint - venture Enterprises	1.62	1.66	1.66		0.69
合作经营企业	Cooperative Enterprises					
独资经营企业	Enterprises with Sole Investment	0.67	0.73	0.73		0.01
投资股份有限公司	Share - holding Corporations Ltd.					
外商投资企业	Foreign Funded Enterprises	14.98	16.49	12.61	3.88	0.43
中外合资经营企业	Joint - venture Enterprises	5.23	5.62	5.27	0.35	0.31
中外合作经营企业	Cooperation Enterprises	4.41	5.23	1.71	3.53	0.11
外资企业	Enterprises With Sole Foreign Investment	5.34	5.64	5.64		0.02
外商投资股份有限公司	Foreign Investment Share - holding Corporations Ltd.					

指标	Item	购进总额 Purchases	销售总额 Sales 合计 Total	批发 Wholesale	零售 Retail Sale	年末库存总额 Inventory
零售业合计	**Retail Trade**	**621.24**	**642.77**	**108.05**	**534.61**	**70.69**
#国有及国有控股	State－owend and State Holding Enterprises	138.33	142.59	20.35	122.24	17.67
内资企业	Domestic Funded Enterprises	593.96	608.29	107.30	500.99	69.04
国有企业	State－owned Enterprises	26.19	27.50	4.89	22.61	5.63
集体企业	Collective Owned Enterprises	26.66	27.91	8.82	19.10	4.05
股份合作企业	Cooperative Enterprises	15.90	17.03	5.26	11.77	2.36
联营企业	Joint Ownership Enterprises	3.25	3.32	0.01	3.30	0.24
国有联营企业	State Joint Ownership Enterprises	0.86	0.90	0.01	0.88	0.07
集体联营企业	Collective Joint Ownership Enterprises	0.44	0.53		0.53	0.06
国有与集体联营企业	Joint State－collective Enterprises	0.31	0.28		0.28	0.05
其他联营企业	Other Joint Ownership Enterprises	1.64	1.61		1.61	0.06
有限责任公司	Limited Liability Corporations	281.36	286.75	35.72	251.03	35.57
国有独资公司	State Sole Funded Corporations	12.68	12.11	2.17	9.94	2.80
其他有限责任公司	Other Limited Liability Corporations	268.68	274.64	33.55	241.09	32.77
股份有限公司	Share－Holding Corporations Ltd.	78.66	84.21	21.87	62.34	6.02
私营企业	Private Enterprises	161.94	161.58	30.73	130.85	15.17
私营独资企业	Private Funded Enterprises	3.22	3.58	0.63	2.95	0.32
私营合伙企业	Private Partnership Corporations	2.32	1.70	0.15	1.55	0.11
私营有限责任公司	Private Limited Liability Corporations	147.21	146.94	28.57	118.37	13.04
私营股份有限公司	Private Share－holding Corporations Ltd.	9.20	9.37	1.39	7.98	1.69
其他企业	Other Enterprises					
港澳台商投资企业	Enterprises With Funds From Hong Kong, Macao and Taiwan	13.07	18.58	0.76	17.83	0.42
合资经营企业	Joint－venture Enterprises	12.36	17.88	0.05	17.83	0.42
合作经营企业	Cooperative Enterprises					
独资经营企业	Enterprises with Sole Investment	0.71	0.71	0.71		
投资股份有限公司	Share－holding Corporations Ltd.					
外商投资企业	Foreign Funded Enterprises	14.21	15.79		15.79	1.22
中外合资经营企业	Joint－venture Enterprises	0.15	0.15		0.15	
中外合作经营企业	Cooperation Enterprises	13.84	15.42		15.42	1.22
外资企业	Enterprises With Sole Foreign Investment	0.22	0.22		0.22	
外商投资股份有限公司	Share－holding Corporations Ltd.					

10－6 分行业限额以上批发零售贸易业商品购进、销售、库存总额(2003 年)

Total Purchases, Sales and Inventory of Enterprises above Designated Size in Wholesale and Retail Trade by Sector (2003)

单位:亿元 (100 million yuan)

指标	Item	购进总额 Purchases	销售总额 Sales 合计 Total	批发 Wholesale	出口 Export	零售 Retail sale	年末库存总额 Inventory
总计	**Total**	**5069.46**	**5219.99**	**4390.07**	**1175.48**	**829.92**	**310.52**
批发业	**Wholesale**	**4448.22**	**4577.32**	**4282.01**	**1162.50**	**295.31**	**239.83**
农畜产品批发	Agricultural and Animal Products	107.36	120.52	120.27	71.91	0.25	8.18
食品、饮料及烟草制品批发	Food, Beverages, Tobacoo and Its Products	494.02	562.87	545.50	114.45	17.37	26.57
#米、面制品及食用油批发	Rice, Flour and Its Products, Edible Oil	90.78	90.90	90.48	37.08	0.42	9.27
烟草制品批发	Tobacoo and Its Products	254.18	310.33	303.46	0.05	6.87	12.19
纺织、服装及日用品批发	Textile Garments and Articles for Daily Use	797.65	825.84	809.38	610.68	16.45	26.13
#服装批发	Garments	267.23	273.12	268.80	201.40	4.32	5.10
文化、体育用品及器材批发	Culture Sperts Articles and Equipment	104.33	107.55	106.07	50.41	1.48	11.84
医疗及医疗器材批发	Medicines and Medical Appliances	204.10	214.30	118.24	16.18	96.06	33.10
矿产品、建材及化工产品批发	Mineral Products, Building Materials and Chemical Products	1760.57	1742.23	1694.48	85.23	47.75	77.58
#煤炭及制品	Coal and related products	82.11	89.80	88.99		0.81	3.68
石油及制品批发	Petroleurn and related Produets	676.56	648.16	605.65	1.02	42.51	14.67
金属及金属矿批发	Metal Materials and Mineral	618.77	611.18	609.48	12.83	1.71	41.47
建材批发	Building Materials	49.22	50.68	48.41	2.15	2.28	3.08
化肥批发	Fertilizer	101.06	100.87	100.72	7.68	0.15	8.06
机械设备、五金交电及电子产品批发	Machinery Equipment Hardware and Electric Produets	833.42	841.99	727.57	180.58	114.42	53.78
#汽车、摩托车及零配件批发	Motor Vehicles Motorcycles and Parts	245.57	245.75	156.92	1.79	88.82	19.19
家用电器批发	Household Appliances	92.40	90.82	80.60	13.62	10.22	13.21
计算机、软件及辅助设备批发	Computers, Soflware and Auxiliary Equipment	10.18	11.15	6.84		4.31	0.39
贸易经纪与代理	Manage and Agencies in Trade	2.00	1.88	1.88	1.88		0.05
其他批发	Others	144.77	160.13	158.62	31.17	1.52	2.60

单位:亿元 10－6 续表 continued (100 million yuan)

指标	Item	购进总额 Purchases	销售总额 Sales				年末库存总额 Inventory
			合计 Total	批发 Wholesale	出口 Export	零售 Retail sale	
零售业	**Retail Sale**	**621.24**	**642.67**	**108.05**	**12.98**	**534.61**	**70.69**
综合零售	Synthesizs	300.04	313.45	33.19	9.49	280.26	38.73
#百货零售	Consumer Goods	195.46	208.91	24.71	9.49	184.21	25.24
超级市场零售	Supermarkets	94.37	93.35	2.73		90.62	12.61
食品、饮料及烟草制品专门零售	Food, Beverages, Tobacoos and Its Products	18.73	20.66	3.25		17.41	1.74
纺织服装及日用品专门零售	Textile Garments and Articles for Daily Use	15.07	15.47	7.20	3.49	8.27	2.46
#服装零售	Garments Articles	7.87	7.60	5.75	3.49	1.85	1.01
文化、体育用品及器材专门零售	Calture Sports Articles and Equipments	22.53	21.08	3.52		17.56	5.80
#体育用品零售	Sports Articles	0.06	0.06	0.06			
图书零售	Books	19.20	17.72	2.09		15.63	5.32
医疗及医疗器材专门零售	Medicines and Medical Appliances	17.38	18.38	2.62		15.75	3.59
#药品零售	Medicines	16.99	17.92	2.62		15.29	3.34
汽车、摩托车、燃料及零售	Motor Vehicles Motorcycles Fuel	183.18	189.60	43.17		146.44	12.08
#汽车零售	Motor Vehicles	145.92	150.80	30.61		120.19	9.61
机动车燃料零售	Fuel for Motor Vehicles Use	19.77	21.21	10.24		10.97	0.59
家用电器及电子产品专门零售	Household Appliance lectric Products	57.58	56.71	13.21		43.50	5.90
#家用电器零售	Household Appliance	48.40	46.42	9.70		36.72	5.27
计算机、软件及辅助设备零售	Computer Software and Auxiliary Equipment	7.08	7.44	3.28		4.16	0.47
通信设备零售	Communication Equipment	2.02	2.76	0.24		2.53	0.14
五金、家具及室内装饰材料专门零售	Hardware Furniture Deceration Indoors	1.82	1.90	0.42		1.49	0.24
无店铺及其他零售	Non－shop and Other Retail Sale	4.91	5.42	1.48		3.94	0.16

10－7 限额以上批发零售贸易业商品销售额
Total Sales in Wholesale and Retail Sale Trades Above Designated Size by Commodity

单位:亿元 (100 million yuan)

商品分类	Commodity	总计 Total		
		2000	2002	2003
食品、饮料、烟酒类	Food, Beverage, Tobacco and Liquor	607.36	540.38	614.34
肉禽蛋类	Meat, Poultry and Eggs	33.92	27.02	28.40
其他食品类	Other Foods	200.66	167.51	208.22
饮料类	Beverages	27.60	23.24	27.62
烟酒类	Tobacco and Liquor	345.19	322.62	350.10
服装鞋帽、针、纺织品类	Garments, Shoes, Hats, Knit, and Textile Goods	343.55	471.26	589.66
服装类	Garments	188.90	248.84	314.26
鞋帽类	Shoes and Hats	40.24	51.93	73.77
针、纺织品类	Knit and Textile Goods	114.40	170.49	201.63
化妆品类	Cosmetics	15.14	16.19	22.80
金银珠宝类	Jewelry	11.25	9.72	10.92
日用品类	Articles For Daily Use	72.71	100.72	155.96
洗涤用品类	Washing	8.31	19.13	21.87
儿童玩具类	Toy For Children	3.80	4.23	5.90
五金、电料类	Hardware&Electric Materials	32.12	64.45	89.29
体育、娱乐用品类	Sports and Recreation	9.49	10.81	11.21
书报杂志类	Newspapers and Magazines	36.88	41.49	35.48
电子出版物及音像制品类	Electronic Publication and Audiovisual Products	2.41	2.04	2.59
家用电器及音像器材类	Household Appliances and Audiovisual Equipment	112.53	149.72	201.71
中西药品类	Traditional Chinese&Western Medicines	172.83	209.52	241.66
西药	Western Medicines	114.09	146.60	177.11
中草药及中成药	Chinese Herbal Medicine and Other Traditional Chinese Medicine	50.27	58.73	60.59
文化办公用品类	Culture and Official Articles	28.87	38.59	50.61
家具类	Furniture	4.15	5.26	7.61
通讯器材类	Communication Appliances	14.94	28.54	40.84
煤炭及制品类	Coal and Related Products	78.89	53.57	62.90
木材及制品类	Timber and Related Products	6.20	14.21	21.26
石油及制品类	Oil and Related Products	475.41	577.02	699.55
化工材料及制品类	Chemical Materials and Related Products	172.17	222.74	281.98
化肥类	Fertilizer	42.66	47.47	54.61
金属材料类	Metal Materials	216.67	332.54	573.68
建筑及装潢材料类	Building Decoration Materials	9.38	12.17	17.42
机电成品及设备类	Mechanical and Electrical Products and Appliances	267.72	440.88	574.69
农机类	Agricutural Mechanical Products	5.41	4.97	5.59
汽车类	Motor Vehicles	115.92	221.97	324.42
种子饲料类	Seed and Forage	6.46	2.52	3.71
棉麻类	Cotton&Ambery	18.64	18.63	23.46
其他类	Others	191.36	324.84	376.16

10－7 续表 1 continued

商品分类	Commodity	批发额 Wholesale		
		2000	2002	2003
食品、饮料、烟酒类	Food, Beverage, Tobacco and Liquor	515.57	433.55	481.36
肉禽蛋类	Mest, Poultry and Eggs	19.84	11.56	10.66
其他食品类	Others Foods	147.77	111.28	134.26
饮料类	Beverages	20.79	11.48	14.21
烟酒类	Tobacco and Liquor	327.18	299.23	322.24
服装鞋帽、针、纺织品类	Garments, Shoes, Hats, Knit, and Textile Goods	297.75	406.14	512.47
服装类	Garments	160.20	205.45	264.67
鞋帽类	Shoes and Hats	32.62	41.92	61.08
针、纺织品类	Knit and Textile Goods	104.94	158.76	186.73
化妆品类	Cosmetics	6.56	5.28	7.40
金银珠宝类	Jewelry	1.77	0.44	0.94
日用品类	Articles For Daily Use	51.86	78.19	125.81
洗涤用品类	Washing	4.26	12.56	10.81
儿童玩具类	Toy For Children	2.79	2.80	4.22
五金、电料类	Hardware&Electric Materials	29.33	61.27	84.98
体育、娱乐用品类	Sports and Recreation	7.42	7.54	7.42
书报杂志类	Newspapers and Magazines	25.35	24.08	18.74
电子出版物及音像制品类	Electronic Publication and Audiovisual Products	1.69	0.79	0.86
家用电器及音像器材类	Household Appliances and Audiovisual Equipment	65.55	88.16	116.31
中西药品类	Traditional Chinese&Western Medicines	97.44	114.63	139.70
西药	Western Medicines	66.47	81.72	104.89
中草药及中成药	Chinese Herbal Medicine and Other Traditional Chinese Medicine	26.58	31.13	32.65
文化办公用品类	Culture and Official Articles	22.93	29.78	40.13
家具类	Furniture	3.80	4.48	6.59
通讯器材类	Communication Appliances	11.79	23.46	32.76
煤炭及制品类	Coal and Related Products	78.08	53.18	61.96
木材及制品类	Timber and Related Products	5.99	14.12	21.21
石油及制品类	Oil and Related Products	446.40	533.53	634.12
化工材料及制品类	Chemical Materials and Related Products	170.97	221.84	281.54
化肥类	Fertilizer	42.56	47.47	54.60
金属材料类	Metal Materials	215.47	331.60	572.13
建筑及装潢材料类	Building Decoration Materials	7.82	10.29	15.48
机电成品及设备类	Mechanical and Electrical Products and Appliances	219.10	340.26	401.64
农机类	Agricutural Mechanical Products	5.25	4.95	5.36
汽车类	Motor Vehicles	80.47	130.63	160.81
种子饲料类	Seed and Forage	6.46	2.52	3.71
棉麻类	Cotton&Ambery	18.61	18.61	23.44
其他类	Others	180.91	314.36	363.89

10－7 续表 2 continued

商品分类	Commodity	零售额 Retail Sale		
		2000	2002	2003
食品、饮料、烟酒类	Food, Beverage, Tobacco and Liquor	91.79	106.83	132.98
肉禽蛋类	Meat, Poultry and Eggs	14.08	15.46	17.74
其他食品类	Others Foods	52.89	56.22	73.97
饮料类	Beverages	6.82	11.75	13.41
烟酒类	Tobacco and Liquor	18.01	23.39	27.86
服装鞋帽、针、纺织品类	Garments, Shoes, Hats, Knit, and Textile Goods	45.80	65.12	77.19
服装类	Garments	28.71	43.39	49.59
鞋帽类	Shoes and Hats	7.63	10.00	12.69
针、纺织品类	Knit and Textile Goods	9.46	11.73	14.90
化妆品类	Cosmetics	8.58	10.91	15.40
金银珠宝类	Jewelry	9.47	9.28	9.97
日用品类	Articles For Daily Use	20.85	22.52	30.15
洗涤用品类	Washing	4.05	6.57	11.06
儿童玩具类	Toy For Children	1.01	1.42	1.67
五金、电料类	Hardware&Electric Materials	2.79	3.18	4.31
体育、娱乐用品类	Sports and Recreation	2.07	3.27	3.79
书报杂志类	Newspapers and Magazines	11.53	17.41	16.74
电子出版物及音像制品类	Electronic Publication and Audiovisual Products	0.72	1.25	1.73
家用电器及音像器材类	Household Appliances and Audiovisual Equipment	46.98	61.56	85.40
中西药品类	Traditional Chinese&Western Medicines	75.39	94.89	101.95
西药	Western Medicines	47.62	64.89	72.22
中草药及中成药	Chinese Herbal Medicine and Other Traditional Chinese Medicine	23.69	27.61	27.94
文化办公用品类	Culture and Official Articles	5.94	8.82	10.48
家具类	Furniture	0.35	0.78	1.01
通讯器材类	Communication Appliances	3.16	5.09	8.08
煤炭及制品类	Coal and Related Products	0.80	0.40	0.95
木材及制品类	Timber and Related Products	0.21	0.09	0.05
石油及制品类	Oil and Related Products	29.01	43.48	65.42
化工材料及制品类	Chemical Materials and Related Products	1.20	0.90	0.44
化肥类	Fertilizer	0.11		0.02
金属材料类	Metal Materials	1.20	0.94	1.55
建筑及装潢材料类	Building and Decoration Materials	1.56	1.89	1.94
机电成品及设备类	Mechanical and Electrical Products and Appliances	48.62	100.62	173.05
农机类	Agricutural Mechanical Products	0.16	0.03	0.23
汽车类	Motor Vehicles	35.45	91.35	163.61
种子饲料类	Seed and Forage			
棉麻类	Cotton&Ambery	0.03	0.02	0.02
其他类	Others	10.45	10.48	12.27

10-8 限额以上批发零售贸易业商品销售情况

Basic Conditions of Total Sales of Wholesale and Retail Sale Trades Above Designated Size by Commodity

名　称	Item		2000	2001	2002	2003
粮食	Grains （吨）	(ton)	3674868	2836551	2073020	2240723
食用植物油	Edible Oil （吨）	(ton)	385635	171341	163471	333790
食糖(吨)	Sugar （吨）	(ton)	207067	190139	188183	127471
棉花	Cotton （吨）	(ton)	98729	89653	137366	130493
组合音响(台)	Hi-Fi Stereo Players （台）	(unit)	57169	51264	79115	209267
摄像机	Video Camera （台）	(unit)	12089	8430	9528	18243
影碟机(台)	Video Disc Player （台）	(unit)	208847	184070	213376	397581
家用电冰箱	Refrigerator （台）	(unit)	483079	453066	513791	628199
家用洗衣机	Washing Machine （台）	(unit)	684183	497986	900230	805921
房间空调器	Air Conditioner （台）	(unit)	643832	741295	2032604	3283039
微波炉	Microwave Oven （台）	(unit)	309675	334181	281158	563994
微型计算机	Micro Computers （台）	(unit)	32584	33228	113635	245575
普通电话机	Normal Telephone （部）	(unit)	660084	548774	923410	1181869
移动电话机	Mobile Telephone （部）	(unit)	269827	540483	860684	2031776
煤炭	Coal （吨）	(ton)	27048012	29228885	18747328	22634839
木材	Timber （立方米）	(cu. m)	78641	81338	350963	432706
汽油	Gasoline （吨）	(ton)	3577592	4155769	4721363	5763028
柴油	Diesel Oil （吨）	(ton)	9829057	11127287	13429235	21582088
化学肥料	Chemical Fertilizer （吨）	(ton)	4005896	4158904	4173295	3784200
农用薄膜	Plastic Film （吨）	(ton)	46875	35894	35388	30469
化学农药	Chemical Pesticide （吨）	(ton)	165104	118397	79985	243358
钢材	Steel （吨）	(ton)	5867296	6267160	9022628	31319183
铜	Copper （吨）	(ton)	49677	55616	149693	272619
铝	Aluminum （吨）	(ton)	94227	72767	123824	159854
水泥	Cement （吨）	(ton)	382613	557712	765860	1411690
汽车	Motor Vehicle （辆）	(unit)	100173	99125	172430	277713
#轿车	Car （辆）	(unit)	33876	42403	85862	149338
摩托车	Motorcycle （辆）	(unit)	407891	234233	361897	371005
拖拉机	Tractor （台）	(unit)	4625	5304	6565	7574

10-9 限额以上批发零售贸易业商品销售情况(分批发和零售)

Basic Conditions of Total Sales of Wholesale and Retail Sale Trades Above Designated Size (by Wholesale and Retail Sale)

名称	Item		批发 Wholesale		零售 Retail Sale	
			2002	2003	2002	2003
粮食	Grain (吨)	(ton)	1983474	2147801	89546	92922
食用植物油	Edible Oil (吨)	(ton)	124155	271212	39316	62578
食糖	Sugar (吨)	(ton)	177204	97441	10979	30030
棉花	Cotton (吨)	(ton)	137366	130487		6
组合音响	Hi-Fi Stereo Players (台)	(unit)	28620	99599	50495	109668
摄像机	Video Camera (台)	(unit)	1760	4554	7768	13689
影碟机	Video Disc Player (台)	(unit)	17512	102637	195864	294944
家用电冰箱	Refrigerator (台)	(unit)	253630	290262	260161	337937
家用洗衣机	Washing Machine (台)	(unit)	662921	493143	237309	312778
房间空调器	Air Conditioner (台)	(unit)	1614732	2491843	417872	791196
微波炉	Microwave Oven (台)	(unit)	113141	263885	168017	300109
微型计算机	Micro Computers (台)	(unit)	71951	162880	41684	82695
普通电话机	Normal Telephone (部)	(unit)	618286	724030	305124	457839
移动电话机	Mobile Telephone (部)	(unit)	656911	1421903	203773	609873
煤炭	Coal (吨)	(ton)	18644880	22604193	102448	30646
木材	Timber (立方米)	(cu. m)	348476	429522	2487	3184
汽油	Gasoline (吨)	(ton)	4089817	5008721	631546	754307
柴油	Diesel Oil (吨)	(ton)	12698734	20865850	730501	716238
化学肥料	Chemical Fertilizer (吨)	(ton)	4173295	3784200		
农用薄膜	Plastic Film (吨)	(ton)	35388	30469		
化学农药	Chemical Pesticide (吨)	(ton)	79985	243358		
钢材	Steel (吨)	(ton)	8992605	31225243	30023	93940
铜	Copper (吨)	(ton)	149693	272619		
铝	Aluminum (吨)	(ton)	123824	159854		
水泥	Cement (吨)	(ton)	765860	1396664		
汽车	Motor Vehicle (辆)	(unit)	108223	131608	64207	146105
#轿车	Car (辆)	(unit)	44489	58572	41373	90766
摩托车	Motorcycle (辆)	(unit)	244320	246772	117577	124233
拖拉机	Tractor (台)	(unit)	6565	7574		

10-10 限额以上批发零售贸易企业财务状况
Financial Conditions of Wholesale and Retail Sale Trade Above Designated Size

单位:亿元 (100 million yuan)

指　　标	Item	1995	2000	2002	2003
法人企业数(个)	Corporation Units(unit)	2990	2033	2110	2244
从业人员(人)	Employed Persons(person)	292252	215452	200965	196689
流动资产合计	Total Circulating Assets	669.5	797.93	1035.12	1409.26
固定资产合计	Total Fixed Assets	185.45	246.81	262.20	281.26
资产总计	Total Assets	938.22	1182.55	1476.42	1905.46
负债合计	Total Liabilities	694.96	837.35	1011.58	1352.74
商品销售收入净额	Net Value of Sales Revenue	2041.97	2794.13	3475.75	4593.29
商品销售成本	Cost of Sales	1899.53	2600.46	3225.72	4282.44
经营费用	Business Expenses	58.92	79.14	100.21	125.02
商品销售税金及附加费	Tax and Extra Charges on Goods Sales	3.47	3.86	5.58	5.81
主营业务利润	Profits of Major Management	81.31	111.64	145.14	180.02
管理费用	Management Expenses	51.91	62.47	73.00	84.30
财务费用	Financial Expenses	31.11	15.86	15.75	19.01
利润总额	Total Profits	20.31	62.63	84.10	113.14
本年应付工资总额	Total Wages Payable in the Year	23.36	32.37	38.55	46.00
本年应付福利费总额	Total Welfare Expenses Payable in the Year	3.79	4.57	6.19	7.24

10－11 按登记注册类型分限额以上批发、零售贸易企业资产及负债情况(2003年)

Assets and Liabilities of Enterprises above Designated Size in Wholesale and Retail Trade by Types of Registration(2003)

单位:亿元 (100 million yuan)

指标	Item	资产合计 Total Assets	固定资产 Fixed	流动资产 Circulating	负债合计 Total Liabilities	所有者权益合计 Total Creditor's Equity
批发业零售贸易企业总计	**Total**	**1905.46**	**281.26**	**1409.26**	**1352.74**	**552.72**
批发企业合计	**Wholesale Trade**	**1612.35**	**195.10**	**1235.26**	**1147.02**	**465.33**
#国有及国有控股	State－owend and State Holding Enterprises	899.63	137.79	632.83	564.78	334.85
内资企业	Domestic Funded Enterprises	1610.68	195.10	1233.58	1145.83	464.85
国有企业	State－owned Enterprises	366.62	64.06	236.90	181.21	185.41
集体企业	Collective Owned Enterprises	26.81	2.92	20.36	20.78	6.04
股份合作企业	Cooperative Enterprises	30.87	1.41	27.55	27.23	3.63
联营企业	Joint Ownership Enterprises	5.93	0.73	4.89	4.45	1.48
国有联营企业	State Joint Ownership Enterprises	1.62	0.15	1.45	1.31	0.32
集体联营企业	Collective Joint Ownership Enterprises					
国有与集体联营企业	Joint State－collective Enterprises	0.69	0.01	0.68	0.60	0.09
其他联营企业	Other Joint Ownership Enterprises	3.62	0.58	2.75	2.55	1.07
有限责任公司	Limited Liability Corporations	753.63	71.81	618.56	599.78	153.85
国有独资公司	State Sole Funded Corporations	53.15	10.32	29.10	31.00	22.15
其他有限责任公司	Other Limited Liability Corporations	700.48	61.49	589.46	568.78	131.70
股份有限公司	Share－holding Corporations Ltd.	246.98	43.95	169.56	164.60	82.38
私营企业	Private Enterprises	179.84	10.20	155.77	147.78	32.06
私营独资企业	Private Funded Enterprises	1.70	0.20	1.41	1.28	0.43
私营合伙企业	Private Partnership Corporations	1.25	0.05	1.19	1.14	0.11
私营有限责任公司	Private Limited Liability Corporations	175.20	9.72	152.06	144.44	30.76
私营股份有限公司	Private Share－holding Corporations Ltd.	1.68	0.23	1.11	0.91	0.77
其他企业	Other Enterprises					
港澳台商投资企业	Enterprises With Funds From Hong Kong, Macao and Taiwan					
合资经营企业	Joint－venture Enterprises					
合作经营企业	Cooperative Enterprises					
独资经营企业	Enterprises with Sole Investment					
投资股份有限公司	Share－holding Corporations Ltd.					
外商投资企业	Foreign Funded Enterprises	1.68		1.68	1.19	0.49
中外合资经营企业	Joint－venture Enterprises					
中外合作经营企业	Cooperation Enterprises					
外资企业	Enterprises With Sole Foreign Investment	1.68		1.68	1.19	0.49
外商投资股份有限公司	Foreign Investment Share－holding Corporations Ltd.					

指标	Item	资产合计 Total Assets	固定资产 Fixed	流动资产 Circulating	负债合计 Total Liabilities	所有者权益合计 Total Creditor's Equity
零售企业总计	**Retail Trade**	**293.10**	**86.17**	**174.01**	**205.72**	**87.38**
#国有及国有控股	State - owend and State Holding Enterprises	79.65	29.34	41.05	46.00	33.65
内资企业	Domestic Funded Enterprises	289.90	85.08	172.82	203.99	85.91
国有企业	State - owned Enterprises	14.14	4.72	8.45	9.01	5.13
集体企业	Collective Owned Enterprises	11.63	4.25	6.64	7.47	4.16
股份合作企业	Cooperative Enterprises	6.45	1.37	4.44	5.14	1.31
联营企业	Joint Ownership Enterprises	1.03	0.36	0.61	0.65	0.38
国有联营企业	State Joint Ownership Enterprises	0.39	0.17	0.21	0.27	0.12
集体联营企业	Collective Joint Ownership Enterprises	0.18	0.09	0.08	0.078	0.10
国有与集体联营企业	Joint State - collective Enterprises	0.19	0.06	0.11	0.06	0.13
其他联营企业	Other Joint Ownership Enterprises	0.28	0.04	0.21	0.24	0.03
有限责任公司	Limited Liability Corporations	135.35	43.50	75.74	99.06	36.29
国有独资公司	State Sole Funded Corporations	8.71	3.76	4.24	5.02	3.69
其他有限责任公司	Other Limited Liability Corporations	126.64	39.74	71.50	94.04	32.60
股份有限公司	Share - holding Corporations Ltd.	57.89	20.77	30.40	33.02	24.87
私营企业	Private Enterprises	63.41	10.12	46.53	49.64	13.77
私营独资企业	Private Funded Enterprises	1.40	0.21	0.99	1.09	0.31
私营合伙企业	Private Partnership Corporations	0.85	0.09	0.68	0.70	0.15
私营有限责任公司	Private Limited Liability Corporations	58.15	9.34	42.68	45.50	12.65
私营股份有限公司	Private Share - holding Corporations Ltd.	3.01	0.48	2.17	2.35	0.66
其他企业	Other Enterprises					
港澳台商投资企业	Enterprises With Funds From Hong Kong, Macao and Taiw	0.24	0.01	0.21	0.30	-0.06
合资经营企业	Joint - venture Enterprises	0.24	0.01	0.21	0.30	-0.06
合作经营企业	Cooperative Enterprises					
独资经营企业	Enterprises with Sole Investment					
投资股份有限公司	Share - holding Corporations Ltd.					
外商投资企业	Foreign Funded Enterprises	2.96	1.07	0.98	1.43	1.53
中外合资经营企业	Joint - venture Enterprises	0.05	0.03	0.02	0.03	0.02
中外合作经营企业	Cooperation Enterprises	2.91	1.05	0.96	1.40	1.51
外资企业	Enterprises With Sole Foreign Investment					
外商投资股份有限公司	Share - holding Corporations Ltd.					

10－12 分行业限额以上批发零售贸易企业资产及负债情况(2003 年)

Assets and Liabilities of Enterprises above Designated Size in Wholesale and Retail Trade by Sector(2003)

单位:亿元　　(100 million yuan)

指标	Item	资产合计 Total Assets	固定资产 Fixed	流动资产 Circulating	负债合计 Total Liabilities	所有者权益合计 Total Creditor's Equity
总计	**Total**	**1905.46**	**281.26**	**1409.26**	**1352.74**	**552.72**
批发企业合计	**Wholesale Trade**	**1612.35**	**195.10**	**1235.26**	**1147.02**	**465.33**
农畜产品批发	Agricultural and Animal Products	58.35	7.19	47.08	44.98	13.37
食品、饮料及烟草制品批发	Food Beverages Tobacoo and Its Products	266.88	55.54	171.56	131.96	134.92
#米、面制品及食用油批发	Rice Flour and Its Products. Edible Oil	68.21	9.68	48.31	53.01	15.20
烟草制品批发	Tobacoo and Its Products	132.95	32.99	76.75	31.86	101.10
纺织、服装及日用品批发	Textile Garments and Articles for Daily Use	377.16	23.99	317.51	293.85	83.30
#服装批发	Garments	123.36	8.54	105.50	94.61	28.75
文化、体育用品及器材批发	Culture Sports Articles and Equipment	50.45	7.42	33.89	31.65	18.79
医疗及医疗器材批发	Medicines and Medical Appliances	90.83	14.12	67.40	64.69	26.14
矿产品、建材及化工产品批发	Mineral Products, Building Materials and Chemical Products	475.06	67.87	340.41	335.99	139.06
#煤炭及制品	Coal and related products	35.24	2.81	25.79	23.98	11.27
石油及制品批发	Petroleurn and related Produets	133.70	44.95	47.81	61.49	72.20
金属及金属矿批发	Metal Materials and Mineral	188.22	10.97	167.66	159.02	29.20
建材批发	Building Materials	25.96	2.32	20.78	20.54	5.43
化肥批发	Fertilizer	37.51	3.14	31.41	27.07	10.43
机械设备、五金交电及电子产品批发	Machinery Equipment Hardware and Electric Produets	264.42	17.22	231.60	220.62	43.80
#汽车、摩托车及零配件批发	Motor Vehicles Motorcycles and Parts	83.32	7.14	68.44	69.55	13.77
家用电器批发	Household Appliances	39.18	1.36	36.79	36.18	3.00
计算机、软件及辅助设备批发	Computers, Software and Auxiliary Equipment	2.04	0.05	1.96	1.50	0.54
贸易经纪与代理	Manage and Agencies in Trade	0.43	0.03	0.41	0.25	0.18
其他批发	Others	28.78	1.71	25.39	23.02	5.75

单位:亿元　　10－12　续表　continued　　(100 million yuan)

指标	Item	资产合计 Total Assets	固定资产 Fixed	流动资产 Circulating	负债合计 Total Liabilities	所有者权益合计 Total Creditor's Equity
零售企业合计	**Retail Trade**	**293.10**	**86.17**	**174.01**	**205.72**	**87.38**
综合零售	Synthesis	159.62	57.40	81.94	109.74	49.88
#百货零售	Consumer Goods	124.14	47.10	62.59	83.41	40.73
超级市场零售	Supermarkets	31.03	8.44	17.25	23.82	7.21
食品、饮料及烟草制品专门零售	Food Beverages Tobacoos and Its Products	11.19	4.19	5.91	6.48	4.71
纺织服装及日用品专门零售	Textile Garments and Articles for Daily Use	7.48	2.05	4.49	5.44	2.04
#服装零售	Garments Articles	4.10	0.77	2.57	3.20	0.90
文化、体育用品及器材专门零售	Calture Sports Articles and Equipments	19.64	6.75	11.57	11.20	8.44
#体育用品零售	Sports Articles	0.07	0.03	0.03	0.04	0.03
图书零售	Books	16.52	6.51	8.77	8.67	7.85
医疗及医疗器材专门零售	Medicines and Medical Appliances	8.40	2.19	5.71	5.75	2.66
#药品零售	Medicines	8.30	2.15	5.65	5.65	2.64
汽车、摩托车、燃料及零售	Motor Vehicles Motorcycles Fuel	53.96	5.93	42.79	40.49	13.47
#汽车零售	Motor Vehicles	43.96	3.96	35.60	32.97	10.99
机动车燃料零售	Fuel for Motor Vehicles Use	3.76	1.34	1.95	2.57	1.19
家用电器及电子产品专门零售	Household Appliance and Electric Products	26.32	5.60	18.20	22.00	4.33
#家用电器零售	Household Appliance	18.25	2.63	14.42	15.85	2.40
计算机、软件及辅助设备零售	Computer, Software and Auxiliary Equipment	1.46	0.19	1.23	0.92	0.54
通信设备零售	Communication Equipment	6.56	2.78	2.50	5.19	1.37
五金、家具及室内装饰材料专门零售	Hardware Furniture Decoration Indoors	1.68	0.49	1.00	1.18	0.50
无店铺及其他零售	Non－shop and Other Retail Sale	4.48	1.55	2.41	3.45	1.35

10－13 按登记注册类型分限额以上批发零售贸易企业主要财务指标情况(2003年)

Main Financial Indicators of Enterprises above Designated Size in Wholesale and Retail Trade by Types of Registration(2003)

单位:亿元 (100 million yuan)

指标	Item	商品销售收入净额 Net Revenue	商品销售成本 Cost of Sales	经营费用 Management Cost	商品销售税金及附加 Sales Tax and Extra Changes	商品销售利润 Sales Profit
批发业零售贸易企业总计	**Total**	**4593.29**	**4282.44**	**125.02**	**5.81**	**180.02**
批发企业合计	**Wholesale Trade**	**4057.32**	**3799.57**	**97.11**	**4.47**	**156.17**
#国有及国有控股	State－owend and State Holding Enterprises	2179.38	2009.22	50.25	2.95	116.96
内资企业	Domestic Funded Enterprises	4051.94	3794.39	97.10	4.41	156.04
国有企业	State－owned Enterprises	916.48	811.72	20.05	1.80	82.90
集体企业	Collective Owned Enterprises	64.29	61.73	1.04	0.06	1.47
股份合作企业	Cooperative Enterprises	95.16	91.62	2.04	0.09	1.40
联营企业	Joint Ownership Enterprises	19.84	19.19	0.37	0.01	0.27
国有联营企业	State Joint Ownership Enterprises	3.78	3.63	0.06	0.01	0.09
集体联营企业	Collective Joint Ownership Enterprises					
国有与集体联营企业	Joint State－collective Enterprises	3.85	3.77	0.06		0.02
其他联营企业	Other Joint Ownership Enterprises	12.20	11.79	0.25		0.16
有限责任公司	Limited Liability Corporations	1929.31	1836.61	46.44	1.47	44.78
国有独资公司	State Sole Funded Corporations	56.20	52.30	1.91	0.07	1.92
其他有限责任公司	Other Limited Liability Corporations	1873.11	1784.31	44.53	1.40	42.86
股份有限公司	Share－holding Corporations Ltd.	584.58	550.38	16.11	0.55	17.53
私营企业	Private Enterprises	442.29	423.13	11.05	0.43	7.69
私营独资企业	Private Funded Enterprises	7.81	7.54	0.14	0.01	0.13
私营合伙企业	Private Partnership Corporations	6.10	5.92	0.08		0.09
私营有限责任公司	Private Limited Liability Corporations	421.44	403.17	10.55	0.41	7.32
私营股份有限公司	Private Share－holding Corporations Ltd.	6.93	6.50	0.28	0.01	0.15
其他企业	Other Enterprises					
港澳台商投资企业	Enterprises With Funds From Hong Kong,Macao and Taiwan					
合资经营企业	Joint－venture Enterprises					
合作经营企业	Cooperative Enterprises					
独资经营企业	Enterprises with Sole Investment					
投资股份有限公司	Share－holding Corporations Ltd.					
外商投资企业	Foreign Funded Enterprises	5.38	5.18	0.01	0.05	0.13
中外合资经营企业	Joint－venture Enterprises					
中外合作经营企业	Cooperation Enterprises					
外资企业	Enterprises With Sole Foreign Investment	5.38	5.18	0.01	0.05	0.13
外商投资股份有限公司	Share－holding Corporations Ltd.					

指标	Item	商品销售收入净额 Net Revenue	商品销售成本 Cost of Sales	经营费用 Management Cost	商品销售税金及附加 Sales Tax and Extra Changes	商品销售利润 Sales Profit
零售企业总计	Retail Trade	535.97	482.86	27.90	1.35	23.85
#国有及国有控股	State－owend and State Holding Enterprises	126.10	108.70	8.67	0.40	8.32
内资企业	Domestic Funded Enterprises	531.15	478.55	27.54	1.34	23.72
国有企业	State－owned Enterprises	22.84	19.69	1.40	0.06	1.69
集体企业	Collective Owned Enterprises	20.95	19.06	0.81	0.04	1.04
股份合作企业	Cooperative Enterprises	15.25	14.32	0.40	0.02	0.52
联营企业	Joint Ownership Enterprises	3.19	2.83	0.09	0.04	0.23
国有联营企业	State Joint Ownership Enterprises	0.77	0.60	0.03		0.13
集体联营企业	Collective Joint Ownership Enterprises	0.46	0.37	0.02	0.04	0.03
国有与集体联营企业	Joint State－collective Enterprises	0.24	0.20	0.02		0.03
其他联营企业	Other Joint Ownership Enterprises	1.72	1.67	0.02		0.03
有限责任公司	Limited Liability Corporations	251.54	223.65	15.81	0.66	11.42
国有独资公司	State Sole Funded Corporations	8.96	7.18	0.66	0.03	1.09
其他有限责任公司	Other Limited Liability Corporations	242.58	216.47	15.15	0.63	10.33
股份有限公司	Share－holding Corporations Ltd.	74.71	65.92	3.65	0.31	4.84
私营企业	Private Enterprises	142.66	133.08	5.38	0.22	3.99
私营独资企业	Private Funded Enterprises	3.53	3.21	0.17	0.01	0.14
私营合伙企业	Private Partnership Corporations	1.61	1.56	0.03		0.02
私营有限责任公司	Private Limited Liability Corporations	130.37	121.37	5.10	0.20	3.71
私营股份有限公司	Private Share－holding Corporations Ltd.	7.15	6.94	0.09	0.01	0.12
其他企业	Other Enterprises					
港澳台商投资企业	Enterprises With Funds From Hong Kong,Macao and Taiw	1.04	0.78	0.22		0.04
合资经营企业	Joint－venture Enterprises	1.04	0.78	0.22		0.04
合作经营企业	Cooperative Enterprises					
独资经营企业	Enterprises with Sole Investment					
投资股份有限公司	Share－holding Corporations Ltd.					
外商投资企业	Foreign Funded Enterprises	3.78	3.53	0.15		0.09
中外合资经营企业	Joint－venture Enterprises	0.14	0.12			0.01
中外合作经营企业	Cooperation Enterprises	3.64	3.41	0.15		0.08
外资企业	Enterprises With Sole Foreign Investment					
外商投资股份有限公司	Share－holding Corporations Ltd.					

10－14 分行业限额以上批发零售贸易企业主要财务指标情况(2003年)

Main Financial Indicators of Enterprises Designated Size in Wholesale and Retail Trade by Sector(2003)

单位:亿元 (100 million yuan)

指标	Item	商品销售收入净额 Net Revenue	商品销售成本 Cost of Sales	经营费用 Management Cost	商品销售税金及附加 Sales Tax and Extra Changes	商品销售利润 Sales Profit
总计	Total	4593.29	4282.44	125.02	5.81	180.02
批发企业合计	Wholesale Trade	4057.32	3799.57	97.11	4.47	156.17
农畜产品批发	Agricultural and Animal Products	118.58	111.50	3.18	0.05	3.86
食品、饮料及烟草制品批发	Food, Beverages, Tobacoo and Its Products	488.44	410.31	14.01	1.32	62.80
#米、面制品及食用油批发	Rice, Flour and Its Products, Edible Oil	85.78	82.21	2.79	0.01	0.77
烟草制品批发	Tobacoo and Its Products	266.37	200.71	6.51	1.19	57.97
纺织、服装及日用品批发	Textile Garments and Articles for Daily Use	826.28	782.81	21.46	0.44	21.56
#服装批发	Garments	267.67	251.67	7.61	0.25	8.13
文化、体育用品及器材批发	Culture Sports Articles and Equipment	94.50	88.20	3.22	0.11	2.96
医疗及医疗器材批发	Medicines and Medical Appliances	189.16	175.61	5.97	0.26	7.32
矿产品、建材及化工产品批发	Mineral Products, Building Materials and Chemical Products	1488.03	1412.55	32.59	1.66	41.22
#煤炭及制品	Coal and related products	80.97	75.97	2.49	0.13	2.38
石油及制品批发	Petroleum and related Products	553.58	518.37	12.31	0.78	22.12
金属及金属矿批发	Metal Materials and Mineral	495.05	476.86	8.97	0.53	8.67
建材批发	Building Materials	43.49	41.53	1.06	0.07	0.83
化肥批发	Fertilizer	99.07	94.83	1.97	0.04	2.23
机械设备、五金交电及电子产品批发	Machinery Equipment Hardware and Electric Products	710.48	680.44	14.82	0.53	14.69
#汽车、摩托车及零配件批发	Motor Vehicles Motorcycles and Parts	212.59	206.06	2.84	0.08	3.61
家用电器批发	Household Appliances	78.12	74.52	2.62	0.04	0.93
计算机、软件及辅助设备批发	Computers, Software and Auxiliary Equipment	9.50	9.20	0.13	0.01	0.16
贸易经纪与代理	Manage and Agencies in Trade	1.88	1.81	0.03		0.05
其他批发	Others	139.96	136.34	1.83	0.08	1.70

指标	Item	商品销售收入净额 Net Revenue	商品销售成本 Cost of Sales	经营费用 Management Cost	商品销售税金及附加 Sales Tax and Extra Changes	商品销售利润 Sales Profit
零售业合计	**Retail Trade**	**535.97**	**482.86**	**27.90**	**1.35**	**23.85**
综合零售	Synthesize	249.36	217.53	18.41	0.88	12.55
#百货零售	Consumer Goods	171.12	148.09	11.88	0.71	10.46
超级市场零售	Supermarkets	70.62	62.46	6.17	0.16	1.83
食品、饮料及烟草制品专门零售	Food, Beverages, Tobacoos and Its Products	18.82	16.47	1.12	0.08	1.14
纺织服装及日用品专门零售	Textile Garments and Articles for Daily Use	11.50	9.68	0.81	0.02	1.00
#服装零售	Garments Articles	7.06	5.83	0.49	0.01	0.73
文化、体育用品及器材专门零售	Calture Sports Articles and Equipments	18.21	13.86	1.79	0.10	2.46
#体育用品零售	Sports Articles	0.06	0.04	0.01		0.01
图书零售	Books	15.18	11.36	1.50	0.06	2.26
医疗及医疗器材专门零售	Medicines and Medical Appliances	15.88	13.45	1.18	0.04	1.21
#药品零售	Medicines	15.48	13.12	1.15	0.04	1.17
汽车、摩托车、燃料及零售	Motor Vehicles Motorcycles Fuel	163.57	156.58	2.59	0.14	4.26
#汽车零售	Motor Vehicles	130.43	125.39	1.69	0.10	3.26
机动车燃料零售	Fuel for Motor Vehicles Use	17.84	16.74	0.57	0.02	0.51
家用电器及电子产品专门零售	Household Appliance Electric Products	52.14	49.41	1.70	0.06	0.97
#家用电器零售	Household Appliance	43.69	41.43	1.50	0.05	0.71
计算机、软件及辅助设备零售	Computer Software and Auxiliary Equipment	6.64	6.24	0.18	0.01	0.20
通信设备零售	Communication Equipment	1.72	1.66	0.01		0.05
五金、家具及室内装饰材料专门零售	Hardware Furniture Deceration Indoors	1.67	1.51	0.04	0.01	0.11
无店铺及其他零售	Non - shop and Other Retail Sales	4.83	4.38	0.28	0.01	0.16

10－15 按登记注册类型分限额以上批发零售贸易企业主要指标情况（2003 年）

Main Financial Indicators of Enterprises above Designated Size in Wholesale and Retail Trade by Types of Registration（2003）

单位：亿元 （100 million yuan）

指标	Item	管理费用 Management Expenses	财务费用 Financial Expenses	利润总额 Profits	本年应付工资总额 Total Wages Pagable in the Year
批发零售贸易业总计	**Total**	**84.30**	**19.01**	**113.14**	**46.00**
#国有及国有控股	State－owend and State Hdding Enterprises	63.35	15.37	105.24	34.56
批发企业合计	Wholesale Trade	42.50	7.18	83.80	23.57
内资企业	Domestic Funded Enterprises	63.33	15.36	105.11	34.55
国有企业	State－owned Enterprises	23.74	2.00	64.19	13.57
集体企业	Collective Owned Enterprises	1.11	0.26	0.64	0.45
股份合作企业	Cooperative Enterprises	0.75	0.21	0.55	0.45
联营企业	Joint Ownership Enterprises	0.22	0.16	0.04	0.14
国有联营企业	State Joint Ownership Enterprises	0.09	0.01	－0.01	0.03
集体联营企业	Collective Joint Ownership Enterprises				
国有与集体联营企业	Joint State－collective Enterprises	0.01	0.01		0.01
其他联营企业	Other Joint Ownership Enterprises	0.11	0.14	0.05	0.11
有限责任公司	Limited Liability Corporations	25.53	8.01	24.40	12.33
国有独资公司	State Sole Funded Corporations	2.08	0.36	1.32	1.14
其他有限责任公司	Other Limited Liability Corporations	23.44	7.65	23.07	11.19
股份有限公司	Share－holding Corporations Ltd.	7.80	2.68	10.01	4.70
私营企业	Private Enterprises	4.18	2.04	5.28	2.92
私营独资企业	Private Funded Enterprises	0.05	0.03	0.05	0.02
私营合伙企业	Private Partnership Corporations	0.03	0.01	0.06	0.02
私营有限责任公司	Private Limited Liability Corporations	4.03	1.97	5.10	2.85
私营股份有限公司	Private Share－holding Corporations Ltd.	0.08	0.03	0.07	0.03
其他企业	Other Enterprises				
港澳台商投资企业	Enterprises With Funds From Hong Kong, Macao and Taiwan				
合资经营企业	Joint－venture Enterprises				
合作经营企业	Cooperative Enterprises				
独资经营企业	Enterprises with Sole Investment				
投资股份有限公司	Share－holding Corporations Ltd.				
外商投资企业	Foreign Funded Enterprises	0.02	0.01	0.13	0.01
中外合资经营企业	Joint－venture Enterprises				
中外合作经营企业	Cooperation Enterprises				
外资企业	Enterprises With Sole Foreign Investment	0.02	0.01	0.13	0.01
外商投资股份有限公司	Share－holding Corporations Ltd.				

单位:亿元　　10-15　续表　continued　　(100 million yuan)

指标	Item	管理费用 Management Expenses	财务费用 Financial Expenses	利润总额 Profits	本年应付工资总额 Total Wages Payable in the Year
零售企业合计	**Retail Trade**	**20.95**	**3.65**	**7.91**	**11.44**
#国有及国有控股	State - owend and State Holding Enterprises	7.02	0.61	2.92	3.58
内资企业	Domestic Funded Enterprises	20.40	3.61	7.87	11.33
国有企业	State - owned Enterprises	1.58	0.07	0.41	0.95
集体企业	Collective Owned Enterprises	1.33	0.17	-0.04	0.57
股份合作企业	Cooperative Enterprises	0.44	0.06	0.12	0.25
联营企业	Joint Ownership Enterprises	0.11	0.01	0.14	0.07
国有联营企业	State Joint Ownership Enterprises	0.02		0.11	0.02
集体联营企业	Collective Joint Ownership Enterprises	0.03	0.01	0.01	0.02
国有与集体联营企业	Joint State - collective Enterprises	0.03		0.01	0.01
其他联营企业	Other Joint Ownership Enterprises	0.03	0.01	0.01	0.01
有限责任公司	Limited Liability Corporations	10.03	1.21	3.86	5.45
国有独资公司	State Sole Funded Corporations	0.80	0.03	0.37	0.53
其他有限责任公司	Other Limited Liability Corporations	9.23	1.18	3.49	4.93
股份有限公司	Share - holding Corporations Ltd.	3.81	0.87	1.57	1.87
私营企业	Private Enterprises	3.10	1.21	1.80	2.15
私营独资企业	Private Funded Enterprises	0.16	0.03		0.07
私营合伙企业	Private Partnership Corporations	0.02	0.01		0.01
私营有限责任公司	Private Limited Liability Corporations	2.79	1.13	1.73	2.03
私营股份有限公司	Private Share - holding Corporations Ltd.	0.13	0.04	0.07	0.04
其他企业	Other Enterprises				
港澳台商投资企业	Enterprises With Funds From Hong Kong, Macao and Taiwan	0.07	0.01	-0.02	0.01
合资经营企业	Joint - venture Enterprises	0.07	0.01	-0.02	0.01
合作经营企业	Cooperative Enterprises				
独资经营企业	Enterprises with Sole Investment				
投资股份有限公司	Share - holding Corporations Ltd.				
外商投资企业	Foreign Funded Enterprises	0.48	0.03	0.06	0.10
中外合资经营企业	Joint - venture Enterprises	0.01		0.01	
中外合作经营企业	Cooperation Enterprises	0.47	0.03	0.04	0.10
外资企业	Enterprises With Sole Foreign Investment				
外商投资股份有限公司	Share - holding Corporations Ltd.				

10 - 16 分行业限额以上批发零售贸易企业主要财务指标情况(2003 年)
Main Financial Indicators of Enterprises Designated Size in Wholesale and Retail Trade by Sector(2003)

单位:亿元 (100 million yuan)

指标	Item	管理费用 Management Expenses	财务费用 Financial Expenses	利润总额 Profits	本年应付工资总额 Total Wages Payable in the Year
总计	**Total**	**84.30**	**19.01**	**113.14**	**46.00**
批发企业合计	**Wholesale Trade**	**63.35**	**15.37**	**105.24**	**34.56**
农畜产品批发	Agricultural and Animal Products	2.15	0.72	2.24	1.03
食品、饮料及烟草制品批发	Food, Beverages, Tobacoo and Its Products	19.36	1.42	48.08	10.50
#米、面制品及食用油批发	Rice, Flour and Its Products, Edible Oil	1.82	0.95	0.56	0.82
烟草制品批发	Tobacoo and Its Products	13.75	-0.34	45.21	7.44
纺织、服装及日用品批发	Textile Garments and Articles for Daily Use	10.85	5.56	11.80	7.01
#服装批发	Garments	3.47	1.81	3.82	1.82
文化、体育用品及器材批发	Culture Sports Articles and Equipment	1.93	0.22	1.49	0.86
医疗及医疗器材批发	Medicines and Medical Appliances	5.32	0.96	2.52	3.20
矿产品、建材及化工产品批发	Mineral Products, Building Materials and Chemical Products	14.51	3.75	29.03	7.59
#煤炭及制品	Coal and Related Products	1.36	0.33	2.48	0.46
石油及制品批发	Petroleum and related Products	4.52	0.79	17.65	3.37
金属及金属矿批发	Metal Materials and Mineral	4.18	1.44	4.29	1.78
建材批发	Bulding Materials	0.64	0.21	0.29	0.26
化肥批发	Fertilizer	1.27	0.21	1.81	0.43
机械设备、五金交电及电子产品批发	Machinery Equipment Hardware and Electric Produets	8.19	2.07	9.47	3.93
#汽车、摩托车及零配件批发	Motor Vehicles Motorcycles and Parts	2.03	0.67	2.40	0.81
家用电器批发	Household Appliances	0.87	0.32	-0.06	0.74
计算机、软件及辅助设备批发	Computers, Software and Auxiliary Equipment	0.17	0.01	0.03	0.06
贸易经纪与代理	Manage and Agencies in Trade	0.01	0.01	0.02	
其他批发	Others	1.03	0.65	0.59	0.44

单位:亿元　　10-16　续表　continued　　(100 million yuan)

指标	Item	管理费用 Management Expenses	财务费用 Tinancial Expenses	利润总额 Profits	本年应付工资总额 Total Wages Pagable in the Year
零售业合计	**Retail Trade**	**20.95**	**3.65**	**7.91**	**11.44**
综合零售	Synthesize	12.44	2.62	3.24	6.40
#百货零售	Consumer Goods	9.50	2.34	2.86	4.36
超级市场零售	Supermarkets	2.44	0.23	0.48	1.78
食品、饮料及烟草制品专门零售	Food, Beverages, Tobacoos and Its Products	1.20	0.11	0.53	0.77
纺织服装及日用品专门零售	Textile Garments and Articles for Daily Use	0.64	0.10	0.35	0.35
#服装零售	Garments Articles	0.35	0.05	0.32	0.19
文化、体育用品及器材专门零售	Calture Sports Articles and Equipments	1.91	0.04	0.82	1.29
#体育用品零售	Sports Articles	0.01			0.02
图书零售	Books	1.75	0.02	0.78	1.17
医疗及医疗器材专门零售	Medicines and Medical Appliances	1.12	0.06	0.12	0.62
#药品零售	Medicines	1.09	0.06	0.11	0.59
汽车、摩托车、燃料及零售	Motor Vehicles Motorcycles Fuel	2.05	0.36	2.22	1.09
#汽车零售	Motor Vehicles	1.48	0.30	1.88	0.80
机动车燃料零售	Fuel for Motor Vehicles Use	0.27	0.03	0.16	0.13
家用电器及电子产品专门零售	Household Appliance and Electric Products	1.23	0.30	0.51	0.76
#家用电器零售	Household Appliance	0.90	0.10	0.17	0.58
计算机、软件及辅助设备零售	Computer Software and Auxiliary Equipment	0.21	0.02	0.03	0.14
通信设备零售	Communication Equipment	0.07	0.18	0.25	0.03
五金、家具及室内装饰材料专门零售	Hardware Furniture Deceration Indoors	0.14	0.02	0.02	0.05
无店铺及其他零售	Non-shop and Other Retail Sale	0.23	0.04	0.07	0.12

10－17 餐饮业基本情况(2003 年)

Main Financial Indicators of Enterprises in Catering Services (2003)

单位:亿元 (100 million yuan)

指标	Item	法人企业(个) Number of Corporation (Unit)	产业活动单位(个) Number of Economic Active (Unit)	从业人数(个) Persons Employed (person)	经营网点(个) Number of Management Places (Unit)	营业总收入 Sales Revenue
总计	**Total**	**401**	**845**	**82637**	**939**	**369.06**
限额以上	Above Designated Size	401	845	82637	939	82.86
内资企业	Domestic Funded Enterprises	387	719	69060	822	67.89
国有企业	State－owned Enterprises	23	79	10214	110	6.73
集体企业	Collective Owned Enterprises	24	73	5953	67	5.08
股份合作企业	Cooperative Enterprises	23	38	2708	38	2.99
联营企业	Joint Ownership Enterprises	1	4	719	7	0.77
国有联营企业	State Joint Ownership Enterprises		2	208	2	0.16
集体联营企业	Collective Joint Ownership Enterprises		1	110	1	0.03
国有与集体联营企业	Joint State－collective Enterprises	1	1	401	4	0.58
其他联营企业	Other Joint Ownership Enterprises					
有限责任公司	Limited Liability Corporations	89	181	18786	192	19.67
国有独资公司	State Sole Funded Corporations		2	170	6	0.39
其他有限责任公司	Other Limited Liability Corporations	89	179	18616	186	19.28
股份有限公司	Share－holding Corporations Ltd.	16	40	4670	82	5.38
私营企业	Private Enterprises	209	302	25915	322	27.21
私营独资企业	Private Funded Enterprises	62	72	5123	71	5.55
私营合伙企业	Private Partnership Corpirations	23	29	2357	29	2.41
私营有限责任公司	Private Limited Liability Corporations	117	191	17403	209	17.74
私营股份有限公司	Private Share－Holding Corporations Ltd.	7	10	1032	13	1.51
其他企业	Other Enterprises	2	2	95	4	0.07
港澳台商投资企业	Enterprises With Funds From Hong Kong, Macao and Taiwan	9	28	4083	28	5.55
合资经营企业	Joint－venture Enterprises	6	22	3580	22	4.49
合作经营企业	Cooperative Enterprises	1	3	228	3	0.21
独资经营企业	Enterprises with Sole Investment	2	3	275	3	0.85
投资股份有限公司	Share－holding Corporations Ltd.					
外商投资企业	Foreign Funded Enterprises	5	98	9494	89	9.42
中外合资经营企业	Joint－venture Enterprises	2	75	7754	67	7.92
中外合作经营企业	Cooperation Enterprises	1	18	1333	17	1.21
外资企业	Enterprises With Sole Foreign Investment	2	5	407	5	0.28
外商投资股份有限公司	Foreign Investment Share－holding Corporations Ltd.					
按国民经济行业分	By Sector					
正餐	Dinner	380	724	72513	776	73.29
快餐	Snack	12	97	8929	111	8.61
饮料及冷饮服务	Beverages and Cold Drink Services	3	6	333	8	0.17
其他餐饮业	Other	6	18	862	44	0.80
限额以下	Below Designated Size					286.20

10-18 限额以上餐饮企业财务状况

Financial Conditions of Catering Trade Above Designated Size

单位:亿元 (1000 million)

指　标	Item	1995	2000	2002	2003
法人企业数(个)	Corporation Unit(unit)	96	226	319	401
从业人员(人)	Employed Persons(person)	12063	44117	70275	82637
流动资产合计	Total Circulating Assets	3.45	12.71	17.98	21.83
固定资产合计	Total Fixed Assets	6.62	31.94	31.35	40.97
资产总计	Total Assets	11.35	51.63	56.83	76.98
负债合计	Total Liabilities	5.97	34.39	39.26	49.45
营业收入	Businese Income	9.11	28.78	43.45	57.72
营业成本	Business Cost	4.95	14.04	21.49	28.46
营业费用	Business Expenses	2.15	8.29	12.67	17.11
商品销售税金及附加	Sale Tax and Extra Charges	0.43	1.53	2.49	2.86
主营业务利润	Profits of Major Management	1.56	4.92	6.81	9.29
管理费用	Management Expenses	1.05	4.01	5.11	5.96
财务费用	Financial Expenses	0.21	0.99	0.96	1.12
利润总额	Total Profits	0.62	0.16	1.36	2.73
本年应付工资总额	Total Wages Payable	0.77	3.29	4.83	5.87
本年应付福利费总额	Total Welfare Expenses Payable	0.11	0.39	0.55	0.78

10－19 限额以上餐饮企业资产负债情况(2003年)

Main Financial Indicators of Enterprises above Designated Size in Catering Services (2003)

单位:亿元 (100 million yuan)

指标	Item	资产合计 Assets	固定资产小计 Fixed Assets	流动资产小计 Circulating Assets	负债合计 Total Liabilities	所有者权益合计 Total Creditor's Equity
总计	**Total**	**76.98**	**40.97**	**21.83**	**49.45**	**27.53**
#国有及国有按控股	State－owend and State Holding Enterprises	21.39	10.87	6.12	12.72	8.67
按登记注册类型分	By Types of Registration					
内资企业	Domestic Funded Enterprises	69.24	37.28	19.76	44.60	24.64
国有企业	State－owned Enterprises	9.47	5.17	1.94	6.27	3.21
集体企业	Collective Owned Enterprises	12.90	8.06	2.00	5.64	7.26
股份合作企业	Cooperative Enterprises	1.19	0.48	0.61	0.63	0.56
联营企业	Joint Ownership Enterprises	0.55	0.02	0.47	0.30	0.25
国有联营企业	State Joint Ownership Enterprises					
集体联营企业	Collective Joint Ownership Enterprises					
国有与集体联营企业	Joint State－collective Enterprises	0.55	0.02	0.47	0.30	0.25
其他联营企业	Other Joint Ownership Enterprises					
有限责任公司	Limited Liability Corporations	20.02	11.35	5.51	14.52	5.50
国有独资公司	State Sole Funded Corporations					
其他有限责任公司	Other Limited Liability Corporations	20.02	11.35	5.51	14.52	5.50
股份有限公司	Share－holding Corporations Ltd.	6.33	2.96	2.16	4.45	1.89
私营企业	Private Enterprises	18.75	9.22	7.06	12.80	5.96
私营独资企业	Private Funded Enterprises	2.53	1.57	0.79	1.10	1.43
私营合伙企业	Private Partnership Corporations	0.91	0.21	0.35	0.66	0.25
私营有限责任公司	Private Limited Liability Corporations	14.48	7.16	5.47	10.58	3.89
私营股份有限公司	Private Share－holding Corporations Ltd.	0.84	0.27	0.45	0.45	0.38
其他企业	Other Enterprises	0.02	0.02	0.01	0.01	0.01
港澳台商投资企业	Enterprises With Funds From Hong Kong,Macao and Taiwan	2.89	1.90	0.71	2.15	0.74
合资经营企业	Joint－venture Enterprises	2.28	1.76	0.28	1.69	0.59
合作经营企业	Cooperative Enterprises	0.09	0.05	0.03	0.03	0.06
独资经营企业	Enterprises with Sole Investment	0.52	0.09	0.41	0.43	0.09
投资股份有限公司	Share－holding Corporations Ltd.					
外商投资企业	Foreign Funded Enterprises	4.85	1.79	1.36	2.70	2.15
中外合资经营企业	Joint－venture Enterprises	3.69	1.26	1.24	1.28	2.40
中外合作经营企业	Cooperation Enterprises	1.04	0.47	0.08	1.29	－0.25
外资企业	Enterprises With Sole Foreign Investment	0.12	0.06	0.04	0.12	
外商投资股份有限公司	Share－holding Corporations Ltd.					
按国民经济行业分	By Sector					
正餐	Dinner	70.94	38.68	19.96	45.93	25.01
快餐	Snack	5.12	1.76	1.63	2.65	2.47
饮料及冷饮服务	Beverage and Cold Drink Services	0.15	0.02	0.11	0.18	－0.03
其他餐饮业	Other	0.77	0.52	0.13	0.69	0.08

10－20 限额以上餐饮企业经营情况(2003年)

Management Indicators of Enterprises above Designated Size in Catering Services(2003)

单位:亿元　　　　(100 million yuan)

指标	Item	营业收入 Sales Revenue	营业成本 Cost of Sales	营业费用 Management Cost	营业税金及附加 Sales Tax and Extra Changes
总计	**Total**	**57.72**	**28.46**	**17.11**	**2.86**
#国有及国有按控股	State－owend and State Holding Enterprises	17.25	6.67	5.87	0.71
按登记注册类型分	By Types of Registration				
内资企业	Domestic Funded Enterprises	46.14	23.87	13.38	2.41
国有企业	State－owned Enterprises	3.72	1.62	1.37	0.15
集体企业	Collective Owned Enterprises	3.77	1.62	1.10	0.16
股份合作企业	Cooperative Enterprises	2.14	1.19	0.51	0.13
联营企业	Joint Ownership Enterprises	0.70	0.23	0.25	0.04
国有联营企业	State Joint Ownership Enterprises				
集体联营企业	Collective Joint Ownership Enterprises				
国有与集体联营企业	Joint State－collective Enterprises	0.70	0.23	0.25	0.04
其他联营企业	Other Joint Ownership Enterprises				
有限责任公司	Limited Liability Corporations	12.18	6.17	3.55	0.64
国有独资公司	State Sole Funded Corporations				
其他有限责任公司	Other Limited Liability Corporations	12.18	6.17	3.55	0.64
股份有限公司	Share－holding Corporations Ltd.	2.13	0.98	0.66	0.11
私营企业	Private Enterprises	21.44	12.02	5.93	1.17
私营独资企业	Private Funded Enterprises	4.60	2.27	1.42	0.29
私营合伙企业	Private Partnership Corporations	1.90	1.18	0.40	0.10
私营有限责任公司	Private Limited Liability Corporations	13.91	8.02	3.74	0.74
私营股份有限公司	Private Share－holding Corporations Ltd.	1.04	0.55	0.36	0.04
其他企业	Other Enterprises	0.07	0.04	0.01	0.01
港澳台商投资企业	Enterprises With Funds From Hong Kong,Macao and Taiwan	1.61	0.91	0.38	0.07
合资经营企业	Joint－venture Enterprises	1.06	0.54	0.28	0.04
合作经营企业	Cooperative Enterprises	0.04	0.03		
独资经营企业	Enterprises with Sole Investment	0.51	0.34	0.10	0.02
投资股份有限公司	Share－holding Corporations Ltd.				
外商投资企业	Foreign Funded Enterprises	9.97	3.67	3.35	0.39
中外合资经营企业	Joint－venture Enterprises	9.89	3.63	3.32	0.38
中外合作经营企业	Cooperation Enterprises				
外资企业	Enterprises With Sole Foreign Investment	0.08	0.04	0.03	
外商投资股份有限公司	Share－holding Corporations Ltd.				
按国民经济行业分	By Sector				
正餐	Dinner	46.66	24.28	13.36	2.43
快餐	Snack	10.37	3.88	3.45	0.40
饮料及冷饮服务	Beverage and Cold Drink Services	0.17	0.06	0.10	0.01
其他餐饮业	Other	0.52	0.23	0.20	0.02

单位:亿元　　10－20　续表　continued　　(100 million yuan)

指标	Item	管理费用 Management Expenses	财务费用 Financial Expenses	利润总额 Profits	本年应付工资总额 Total Wages Payable in the Year	本年应付福利费总额 Total Walfare Expenses Payable in the Year
总计	**Total**	**5.96**	**1.12**	**2.72**	**5.87**	**0.78**
#国有及国有按控股	State－owend and State Holding Enterprises	1.76	0.28	2.37	1.61	0.23
按登记注册类型分	By Types of Registration					
内资企业	Domestic Funded Enterprises	5.58	1.08	0.38	4.94	0.65
国有企业	State－owned Enterprises	0.84	0.22	－0.09	0.46	0.07
集体企业	Collective Owned Enterprises	0.84	0.10	－0.02	0.51	0.07
股份合作企业	Cooperative Enterprises	0.24	0.02	0.04	0.19	0.03
联营企业	Joint Ownership Enterprises	0.13		0.06	0.04	
国有联营企业	State Joint Ownership Enterprises					
集体联营企业	Collective Joint Ownership Enterprises					
国有与集体联营企业	Joint State－collective Enterprises	0.13		0.06	0.04	
其他联营企业	Other Joint Ownership Enterprises					
有限责任公司	Limited Liability Corporations	1.45	0.34	0.15	1.46	0.22
国有独资公司	State Sole Funded Corporations					
其他有限责任公司	Other Limited Liability Corporations	1.45	0.34	0.15	1.46	0.22
股份有限公司	Share－holding Corporations Ltd.	0.40	0.03	－0.02	0.23	0.04
私营企业	Private Enterprises	1.68	0.36	0.26	2.04	0.21
私营独资企业	Private Funded Enterprises	0.33	0.04	0.15	0.44	0.03
私营合伙企业	Private Partnership Corporations	0.13	0.03	0.06	0.17	0.01
私营有限责任公司	Private Limited Liability Corporations	1.11	0.29	0.07	1.34	0.15
私营股份有限公司	Private Share－holding Corporations Ltd.	0.11	0.01	－0.03	0.10	0.02
其他企业	Other Enterprises	0.01			0.01	
港澳台商投资企业	Enterprises With Funds From Hong Kong, Macao and Taiwan	0.16	0.05	0.01	0.15	0.01
合资经营企业	Joint－venture Enterprises	0.14	0.03		0.11	0.01
合作经营企业	Cooperative Enterprises	0.01			0.01	
独资经营企业	Enterprises with Sole Investment	0.02	0.01	0.02	0.04	
投资股份有限公司	Share－holding Corporations Ltd.					
外商投资企业	Foreign Funded Enterprises	0.22	－0.01	2.33	0.78	0.12
中外合资经营企业	Joint－venture Enterprises	0.21	－0.01	2.33	0.67	0.09
中外合作经营企业	Cooperation Enterprises				0.09	0.02
外资企业	Enterprises With Sole Foreign Investment				0.01	
外商投资股份有限公司	Foreign Investment Share－holding Corporations Ltd.	0.01				
按国民经济行业分	By Sector					
正餐	Dinner	5.60	1.09	0.43	4.94	0.64
快餐	Snack	0.25	－0.01	2.39	0.83	0.12
饮料及冷饮服务	Beverage and Cold Drink Services	0.04		－0.04	0.04	
其他餐饮业	Other	0.08	0.04	－0.06	0.06	0.01

10-21 商品交易市场情况
Basic Conditions of Business Markets of Commodity

年 份 Year	交易市场数(个) Business Markets (uint)	10 亿元以上 (个) Above 10 000 Million Yuan (uint)	100 亿元以上 (个) Above 10 000 Million Yuan (uint)	商品市场成交额(亿元) Transaction (100 million yuan)
1978	1051			8.6
1979	1322			11.3
1980	1415			12.2
1981	1656			14.7
1982	1736			18.1
1983	1788			21.6
1984	2241			26.9
1985	2345			44.0
1986	3653			59.1
1987	3706			80.9
1988	3632			96.3
1989	3669			149.0
1990	3797			161.9
1991	3802			204.6
1992	3865			321.3
1993	4127			651.2
1994	4207			1480.5
1995	4349			2165.7
1996	4388	57	3	2545.3
1997	4488	57	2	2798.0
1998	4619	58	2	3209.6
1999	4347	69	3	3606
2000	4348	68	4	4023
2001	4278	78	6	4652
2002	4193	77	6	4997
2003	4036	93	9	5591

10－22 亿元以上商品交易市场成交情况
Basic Conditions of Business Markets of Commodity Above 100 Million Yuan

单位:万元 (10 000 yuan)

指标	Item	摊位数量(个) Number of Stall (unit)		成交额 Value	
		2002	2003	2002	2003
总计	**Total**	**276098**	**288483**	**38932758**	**44570316**
食品、饮料、烟酒类	Foods, Beverages, Tobacco and Liquor	116971	117113	10257324	12453045
#粮油果菜类	Grain, Edible Oil, Fruits ,Vegetables	64932	63620	4396285	4821771
服装鞋帽、针、纺织品类	Garments, Shoes, Hats, Knit and Textile Goods	77060	81411	12499716	12448466
化妆品类	Cosmetics	1778	1904	123738	190653
日用品类	Articles For Daily Use	16794	19442	1192743	1269964
五金电料类	Hardware & Electric Materials	8784	10029	1015062	1259494
体育、娱乐用品类	Sports and Recreation	2265	3350	224496	158739
书报杂志类	Newspapers and Magazines	54	53	428	1438
电子出版物及音像制品类	Electronic Publication and Audiovisual Products	623	690	23364	67961
家用电器和音像器材类	Household Appliances and Audiovisual Equipment	1901	1774	598991	348865
中西药品类	Traditional Chinese & Western Medicines	42	146	5871	24474
#中草药及中成药类	Chinese Herbal Medicine and Other Traditional Chinese Medicine	1	143	9	24364
文化办公用品类	Culture and Official Articles	2959	3281	278032	379590
家具类	Furniture	2536	2809	473946	413248
煤炭及制品类	Coal and Related Products	35	68	25110	28822
木材及制品类	Timber and Related Products	3191	3924	966265	1391734
化工材料及制品类	Chemical Materials and Related Products	4587	2015	2424070	2052132
金属材料类	Metal Materials	4799	8491	2402210	4100403
建筑及装潢材料类	Building Decoration Materials	9690	8510	15088532	1284184
机电产品及设备类	Mechanical and Electrical Products and Appliances	5133	4939	1542994	1596645
#农机类	Agricutural Mechamical Products	15	53	4376	15989
汽车类	Motor Vehicles	994	970	557292	733392
其他类	Others	16896	18534	3369866	5100459
#旧货类	Old Things	1972	2659	373130	458762

10 - 23 个体经济发展情况
Developments on Individual Economy

项　　目	Item	1995	2000	2002	2003
户数(户)	**Number of Households(household)**	**1543449**	**1588643**	**1528854**	**1585223**
农林牧渔业	Farming, Forestry, Animal Husbandry and Fishery	1481	14935	9627	11420
工业和手工业	Industry and Handicraft Industry	311372	302479	278032	282584
建筑业	Construction	1223	902	1225	1588
运输业	Transportation	189192	161886	130516	134461
商业	Trade	746932	763673	771625	776741
饮食业	Catering Services	102314	129570	127321	154266
服务业	Services	133554	165679	163249	176429
修理业	Repairing Trades	50681	45149	41325	37338
其他行业	Others	6700	4370	5934	10396
从业人员(人)	**Number of Employed Persons(person)**	**2541275**	**2723835**	**2755789**	**2983394**
农林牧渔业	Farming, Forestry, Animal Husbandry and Fishery	3329	25088	17559	22251
工业和手工业	Industry and Handicraft Industry	817097	825679	809662	831091
建筑业	Construction	3630	2925	5625	6022
运输业	Transportation	235912	210572	165510	168854
商业	Trade	1051540	1103070	1169228	1238146
饮食业	Catering Services	178315	247263	259133	338703
服务业	Services	177844	243847	263560	307335
修理业	Repairing Trades	63449	58313	54905	52393
其他行业	Others	10159	7078	10707	18599
总产值或营业额(亿元)	**Total Output Value(Volume of Business)(100 million yuan)**				
农林牧渔业	Farming, Forestry, Animal Husbandry and Fishery	4.29	21.71	32.43	30.86
工业和手工业	Industry and Handicraft Industry	905.62	2137.34	2388.83	2607.89
建筑业	Construction	7.45	16.07	31.99	45.39
运输业	Transportation	162.43	270.28	272.57	332.47
商业	Trade	1070.96	2147.90	2594.29	2586.56
饮食业	Catering Services	78.06	335.90	416.61	607.00
服务业	Services	71.91	188.04	275.08	262.24
修理业	Repairing Trades	17.41	32.69	29.43	29.95
其他行业	Others	6.65	6.41	13.42	15.33

10-24 私营经济发展情况
Developments of Private - owned Economy

项 目	Item	1995	2000	2002	2003
户数(户)	**Number of Households(household)**	**71556**	**178771**	**247287**	**302136**
农林牧渔业	Farming, Forestry, Animal Husbandry and Fishery	348	1602	2795	4181
工业和手工业	Industry and Handicraft Industry	47711	111494	144508	171195
建筑业	Construction	772	2832	4651	6400
运输业	Transportation	582	1999	3281	4430
商业	Trade	19297	43241	60041	68741
饮食业	Catering Services	423	4775	5622	9019
服务业	Services	1996	10675	21459	31262
修理业	Repairing Trades	129	514	1563	1543
其他行业	Others	298	1639	3367	5365
从业人员(人)	**Number of Employed Persons(person)**	**1053253**	**3004728**	**4040209**	**4839964**
农林牧渔业	Farming, Forestry, Animal Husbandry and Fishery	4380	22940	36714	55599
工业和手工业	Industry and Handicraft Industry	782444	2175397	2764390	3267192
建筑业	Construction	18504	73830	119261	149226
运输业	Transportation	8023	29358	49425	61641
商业	Trade	205335	487168	633658	748533
饮食业	Catering Services	5016	54348	109098	118856
服务业	Services	23231	129541	263790	345073
修理业	Repairing Trades	1545	5730	18167	19131
其他行业	Others	4775	26416	45706	74713
总产值或营业额(亿元)	**Total Output Value(Volume of Business)(100 million yuan)**				
农林牧渔业	Farming, Forestry, Animal Husbandry and Fishery	6.01	115.74	45.58	48.62
工业和手工业	Industry and Handicraft Industry	789.83	3271.27	4643.60	5115.68
建筑业	Construction	19.47	174.66	284.31	422.72
运输业	Transportation	4.71	73.30	81.45	114.20
商业	Commerce	296.18	1166.27	1540.73	1876.74
饮食业	Catering Services	2.94	137.80	297.50	647.82
服务业	Services	12.89	98.26	232.39	279.58
修理业	Repairing Trades	0.74	10.29	7.73	8.75
其他行业	Others	2.01	19.90	72.60	75.04

主要统计指标解释

社会消费品零售额　指各种经济类型的批发零售贸易业、餐饮业和其他行业对城乡居民和社会集团的消费品零售额。这个指标反映通过各种商品流通渠道向居民和社会集团供应的生活消费品来满足他们生活需要，是研究人民生活，社会消费品购买力、货币流通等问题的重要指标。社会消费品零售额包括：(1)售给城乡居民作为生活用的商品和修建房屋用的建筑材料；(2)售给社会集团的各种办公用品和公用消费品(3)售给机关、团体、学校、部队、企业、事业单位的职工食堂和旅店(招待所)附设专门供本店旅客食用，不对外营业的食堂的各种食品、燃料；企业、单位和国营农场直接售给本单位职工和职工食堂的自已生产的产品；(4)售给部队干部、战士生活用的粮食、副食品、衣着品、日用品、燃料；(5)售给来华的外国人、华侨、港澳(台)同胞的消费品；(6)居民自费购买的中、西药品、中药材及医疗用品；(7)报社、出版社直接售给居民和社会集团的报纸、图书、杂志、集邮公司出售的新、旧纪念邮票、特种邮票、首日封、集邮册、集邮工具等；(8)旧货寄售商店自购、自销部分的商品；(9)煤气公司、液化石油气站售给居民和社会集团的煤气灶具和罐装液化石油气；不包括售给国民经济各部门企业、事业单位(包括国有经济的农场)生产经营用的各种原材料、燃料、设备、工具等和售给批发零售贸易业、餐饮业作为转卖用的商品、旧货寄售商店受托寄售卖出的商品、服务业的营业收入、邮局出售邮票的收入、自来水、电力、煤气生产(供应)单位的产品供应收入。

批发零售贸易业商品购、销、存总额　指以各种经济类型的批发、零售贸易业(不包括个体)为总体的商品购、销、存。

商品购进总额　指从本企业(单位)以外的单位和个人购进(包括从国外直接进口)作为转卖或加工后转卖的商品。这个指标反映批发零售贸易业从国内、国外市场上购进商品的总量。商品购进总额包括：(1)从工农业生产者购进的商品；(2)从出版社、报社的出版发行部门购进的图书、杂志和报纸；(3)从各种经济类型的批发零售贸易企业(单位)购进的商品；(4)从其他单位购进的商品，如从机关、团体、企业单位购进的剩余物资，从餐饮业、服务业购进的商品，从海关、市场管理部门购进的缉私和没收的商品，从居民收购的废旧商品等；(5)从国(境)外直接进口的商品。不包括企业(单位)为自身经营用，和未通过买卖行为而收入的商品以及销售退回、商品升溢等。

商品销售总额　指对本企业(单位)以外的单位和个人出售(包括对国(境)外直接出口)的商品。这个指标反映批发零售贸易业在国内市场上销售商品以及出口商品的总量。商品销售总额包括：(1)售给城乡居民和社会集团消费用的商品；(2)售给工业、农业、建筑业、运输邮电业、批发零售贸易业、餐饮业、服务业等作为生产、经营使用的商品；(3)售给批发零售贸易业作为转卖或加工后转卖的商品；(4)对国(境)外直接出口的商品。不包括：出售本企业(单位)自用的废旧包装用品，未通过买卖行为付出的商品，经本单位介绍，由买卖双方直接结算，本单位只收取手续费的业务，购货退出的商品以及商品损耗和损失等。

Explanatory Notes on Main Statistical Indicators

Total Retail Sales of Consumer Goods refer to the sum of retail sales of consumer goods by the establishments in wholesale trade, retail sale trade, catering trade and other industries of different types of ownership, to urban and rural residents and social groups. This indicator is used to show the supply of consumers goods through various channels to households and institutions to meet their demands, and is therefore very important for the study of the issues on people's livelihood, on the purchasing power of consumer goods and on the circulation of money. The retail sales of consumer goods include: (1) commodities sold to urban and rural residents for residential use and building materials sold to them for the construction or repair of houses; (2) food and fuels sold to canteens of institutions, enterprises, schools, military units and to canteens of hotels and hostels that only serve their guests, and commodities produced by enterprises, institutions or state farms and sold directly to their employees or their canteens; (3) grain and non-staple food, clothing, daily articles and fuels sold to military personnel; (4) consumer goods sold to foreigners, overseas Chinese, and Chinese compatriots from Taiwan, Hong Kong and Macao during their stay in the mainland of China; (5) Chinese and western medicines, herbs and medical facilities purchased by residents; (6) newspapers, books and magazines directly sold to residents and social groups by publishers, new and old commemorative stamps, special stamps, first-day covers, stamp albums and other stamp-collection articles sold by stamp companies; (7) consumer goods purchased and then sold by second-hand shops; (8) stoves and other heating facilities and liquified gas sold by gas companies to households and institutions; and (9) commodities sold by farmers to non-agricultural residents and social groups. Excluded under this heading are: raw materials, fuels, equipment, tools sold to enterprises, institutions and state farms for production purpose; commodities sold to trade establishments for re-selling; commissioned sales at second-hand shops; operational income of urban public utilities; stamps sold at post offices; income of water, power, gas production and supply establishments from the supply of their products.

Purchases, Sales and Stock of Commodities by Wholesale and Retail Sale Trade refer to the purchase, sales and stock of commodities by wholesale and retail establishments of different ownership (excluding individual sellers).

Total Purchases of Commodities refer to the purchases of commodities by the establishments from other establishments or individuals (including direct import from abroad) for the purpose of re-selling, either with or without further processing of the commodities purchased. This indicator is used to show the total value of purchases of commodities by wholesale and retail establishments from domestic and overseas markets. The total purchases include: (1) agricultural and industrial products purchased from producers; (2) books, magazines and newspapers purchased from distribution departments of the publishers; (3) commodities purchased from wholesale and retail establishments; (4) commodities purchased from other units, such as surplus materials purchased from government agencies, enterprises or institutions, commodities purchased from catering and service establishments, confiscated goods purchased from customs authorities or market management agencies, second-hand goods and wastes purchased from residents; and (5) commodities directly imported from abroad. Excluded are commodities purchased by establishments (units) for use in their own business operation, commodities obtained without buying or selling procedures, rejected commodities, etc.

Total Sales of Commodities refer to selling of commodities by the establishments to other establishments and individuals (including direct export). This indicator is used to show the total value of sales of commodities at domestic markets and export. The total sales include: (1) commodities sold to urban and rural residents and social groups for their consumption; (2) commodities sold to establishments in industry, agriculture, construction, transportation, post and telecommunications, wholesale and retail trades, catering trade and public utility for their production and operation; (3) commodities sold to wholesale and retail establishments for re-selling, with or without further processing; and (4) commodities for direct export to other countries. Excluded are selling of waste packaging materials used by the establishments (units) themselves, commodities transferred without buying or selling procedures, commission income from brokerage in transactions whose settlement is directly handled by buyers and sellers, rejected commodities in the purchase, loss in commodities, etc.

ZHEJIANG STATISTICAL YEARBOOK

对外经济贸易和旅游

Foreign Economy and Trade, Tourism

Chapter 11

11. 对外经济贸易和旅游

Foreign Economy and Trade, Tourism

2003年进出口总值	Total Value of Imports and Exports	614.23 亿美元	(USD 100 million)
#出口	Exports	416.03 亿美元	(USD 100 million)
2003年利用外资协议金额	Amount of Utilization of Foreign Capital Through Signed Contracts	131.74 亿美元	(USD 100 million)
#外商直接投资	Foreign Direct Investment	120.50 亿美元	(USD 100 million)
2003年实际利用外资金额	Amount of Foreign Capital Through Signed Contracts	75.78 亿美元	(USD 100 million)
#外商直接投资	Foreign Direct Investment	54.49 亿美元	(USD 100 million)
2003年接待境外旅游人数	International Tourists	180.64 万人	(10000 Persons)
2003年国际旅游业创汇收入	Total Foreign Exchange From International Tourism	8.70 亿美元	(USD 100 million)

进出口总值 (亿美元)

Total Value of Imports and Exports (USD 100 million)

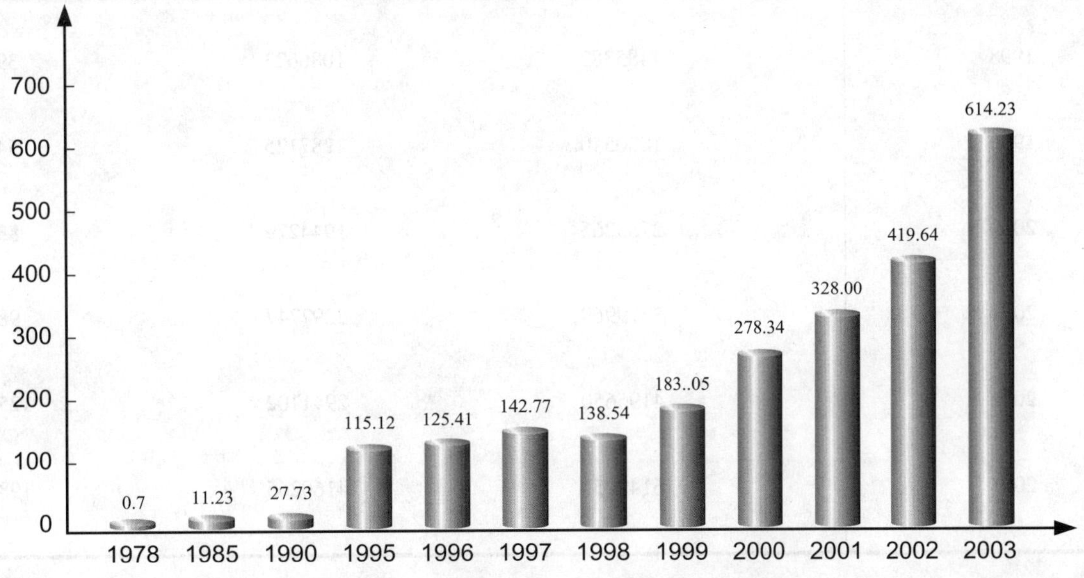

11－1 海关进出口总值

Total Value of Imports and Exports(Custom Statistics)

单位:万美元 (USD 10000)

年份 Year	进出口总值 Total	出口 Export	进口 Import
1986	129291	109128	20163
1987	149984	123406	26578
1988	198628	149004	49624
1989	251387	187222	64165
1990	277342	218881	58461
1991	385052	290628	94424
1992	499907	357127	142780
1993	673269	432313	240956
1994	899144	608657	290487
1995	1151230	769782	381448
1996	1254126	804147	449979
1997	1427732	1011113	416619
1998	1485382	1086623	398759
1999	1830540	1287125	543415
2000	2783265	1944279	838986
2001	3279969	2297747	982222
2002	4195650	2941102	1254548
2003	6142251	4160265	1981986

11－2 出口总值分类表
Total Value of Exports by Category

单位:万美元 (USD 10000)

项　目	Item	1997	1998	1999	2000	2001	2002	2003
总值	**Total**	**1011113**	**1086623**	**1287125**	**1944279**	**2297747**	**2941102**	**4160265**
#机电产品	Mechanical and Electrical Products	254819	286891	361078	596260	725904	968386	1432344
总值中:	**Among Total**							
国有企业	State－owned Enterprises	697703	722078	795388	1069245	1036036	1128977	1330303
三资企业	Foreign Funded Enterprises	246640	268295	332783	534843	709961	919969	1305000
集体企业	Collective Owned Enterprises	66056	93404	144256	271953	392526	518882	726280
私营企业	Private Enterprises	706	2824	14166	64657	154954	367536	793571
其他	Others	8	22	532	3581	4270	5738	5111
总值中:	**Among Total**							
工业制成品	Manufactured Goods	861460	951388	1140352	1748732	2104524	2735698	3915266
初级产品	Primary Goods	149653	135235	146773	195547	193223	205404	244999

11－3 进口总值分类表
Total Value of Imports by Category

单位:万美元 (USD 10000)

项　目	Item	1997	1998	1999	2000	2001	2002	2003
总值	**Total**	**416619**	**398759**	**543415**	**838986**	**982222**	**1254548**	**1981986**
#机电产品	Mechanical and Electrical Products	156772	150525	175920	280855	390638	506340	798248
总值中:	**Among Total**							
国有企业	State－owned Enterprises	170759	176780	268817	350382	357300	452039	629239
三资企业	Foreign Funded Enterprises	224934	202419	233592	404142	477215	538283	888179
集体企业	Collective Owned Enterprises	20768	18806	32776	69087	120376	164345	253103
私营企业	Private Enterprises	22	325	2390	10527	22545	90692	210802
其他	Others	136	429	5840	4848	4786	9189	663
总值中:	**Among Total**							
工业制成品	Manufactured Goods	302605	298689	403013	635891	799700	1029312	1666293
初级产品	Primary Goods	114014	100070	140402	203095	182522	225236	315693

11－4 我省与各国(地区)的海关进出口总额
Zhejiang's Foreign Trade with Relate Countries(Regions)

单位:万美元 (USD 10000)

国别(地区)	Country(Region)	出口 Exports 2002	出口 Exports 2003	进口 Imports 2002	进口 Imports 2003
总值	**Total**	**2941102**	**4160265**	**1254548**	**1981986**
#亚太经济合作组织	APEC	1571931	2110882	889356	1374126
亚洲	**Asia**	**1154823**	**1568463**	**794113**	**1232191**
#中国香港	Hong Kong, China	140984	190577	22899	36699
日本	Japan	400768	489708	272147	456701
中国台湾	Taiwan, China	38116	52312	148026	204906
韩国	Korea Rep	116589	132024	188506	241161
东南亚联盟	The Association of Southeast Asian Nations	152396	221807	84401	168016
非洲	**Africa**	**145923**	**239828**	**21364**	**40358**
欧洲	**Europe**	**808535**	**1174655**	**241381**	**406519**
#欧洲联盟	European Free Trade Association	594160	873747	199330	309574
#英国	United Kingdom	94717	128691	13632	22402
德国	Germany	126980	195659	70052	110202
意大利	Italy	85320	121842	36936	47929
法国	France	59229	87331	40023	52469
比利时	Belgium	34484	49679	17656	26201
#俄罗斯	Russia	52164	83255	15859	31740
拉丁美洲	**Latin America**	**152690**	**215924**	**34092**	**63743**
北美洲	**North America**	**613877**	**870425**	**131378**	**205247**
#美国	United States	568762	804037	111387	174936
加拿大	Canada	45110	66314	19724	30108
大洋洲	**Oceania**	**65256**	**90970**	**32219**	**33831**
#澳大利亚	Australia	56000	77651	24172	21919

11－5 进出口货物分贸易方式总值表
Total Value of Imports and Exports by Type

单位:万美元 (USD 10000)

贸易方式	Type	出口 Exports 2000	出口 Exports 2002	出口 Exports 2003	进口 Imports 2000	进口 Imports 2002	进口 Imports 2003
总值	**Total**	**1944279**	**2941102**	**4160265**	**838986**	**1254548**	**1981986**
一般贸易	Original Trade	1540108	2426439	3419525	528135	859014	1361754
补偿贸易	Compensation Trade					11	
来料加工装配贸易	Processing and Assembling Raw Material Supplied by Foreign Firms	81570	93642	119011	56614	65794	91382
进料加工贸易	Processing Imported Raw Materials	315887	411023	609378	164359	191002	306382
外商投资企业作为投资进口的设备	Imported Equipment as Investment of Foreign Enterprises				59286	106281	180472
出料加工贸易	Processing Exported Raw Materials	820	237	29	338	134	33
保税仓库进出境货物	Import & Export Commodities in Protective Tariff Zone	5114	7488	10146	13145	15933	14035
保税区仓储转口货物	Transit Goods in Protective Tariff Zone	514	675	1112	15398	12853	20050
国家间、国际组织无偿援助和赠送物资	Assistant Goods From International Organization	2	1220	12	397	32	22
华侨、港澳台同胞、外籍华人捐赠物资	Assistant Goods From Overseas Chinese Compatriots from Hong Kong, Macao and Taiwan				7	11	31
来料加工装配进口的设备	Assembling Imported Equipment				631	1549	1565
对外承包工程出口货物	Exported Commodities for Contracted Projects	15	76	151			
其他	Others	249	302	901	676	1934	6260

11－6 出口主要商品情况
Statistics on Export of Commodities

单位:万美元 (USD 10000)

项目名称	Item	2002	2003
机电产品	Electrical and Mechanical Products	968386	1432344
高新技术产品	High－tech Products	117421	209584
服装及衣着附件	Garments and Related Products	672122	914074
纺织纱线、织物及制品	Spinning,Textile and Related Products	408920	638720
鞋类	Shoes	113206	153410
塑料制品	Plastic Articles	65210	87953
灯具、照明装置及类似品	Lamps& Lanterns and Lighting Installation	58443	77036
家具及其零件	Furniture and Related Parts	45851	72017
旅行用品及箱包	Travelling Articles and Bags	49302	64613
床垫、寝具及类似品	Mattress and Bedding	36052	52231
医药品	Medical and Pharmaceutical Products	35757	48228
水海产品	Seawater Aquatic Products	43618	45879
手持或车载无线电话机	Mobile Telephone on Hand or Car	24359	41308
通断及保护电路装置	Equipment for Switching or Protecting Electrical Circuits	29962	39084
自动数据处理设备及基部件	Automatic Data Processing Equipment and Related Parts	1443	38007
汽车零件	Parts of Moter Vehicles	24286	36068
手用或机用工具	Hand Tools and Tools for Machines	26177	34105
电线和电缆	Electric Wire and Cables	23392	33792
摩托车	Motorcycle	12695	33689
钢铁或铜制标准紧固件	Standard Parts Made by Iron & Steel or Copper	18619	26875
轴承	Beatings	23175	25536
玩具	Toys	19841	23204
成品油	Processed Oil	12768	22890
合成有机染料	Synthetic Organic Dyestuff	19178	19038
摩托车及自行车的零件	Parts of Motorcycle and Bicycle	11993	18370
圣诞用品	Articles for Christmas	15666	18169
茶叶	Tea	14276	17783
电动机及发电机	Motor Generator	12287	17409
电视、收音机及无线电讯设备的零附件	Equipment for TVsets, Radio Sets and Radio Communicatiom	11123	17056
蔬菜	Vegetables	15521	16892
扬声器	Loudspeaker	13441	15454
不锈钢厨具、餐具等家用电器	Electrical Household Appliances of Stainless Steel Cooking Utensils	10511	14864

11 - 7 进口主要商品情况
The Value of Import and Export Goods

单位:万美元 (USD 10000)

商品名称	Item	2002	2003
机电产品	Electrical and Mechanical Products	506340	798248
高新技术产品	High – tech Products	238376	394339
钢材	Steel Products	81271	213823
纺织机械及零件	Textile Machinery and Related Parts	86410	112622
初级形状的塑料	Plastics of Primary Forms	85014	108313
集成电路及微电子组件	Integrated Circuits and Microelectric Module	39658	90960
对苯二甲酸	Telephthatic Acid	51363	87971
电视、收音机及无线电讯设备的零附件	Parts of TVsets, Radio Sets and Radio Communications Equipment	39335	67744
废铜	Waste Copper	34409	54341
乙二醇	Alcohol	13251	33155
自动数据处理设备及其部件	Automatic Data Processing Equipment and Related Parts	6431	33096
手持或车载无线电话机	Mobile Telephone on Hand or Car	53711	32491
原木	Log	17824	31207
液化石油气及其他烃类气	Liquefied Petroleum Gas and Other Hydrocarbon Gases	29141	30954
金属加工机床	Machine Tools	18923	29086
橡胶或塑料机械零件	Machinery Parts for Processing Rubber and Plastics	17505	27284
纸浆	Paper Pulp	18015	25347
苯乙烯	Styrene	17357	25120
大豆	Soybean	12181	24530
计量检测分析自控仪器及器具	Automatic Instruments for Measurement Examination Analysis	15807	23895
通断及保护电路装置	Electrical Apparatus for Switching or Protecting Electrical Circuits	15399	23468
原油	Crude Oil	10217	22284
合成纤维纱线	Aynthetic Fiber Yarn	16238	21944
成品油	Processed Oil	20048	19239
棉机织物	Cotten Textiles	12454	18220
印刷、装订机械及零件	Machinery for Printing, Binding and Related Parts	9490	13567
未锻造的铜及铜材	Unforging	5790	13175
合成纤维长丝机织物	Copper and Rolled Copper	11177	13152
制造纸及纸制品用机械及零件	Machinery for Making Paper and Related Parts	3715	13004
机械提升搬运装卸设备及零件	Equipment for Loading & Unloading and Related Parts	7583	11788
纸及纸板(未切形的)	Paper and Paperboard Unformed	10017	11574
异氰酸酯	Acid – ester	6927	10652

11－8 利用外资协议合同(项目)和金额

Total Amount of Foreign Capital Utilized Through the Signed Agreements and Contracts

年份 Year	协议合同(项目)(个) Projects(unit)			协议金额(万美元) Value(USD 10000)		
	合计 Total	对外借款 Foreign Loans	外商直接投资 Direct Foreign Investment	合计 Total	对外借款 Foreign Loans	外商直接投资 Direct Foreign Investment
1979				1120		
1980	4		4	620		138
1981	1	1		749	385	
1982	1		1	552		1
1983	2		2	440		94
1984	25	2	23	8506	4005	3955
1985	58	3	55	9154	4352	3650
1986	33	3	30	5224	2414	2307
1987	68	29	39	14291	7745	4525
1988	185	33	152	26815	14865	11326
1989	226	41	185	37107	23910	12212
1990	296	2	294	24792	11274	13313
1991	592	7	585	37480	5634	31728
1992	2343	5	2338	324084	32076	290922
1993	4497	10	4487	404330	19274	374562
1994	2537	9	2528	321573	27839	289317
1995	1861	25	1836	422153	92950	325031
1996	1243	35	1208	429083	107750	312866
1997	888	36	852	486522	294123	121008
1998	1013	48	965	225795	41999	183390
1999	1154	41	1118	302839	85528	214793
2000	1742	100	1642	306977	56029	250948
2001	2311	1	2310	717502	209462	501588
2002	3364		3364	720846	38453	678912
2003	4442		4442	1317418	108301	1205014

11-9 实际利用外资金额

Amount of Foreign Capital Actually Used

单位:万美元 (USD 10000)

年 份 Year	合 计 Total	对外借款 Foreign Loans	外商直接投资 Direct Foreign Investment	其他投资 Others
1984	4887	4005	252	630
1985	6452	4352	1634	466
1986	4891	2414	1853	624
1987	11360	7745	2337	1278
1988	18124	14419	2957	748
1989	26918	21503	5181	234
1990	16235	11305	4844	86
1991	17186	7947	9162	77
1992	40971	10496	29398	1077
1993	121991	18226	103271	494
1994	137073	22038	114449	586
1995	153965	27692	125775	498
1996	238313	77825	152021	8467
1997	306641	84905	150345	71391
1998	241656	109448	131802	406
1999	252499	97036	153262	2201
2000	248919	87022	161266	631
2001	451934	223301	221162	7471
2002	469547	148515	316002	5030
2003	757824	207160	544936	5728

11－10　利用外资情况
Utilization of Foreign Capital

项　　目 Item	利　用　外　资　协　议（合　同）Signed Contracts (Agreements) for Utilization of Foreign Capital 项　　目（个）Projects (unit)			金　　额（万美元）Value (USD 10000)			实际利用外资金额（万美元）Amount of Foreign Capital Actually Used (USD 10000)		
	2002	2003	2003 年止累计 Accumu-lation up to 2003	2002	2003	2003 年止累计 Accumu-lation up to 2003	2002	2003	2003 年止累计 Accumu-lation up to 2003
总计 Total	**3364**	**4442**	**28886**	**720846**	**1317478**	**6146032**	**469547**	**757824**	**3530673**
对外借款 Foreign Loans			**431**	**38453**	**108301**	**1198368**	**148515**	**207160**	**1187739**
外国政府贷款 Foreign Government Loans			66		390	83870	6779	5594	53071
国际金融组织贷款 Loans from International Financial Organizations			59		192	179283	5573	1334	126451
外国银行商业贷款 Commercial Loans from Foreign Banks			282	9816	4259	415284	3114	7916	280863
出口信贷 Credit of Export			24			221781	14141	157703	317465
其　它 Others				34194	97903	298150	118908	34613	409889
外商直接投资 Foreign Direct Investment	**3364**	**4442**	**28455**	**678912**	**1205014**	**4831600**	**316002**	**544936**	**2232090**
合资企业 Joint Enterprises	1825	2341	19241	217526	382970	2085907	123106	213122	1099639
合作企业 Cooperative Enterprises	71	75	986	30273	23554	294330	10515	17236	144107
独资企业 Foreign Enterprises	1468	2018	8219	431053	793938	2444630	182381	310216	982848
股份制企业 Share-system Enterprises		8	9	60	4552	6733		4362	5496
外商其他投资 Other Foreign Investment				**3481**	**4163**	**116064**	**5030**	**5728**	**110844**
补偿贸易 Compensation Trade						12189			8724
加工装配 Processing and Assembling						8045	1549	1565	6290
对外发行股票 Stocks to Foreign Countries				4163	3481	95485	3481	4163	95485
其　它 Others						345			345

11－11 按国别(地区)分的外商直接投资
Foreign Direct Investment by Country (Region)

国别(地区)	Country (Region)	2003年末实有企业 Number of Enterprises at the End of 2003		项目(个) Number of Projects (unit)		协议外资金额(万美元) Agreements of Foreign Capital (USD 10000)		实际利用外资(万美元) Foreign Capital Actually Used (USD 10000)	
		个数 Number	外方注册资本(万美元) Foreign Registered Capital (USD 10000)	2002	2003	2002	2003	2002	2003
总计	**Total**	**15140**	**2423739**	**3364**	**4442**	**678912**	**1205014**	**316002**	**544936**
#中国香港	Hong Kong, China	5248	900441	1102	1573	230144	474301	109672	201980
中国台湾	Taiwan, China	2165	194115	538	522	86485	91139	29357	38689
日本	Japan	1332	189599	283	255	46099	58148	31958	41120
新加坡	Singapore	297	59192	75	62	－626	16644	6883	7813
韩国	Korea Rep	459	61854	140	175	19362	28448	8672	16503
英国	United Kingdom	207	64355	48	70	11364	22146	4850	10871
法国	France	210	26079	43	73	6329	14198	5976	8721
意大利	Italy	255	27215	65	113	7999	25205	4226	13948
美国	United States	1835	242530	415	497	68871	111949	29204	42022
加拿大	Canada	237	28957	64	103	8346	14387	3176	5612
澳大利亚	Australia	281	24296	79	90	7080	19995	1995	6265

注:年末实有企业指在工商行政管理部门登记注册的企业.
The number of enterprises at year-end refer to the enterprises registered at Industry and Commerce Administrative Department.

11－12 对外劳务合作和承包工程情况
Labour Cooperation and Contracted Projects with Foreign Countries and Regions

项目		Item		1995	2000	2001	2002	2003
新签合同额	(万美元)	Amount of Newly Signed Contracts	(USD 10000)	21587	47842	54929	127900	122250
营业额	(万美元)	Business Income	(USD 10000)	12902	43338	67295	105483	125056
年底在外人数	(人)	Population in Foreign Countries and Regions	(person)	91100	27827	28311	28325	25228

11－13 国际旅游发展情况
Development of International Tourism

年 份 Year	入境旅游者人数 （人） International Tourists	#外国人 Foreigners	#港澳台同胞 Compatriots from Hong Kong, Macao and Taiwan, China	旅游创汇收入 （万美元） Foreign Exchange Earnings （USD 10000）
1979	93094	49021	42901	
1980	138877	68583	68218	
1981	171710	102088	67005	
1982	180271	109309	67972	
1983	184287	114524	64618	1458
1984	213098	131977	73916	1900
1985	272870	178282	84621	2519
1986	293968	190695	90501	4175
1987	330062	206192	104005	4289
1988	392672	169782	182901	5624
1989	294062	84800	187607	3568
1990	496218	116429	342248	5440
1991	554091	176605	351881	7489
1992	685367	234282	403458	10210
1993	728408	289559	393251	11679
1994	612689	329529	261226	18055
1995	672717	366491	283353	23591
1996	729012	412970	293000	29184
1997	811468	453449	328430	34495
1998	819615	414273	364074	36122
1999	947788	506650	408454	41009
2000	1125898	643840	482058	51397
2001	1469502	818686	650816	70693
2002	2041761	1214635	827126	92763
2003	1806386	1068318	738068	87039

注:1979—1999 年旅游者人数中包括华侨。
Total Tourists number from 1979－1999 in this table included Overseas Chinese.

11－14　旅游事业发展情况
Development of Tourism

项　　目	Item	2000	2001	2002	2003
国内旅游	**Domestic Tourism**				
人数（万人次）	Number of Tourism（10000 Person－times）	5870	6895	8020	8429
收入（亿元）	Earnings（100 million yuan）	430	529	633.8	695.3
入境旅游	**International Tourism**				
人数合计（人次）	Total（person－times）	1125898	1469502	2041761	1806386
#外国人	Foreigners	643840	818686	1214635	1068318
港澳同胞	Compatriots from Hong Kong and Macao，China	210890	251159	302949	311491
台湾同胞	Compatriots from Taiwan，China	271168	399657	524177	426577
创汇收入（万美元）	**Foreign Exchange Earnings（USD 10000）**	**51397**	**70693**	**92763**	**87039**

11－15　旅游部门接待能力
Reception of Tourism Departments

项　　目	Item	2000	2001	2002	2003
旅游涉外饭店情况	**Conditions of Tourism Hotels**				
饭店个数（座）	Number of Hotels（unit）	494	722	844	893
房间数（间）	Number of Rooms（room）	59037	65539	75461	79523
床位数（张）	Number of Beds（bed）	114445	122446	141676	147231

主要统计指标解释

利用外资 指我国各级政府、部门、企业和其他经济组织通过对外借款、吸收外商直接投资以及用其他方式筹措的境外现汇、设备、技术等。

对外借款 包括我国通过外国政府贷款,国际金融组织贷款,外国银行商业贷款,出口信贷以及对外发行债券、股票等方式,从境外筹措的资金。

外商直接投资 是指外国企业和经济组织或个人(包括华侨、港澳台胞以及我国在境外注册的企业)按我国有关政策、法规,用现汇、实物、技术等在我国境内开办外商独资企业、与我国境内的企业或经济组织共同举办中外合资经营企业、合作经营企业或作合作开发资源的投资(包括外商投资收益的再投资)以及经政府有关部门批准的项目投资总额内,企业从境外借入的资金。

对外承包工程 包括各对外承包公司以招标议标承包方式承揽的下列业务 (1) 承包国外工程建设项目; (2) 承包我国对外经援项目; (3) 承包我国驻外机构的工程建设项目; (4) 承包我国境内利用外资进行建设的工程项目; (5) 与外国承包公司合营或联合承包工程项目时我国公司分包部分; (6) 以服务成果向业主收费的技术服务项目(包括承担地形地貌测绘;地质资源勘探与普查;建设区域规划;提供设计文件、图纸、生产工艺技术资料和工程技术经济咨询;工程项目的可行性考察、研究和评估;进行技术指导和培训人员等);(7) 对外承包兼营的房屋开发业务。对外承包工程的营业额是以货币表现的本期内完成的对外承包工程的工作量,包括以前年度签订的合同和本年度新签订的合同在报告期完成的工作量。

对外劳务合作 指以收取工资的形式向业主或承包商提供技术和劳动服务的活动。我国对外承包公司在境外开办的合营企业,中国公司同时又提供劳务的,其劳务部分也纳入劳务合作统计。劳务合作营业额按报告期内向雇主提交的结算数(包括工资、加班费和奖金等)统计。

旅游人数 指来我国参观、访问、旅行、探亲、访友、休养、考察、参加会议和从事经济、科技、文化、教育、体育、宗教等活动的外国人、华侨、港澳和台湾同胞的人数。不包括外国在我国的常住机构,如使领馆、通讯社、企业办事处的工作人员;来我国常驻的外国专家、留学生以及在岸逗留不过夜人员。

国际旅游(外汇)收入 指入境旅游的外国人、华侨、港澳台同胞在中国大陆旅游过程中发生的一切旅游支出,对国家来说就是国际旅游(外汇)收入。

Explanatory Notes on Main Statistical Indicators

Utilization of Foreign Capital refers to remittance, equipment and technology financed from abroad, by loans, foreign direct investment and other forms undertaken by the Chinese governments at all levels, by various departments, enterprises and other economic units.

Foreign Loans refers to funds borrowed from abroad, including loans of foreign governments, loans of international financial institutions, commercial loans of foreign banks, export credit, and funds raised by Chinese bonds and shares issued abroad.

Direct Investment by Foreign Entrepreneurs refers to the investments inside China by foreign enterprises and economic organizations or individuals (including overseas Chinese, compatriots from Hong Kong and Macao, and Chinese enterprises registered abroad), following the relevant policies and laws of China, for the establishment of ventures exclusively with foreign own investment, Sino-foreign joint ventures and cooperative enterprises or for co-operative exploration of resources with enterprises or economic organizations in China. It includes the re-investment of the foreign entrepreneurs with the profits gained from the investment and the funds that enterprises borrow from abroad in the total investment of projects which are approved by the relevant department of the government.

Contracted Projects with Foreign Countries refer to projects undertaken by Chinese contractors (project contracting companies) through bidding process. They include: (1) overseas civil engineering construction projects financed by foreign investors; (2) overseas projects financed by the Chinese government through its foreign-aid programs; (3) construction projects of Chinese diplomatic missions, trade offices and other institutions stationed abroad; (4) construction projects in China financed by foreign investment; (5) sub-contracted projects to be taken by Chinese contractors through a joint umbrella project with foreign contractor (s); (6) technical assistance projects in the form of service results and chargeable to the owners (such as topographic surveying, geological prospecting, development zone programming, provision of designing documents, blueprint, materials on production process, technical consultation, project feasibility studies and evaluation, personnel training, etc.); and (7) housing development projects. The business income from international contracted projects is the work volume of contracted projects completed during the reference period, expressed in monetary terms, including completed work on projects signed in previous years.

Service Co-operation with Foreign Countries refers to the activities of providing technology and labour services to employers or contractors in the forms of receiving salaries and wages. Labour services providing by contractual joint ventures of Chinese international contracting corporations should be included in the statistics of service co-operation with foreign countries. The business income of labour service co-operation is the income in the form of wages and salaries, overtime pay, bonuses and other remuneration received from the employers during the reference period.

Number of Tourists refers to the number of foreigners, overseas Chinese, and compatriots from Hong Kong, Macao and Taiwan coming to China for sightseeing, visits, tours, family reunions, vacations, study tours and other activities of an economic, scientific and technological, cultural, physical culture and religious nature. This does not include the number of employees of foreign organizations stationed in China such as embassies, consulates, news agencies, the offices of corporations and enterprises and foreign experts and students residing in China and the persons staying briefly in China but not for passing the night.

Foreign Exchange Earnings from International Tourism refer to the total expenditures of the foreigners, overseas Chinese, compatriots from Hong Kong, Macao and Taiwan in the process of their tourism in the mainland of China. Their expenditures mentioned above are foreign exchange earnings to China.

ZHEJIANG STATISTICAL YEARBOOK

财政和金融

Public Finance and Banking

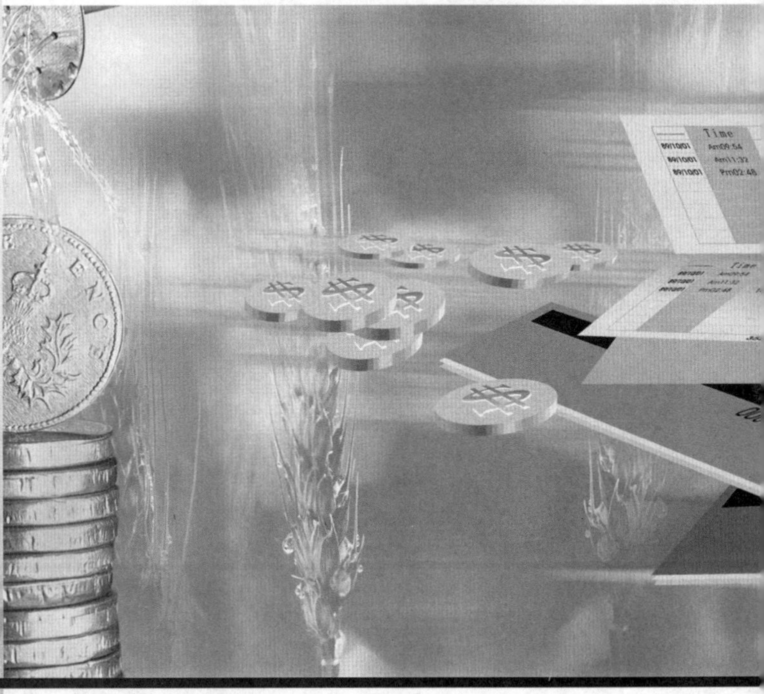

Chapter 12

12. 财政和金融
Public Finance and Banking

2003年财政总收入	Total Financial Revenue	1468.89 亿元 (100 million yuan)
# 地方财政收入	The Local Financial Revenue	706.50 亿元 (100 million yuan)
2003年地方财政支出	The Local Financial Expenditure	896.77 亿元 (100 million yuan)
2003年金融机构各项存款年末余额	Deposits of Financial System	14758.15 亿元 (100 million yuan)
2003年金融机构各项贷款年末余额	Loans of Financial System	12014.28 亿元 (100 million yuan)
2003年城乡居民储蓄存款年末余额	Residents' Savings Deposits in Urban and Rural Area	6452.21 亿元 (100 million yuan)

城乡居民储蓄存款年末余额 (亿元)
Residents' Savings Deposits in Urban and Rural Area (100 million yuan)

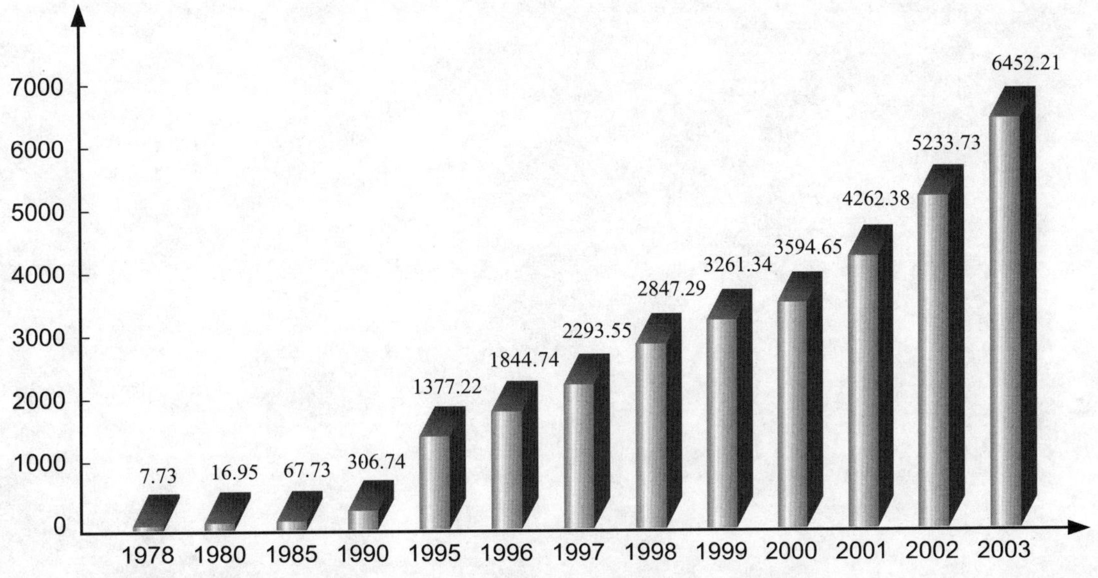

12-1 一般预算总收入和总支出

Total Financial Budgetary Revenue and Expenditure

单位:亿元 (100 million yuan)

年份 Year	总收入 Total Revenue	#地方 The Local	总支出 Total Expenditure	#基本建设支出 Expenditure for Capital Construction	#企业挖潜改造资金 Innovation Funds in Enterprises	#科技三项费用 Science and Technology Promotion Funds	#城市维护费 Expenditure for City Maintenance
1978	27.45		17.43	6.07	1.40	0.23	0.22
1979	25.87		17.74	5.26	1.30	0.28	0.37
1980	31.13		17.34	3.81	1.71	0.30	0.50
1981	34.34		17.12	2.80	1.97	0.21	0.63
1982	36.64		18.88	3.04	1.76	0.27	0.71
1983	41.79		21.94	3.56	1.96	0.36	1.25
1984	46.67		28.80	4.38	2.54	0.60	1.79
1985	58.25		37.40	4.77	3.06	0.46	2.88
1986	68.61		50.96	5.56	3.03	0.51	4.21
1987	76.36		51.24	4.28	3.64	0.43	3.40
1988	85.55		63.14	4.05	4.43	0.50	4.76
1989	98.21		74.77	3.87	4.04	0.59	5.19
1990	101.59		80.23	3.84	4.07	0.77	5.48
1991	108.94		88.43	4.22	5.06	0.91	5.58
1992	118.36		95.31	5.41	6.26	0.96	6.32
1993	166.64		125.04	6.85	10.64	1.11	8.49
1994	209.39	94.63	153.03	7.18	10.72	1.32	11.06
1995	248.50	116.82	180.29	7.83	14.95	1.78	13.10
1996	291.75	139.63	213.71	9.53	18.50	2.20	16.01
1997	340.52	157.33	240.16	10.76	21.29	2.94	19.60
1998	401.80	198.10	286.81	15.81	19.45	4.09	22.97
1999	477.40	245.47	344.04	21.29	24.10	5.59	27.18
2000	658.42	342.77	431.30	28.00	26.34	9.20	33.54
2001	917.76	418.00	597.30	44.64	43.43	12.40	43.82
2002	1166.58	566.85	749.90	55.97	46.92	16.08	51.43
2003	1468.89	706.56	896.77	63.30	48.90	19.53	59.61

12－2 财政总收入占全省生产总值的比重
Budgetary Revenue Percentage to Gross Domestic Product

年　份 Year	财政总收入 （亿元） Total Revenue （100 million yuan）	全省生产总值 （亿元） Gross Domestic Product （100 million yuan）	总收入占生产总值的比重（%） Percentage of Budgetary Revenue to GDP（%）
1978	27.45	123.72	22.2
1980	31.13	179.68	17.3
1985	58.25	427.50	13.6
1989	98.21	843.72	11.6
1990	101.59	897.99	11.3
1991	108.94	1081.75	10.1
1992	118.36	1365.06	8.7
1993	166.64	1909.49	8.7
1994	209.39	2666.86	7.9
1995	248.50	3524.79	7.1
1996	291.75	4146.06	7.0
1997	340.52	4638.24	7.3
1998	401.80	4987.50	8.1
1999	477.40	5364.89	8.9
2000	658.42	6036.34	10.9
2001	917.76	6748.15	13.6
2002	1166.58	7796.00	15.0
2003	1468.89	9395.00	15.6

12－3 地方一般预算收入
The Local Budgetary Financial Revenue

单位:亿元　　(100 million yuan)

项　　目	Item	1997	2000	2001	2002	2003
地方一般预算收入	**The Local Budgetary Financial Revenue**	**157.33**	**342.77**	**418.00**	**566.85**	**706.56**
#增值税	Value Added Taxes	51.77	90.04	102.41	129.72	155.01
营业税	Business Taxes	56.02	97.21	124.89	171.69	220.07
企业所得税	Enterprises Income Tax	35.23	87.91	110.66	108.14	106.52
个人所得税	Individual Income Tax	13.18	29.22	33.98	43.55	45.79
城市维护建设税	City Maintenance Taxes	13.67	23.57	28.49	36.33	42.17
房产税	Tax on Real Estates	4.73	9.32	11.30	15.12	17.26
印花税	Stamp Tax	1.08	2.29	3.03	4.19	6.48
农业四税	Four Agricultural Taxes	10.09	22.72	31.58	48.24	73.18
国有企业计划亏损补贴	Subsidies to Loss-making State-owned Enterprises	-34.80	-54.80	-76.62	-59.05	-47.21
行政性收费收入	Income from Adiministrative Fees	0.04	5.32	7.58	13.56	20.32
罚没收入	Penalty and Confiscatory Income	4.74	12.29	18.59	27.75	31.29
专项收入	Income of Special Projects		15.35	17.70	21.72	25.90

12－4 地方一般预算支出
The Local Financial Budgetary Expenditure

单位:亿元　　(100 million yuan)

项　　目	Item	1997	2000	2001	2002	2003
地方一般预算支出	**Financial Expenditure of the Local Government**	**240.16**	**431.30**	**597.30**	**749.90**	**896.77**
#基本建设支出	Expenditure for Capital Construction	10.76	28.00	44.64	55.97	63.30
企业挖潜改造资金	Enterprises´Innovation Funds	21.29	26.34	43.43	46.92	48.90
科技三项费用	Science and Technology Promotion Funds	2.94	9.20	12.4	16.08	19.53
支农支出	Supporting Agricultural Production	20.22	31.93	40.22	50.50	59.86
文体广播事业费	Culture,Sports and Broadcasting		13.69	17.45	22.24	27.65
教育支出	Education		78.19	108.30	136.94	164.21
科学支出	Science		3.94	5.12	6.12	7.17
医疗卫生支出	Public Health		27.24	32.76	37.23	45.38
抚恤和社会福利救济费	Pensions and Relief Funds of Social Welfare	6.26	8.01	9.71	13.87	18.07
社会保障补助支出	Subsidies for Social Security		5.76	9.15	15.28	22.03
行政管理费	Government Administration	30.13	47.49	64.92	77.47	95.22
公检法司支出	Expenditure of Public Security, Procuratorial Work,Law Court and Judice	15.01	35.01	47.79	61.05	78.16
城市维护费	City Maintenance	19.60	33.54	43.82	51.43	59.61
政策性补贴支出	Price Subsidies	6.88	6.02	7.28	5.73	5.18
专项支出	Special Projects		14.59	16.62	19.14	22.50

注:农业四税指:农业税、农业特产税、耕地占用税、契税。Four Agricultural taxes include the agricultural tax,the tax on special agricultural products,the tax on the use of cultivated land and the contract tax.

12－5 金融机构人民币存贷款年末余额
Deposits and Loans of Financial Institutions(year-end,RMB)

单位:亿元 (100 million yuan)

年 份 Year	全部金融机构存款余额 Deposits	城乡居民储蓄存款年末余额 Savings Deposits	城乡居民人均储蓄存款年末余额(元) Per Capita Savings Deposits	全部金融机构贷款余额 Loans
1978	35.79	7.73	21	48.90
1979	44.92	11.79	31	54.91
1980	60.74	16.95	44	73.30
1981	74.26	21.47	55	85.85
1982	88.20	28.52	73	97.88
1983	108.14	37.34	94	109.42
1984	143.17	49.58	124	161.39
1985	185.66	67.73	168	210.81
1986	248.68	97.92	241	288.97
1987	306.44	129.12	313	365.87
1988	354.26	144.03	345	433.41
1989	441.13	214.98	511	505.48
1990	606.01	306.74	724	618.14
1991	789.64	402.09	944	749.93
1992	1036.72	514.44	1200	972.09
1993	1316.53	664.64	1541	1247.76
1994	1910.98	990.26	2281	1627.87
1995	2623.60	1377.22	3152	2103.65
1996	3400.19	1844.74	4193	2584.09
1997	4297.07	2293.55	5186	3273.73
1998	5264.21	2847.29	6403	3897.12
1999	6273.15	3261.34	7300	4650.50
2000	7299.57	3594.65	7986	5423.52
2001	8823.12	4262.38	9430	6482.22
2002	11242.84	5233.73	11538	8612.81
2003	14758.15	6452.21	14176	12014.28

12－6 金融机构人民币信贷收支表(资金来源)
Credit Funds Balance Sheet of Financial Institution (Sources of Funds)

(年末余额)单位:亿元 (year－end)(100 million yuan)

项 目	Item	1995	2000	2001	2002	2003
资金来源合计	**All Sources**	**2319.31**	**5799.11**	**7068.02**	**9387.89**	**13112.52**
各项存款	**Deposits**	**2623.60**	**7299.57**	**8823.12**	**11242.84**	**14758.15**
企业存款	Deposits of Enterprise	972.55	2889.08	3475.65	4314.47	5714.55
财政存款	Deposits of Finance	33.75	111.92	136.33	165.00	214.95
机关团体存款	Deposits of Government Agencies Organizations	33.66	116.56	133.45	316.65	483.54
储蓄存款	Savings Deposits	1377.22	3594.65	4262.38	5233.73	6452.21
农业存款	Agricultural Deposits	7.75	269.57	332.5	445.73	637.76
信托存款	Trusted Deposits	172.66	14.80	6.04	12.97	39.85
委托存款	Commissiom Deposits		134.46	125.27	92.24	102.65
其他存款	Other Deposits	26.01	168.53	351.5	662.05	1112.64
金融债券	**Bonds**	**1.48**	**1.30**	**0.02**	**0.02**	**－88.43**
应付及暂收款	**Account Payable and Collecting of Money for the Time Being**			**161.38**	**173.88**	**224.26**
所有者权益	**Creditor's Equity**	**124.93**	**105.23**	**133.9**	**171.56**	**253.67**
#实收资本	Capital Obtained	122.31	89.91	98.66	77.23	87.58
当年结益	Balance	－32.78	15.77	29.92	56.23	130.11
其他	**Others**	**－430.70**	**－1762.16**	**－2091.99**	**－2260.53**	**－2273.18**

注:金融机构包括人民银行、政策性银行、国有独资商业银行、邮政储蓄机构、其他商业银行、城市合作银行、农村信用社、城市信用社、信托投资公司、租赁公司 、财务公司等。

Financial Institutions include the peoples banks, the state policy banks, the state－owned commercial banks, savings deposit agencies of postal office, other commercial banks, unban cooperative banks, rural credit cooperatives, urban credit banks, financial trust investment agencies, leasing corporations and financial companies etc.

12－7 金融机构人民币信贷收支表(资金运用)

Credit Funds Balance Sheet of Financial Institution(Use of Funds)

(年末余额)单位:亿元　　　(year－end)(100 million yuan)

项　　目	Item	2000	2001	2002	2003
资金运用合计	**All Uses**	**5799.11**	**7068.02**	**9387.89**	**13112.52**
各项贷款	**Loans**	**5423.52**	**6482.22**	**8612.81**	**12014.28**
短期贷款	Short－term Loans	3958.25	4184.4	5320.92	7036.28
工业贷款	Industrial Loans	713.95	832.81	1150.92	1620.47
商业贷款	Commercial Loans	739.64	782.67	778.72	932.51
建筑业贷款	Construction Loans	108.68	183.73	326.44	264.45
农业贷款	Agricultural Loans	181.60	235.71	343.83	586.55
乡镇企业贷款	Loans to Township Enterprises	745.13	814.31	914.44	1125.59
三资企业贷款	Loans to Sino－foreign Joint Venture and Cooperative Enterprises and Foreign－funded Enterprises	211.65	220.64	199.51	206.79
私营企业及个体贷款	Loans to Private Enterprises and Individuals	137.73	185.24	284.70	423.74
其他短期贷款	Other Short－term Loans	1119.87	929.29	1321.59	1876.18
中期流动资金贷款	Medium－term Circulating Funds Loans	135.56	142.94	226.50	279.58
中长期贷款	Medium－term&Long－term Loans	1076.66	1874.23	2522.02	4031.40
基本建设贷款	Capital Construction	701.08	966.92	1348.51	2200.63
技术改造贷款	Technical Innovation	173.19	177.71	65.01	89.33
其它中长期贷款	Other Medium－term&Long－term Loans	202.39	729.6	1108.50	1741.44
信托贷款	Trusted Loans	8.30	10.35	10.92	21.27
融资租赁	Circulating Funds Tenancy	12.33	17.12	24.16	44.56
委托贷款	Commission Loans	117.53	100.72	85.17	102.61
票据融资	Circulating Funds of Bills		143.71	416.71	493.31
各项垫款	Paying in Advance		8.75	7.18	5.27
有价证券及投资	**Securities&Investment**	**243.27**	**361.04**	**551.91**	**563.45**
应收及预付款	**Collectable Account and Advance Payment**		**117.42**	**97.61**	**106.14**
委托投资	**Consigned Investments**	**8.51**	**9.52**	**11.24**	**12.89**
金银占款	**Purchase of Gold&Silver**	**4.83**	**2.07**	**0.05**	**0.06**
外汇占款	**Purchase of Foreign Excharges**	**7.30**	**2.62**	**9.79**	**13.86**
库存现金	**Storage Cash**	**100.11**	**93.13**	**104.48**	**130.26**

12-8 金融机构现金收入

Cash Income of Financial Institutions

单位:亿元 (100 million yuan)

项目	Item	2000	2001	2002	2003
收入合计	**Total Income**	**24468.18**	**29809.91**	**37622.18**	**49902.13**
商品销售收入	Commodity Sales	3102.96	3529.14	4169.16	5136.74
服务业收入	Service Trade	958.35	1106.09	1246.50	1473.01
税款收入	Taxes	120.15	137.62	171.72	224.03
城乡个体经营收入	Urban and Rural Individual Business	1964.25	2225.25	2805.19	3535.44
储蓄存款收入	Savings Deposits	15225.19	19053.51	24604.18	33734.45
其他金融机构收入	Other Financial Institutions	216.83	190.16	148.62	92.85
居民归还贷款收入	Repayment of Loans by Residents	555.64	702.58	828.56	1055.57
汇兑收入	Remittances	498.12	525.3	483.31	419.84
有价证券收入	Securities	123.59	112.33	75.72	78.77
其他收入	Other Income	1703.10	2227.93	3089.22	4151.43
#兑换外币收入	Income from Exchange of Foreign Currencies	6.84	4.01	4.68	9.24

12-9 金融机构现金支出

Cash Expenditures of Financial Institutions

单位:亿元 (100 million yuan)

项目	Item	2000	2001	2002	2003
支出合计	**Total Expenditure**	**24547.06**	**29958.60**	**37880.07**	**50285.59**
工资性支出	Wages	1040.45	1184.35	1424.00	1919.52
农副产品采购支出	Purchases of Agricultural and Sideline Products	675.18	816.31	919.62	1165.95
工矿及其他产品采购支出	Purchases of Industrial and Mineral Products	838.52	969.39	1216.33	1631.92
行政企事业管理费支出	Government and Enterprises Management Funds	1056.77	1219.79	1378.45	1582.23
城乡个体经营支出	Individual Business	2583.34	2902.2	3664.01	4639.85
储蓄存款支出	Savings Deposits	15793.08	19583.56	24971.11	33846.11
其他金融机构支出	Other Financial Institutions	129.44	152.87	141.15	99.83
居民提取贷款支出	Loans by Residents	381.02	495.24	624.51	773.10
汇兑支出	Remittances	286.58	276.54	249.42	210.71
有价证券支出	Securities	89.63	104.72	76.96	70.99
其他支出	Other Expenditure	1673.05	2253.63	3214.51	4345.38
#兑换外币支出	Exchange of Foreign Currencies	4.62	11.25	65.65	144.15
投放(+)回笼(-)	**Monetary Issues(+)Cash Withdrawn(-)**	**78.88**	**148.69**	**257.89**	**383.46**

12－10 农村信用社存贷款年末余额

Deposits and Loans of Rural Credit Cooperatives(year－end)

单位:亿元 (100 million yuan)

项　　目	Item	2000	2001	2002	2003
各项存款	**Deposits**	**1267.21**	**1510.71**	**1847.52**	**2399.62**
企业存款	Deposits of Enterprises	60.19	86.5	111.70	160.63
储蓄存款	Savings Deposits	933.46	1084.35	1277.30	1573.63
活期储蓄存款	Current Deposits	192.72	253.79	332.21	459.70
定期储蓄存款	Fixed Deposits	740.74	830.56	945.09	1113.93
农业存款	Agricultural Deposits	252.26	310.22	421.27	609.18
其他存款	Other Deposits	21.30	20.86	25.90	39.52
各项贷款	**Loans**	**940.62**	**1084.05**	**1338.86**	**1802.87**
#短期贷款	Short－term Loans	908.72	1023.36	1248.38	1679.35
#农业贷款	Agricultural Loans	141.63	194.67	306.71	548.57
乡镇企业贷款	Loans to Township Enterprises	565.48	623.6	704.45	876.04
其他短期贷款	Other Short－term Loans	188.54	205.09	237.22	254.74
中长期贷款	Medium－term&Long－term Loans	31.90	37.7	48.67	65.03

12－11 保险公司分支机构情况(2003 年底)
Basic Statistics on Institution of Insurance Corporations(End of 2003)

城市 City		人寿保险 Life Insurance					财产保险 Propery Insurance			
		分公司 Companies at City Level	中心支公司 Centers	支公司 Business Branches	营业部 Business Division	营销服务部 Service Division of Business	分公司 Companies at City Level	中心支公司 Centers	支公司 Business Branches	营销服务部 Service Division of Business
合计	**Total**	**13**	**43**	**100**	**138**	**1134**	**18**	**51**	**147**	**1007**
杭州市	Hangzhou	7	1	17	23	197	10	1	24	181
宁波市	Ningbo	6		14	8	181	8		33	180
温州市	Wenzhou		5	12	15	103		6	15	145
嘉兴市	Jiaxing		5	8	2	126		6	11	87
绍兴市	Shaoxing		5	8	22	114		7	10	103
湖州市	Huzhou		5	6	13	93		6	8	63
金华市	Jinhua		5	7	17	120		6	13	83
台州市	Taizhou		5	9	24	69		6	12	73
衢州市	Quzhou		4	5	14	32		5	6	19
丽水市	Lishui		4	8		56		4	8	32
舟山市	Zhoushan		4	6		43		4	7	41

12－12 保险公司主要业务经济技术指标
Economic Technical Indicators of Insurance Companies

单位:亿元 (100 million yuan)

指标项目	Item	2000	2001	2002	2003
保费收入	**Premium**	**108.17**	**154.88**	**210.35**	**260.33**
财产险	Property Insurance	43.42	51.68	61.46	71.85
#机动车辆保险	Motor Vehicle Insurance	26.11	31.35	38.29	46.25
人身意外伤害险	Unforeseen Human Injury Insurance	6.36	5.00	6.05	7.83
健康险	Health Insurance	1.20	4.31	7.25	13.87
寿险	Life Insurance	57.20	93.89	135.59	166.79
各项赔款和给付	**Settled Claim and Payment**	**33.10**	**37.71**	**46.02**	**60.00**
财产险	Property Insurance	20.45	22.96	29.41	36.58
#机动车辆保险	Motor Vehicle Insurance	12.58	14.64	18.95	27.31
人身意外伤害险	Unforeseen Human Injury Insurance	2.67	2.08	1.66	2.19
健康险	Health Insurance	0.37	2.30	3.70	4.27
寿险	Life Insurance	9.62	10.37	11.25	16.95
退保金	**Insurance Withdrawn**	**2.98**	**5.55**	**7.92**	**13.58**
手续费支出	**Service Charges**	**3.50**	**4.17**	**5.41**	**6.26**
#人身保险业务手续费支出	Service Charges of Life Insurance	0.67	0.69	1.12	1.39
佣金支出	**Expenditure for Commission**	**6.92**	**11.52**	**13.68**	**11.92**
营业费用	**Business Funds**	**12.38**	**16.40**	**21.05**	**23.44**
#人身保险业务手续费支出	Service Charges of Life Insurance	5.76	7.83	10.56	11.46

主要统计指标解释

财政收入 包括:(1) 各项税收 包括增值税、营业税、消费税、土地增值税、城市维护建设税、资源税、城市土地使用税、印花税、固定资产投资方向调节税、个人所得税、企业所得税、农牧业税和耕地占用税等。

(2) 专项收入 包括征收排污费、征收城市水资源费收入、教育费附加收入等。

(3) 其他收入 包括基本建设贷款归还收入、国家能源交通重点建设基金收入、国家预算调节基金等。

(4) 国有企业计划亏损补贴 这项为负收入,冲减财政收入。

财政支出 国家财政将筹集起来的资金进行分配使用,以满足经济建设和各项事业的需要,主要包括:

(1) 基本建设支出

(2) 企业挖潜改造资金

(3) 地质勘探费用

(4) 科技三项费用

(5) 支农支出

(6) 农林水利气象等部门的事业费用

(7) 工业交通商业等部门的事业费

(8) 文教科学卫生事业费

(9) 抚恤和社会福利救济费

(10) 国防支出

(11) 行政管理费

(12) 价格补贴支出

存款 企业、机关、团体或居民根据可以收回的原则,把货币资金存入银行或其他信用机构保管并取得一定利息的一种信用活动形式。根据存款对象的不同可划分为企业存款、财政存款、机关团体存款、基本建设存款、城镇储蓄存款、农村存款等科目。它是银行信贷资金的主要来源。

贷款 银行或其他信用机构根据必须归还的原则,按一定利率,为企业、个人等提供资金的一种信用活动形式。我国银行贷款分为流动资金贷款、固定资产贷款、城乡个体工商户贷款以及农业贷款等科目。

Explanatory Notes on Main Statistical Indicators

Government Revenue It includes the following main items:

(1) Various tax revenues, including value added tax, business tax, consumption tax, land value added tax, tax on city maintenance and construction, resources tax, tax on use of urban land, stamp tax, tax on adjustment of the orientation of investment in fixed assets, personal income tax, enterprise income tax, tax on agriculture and animal husbandry and tax on occupancy of cultivated land, etc.

(2) Special revenues, including revenue collected from imposing fee on sewage treatment, revenue collected from imposing fee on urban water resources, and extra-charges for education, etc.

(3) Other revenues, including revenue from the repayment of capital construction loan, the funds for the state key construction projects in energy industry and transportation, and the funds for state budget adjustment, etc.

(4) Planned subsidies for the losses of the state-owned enterprises. This isan item of negative revenue, used to eat up part of the government revenue.

Government Expenditure refers to the distribution and use of the funds the government finance has raised, so as to meet the needs of economic construction and various causes. It includes the following main items:

(1) Expenditure for capital construction

(2) Innovation funds of the enterprises

(3) Geological prospecting expenses

(4) Expenditures for science and technology promotion

(5) Expenditure for supporting rural production

(6) Operating expenses of the departments of farming, forestry, water conservancy and meteorology etc.

(7) Operating expenses of the departments of industry, transport and commerce

(8) Operating expenses of the departments of culture, education, science and public health

(9) Pension for the disabled or for the families of the bereaved and relief funds for social welfare

(10) Expenditures for national defence

(11) Administrative expenses

(12) Expenditure for price subsidies

Deposit is a form of credit by which enterprises, institutions, organizations or residents can put money into banks and other credit institutions for safekeeping and interest earning under the principle of free withdrawal. According to different depositors, deposits are divided into enterprise deposits, treasury deposits, deposits of government agencies and organizations, capital construction deposits, urban savings deposits, rural deposits and other deposits. Deposits are major sources of the credit funds of banks.

Loan is a form of credit by which banks and other credit institutions provide funds at certain interest rate to enterprises and individuals in the light of the principle of unconditional repayment. Loans from Chinese banks include circulating capital loans, fixed assets loans, loans to urban and rural individuals engaged in industrial and commercial business and agricultural loans.

城市建设和环境保护

City Construction and Environment Protection

Chapter 13

13－1 城市公用事业
Urban Public Utilities

项目	Item	1990	2000	2001	2002	2003
自来水全年供水总量 （万吨）	**Annual Supply of Tap Water (10000 tons)**	**136210**	**196199**	**204437**	**221756**	**237136**
#生活用水量	Water Consumption for residential use	36721	80205	91342	106810	111291
人均日生活用水量 （升）	Daily Water Consumption for Residential Use Per Capita (Litres)	157.4	213.0	219.16	239.85	236.32
用水普及率 （%）	Percentage of Population with Access to Tap Water (%)	91.5	99.9	93.52	96.64	98.24
公共车辆总数 （辆）	**Number of Public Transportation Vehicles (Unit)**	**1437**	**10015**	**10171**	**12098**	**13244**
平均每万人拥有量（标台）	Number of Public Transportation Vehicles Owned Per 10000 Population	3.4	14.0	7.46	8.85	9.91
铺设道路面积 （万平方米）	**Area of Paved Roads (10000 sq. m)**	**4698**	**9050**	**11930**	**13716**	**16743**
平均每万人拥有面积 （平方米）	Areas of Paved Roads Per Capita (sq. m)	10.6	15.0	9.77	10.86	12.75
排水道长度 （公里）	**Length of Sewer Pipelines (km)**	**2466**	**7795**	**9903**	**12183**	**15331**
排水管道密度 （公里/平方公里）	Length of Sewer Pipelines Per sq. km (km/sq. km)		8.09	8.89	9.82	10.97
液化石油气供气总量 （万吨）	**LPG (10 000tons)**	**6.16**	**63.10**	**77.70**	**92.33**	**118.52**
液化石油气家庭用量 （吨）	Consumption of LPG for Residential Use (ton)	6.16	38.95	51.76	62.73	65.87
用气普及率 （%）	Percentage of Population with Access to LPG (%)	37.10	97.20	91.11	94.43	96.85
城市绿化覆盖面积 （公顷）	**Afforestation in Cities (hectare)**	**4656**	**32972**	**39253**	**45876**	**51174**
园林绿地面积 （公顷）	Green Areas in Gardens (hectare)	4656	26394	30268	36206	42846
#公共绿地面积	Public Green Areas	1415	4723	6250	8213	9836
人均公共绿地 （平方米）	Public Green Areas Per Capita (sq. m)	3.2	8.00	5.12	6.51	7.49
公园个数 （个）	Number of Parks (unit)	165	360	400	459	525
公园面积 （公顷）	Areas of Parks (hectare)	912	2343	2763	3351	4113
环境卫生	**Environmental Sanitation**					
生活垃圾清运量 （万吨）	Volume of Living Garbage Disposal (10 000 tons)	251	436	516	576	675
粪便清运量 （万吨）	Volume of Disposal of Excrement and Urine (10 000 tons)	184	123	110	190	112

注:1. 生活用水量:2001 年开始为家庭用水量。Water consumption since 2001 was that of families.
2. 2001 年开始,人均指标均按城镇人口计算。Indicators per capita were calculated at urban population since 2001.

13－2 环境保护机构和人员情况(2003年)

Institutions and Personnel on Environmental Protection (2003)

项 目	Item	合计 Total	环保局 Environment Protection Bureau	监测站 Monitoring Station	监理所 Control Station	科研所 Research Institutions	其他 Others
机构数 (个)	**Number of Institutions**	**323**	**96**	**81**	**87**	**8**	**51**
年末实有人数(人)	Number of Personnel	4575	1153	1717	1141	211	353
#高级职称	Senior Titles	362	22	231	38	58	13
中级职称	Medium Titles	1012	89	593	220	81	29

13－3 环境保护投资情况

Investment in Environmental Protection

单位:万元 (10000 yuan)

项 目	Item	2000	2001	2002	2003
本年完成环境污染治理投资总额	**Total Investment**	**1542953**	**1604148**	**1740394**	**2316792**
老工业区污染源治理	Pollution Treatment of Old Industrial Estate	223064	115842	151324	152657
新扩建"三同时"项目	New Extended Projects of "Three Simultaneity"	87123	140432	91266	143005
城市环境基础建设	Basic Construction of City Environment	1232766	1347874	1497803	2021130
环境管理能力建设	**Capacity Construction of Environment Management**	**15816**	**14005**	**13824**	**16478**
工业环境治理运行费用	**Expenses of Treatment for Industrial Environment**	**136441**	**360156**	**233463**	**267776**

13－4 废水排放及处理利用情况
Discharging and Using of Industrial Waste Water

单位:万吨 (10000 tons)

项　目	Item	2000	2001	2002	2003
废水排放总量	**Waste Water Discharged**	**213316**	**242570**	**259099**	**270262**
生活及其他	For Living and Others	76883	84457	91051	102174
工业	Industry	136433	158113	168048	168088
工业废水排放达标量	**Volume of Industrial Waste Water up to the Dischange Standards**	**115680**	**152527**	**161873**	**163387**
工业重复用水率　(%)	**Rate of Water Utilized Repeatedly in Industry (%)**		**33.79**	**33.20**	**36.38**

13－5 工业废气排放及处理利用情况
Discharging and Using of Industrial Waste Gas

项　目	Item	2000	2001	2002	2003
工业废气排放总量(亿标立方米)	**Total Volume of Industrial Waste Gas Discharged(100 million cu. m)**	**6509**	**8530**	**8532**	**10432**
燃料燃烧废气排放总量(万吨)	Waste Gas in the Process of Fuel Burning (10000 tons)	4262	5862	5921	7208
生产工艺废气排放量　(万吨)	Volume of Waste Gas from the Process of Production (10000 tons)	2246	2669	2611	3224
二氧化硫排放量　(万吨)	Volume of Industrial SO_2 Discharged (10000 tons)	61	56	59	71
烟尘排放量　(万吨)	Volume of Industrial Soot Discharged (10000 tons)	25	23	19	18
粉尘排放量　(万吨)	Volume of Industrial dust Discharged (10000 tons)	49	46	33	28

13－6 工业固体废物排放及处理利用情况
Discharging and Treatment of Industrial Solid Wastes

单位:万吨 (10000 Tons)

项 目	Item	1990	1995	2000	2001	2002	2003
工业固体废物生产量	**Volume of Industrial Solid Wastes Produced**	**847**	**1018**	**1386**	**1603**	**1778**	**1976**
工业固体废物排放量	Volume of Industrial Solid Wastes Discharged	58	12	6	5	5	4
工业固体废物综合利用量	Volume of Industrial Solid Wastes Utilized	354	711	1099	1390	1506	1722
工业固体废物贮存总量	Volume of Industrial Solid Wastes Accumulated	3599	6811	142	130	132	34

13－7 自然保护工作情况(2003年)
Basic Conditions of Natural Protection Work(2003)

项 目	Item	合计 Total	国家级 Country Level	省级 Province Level	县级 County Level
自然保护区情况	**Conditions of Natural Protective Zone**				
自然保护区数 (个)	Number of Zone (unit)	50	8	9	33
自然保护区面积 (公顷)	Areas of Zone (ha.)	162017	97903	12571	51543
生态示范区情况	**Conditions of Demonstration Zone of Ecology**				
生态示范区个数 (个)	Number of Demonstration Zone of Ecology (unit)	43	35	8	
生态示范区面积 (公顷)	Areas of Demonstration Zone of Ecology (ha.)	9451417	7696043	1755374	

主要统计指标解释

工业废水排放量 指经过企业厂区所有排放口排到企业外部的工业废水量。包括生产废水、外排的直接冷却水、超标排放的矿井地下水和与工业废水混排的厂区生活污水,不包括外排的间接冷却水(清污不分流的间按冷却水应计算在内)。

工业废水排放达标量 指各项指标都达到国家或地方排放标准的外排工业废水量,包括未经处理外排达标的和经过处理后外排达标的和两部分。国家排放标准见 GB8978-88。

工业废气排放量 指企业厂区内燃料燃烧和生产工艺过程中产生的各种排入空气的含有污染物的气体的总量,以标准状态(273K,101325Pa)计。

工业固体废物产生量 指企业在生产过程中产生的固体状、半固体状和高浓度液体状废弃物的总量,包括危险废物、冶炼废渣、粉煤灰、炉渣、煤矸石、尾矿、放射性废物和其他废物等;不包括矿山开采的剥离废石和掘进废石(煤矸石和呈酸性或碱性的废石除外)。酸性或碱性废石是指采掘的废石其流经水、雨淋水的 pH 值小于 4 或 pH 值大于 10.5 者。

工业固体废物综合利用量 指通过回收、加工、循环、交换等方式,从固体废物中提取或者使其转化为可以利用的资源、能源和其他原材料的固体废物量(包括当年利用往年的工业固体废物累计贮存量)。如用作农业肥料、生产建筑材料、筑路等。综合利用量由原产生固体废物的单位统计。

Explanatory Notes on Main Statistical Indicators

Volume of Industrial Waste Water Discharged refers to the volume of industrial waste water discharged, through all outlets, to the outside of industrial enterprises, including waste water produced, direct-cooling water, underground water from mines that does not meet the standard of discharge, and the domestic sewage mixed up with industrial waste water when discharged, but excluding discharged indirect-cooling water.

Volume of Waste Water up to the Standard for Discharge refers to the volume of discharged industrial waste water that, with or without treatment, has come up to the national or local standards for discharge.

Volume of Waste Gas Emission refers to waste gas emitted from burning of fuels and from production process in the area of the factory, and is measured by 10000 standard cubic metres each year under normal condition.

Volume of Industrial Solid Wastes Produced refers to the total volume of solid, semi-solid or highconcentration liquid residue produced by industrial enterprises in their production process, including dangerous wastes, residues from melting, slag, powdered coal ash, gangue, chemical residues, tailings, radioactive residues and other residues, but excluding stripped or dug stones in mining (except gangue and acid or alkali stones which are stones washed or soaked by water with a pH value smaller than 4 or larger than 10.5.)

Volume of Industrial Solid Wastes Utilized in a Comprehensive Way refers to the volume of solid wastes from which useful materials can be extracted or which can be changed to be utilizable resources, energy or other materials, including the volume of industrial solid wastes stored up in the previous years and utilized in the current year, such as the solid wastes utilized as fertilizers, building materials, for making roads or for other purpose. Statistical data on utilization of industrial solid wastes are collected by solid wastes producing units.

教育、科技、专利、测绘和标准计量

Education, Science, Patent, Surveying and Mapping and Standard Calculating

Chapter 14

14. 教育、科技、专利、测绘和标准计量

Education, Science, Patent, Surveying and Mapping and Standard Calculating

2003 年高等学校毕业学生数	Graduates in Institutions of Higher Education	8.22 万人	(10000 persons)
2003 年中等专业学校毕业学生数	Graduates in Secondary Specialized School	4.12 万人	(10000 persons)
2003 年每万人口在校大学生数	University and College Students Enrollment Per 10000 Population	106.5 人	(person)
2003 年小学学龄儿童入学率	Percentage of School-age Children Enrolled	99.98%	
2003 年地方企事业单位专业技术人员数	Specialized Technical Personnel in Local Enterprises and Institutions	108.92 万人	(10000 persons)
2003 年专利申请批准量	Patent Applications Approved	14402 项	(item)
2003 年测绘部门完成地形图测图	Maps Completed by Surveying and Mapping departments	54061 幅	(map)

每万人口在校大学生人数 (人)

University and College Students Enrollment Per 10000 Population (Person)

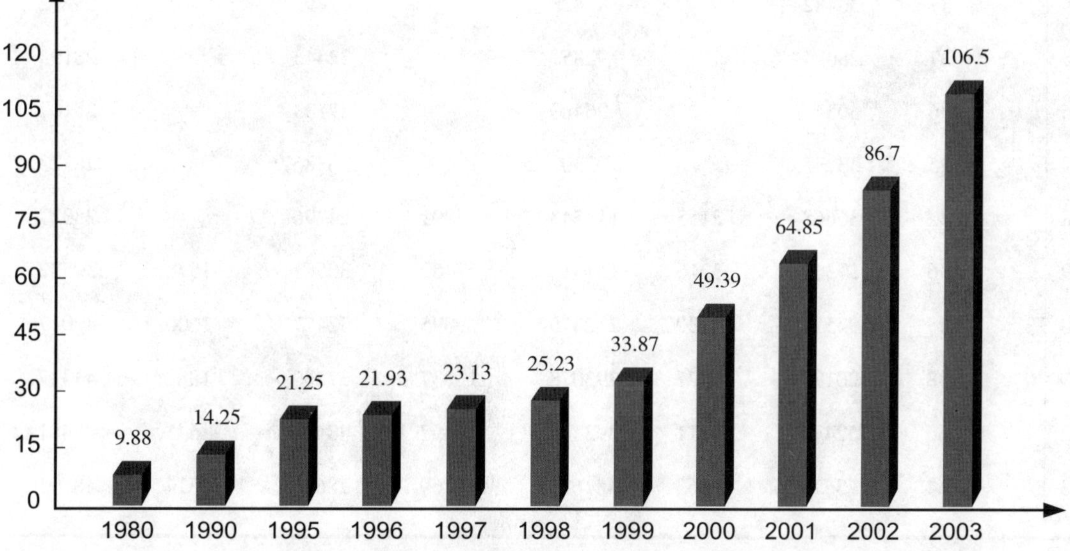

14－1 高等学校基本情况
Basic Statistics on Institutions of Higher Education

年份 Year	学校数（所）Number of Schools (unit)	招生数（人）New Students Enrollment (person) 本专科 Regular College Course and Specialized Subject	研究生 Postgradu－ates	在校学生数（人）Students Enrollment (person) 本专科 Regular College Course and Specialized Subject	研究生 Postgradu－ates	毕业生数（人）Graduates (person) 本专科 Regular College Course and Specialized Subject	研究生 Postgradu－ates	教职员工数（人）Number of School Staff and Workers (person)	#专任教师 Teachers
1978	20	14241		24223		3743		11961	5389
1979	20	9498		32227		1013		13889	6275
1980	22	9387		37815		3710		15619	6886
1981	22	9208		41020		5852		16365	6933
1982	22	10162		36088		14968		18181	7701
1983	24	12750		39008		10411		19274	8219
1984	27	15030		44883		9002		20431	8690
1985	35	19026		52688		11044		22497	9908
1986	37	17877		57352		13027		24723	10804
1987	37	18190		60072		15017		25620	11223
1988	37	19364		60419		18712		26472	11578
1989	37	18270		61045		17323		26772	11574
1990	37	18264		60327		18417		26787	11578
1991	36	18651		59822		18175		27004	11208
1992	35	21217		62226		18267		27821	11105
1993	36	27716		73586		15971		27898	11148
1994	37	30482		87428		17895		28212	11345
1995	37	28094		92857		22443		28194	11491
1996	36	30541		96480		27133		28107	11530
1997	35	33145		102302		26386		28123	11595
1998	32	36668	2155	113543	5991	24296		28327	11816
1999	36	59300	3216	151318	7460	30561	1578	30532	13140
2000	35	93516	4130	212375	9895	32477	1600	40037	18981
2001	38	120195	5577	293078	13237	37230	1882	44347	22168
2002	60	152470	6111	393145	16297	48431	2645	48481	25993
2003	64	173519	6863	484639	19269	78685	3514	48691	29945

14－2 高等学校分类情况(2003 年)

Institutions of Higher Education by Type(2003)

分 类	Item	学校数(所) Number of Institutions of Higher Education (unit)	本、专科学生(人) Regular College Course and Specialized Subject (person)			教职员工数(人) Number of Staff and Workers (person)	
			毕业生数 Graduates	招生数 New Students Enrollment	在校学生数 Students Enrollment		#专任教师 Teachers
合计	**Total**	**64**	**78685**	**173519**	**484639**	**54331**	**29945**
#女性	Female		38079	87730	237467	23295	12407
综合院校	Comprehensive Universities	2	11133	11903	48311	10967	4652
理工院校	Science and Engineering Universities	8	14966	39131	116922	10526	5970
农业院校	Agriculture Universities	1	1481	2784	7525	1020	544
林业院校	Forestry Universities	1	1434	3691	10092	918	557
医药院校	Medicine Universities	3	1744	6469	19473	2337	1382
师范院校	Teacher Training Universities	7	12392	26283	78335	9349	5244
语文院校	Linguistics and Literacy Universities	1	845	2090	4764	452	312
财政院校	Economics and Finance Universities	3	5932	11208	35217	3762	2106
政法院校	Politics and Law Universities	2	991	1242	2817	808	379
艺术院校	Art Universities	1	423	2639	6177	702	411
高等职业学校	Higher Professional universities	35	27344	66079	155005	13489	8388

14－3　中等职业学校基本情况
Basic Statistics on Secondary Professional Schools

年份 Year	学校数（所） Number of Schools (unit)	招生数（万人） New Students Enrollment (10000 persons)	在校学生数（万人） Students Enrollment (10000 persons)	毕业生数（万人） Graduates (10000 persons)	教职员工数（万人） Staff and Workers (10000 persons)	#专任教师 Teachers
1978	73	1.29	2.79	0.14	0.54	0.24
1979	75	1.24	3.42	0.61	0.55	0.30
1980	81	1.13	3.10	1.44	0.67	0.33
1981	83	1.16	2.67	1.59	0.75	0.35
1982	92	1.19	2.77	1.08	0.85	0.39
1983	96	1.30	3.07	0.98	0.87	0.41
1984	104	1.64	3.66	1.16	0.96	0.44
1985	119	1.99	4.36	1.29	1.12	0.49
1986	130	2.14	5.22	1.27	1.25	0.58
1987	134	2.26	5.79	1.66	1.34	0.65
1988	136	2.31	6.31	1.81	1.40	0.70
1989	140	2.31	6.61	2.02	1.49	0.72
1990	141	2.23	6.67	2.12	1.50	0.73
1991	141	2.41	6.77	2.29	1.52	0.72
1992	142	2.72	7.20	2.27	1.54	0.72
1993	144	3.59	8.48	2.28	1.55	0.72
1994	155	4.92	10.87	2.32	1.58	0.74
1995	158	6.00	13.91	2.90	1.61	0.78
1996	161	7.30	17.72	3.44	1.63	0.80
1997	151	5.68	15.74	3.99	1.64	0.81
1998	150	5.65	16.70	4.58	1.60	0.79
1999	149	5.16	16.52	5.08	1.49	0.78
2000	86	3.54	14.8	5.08	0.97	0.53
2001	82	3.10	12.93	4.77	0.57	0.31
2002	62	4.22	12.25	4.67	0.59	0.34
2003	57	4.67	12.07	4.12	0.60	0.36

14－4 各级成人教育基本情况
Adult Education by Level

类别	Item	学校数（所）Schools (unit)		毕（结）业生数（万人）Graduates (10000 Persons)		在校学生数（万人）Students Enrollment (10000 Persons)	
		2002	2003	2002	2003	2002	2003
成人高等学历教育	**Adult Higher Education**	**16**	**15**	**4.74**	**7.30**	**27.60**	**29.35**
广播电视大学	Radio and TV Universities	2	2	0.59	0.46	1.37	1.20
职工高等学校	Schools of Higher Education for Staff and Workers	10	9	0.15	0.29	1.82	2.03
教育学院	Pedagogical Colleges	4		0.58	0.88	2.47	2.13
普通高校	Institutions of Higher Education			3.42	5.68	21.94	23.98
成人中等学历教育	**Secondary Education for Adults**	**120**	**98**	**2.12**	**2.54**	**6.23**	**7.26**
成人中学	**Secondary Schools for Adults**	**364**	**425**	**2.48**	**6.52**	**4.8**	**6.00**
成人技术培训学校	**Technical Training Schools for Adults**	**20428**	**12337**	**493.37**	**494.61**	**350.86**	**489.99**
成人初等学校	**Primary Schools for Adults**	**1881**	**671**	**10.23**	**4.57**	**9.2**	**2.55**

14－5 技工学校基本情况
Basic Statistics on Technical Schools

年份 Year	学校数 （所） Number of Schools (unit)	在校学生数 （人） Students Enrollment (person)	毕业生数 （人） Graduates (person)	招生数 （人） New Students Enrollment (person)	教职员工数 （人） Staff and Workers (person)
1980	140	17093	5895	5139	2709
1981	139	12180	8718	4115	4462
1982	141	9386	5798	3813	3987
1983	142	8536	3935	4260	4266
1984	101	11152	2696	6110	4673
1985	94	14065	4138	6790	5146
1986	94	17122	3529	6717	5936
1987	92	19006	4663	6907	5960
1988	91	18243	6121	6125	5881
1989	94	17323	6377	6060	4464
1990	96	16365	5815	6176	5826
1991	94	18230	5083	7489	6131
1992	98	21663	5414	9480	6373
1993	99	31998	7523	14204	6541
1994	102	38658	10523	17603	6993
1995	104	15149	12140	20852	7273
1996	107	49246	15415	20438	7335
1997	107	56633	13709	24026	6758
1998	106	62052	17268	23916	6560
1999	99	63128	18081	22681	6197
2000	95	60968	21029	22630	7204
2001	97	59068	20410	23983	5914
2002	96	62572	17684	27123	5774
2003	80	70650	15933	33494	5616

14－6 特殊教育情况
Basic Statistics on Special Education

年份 Year	学校数（所）Number of Schools（unit）	在校学生数（人）Students Enrollment（person）	毕业生数（人）Graduates（person）	招生数（人）New Students Enrollment（person）	教职员工数（人）Staff and Workers（person）	#专任教师 Teachers
1980	7	1293	73	203	174	116
1981	7	1347	109	204	177	117
1982	7	1407	118	224	186	136
1983	8	1478	129	271	225	162
1984	11	1668	81	340	258	186
1985	13	1784	150	380	311	231
1986	15	1979	125	412	334	242
1987	18	2303	128	553	410	294
1988	24	2621	201	641	507	370
1989	32	2985	135	594	600	435
1990	43	3443	222	832	729	555
1991	46	3963	142	784	847	639
1992	47	6907	346	918	963	735
1993	53	13202	548	4288	1081	824
1994	55	18038	1172	2774	1291	1003
1995	56	23690	1791	2831	1433	1130
1996	60	22691	1778	2261	1462	1169
1997	61	23919	2190	2306	1419	1154
1998	63	22812	3086	2486	1453	1172
1999	62	21840	3315	2437	1382	1120
2000	62	19749	3701	2445	1396	1139
2001	64	19358	2783	2593	1385	1068
2002	64	16484	2603	2158	1424	1122
2003	63	15357	2561	1947	1445	1133

14－7 普通中学基本情况
Basic Statistics on Regular Secondary Schools

年份 Year	学校数（所）Number of Schools（unit）	招生数（万人）New Students Enrollment（10000 persons）	在校学生数（万人）Students Enrollment（10000 persons）	毕业生数（万人）Graduates（10000 persons）	教职员工数（万人）Workers and Staff（10000 persons）	#专任教师 Teachers
1978	4097	83.92	214.65	83.59	12.29	9.94
1979	3680	72.29	181.12	80.45	11.04	9.04
1980	3391	64.67	170.04	49.05	11.45	8.53
1981	3243	61.03	155.75	50.75	10.88	8.07
1982	3115	59.93	151.08	44.01	10.34	7.89
1983	3161	61.28	154.91	39.43	10.44	7.90
1984	3199	61.95	166.13	39.50	10.56	7.87
1985	3235	63.29	177.46	41.84	10.94	8.24
1986	3296	65.09	184.04	47.49	11.14	8.41
1987	3346	62.41	182.95	50.19	11.26	8.56
1988	3389	54.34	169.74	52.04	11.53	8.83
1989	3384	58.19	163.34	52.09	11.76	8.95
1990	3353	64.78	169.62	49.92	11.59	8.98
1991	3381	66.01	180.75	46.02	11.87	9.24
1992	3283	66.14	188.38	49.55	12.17	9.53
1993	3259	63.08	185.02	55.67	12.36	9.73
1994	3315	72.82	194.02	56.88	12.72	10.12
1995	3255	80.67	210.54	58.84	13.37	10.77
1996	3240	75.03	223.64	57.41	14.15	11.55
1997	3186	71.92	222.74	68.10	14.74	12.19
1998	3128	76.23	217.67	75.49	15.11	12.52
1999	2995	85.72	228.15	69.91	15.78	13.14
2000	2940	92.51	249.55	66.83	16.52	13.93
2001	2900	89.34	263.00	71.57	17.70	14.73
2002	2781	92.10	270.30	81.36	18.25	15.33
2003	2695	90.99	270.07	88.09	18.78	15.83

14－8　小学基本情况
Basic Statistics on Primary Schools

年份 Year	学校数（万所）Number of Schools（10000 unit）	招生数（万人）New Students Enrollment（10000 persons）	在校学生数（万人）Students Enrollment（10000 persons）	毕业生数（万人）Graduates（10000 persons）	教职员工数（万人）Workers and Staff（10000 persons）	#专任教师 Teachers
1978	4.45	104.85	501.43	81.56	18.07	17.35
1979	4.26	86.44	486.77	72.47	18.38	17.54
1980	4.17	83.58	482.42	71.07	18.45	17.26
1981	4.10	74.19	459.83	78.66	17.66	16.50
1982	3.94	70.63	430.59	81.06	17.09	15.94
1983	3.82	70.20	407.20	83.03	16.44	15.25
1984	3.75	70.10	395.46	76.47	16.08	14.82
1985	3.65	67.78	384.91	75.34	16.09	14.62
1986	3.56	69.38	378.09	72.15	15.84	14.42
1987	3.45	57.33	365.15	67.32	15.55	14.16
1988	3.36	63.19	366.04	58.54	15.78	14.39
1989	3.27	72.30	375.73	60.16	16.11	14.65
1990	3.18	64.60	372.43	65.81	14.88	13.46
1991	2.97	57.85	362.64	65.64	14.97	13.50
1992	2.73	57.90	355.21	63.74	15.10	13.63
1993	2.53	64.74	359.23	59.33	15.23	13.77
1994	2.37	72.71	366.15	66.20	15.46	13.98
1995	2.26	66.19	362.98	70.01	15.84	14.34
1996	2.14	63.84	363.80	63.90	16.30	14.85
1997	1.97	61.39	368.57	57.72	16.84	15.40
1998	1.69	56.19	365.23	59.59	17.17	15.69
1999	1.38	65.46	363.31	67.83	17.53	16.00
2000	1.18	61.58	353.76	71.58	17.57	16.04
2001	1.00	58.45	346.28	66.66	17.64	15.99
2002	0.90	57.78	343.75	64.48	17.65	16.01
2003	0.77	52.45	340.29	59.78	17.54	15.91

14－9 小学学龄儿童入学率
Percentage of School-Age Children Enrolled

年份 Year	学龄儿童数 （万人） School- age Children （10000 persons）	已入学学龄儿童数 （万人） School-age Children Enrolled in Schools （10000 persons）	入学 率 （%） Enrollment Rate
1978	457.50	446.51	97.60
1979	455.10	443.28	97.40
1980	437.95	424.77	97.00
1981	418.90	407.28	97.20
1982	389.78	378.28	97.00
1983	367.53	358.01	97.40
1984	356.60	348.85	97.80
1985	343.07	336.54	98.10
1986	339.00	333.24	98.30
1987	314.42	310.03	98.60
1988	302.91	299.46	98.90
1989	311.49	308.58	99.10
1990	312.18	309.86	99.30
1991	345.41	342.99	99.30
1992	337.16	335.20	99.40
1993	336.74	335.06	99.50
1994	348.46	347.42	99.70
1995	346.50	345.62	99.70
1996	347.43	346.84	99.80
1997	356.06	355.63	99.88
1998	356.16	355.87	99.92
1999	346.20	346.03	99.95
2000	329.22	328.99	99.93
2001	331.70	331.60	99.97
2002	336.52	336.49	99.99
2003	316.79	316.73	99.98

14－10　幼儿园基本情况
Basic Statistics on Kindergartens

年份 Year	园数（所） Number of Kindergartens (unit)	班数（个） Number of Classes (unit)	在园幼儿数（万人） Number of Children Enrollment (10000 persons)	教职员工数（人） Staff and Workers (person)	#教师 Teachers
1979	3100	8908	28.34	13400	10095
1980	7067	14951	43.39	20601	17473
1981	5235	14605	41.97	20737	17473
1982	6409	14916	44.52	22209	18212
1983	6120	15440	47.19	23198	18839
1984	11511	20043	60.65	28735	24074
1985	12468	21902	65.41	30801	26180
1986	12375	24286	71.90	34210	29012
1987	13366	25980	81.25	37548	31680
1988	12590	26048	80.32	38205	32261
1989	12153	26277	74.85	38955	32703
1990	11824	26684	75.16	39859	33556
1991	11242	28308	85.72	41706	34425
1992	9860	29035	94.30	41052	34024
1993	9179	29396	97.63	43522	35887
1994	11705	31178	99.33	48006	39453
1995	11794	31530	99.43	49377	40220
1996	11915	32654	98.95	50389	40678
1997	12920	34637	100.21	54459	43503
1998	14068	37270	105.90	58867	46500
1999	14864	38637	108.38	61549	47902
2000	15073	41271	112.45	67773	51168
2001	12501	43167	115.13	72593	48195
2002	11920	44483	117.61	75000	49442
2003	11560	44651	117.96	83022	54056

14－11 各级学校女学生和女教师数
Female Students and Teachers by Level of Schools

类　别	Item	1990	1995	2000	2002	2003
女学生数(万人)	**Number of Female Students(10000 person)**	**260.55**	**289.80**	**315.45**	**334.17**	**344.93**
普通高等学校	Institutions of Higher Education	1.99	3.60	8.81	18.93	22.92
中等职业学校	Specialized Secondary Schools	2.91	7.44	9.42	7.27	35.55
普通中学	Regular Secondary Schools	74.77	97.40	116.01	126.56	126.96
小学	Primary Schools	176.56	172.13	167.09	161.73	159.50
女学生占学生总数%	**Percentage of Female Students to Total Students**	**46.70**	**47.10**	**47.25**	**47.25**	**47.41**
普通高等学校	Institutions of Higher Education	33.00	38.80	44.03	48.15	48.75
中等职业学校	Specialized Secondary Schools	43.60	51.30	63.65	59.37	51.08
普通中学	Regular Secondary Schools	44.10	46.30	46.49	46.82	46.91
小学	Primary Schools	47.40	47.40	47.23	47.05	46.87
女教师数(万人)	**Number of Female Teachers(10000 person)**	**10.32**	**12.66**	**17.33**	**18.91**	**19.80**
普通高等学校	Institutions of Higher Education	0.29	0.33	0.70	1.04	1.24
中等职业学校	Specialized Secondary Schools	0.27	0.32	0.24	0.16	1.36
普通中学	Regular Secondary Schools	2.68	3.85	6.19	7.06	7.44
小学	Primary Schools	6.91	7.81	9.52	9.71	9.77
女教师占教师总数%	**Percentage of Female Teachers to Total Teachers**	**41.30**	**45.10**	**50.05**	**52.05**	**52.59**
普通高等学校	Institutions of Higher Education	25.00	29.20	36.84	39.95	41.43
中等职业学校	Specialized Secondary Schools	37.00	41.00	45.28	46.53	46.68
普通中学	Regular Secondary Schools	29.80	35.70	44.44	46.03	46.97
小学	Primary Schools	51.30	54.50	59.35	60.62	61.37

14－12 每万人口中在校学生数和构成

Student Enrollment Per 10 Thousand Population and Its Composition

年份 Year	各级学校在校学生占全省人口(%) Students Enrollment as Percentage of Total Population	平均每万人口中 Number of Students Per 10000 Population			大、中、小学生占学生总数% Students of Different Level as Percentage of Total Students		
		大学生(人) University and College Students (person)	中学生(人) Secondary School Students (person)	小学生(人) Primary School Students (person)	大学生(人) University and College Students (person)	中学生(人) Secondary School Students (person)	小学生(人) Primary School Students (person)
1979	17.79	8.50	486.60	1283.56	0.5	27.4	72.2
1980	17.27	9.88	456.50	1260.71	0.6	26.4	73.0
1981	16.11	10.60	412.65	1187.73	0.7	25.6	73.7
1982	15.01	9.20	394.84	1097.23	0.6	26.3	73.1
1983	14.43	9.84	405.18	1027.48	0.7	28.1	71.2
1984	14.38	11.24	436.36	990.36	0.8	30.3	68.9
1985	14.37	13.08	469.11	955.22	0.9	32.6	66.5
1986	14.29	14.09	486.19	928.95	1.0	34.0	65.0
1987	13.80	14.58	479.78	886.03	1.1	34.8	64.2
1988	13.36	14.49	443.83	877.83	1.1	33.2	65.7
1989	13.32	14.50	424.92	892.71	1.1	31.9	67.0
1990	13.33	14.25	439.14	879.43	1.1	32.9	66.0
1991	13.29	14.04	463.63	850.99	1.1	34.9	64.0
1992	13.25	14.52	481.58	828.79	1.1	36.3	62.6
1993	13.28	17.06	477.71	832.84	1.3	36.0	62.7
1994	13.72	20.14	508.46	843.42	1.5	37.0	61.5
1995	14.07	21.25	554.97	830.70	1.5	39.5	59.0
1996	14.37	21.93	588.29	826.80	1.5	41.0	57.5
1997	14.48	23.13	591.39	833.44	1.6	40.8	57.6
1998	14.34	25.52	587.47	821.32	1.8	41.0	57.2
1999	14.58	33.87	611.26	813.24	2.3	41.9	55.8
2000	14.86	47.19	554.41	785.92	3.2	43.9	52.9
2001	14.98	63.53	684.10	750.60	4.3	45.2	50.5
2002	15.36	84.59	711.26	739.75	5.51	46.3	48.2
2003	15.56	103.56	725.54	727.19	6.65	46.6	46.7

14－13 学校教师负担学生数
Students-Teachers Ratio by Level of Schools

年份 Year	高等学校 Institutions of Higher Education		中等学校 Secondary Schools		小学 Primary Schools	
	教师数（万人）Number of Teachers (10000 persons)	平均 每个教师负担学生（人）Student-Teacher Ratio (person)	教师数（万人）Number of Teachers (10000 persons)	平均每个教师负担学生（人）Student - Teacher Ratio (person)	教师数（万人）Number of Teachers (10000 persons)	平均每个教师负担学生（人）Student-Teacher Ratio (person)
1978	0.54	4.5	10.18	21.4	17.35	28.9
1979	0.63	5.1	9.34	19.8	17.54	27.8
1980	0.69	5.5	8.95	19.5	17.26	28.0
1981	0.69	5.9	8.51	18.8	16.50	27.9
1982	0.77	4.7	8.35	18.6	15.94	27.0
1983	0.82	4.7	8.45	19.0	15.25	26.7
1984	0.87	5.2	8.54	20.4	14.82	26.7
1985	0.99	5.3	9.12	20.7	14.62	26.3
1986	1.08	5.3	9.45	20.9	14.42	26.2
1987	1.12	5.4	9.71	20.4	14.16	25.8
1988	1.16	5.2	10.12	18.3	14.39	25.4
1989	1.16	5.3	10.28	17.4	14.65	25.6
1990	1.16	5.2	10.36	18.0	13.46	27.7
1991	1.12	5.3	10.62	18.6	13.50	26.9
1992	1.11	5.6	10.97	18.8	13.63	26.1
1993	1.11	6.6	11.27	18.3	13.77	26.1
1994	1.13	7.7	11.75	18.8	13.98	26.2
1995	1.15	8.1	12.57	19.3	14.34	25.3
1996	1.15	8.4	13.43	19.3	14.85	24.5
1997	1.16	8.8	13.46	19.4	15.40	23.93
1998	1.18	9.6	14.66	17.8	15.69	23.28
1999	1.31	11.55	15.40	17.73	16.00	22.71
2000	1.90	11.17	14.83	18.24	16.04	22.05
2001	2.22	13.20	17.08	18.48	15.99	21.66
2002	2.60	15.12	18.01	18.35	16.01	21.47
2003	2.99	16.21	18.82	18.04	15.91	21.39

14－14 县级以上政府部门属研究与开发机构情况

Basic Statistics on Research and Development Organizations Attached to Government at County Level and Above

年份 Year	机构数（个）Institutions (unit)	职工（人）Staff and Workers (person)	#科学家工程师 Scientists and Engineers	经费收入（万元）Income (10000 yuan)	政府拨款 Government Appropriations	经费支出（万元）Expenditures (10000 yuan)	#人员费用 Charge for Person
1986	153	18639	6667	14015	8877	12580	3067
1987	152	17963	7383	17721	10431	15234	3001
1988	156	18194	8129	18920	14073	27715	4065
1989	161	18175	8385	24889	11974	25070	4026
1990	163	18184	8564	33801	15801	29169	5123
1991	164	15424	7388	29623	9330	26494	5001
1992	165	15323	7464	40512	14410	37017	6156
1993	162	14845	7414	47139	14289	45206	9001
1994	161	14103	7175	53069	18251	48025	13993
1995	161	12668	6896	62021	11784	59248	15589
1996	161	13179	8920	72172	25110	63407	18189
1997	162	12696	6315	91503	31795	83434	20806
1998	164	13889	6572	126704	47919	107580	23018
1999	160	13764	6463	126740	50194	113565	28392
2000	146	11265	6166	120587	54365	108129	27263
2001	127	8253	4520	89248	51719	82109	26341
2002	110	7364	3756	89540	54571	80771	28286
2003	104	7305	4056	115029	70254	107614	38157

14－15　县级以上政府部门属自然科学研究与开发机构课题情况(2003 年)

Basic Statistics on Topics in Research and Development Organizations Attached to Government at County Level and Above(2003)

分类	Item	课题数(项) Topics (Unit)	投入人员(人年) Persons (person)	#科学家工程师 Scientists and Engineers	投入经费(万元) Funds (10000 yuan)
总计	**Total**	**1700**	**2944**	**2338**	**30816**
按活动类型分	**By Type**				
基础研究	Fundational Research	38	115	113	1271
应用研究	Applied Research	185	322	296	4438
试验发展	Experimental Development	550	978	799	8859
R&D 成果应用	Applying in R&D Results	496	766	556	6947
科技服务	Service in Science and Technology	431	764	574	9302

14－16　县级以上政府部门属自然科学研究与机构科学论文与科技著作

Basic Statistics on Papers in Research and Development Organizations Attached to Government at County Level and Above

单位:篇　(paper)

项目	Item	科学论文 Papers of Science		#国外发表 Publishing Abroad		科技著作 Works of Science and Technology	
		2002	2003	2002	2003	2002	2003
合计	**Total**	**2004**	**2094**	**97**	**131**	**79**	**73**
国务院部门属	Attaching to the State Council	429	515	66	77	14	12
省属	Attaching to Province	1161	1173	30	39	57	46
市属	Attaching to City	414	406	1	15	8	15

14－17 县级以上政府部门属自然科学研究与开发机构情况（2003年）

Basic Statistics on Research and Development Organizations Attached to Government at County Level and Above(2003)

项目	Item	机构数（个）Institutions (unit)	职工（人）Staff and Workers (person)	#科学家工程师 Scientists and Engineers	经费收入（万元）Income (10000 yuan)	#政府拨款 Government Appropriations	经费支出（万元）Expenditures (10000 yuan)	#科技费用 Charge of science and technology
总计	**Total**	**104**	**7305**	**4056**	**115029**	**70254**	**107614**	**101853**
按隶属关系分	**By Relationship of Subordination**							
中央	State Council	12	1454	1000	29102	17025	25681	22244
地方	Local	92	5851	3056	85927	53229	81933	79609
按机构地域分	**By Region**							
杭州市	Hangzhou	44	4988	2875	86516	53832	83205	79518
宁波市	Ningbo	12	565	331	11120	3642	9148	8060
温州市	Wenzhou	12	714	370	6908	4524	5935	5450
嘉兴市	Jiaxing	2	92	43	624	596	546	546
湖州市	Huzhou	5	150	68	1514	1252	1423	1357
绍兴市	Shaoxing	2	61	35	1031	964	935	935
金华市	Jinhua	7	166	77	1218	1011	1108	1104
衢州市	Quzhou	5	48	27	600	538	410	410
舟山市	Zhoushan	8	251	105	2625	1725	2445	2033
台州市	Taizhou	4	161	65	2044	1398	1712	1712
丽水市	Lishui	3	109	60	829	772	747	728

14－18　县级以上政府部门属研究与开发机构课题情况

Basic Statistics on Research and Development Organizations Attached to Government at County Level and Above

年份 Year	课题数 (项) Number of Topics (topic)	投入人员 (人年) Persons (person)	#科学家工程师 Scientists and Engineers	投入经费 (万元) Funds (10000 yuan)	人均经费 (元/人年) Funds per Capital (yuan/person)	课题平均经费 (元/项) Funds per Topic (yuan/topic)
1986	2568	6506		3590	5518	13980
1987	3272	6892		4467	6481	13652
1988	3066	7053	5232	5180	7344	16895
1989	3134	7405	5765	5644	7622	18009
1990	3120	6276	4669	5551	8845	17792
1991	3457	5506	4256	4720	8572	13653
1992	3452	5533	4274	6772	12239	19618
1993	2941	4948	3955	7418	14992	25223
1994	2540	4401	3623	9262	21045	36465
1995	2453	4301	3414	10058	23385	41003
1996	2315	4331	3451	12792	29536	55257
1997	2440	4390	3475	17798	40542	72943
1998	2534	5568	4106	25194	45248	99424
1999	2558	5070	3870	26927	53110	105266
2000	1989	4040	3293	29664	73426	149140
2001	1790	2818	2240	21663	76874	121022
2002	1746	2812	2323	23329	89262	133614
2003	1700	2944	2338	30816	104674	181271

14－19 高等学校自然科学领域科技活动课题情况
Basic Statistics on Topics of Natural Scientific Research and Development in Institutions of Higher Education

年份 Year	课题数 （项） Number of Topics （topic）	投入人员 （人年） Persons （person－year）	#科学家工程师 Scientists and Engineers	投入经费 （万元） Funds （10000 yuan）	课题平均经费 （元） Funds per Topic （yuan）
1986	1684			2295	13569
1987	1849			2681	14500
1988	2163			2616	12094
1989	2285			3848	16840
1990	2925			4667	15956
1991	3400			5053	14862
1992	4083			7905	19361
1993	4263			12961	30403
1994	4398			17082	38840
1995	4264			16211	38018
1996	4415			17900	40544
1997	4713			23901	50713
1998	5173			24912	48158
1999	5412			25385	46905
2000	5268			29482	55964
2001	6375	3821	3421	40110	62918
2002	8736	4295	3974	37511	42938
2003	13385	6363	6191	90175	67370

14－20 高等学校科技活动情况
Basic Statistics on Scientific Technological Activities on Higher Education

年份 Year	科技活动机构数（个）Institutions (unit)	科技活动人员（人）Persons Engaged in Scientific and Technological Activities (person)	#科学家工程师 Scientists and Engineers	经费拨入总额（万元）Funds (10000 yuan)	#政府拨款 Government Appropria-tions	经费支出总额（万元）Expenditures (10000 yuan)	#仪器设备费 for Instrument and Equipment
1986	31	16086	11910	2760	2061	2191	943
1987	32	15363	12803	2954	1836	2557	823
1988	45	19874	16864	3167	1789	2757	639
1989	44	20166	17087	4514	2039	3926	884
1990	45	20267	17278	5320	2773	4068	881
1991	43	20251	17397	6442	3234	5505	1101
1992	58	20597	17468	11083	5250	9996	2128
1993	234	20940	17769	26974	9129	26563	4917
1994	262	20933	17179	25766	8965	24830	3449
1995	259	21098	18584	28731	7522	24805	3067
1996	259	22111	19026	32341	7404	29516	3417
1997	295	22247	20129	38327	10791	34538	4497
1998	433	23092	20848	45677	11598	45008	4592
1999	365	23869	21441	58749	13654	51850	3035
2000	430	28555	26870	81153	23554	74714	8225
2001	534	34716	32503	108576	37059	90486	11448
2002	405	19659	18258	150651	61506	112630	17339
2003	421	21763	21289	178362	67396	136090	19425

14－21 高等学校自然科学领域研究与发展课题情况(2003 年)
Basic Statistics on Topics of Natural Scientific Research and Development in Institutions of Higher Education(2003)

项目	Item	课题数(项) Number of Topics (topic)	投入人员(人年) Persons (person)	#科学家工程师 Scientists and Engineers	投入经费(万元) Funds (10000 yuan)	课题平均经费(元) Funds per Topic (yuan)
总　计	**Total**	**13385**	**6363**	**6191**	**90175**	**67370**
按活动类型分	**By type of Activities**					
基础研究	Fundational Research	2477	1253	1239	7516	30343
应用研究	Applied Research	4917	2625	2763	20450	41590
试验发展	Experimental Development	2578	942	913	19969	77459
研究与试验发展成果应用	Applying in R&D Results	1083	723	659	23424	216288
科技服务	Technology Senices	2330	620	617	18817	80760

14－22 高等学校自然科学领域研究与发展机构科技著作(2003 年)
Scientific and Technical Works of Research and Development Organizations in Institutions of Higher Education(2003)

项目	Item	出版科技专著(部) Science and Technology Workers Published (work)	发表学术论文(篇) Academic Papers Published (paper)	国外学术刊物 Published in Foreign Academic Publications	全国性学术刊物 Pulished in State Academic Publications	地方性学术刊物 Published in Local Academic Publication
合计	**Total**	**219**	**20540**	**2603**	**13322**	**4615**
自然科学	Natural Sciences	38	4907	1068	3000	839
工程与技术	Engineering and Technology	83	8298	1192	5849	1457
农业科学	Agricultural Sciences	35	1468	154	1047	267
医学科学	Medical Sciences	63	5867	189	3626	2052

14-23 大中型工业企业科技活动情况

Basic Statistics on Scientific and Technological Activities in Large and Medium-sized Industrial Enterprises

年份 Year	企业办技术开发机构(个) Institutions of Technical Development (unit)	企业科技活动人员数(人) Personnel of Scientific and Technical Activities (person)	#科学家工程师 Scientists and Engineers	经费筹集总额(万元) Funds (10000 yuan)	#上级拨款 Appropriations from Higher Authorities	经费支出总额(万元) Expenditures (10000 yuan)	#开发新产品 for New Product Development
1987	134	12180	3492	17354	1212	13475	7146
1988	158	12917	4493	26854	980	21969	6752
1989	187	12491	4804	22471	1187	15959	7125
1990	313	14384	5586	32894	1246	24741	9808
1991	420	19768	7261	70379	1061	45012	161035
1992	467	23567	8847	108283	2040	85373	35594
1994	506	26605	10343	82272	908	85747	40244
1995	632	35879	11827	188267	2700	168373	59934
1996	583	27812	16542	160765	3036	141596	87027
1997	618	31359	19103	187588	6216	161050	86451
1998	599	27689	14705	217032	6825	179347	98161
1999	476	33922	17700	235902	9030	200347	110671
2000	442	35690	21018	336794	13420	342251	168023
2001	436	41881	25746	438501	10013	420620	208580
2002	394	44975	26491	484952	8127	457409	241924
2003	752	78200	45465	996263	19150	853636	487992

注:2003年统计口径已做调整。The statistical scope in 2003 was adjusted.

14-24 大中型工业企业科技活动情况(2003年)
Basic Statistics on Scientific and Technological Activities in Large and Medium-sized Industrial Enterprises(2003)

项目	Item	企业科技活动人员数(人) Personnel of Scientific and Technical Activities (person)	#科学家工程师 Scientists and Engineers	经费筹集总额(万元) Funds (10000 yuan)	#上级拨款 Appropriations from Higher Authorities	经费支出总额(万元) Expenditures (10000 yuan)	#开发新产品 Expenditure for New Product Development
总计	**Total**	**78200**	**45465**	**996263**	**19150**	**853636**	**487992**
按企业规模分	**By Size of Enterjprises**						
大型企业	Large-sized	24105	15210	344270	5409	298066	162837
中型企业	Medium-sized	54095	30255	651993	13741	555570	325155
按经济类型分	**By Ownership**						
国有	State-owned Units	4331	2093	32444	389	28318	8588
集体	Collective Owned Units	5593	3808	62213	1410	54124	19133
国有独资公司	Company Solely Owned by State-owned Unit	2922	1746	36205	1055	30436	14768
股份有限公司	Other Ownership	11134	6738	176347	5186	155697	92893
其他	Other Owership	54220	31080	689054	11110	585061	352610
按隶属关系分	**By Relationship of Subordination**						
中央企业	Enterprises Run by Central Government	2888	1365	25416	200	24430	7508
省属企业	Enterprises Run by Provincial Government	1736	1044	16148	312	9933	2603
地属企业	Enterprises Run by Prefectural City Government	8155	4921	96903	2414	88330	51862
县及县以下	Enterprises Run by at and Below County Level	65421	38135	857796	16224	730943	426019

14－25 "星火"计划项目情况(2003 年)
Basic Statistics on "Sparkle Plan" Programmes(2003)

项目	Item	验收项目数(项) Programmes (Item)	新增经济效益(万元) Newly Added Economic Efficiency (10000 yuan)		
			新增产值 Newly Added Output Value	新增利税 Newly Added Profits and Taxes	新创节汇 Newly Earned Foreign Exchange
合计	**Total**	**621**	**537000**	**106862**	**11408**
国家级	Country Level	58	220539	47317	5501
省级	Province Level	65	97718	22772	2504
市县级	City and County Level	498	218743	36773	3403

14－26 "星火"计划项目情况
Basic Statistics on "Sparkle Plan" Programmes

单位:项 (Item)

年份 Year	国家级 Country Level		省级 Province Level		市县级 City and County Level	
	立 项 Programmmes	验收 Checked and Accepted	立项 Programmes	验收 Checked and Accepted	立项 Programmes	验收 Checked and Accepted
1986	29	7	70	188	203	44
1987	33	3	71	11	191	21
1988	38	66		2	185	2
1989	10	71		3	208	6
1990	28	8	79	44	298	102
1991	37	9	81	66	343	159
1992	37	26	89	65	413	161
1993	44	40	149	78	246	124
1994	43	14	152	34	302	100
1995	45	19	165	54	379	175
1996	58	17	119	38	509	165
1997	74	26	144	37	587	193
1998	82	35	144	35	636	200
1999	79	42	143	75	656	285
2000	80	54	171	83	540	261
2001	88	39	156	61	665	303
2002	100	35	84	45	785	535
2003	115	58	138	65	831	498

14－27 技术市场成交情况
Business of Technological Markets

项目	Item	成交项目(项) Transaction Projects (Item)		成交金额(万元) Transaction Value (10000 yuan)	
		2002	2003	2002	2003
总　计	**Total**	**38400**	**50861**	**389438**	**530353**
按卖方分	**By Selling Part**				
工业企业	Industrial Enterprises	8161	12876	145335	175002
科研机构	Institutions of Scientific Research	2598	2829	37166	45311
技术贸易机构	Institutions of Technological Trade	22938	29430	145980	218607
大中专院校	Universities, Colleges and Specialized Secondary Schools	2473	3354	38561	53830
个人经营	Individuals	279	344	1863	2748
其他	Others	1951	2028	20533	34855
按买方分	**By Buying Part**				
工业企业	Industrial Enterprises	30355	40305	293415	395656
科研机构	Institutions of Scientific Research	1226	1426	21438	20546
各级管理部门	Administrative Departments	3243	3877	36989	58226
技术贸易机构	Institutions of Technological Trade	115	150	1243	2238
个人经营	Individuals	185	475	735	1013
其他	Others	3276	4628	35618	52674

14－28　科协系统科技活动情况（2003 年）
Basic Statistics on Scientific and Technological Activities(2003)

项目		Item		科协合计 Total Associations for Science and Technology System	省科协 Associations at Province Level	市科协 Associations at City level	县级科协 Associations At County Level
机构数	**（个）**	**Institutions**	**(unit)**	**100**	**1**	**11**	**88**
人员数	**（人）**	**Personnel**	**(person)**	**646**	**40**	**121**	**485**
学术活动		**Academic Activities**					
学术会议		Academic Meetings					
次数	（次）	Number	(times)	746	77	151	518
参加人数	（人）	Participants	(person-time)	268473	18075	21347	229051
科技培训		Training					
办培训班	（个）	Training Classes	(class)	5762	72	1047	4643
培训人次	（人次）	Persons Trained	(person－time)	594873	3832	98364	492677
科普活动		Activities for Popular Science					
讲座次数	（次）	Lectures	(times)	16973	21	381	16571
听讲人数	（人次）	Participants	(person-time)	651044	6200	72859	571985
展览次数	（次）	Exhibitions	(times)	776	9	69	698
参观人数	（人次）	Participants	(person-time)	2179917	25600	416380	1737937
咨询活动		Consultative Activities					
完成合同	（项）	Consultative Contracts Completed	(kind)	3277	1016	1607	654
合同实现金额	（千元）	Funds of Contracts Completed	(1000 yuan)	202503	112785	26850	62868
技术交易额	（千元）	Transaction Value of Technology	(1000 yuan)	188660	112785	24150	51725
出版		**Publications**					
编著科技图书	（种）	Books Edited	(kind)	74		24	50
年发行总量	（册）	Number of Annual Published	(copy)	386500		128000	258500
制作科技录音录像带	（种）	Magnetic Tape and Videotape Produced	(kind)	7	3		4
年发行量	（盒）	Number of Annual Published	(1000 Copies)	1080	30		1050

14－29 科协系统省级学会情况
Basic Statistics on Academy in Science System

项目		Item		2000	2001	2002	2003
机构数	（个）	**Institutions**	**（unit）**	**133**	**133**	**138**	**144**
会员数	（人）	**Personnel**	**（person）**	**153909**	**134412**	**158487**	**135243**
学术活动		**Academic Activities**					
学术会议		Domestic Academic Meetings					
次数	（次）	Number	（times）	441	488	468	486
参加人数	（人）	Participants	（person-time）	41535	47425	46336	48904
交流论文数	（篇）	Papers Presented	（paper）	12399	19728	12378	16904
科技培训		Training					
办培训班	（个）	Training Class	（class）	265	242	282	326
培训人次	（人次）	Persons Trained	（person－time）	26872	16237	20744	24910
继续教育	（人次）	Continuing Education	（person－time）	8708	6135	4203	9208
科普活动		Activities for Popular Science					
讲座次数	（次）	Lectures	（times）	426	373	321	328
听讲人数	（人次）	Participants	（person-time）	99885	72361	37053	65740
展览次数	（次）	Exhibitions	（times）	103	37	48	105
参观人数	（人次）	Participants	（person-time）	278144	97880	110317	307790
青少年科技竞赛次数	（次）	Teenagers Participating in Science-technology Competitions	（unit）	20	44	23	30
咨询活动		Consultative Activities					
完成合同	（项）	Consultative Contracts Completed	（kind）	288	238	268	283
合同实现金额	（千元）	Funds of Fulfillment Contracts	（1000 yuan）	5490	20555	8426	11549
技术交易额	（千元）	Transaction Value of Technology	（1000 yuan）	1507	4220	3009	7437
出版		**Publications**					
主办科技期刊	（种）	Journals by held	（kind）	49	38	14	51
年发行总数	（册）	Number of Copies Distributed	（copy）	2376465	569530	236600	1712535
编著科技图书	（种）	Academic Newspaper	（kind）	57	133	78	178
年发行总量	（册）	Number of Copies Distributed	（1000 Copies）	63057	394200	259300	306800

14－30 专利申请量和授权量
Patent Applications Accepted and Approved

项目	Item	1995	2000	2002	2003
申请量合计	**Number of Patent Applications Accepted**	**4042**	**10316**	**17265**	**21463**
发明	Inventions	**357**	**859**	**1843**	**2750**
实用新型	Utility Models	**2323**	**4439**	**6390**	**7758**
外观设计	Outward Designs	**1362**	**5018**	**9032**	**10955**
授权量合计	**Number of Patent Applications Approved**	**2131**	**7495**	**10479**	**14402**
发明	Inventions	54	184	188	398
实用新型	Utility Models	1455	3439	3860	4928
外观设计	Outward Designs	622	3872	6431	9076

14－31 测绘部门主要指标完成情况
Major Indicators of Surveying and Mapping Departments

项目	Item	1995	2000	2002	2003
测绘工作产值	（万元）Gross Output Value （10000 yuan）	8636	27996	42126	55357
年末测绘人数	（人）Personnel （person）	5334	4929	5398	5637
劳动生产率	（元/人）Overall Labor Productivity （yuan/person）	16191	56798	78041	98202
地形图测图	（幅）Mapping （map）	15853	45805	57309	54061
各等级三角测量	（点）Trigonometrical Survey （point）	1558	6955	13159	14747
各等级水准测量	（公里）Level Survey （km）	4176	7452	8918	18719
编制各种专题图	（幅）Maps of Special Subject （map）	3202	1167	467	396
地图印刷	（令）Map Printing （piece）	17667	12370	6767	2572
提供各种比例尺地形图	（张）Topographic Maps of All Kinds （piece）	7789	20195	17295	20392
提供航摄照片	（片）Aetial Photograph （piece）	1786	13066	5560	5780
提供大地控制点成果	（点）Geodesic Results （point）	1151	2246	3727	3562

14－32 标准计量、质量监督机构和人员数
Institutions and Personnel Engaged in Standard Measuring and Quality Supervisng

项目	Item	1995	1998	1999	2000	2001	2002	2003
质量技术监督行政部门及其技术机构(个)	Number of Institutions Engaged in Standard Measuring (unit)	138	143	184	156	157	166	186
省级机构数(个)	Institutions at Province Level (unit)	9	11	11	11	10	11	14
市级机构数(个)	Institutions at City Level (unit)	31	41	50	44	45	48	56
县(市、区)级机构数(个)	Institutions at County Level (unit)	98	91	123	101	102	107	116
产品质量监督检验机构数(个)	Number of Institutions Engaged in Quality Supervising (unit)	139	175	175	175	151	166	176
省级院(所)	Institutions at Province Level (unit)	64	67	67	67	58	60	68
市级院(所)	Institutions at City Level (unit)	34	47	47	47	45	39	44
县级院(所)	Institutions at County Level (unit)	41	61	61	61	48	67	64
年末职工总数(个)	Number of Staff anf Workers year－end (person)	2715	3596	3669	3644	4113	4551	4552
专业技术人员(人)	Specialized Technological Personnel (person)	1442	1483	1796	1808	2056	2123	2190
业务管理人员(人)	Professional Management Personnel (person)	438	777	694	749	729	597	587
行政人员(人)	Administrative Porsonnel (person)	389	595	691	722	915	1408	1429
工人(人)	Workers (person)	446	741	488	365	413	429	346
已建省级社会公用计量标准(大类)	Socail Public Measurement Standard Established at Province Level (kind)	10	10	10	10	10	10	10
已建市级社会公用计量标准(大类)	Socail Public Measurement Standard Establishcd at City Level (kind)	10	10	10	10	10	10	10
已开展强制检定工作计量器具(项)	Measurement Implement Tested Compulsively (kind)	37	44	41	46	52	49	48

14－32 续表 continued

项目	Item	1995	1998	1999	2000	2001	2002	2003
强制检定计量器具实际检出数(万台件)	Actual Quantity Checked by Measurement Implement Tested Compulsively (10000 uits)	32	39	41	43	48	134	76
计量仪器检定(万台件)	Quantity Checked by Measurement Implement (10000 uits)	64	78	93	114	109	268	107
产品质量监督检验受检企业数(个)	Number of Enterprises Passed Quality Check(unit)	17770	21059	25128		23877	22819	22780
本年度财政拨款(万元)	Financial Allocations (10000 yuan)	2978	6999	8516	7240	15993	21194	26134
#省级机构拨款	Province Level	450	444	992	1372	2914	3911	3578
市级机构拨款	City Level	623	1458	2720	2275	5397	6146	9306
县级机构拨款	County Level	1284	2419	4804	3593	7682	11137	13250
固定资产总值(万元)	Total Value of Fixed Assets (10000 yuan)	11613	199992	22601	32381	42340	48250	68268
省级固定资产	Province Level	2933	4186	4687	5897	6305	10010	13979
市级固定资产	City Level	4518	7379	8067	13105	15381	17456	21473
县级固定资产	County Level	4162	8426	9847	13379	20651	20784	32816
现有工作用房(平方米)	Floor Space of Working Houses (sq. m)	174200	150800	149200	161400	188400	216263	269889
标准馆藏总量(万件)	Volume of Standard Measurement Implement Collected (10000 pieces)	14	13	12	13	7.5	9.5	20
国内标准	Domestic Standard	6	6	5	6	5	5	12.4
国外标准	Foreign Standard	8	7	7	7	2.5	4.5	7.6
打击假冒伪劣案件立案数(个)	Cases of Imitions and Poor Guantity Products Registered(Case)			10056	9833	11736	11989	11085

14－33 按行业分的机关、企事业单位管理人员及专业技术人员(2003)

Personnel of Management and specialized technology in Government, Institutions and by Sectors(2003)

单位:人　　　　(person)

项目	Item	总计 Total	省 Province	副省级市 City at Vice－Province	市 City	副省级市市辖区 District	县(市、区) County (City, District)	乡(镇) Country (Town)
总数	Total	1089244	102013	80387	123780	92031	525550	155483
党政机关和社会团体	Government Agencies, Party Agencies and Social Organization	220810	17996	15410	25798	19420	104465	37721
农林牧渔业	Farming, Forestry, Animal Husbandry and Fishery	40552	807	688	1675	1579	17777	18026
采掘业	Mining and Quarrying	2560	1864		576		120	
制造业	Manufacturing	49143	8755	10263	9537	2390	18198	
电力燃气及水的生产和供应业	Electricity, Gas and Water Production and Supply	10304	3575	1637	1297	319	3359	117
建筑业	Construction	12448	7038	1115	2626	166	1503	
交通运输仓储及邮电通讯业	Transport, Storage, Post and Telecommunications	28462	3158	6672	6772	780	10771	309
信息传输、计算机服务和软件业	Information Transmissing, Computer Services and Software	2597	357	272	669	396	729	174
批发和零售业	Wholesale and Retail Sale Trade	16433	5957	2492	2890	648	4408	38
住宿和餐饮业	Quartering and Catering Services	2419	1010	586	465	70	285	3
金融保险业	Banking and Insurance	4993	1115	856	1453	21	768	780
房地产业	Real Estate Trade	2827	953	330	776	146	622	
租赁和商务服务业	Leasing and Commercial Services	5986	538	686	372	615	2961	814
科学研究技术服务和地质勘查业	Scientific Research and Technic Services and Geological Prospecting	27459	8972	2746	3283	786	10961	711
水利环境和公共设施管理业	Water Conservancy, Environment and Public Facilities Management	28774	1227	1382	4082	3356	13880	4847
居民服务和其他服务业	Resident Services and Other Services	30966	673	1142	4659	2609	17898	3985
教育	Education	409970	22054	15128	24205	43779	231116	73688
卫生社会保障和社会福利业	Health Care, Social Securities and social Welfare	144500	9168	12559	21356	13136	77712	10569
文化体育和娱乐业	Culture, Sports and Recreation	37695	6099	4253	6423	1636	16127	3157
其他行业	Others	10346	697	2170	4866	179	1890	544

注:统计范围为地方国有乡(镇)街道以上的管理人员及专业技术人员。

The personnel included local state－owned, township(town) and neighboarhood and above.

14－34 按行业分的事业单位管理人员及专业技术人员(2003年)
Number of Administrators and Specialized Technical Personnel in Institutions by Sector(2003)

单位:人 (person)

项目	Item	总计 Total	省 Province	副省级市 City at Vice－province	市 City	副省级市市辖区 District	县(市、区) County (City, District)	乡(镇) Country (Town)
总数	Total	736294	48332	41240	72531	67809	388806	117576
农林牧渔业	Farming, Forestry, Animal Husbandry and Fishery	38553	679	611	1464	1405	16396	17998
交通运输仓储及邮电通讯业	Transport, Storage, Post and Telecommunications	13699	453	1447	3548	690	7252	309
信息传输、计算机服务和软件业	Information Transmissing, Computer Services and Software	1795	133	228	249	368	643	174
金融保险业	Banking and Insurance	2273	189	1	624	21	658	780
租赁和商务服务业	Leasing and Commercial Services	4784	64	569	253	585	2499	814
科学研究技术服务和地质勘查业	Scientific Research and Technic Services and Geological Prospecting	25541	7798	2413	3160	786	10673	711
水利环境和公共设施管理业	Water Conservancy, Environment and Public Facilities Management	26624	1111	1320	3137	3164	13045	4847
居民服务和其他服务业	Resident Services and Other Services	23497	493	763	4197	2432	11627	3985
教育	Education	409489	21960	15093	24054	43779	230915	73688
卫生、社会保障和社会福利业	Health Care, Social securities and social Welfare	143750	8901	12554	21290	12935	77501	10569
文化体育和娱乐业	Culture, Sports and Recreation	35943	5854	4071	5689	1465	15707	3157
其他行业	Others	10346	697	2170	4866	179	1890	544

14－35 按行业分的企业单位管理人员及专业技术人员(2003年)

Number of Administrators and Specialized Technical Personnel in Enterprises by Sectors(2003)

单位:人 (person)

项目	Item	总计 Total	省 Province	副省级市 City at Vice－province	市 City	副省级市市辖区 District	县(市、区) County (City, District)	乡(镇) Country (Town)
总计	Total	132140	35685	23737	25451	4802	42279	186
农林牧渔业	Farming, Forestry, Animal Husbandry and Fishery	1999	128	77	211	174	1381	28
采掘业	Mining and Quarrying	2560	1864		576		120	
制造业	Manufacturing	49143	8755	10263	9537	2390	18198	
电力燃气及水的生产和供应业	Electricity, Gas and Water Production and Supply	10304	3575	1637	1297	319	3359	117
建筑业	Construction	12448	7038	1115	2626	166	1503	
交通运输仓储及邮电通讯业	Transport, Storage, Post and Telecommunications	14763	2705	5225	3224	90	3519	
信息传输、计算机服务和软件业	Information Transmissing, Computer Services and Software	802	224	44	420	28	86	
批发和零售业	Wholesale and Retail Sale Trade	16433	5957	2492	2890	648	4408	38
住宿和餐饮业	Quartering and Catering Services	2419	1010	586	465	70	282	3
金融保险业	Banking and Insurance	2720	926	855	829		110	
房地产业	Real Estate Trade	2827	953	330	776	146	622	
租赁和商务服务业	Leasing and Commercial Services	1202	474	117	119	30	462	
科学研究技术服务和地质勘查业	Scientific Research and Technic Services and Geological Prospecting	1918	1174	333	123		288	
水利环境和公共设施管理业	Water Conservancy, Environment and Public Facilities Management	2150	116	62	945	192	835	
居民服务和其他服务业	Resident Services and Other Services	7469	180	379	462	177	6271	
教育	Education	481	94	35	151		201	
卫生、社会保障和社会福利业	Health Care, Social securities and social Welfare	750	267	5	66	201	211	
文化体育和娱乐业	Culture, Sports and Recreation	1752	245	182	734	171	420	

14－36 按行业分的各市事业单位管理人员及专业技术人员(2003年)
Number of Administrators and Specialized Technical Personrel in Institutions by Sector and by city (2003)

单位:人 (person)

地区 Region	总数 Total	农林牧渔业 Farming, Forestry, Animal Husbandry and Fishery	交通运输仓储及邮电通讯业 Transport, Storage, Post and elecommunications	信息传输、计算机服务和软件业 Information Transfer, Computer Services and Software	金融保险业 Banking and Insurance	租赁和商务服务业 Leasing and Commercial Services
合计 Total	**736294**	**38553**	**13699**	**1795**	**2273**	**4784**
省直 Department Directed to Province	48332	679	453	133	189	64
杭州市 Hangzhou	110249	4697	2516	388	213	415
宁波市 Ningbo	87365	4164	1319	272	47	1802
温州市 Wenzhou	103372	6273	1578	126	24	116
嘉兴市 Jiaxing	50913	2231	1129	81	24	178
湖州市 Huzhou	35072	1242	1036	63	35	296
绍兴市 Shaoxing	68285	2698	1163	65	1516	1051
金华市 Jinhua	64065	3817	1135	41	156	337
衢州市 Quzhou	31322	2695	685	92	6	21
舟山市 Zhoushan	19428	1158	654	63		63
台州市 Taizhou	73780	4092	1111	295	15	191
丽水市 Lishui	44111	4807	923	173	48	250

地　区 Region		科学研究技术服务和地质勘查业 scientific Research and Technic Services and Geological Prospecting	水利环境和公共设施管理业 Water Conservancy, Environment and Public Facilities Management	居民服务和其他服务业 Resident Services and Other Services	教育 Education	卫生、社会保障和社会福利业 Health Care, Social securities and social Welfare	文化体育和娱乐业 Culture, Sports and Recreation	其他行业 Others
合　计	**Total**	**25541**	**26624**	**23497**	**409489**	**143750**	**35943**	**10346**
省　直	Department Directed to Province	7798	1111	493	21960	8901	5854	697
杭州市	Hangzhou	6893	3425	3367	58481	22618	4235	3001
宁波市	Ningbo	2419	3332	2715	48355	18847	4089	4
温州市	Wenzhou	2870	3470	4548	64692	15245	3958	472
嘉兴市	Jiaxing	1191	1880	2658	27826	11926	1789	
湖州市	Huzhou	225	636	1978	20517	7929	1115	
绍兴市	Shaoxing	697	5055	920	36373	12672	1989	4086
金华市	Jinhua	936	2075	2749	37336	12945	2538	
衢州市	Quzhou	551	1341	215	17652	5892	1239	933
舟山市	Zhoushan	317	755	683	9706	4330	879	820
台州市	Taizhou	1022	2363	1561	41698	14506	5393	1533
丽水市	Lishui	622	1181	712	24893	7939	2563	

14－37　按行业分的事业单位专业技术人员(2003年)

Specialized Technical Personnel in Enterprises by Sector (2003)

单位:人　　　　(person)

项目	Item	总数 Total	农林牧渔业 Farming, Forestry, Animal Husbandry and Fishery	交通运输仓储及邮电通讯业 Transport, Storage, Post and Telecommunications	信息传输、计算机服务和软件业 Information Transfer, Computer Services and Software	金融保险业 Banking and Insurance
总　计	**Total**	668359	31782	9241	1314	2052
省	Provice Level	43006	583	321	98	140
副省级市	Vice－provice Level	36233	502	1057	199	1
市	City	63462	1130	2762	208	588
副省级市市辖区	district	61633	1072	477	286	17
县市、区	County (City, District)	356317	13530	4437	460	569
乡(镇)	Country(Town)	107708	14965	187	63	737
#在总计中:(1)高级职务	Senior	44929	1217	430	50	82
#正高级职务	Chief Senior	3586	29	2	1	
(2)中级职务	Middle Rank	231859	7941	3110	381	654
(3)初级职务	Junior	358393	21414	5393	774	1244
#工程技术人员	Engineering	59495	9100	4657	798	153
农业技术人员	Agriculture	18097	17000	42	7	3
科学技术人员	Scientific Research	4894	35	2		
卫生技术人员	Health Care	124714	115	18		3
教学人员	Teaching	390774	47	89	11	3

项目	Item	租赁和商务服务业 Leasing and Commercial Services	科学研究技术服务和地质勘查业 Scientific Research and Technic Services and Geological Prospecting	水利环境和公共设施管理业 Water Conservancy, Environment and Public Facilities Management	居民服务和其他服务业 Resident Services and Other Services
总　计	**Total**	**2963**	**18682**	**19206**	**12534**
省	Provice Level	20	7093	1033	211
副省级市	Vice－provice Level	274	1991	986	427
市	City	121	2380	2247	2480
副省级市市辖区	District	398	581	1381	1167
县市、区	County（City, District）	1510	6206	9472	5971
乡(镇)	Country(Town)	640	431	4087	2278
#(1)高级职务	Senior	51	2355	1022	286
#正高级职务	Chief Senior		122	7	3
(2)中级职务	Middle Rank	1110	6150	6077	3681
(3)初级职务	Junior	1642	9312	11642	7950
#工程技术人员	Engineering	1219	12671	14929	4240
农业技术人员	Agriculture	36	387	146	304
科学技术人员	Scientific Research	1	1141	7	4
卫生技术人员	Health Care	24	315	63	312
教学人员	Teaching	17	198	135	227

项目	Item	教育 Education	卫生、社会保障和社会福利业 Health Care, Social Securies and socia Welfare	文化体育和娱乐业 Culture, Sports and Recreation	其他行业 Others
总　计	**Total**	**399474**	**135180**	**29248**	**6683**
省	Provice Level	19676	8597	4956	278
副省级市	Vice－provice Level	14177	11904	3353	1362
市	City	22546	20193	4893	3914
副省级市市辖区	District	43336	11747	1167	4
县市、区	County (City, District)	227298	73365	12720	779
乡(镇)	Country(Town)	72441	9374	2159	346
#:(1)高级职务	Senior	26985	9615	2508	328
#正高级职务	Chief Senior	1666	1398	354	4
(2)中级职务	Middle Rank	151987	38548	10295	1925
(3)初级职务	Junior	200365	80179	15255	3223
#工程技术人员	Engineering	2394	2180	3375	3779
农业技术人员	Agriculture	52	54	28	38
科学技术人员	Scientific Research	3190	384	121	9
卫生技术人员	Health Care	1596	121438	762	68
教学人员	Teaching	385150	1003	3857	37

14-38 按行业分的各市事业单位专业技术人员(2003年)

Specialized Technical Personnel in Enterprises by Sector and City(2003)

单位:人 (person)

地区 Region		总数 Total	农林牧渔业 Farming, Forestry, Animal Husbandry and Fishery	交通运输仓储及邮电通讯业 Transport, Storage, Post and Telecommunications	信息传输、计算机服务和软件业 Information Transfer, Computer Services and Software	金融保险业 Banking and Insurance	租赁和商务服务业 Leasing and Commercial Services
合 计	**Total**	668359	31782	9241	1314	2052	2963
省 直	Department Directed to Province	43006	583	321	98	140	20
杭州市	Hangzhou	97080	3838	1899	297	188	261
宁波市	Ningbo	79448	3309	901	228	37	1090
温州市	Wenzhou	93393	5135	1009	85	23	43
嘉兴市	Jiaxing	46046	1809	561	78	14	81
湖州市	Huzhou	32010	1035	669	46	27	243
绍兴市	Shaoxing	64256	2473	822	56	1443	794
金华市	Jinhua	59493	3458	748	34	125	164
衢州市	Quzhou	28731	2123	524	85		12
舟山市	Zhoushan	16603	679	418	52		42
台州市	Taizhou	68036	3368	715	127	15	84
丽水市	Lishui	40257	3972	654	128	40	129

地　区 Region	科学研究技术服务和地质勘查业 Scientific Research and Technic Services and Geological Prospecting	水利环境和公共设施管理业 Water Conservancy, Environment and Public Facilities Management	居民服务和其他服务业 Resident Services and Other Services	教育 Education	卫生、社会保障和社会福利业 Health Care, Social Securities and Social Welfare	文化体育和娱乐业 Culture, Sports and Recreation	其他行业 Others
合　计 Total	**18682**	**19206**	**12534**	**399474**	**135180**	**29248**	**6683**
省　直 Department Directed to Province	7093	1033	211	19676	8597	4956	278
杭州市 Hangzhou	3592	2093	1787	57374	20653	3484	1614
宁波市 Ningbo	1981	2039	1336	47595	17660	3269	3
温州市 Wenzhou	1943	2477	2283	63473	14073	2849	
嘉兴市 Jiaxing	889	1275	1376	27241	11363	1359	
湖州市 Huzhou	148	514	1223	19638	7609	858	
绍兴市 Shaoxing	518	4334	1181	35482	12213	1800	3140
金华市 Jinhua	736	1577	1683	36461	12399	2108	
衢州市 Quzhou	381	1092	66	17482	5488	991	487
舟山市 Zhoushan	269	333	249	9563	4001	694	303
台州市 Taizhou	661	1636	758	41254	13842	4718	858
丽水市 Lishui	471	803	381	24235	7282	2162	

14－39 按行业分的各市企业单位管理人员及专业技术人员(2003年)

Number of Administrators and Specialized Technical Personnel in Enterprises by Region and Sectory(2003)

单位:人 (person)

地 区 Region	总数 Total	农林牧渔业 Farming, Forestry, Animal Husbandry and Fishery	采掘业 Mining and Quarrying	制造业 Manufacturing	电力燃气及水的生产和供应业 Electricity, Gas and Water Production and Supply	建筑业 Construction
合 计 Total	**132140**	**1999**	**2560**	**49143**	**10304**	**12448**
省 直 Department Directed to Province	35685	128	1864	8755	3575	7038
杭州市 Hangzhou	18227	500	20	9688	1538	1107
宁波市 Ningbo	18201	329		6482	994	664
温州市 Wenzhou	8435	145	302	1337	434	629
嘉兴市 Jiaxing	16568	27		6315	386	1088
湖州市 Huzhou	1446	43		239	156	527
绍兴市 Shaoxing	11622	269	280	6951	585	339
金华市 Jinhua	3717	170		2962	557	130
衢州市 Quzhou	1492	5		413	269	
舟山市 Zhoushan	2832	6		430	139	663
台州市 Taizhou	7675	93	8	4881	590	169
丽水市 Lishui	3240	284	86	690	1081	94

地　区 Region	交通运输仓储及邮电通讯业 Transport, Storage, Post and Telecommunications	信息传输、计算机服务和软件业 Information Transfer, Computer Services and Software	批发和零售业 Wholesale and Retail Sale Trade	住宿和餐饮业 Quartering and Catering Services	金　融保险业 Banking and Insurance	房地产业 Real Estate Trade
合　计　Total	**14763**	**802**	**16433**	**2419**	**2720**	**2827**
省　直　Department Directed to Province	2705	224	5957	1010	926	953
杭州市 Hangzhou	1325	28	1837	549	43	331
宁波市　Ningbo	4409	95	1817	206	891	257
温州市　Wenzhou	1109	133	1054	187		353
嘉兴市　Jiaxing	679	316	2268	329	239	477
湖州市　Huzhou	136	4	188			
绍兴市　Shaoxing	931	2	1225	97		52
金华市　Jinhua	1138		643	7	621	27
衢州市　Quzhou	235		333			
舟山市　Zhoushan	1188		52	7		252
台州市　Taizhou	627		838	23		40
丽水市　Lishui	281		231	4		85

单位:人　　　　14－39　续表 2 continued　　　　(person)

地　区 Region	租赁和商务服务业 Leasing and Commercial Services	科学研究技术服务和地质勘查业 Scientific Research and Technic Services and Geological Prospecting	水利环境和公共设施管理业 Water Conservancy, Environment and Public Facilities Management	居民服务和其他服务业 Resident Services and Other Services	教育 Education	卫生、社会保障和社会福利业 Health Care, Social Securities and Social Welfare	文化体育和娱乐业 Cultuer, Sports and Recreation
合　计　Total	**1202**	**1918**	**2150**	**7469**	**481**	**750**	**1752**
省　直　Department Directed to Province	474	1174	116	180	94	267	245
杭州市 Hangzhou	179	252	192	334	5	196	113
宁波市　Ningbo	104	120	183	918	214	112	406
温州市　Wenzhou	108	129	546	1770		30	169
嘉兴市　Jiaxing	58	36	301	3621	154	33	241
湖州市　Huzhou	23	4	32	43			51
绍兴市　Shaoxing	37	51	215	212		19	357
金华市　Jinhua	69	49	110	216		18	
衢州市　Quzhou	19		128	36			54
舟山市　Zhoushan	14	28	6	5			42
台州市　Taizhou	52	75	83	134	14	9	39
丽水市　Lishui	65		238			66	35

14－40　按行业分的企业单位专业技术人员(2003年)

Specialized Technical Personnel in Enterprises by Sector(2003)

单位:人　　　　(person)

项目	Item	总数 Total	农林牧渔业 Farming, Forestry, Animal Husbandry and Fishery	采掘业 Mining and Quarrying	制造业 Manufacturing	电力燃气及水的生产和供应业 Electricity, Gas and Water Production and Supply	建筑业 Construction
总　计	**Total**	**109627**	**1514**	**2392**	**40845**	**8991**	**11811**
省	Provice Level	30061	98	1764	7195	3328	6812
副省级市	Vice－provice Level	19485	71		8597	1392	1037
市	City	21266	180	518	8039	1122	2533
副省级市市辖区	District	2796	91		1204	193	100
县市、区	County (City,District)	35929	1071	110	15810	2893	1329
乡(镇)	Country(Town)	90	3			63	
#:(1)高级职务	Senior	3988	22	83	1616	373	472
#正高级职务	Chief Senior	23			10	2	
(2)中级职务	Middle Rank	27757	260	667	9344	2659	3387
(3)初级职务	Junior	66968	1121	1625	25749	5904	7398
#工程技术人员	Engineering	51179	437	722	21425	5673	8456
农业技术人员	Agriculture	831	305		180	2	8
科学技术人员	Scientific Research	246	1		195	10	
卫生技术人员	Health Care	5986	70	475	1441	108	160
教学人员	Teaching	1741	28	212	770	59	27

单位:人　　14 - 40　续表 1 continued　　(person)

项目	Item	交通运输仓储及邮电通讯业 Transport, Storage, Post and Telecommunications	信息传输、计算机服务和软件业 Information Transfer, Computer Services and Software	批发和零售业 Wholesale and Retail Sale Trade	住宿和餐饮业 Quartering and Catering Services	金融保险业 Banking and Insurance	房地产业 Real Estate Trade
总　计	**Total**	**11208**	**729**	**13184**	**1428**	**2372**	**2207**
省	Provice Level	2219	179	4475	468	743	682
副省级市	Vice - provice Level	3957	41	2029	390	843	256
市	City	2297	410	2501	356	689	658
副省级市市辖区	District Jarisdiction	62	21	471	35		106
县市、区	County (City, District)	2673	78	3684	179	97	505
乡(镇)	Country(Town)			24			
#(1)高级职务	Senior	374	35	320	23	93	95
#正高级职务	Chief Senior			3			
(2)中级职务	Middle Rank	3429	144	3392	287	790	817
(3)初级职务	Junior	7080	301	8424	877	1278	1037
#工程技术人员	Engineering	4353	572	1509	252	234	1207
农业技术人员	Agriculture	185		33	3	1	3
科学技术人员	Scientific Research		1	1		1	
卫生技术人员	Health Care	214		2486	32	2	5
教学人员	Teaching	145	5	45	5	11	6

项目	Item	租赁和商务服务业 Leasing and Commercial Services	科学研究技术服务和地质勘查业 Scientific Research and Technic Services and Geological Prospecting	水利环境和公共设施管理业 Water Conservancy, Environment and Public Facilities Management	居民服务和其他服务业 Resident Services and Other Services	教育 Education	卫生、社会保障和社会福利业 Health Care, Social Securities and Social Welfare	文化体育和娱乐业 Cultuer, Sports and Recreation
总　计	**Total**	**799**	**1675**	**1589**	**6389**	**473**	**673**	**1348**
省	Provice Level	322	1041	99	108	94	264	170
副省级市	Vice－provice Level	90	312	58	256	29		127
市	City	70	55	628	367	151	65	627
副省级市市辖区	District	21		110	72		172	138
县市、区	County (City, District)	296	267	694	5586	199	172	286
乡(镇)	Country(Town)							
#(1)高级职务	Senior	23	307	27	62	7	21	35
#正高级职务	Chief Senior		7				1	
(2)中级职务	Middle Rank	281	618	355	656	72	184	415
(3)初级职务	Junior	485	692	1120	2536	196	404	741
#工程技术人员	Engineering	121	1377	971	3444	40	19	367
农业技术人员	Agriculture5	10	3	91			2	
科学技术人员	Scientific Research	7	28		2			
卫生技术人员	Health Care	19	6	33	287	6	610	32
教学人员	Teaching	2	3		82	325		16

14-41 按行业分的各市企业单位专业技术人员(2003年)
Specialized Technical Personnel in Enterprises by Region and Sector(2003)

地　区 Region	总数 Total	农林牧渔业 Farming, Forestry, Animal Husbandry and Fishery	采掘业 Mining and Quarrying	制造业 Manufacturing	电力燃气及水的生产和供应业 Electricity, Gas and Water Production and Supply	建筑业 Construction
合　计　Total	**109627**	**1514**	**2392**	**40845**	**8991**	**11811**
省　直　Department Directed to Province	30061	98	1764	7195	3328	6812
杭州市 Hangzhou	14978	409	18	8103	1269	1006
宁波市　Ningbo	14274	274		4804	821	611
温州市　Wenzhou	6192	79	274	954	349	576
嘉兴市　Jiaxing	14722	23		5365	333	1040
湖州市　Huzhou	1201	29		150	142	499
绍兴市　Shaoxing	10023	127	244	6298	501	331
金华市　Jinhua	5519	128		2624	479	123
衢州市　Quzhou	1360			377	255	
舟山市　Zhoushan	2073	6		296	102	588
台州市　Taizhou	6444	89	6	4114	532	150
丽水市　Lishui	2780	252	86	565	880	75

单位:人 14－41 续表 1 continued (person)

地 区 Region	交通运输仓储及邮电通讯业 Transport, Storage, Post and Telecommunications	信息传输、计算机服务和软件业 Information Transfer, Computer Services and Software	批发和零售业 Wholesale and Retail Sale Trade	住宿和餐饮业 Quartering and Catering Services	金 融 保险业 Banking and Insurance	房地产业 Real Estate Trade
合 计 Total	**11208**	**729**	**13184**	**1428**	**2372**	**2207**
省 直 Department Directed to Province	2219	179	4475	468	743	682
杭州市 Hangzhou	1040	21	1530	385	36	247
宁波市 Ningbo	3326	92	1410	98	881	220
温州市 Wenzhou	802	123	707	82		261
嘉兴市 Jiaxing	517	308	1982	312	231	447
湖州市 Huzhou	104	4	160			
绍兴市 Shaoxing	538	2	1133	62		40
金华市 Jinhua	840		486	6	481	23
衢州市 Quzhou	215		330			
舟山市 Zhoushan	823		32	1		166
台州市 Taizhou	537		708	10		39
丽水市 Lishui	247		231	4		82

单位:人　　14－41　续表 2 continued　　(person)

地　区 Region	租赁和商务服务业 Leasing and Commercial Services	科学研究技术服务和地质勘查业 Scientific Research and Technic Services and Geological Prospecting	水利环境和公共设施管理业 Water Conservancy, Environment and Public Facilities Management	居民服务和其他服务业 Resident Services and Other Servic Securities and social Welfare	教育 Education	卫生、社会保障和社会福利业 Health Care, Social Securities and Social Welfare	文化体育和娱乐业 Culture, Sports and Recreation
合　计　Total	**799**	**1675**	**1589**	**6389**	**473**	**673**	**1348**
省　直　Department Directed to Province	322	1041	99	108	94	264	170
杭州市 Hangzhou	120	243	127	191	3	171	59
宁波市　Ningbo	77	102	141	800	208	96	313
温州市　Wenzho	60	110	345	1367		4	99
嘉兴市　Jiaxing	49	35	204	3455	154	29	238
湖州市　Huzhou	16	2	32	35			28
绍兴市　Shaoxing	30	32	181	171		17	316
金华市　Jinhua	35	45	93	138		18	
衢州市　Quzhou	19		84	36			44
舟山市　Zhoushan	4	13	6	5			31
台州市　Taizhou	13	52	73	83	14	9	15
丽水市　Lishui	54		204			65	35

主要统计指标解释

普通高等学校　指按照国家规定的设置标准和审批程序批准举办，通过国家统一招生考试，招收高中毕业生为主要培养对象，实施高等教育的全日制大学、独立设置的学院和高等专科学校、短期职业大学。

成人高等学校　指按照国家有关规定审批，招收通过全国成人高教统一招生考试的具有高中毕业或同等学历的在职从业人员利用脱产、半脱产、业余或函授等多种形式对其实施高等学历教育，培养高等教育专科或本科毕业水平的专门人才，修业年限、课程设置和总学时数均按高等学历教育要求付诸实施的学校。包括广播电视大学、职工高等学校、农民高等学校、管理干部学院、教育学院、独立设置的函授学院等。

小学学龄儿童入学率　指调查范围内已入小学学习的学龄儿童占校内外学龄儿童总数（包括弱智儿童在内，但不包括盲聋哑儿童）的比重。计算公式：

$$\text{小学学龄儿童入学率} = \frac{\text{已入学的小学学龄儿童数}}{\text{校内外小学学龄儿童总数}} * 100\%$$

独立研究与开发机构　指有明确的任务和研究方向，有一定学术水平的业务骨干和一定数量的研究人员，具有研究、开发、开展学术工作的基本条件，主要进行科学研究与技术开发活动，并且在行政上有独立的组织形式，财务上独立核算盈亏，有权与其他单位签订合同，在银行有单独户头的单位。包括国务院各部门、中国科学院、中国社会科学院和各省、自治区、直辖市以及地（市）以上（含地，市）各部门所属的国有独立的科学研究与技术开发机构。

科学家和工程师　指具有大学本科及以上学历的和不具备上述学历但有高、中级职称的人员。

Explanatory Notes on Main Statistical Indicators

Regular Institutions of Higher Learning refer to educational establishments set up according to the government evaluation and approval proced ures, enrolling graduates from senior secondary schools and providing higher edu cation courses and training for senior professionals. They include full-time uni versities, colleges, high professional schools and short-term professional univ ersities.

Institutions of Higher Learning for Adults refer to education al establishments, set up in line with relevant rules approved by the governmen t, enrolling staff and workers with senior secondary school or equivalent educat ion, and providing higher education courses in many forms of full-time, part -tim e, spare-time, or correspondence for adults. Professionals thus trained recei ve a qualification equivalent to graduates studying regular courses at regular univ ersities, colleges and professional colleges. Institutions of higher learning fo r adults include Radio and TV universities, schools of high education for staff and workers and peasants, colleges for management cadres, pedagogical colleges, independent correspondence colleges.

Enrollment Rate of Primary School-age Children refers to t he proportion of school-age children enrolled at schools to the total number of sch ool-age children both in and outside schools (including retarded children, bu t excluding blind, deaf and mute children). The formula is:

$$\begin{matrix}\text{Enrollment Rate}\\ \text{of Primary School-age Children}\end{matrix} = \frac{\text{To tal Primary Schoo l - age Children at Schools}}{\text{Total Primary School - age Children Both at and Ou tside Schools}} * 100\%$$

Independent Research and Development Institutions refer to th e state-owned insitutions which have direct mission and research purpose, a c ert ain number of core member with higher research level and a certain number of res earch personnel, favorable conditions for R & D and engaging in scientific rese arch and technological development. The institutions also have their own indepen dent organization and finance, authority to sign contracts with other units, wit h their own accounts in banks. Independent research and development institution s include the institutions attached to central government agencies, Chinese Acade my of Sciences. Chinese Academy of Social Sciences and the institutions attache d to local governments.

Scientists and Engineers refer to persons who have completed university or higher education or obtained titles of senior and middle-level professional positions.

ZHEJIANG STATISTICAL YEARBOOK

文化、体育和卫生

Culture, Sports and Public Health

Chapter 15

15－1　文化、艺术、文物事业单位数

Number of Institutions for Culture, Art and Cultural Relic

单位:个　　(unit)

年　份 Year	电影放映单位 Film Projection Units	艺术表演团体 Art Performance Troupes	文化馆、站 Cultural Centers, Stations	#文化馆 Cultural Centers	公共图书馆 Public Libraries	博物馆 Museums
1978	4375	128	1125	76	63	19
1979	4320	161	1332	79	69	17
1980	4218	170	1659	79	69	19
1981	4126	147	1753	79	70	20
1982	4095	135	2124	82	73	20
1983	4625	131	2954	86	73	20
1984	5242	133	3607	91	74	21
1985	5592	126	3598	93	76	21
1986	5375	122	3617	95	78	35
1987	5089	112	3619	93	80	40
1988	4896	98	3501	87	80	45
1989	4673	90	3547	87	80	47
1990	4580	90	3554	85	80	51
1991	4436	91	3695	85	80	55
1992	4050	89	2065	84	80	55
1993	3600	89	2033	84	81	58
1994	3327	87	2010	84	82	58
1995	3029	83	1974	83	81	59
1996	2817	85	2114	83	81	61
1997	2766	86	2014	83	81	63
1998	2723	82	2016	83	82	68
1999	2381	82	1956	84	83	69
2000	2129	79	1932	84	83	65
2001	1868	80	1640	86	83	69
2002	1984	80	1676	86	83	70
2003	83	77	1650	87	83	70

注:2003 年电影放映单位为发行机构数。　The film projection units in 2003 had been changed to publishing institutions.

15－2 文化事业机构和人员数(2003 年)

Number of Cultural Institutions and Persons(2003)

单位:个、人 (unit,person)

类别	Category	总计 Total		#文化部门 Cultural Department			
				国有单位 State-owned Units		集体单位 Collective－owned Units	
		机构数 Institutions	人数 Persons	机构数 Institutions	人数 Persons	机构数 Institutions	人数 Persons
总计	**Total**	**2118**	**16736**	**2098**	**16314**	**13**	**169**
艺术事业	Art Institutions	167	5641	154	5413	10	132
公共图书馆	Public Libraries	83	1932	83	1932		
群众文化事业	Mass Culture	1650	5272	1650	5272		
艺术教育事业	Art and Education	7	600	7	600		
文艺科研	Culture, Art and Science Research	8	214	8	214		
其他文化事业	Other Cultural Institutions	20	421	17	409		
文物业	Cultural Relic	183	2656	179	2474	2	7

15－3 电影放映情况

Conditions of Film Projection

项目	Item	1995	2000	2001	2002	2003
放映单位 (个)	**Projection Units (unit)**	**3029**	**2129**	**1868**	**1984**	**83**
放映场次 (万场)	Number of Projection (10000 shows)	66	21	17	17	19
观众人数 (万人次)	Number of Audiences (10000 person－times)	17080	2171	1331	602	496
放映收入 (万元)	Projection Income (10000 yuan)	14165	7850	6797	8382	8832
发行收入 (万元)	Income from Publishing (10000 yuan)	5741	4055	3523	3117	279

15－4　群众艺术馆、文化馆(站)业务活动和经费情况(2003 年)
Basic Statistics on Activities and Expenditures of Mass Art Centers and Cultural Centers(2003)

项　　目	Item	总　计 Total	群众艺术馆 Mass Art Centers	文化馆 Cultural Centers	国办文化站 Cultural Stations Run by State-Owned
单位数　(个)	**Number of Units　(unit)**	**1650**	**12**	**87**	**1557**
举办展览　(个)	Number of Exhibitions　(unit)	6459	98	770	5591
组织文艺活动　(次)	Entertainment Activities　(times)	19250	449	3685	15116
举办训练班班次　(次)	Number of Training Classes　(times)	10886	698	2282	7906
结业人次　(千人次)	Persons Completing Courses　(1000 person-times)	327	17	70	240
录像放映场次　(万场)	Videotape Projection　(10000 shows)	6.9		0.5	6.4
观众人次　(万人次)	Audiences　(10000 person-times)	5618	75	3619	1924
群众艺术馆、文化馆负责指导单位	**Units Responsible for Guiding Mass Art Centers and Cultural Centers**				
农村集镇文化中心　(个)	Cultural Centers in Towns　(unit)	240	17	623	
文化俱乐部(室)　(个)	Cultural Clubs　(unit)	1927	40	1887	
文化户　(户)	Households Specializing in Cultural Activities　(household)	1709		1709	
群众业余演出团队　(个)	Part-time Art Groups　(unit)	1033	24	1009	
总支出　(万元)	**Total Expenditures　(10000 yuan)**	**27280**	**4200**	**9976**	**13104**
#事业支出	Operating Expenditures	26788	4111	9816	12861

15－5 博物馆、文物保护管理单位基本情况(2003年)
Basic Statistics on Museums and Cultural Relic Protection & Management Agencies(2003)

项目		Item		博物馆 Museums	文物保护管理单位 Protection & Management Agencies
单位数	**(个)**	**Number of Units**	**(unit)**	**70**	**90**
藏　品	**(件)**	**Number of Collections**	**(case)**	**542578**	**78506**
#一级品		Grade One		1411	251
业务活动		**Vocational Activities**	(10000 yuan)		
陈　列	(个)	Number of Displays	(unit)	101	50
展　览	(个)	Number of Exhibitions	(unit)	294	66
参观人数	(万人次)	Number of Visitors	(10000 person－times)	430	727
本年收入	**(万元)**	**Total Income**	**(10000 yuan)**	**12816**	**20588**
经费支出	**(万元)**	**Total Expenditure**	**(10000 yuan)**	**12257**	**16060**
#业务费		Professional Expenditures	(10000 yuan)	2124	1146
#考古发掘费		Archaeology and Excavation Expenses	(10000 yuan)	239	45
维修费		Maintenance Expenses	(10000 yuan)	1824	1046
固定资产原值	**(万元)**	**Original Value of Fixed Assets**	**(10000 yuan)**	**43015**	**8772**

15－6 公共图书馆基本情况
Basic Statistics on Public Libraries

项目		Item		2000	2001	2002	2003
单位数	**(个)**	**Number of Units**	**(unit)**	**83**	**83**	**83**	**83**
工作人员	(人)	Staff and Workers	(person)	1936	1949	1924	1932
藏　书	**(万册)**	**Total Collections**	**(10000 volumes)**	**1715**	**1773**	**1848**	**1918**
发放借书证数	(万个)	Number of Library Cards Distributed	(10000 units)	38	36	45	48
书刊外借人次	(万人次)	Number of Persons Borrowing Books	(10000 person－times)	674	597	582	614
书刊外借册次	(万册次)	Number of Books Borrowed by the Readers	(10000 volume－times)	1054	1141	1156	1087
经费总支出	**(万元)**	**Total Expenditure**	**(10000 yuan)**	**8500**	**9930**	**12229**	**16506**
本年新购图书	(万册)	Number of Books Purchased During the Year	(10000 volumes)	54	58	78	76
固定资产原值	**(万元)**	**Original Value of Fixed Assets**	**(10000 yuan)**	**30131**	**32924**	**51564**	**59006**
建筑面积	**(万平方米)**	**Floor Space of Buildings**	**(10000 sq. m)**	**27**	**28**	**28**	**30**
阅览室座席数	(千个)	Seating Capacity of Reading Rooms	(1000 seats)	2	2	2	20

15－7　报纸和杂志出版数量

Number of Newspapers and Magazines Published

项　目	Item	种数(种) Number of Publications (kind)		总印量(万册、万份) Total Printed Copies (10000 Copies)		总印张(千印张) Total Printed Sheets (1000 sheets)	
		2002	2003	2002	2003	2002	2003
报　纸	**Newspaper**	**124**	**124**	**212445**	**241645**	**4827407**	**7137954**
综合报	Synthetical Newspapers	57	58	182205	209440	4446991	6713752
专业报	Special Newspapers	67	66	30241	32205	380416	424202
杂　志	**Magazines**	**222**	**224**	**8268**	**9104**	**222437**	**244080**
综　合	Synthesis	20	21	7	14	660	1077
哲学、社会科学	Philosophy and Social Science	55	56	2306	2066	62469	63917
自然科学技术	Natural Science and Technology	102	102	681	670	29454	27508
文化教育	Culture and Education	31	31	4435	5545	103041	125374
文学艺术	Literature and Arts	13	13	837	808	26786	26162
画　刊	Pictorial	1	1	1	2	27	45
#少年儿童读物	Books for Children	10	10	3722	4014	70806	77648

15－8 图书出版数量
Number of Books Published

项　目	Item	本版图书种数(种) Number of Publications (kind)		租型图书种数(种) Number of Publications for Lease (kind)		总印数(万册、万份) Total Printed Copies(10000 copies)		总印张(千印张) Total Printed Sheets(1000 Sheets)	
		2002	2003	2002	2003	2002	2003	2002	2003
图书总计	**Total**	**5024**	**5852**	**250**	**168**	**30201**	**30263**	**1582420**	**1673266**
使用《中国标准书号》部分合计	Publications with" China Standard Book Number"	4871	5651	250	168	29898	29632	1567618	1634596
#哲学	Philosophy	30	54			14	39	2267	5332
社会科学总论	General Social Science	27	30		1	23	19	2367	2257
文化、科学、教育、体育	Culture, Science, Education and Sports	2745	3220	134	203	27175	26412	1370173	1395100
文学	Literature	407	552	1		489	475	43113	71604
艺术	Arts	665	640	24	36	648	728	36470	39911
自然科学总论	General Natural Science	16	11			84	166	2682	4291
不使用《中国标准书号》部分合计	Publications without " China Standard Book Number"	153	201			303	632	14802	38671

15-9 电视节目制作情况
Production of Television Programs

项　目		Item		1995	2000	2001	2002	2003
基本情况		Basic Statistics						
电视台	(座)	Television Station	(set)	66	12	12	12	12
电视节目套数	(套)	Sets of Television Programs	(set)			103	104	104
一千瓦以上电视发射台及转播台	(座)	Number of TV Transmission Stations and Relaying Stations at 1 kw and Higher Level	(set)	38	46	44	45	42
平均每周播出时间	(小时)	Broadcasting Hours Per Week	(hour)	3933	6057	9614	9697	10157
电视人口覆盖率	(%)	Viewer Rating	(%)		95.8	96.71	97.31	98.14
中央电视台(一套节目)	(%)	CCTV -1	(%)	89	93.9	94.32	95.3	95.88
浙江电视台(一套节目)	(%)	ZJTV-1	(%)	89	95	95.35	96.25	97.03
自办节目时间合计	(小时)	Total Time of Self-producing Programs	(hour)	3218	4979	8077	8609	9005
新闻节目		News Programs		349	494	697	755	856
专题节目		Special Subject Programs		207	311	683	712	926
文艺节目		Programs of Entertainment		2387	3105	5230	5332	5446
教育节目		Educational Programs		49	163	167	157	156
广告		Advertisement			426	657	894	1049
服务性节目		Service Programs		326	479	643	659	572
有线电视入户率	(%)	Rate of Households with Cable Television				44.67	51	52.55

注:2000-2003年电视台座数不包括县级电视台座数。
The data of Television stations from 2000 to 2003 did not include ones at county level

15－10 广播节目制作情况

Production of Broadcasting Programs

项　目		Item		1995	2000	2001	2002	2003
基本情况		**Basic Statistics**						
广播电台	(座)	Broadcasting Stations	(set)	47	12	12	12	12
广播节目套数	(套)	Sets of Broadcasting Programs	(set)			92	92	98
中短波广播发射台和转播台	(座)	Number of Broadcasting Transmission Stations and Relaying Stations	(set)	37	37	37	36	36
县及县以上广播站	(个)	Number of Broadcast Stations at County and Higher Level	(unit)	76	66	62	62	62
乡(镇)县属区广播站	(个)	Number of Broadcast Stations under County (Township)	(unit)	1892	1661	1492	1478	1355
广播人口综合覆盖率	(%)	Listener Rating	(%)		93.66	94.85	96.25	97.34
中央人民广播电台第一套节目覆盖率	(%)	Channel 1, Central People Broadcasting Station	(%)			92.04	94.67	95.71
浙江电台第一套节目	(%)	Zhejiang Channel 1	(%)	71	91.14	91.12	92.39	95.84
有线广播专用线路	(万公里)	Special Routes for Broadcasting	(10000 km)	8		9	8	7.2
农村广播喇叭数	(万只)	Number of Broadcast Loudspeaker	(10000 units)	677	563	480	448	391.5
平均每日播出时间	(小时)	Broadcasting Hours Per Day	(hour)	901	1064	1453	1450	1615
自办节目时间合计	**(小时)**	**Total Time of Self-producing Programs**	**(hour)**	**738**	**851**	**1035**	**1082**	**1251**
新闻节目		News Programs		86	99	123	130	150
专题节目		Special Subject Programs		145	166	242	244	280
文艺节目		Programs of Entertainment		337	320	372	385	455
教育节目		Educational Programs		44	34	53	48	51
广告		Advertisement			70	102	118	147
服务性节目		Service Programs		126	161	143	157	168

15－11 体委系统职工人数(2003 年)

Number of Staff and Workers in Sports Commissions(2003)

单位:人 (person)

类　别	Category	总计 Total	体委机关 Sports Commission Organizations	优秀运动队 Excellent Sports Teams	体育运动学校 Physical Education and Sports Schools	业余体校 Sparetime Sports Schools	体育场所 Public Sports Places	其他事业单位 Others
总计	**Total**	**4457**	**830**	**1062**	**552**	**838**	**712**	**463**
公务员	Government Office Worker	590	590					
运动员	Athletes	638		635		3		
专职教练员	Full-time Coaches	812		157	154	460	27	14
专职教师	Full-time Teachers	313		15	171	112		15
科技人员	Scientific and Technical Personnel	16		1	5	1		9
医务人员	Medical Personnel	46		28	13	4	1	
管理人员	Administrative Personnel	1097	182	122	108	113	302	270
其他人员	Others	945	58	104	101	145	382	155

注:业余体校包括重点业余体校和普通业余体校。
Sparetime sports schools included key and ordinary sparetime schools.

15－12 等级运动员、裁判员人数

Number of Athletes and Referees in Grades

单位:人 (person)

项　目	Item	2002	2003	项　目	Item	2002	2003
等级运动员	**Number of Athletes in Grades**	**773**	**880**	**等级裁判员**	**Number of Referees in Grades**	**209**	**817**
国际级健将	International Master of Sports	7	8	国际裁判	International Referees		
国家级健将	National Master of Sports	24	45	国家级	National Referees	6	11
一级	First Grade Sportsmen	105	82	一级	First Grade Referees	23	94
二级	Second Grade Sportsmen	637	745	二级	Second Grade Referees	180	712

15－13 运动员分项获奖情况

Awards Won by Athletes by Item

单位:项 (Item)

项　目	Item	世界冠军 World Championships		亚洲冠军 Asia Championships		全国冠军 National Championships	
		2002	2003	2002	2003	2002	2003
合计	**Total**	**13**	**6**	**24**	**6**	**91**	**72**
举重	Weightlifting				3		4
游泳	Swimming	2	3	10		32	30
田径	Track and Field			3	1	4	3
棋类	Chess	2					
羽毛球	Badminton		1				
射击	Shooting	1	1	1		13	7
拳击	Boxing					3	
其他	Others	8	1	10	2	39	28

15－14 群众体育活动和新建体育场地情况

Basic Statistics on Activities of Mass Sports and Number of Newly－built Sports Ground

单位:个 (unit)

项　目	Item	1995	2000	2001	2002	2003
参加《国家级体育锻炼标准》活动的学生人数(万人)	Number of Students Who Take Part in the State Physical Training Standard(10000 persons)	502	483	498	503	503
《国家级体育锻炼标准》达标人数(万人)	Number of Persons Who Have Come to the State Physical Training Standards(10000 persons)	486	473	487	494	480
体育场	Sports Grounds	6	1	1	2	2
体育馆	Gymnsiums	10	2	1	2	2
游泳池	Swimming Pools	21	1	1	2	2
#室内游泳池	Indoor	4	1	1		
有固定看台灯光球场	Illuminated Fields with Fixed Seating	6	1	1		

15－15　卫生事业情况
Statistics on Health Undertakings

项　　目	Item	2002	2003
卫生机构数合计(个)	**Total Number of Health Institutions (unit)**	**10708**	**11177**
医院	Hospital	502	480
疗养院	Sanatoriam		17
社区服务中心(站)	Centers of Community Service	872	1274
卫生院	Commune Hospital	2653	2506
门诊部	Clinics	446	494
诊所医务室卫生所	Consulting Room	5500	5650
专科防治所站	Specialized Prevention Station	33	30
疾控中心防疫站	Sanitation and Antiepidemic Institutions	102	104
#卫生防疫站	Sanitation Station	9	4
妇幼保健机构	Maternity and Child Care Institutions	88	88
卫生监督所	Sanitation Supervisory Station	84	93
医学科学研究机构	Research Institutions of Medical Science	9	8
医学在职培训机构	Training Institutions	21	51
其他卫生机构	Others	348	339
床位合计数(张)	**Total Beds(bed)**	**119522**	**126678**
#医院	Hospital	90794	94866
社区服务中心(站)	Centers of Community Service	1163	1549
卫生院	Commune Hospital	22500	23058
门诊部	Clinics	158	261
妇幼保健机构	Maternity and Child Care Institutions	3583	3575
专科防治所站	Specialized Prevention Station	484	527
其他卫生机构	Others	324	309
卫生人员合计(人)	**Persons Engaged in Health Institutions**	**198335**	**207937**
卫生技术人员	Medical Technical Personnel	163205	173010
医生	Doctors	74668	79310
其他技术人员	Others	6665	8284
管理人员	Management Personnel	13202	11313
工勤人员	Logistics Workers	15262	15330
在卫生技术人员中	Among them		
执业医师	Licenced Doctors	58290	62781
执业助理医师	Licenced Assistant Doctors	16378	16529
注册护士	Registered Nurses	47075	49298
药剂人员	Medical Pharmacists	14655	15233
检验人员	Laboratory Technicians	8307	8602
其他	Others	18500	20567
平均每千人口拥有卫生技术人员	Number of Medical Technical Personnel Per 1000 Population	3.6	3.8
#医生	Doctors	1.65	1.74

15－16　医院诊疗次数和入院人数(2003 年)
Number of Hospital Patients(2003)

类　别	Type	机构数(个) Number of Institutions (unit)	诊疗人次数(万人次) Total Number of Patients Treated (10000 person-times)	#门、急诊 Out-Patients and Emergency Patients	入院人数(万人) Hospital Admissions (10000 persons)	每百门急诊次入院人数(人) Hospital Admissions Per 100 Patient-times (person)
医院合计	**Hospitals**	**480**	**7511.6**	**7336.2**	**232.4**	**3.17**
综合医院	General Hospitals	280	5297.3	5201.8	174.99	3.36
中医医院	Hospitals of Chinese Medicine	90	1548.6	1502.4	41.1	2.73
中西医结合医院	Hospitals which Integrate Traditional Chinese Therapeutics with Western Therapeutics	5	61.7	60.5	0.8	1.32
专科医院	Specialized Hospitals	102	604.0	571.4	15.5	2.71
传染病院	Hospitals for Infectious Diseases	4	25.31	25.26	1.1	4.19
精神病院	Mental Hospitals	29	105.9	100	2.9	2.86
肿瘤医院	Tumor Hospitals	2	14.6	14.5	1.3	9.11
眼科病院	Ophthalmology Hospitals	8	35.8	25.1	0.8	3.32
整形医院	Plastic Hospitals	2	7.1	7.0	0.4	5.16
妇幼保健院	**Hospitals for Maternity and Children Care**	**88**	**605.8**	**584**	**14.5**	**2.48**
社区卫生服务中心	**Center of Community Service**	**68**	**583.6**	**514.7**	**1.2**	**0.24**
卫生院	**Rural Hospitals**	**2506**	**5235.9**	**5058.1**	**37.9**	**0.75**
门诊部	**Clinics**	**494**	**236.2**	**224.2**	**0.3**	**0.12**

15－17　县及县以上医疗机构病床使用情况(2003 年)
Utilization of Hospital Beds at and Above County Level(2003)

类　别	Type	入院人数(人) Hospital Admissions (person)	治愈率(%) Care Rate(%)	病床使用率(%) Utilization Rate of Beds (%)	病床周转次数(次) Turnover of Beds (times)	出院者平均住院日(日) Average Hospitalization Period (days)
合计	**Total**	**286.48**	**61.98**	**23.97**	**70.8**	**10.15**
医院	Health Departments	232.4	59.03	25.97	84.59	11.23
社区卫生服务中心	Center of Community Service	1.2	58.59	9.93	49.47	19.65
卫生院	Rural Hospitals	37.9	69.24	15.82	25.04	5.09
门诊部	Clinics	0.26	98.20	15.13	72.07	3.13

15-18 县(区)村卫生室基本情况(2003年)

Basic Conditions of Rual Clinics on County (2003)

项　目	Item	总计 Total	村办 Villiage - run
机构数(个)	Number of Institutions (unit)	16385	11000
执业(助理)医师(个)	Licensed (Assistant) Doctors (unit)	3043	2206
乡村医生和卫生员(人)	Rural Doctors and Health Workers (persons)	16993	10757
乡村医生数(人)	Rural Doctors (persons)	16562	10522
#大专及以上学历	College and Above	199	127
中专学历及中专水平	The Level on Special Secondary School	7028	4415
在职培训合格者	Persons Passed Training	9102	5928
卫生员(人)	Health Workers (persons)	431	235
年总收入(千元)	Total Income (1000 yuan)	787842	424098
#上级补助收入	Subsidies of the Higher Level	810	673
村或集体补助收入	Subsidies of Villiage	5369	4829
业务收入	Business Income	666083	411857
年总支出(千元)	Total Expenditure (1000 yuan)	670136	373921
#人员经费	Persons Expenditure	190998	115352
药品支出	Medicines Expenditure	450095	250504
诊疗人次数(万人)	Patients Treated (10000 persons - times)	3238	2003
孕产妇检查人次数(人)	Pregnant Women Being Heen Physical Examination (persons)	20529	15157
接生人数(人)	Number of Deliver Children (persons)	538	538
儿童疫苗接种人次数(人)	Children Inoculated (persons)	268565	179321

15－18 续表 continued

按设置/主办单位分 by Ownership				按行医方式分 by Type		
乡卫生院设点 Township－run	联合办 Combination	私人办 Private－run	其他 Others	西医为主 Taking Western Medicine as The ad Dominant Typp	中医为主 Taking Chinese Medicine The Dominant Typp	中西医结合 Combining Chinese Medicine With Western Medicine
791	308	4118	168	15146	115	1124
123	205	489	20	2765	77	201
1673	253	4120	190	15611	49	1333
1588	194	4073	185	15241	45	1276
16	1	52	3	170		29
686	93	1757	77	6317	13	698
885	100	2084	105	8522	32	548
85	59	47	5	370	4	57
101162	27786	227189	7607	734543	1715	15184
2		123	12	490	4	316
10	194	336		3101	45	2223
100558	27060	119031	7577	616092	1646	48345
88060	26464	174907	6783	622741	1629	45766
28159	10168	35224	2095	177600	558	12840
55354	15405	124635	4197	416748	1048	32299
365	79	758	32	2931	16	291
3570		1802		18426	80	2023
				533	5	
47161	145	41544	394	237040	4052	27473

15－19 城市和农村前十位疾病死亡原因和构成(2003年)
Main 10 Diseases of Death in Urban and Rural Areas(2003)

位次 No.	城市死因	Cause of Death in Urban Areas	占死亡总数(%) As % of Total Death
总计	Total	89.051	
1	恶性肿瘤	Malignant Tumour	30.49
2	脑血管病	Cerebrovasular Disease	15.89
3	呼吸系病	Respiratory Disease	12.64
4	心脏病	Heart Trouble	11.76
5	损伤和中毒	Trauma and Toxicosis	7.57
6	内分泌、营养和代谢的其他疾病	Other Diseases of Endocrine, Nutrition and Supersession	3.57
7	消化系统疾病	Diseases of Digestion System	2.86
8	泌尿生殖系病	Urinary Disease	1.68
9	神精系疾病	Mental Disease	1.59
10	传染病和寄生虫病	Infections and Parasite Pisease	1.00

位次 No.	农村死因	Cause of Death in Rural	占死亡总数(%) As % of Total Death
总计	Total	90.841	
1 恶性肿瘤	Malignant Tumour	23.23	
2	呼吸系病	Respiratory Disease	20.73
3	脑血管病	Cerebrovasular Disease	18.41
4	损伤和中毒	Trauma and Toxicosis	11.65
5	心脏病	Heart Trouble	8.33
6	消化系疾病	Digestive Disease	2.97
7	传染病	Infections Disease	1.79
8	泌尿生殖系病	Urinary Disease	1.41
9	内分泌、营养和代谢的其他疾病	Other Diseases of Endocrine, Nutrition and Supersession	1.30
7	精神障碍	Mental Disease	1.02

主要统计指标解释

文化事业机构 指从事专业文化工作和为专业文化工作服务的独立建制的单独核算的单位。不包括这些单位另外举办独立核算的其他机构和各部门的业余文化组织。

艺术表演团体 指从事戏曲、音乐、舞蹈、杂技等专业艺术表演,有独立帐户,实行单独核算的团体。不包括半工半艺、半农半艺和民间职业剧团。

等级运动员人数 指经考核正式批准授予等级运动员称号的人数。运动员等级分为国际级运动健将、运动健将、一级运动员、二级运动员、三级运动员、少年级运动员。

等级裁判员人数 指经考核正式批准授予等级裁判员称号的人数。裁判员等级分为国际裁判、国家级裁判、一级裁判、二级裁判、三级裁判。

医院 指名称为医院,设有固定床位能收容病人住院并能为病人提供医疗、护理服务的医疗机构。包括县及县以上医院、农村乡卫生院、其他医院三部分。按所属性质分为卫生部门、工业及其他部门,集体经济单位三类。其中县及县以上医院按业务性质分为综合医院和专科医院。

卫生技术人员 指卫生事业机构支付工资的全部固定职工和合同制职工中现任职务为卫生技术工作的专业人员。包括中医师、西医师、中西医结合高级医师、护师、中药师、西药师、检验师、其他技师、中医士、西医士、护士、助产士、中药剂士、西药剂士、检验士、其他技士、其他中医、护理员、中药剂员、西药剂员、检验员,其他初级卫生技术人员。

医生 指领取职业医生证书,从事医疗工作的专业人员。分为中医医生、西医医生和助理中西医医生。

Explanatory Notes on Main Statistical Indicators

Cultural Institutions refer to units which have their own organizational system and independent accounting system and specialize in or serve cultural development. They exclude other establishments run by these cultural institutions and amateur cultural groups established by various departments.

Art Troupe refers to the troupe which is engaged in drama, opera, music, dance, acrobatics or other art performance, opens independent accounts with banks and has self-supporting accounting system; excluding the troupes which are engaged partly in industrial or agricultural activities, partly in art performance and the professional troupes organized by the people.

Film Projection Units refer to units with film projection equipment, full or part-time projectionists, permanent or non-permanent places, approved by related administrative departments to show films regularly for certain groups of audience, including those film projection units which have been approved to give commercial shows and run business with independent accounting system as well as those film-renting units of the military system.

Number of Athletes in Grades refers to the number of atathletes who have been given titles through examination. The titles of athletes include international masters of sports, masters of sports, first-grade, second-grade and third-grade sportsmen and young athletes.

Number of Referees in Grades refers to the number of referees who have been given titles after examination. They are classified as international referees, national referees and referees of the first, second and third grades.

Hospitals refer to medical institutions named as "hospital" with permanent hospital beds, which are able to take in patients and provide them with medical and nursing services. Hospitals are classified into three categories: hospitals at or above the county level, hospitals of rural townships, and other hospitals. According to their ownership, hospitals can be classified into three categories: hospitals under the public health departments, hospitals under industrial and other departments and Collective Owned hospitals. Hospitals at or above county level are divided into comprehensive and specialized hospitals.

Medical Technical Personnel refers to all permanent medical staff and workers employed by medical institutions, including doctors of Chinese and Western medicine, senior doctors who integrate traditional Chinese thrapeutics with Western thrapeutics in practice, senior nurses, pharmacists of Chinese and Western medicine, laboratory specialists, other specialists, paramedics of Chinese and Western medicine, nurses, midwives, druggists in Chinese and Western medicine, laboratory technicians, other technicians, other practitioners of Chinese medicine, nursing attendants, pharmacological workers of Chinese and Western medicine, laboratory workers, and other primary medical personnel.

Doctors refer to qualified professional medical workers approved to practice by public health departments. They are classified into doctors of Chinese medicine, doctor of western medicine, Assistant Doctor.

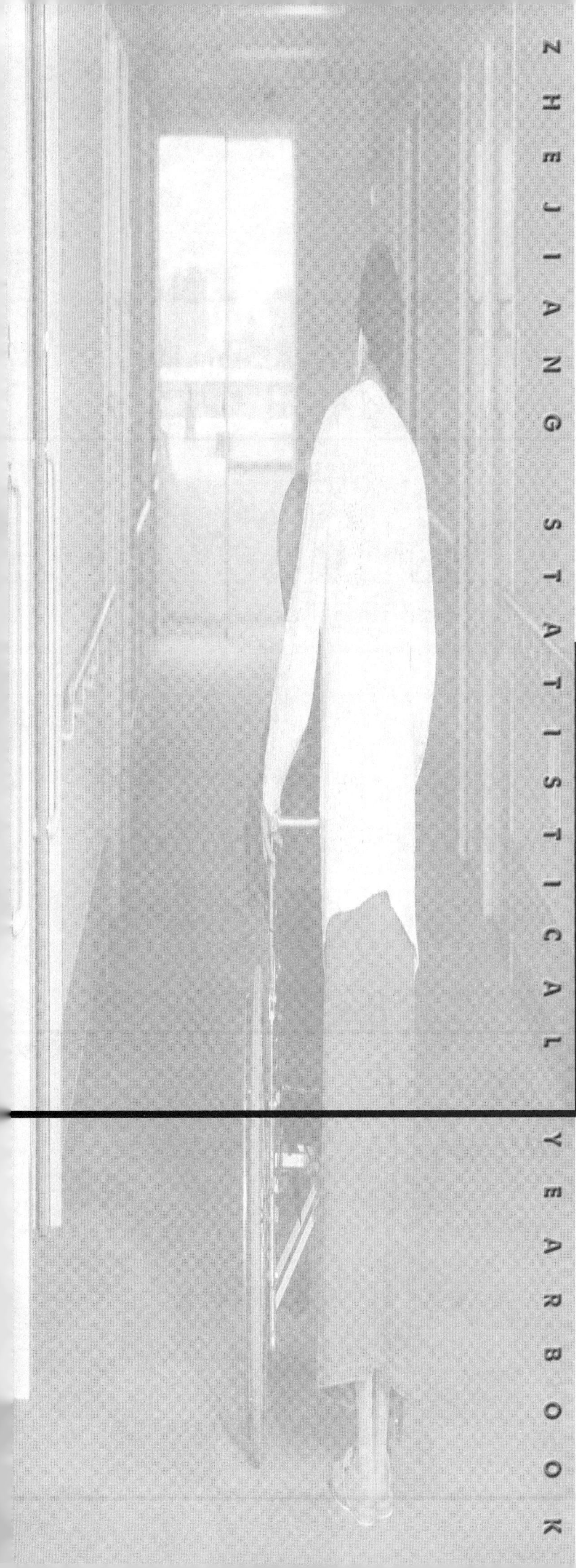

档案、司法、社会福利和工会组织

Archives, Judicature, Social Welfare and Labour Union

Chapter 16

16-1 档案事业机构和人员数(2003年)

Number of Persons and Institutions of Archives(2003)

项　目	Item	机构数(个) Number of Institutions (unit)	专职人员数(人) Full-time Persons (person)	#女性 Female	#大专以上文化程度 College and Higher Level
总　计	**Total**	**562**	**2012**	**1120**	**1489**
档案行政管理部门	Administrative Department of Archives	90	837	380	654
档　案　馆	Archives	111	699	363	576
档案室(处、科)	Archive Offices(Sections)	341	467	390	364

16-2 档案馆档案资料馆藏和利用情况

Conditions of Files Stored and Used in the Archives

项　目		Item		1995	2000	2001	2002	2003
馆藏档案		**Archives Stored**						
全　宗	(个)	Whole Volume	(unit)	11990	15131	15285	15405	16366
案　卷	(万卷)	Files	(10000 volumes)	355	486	546	610	681
录音录像影片	(盘)	Records,Films on Videotape	(copy)	5873	11293	13183	16690	17198
照　片	(万张)	Pictures	(10000 pieces)	25	47	48	48	47
馆藏资料	**(万册)**	**Number of Material Stored**	**(10000 volumes)**	**104**	**96**	**91**	**94**	**100**
档案馆面积	**(平方米)**	**Areas of Archives**	**(sq. m)**	**106699**	**130889**	**142743**	**151520**	**164637**
#库房建筑面积		Areas of Storerooms		66614	69335	78948	81402	90537
档案资料利用		**Use of Archive Material**						
利用人次	(万人次)	Number of Persons Using Material	(10000 person-times)	6	3	7	8	10
利用档案	(万卷、次)	Number of Archives Used	(10000 volume-times)	23	7	27	22	31
利用资料	(万册、次)	Number of Material Used	(10000 volume-times)	2	3	2	2	3
复　制	(万页)	Copies	(10000 pages)	16	44	32	41	63
开放档案		**Opening Archives**						
全　宗	(个)	Whole Volume	(unit)	5171	8806	8542	8339	9045
案　卷	(万卷)	Files	(10000 volumes)	143	156	147	132	153

16－3 律师、公证及调解工作基本情况

Basic Statistics on Lawyers, Notarization and Mediation

项　　目		Item		2000	2001	2002	2003
律师工作		**Lawyers**					
律师事务所	(个)	Number of Law Offices	(unit)	413	442	469	499
律师工作人员	(人)	Number of Lawyers	(person)	5607	6340	6931	7137
聘请担任常年法律顾问单位	(处)	Number of Units with Permanent Legal Advisors	(unit)	16569	18432	19552	20186
民事诉讼代理	(件)	Agent of Civil Cases	(case)	42930	51797	58696	65020
刑事辩护及代理	(件)	Defending and Agent of Criminal Cases	(case)	23385	31020	29881	24059
非诉讼法律事务	(件)	Agent of Non-Litigious Legal Affairs	(case)	22329	23874	26373	39052
解答法律咨询	(人次)	Legal Advisory Services	(person-times)	219233	177880	250780	225211
代写法律事务文书	(件)	Agent of Legal Document Written on Be- half of Clients	(case)	114172	50962	45499	45663
公证工作		**Notarization**					
公证处	(个)	Number of Notary Offices	(unit)	97	96	97	97
公证人员	(人)	Notarial Personnel	(person)	601	626	640	757
#公证员		Notaries		415	406	288	300
公证员助理		Assistant Notaries		45	30	86	129
办理国内公证文书	(件)	Number of Domestic Notarized Documents	(case)	399687	378676	390518	491120
#经济合同公证	(件)	Notarized Business Contracts	(case)	188126	170556	203860	271151
人民调解工作		**People's Mediation**					
专职司法助理员	(人)	Number of Full-Time Judicial Assistants	(person)	2003	1852	1969	1953
人民调解委员会	(个)	Number of People's Mediation Committees	(unit)	53920	51701	49225	49195
调解人员	(人)	Number of Mediators	(person)	385990	346434	199945	166576
调解民事纠纷	(件)	Number of Civil Disputes Mediated	(case)	169646	166056	169533	161419
法律援助机构	(个)	Assistance Institution of Laiv	(unit)				100
工作人员	(人)	Stafl and Workeos	(person)				384

16-4 涉外公证文书分类
Foreign-related Notarial Documents by Type

单位:件 (case)

分类	Item	2000	2001	2002	2003
合　计	**Total**	**151888**	**168532**	**206813**	**178765**
收养子女	Children Adoption	466	237	188	64
遗　嘱	Testaments	4	3	5836	6
出　生	Births	34160	34795	40278	29977
死　亡	Deaths	429	381	323	386
生存、居住	Survival and Residence	427	453	921	623
学　历	Schooling	6958	8233	9889	8530
经　历	Personal Histories	3017	2579	2566	2066
婚姻状况	Marriages	17419	18082	24761	19496
亲属关系	Kinship	17705	17771	17688	17679
继 承 权	Rights of Inheritance	35	8	5562	9
受、未受刑事处分	Criminal Records & Uncriminal Records	27556	31778	33302	34236
声 明 书	Declarations	3033	3795	4161	3718
委 托 书	Trust Deeds	906	1028	1561	1184
文本相符	Confirmation of Copies and Photo-offset Copies to Originals	11178	12357	12263	11899
其　他	Others	28595	37032	47514	48892

16-5 调解民间纠纷分类
Civil Disputes Mediated by Type

单位:件 (case)

分类	Item	2000	2001	2002	2003
合　计	**Total**	**169646**	**166056**	**169533**	**161419**
婚　姻	Marriages	24711	23102	25708	23820
继　承	Rights of Inheritance	4950	5004	4626	4100
赡、抚、扶养	Family Fostering	10777	9996	9535	7807
房屋、宅基地	Housing and Housing Sites	19780	18982	16671	14821
邻　里	Neighbor Disputes	31155	31233	31928	27793
债　务	Debts	10985	10754	11550	10302
生产经营	Business	13254	12278	11445	11601
损害赔偿	Compensation for Damages	18821	18796	20345	20983
其　他	Others	35213	35911	37725	40192

16-6 国内公证文书分类

Domestic Notarial Documents by Type

单位:件 (case)

分类	Item	2000	2001	2002	2003
总计	**Total**	**399687**	**378676**	**390518**	**48449**
经济公证	**Notarized Documents on Economic Affairs**	**188126**	**170556**	**203860**	**27115**
购销	Purchases and Sales of Products	1983	1149	1080	1079
联营	Joint Business	219	179	205	328
拍卖	Auctions	7102	988	1010	5686
贷款	Loans	66210	82033	139718	190875
担保	Guarantees	4535	5148	5809	1883
招标、投标	Bidding	40575	25454	9293	20426
科技协作	Coordination of Science and Technology	12	9	40	7
供用电	Supply and Use of Electric Power	3031	2356	2	137
劳务合同	Labor Contracts	5345	2515	1057	2468
建筑工程承包	Construction Project Contracts	1657	2581	2826	3027
工商服务业承包	Industrial and Commercial Service Contracts	608	407	415	739
农林牧副渔业承包	Farming, Forestry, Animal Husbandry, Sideline Production and Fishery Contracts	1240	1312	678	645
财产租赁	Property Leases	941	1557	2127	2128
企业租赁	Enterprise Leases	148	170	67	87
资产经营责任制	System of Asset Business Responsibility	42	96	19	1499
其他经济合同	Other Business Contracts	28914	14327	7190	9158
法人(代表人)资格	Legal Person (Agent) Identification	190	389	578	734
法人委托书	Legal Person Trust Deeds	798	1265	2318	4199
公司章程	Corporation Constitutions	136	162	204	185
执行许可证明	Operating Permits	167	807	689	1829
其他	Others	24273	27652	28535	24032

单位:件　　16-6 续表 continued　　(case)

分类	Item	2000	2001	2002	2003
民事公证	**Notarized Documents on Civil Relations**	**211561**	**208120**	**186658**	**213339**
收　养	Child Adoption	255	81	56	96
解除收养	Adoption Renouncements	665	6	19	39
继承权	Rights of Inheritance	8838	9289	11237	13715
遗　嘱	Testaments	2835	2727	3642	4938
产　权	Property Rights	6372	5415	2988	7929
亲属关系	Kinship	3076	3176	6726	4851
死　亡	Death Certificates	45	213	636	38
房屋买卖	Purchases and Sales of Houses	13476	11387	10263	13375
房屋租赁	House Leases	621	436	658	1123
留学协议	Foreign Study Contracts	506	457	470	340
遗赠扶养协议	Donations and Family Fostering	207	255	264	373
委托书	Trust Deeds	6739	9377	13569	26511
赠与书	Presentation Documents	4286	3483	4243	5507
声明书	Declarations	3029	3815	3304	5524
现场监督	Field Supervision	14629	12173	17599	11805
文本相符	Confirmation of Copies and Photo-Offset Copies to Originals	538	756	819	1697
宅基地使用权	Rights to Housing Site	240	264	3864	1425
证据保全	Evidence Preservation	1532	1285	2222	3766
计划生育协议	Birth Control Contracts	63150	56392	10742	7909
其他民事协议	Other Civil Agreements	26861	30125	28416	22856
其　他	Others	53661	57008	64921	79522

16－7　社会福利事业单位基本情况

Basic Statiatics on Social Welfare Institutions

项　目	Item	1995	2000	2001	2002	2003
机构数　　（个）	**Number of Institutions　　（unit）**					
优抚休（疗）养院数	Number of Convalescent Homes	20	107	85	49	49
国家举办的社会福利事业单位	Social Welfare Institutions Run by Government	52	79	83	87	88
社会福利院	Social Welfare Homes	44	70	74	78	76
儿童福利院	Welfare Homes for Children	6	6	6	6	6
精神病人福利院	Welfare Homes for Mental Patients	2	2	2	2	2
其他收养单位	Others		1	1	1	2
社会办收养性单位	Adoption Units Run by Communities	1539	1976	1863	1808	1663
非收养性事业单位	Number of Non-Adoption Institutions	145	291	284	298	300
#殡葬事业	Funeral and Interment Institutions	63	187	174	187	185
福利企业单位	Number of Social Welfare Enterprises and Institutions					
#国有	State-owned		83	50	60	9
集体	Collective-owned		3436	3401	3096	3167
民办	Run by Individuals				488	439
收养人数　　（人）	**Number of Persons Adopted　　（person）**	**22268**	**40727**	**43589**	**49784**	**53842**
优抚休（疗）养院	Convalescent Hospital	360	378	532	558	580
国家举办的社会福利事业单位	Social Welfare Institutions Run by Government	4518	6519	7352	8171	9078
社会福利院	Social Welfare Homes	3377	5314	6003	6810	7412
儿童福利院	Welfare Homes for Children	708	848	958	978	1163
精神病人福利院	Welfare Homes for Mental Patients	397	335	350	324	384
其他收养单位	Others	36	22	41	59	119
社会办收养性单位	Adoption Units Run by Communities	17390	33830	35705	41055	44184
福利企业单位全部职工人数　　（万人）	**Total Number of Staff and Workers Engaged in Welfare Institutions　　（10000 persons）**		**21.9**	**24.3**	**22.22**	**24.36**
#残疾人数	Number of Disabled Persons		9.4	9.6	9.6	10.69

16－8　享受国家抚恤、补助及救济人员情况
Persons Enjoying Subsidy and Commiseration of Country

单位:人、户　　　　(person, household)

项　目	Item	1995	2000	2001	2002	2003
享受定期抚恤人数	Number of Persons Receiving Periodical Commiseration	7433	6465	6279	6235	6490
革命伤残人员抚恤人数	Number of Persons Receiving Disability Commiseration	22489	22247	21777	21874	21373
享受定期补助优抚对象数	Number of Persons Receiving Periodical Subsidies	88636	84339	80755	79887	79304
#在乡复员军人	Rural Demobilized Soldier	65996	55815	52149	50154	48055
在乡退伍军人	Rural Veteran	20143	27345	27556	28993	30161
社会困难户得到国家临时救济人次数	Number of Persons in Poor Households Receiving Temporary Government Relief Funds	1008060	467547	384799	300103	228090
社会困难户得到国家定期定量救济人数	Number of Persons in Poor Households Receiving Periodical and Fixed Government Relief Funds	28067	26266	32835	32443	28397
精减退职老弱残职工得到救济人数	Number of Laid-off, Retired, Elderly and Disabled Staff and Workers Receiving Relief Funds	18160	16386	16363	15753	11734
享受原工资40%救济人数	Persons Receiving 40% of Their Original Wages	4056	3256	3204	3021	2964
享受定期定量救济人数	Persons Receiving Periodical and fixed Relief Funds	14104	13130	13159	12732	14972

16－9 自然灾害救济情况
Relief for Natural Disasters

项　目		Item		1995	2000	2001	2002	2003
遭受自然灾害成灾人口	（万人）	Number of Persons Affected by Natural Disasters	(10000 persons)	1141	836	457	772	936
救济人口	（万人）	Number of Affected Persons Receiving Government Relief	(10000 persons)	166	108	75	110	174
占成灾人口比重	（%）	As % to Persons Affected	(%)	14.5	12.9	16.4	14.2	18.6
自然灾害救济支出	（万元）	Number of Relief Expenditure for Natural Disasters	(10000 yuan)	5023	7108	5990	10298	10819

16－10 内地居民婚姻登记情况
Marriages of Interior Residents

项　目		Item		1995	2000	2001	2002	2003
准予登记结婚数	**（对）**	**Registered Marriages**	**(couple)**	**357218**	**384032**	**333846**	**355987**	**356910**
初婚数	（人）	First Marriages	(person)	689316	727576	628281	655481	658873
恢复结婚人数	（人）	Resume Marriages	(person)	1536	1226	1878	1947	2052
再婚数	（人）	Remarriages	(person)	25120	40488	39411	56493	54947
男	（人）	Male	(person)	11816	19302	17953	22817	26368
女	（人）	Female	(person)	13304	21186	21458	33676	28579
准予登记离婚数	**（对）**	**Divorces Approved**	**(couple)**	**13449**	**20447**	**22965**	**24012**	**32248**

16－11 工会工作情况
Basic Statistics on Unions

项目		Item		1995	2000	2001	2002	2003
工会情况		**Basic Statistics on Unions**						
基层工会组织数	**（个）**	**Number of Grassroots Unions**	**（unit）**	**25624**	**65176**	**84341**	**133067**	**56429**
全省已建立工会组织的基层单位职工和会员人数		**Membership and Number of Staff and Workers in Grassroots Unions**						
在岗职工人数	（万人）	Number of Staff and Workers	（10000 persons）	410.3	566.66	655.9	709.47	721.05
#女职工		Female		167.6	223.37	227.27	305.1	312.36
会员人数	（万人）	Membership	（10000 persons）	356.9	449.36	650.57	636.27	643.06
#女会员		Female		146.6	178.67	195.78	267.25	271.75
工会专职干部	（万人）	Full-Time Cadres	（10000 persons）	0.7	0.58		0.64	0.74
提出合理化建议	**（万件）**	**Advanced Rationalization Proposals**	**（10000 cases）**	43.7	26.72		19.44	28.50
已实施合理化建议创造的经济效益	（万元）	Economic Benefit Created by Carrying out Rationalization Proposals	（10000 yuan ）		63335		68600	120820
开展技术创新活动的单位	**（个）**	**Developing Labour Emulation**	**（unit）**				**6690**	**12029**
建立了工会劳动法律监督组织	**（个）**	**Organization of Labor Law Supervision Established by Grossroots Unions**	**（unit）**		**13658**		**7450**	**8179**
妇联工作情况		**Condition of the Women Federation**						
妇联的基层组织数	（个）	Number of Grassroots Women Federation	（unit）	55365	56308	42746	41284	43914
参加技术培训人数	（万人）	Number of Women Participating in Technical Training	（10000 persons）	124.35	93.36	52.57	111.52	79.56
巾帼文明示范岗		**The Demonstration Posts of Women Civilization**						
评选巾帼文明示范岗数	（个）	Number of Posts	（unit）		2351	1398	4024	4891
巾帼建功标兵数	（人）	Number of Persons	（person）		832	335	838	308
来信来访处理情况		**Treatment of the Letters From the People and the Persons Coming to Visit**						
来信件数	（件）	The letters	（case）	6052	2412	3158	1591	1653
来访人数	（人）	Persons	（person）	14751	9724	14982	17965	16894
重大案件	（件）	Major Cases	（case）	247	172	140	77	46
五好文明家庭	**（户）**	**Civilized Families**	**（Household）**	**58002**	**73348**	**150164**	**1817227**	**2360108**

主要统计指标解释

社会福利事业单位 指集中收养社会孤老,残,幼的机构。包括由民政部门管理的社会福利院、儿童福利院、精神病人福利院和城镇集体办的福利院,以及农村集体举办的敬老院。

社会福利事业单位收养人数 包括民政部门管理和城镇及农村集体举办的社会福利事业单位中收养的老人,少年儿童,缺乏生活自理能力的残疾人员和精神病人。

社会福利企业单位 指以安置城镇有一定劳动能力的盲,聋,哑和肢体残疾人员就业为目的,享受国家减免税待遇的国有或集体经济性质的企业。包括福利工厂、福利商业服务业、假肢厂和安置农场等单位。

律师 指受聘参加法律顾问处工作,提任法律顾问、刑(民)事代理人、刑事辩护人、办理非诉讼事件、解答法律询问、代定法律事务文书等主要从事律师业务的专职法律工作者和兼职律师。

公证人员 指在国家公证机关依法办理公证事务的司法人员。包括公证员、助理公证员和在公证员和在公证处工作的其他人员。

办理公证文书 指公证处在一定时期内办结的公证文书件数。公证文书系按司法部规定或批准的格式制作。包括国内公证和涉外公证两部分。其中国内公证分为经济合同公证和民事法律关系公证两大类。

调解人员 在人民调解委员会担负调解民间一般民事纠纷和轻微违法行为所引起和纠纷的工作人员。包括调解委员会的委员和调解小组的调解员。

调解民间纠纷 指调解委员会依照法律规定,根据自愿原则,用说服教育的方法调解民间发生的有关民事权利和义务的争执,促成当事双方达到协议和谅解,解决纠纷。包括婚姻家庭纠纷,财产权益纠纷等。不包括法院受理调解的民事案件数。

受理劳动争议案件数 是指劳动争议仲裁委员会根据国家有关规定,对劳动争议当事人的申请予以审查,符合受理条件而正式立案,准备处理的劳动争议案件数。

离休、退休、通职人员 指正式办理了离休、退休、退职手续,并享受相应的离休、退休、退职待遇的人员。

保险福利费用 指企业、事业、机关单位在工资以外实际支付给职工和离休、退休、退职人员个人以及用于集体的劳动保险和福利费用。

Explanatory Notes on Main Statistical Indicators

Social Welfare Institutions refer to institutions taking care of old people without children, handicapped people and orphans. They include social welfare institutions run by civil affairs departments, children's welfare institutions soical welfare institutions for mental patients, and Collective Owned old people's homes in tual areas.

Number of People Taken in by Social Welfare Institutions refers to the number of old people, children, totally dependent handicapped people and mental patiens taken in by scoial welfare institutions run by civil affairsdepartments and those run by collective units in urban and rural aress.

Social Welfare Enterprises are Collective Owned enterprises which employ the blind, deaf-mute, and other handicapped people who are able to work in cities and towns and enjoy exemption from state taxes, including welfare plants, welfare commercial services, artificial limb plants and farms, etc.

Lawyers are legal workers who are employed full-time by legal counseling firms to act as legal advisres, agents in criminal or civil lawsuits, or defenders in criminal lawsuits, or to handle non-litigious legal affairs, to advise on matters of law or to write legal papers for others. Both full-time and part-time lawyers are included.

Notary Personnel refers to judicial workers of the state notary offices handing notarization work according to law. They include notaries, assistant notaries, and other people working for notary offices.

Notarized Documents refer to the documents settled by notary offices in a year. The notarial documents are drawn up in accordance with the regulations of the Ministry of Justice, including domestic documents and foreign-related documents. Domestic documents are divided into two major categoriees, documents on economic contracts and documents on civil legal relations.

Mediators refer to workers on people's mediation committees responsible for mediating in civil dispites and cases of slight infraction of the law. They include members of the mediation committees and mediators of mediation groups.

Medliation of Civil Disputes refers to mediation committees' work in mediating in civi ldisputes concerning civil rights and duties through persuasion and education in accordance with the provisions of law on a voluntary basis, so as to solve disputes by helping the parties involved come to an agreement and understanding. These disputes include divorce cases and disputes over property ownership, but exclude the civil cases to be handled by the court.

Number of Labour Dispute Cases Accepted refers to the number of cases of labour dispute submitted that, after being reviewed by the labour dispute arbitration committees in line with the relevant state regulations, are accepted and registered for trearment.

Retired or Resigned Personnel refers to the persons who have formally gone through the formalities for their retorement or quitting work and enjoy the corresponding treatments.

Insurance and welfare funds refers to labour insurance and welfare fund paid by enterprises, organizations and institutions to their staff and workers as well as retired and resigned in addition to their wages and salaries.

Explanatory Notes on Main Statistical Indicators

各市、县国民经济主要指标

Major Indicators of National Economy by City, Prefecture and County

Chapter 17

17-1 各市土地面积和行政区划(2003年)

Land Area and Administrative Divisions by City (2003)

城市	City	土地面积（平方公里）Land Area (sq. km)	市辖区（个）Districts Under City Administration (unit)	县(县级市)（个）Counties (Cities) (unit)	建制镇（个）Towns (unit)	乡（个）Townships (unit)	村（个）Villages (unit)
浙东北	**Eastern and Northern Region**	**45389**	**19**	**25**	**416**	**120**	**15427**
杭州市	Hangzhou	16596	8	5	121	56	4284
宁波市	Ningbo	9365	6	5	89	13	3812
嘉兴市	Jiaxing	3915	2	5	55	2	1028
湖州市	Huzhou	5817		3	48	19	1054
绍兴市	Shaoxing	8256	1	5	80	18	4963
舟山市	Zhoushan	1440	2	2	23	12	556
浙西南	**Western and Southern Region**	**58247**	**11**	**33**	**375**	**423**	**22895**
温州市	Wenzhou	11784	3	8	119	143	5952
金华市	Jinhua	10918	2	7	73	46	5730
衢州市	Quzhou	8836	2	4	55	81	2602
台州市	Taizhou	9411	3	6	66	28	5134
丽水市	Lishui	17298	1	8	62	125	3477

17-2 各市国民经济主要指标(2003年)
Main Indicators of National Economy by City (2003)

城市 City		总人口（万人）Total Population (10000 persons)	生产总值（亿元）Gross Domestic Product (100 million yuan)	第一产业 Primary Industry	第二产业 Secondary Industry	#工业 Industry
浙东北	**Eastern and Northern Region**	**2312.55**	**6496.95**	**478.02**	**3576.96**	**3139.72**
杭州市	Hangzhou	642.78	2099.77	126.59	1089.32	948.68
宁波市	Ningbo	549.07	1786.85	112.23	1001.21	892.68
嘉兴市	Jiaxing	332.96	858.03	68.37	508.66	441.46
湖州市	Huzhou	256.78	490.75	55.40	261.76	229.06
绍兴市	Shaoxing	433.84	1089.28	82.45	644.86	572.28
舟山市	Zhoushan	97.12	172.27	32.99	71.14	55.56
浙西南	**Western and Southern Region**	**2239.03**	**3477.10**	**287.37**	**1933.39**	**1708.41**
温州市	Wenzhou	742.28	1226.44	57.94	700.89	634.73
金华市	Jinhua	449.91	801.60	57.40	446.60	388.78
衢州市	Quzhou	244.83	233.73	40.14	110.42	87.38
台州市	Taizhou	552.61	995.03	92.89	578.09	520.32
丽水市	Lishui	249.40	220.29	39.01	97.38	77.20

17－2 续表1 continued

城 市 City		第三产业 Tertiary Industry	人均生产总值（元） Per Capita GDP (yuan)	全社会从业人员数（万人） Total Employed Persons (10000 persons)	社会消费品零售总额（亿元） Total Retail Sales of Consumer Goods (100 million yuan)
浙东北	**Eastern and Northern Region**	**2441.97**		**1524.10**	**1937.88**
杭州市	Hangzhou	883.86	32819	450.59	587.52
宁波市	Ningbo	673.41	32639	386.20	521.53
嘉兴市	Jiaxing	281.00	25792	200.20	279.39
湖州市	Huzhou	173.59	19102	147.21	182.34
绍兴市	Shaoxing	361.98	25115	284.66	291.98
舟山市	Zhoushan	68.14	17679	55.24	75.11
浙西南	**Western and Southern Region**	**1256.34**		**1370.06**	**1219.82**
温州市	Wenzhou	467.61	16558	444.31	522.54
金华市	Jinhua	297.60	17831	304.70	238.90
衢州市	Quzhou	83.17	9560	120.34	91.05
台州市	Taizhou	324.05	18041	358.87	262.33
丽水市	Lishui	83.90	8835	141.84	105.01

城 市 City		全社会固定资产投资(亿元) Total Investment in Fixed Assets (100 million yuan)	出口总额(亿美元) Exports (USD 100 million)	财政总收入(亿元) Total Financial Revenue (100 million yuan)	地方财政收入(亿元) Local Financial Revenue (100 million yuan)
浙东北	**Eastern and Northern Region**	**3270.92**	**327.29**	**924.94**	**418.16**
杭州市	Hangzhou	1006.74	109.55	329.71	150.39
宁波市	Ningbo	837.59	120.74	325.00	139.42
嘉兴市	Jiaxing	525.57	36.16	92.72	41.22
湖州市	Huzhou	267.97	10.11	51.20	25.26
绍兴市	Shaoxing	535.03	45.33	107.34	50.48
舟山市	Zhoushan	98.01	5.40	18.98	11.39
浙西南	**Western and Southern Region**	**1550.67**	**88.36**	**398.10**	**203.61**
温州市	Wenzhou	448.60	34.24	151.77	78.96
金华市	Jinhua	412.19	23.23	88.81	43.13
衢州市	Quzhou	160.42	1.70	23.21	14.04
台州市	Taizhou	386.10	26.51	108.68	52.70
丽水市	Lishui	143.36	2.69	25.63	14.78

17－2　续表3　continued

城　市 City		地方财政支出（亿元） Local Financial Expenditure（100million yuan）	城乡居民储蓄存款年末余额（亿元） Savings Deposits of Urban and Rural Residents（100 million yuan）	城镇居民人均可支配收入（元） Per Capita Disposable Income of Urban Residents（yuan）	农村居民人均纯收入（元） Per Capita Net Income of Rural Residents（yuan）
浙东北	**Eastern and Northern Region**	**501.71**	**4120.94**		
杭州市	Hangzhou	163.59	1466.42	12898	5740
宁波市	Ningbo	180.25	1059.63	14277	6221
嘉兴市	Jiaxing	47.24	541.50	12954	6127
湖州市	Huzhou	30.47	260.55	12607	5536
绍兴市	Shaoxing	57.05	664.90	13152	6143
舟山市	Zhoushan	23.10	127.93	12745	5018
浙西南	**Western and Southern Region**	**259.92**	**2331.27**		
温州市	Wenzhou	74.26	920.32	16035	5548
金华市	Jinhua	54.14	543.20	12445	4506
衢州市	Quzhou	27.04	157.34	10079	3980
台州市	Taizhou	68.88	542.17	13609	5359
丽水市	Lishui	35.60	168.25	10800	3047

17－3 全社会从业人员数(2003年)

Total Employed Persons (2003)

单位:万人 (10000 persons)

城市 City		全社会从业人员数 Total Employed Persons	第一产业 Primary Industry	第二产业 Secondary Industry	第三产业 Tertiary Industry
浙东北	**Eastern and Northern Region**	**1524.10**	**387.92**	**693.38**	**442.80**
杭州市	Hangzhou	450.59	102.29	182.37	165.93
宁波市	Ningbo	386.20	88.10	198.40	99.70
嘉兴市	Jiaxing	200.20	49.29	100.36	50.55
湖州市	Huzhou	147.21	48.65	57.19	41.37
绍兴市	Shaoxing	284.66	80.17	136.73	67.76
舟山市	Zhoushan	55.24	19.42	18.33	17.49
浙西南	**Western and Southern Region**	**1370.06**	**484.88**	**452.35**	**432.83**
温州市	Wenzhou	444.31	124.86	142.72	176.73
金华市	Jinhua	304.70	102.00	122.90	79.80
衢州市	Quzhou	120.34	62.45	30.35	27.54
台州市	Taizhou	358.87	122.31	127.40	109.16
丽水市	Lishui	141.84	73.26	28.98	39.60

17－4　各市年末单位从业人员数(2003年)

Employed Persons by City (2003)

单位:万人　　　　(10000 persons)

城市 City		年末单位从业人员数 Total Employed Persons	农、林、牧、渔业 Agriculture	采矿业 Mining and Quarrying	制造业 Manufacturing	电力、煤气及水的生产和供应业 Electricity, Gas and Water Production and Supply	建筑业 Construction	交通运输仓储及邮电通信业 Transport, Storage, Post & Telecommunication
浙东北	**Eastern and Northern Region**	**240.21**	**1.14**	**1.27**	**73.36**	**5.28**	**27.97**	**12.89**
杭州市	Hangzhou	80.38	0.35	0.15	25.01	1.49	2.91	5.60
宁波市	Ningbo	65.34	0.22	0.03	20.73	1.32	12.11	3.44
嘉兴市	Jiaxing	29.89	0.34	0.04	11.68	0.92	0.87	0.78
湖州市	Huzhou	15.27	0.08	0.78	2.81	0.51	1.06	0.86
绍兴市	Shaoxing	39.18	0.13	0.26	10.66	0.67	10.31	1.40
舟山市	Zhoushan	10.15	0.02	0.01	2.47	0.37	0.71	0.81
浙西南	**Western and Southern Region**	**150.38**	**1.57**	**0.44**	**38.13**	**3.73**	**23.87**	**6.84**
温州市	Wenzhou	62.39	0.18	0.19	20.81	1.14	11.14	2.67
金华市	Jinhua	27.85	0.22	0.01	4.75	0.66	4.55	1.81
衢州市	Quzhou	12.36	0.14	0.04	3.81	0.33	0.57	0.60
台州市	Taizhou	34.65	0.62	0.01	6.68	1.01	6.98	1.12
丽水市	Lishui	13.13	0.41	0.19	2.08	0.59	0.63	0.64

城 市 City		信息传输、计算机服务和软件业 Information Transmissing, Computer Services and Software	批发和零售贸易 Wholesale and Retail Sale Trade	住宿、餐饮业 Hotels and Catering Services	金融业 Finance	房地产业 Real Estate	租赁和商业服务 Leasing and Commercial Services	科学研究、技术服务和地质勘查 Technic and Geological Prospecting
浙东北	**Eastern and Northern Region**	**2.81**	**13.86**	**6.58**	**11.64**	**3.15**	**6.06**	**5.13**
杭州市	Hangzhou	1.26	5.05	3.31	3.57	1.25	2.52	2.88
宁波市	Ningbo	0.51	3.30	1.50	3.01	0.81	1.51	0.97
嘉兴市	Jiaxing	0.31	1.87	0.71	1.85	0.45	0.92	0.52
湖州市	Huzhou	0.19	0.90	0.27	0.86	0.20	0.40	0.25
绍兴市	Shaoxing	0.38	2.01	0.48	1.90	0.24	0.39	0.36
舟山市	Zhoushan	0.16	0.73	0.31	0.45	0.20	0.32	0.15
浙西南	**Western and Southern Region**	**2.00**	**6.79**	**2.27**	**6.71**	**1.86**	**2.10**	**1.94**
温州市	Wenzhou	0.64	2.99	0.91	2.05	1.12	0.62	0.63
金华市	Jinhua	0.46	1.29	0.33	1.25	0.21	0.61	0.46
衢州市	Quzhou	0.15	0.31	0.24	0.65	0.07	0.11	0.14
台州市	Taizhou	0.50	1.71	0.64	2.00	0.37	0.61	0.48
丽水市	Lishui	0.25	0.49	0.15	0.76	0.09	0.15	0.23

城 市 City		水利、环境和公共设施管理业 Water Conservancy, Environment and Public Facilities Management	居民服务和其他服务业 Resident Services and Other Services	教育 Education	卫生、社会保障和社会福利业 Health Care, Social Security and Social Welfare	文化、体育和娱乐业 Culture, Sports and Recreation	公共管理和社会组织 Public Management and Social Organization
浙东北	**Eastern and Northern Region**	**3.47**	**0.63**	**28.12**	**13.05**	**3.05**	**20.79**
杭州市	Hangzhou	1.00	0.22	10.04	4.83	1.38	7.56
宁波市	Ningbo	1.04	0.21	6.32	2.89	0.68	4.78
嘉兴市	Jiaxing	0.44	0.09	3.76	1.68	0.36	2.30
湖州市	Huzhou	0.31	0.02	2.55	1.06	0.14	2.03
绍兴市	Shaoxing	0.53	0.06	4.27	1.99	0.35	2.79
舟山市	Zhoushan	0.15	0.03	1.18	0.60	0.14	1.33
浙西南	**Western and Southern Region**	**1.86**	**0.27**	**21.55**	**9.35**	**1.48**	**17.60**
温州市	Wenzhou	0.41	0.10	7.45	2.94	0.49	5.90
金华市	Jinhua	0.57	0.04	4.58	2.11	0.30	3.63
衢州市	Quzhou	0.12	0.02	1.94	0.84	0.12	2.16
台州市	Taizhou	0.56	0.09	5.00	2.35	0.33	3.59
丽水市	Lishui	0.20	0.02	2.58	1.11	0.24	2.32

17－5 各市农、林、牧、渔业总产值(2003年)
Gross Output Value of Farming, Forestry, Animal Husbandry and Fishery by City (2003)

单位:亿元 (100 million yuan)

城市	City	农、林、牧、渔业总产值 Total Output Value	农业产值 Farming	林业产值 Forestry	牧业产值 Animal Husbandry	渔业产值 Fishery
浙东北	**Eastern and Northern Region**	**752.29**	**349.07**	**48.94**	**146.16**	**208.12**
杭州市	Hangzhou	182.45	99.15	18.26	41.78	23.26
宁波市	Ningbo	171.58	77.42	5.03	26.03	63.1
嘉兴市	Jiaxing	110.9	54.18	0.61	38.72	17.39
湖州市	Huzhou	86.45	39.32	11.7	15.8	19.63
绍兴市	Shaoxing	126.4	72.67	13.17	21.35	19.21
舟山市	Zhoushan	74.51	6.33	0.17	2.48	65.53
浙西南	**Western and Southern Region**	**473.28**	**223.36**	**20.7**	**87.97**	**141.25**
温州市	Wenzhou	99.92	39.82	2.26	17.01	40.83
金华市	Jinhua	87.01	50.78	2.97	25.87	7.39
衢州市	Quzhou	59.49	32.36	4.81	19.95	2.37
台州市	Taizhou	166.43	58.37	2.93	15.84	89.29
丽水市	Lishui	60.43	42.03	7.73	9.3	1.37

17－6 各市播种面积(2003 年)
Sown Area by City (2003)

城市 City		农作物播种面积(千公顷) Sown Area of Farm Crop (1000 hectare)	#粮食 Grain	#谷物 Cereal	#油料 Oilbearing Crops	#棉花 Cotton	#蔬菜瓜类 Vegetable and Melon	果用瓜 Melon Used as Fruits
浙东北	**Eastern and Northern Region**	**1637.24**	**757.03**	**605.88**	**186.95**	**12.72**	**412.35**	**59.78**
杭州市	Hangzhou	392.27	181.40	133.67	40.94	0.92	102.14	8.44
宁波市	Ningbo	348.64	136.73	101.10	19.98	6.55	98.86	20.96
嘉兴市	Jiaxing	351.98	174.67	153.66	58.51	1.50	81.79	12.92
湖州市	Huzhou	218.93	112.07	92.73	44.03	0.02	40.58	7.18
绍兴市	Shaoxing	297.03	140.19	117.90	20.54	3.62	78.38	8.28
舟山市	Zhoushan	28.38	11.97	6.81	2.96	0.13	10.60	2.01
浙西南	**Western and Southern Region**	**1190.29**	**664.46**	**528.69**	**63.38**	**4.91**	**288.43**	**37.76**
温州市	Wenzhou	271.05	164.20	131.58	4.28	0.12	75.72	11.93
金华市	Jinhua	254.23	134.04	112.89	21.37	2.85	48.41	6.72
衢州市	Quzhou	200.87	121.23	97.94	25.67	1.10	32.30	1.75
台州市	Taizhou	276.82	144.62	111.71	4.12	0.79	76.49	14.31
丽水市	Lishui	187.32	100.38	74.58	7.94	0.04	55.51	3.05

17-7 各市主要农产品产量(2003 年)

Output of Major Farm Products by City (2003)

单位:吨 (ton)

城市	City	粮食 Grain	#谷物 Cereal	油菜籽 Rapeseeds	棉花 Cotton	水果 Fruits	#柑桔 Citrus	茶叶 Tea	蚕茧 Silkworm Cocoons
浙东北	**Eastern and Northern Region**	**4617227**	**4103744**	**306118**	**14742**	**2773975**	**368401**	**91494**	**72514**
杭州市	Hangzhou	1002707	847916	61153	1180	423637	95948	24975	12803
宁波市	Ningbo	755466	645039	25809	7567	1140565	218260	19154	108
嘉兴市	Jiaxing	1176847	1097982	109346	1924	466873	18729	186	35901
湖州市	Huzhou	790075	712579	77865	17	233025	605	7953	17237
绍兴市	Shaoxing	838295	761828	27864	3933	435579	19034	39125	6465
舟山市	Zhoushan	53837	38400	4081	121	74296	15825	101	
浙西南	**Western and Southern Region**	**3497421**	**3034139**	**79877**	**6285**	**2909775**	**1398218**	**41182**	**6596**
温州市	Wenzhou	872876	747062	5084	194	412670	54941	3106	
金华市	Jinhua	730929	667422	28710	3845	395758	131867	16453	3262
衢州市	Quzhou	655158	576795	31550	1395	697785	635928	6669	1032
台州市	Taizhou	756978	634038	5562	801	1081139	386998	3297	472
丽水市	Lishui	481480	408822	8971	50	322423	188484	11657	1830

17－7 续表 continued

城 市 City		生猪年末存栏头数（万头）Year-end Hogs（10000 heads）	牛年末存栏头数（头）Year-end Cattle（head）	羊年末存栏只数（万只）Year-end Sheep and Goats（10000 heads）	肉产量（吨）Output of Meat（ton）	#猪肉 Pork	禽蛋产量（吨）Poultry Eggs（ton）	牛羊奶产量（吨）Cow and Sheep Milk（ton）	水产品产量（吨）Output of Aquatic Products（ton）
浙东北	**Eastern and Northern Region**	**749.75**	**96557**	**187.18**	**1050356**	**752831**	**339470**	**93616**	**2679293**
杭州市	Hangzhou	165.81	43245	21.75	300595	214553	77594	56321	130174
宁波市	Ningbo	76.47	22146	10.14	155431	98956	136758	22125	903301
嘉兴市	Jiaxing	318.00	1244	93.00	308640	238544	47898	3794	131650
湖州市	Huzhou	82.52	7891	41.72	122516	86661	27532	7423	166944
绍兴市	Shaoxing	96.03	20775	18.20	147256	101262	43193	1222	102360
舟山市	Zhoushan	10.92	1256	2.37	15918	12855	6495	2731	1244864
浙西南	**Western and Southern Region**	**523.30**	**252408**	**51.55**	**649853**	**527852**	**160335**	**134674**	**2097915**
温州市	Wenzhou	72.34	50603	17.41	111663	79608	43117	23840	624595
金华市	Jinhua	127.72	68711	12.35	162050	128183	47568	95352	47230
衢州市	Quzhou	145.07	35504	4.13	166889	149219	25300	2512	28617
台州市	Taizhou	104.08	39654	6.29	128890	109031	37479	12347	1382627
丽水市	Lishui	74.09	57936	11.37	80361	61811	6871	623	14846

17－8 各市农业现代化情况(2003年)
Agricultural Modernization by City (2003)

城市 City		农业机械总动力(千瓦) Total Power of Agricultural Machinery (kw)	农村用电量(万千瓦小时) Electricity Consumed in Rural Area (10000 million kwh)	农用化肥施用量(折标)(吨) Consumption of Chemical Fertilizers (standard) (ton)	农用化肥施用量(折纯)(吨) Consumption of Chemical Fertilizers (pure) (ton)	机耕面积(千公顷) Area Ploughed by Tractors (1000 hectares)	有效灌溉面积(千公顷) Irrigated Area (1000 hectares)	旱涝保收面积(千公顷) Stable Yields Ensured Despite Disasters (1000 hectares)
浙东北	**Eastern and Northern Region**	**12498842**	**3027723**	**2405309**	**502011**	**623.76**	**822.14**	**654.70**
杭州市	Hangzhou	2808098	679380	623833	129587	135.83	167.81	130.01
宁波市	Ningbo	2750091	766120	575198	120131	116.55	176.81	124.06
嘉兴市	Jiaxing	1800115	463866	493395	102692	145.96	191.23	167.30
湖州市	Huzhou	1530097	225284	248556	52033	110.87	125.39	116.14
绍兴市	Shaoxing	1945339	842848	438543	92290	104.56	147.97	106.77
舟山市	Zhoushan	1665102	50225	25784	5278	9.99	12.93	10.42
浙西南	**Western and Southern Region**	**7847965**	**1062700**	**1921550**	**401823**	**357.05**	**581.66**	**386.44**
温州市	Wenzhou	1946092	405659	394613	82629	83.49	126.37	74.60
金华市	Jinhua	1783352	219290	459457	94974	105.82	156.67	114.70
衢州市	Quzhou	672687	58662	375910	80186	45.50	90.40	66.69
台州市	Taizhou	2799713	346952	421678	87727	91.51	127.95	83.84
丽水市	Lishui	646121	32137	269892	56307	30.73	80.27	46.61

17 - 9 各市规模以上工业企业单位数(2003年)
Number of Industrial Enterprises Above Designated Size by City (2003)

单位:个 (unit)

城市 City		工业企业单位数 Number of Enterprises	内资企业 Domestic - Funded Enterprises	港澳台商投资企业 Enterprises with Investment from Hong Kong, Macao and Taiwan	外商投资企业 Enterprises with Foreign Investment
浙东北	**Eastern and Northern Region**	**15972**	**13039**	**1574**	**1359**
杭州市	Hangzhou	4689	3899	451	339
宁波市	Ningbo	4672	3605	577	490
嘉兴市	Jiaxing	2526	2039	218	269
湖州市	Huzhou	1323	1167	86	70
绍兴市	Shaoxing	2448	2037	234	177
舟山市	Zhoushan	314	292	8	14
浙西南	**Western and Southern Region**	**9579**	**8833**	**342**	**404**
温州市	Wenzhou	3824	3500	136	188
金华市	Jinhua	2082	1948	65	69
衢州市	Quzhou	518	488	14	16
台州市	Taizhou	2634	2401	119	114
丽水市	Lishui	521	496	8	17

17－10　各市规模以上工业总产值(2003 年)
Gross Output Value of Industry by City Above Designated Size(2003)

单位:亿元　　　　(100 million yuan)

城　市 City		工业总产值 Gross Output Value of Industry	内资企业 Domestic－Funded Enterprises	港澳台商投资企业 Enterprises with Investment from Hong Kong, Macao and Taiwan	外商投资企业 Enterprises with Foreign Investment
浙东北	**Eastern and Northern Region**	**9583.37**	**7354.59**	**1061.74**	**1167.05**
杭州市	Hangzhou	3202.52	2357.42	331.85	513.25
宁波市	Ningbo	2630.29	1945.57	356.36	328.35
嘉兴市	Jiaxing	1113.53	837.23	102.98	173.32
湖州市	Huzhou	588.62	517.91	45.30	25.40
绍兴市	Shaoxing	1895.40	1568.62	222.35	104.42
舟山市	Zhoushan	153.03	127.83	2.88	22.31
浙西南	**Western and Southern Region**	**3286.79**	**2927.56**	**142.90**	**216.33**
温州市	Wenzhou	1265.96	1135.81	51.35	78.80
金华市	Jinhua	729.04	670.01	29.66	29.37
衢州市	Quzhou	168.85	159.61	4.53	4.70
台州市	Taizhou	955.82	802.84	52.19	100.79
丽水市	Lishui	167.12	159.29	5.17	2.66

17－11　各市工业企业经济指标(2003 年)

Main Indicators of Industrial Enterprises by City (2003)

单位:亿元　　　　(100 million yuan)

城　市 City		从业人员平均人数(万人) Average Number of Employed Persons (10000 persons)	流动资产年平均余额 Annual Average Balance of Circulating Assets	固定资产净值年平均余额 Annual Average Balance of Net Value of Fixed Assets	产品销售收入 Sales Revenue
浙东北	**Eastern and Northern Region**	**313.91**	**4389.26**	**3013.25**	**9384.93**
杭州市	Hangzhou	85.83	1668.32	928.72	3117.46
宁波市	Ningbo	91.96	1156.45	806.53	2604.90
嘉兴市	Jiaxing	54.17	460.62	356.62	1087.76
湖州市	Huzhou	20.76	230.93	253.82	581.46
绍兴市	Shaoxing	54.96	789.61	619.47	1849.00
舟山市	Zhoushan	6.23	83.33	48.10	144.35
浙西南	**Western and Southern Region**	**168.67**	**1516.21**	**1011.12**	**3198.39**
温州市	Wenzhou	69.72	546.74	325.21	1195.98
金华市	Jinhua	38.15	368.24	269.07	726.99
衢州市	Quzhou	9.43	107.46	103.35	162.01
台州市	Taizhou	43.03	416.15	246.96	921.03
丽水市	Lishui	8.34	77.63	66.53	192.38

城 市 City		利税总额 Total Profits and Taxes	产品销售税金及附加 Sales Tax and Extra Charges	本年应交增值税 Tax Payable of Value Added	利润总额 Total Profits
浙东北	**Eastern and Northern Region**	**1059.51**	**115.15**	**330.26**	**614.10**
杭州市	Hangzhou	359.54	48.53	116.85	194.16
宁波市	Ningbo	322.02	47.27	85.45	189.30
嘉兴市	Jiaxing	114.74	4.98	39.40	70.36
湖州市	Huzhou	64.51	3.42	23.38	37.71
绍兴市	Shaoxing	187.62	10.10	60.32	117.20
舟山市	Zhoushan	11.06	0.85	4.85	5.36
浙西南	**Western and Southern Region**	**322.43**	**22.52**	**125.52**	**174.39**
温州市	Wenzhou	122.28	7.59	48.44	66.25
金华市	Jinhua	72.22	4.47	28.25	39.50
衢州市	Quzhou	18.25	1.32	8.01	8.92
台州市	Taizhou	92.28	7.70	33.19	51.39
丽水市	Lishui	17.39	1.44	7.63	8.32

17－12 各市客运量和货运量(2003 年)
Passenger Traffic and Freight Traffic by City (2003)

城市 City		客运量(万人) Passenger Traffic (10000 persons) 铁路 Railways	公路 Highways	水运 Waterways	航空 Civil Aviation	货运量(万吨) Freight Traffic (10000 tons) 铁路 Railways	公路 Highways	水运 Waterways
浙东北	**Eastern and Northern Region**	**2790.22**	**80415**	**1741.86**	**306.62**	**2019.94**	**35829**	**22886**
杭州市	Hangzhou	1534.27	19510	89.47	215.40	438.46	12118	4253
宁波市	Ningbo	438.30	24320	114.90	65.19	1157.72	9070	3568
嘉兴市	Jiaxing	390.44	10710	2.49		71.76	2317	4954
湖州市	Huzhou	96.52	6985			214.00	4219	6545
绍兴市	Shaoxing	330.69	12944	2.00		138.00	6766	1128
舟山市	Zhoushan		5946	1533.00	26.03		1339	2438
浙西南	**Western and Southern Region**	**1914.84**	**57564**	**239.72**	**119.08**	**1132.42**	**27509**	**5506**
温州市	Wenzhou	338.32	23550	122.02	98.13	59.22	6477	2086
金华市	Jinhua	1290.24	14287	17.20	12.99	614.00	8891	306
衢州市	Quzhou	192.34	3484	9.50	0.89	330.10	4668	4
台州市	Taizhou		13743	63.00	7.07		5193	2730
丽水市	Lishui	93.94	2500	28.00		129.10	2280	379

17-13 各市公路里程、邮电通信和用电量情况(2003年)
Length of Highways, Posts and Telecommunications and Electricity Consumption by City (2003)

城市	City	境内公路里程(公里) Length of Highways (km)	#高速公路 Expressway	民用汽车拥有量(辆) Civil Motor Vehicles (unit)	固定电话用户(万户) Telephone Subscribers (10000 subscribers)	年末移动电话用户数(万户) Number of Mobile Telephones Subscribers (10000 subscribers)
浙东北	**Eastern and Northern Region**	**22305.73**	**814.53**	**801162**	**959.93**	**1244.46**
杭州市	Hangzhou	6692.80	189.99	323360	312.36	410.33
宁波市	Ningbo	5520.00	183.80	210852	242.00	379.31
嘉兴市	Jiaxing	2006.05	149.56	88812	123.03	150.22
湖州市	Huzhou	2957.00	86.00	57739	82.34	99.83
绍兴市	Shaoxing	4166.88	205.18	107465	159.00	150.29
舟山市	Zhoushan	963.00		12934	41.20	54.47
浙西南	**Western and Southern Region**	**24029.76**	**623.37**	**556501**	**694.41**	**875.37**
温州市	Wenzhou	5447.76	182.43	207454	265.17	341.63
金华市	Jinhua	6792.00	160.00	144967	144.00	197.49
衢州市	Quzhou	3023.00	101.00	32896	61.42	46.53
台州市	Taizhou	4060.00	128.00	136432	169.13	225.02
丽水市	Lishui	4707.00	51.94	34752	54.69	64.69

17－13 续表 continued

城 市 City		国际互联网用户数 （户） Users of International Computer Network （subscriber）	电话普及率 （部/百人） Number of Telephone Sets Owned per 100 persons （set/100 persons）	全年用电量 （亿千瓦小时） Total Electricity Consumption （100 million kwh）	#工业用电 Industrial Consumption	#城乡居民生活用电 Residential Consumption
浙东北	**Eastern and Northern Region**	**2332226**		**756.45**	**567.68**	**87.97**
杭州市	Hangzhou	661644	112.43	242.75	172.05	31.27
宁波市	Ningbo	835674	113.16	189.00	141.66	23.86
嘉兴市	Jiaxing	217652	82.07	108.55	83.42	11.92
湖州市	Huzhou	119506	70.94	65.08	49.68	7.32
绍兴市	Shaoxing	421738	94.00	137.64	112.77	11.23
舟山市	Zhoushan	76012	98.50	13.44	8.09	2.37
浙西南	**Western and Southern Region**	**1524244**		**380.46**	**276.33**	**64.07**
温州市	Wenzhou	755829	81.75	141.81	95.92	30.62
金华市	Jinhua	241944	85.75	93.63	71.33	11.04
衢州市	Quzhou	104934	44.15	45.11	38.85	3.49
台州市	Taizhou	390310	91.60	77.99	55.28	14.45
丽水市	Lishui	31227	47.88	21.92	14.97	4.46

17－14 各市固定资产投资(2003 年)
Total Investment in Fixed Assets by City (2003)

单位:亿元 (100 million yuan)

城 市 City		全社会固定资产投资 Total Investment in Fixed Assets	#固定资产投资 Investment in Fixed Assets	#基本建设投资 Capital Construction	#更新改造投资 Innovation
浙东北	**Eastern and Northern Region**	**3270.92**	**2049.54**	**1079.21**	**207.94**
杭州市	Hangzhou	1006.74	716.96	326.02	94.58
宁波市	Ningbo	837.59	554.69	310.94	43.76
嘉兴市	Jiaxing	525.57	282.90	176.18	24.43
湖州市	Huzhou	267.97	120.61	64.69	12.93
绍兴市	Shaoxing	535.03	295.61	148.50	27.90
舟山市	Zhoushan	98.01	78.76	52.88	4.34
浙西南	**Western and Southern Region**	**1550.67**	**1061.38**	**546.48**	**113.80**
温州市	Wenzhou	448.60	325.56	155.64	24.53
金华市	Jinhua	412.19	271.74	148.74	17.15
衢州市	Quzhou	160.42	140.07	54.92	44.46
台州市	Taizhou	386.10	188.33	113.12	11.51
丽水市	Lishui	143.36	135.68	74.06	16.14

城市 City		#房地产开发投资 Real Estate Development	#住宅 Residential Buildings	新增固定资产 Newly Incresaed Fixed Assets
浙东北	**Eastern and Northern Region**	**649.71**	**481.38**	**1219.95**
杭州市	Hangzhou	258.85	194.01	459.72
宁波市	Ningbo	184.26	136.84	329.20
嘉兴市	Jiaxing	72.44	55.74	193.12
湖州市	Huzhou	41.52	24.39	55.97
绍兴市	Shaoxing	74.47	54.10	141.24
舟山市	Zhoushan	18.19	16.29	40.69
浙西南	**Western and Southern Region**	**330.34**	**234.45**	**630.78**
温州市	Wenzhou	134.93	96.91	235.77
金华市	Jinhua	77.56	54.79	124.60
衢州市	Quzhou	35.53	23.09	96.17
台州市	Taizhou	56.50	42.42	103.09
丽水市	Lishui	25.83	17.24	71.14

17－14　续表 2　continued

城　市 City		施工住宅面积（万平方米）Flovr Space Under Construction（10000 sq. m）	竣工住宅面积（万平方米）Flovr Space Completed（10000 sq. m）	商品房屋销售面积（万平方米）Flour Space of Commercial Houses Sold（10000 sq. m）	商品房屋销售额（亿元）Total Value of Commercial Houses Sold（100 million yuan）
浙东北	**Eastern and Northern Region**	**6791.38**	**2235.61**	**1819.22**	**531.23**
杭州市	Hangzhou	3133.79	1068.61	555.48	218.78
宁波市	Ningbo	1744.41	550.62	548.59	157.19
嘉兴市	Jiaxing	730.69	196.80	246.49	49.05
湖州市	Huzhou	339.80	106.93	167.49	30.41
绍兴市	Shaoxing	614.63	217.33	226.19	57.23
舟山市	Zhoushan	228.06	95.32	74.98	18.57
浙西南	**Western and Southern Region**	**5372.93**	**2185.99**	**962.62**	**230.03**
温州市	Wenzhou	2169.18	961.92	289.41	90.86
金华市	Jinhua	1278.98	506.92	271.89	50.55
衢州市	Quzhou	619.00	283.98	149.32	26.84
台州市	Taizhou	1105.53	358.92	168.49	44.66
丽水市	Lishui	200.24	74.25	83.51	17.12

17－15 各市内外贸易情况(2003 年)
Domestic and Foreign Trade by City (2003)

城　市 City		社会消费品零售总额(亿元) Total Retail Sales of Consumer Goods (100 million yuan)	限额以上批发、零售贸易业商品销售总额(亿元) Total Sales of Wholesale and Retailsale Trade Above Designated Size (100 million yuan)	进口总额(亿美元) Imports (100 million USD)	出口总额(亿美元) Exports (100 million USD)
浙东北	**Eastern and Northern Region**	**1937.88**	**4072.00**	**178.29**	**327.29**
杭州市	Hangzhou	587.52	2208.34	72.83	109.55
宁波市	Ningbo	521.53	1155.35	67.36	120.74
嘉兴市	Jiaxing	279.39	300.59	20.96	36.16
湖州市	Huzhou	182.34	138.01	2.06	10.11
绍兴市	Shaoxing	291.98	201.22	14.28	45.33
舟山市	Zhoushan	75.11	68.48	0.81	5.40
浙西南	**Western and Southern Region**	**1219.82**	**1148.77**	**19.82**	**88.36**
温州市	Wenzhou	522.54	544.58	10.51	34.24
金华市	Jinhua	238.90	249.40	2.07	23.23
衢州市	Quzhou	91.05	48.86	0.59	1.70
台州市	Taizhou	262.33	258.37	6.37	26.51
丽水市	Lishui	105.01	47.56	0.28	2.69

17－16 各市利用外资情况(2003 年)
Utilization of Foreign Capital by City(2003)

城　市 City		外国和港澳台地区在华直接投资 Forengn Funded Enterprises and Enterprises Funded by Entrepreneurs from Hong Kong, Macao & Taiwan				
		新签项目(合同)数(个) Newly Signed Contracts (unit)	合同外资金额(万美元) Value for Utilization of Foreign Capital (USD 10000)	实际使用外资金额(万美元) Amount of Foreign Capital Actually Used (USD 10000)	已投产企业个数(个) Enterprises Put into Operation (unit)	从业人员(人) Employed Persons (person)
浙东北	**Eastern and Northern Region**	**3793**	**1054024**	**483054**	**7323**	**1046310**
杭州市	Hangzhou	869	200104	100850	1864	217110
宁波市	Ningbo	1209	344382	172727	3100	370000
嘉兴市	Jiaxing	635	209639	79768	864	191997
湖州市	Huzhou	479	144777	53734	411	48494
绍兴市	Shaoxing	568	150121	74271	997	205311
舟山市	Zhoushan	33	5001	1704	87	13398
浙西南	**Western and Southern Region**	**748**	**150174**	**62621**	**1688**	**267958**
温州市	Wenzhou	174	29528	11969	697	131832
金华市	Jinhua	325	70183	25750	283	44111
衢州市	Quzhou	39	5397	2069	145	4612
台州市	Taizhou	200	40204	21588	479	78295
丽水市	Lishui	10	4862	1245	84	9108

17－17 各市国际旅游事业情况(2003 年)
International Tourism by City (2003)

城市 City		海外游客人数(人) Total Number of International Tourists (Person)	#外国人 Foreigners	#港澳台同胞 Compatriots from HongKong Macao and Taiwan, China	国际旅游收入(万美元) Total International Income From Tourism (USD 10000)
浙东北	**Eastern and Northern Region**	**1461375**	**826046**	**635329**	**65534**
杭州市	Hangzhou	861163	482073	379090	42244
宁波市	Ningbo	221500	136400	85100	9976
嘉兴市	Jiaxing	189300	93200	96100	5890
湖州市	Huzhou	47575	23516	24059	1415
绍兴市	Shaoxing	86766	58559	28207	3458
舟山市	Zhoushan	55071	32298	22773	2551
浙西南	**Western and Southern Region**	**346875**	**241168**	**104019**	**21446**
温州市	Wenzhou	109119	79087	30032	4770
金华市	Jinhua	150116	117849	32267	7685
衢州市	Quzhou	16186	3040	11458	642
台州市	Taizhou	47837	19369	28468	3855
丽水市	Lishui	23617	21823	1794	4494

17－18 各市财政收支情况(2003 年)

Total Financial Revenue and Expenditure by City (2003)

单位:万元 (10000 yuan)

城 市	City	财政总收入 Total Financial Revenue	地方财政预算内收入 Total Local Government Budgetary Financial Revenue	地方财政预算内支出 Total Local Government Financial Expenditures	#科学支出 Expenses for Science	#教育支出 Expenses for Education
浙东北	**Eastern and Northern Region**	**9249447**	**4181576**	**5017100**	**21254**	**800833**
杭州市	Hangzhou	3297091	1503888	1635948	6677	245468
宁波市	Ningbo	3250008	1394162	1802545	5103	217807
嘉兴市	Jiaxing	927204	412175	472366	3762	104481
湖州市	Huzhou	511999	252638	304720	823	66599
绍兴市	Shaoxing	1073378	504849	570548	3802	126181
舟山市	Zhoushan	189767	113864	230973	1087	40297
浙西南	**Western and Southern Region**	**3981016**	**2036139**	**2599223**	**14447**	**644992**
温州市	Wenzhou	1517719	789649	742642	4366	198755
金华市	Jinhua	888052	431303	541356	3247	145053
衢州市	Quzhou	232139	140382	270400	847	60412
台州市	Taizhou	1086780	526964	688820	3764	163892
丽水市	Lishui	256326	147841	356005	2223	76880

17－19 各市金融保险情况(2003 年)

Finance and Insurance by City (2003)

单位:亿元 (100 million yuan)

城市 City		金融机构年末存款余额 Deposits	城乡居民储蓄年末余额 Residents' Savings Deposits	金融机构年末贷款余额 Loans	承保额 Amount Insured	保费 Premium	赔款、给付 Settled Claim
浙东北	**Eastern and Northern Region**	**10122.47**	**4120.94**	**8089.87**	**26294.18**	**168.50**	**39.58**
杭州市	Hangzhou	4439.53	1466.42	3686.90	7950.59	66.60	16.11
宁波市	Ningbo	2629.03	1059.63	2102.78	9927.47	38.36	9.45
嘉兴市	Jiaxing	1027.95	541.50	757.83	1689.53	22.57	4.49
湖州市	Huzhou	486.42	260.55	365.45	1649.21	13.31	2.14
绍兴市	Shaoxing	1280.18	664.90	986.79	2222.98	20.74	5.67
舟山市	Zhoushan	259.37	127.93	190.12	2854.39	6.92	1.71
浙西南	**Western and Southern Region**	**4540.65**	**2331.27**	**3475.23**	**7731.61**	**89.41**	**18.13**
温州市	Wenzhou	1756.33	920.32	1312.94	1889.54	30.51	4.92
金华市	Jinhua	1119.90	543.20	867.69	2696.03	24.02	4.26
衢州市	Quzhou	308.57	157.34	254.67	658.49	7.91	1.85
台州市	Taizhou	1056.19	542.17	809.09	2199.44	19.50	5.26
丽水市	Lishui	299.67	168.25	230.84	288.11	7.47	1.84

17－20　各市社会保险福利情况(2003 年)
Basic Statistics on Social Insurance & Welfare of Staff and Workers by City (2003)

单位:万人　　　　(10000 persons)

城　市 City		基本养老保险参保人数 Persons Participating in The Basic Retirement Security Program	基本医疗保险参保人数 Persons Participating in the Basic Health Care Program	失业保险人数 Persons Participating in the Unemployment Insurance Program
浙东北	**Eastern and Northern Region**	**420.30**	**349.19**	**270.83**
杭州市	Hangzhou	140.06	155.66	98.71
宁波市	Ningbo	100.73	84.25	70.73
嘉兴市	Jiaxing	53.75	28.28	33.81
湖州市	Huzhou	35.34	24.10	19.56
绍兴市	Shaoxing	77.71	40.52	36.80
舟山市	Zhoushan	12.71	16.38	11.22
浙西南	**Western and Southern Region**	**202.99**	**130.00**	**124.68**
温州市	Wenzhou	73.40	32.05	33.90
金华市	Jinhua	40.10	33.63	33.46
衢州市	Quzhou	19.67	19.38	14.03
台州市	Taizhou	56.42	29.60	32.07
丽水市	Lishui	13.40	15.35	11.21

17－20 续表 continued

城市 City		社会福利院数（个） Social Welfare Homes(unit)	社会福利院床位数（张） Beds of Social Welfare Homes(bed)	社区服务设施数（个） Number of Community Service Facilities Established in Urban Areas (unit)	居民最低生活保障线以下人数(人) Residents under Minimum Life Guarantee Relief (person)
浙东北	**Eastern and Northern Region**	**799**	**36170**	**7835**	**82146**
杭州市	Hangzhou	223	7460	1840	13450
宁波市	Ningbo	183	11909	3496	18563
嘉兴市	Jiaxing	94	4988	621	35735
湖州市	Huzhou	84	4017	775	6549
绍兴市	Shaoxing	149	6576	1003	5719
舟山市	Zhoushan	66	1220	100	2130
浙西南	**Western and Southern Region**	**994**	**37300**	**18334**	**27119**
温州市	Wenzhou	384	20000	17282	11530
金华市	Jinhua	154	5219	298	3961
衢州市	Quzhou	111	4671	158	4714
台州市	Taizhou	146	5221	542	3308
丽水市	Lishui	199	2189	54	3606

17－21 各市各类学校在校学生数(2003 年)

Students Enrollment by Type of School and by City (2003)

城市 City		高等学校（人）Institutions of Higher Education (person)	中等职业学校（人）Vocational Secondary Schools (person)	普通中学（万人）Regular Secondary Schools (10000 person)	小学（万人）Primary Schools (10000 person)
浙东北	**Eastern and Northern Region**	**406124**	**328639**	**136.64**	**175.86**
杭州市	Hangzhou	269798	91393	37.69	44.90
宁波市	Ningbo	80108	84013	30.99	45.26
嘉兴市	Jiaxing	18677	40376	19.45	27.68
湖州市	Huzhou	12051	36333	15.58	19.25
绍兴市	Shaoxing	19344	63400	27.42	33.54
舟山市	Zhoushan	6146	13124	5.51	5.23
浙西南	**Western and Southern Region**	**114485**	**176425**	**133.75**	**164.20**
温州市	Wenzhou	39868	85524	49.18	62.01
金华市	Jinhua	43683	12634	27.00	33.00
衢州市	Quzhou	7160	33219	13.42	16.19
台州市	Taizhou	11768	9831	31.51	36.09
丽水市	Lishui	12006	35217	12.64	16.91

17－22 各市专业技术人员和体育场馆(2003 年)

Specialized Technical Persons and Sports Grounds and Gymnsiums by City (2003)

城 市 City		各类专业技术人员数(万人) Number of Scientific and Technological Personnel (10000 person)	#中级技术职称以上人员数 Persons with Intermediate Technical Title Level and Above	体育场馆数(个) Number of Sports Grounds and Gymnsiums (unit)
浙东北	**Eastern and Northern Region**	**109.87**	**40.11**	**423**
杭州市	Hangzhou	33.07	13.95	45
宁波市	Ningbo	39.68	13.47	207
嘉兴市	Jiaxing	9.67	3.54	10
湖州市	Huzhou	8.90	2.47	10
绍兴市	Shaoxing	16.68	5.73	43
舟山市	Zhoushan	1.87	0.95	108
浙西南	**Western and Southern Region**	**54.04**	**19.51**	**184**
温州市	Wenzhou	22.68	8.17	66
金华市	Jinhua	6.50	2.74	20
衢州市	Quzhou	6.20	2.07	33
台州市	Taizhou	14.36	4.89	50
丽水市	Lishui	4.30	1.64	15

17-23 各市文化和卫生事业主要指标(2003年)
Main Indicators of Culture and Public Health by City (2003)

城市 City		剧场、影剧院数（个）Number of Theaters and Music Halls (unit)	公共图书馆图书藏量（千册件）Total Collections of Books in Public Libraries (1000 copies)	医院卫生院数（个）Number of Health Institutions (unit)	医院卫生院床位数（张）Number of Beds in Health Institutions (bed)	医生数（人）Doctors (person)
浙东北	**Eastern and Northern Region**	**256**	**12698**	**1394**	**71318**	**45150**
杭州市	Hangzhou	58	7120	395	24909	16614
宁波市	Ningbo	20	1550	290	14871	10630
嘉兴市	Jiaxing	87	1649	161	9793	4532
湖州市	Huzhou	27	691	131	8055	4381
绍兴市	Shaoxing	42	1196	332	10374	6994
舟山市	Zhoushan	22	492	85	3316	1999
浙西南	**Western and Southern Region**	**157**	**5649**	**1714**	**48383**	**31339**
温州市	Wenzhou	49	1896	531	14599	10884
金华市	Jinhua	20	1364	433	11864	7042
衢州市	Quzhou	5	425	169	5139	3876
台州市	Taizhou	64	1031	229	11035	6260
丽水市	Lishui	19	933	352	5746	3277

17－24　各市、县国民经济主要指标(2003 年)

Main Indicators of National Economy by City and County(2003)

市县名称	City and County	土地面积(平方公里) Land Area (sq. km)	总人口(万人) Total Population (10000 persons)	生产总值(亿元) Gross Domestic Product (100 million yuan)	第一产业 Primary Industry	第二产业 Secondary Industry	#工业 Industry
杭州市区	Hangzhou District	3068	393.19	1617.77	66.51	817.20	711.80
富阳市	Fuyang	1808	62.40	151.67	13.80	93.04	82.61
临安市	Linan	3124	51.49	112.73	13.40	62.78	53.07
建德市	Jiande	2364	51.20	90.92	13.11	49.24	42.62
桐庐县	Tonglu	1780	39.37	78.88	9.02	49.15	44.95
淳安县	Chunan	4452	45.14	47.80	10.75	17.91	13.62
宁波市区	Ningbo District	2560	206.91	1025.03	27.88	561.24	492.33
余姚市	Yuyao	1346	82.43	213.36	19.67	126.24	117.23
慈溪市	Cixi	1154	100.71	245.57	18.19	144.49	131.53
奉化市	Fenghua	1253	48.15	95.15	10.57	54.80	51.46
象山县	Xiangshan	1172	52.63	107.54	21.73	56.03	49.04
宁海县	Ninghai	1880	58.24	100.20	14.18	58.42	51.09
温州市区	Wenzhou District	1187	134.65	530.53	5.84	300.38	261.43
瑞安市	Ruian	1271	112.52	192.55	9.14	109.44	98.44
乐清市	Yueqing	1174	115.67	217.08	11.56	129.15	118.24
洞头县	Dongtou	100	12.39	13.33	2.96	3.81	2.50
永嘉县	Yongjia	2674	88.72	95.68	5.07	60.45	52.46
平阳县	Pingyang	1051	84.61	96.50	6.81	54.42	47.63
苍南县	Cangnan	1272	122.56	109.89	10.75	58.46	51.09
文成县	Wencheng	1293	36.36	17.23	3.01	5.02	2.95
泰顺县	Taishun	1762	34.81	16.82	2.79	5.65	3.16
嘉兴市区	Jiaxing District	968	79.82	201.77	14.54	111.27	86.58
平湖市	Pinghu	537	48.36	123.73	9.28	77.30	70.85
海宁市	Haining	668	64.12	188.34	12.20	117.86	107.04
桐乡市	Tongxiang	727	66.13	176.62	12.30	105.25	96.56
嘉善县	Jiashan	507	38.08	102.71	11.06	59.99	54.25
海盐县	Haiyan	508	36.45	110.80	9.70	75.29	69.01
湖州市区	Huzhou District	1566	107.72	234.64	21.87	125.30	109.39
德清县	Deqing	936	42.34	86.02	9.05	48.83	41.98
长兴县	Changxing	1430	62.01	108.07	13.80	58.00	50.00
安吉县	Anji	1886	44.71	70.15	9.54	36.68	29.10
绍兴市区	Shaoxing District	362	63.86	187.15	5.94	93.18	76.37

17－24 续表 1 continued

市 县 名 称 City and County		土地面积（平方公里）Land Area（sq. km）	总人口（万人）Total Population（10000 persons）	生产总值（亿元）Gross Domestic Product（100 million yuan）	第一产业 Primary Industry	第二产业 Secondary Industry	#工业 Industry
诸暨市	Zhuji	2311	105.49	232.78	21.92	136.36	126.52
上虞市	Shangyu	1403	77.41	177.54	18.11	105.27	95.08
嵊州市	Shengzhou	1790	73.54	103.00	13.87	56.19	48.60
绍兴县	Shaoxing	1177	70.16	272.24	14.17	179.21	162.56
新昌县	Xinchang	1213	43.38	90.58	8.43	55.21	48.95
金华市区	Jinhua District	2044	92.18	143.38	14.84	66.57	53.77
兰溪市	Lanxi	1310	65.42	92.49	7.85	54.60	46.78
东阳市	Dongyang	1739	78.99	141.89	8.04	93.01	82.49
义乌市	Yiwu	1103	68.04	188.49	7.86	98.28	84.48
永康市	Yongkang	1049	53.83	110.63	4.69	73.50	67.94
武义县	Wuyi	1577	32.75	42.38	5.28	22.56	18.36
浦江县	Pujiang	900	38.07	45.17	3.85	27.79	24.83
磐安县	Panan	1196	20.62	16.51	3.67	8.56	7.28
衢州市区	Quzhou District	2357.40	80.23	95.10	13.13	45.67	34.61
江山市	Jiangshan	2018	57.19	51.22	10.05	24.15	20.24
常山县	Changshan	1099.10	32.33	25.52	4.75	11.04	8.16
开化县	Kaihua	2223.30	34.36	24.56	6.79	9.89	8.13
龙游县	Longyou	1138.70	40.72	35.10	6.24	17.17	13.87
舟山市区	Zhoushan District	1028	68.96	119.10	17.68	52.67	43.35
岱山县	Daishan	326	19.97	30.93	9.92	10.03	8.69
嵊泗县	Shengsi	86	8.19	22.23	5.40	8.44	3.51
台州市区	Taizhou District	1536	146.05	378.79	19.86	232.94	210.59
温岭市	Wenling	836	114.50	248.62	26.48	132.21	120.16
临海市	Linhai	2171	110.58	124.12	14.75	67.71	57.70
玉环县	Yuhuan	378	39.28	115.95	12.51	68.87	62.99
三门县	Sanmen	1072	40.25	34.98	8.95	15.63	12.84
天台县	Tiantai	1426	55.52	47.43	5.36	24.68	20.39
仙居县	Xianju	1992	46.43	37.10	4.85	18.20	15.31
丽水市区	Lishui	1502	36.84	54.51	7.23	22.85	18.47
龙泉市	LongQuan	3059	27.55	24.49	5.40	10.35	7.58
青田县	Qingtian	2484	47.17	33.04	3.56	17.42	11.92
云和县	Yunhe	978	10.93	12.14	2.18	6.14	4.73
庆元县	Qingyuan	1898	19.79	11.80	3.27	4.00	2.76
缙云县	Jinyun	1482	43.53	34.57	4.72	16.20	13.78
遂昌县	Suichang	2539	22.55	21.64	4.16	10.72	9.12
松阳县	Songyang	1406	23.10	17.21	5.62	6.03	4.25
景宁自治县	Jingning	1950	17.93	11.41	2.94	4.57	3.51

17－24 续表 2 continued

市 县 名 称 City and County		第三产业 Tertiary Industry	人均生产总值（元）Per-capita GDP (yuan)	社会消费品零售总额（亿元）Total Retail Sales of Consumer Goods (100 million yuan)	全社会固定资产投资(亿元) Total Investment in Fixed Assets (100 million yuan)	财 政 总收入（亿元）Total Financial Revenue (100 million yuan)
杭州市区	Hangzhou District	734.07	41471	483.02	797.10	286.15
富阳市	Fuyang	44.82	24361	31.72	72.69	17.72
临安市	Linan	36.55	21843	24.85	46.38	8.15
建德市	Jiande	28.56	17726	15.00	32.24	7.20
桐庐县	Tonglu	20.71	20015	20.93	40.56	7.38
淳安县	Chunan	19.14	10593	11.99	17.78	3.11
宁波市区	Ningbo District	435.92	49963	208.80	522.90	228.76
余姚市	Yuyao	67.45	25884	81.29	87.51	26.23
慈溪市	Cixi	82.89	24400	106.96	123.10	35.01
奉化市	Fenghua	29.78	19701	33.74	26.46	11.29
象山县	Xiangshan	29.78	20389	50.66	37.06	10.71
宁海县	Ninghai	27.60	17195	40.09	40.55	13.01
温州市区	Wenzhou District	224.31	39782	280.59	253.18	81.24
瑞安市	Ruian	73.97	17163	57.56	52.14	19.49
乐清市	Yueqing	76.37	18795	52.80	51.38	22.23
洞头县	Dongtou	6.57	10735	3.52	5.15	1.51
永嘉县	Yongjia	30.16	10751	32.82	28.95	8.66
平阳县	Pingyang	35.26	11434	34.82	23.15	7.53
苍南县	Cangnan	40.67	8971	48.00	22.02	8.22
文成县	Wencheng	9.20	4711	6.95	5.60	1.46
泰顺县	Taishun	8.37	4836	5.46	7.04	1.43
嘉兴市区	Jiaxing District	75.96	25337	69.42	185.23	26.08
平湖市	Pinghu	37.15	25600	29.50	95.62	13.88
海宁市	Haining	58.29	29393	73.05	80.22	18.08
桐乡市	Tongxiang	59.06	26737	68.54	72.84	16.38
嘉善县	Jiashan	31.66	26970	23.62	53.64	10.30
海盐县	Haiyan	25.82	30374	23.62	38.04	8.01
湖州市区	Huzhou District	87.48	21786	92.57	130.75	23.72
德清县	Deqing	28.14	20306	26.99	48.34	10.15
长兴县	Changxing	36.27	17421	37.22	58.06	10.32
安吉县	Anji	23.93	15691	25.56	30.82	7.01
绍兴市区	Shaoxing District	88.03	29489	74.04	167.41	26.66
诸暨市	Zhuji	74.50	22029	53.38	88.52	18.16
上虞市	Shangyu	54.16	22944	46.88	66.00	13.86

17－24 续表 3 continued

市县名称 City and County		第三产业 Tertiary Industry	人均生产总值（元）Per-capita GDP (yuan)	社会消费品零售总额（亿元）Total Retail Sales of Consumer Goods (100 million yuan)	全社会固定资产投资（亿元）Total Investment in Fixed Assets (100 million yuan)	财政总收入（亿元）Total Financial Revenue (100 million yuan)
嵊州市	Shengzhou	32.93	13987	43.10	45.03	9.02
绍兴县	Shaoxing	78.86	38823	39.49	146.59	30.83
新昌县	Xinchang	26.93	20851	26.28	41.48	8.80
金华市区	Jinhua District	61.97	15571	64.48	116.60	22.22
兰溪市	Lanxi	30.03	14115	26.70	36.22	7.49
东阳市	Dongyang	40.85	17973	38.62	60.80	10.77
义乌市	Yiwu	82.35	27783	52.51	100.44	23.07
永康市	Yongkang	32.45	20601	26.90	47.46	13.16
武义县	Wuyi	14.55	12933	10.61	21.18	4.63
浦江县	Pujiang	13.53	11864	14.32	23.54	5.07
磐安县	Panan	4.28	8007	5.20	5.94	2.38
衢州市区	Quzhou District	36.31	11872	31.51	76.93	11.03
江山市	Jiangshan	17.02	8974	20.11	31.70	4.44
常山县	Changshan	9.73	9551	10.27	17.20	2.71
开化县	Kaihua	7.88	7158	9.76	11.10	1.88
龙游县	Longyou	11.70	8624	19.40	23.49	3.16
舟山市区	Zhoushan District	48.75	17254	57.44	58.15	15.71
岱山县	Daishan	10.99	15352	11.63	8.18	1.94
嵊泗县	Shengsi	8.40	26904	6.05	31.67	1.33
台州市区	Taizhou District	125.99	26037	101.83	161.26	46.58
温岭市	Wenling	89.94	21734	65.95	78.90	22.29
临海市	Linhai	41.66	11236	35.42	40.59	13.00
玉环县	Yuhuan	34.57	29575	18.92	48.63	12.21
三门县	Sanmen	10.40	8705	8.53	16.26	4.11
天台县	Tiantai	17.40	8543	17.21	23.98	5.60
仙居县	Xianju	14.05	8018	12.48	16.48	4.89
丽水市区	Lishui	24.43	14849	34.40	43.76	7.85
龙泉市	LongQuan	8.75	8890	8.88	14.80	1.92
青田县	Qingtian	12.06	6993	15.17	30.59	3.72
云和县	Yunhe	3.82	11088	3.67	7.94	1.37
庆元县	Qingyuan	4.53	5965	5.45	5.11	0.96
缙云县	Jinyun	13.65	7937	13.82	15.28	3.57
遂昌县	Suichang	6.76	9598	7.19	11.70	3.06
松阳县	Songyang	5.55	7446	7.05	8.10	1.50
景宁自治县	Jingning	3.89	6367	4.85	5.02	1.69

17－24 续表 4 continued

市县名称 City and County		地方财政收入（亿元）Local Financial Revenue (100 million yuan)	地方财政支出（亿元）Local Financial Expenditure (100 million yuan)	城乡居民储蓄存款年末余额（亿元）Savings Deposits of Urban and Rural Residents (100 million yuan)	城镇居民人均可支配收入（元）Per Capita Disposable Income of Urban Residents (yuan)	农村居民人均纯收入（元）Per Capita Net Income of Rural Residents (yuan)
杭州市区	Hangzhou District	129.08	134.05	1264.89	12898	7578
富阳市	Fuyang	8.28	9.89	61.56	11929	6173
临安市	Linan	4.00	5.24	42.52	11866	5952
建德市	Jiande	3.59	5.20	39.65	10723	4443
桐庐县	Tonglu	3.61	4.69	36.60	11685	5480
淳安县	Chunan	1.83	4.53	21.20	9742	3562
宁波市区	Ningbo District	95.97	122.05	639.32	14277	6665
余姚市	Yuyao	11.99	15.73	122.07	12018	6291
慈溪市	Cixi	16.82	19.69	174.31	15096	6777
奉化市	Fenghua	4.41	6.80	53.18	12642	5592
象山县	Xiangshan	4.67	7.64	36.70	13294	5382
宁海县	Ninghai	5.56	8.33	34.06	12561	5446
温州市区	Wenzhou District	44.25	24.75	513.94	16035	7627
瑞安市	Ruian	9.49	10.40	117.88	13980	6025
乐清市	Yueqing	9.72	11.35	100.31	13637	6795
洞头县	Dongtou	0.86	2.56	4.90	10238	4096
永嘉县	Yongjia	4.38	5.55	53.63	12377	4081
平阳县	Pingyang	3.87	6.22	46.96	14424	4702
苍南县	Cangnan	4.58	7.08	50.70		4362
文成县	Wencheng	0.92	3.21	18.70		2459
泰顺县	Taishun	0.89	3.13	13.28		2561
嘉兴市区	Jiaxing District	12.61	14.54	148.25	12251	6034
平湖市	Pinghu	5.94	6.56	72.64	13032	6086
海宁市	Haining	7.65	8.65	109.21	13265	6519
桐乡市	Tongxiang	7.20	8.29	100.78	12595	6125
嘉善县	Jiashan	4.35	4.87	53.83	13331	6138
海盐县	Haiyan	3.47	4.31	56.79	13980	6632
湖州市区	Huzhou District	12.18	13.90	141.92	12607	5521
德清县	Deqing	5.11	5.78	46.62		5716
长兴县	Changxing	4.58	5.90	42.67		5622
安吉县	Anji	3.39	4.90	29.34	11430	5402
绍兴市区	Shaoxing District	14.16	14.64	193.77	13535	
诸暨市	Zhuji	8.97	9.91	102.33	13288	6462
上虞市	Shangyu	5.95	7.42	105.13	12680	6328

17 - 24 续表 5 continued

市县名称 City and County		地方财政收入（亿元） Local Financial Revenue (100 million yuan)	地方财政支出（亿元） Local Financial Expenditure (100 million yuan)	城乡居民储蓄存款年末余额（亿元） Savings Deposits of Urban and Rural Residents (100 million yuan)	城镇居民人均可支配收入（元） Per Capita Disposable Income of Urban Residents (yuan)	农村居民人均纯收入（元） Per Capita Net Income of Rural Residents (yuan)
嵊州市	Shengzhou	4.40	5.28	57.12	12735	5331
绍兴县	Shaoxing	13.54	15.02	166.98	13506	6887
新昌县	Xinchang	3.48	4.79	39.57	13355	5287
金华市区	Jinhua District	11.24	15.35	112.01	12445	4387
兰溪市	Lanxi	3.39	4.55	34.04	9079	4128
东阳市	Dongyang	4.95	6.36	92.28		5782
义乌市	Yiwu	11.88	11.37	168.34	14877	6147
永康市	Yongkang	5.92	6.54	79.26		5412
武义县	Wuyi	2.31	3.79	21.32		3518
浦江县	Pujiang	2.33	3.33	26.72	9542	3820
磐安县	Panan	1.12	2.84	9.22		3029
衢州市区	Quzhou District	6.49	11.84	67.22	10079	3950
江山市	Jiangshan	2.71	4.39	33.98	10554	4611
常山县	Changshan	1.61	3.90	15.33		3717
开化县	Kaihua	1.15	3.31	14.20		3613
龙游县	Longyou	2.08	3.59	26.61		4144
舟山市区	Zhoushan District	9.25	17.26	99.93	12745	
岱山县	Daishan	1.15	3.28	18.58		
嵊泗县	Shengsi	0.99	2.55	9.43		
台州市区	Taizhou District	24.57	28.94	234.36	14525	5751
温岭市	Wenling	9.74	11.47	132.83	14042	6594
临海市	Linhai	6.49	8.57	64.97	11724	4696
玉环县	Yuhuan	5.13	7.33	39.74	17679	7225
三门县	Sanmen	2.14	4.10	15.64		3865
天台县	Tiantai	2.58	4.52	26.61	9706	4134
仙居县	Xianju	2.05	3.97	28.02		3346
丽水市区	Lishui	5.00	9.93	44.70	11900	3842
龙泉市	LongQuan	1.12	3.41	14.17	10830	3229
青田县	Qingtian	2.26	4.85	46.18		2867
云和县	Yunhe	0.80	2.61	6.45		2869
庆元县	Qingyuan	0.51	2.63	8.13		2735
缙云县	Jinyun	1.77	3.82	22.47		3153
遂昌县	Suichang	1.55	2.84	10.69		3032
松阳县	Songyang	0.90	2.48	9.78		2956
景宁自治县	Jingning	0.87	3.03	5.67		2830

17－25 各市县全社会从业人员数(2003年)

Total Employed Persons by City and County (2003)

单位:万人 (10000 persons)

市县名称 City and County		全社会从业人员数 Total Employed Persons	第一产业 Primary Industry	第二产业 Secondary Industry	第三产业 Tertiary Industry
杭州市区	Hangzhou District	291.24	41.65	119.17	130.42
富阳市	Fuyang	45.56	12.44	20.39	12.73
临安市	Linan	31.07	12.63	11.06	7.38
建德市	Jiande	29.23	12.56	10.30	6.37
桐庐县	Tonglu	27.80	8.72	14.91	4.17
淳安县	Chunan	25.69	14.29	6.54	4.86
宁波市区	Ningbo District	147.10	16.07	92.82	38.21
余姚市	Yuyao	55.66	11.97	23.25	20.44
慈溪市	Cixi	80.00	16.40	44.70	18.90
奉化市	Fenghua	33.40	12.00	12.80	8.60
象山县	Xiangshan	36.94	19.46	10.73	6.75
宁海县	Ninghai	33.10	12.20	14.10	6.80
温州市区	Wenzhou District	151.51	28.90	55.81	66.80
瑞安市	Ruian	63.30	8.60	33.20	21.50
乐清市	Yueqing	64.15	12.87	24.77	26.51
洞头县	Dongtou	7.14	2.18	1.57	3.39
永嘉县	Yongjia	54.82	17.28	15.14	22.40
平阳县	Pingyang	44.21	15.36	16.63	12.22
苍南县	Cangnan	59.74	21.65	23.15	14.94
文成县	Wencheng	10.36	8.69	0.32	1.35
泰顺县	Taishun	21.74	9.33	4.79	7.62
嘉兴市区	Jiaxing District	47.76	12.35	20.69	14.72
平湖市	Pinghu	27.50	5.04	16.29	6.17
海宁市	Haining	38.64	9.32	21.35	7.98
桐乡市	Tongxiang	39.76	9.19	21.07	9.50
嘉善县	Jiashan	24.42	7.70	10.02	6.70
海盐县	Haiyan	22.12	5.70	10.94	5.48
湖州市区	Huzhou District	61.93	15.67	31.06	15.20
德清县	Deqing	24.64	7.62	9.58	7.44
长兴县	Changxing	37.94	14.90	12.64	10.40
安吉县	Anji	28.00	13.00	8.20	6.80
绍兴市区	Shaoxing District	41.90	7.68	18.11	16.11
诸暨市	Zhuji	69.52	9.01	44.60	15.91

市县名称 City and County		全社会从业人员数 Total Employed Persons	第一产业 Primary Industry	第二产业 Secondary Industry	第三产业 Tertiary Industry
上虞市	Shangyu	49.62	16.21	23.11	10.30
嵊州市	Shengzhou	47.94	11.77	24.55	11.62
绍兴县	Shaoxing	45.47	9.62	30.15	5.70
新昌县	Xinchang	26.63	10.46	10.91	5.26
金华市区	Jinhua District	58.40	24.20	17.40	16.80
兰溪市	Lanxi	34.88	17.85	12.30	4.73
东阳市	Dongyang	54.07	12.10	30.17	11.81
义乌市	Yiwu	72.05	17.62	34.60	19.83
永康市	Yongkang	38.20	8.56	20.13	9.51
武义县	Wuyi	20.37	7.36	6.72	6.29
浦江县	Pujiang	24.32	7.75	12.94	3.63
磐安县	Panan	12.10	7.68	2.43	1.99
衢州市区	Quzhou District	44.12	21.93	10.14	12.05
江山市	Jiangshan	28.98	11.32	8.39	9.27
常山县	Changshan	16.85	7.81	4.51	4.53
开化县	Kaihua	16.04	9.61	3.14	3.29
龙游县	Longyou	21.67	11.50	4.28	5.89
舟山市区	Zhoushan District	38.15	12.82	14.37	10.96
岱山县	Daishan	12.72	5.09	3.34	4.29
嵊泗县	Shengsi	4.37	1.51	0.62	2.24
台州市区	Taizhou District	103.83	25.32	50.17	28.34
温岭市	Wenling	77.33	20.30	30.34	26.69
临海市	Linhai	66.21	28.15	19.65	18.41
玉环县	Yuhuan	30.39	5.95	13.41	11.03
三门县	Sanmen	22.09	12.31	4.95	4.83
天台县	Tiantai	32.37	16.27	6.21	9.89
仙居县	Xianju	23.20	12.02	4.66	6.52
丽水市区	Lishui	21.41	8.63	3.65	9.13
龙泉市	LongQuan	17.09	9.03	2.69	5.37
青田县	Qingtian	20.33	10.84	4.98	4.51
云和县	Yunhe	8.24	2.88	1.16	4.20
庆元县	Qingyuan	11.75	8.28	1.54	1.93
缙云县	Jinyun	24.06	13.75	4.74	5.57
遂昌县	Suichang	13.14	7.79	2.54	2.81
松阳县	Songyang	12.47	9.13	1.15	2.19
景宁自治县	Jingning	9.30	4.82	1.87	2.61

17-26 各市、县年末单位从业人员数(2003年)

Employed Persons by City and County(2003)

单位:万人 (10000 persons)

市县名称 City and County		年末单位从业人员数 Total Employed Persons by Unit	农、林、牧、渔业 Agriculture	采矿业 Mining and Quarrying	制造业 Manufacturing	电力、煤气及水的生产和供应业 Electricity, Gas and Water Production and Supply	建筑业 Construction	交通运输仓储及邮电通信业 Transport, Storage, Post & Telecommunication
杭州市区	Hangzhou District	67.53	0.18	0.06	22.14	1.11	2.65	5.20
富阳市	Fuyang	3.94	0.03		0.92	0.09	0.17	0.12
临安市	Linan	3.12	0.01	0.01	1.11	0.05	0.02	0.06
建德市	Jiande	2.59	0.01	0.08	0.65	0.11	0.02	0.07
桐庐县	Tonglu	1.47	0.01		0.05	0.08	0.01	0.09
淳安县	Chunan	1.73	0.10		0.14	0.04	0.05	0.07
宁波市区	Ningbo District	40.04	0.06	0.02	16.40	0.92	2.88	2.82
余姚市	Yuyao	4.66	0.04		1.50	0.10	0.22	0.01
慈溪市	Cixi	4.59	0.08		1.22	0.12	0.01	0.23
奉化市	Fenghua	2.63	0.01		0.59	0.08	0.22	0.14
象山县	Xiangshan	11.19	0.01	0.01	0.71	0.04	8.75	0.12
宁海县	Ninghai	2.24	0.03		0.31	0.07	0.02	0.12
温州市区	Wenzhou District	31.56	0.02		13.24	0.52	5.36	1.70
瑞安市	Ruian	7.22	0.01		2.65	0.06	1.24	0.25
乐清市	Yueqing	4.14	0.03		0.44	0.14	0.28	0.15
洞头县	Dongtou	0.71			0.07	0.03	0.14	0.03
永嘉县	Yongjia	2.69	0.01		0.04	0.11	0.56	0.13
平阳县	Pingyang	6.63	0.05		2.12	0.10	1.87	0.16
苍南县	Cangnan	6.18	0.02	0.19	2.18	0.04	0.78	0.18
文成县	Wencheng	1.17	0.03		0.07	0.08	0.02	0.04
泰顺县	Taishun	2.08	0.02		0.01	0.06	0.90	0.05
嘉兴市区	Jiaxing District	11.04	0.09		4.85	0.24	0.25	0.30
平湖市	Pinghu	3.36	0.05		1.23	0.16	0.07	0.09
海宁市	Haining	4.09	0.05		1.26	0.09	0.04	0.11
桐乡市	Tongxiang	4.50	0.05		1.49	0.06	0.08	0.10
嘉善县	Jiashan	3.29	0.06		1.49	0.04	0.17	0.10
海盐县	Haiyan	3.62	0.05	0.04	1.37	0.34	0.25	0.08
湖州市区	Huzhou District	6.60	0.02	0.01	1.53	0.19	0.32	0.46
德清县	Deqing	2.74	0.01	0.01	0.55	0.05	0.18	0.09
长兴县	Changxing	3.64	0.01	0.76	0.65	0.21	0.11	0.20
安吉县	Anji	2.29	0.03		0.08	0.07	0.45	0.11
绍兴市区	Shaoxing District	10.68	0.01	0.20	4.23	0.29	1.74	0.34
诸暨市	Zhuji	12.16	0.02	0.04	1.56	0.06	6.86	0.44

市县名称 City and County		年末单位从业人员数 Total Employed Persons by Unit	农、林、牧、渔业 Agriculture	采矿业 Mining and Quarrying	制造业 Manufacturing	电力、煤气及水的生产和供应业 Electricity, Gas and Water Production and Supply	建筑业 Construction	交通运输仓储及邮电通信业 Transport, Storage, Post & Telecommunication
上虞市	Shangyu	4.79	0.03		0.53	0.09	1.50	0.13
嵊州市	Shengzhou	4.52	0.03	0.02	1.74	0.11	0.16	0.24
绍兴县	Shaoxing	3.39	0.03		0.64	0.01	0.01	0.18
新昌县	Xinchang	3.64	0.01		1.96	0.11	0.04	0.06
金华市区	Jinhua District	7.24	0.06		1.35	0.28	0.49	0.75
兰溪市	Lanxi	3.15	0.03		1.19	0.08	0.01	0.15
东阳市	Dongyang	7.38	0.04	0.01	1.18	0.04	3.72	0.26
义乌市	Yiwu	4.35	0.01		0.41	0.09	0.22	0.40
永康市	Yongkang	2.55	0.02		0.38	0.06	0.06	0.09
武义县	Wuyi	1.10	0.03			0.06		0.05
浦江县	Pujiang	1.21	0.01		0.04	0.03	0.05	0.06
磐安县	Panan	0.86	0.01		0.20	0.03		0.04
衢州市区	Quzhou District	6.67	0.01	0.04	2.79	0.17	0.49	0.32
江山市	Jiangshan	1.86	0.02		0.45	0.07		0.09
常山县	Changshan	1.19	0.05		0.14	0.04	0.01	0.06
开化县	Kaihua	1.11	0.03		0.13	0.05	0.05	0.08
龙游县	Longyou	1.53	0.03		0.30		0.02	0.05
舟山市区	Zhoushan District	8.39	0.01		2.34	0.25	0.66	0.71
岱山县	Daishan	0.96			0.03	0.07	0.02	0.06
嵊泗县	Shengsi	0.80	0.01	0.01	0.10	0.05	0.03	0.04
台州市区	Taizhou District	14.38	0.18		3.78	0.48	1.91	0.52
温岭市	Wenling	6.06	0.15		1.23	0.08	1.75	0.14
临海市	Linhai	5.27	0.06		0.58	0.16	1.55	0.18
玉环县	Yuhuan	2.37	0.07		0.39	0.05	0.18	0.10
三门县	Sanmen	1.26	0.06		0.07	0.05	0.05	0.05
天台县	Tiantai	2.65	0.03		0.19	0.10	0.75	0.06
仙居县	Xianju	2.66	0.07	0.01	0.44	0.09	0.79	0.07
丽水市区	Lishui	3.67	0.06		0.66	0.14	0.15	0.18
龙泉市	LongQuan	1.35	0.05	0.07	0.17	0.05	0.03	0.09
青田县	Qingtian	1.40	0.02	0.03	0.05	0.06	0.07	0.08
云和县	Yunhe	0.66			0.05	0.10	0.01	0.05
庆元县	Qingyuan	0.89	0.06		0.14	0.06	0.01	0.03
缙云县	Jinyun	1.86	0.02		0.34	0.04	0.28	0.05
遂昌县	Suichang	1.52	0.08	0.07	0.58	0.04	0.01	0.06
松阳县	Songyang	0.95	0.03		0.05	0.05	0.08	0.05
景宁自治县	Jingning	0.83	0.09	0.02	0.04	0.05	0.01	0.05

市县名称 City and County		信息传输、计算机服务和软件业 Information Transmissing, Computer Services and Software	批发和零售贸易 Wholesale and Retail Sale Trade	住宿、餐饮业 Hotels and Catering Services	金融业 Finance	房地产业 Real Estate	租赁和商业服务 Leasing and Commercial Services	科学研究、技术服务和地质勘查 Technic and Geological Prospecting
杭州市区	Hangzhou District	1.10	4.42	3.02	2.87	1.14	2.21	2.64
富阳市	Fuyang	0.05	0.23		0.20	0.05	0.08	0.13
临安市	Linan	0.03	0.16	0.08	0.14	0.02	0.03	0.01
建德市	Jiande	0.02	0.11	0.05	0.16	0.03	0.06	0.05
桐庐县	Tonglu	0.04	0.05	0.04	0.11	0.01	0.06	0.02
淳安县	Chunan	0.01	0.10	0.11	0.09	0.01	0.07	0.02
宁波市区	Ningbo District	0.28	2.58	1.18	2.01	0.65	1.07	0.74
余姚市	Yuyao	0.07	0.23	0.10	0.24	0.04	0.09	0.04
慈溪市	Cixi	0.04	0.21	0.13	0.32	0.07	0.11	0.10
奉化市	Fenghua	0.03	0.11	0.07	0.15	0.03	0.09	0.02
象山县	Xiangshan	0.04	0.08	0.03	0.14	0.01	0.06	0.02
宁海县	Ninghai	0.04	0.08		0.15	0.01	0.08	0.04
温州市区	Wenzhou District	0.31	2.01	0.66	1.03	0.89	0.30	0.38
瑞安市	Ruian	0.05	0.14	0.08	0.21	0.10	0.14	0.04
乐清市	Yueqing	0.07	0.31	0.08	0.21	0.03	0.06	0.06
洞头县	Dongtou	0.02	0.04	0.01	0.02	0.01	0.01	0.01
永嘉县	Yongjia	0.04	0.12	0.03	0.11			0.02
平阳县	Pingyang	0.04	0.15	0.02	0.11	0.07	0.05	0.04
苍南县	Cangnan	0.05	0.10	0.01	0.24		0.02	0.04
文成县	Wencheng	0.02	0.05	0.01	0.07	0.01	0.01	0.01
泰顺县	Taishun	0.05	0.06	0.01	0.05	0.01	0.02	0.01
嘉兴市区	Jiaxing District	0.16	0.62	0.27	0.77	0.30	0.41	0.25
平湖市	Pinghu	0.01	0.11	0.08	0.22	0.02	0.08	0.03
海宁市	Haining	0.05	0.30	0.10	0.25	0.05	0.20	0.06
桐乡市	Tongxiang	0.02	0.52	0.17	0.25	0.03	0.14	0.04
嘉善县	Jiashan	0.03	0.14	0.01	0.16	0.03	0.04	0.08
海盐县	Haiyan	0.02	0.20	0.08	0.19	0.03	0.04	0.06
湖州市区	Huzhou District	0.12	0.52	0.09	0.36	0.09	0.23	0.17
德清县	Deqing	0.02	0.11	0.07	0.21	0.05	0.12	0.04
长兴县	Changxing	0.03	0.15	0.05	0.19	0.04	0.03	0.02
安吉县	Anji	0.01	0.11	0.06	0.09	0.03	0.02	0.02
绍兴市区	Shaoxing District	0.20	0.42	0.18	0.73	0.10	0.12	0.21
诸暨市	Zhuji	0.05	0.49	0.11	0.27	0.03	0.02	0.05
上虞市	Shangyu	0.04	0.37	0.07	0.27	0.04	0.05	0.03

市县名称 City and County		信息传输、计算机服务和软件业 Information Transmissing, Computer Services and Software	批发和零售贸易 Wholesale and Retail Sale Trade	住宿、餐饮业 Hotels and Catering Services	金融业 Finance	房地产业 Real Estate	租赁和商业服务 Leasing and Commercial Services	科学研究、技术服务和地质勘查 Technic and Geological Prospecting
嵊州市	Shengzhou	0.06	0.32	0.05	0.23	0.02	0.07	0.03
绍兴县	Shaoxing	0.03	0.28	0.06	0.25	0.03	0.05	0.02
新昌县	Xinchang	0.01	0.14	0.01	0.16	0.02	0.08	0.02
金华市区	Jinhua District	0.25	0.36	0.04	0.40	0.07	0.08	0.21
兰溪市	Lanxi	0.03	0.17	0.04	0.07	0.02	0.03	0.04
东阳市	Dongyang	0.04	0.28	0.05	0.16	0.01	0.03	0.03
义乌市	Yiwu	0.06	0.22	0.13	0.28	0.08	0.31	0.09
永康市	Yongkang	0.03	0.15	0.05	0.17	0.02	0.08	0.03
武义县	Wuyi	0.03	0.05	0.02	0.06		0.01	0.02
浦江县	Pujiang	0.02	0.04		0.07	0.01	0.06	0.03
磐安县	Panan	0.01	0.03		0.04			0.01
衢州市区	Quzhou District	0.08	0.14	0.07	0.37	0.04	0.07	0.07
江山市	Jiangshan	0.03	0.06		0.08	0.01	0.01	0.02
常山县	Changshan	0.02	0.04	0.02	0.05	0.01	0.01	0.02
开化县	Kaihua	0.01	0.03		0.06		0.01	0.02
龙游县	Longyou		0.04	0.15	0.09	0.01	0.01	0.01
舟山市区	Zhoushan District	0.14	0.61	0.28	0.36	0.17	0.27	0.13
岱山县	Daishan	0.01	0.06	0.01	0.05	0.01	0.04	0.01
嵊泗县	Shengsi	0.01	0.06	0.02	0.04	0.02	0.01	0.01
台州市区	Taizhou District	0.31	0.81	0.26	1.24	0.18	0.33	0.28
温岭市	Wenling	0.06	0.21	0.05	0.23	0.06	0.06	0.03
临海市	Linhai	0.06	0.31	0.10	0.17	0.05	0.08	0.04
玉环县	Yuhuan	0.02	0.09	0.11	0.14	0.06	0.08	0.02
三门县	Sanmen	0.01	0.11	0.01	0.06		0.01	0.02
天台县	Tiantai	0.02	0.09	0.08	0.08	0.01	0.02	0.06
仙居县	Xianju	0.02	0.09	0.03	0.08	0.01	0.03	0.03
丽水市区	Lishui	0.13	0.13	0.06	0.36	0.04	0.07	0.14
龙泉市	LongQuan	0.01	0.06	0.03	0.06	0.01		0.01
青田县	Qingtian	0.02	0.05		0.08	0.01	0.03	0.02
云和县	Yunhe	0.02	0.02	0.01	0.03			0.01
庆元县	Qingyuan	0.01	0.03		0.03		0.01	
缙云县	Jinyun	0.02	0.06	0.03	0.08	0.01	0.02	0.01
遂昌县	Suichang	0.01	0.02	0.01	0.05		0.01	0.01
松阳县	Songyang	0.01	0.05		0.04			0.01
景宁自治县	Jingning	0.02	0.04	0.01	0.03	0.01	0.01	0.01

市县名称 City and County		水利、环境和公共设施管理业 Water Conservancy, Environment and Public Facilities Management	居民服务和其他服务业 Resident Services and Other Services	教育 Education	卫生、社会保障和社会福利业 Health Care, Social Security and Social Welfare	文化、体育和娱乐业 Culture, Sports and Recreation	公共管理和社会组织 Public Management and Social Organization
杭州市区	Hangzhou District	0.77	0.18	7.25	3.73	1.23	5.63
富阳市	Fuyang	0.09		0.82	0.34	0.05	0.56
临安市	Linan	0.07	0.01	0.61	0.23	0.02	0.45
建德市	Jiande	0.03		0.53	0.24	0.04	0.31
桐庐县	Tonglu	0.03		0.39	0.15	0.02	0.30
淳安县	Chunan	0.01	0.02	0.42	0.13	0.02	0.32
宁波市区	Ningbo District	0.58	0.16	3.13	1.63	0.44	2.49
余姚市	Yuyao	0.11	0.01	0.84	0.30	0.05	0.68
慈溪市	Cixi	0.12	0.01	0.88	0.38	0.09	0.46
奉化市	Fenghua	0.07	0.03	0.43	0.19	0.03	0.36
象山县	Xiangshan	0.09		0.52	0.18	0.04	0.35
宁海县	Ninghai	0.07	0.01	0.53	0.21	0.04	0.45
温州市区	Wenzhou District	0.17	0.06	1.94	1.10	0.19	1.68
瑞安市	Ruian	0.05	0.01	0.98	0.44	0.03	0.73
乐清市	Yueqing	0.07		1.04	0.41	0.08	0.68
洞头县	Dongtou	0.01		0.12	0.04	0.01	0.14
永嘉县	Yongjia	0.01		0.72	0.16	0.01	0.60
平阳县	Pingyang	0.02	0.01	0.81	0.28	0.03	0.71
苍南县	Cangnan	0.04	0.01	1.18	0.28	0.10	0.71
文成县	Wencheng	0.02		0.30	0.12	0.01	0.31
泰顺县	Taishun	0.02	0.01	0.34	0.11	0.01	0.35
嘉兴市区	Jiaxing District	0.11	0.04	1.00	0.55	0.14	0.69
平湖市	Pinghu	0.06	0.01	0.56	0.23	0.04	0.31
海宁市	Haining	0.10	0.01	0.69	0.26	0.06	0.40
桐乡市	Tongxiang	0.08	0.01	0.73	0.28	0.07	0.38
嘉善县	Jiashan	0.05	0.01	0.38	0.20	0.03	0.26
海盐县	Haiyan	0.04	0.01	0.40	0.15	0.02	0.26
湖州市区	Huzhou District	0.10	0.01	1.00	0.52	0.08	0.78
德清县	Deqing	0.09		0.52	0.21	0.02	0.40
长兴县	Changxing	0.06		0.57	0.16	0.02	0.37
安吉县	Anji	0.07		0.46	0.16	0.02	0.48
绍兴市区	Shaoxing District	0.10	0.02	0.76	0.43	0.11	0.48
诸暨市	Zhuji	0.14	0.02	0.88	0.48	0.06	0.58
上虞市	Shangyu	0.06		0.76	0.29	0.06	0.46

市县名称 City and County		水利、环境和公共设施管理业 Water Conservancy, Environment and Public Facilities Management	居民服务和其他服务业 Resident Services and Other Services	教育 Education	卫生、社会保障和社会福利业 Health Care, Social Security and Social Welfare	文化、体育和娱乐业 Culture, Sports and Recreation	公共管理和社会组织 Public Management and Social Organization
嵊州市	Shengzhou	0.10	0.01	0.63	0.25	0.04	0.42
绍兴县	Shaoxing	0.06	0.01	0.81	0.39	0.04	0.50
新昌县	Xinchang	0.07		0.42	0.14	0.04	0.35
金华市区	Jinhua District	0.10	0.01	1.16	0.59	0.13	0.89
兰溪市	Lanxi	0.07	0.01	0.58	0.24	0.04	0.37
东阳市	Dongyang	0.06	0.01	0.68	0.36	0.02	0.41
义乌市	Yiwu	0.17	0.01	0.81	0.34	0.03	0.70
永康市	Yongkang	0.10		0.55	0.25	0.03	0.48
武义县	Wuyi	0.04		0.30	0.13	0.01	0.29
浦江县	Pujiang	0.02		0.34	0.13	0.03	0.28
磐安县	Panan	0.01		0.18	0.07	0.01	0.22
衢州市区	Quzhou District	0.04	0.01	0.67	0.29	0.06	0.94
江山市	Jiangshan	0.04		0.45	0.17	0.03	0.32
常山县	Changshan	0.02		0.27	0.12	0.02	0.29
开化县	Kaihua	0.01		0.24	0.11	0.01	0.27
龙游县	Longyou	0.01	0.01	0.31	0.15		0.34
舟山市区	Zhoushan District	0.13	0.02	0.87	0.43	0.10	0.90
岱山县	Daishan	0.01		0.21	0.11	0.02	0.24
嵊泗县	Shengsi	0.01	0.01	0.10	0.06	0.02	0.19
台州市区	Taizhou District	0.25	0.05	1.48	0.81	0.13	1.38
温岭市	Wenling	0.11	0.02	0.90	0.43	0.03	0.52
临海市	Linhai	0.07	0.01	1.03	0.40	0.02	0.40
玉环县	Yuhuan	0.02	0.01	0.38	0.18	0.05	0.42
三门县	Sanmen	0.02		0.33	0.12	0.03	0.26
天台县	Tiantai	0.04		0.51	0.23	0.04	0.34
仙居县	Xianju	0.05		0.37	0.18	0.03	0.27
丽水市区	Lishui	0.06		0.54	0.38	0.07	0.49
龙泉市	LongQuan	0.04		0.26	0.12	0.02	0.25
青田县	Qingtian	0.02		0.40	0.12	0.04	0.31
云和县	Yunhe	0.01		0.12	0.05	0.01	0.17
庆元县	Qingyuan	0.01		0.21	0.07	0.02	0.20
缙云县	Jinyun	0.03		0.42	0.11	0.02	0.31
遂昌县	Suichang	0.01		0.22	0.09	0.03	0.20
松阳县	Songyang	0.01		0.23	0.09	0.02	0.23
景宁自治县	Jingning	0.02		0.17	0.07	0.01	0.17

17－27 各市、县农、林、牧、渔业总产值(2003年)

Gross Output Value of Farming, Forestry, Animal Husbandry and Fishery by City and County(2003)

单位:万元　　　　(10000 yuan)

市县名称 City and County		农、林、牧、渔业总产值 Total Output Value of Agriculture	农业产值 Farming	林业产值 Forestry	牧业产值 Animal Husbandry	渔业产值 Fishery
杭州市区	Hangzhou District	968915	524496	35277	221802	187340
建德市	Jiande	181751	109557	10737	47823	13634
桐庐县	Tonglu	132455	78403	8789	35070	10193
富阳市	Fuyang	205984	120396	21813	52626	11149
临安市	Linan	182763	63714	82717	33723	2609
淳安县	Chunan	152680	94990	23262	26754	7674
宁波市区	Ningbo District	409223	238322	11752	99139	60010
余姚市	Yuyao	275571	182843	12868	45870	33990
慈溪市	Cixi	258519	163785	1141	32504	61089
奉化市	Fenghua	163650	64588	13810	23345	61907
象山县	Xiangshan	405050	66155	3601	26687	308607
宁海县	Ninghai	203782	58543	7125	32732	105382
温州市区	Wenzhou District	104348	47330	639	29894	26485
瑞安市	Ruian	159109	68138	2026	16005	72940
洞头县	Dongtou	66259	869	79	1292	64019
乐清市	Yueqing	197880	60314	2211	25688	109667
永嘉县	Yongjia	77937	41729	4490	29098	2620
平阳县	Pingyang	127945	70679	5373	30701	21192
苍南县	Cangnan	187418	55273	1500	19740	110905
文成县	Wencheng	40510	30496	1287	8576	151
泰顺县	Taishun	37747	23404	4954	9077	312
嘉兴市区	Jiaxing District	287106	125334	880	111198	49694
海宁市	Haining	170068	73596	1388	65161	29923
平湖市	Pinghu	138869	77180	1751	32570	27368
嘉善县	Jiashan	189660	103904	274	49191	36291
海盐县	Haiyan	143654	76307	1535	46880	18932
桐乡市	Tongxiang	179628	85521	239	82162	11706
湖州市区	Huzhou District	346351	152452	10673	73076	110150
德清县	Deqing	157130	33588	38749	38613	46180
长兴县	Changxing	224410	137007	24484	29432	33487
安吉县	Anji	136631	70107	43147	16844	6533
绍兴市区	Shaoxing District	92103	39812	1704	22000	28587
诸暨市	Zhuji	325598	156905	53054	59524	56115
上虞市	Shangyu	320192	181833	25783	49380	63196

市县名称 City and County		农、林、牧、渔业总产值 Total Output Value of Agriculture	农业产值 Farming	林业产值 Forestry	牧业产值 Animal Husbandry	渔业产值 Fishery
绍兴县	Shaoxing	214086	115837	20197	38196	39856
嵊州市	Shengzhou	199507	152482	17615	26804	2606
新昌县	Xinchang	112539	79810	13368	17581	1780
金华市区	Jinhua District	248233	136303	6217	85107	20606
兰溪市	Lanxi	137307	64604	1540	45746	25417
东阳市	Dongyang	112577	81864	4726	20593	5394
义乌市	Yiwu	112015	61331	1865	35781	13038
永康市	Yongkang	60044	28310	2256	26305	3173
武义县	Wuyi	81532	50799	7391	20789	2553
浦江县	Pujiang	59182	35099	2081	18574	3428
磐安县	Panan	59204	49442	3638	5800	324
衢州市区	Quzhou District	214339	113250	15178	78204	7707
江山市	Jiangshan	150845	76770	7073	61960	5042
常山县	Changshan	51486	35937	5885	7719	1945
开化县	Kaihua	78642	54830	10688	12282	842
龙游县	Longyou	99538	42810	9205	39360	8163
舟山市区	Zhoushan District	420783	51275	1150	19086	349272
岱山县	Daishan	230186	11322	391	5316	213157
嵊泗县	Shengsi	94157	697	202	415	92843
台州市区	Taizhou District	319277	170136	2083	34721	112337
仙居县	Xianju	75083	47020	9425	16216	2422
天台县	Tiantai	79031	55427	4449	17254	1901
三门县	Sanmen	174837	45407	2172	10262	116996
玉环县	Yuhuan	256108	32446	1556	6432	215674
临海市	Linhai	254170	114977	9216	35703	94274
温岭市	Wenling	505776	118290	364	37793	349329
丽水市区	Lishui	115316	85390	8082	18943	2901
龙泉市	LongQuan	82388	49051	20572	10920	1845
青田县	Qingtian	51900	35920	4754	7482	3744
云和县	Yunhe	32715	25860	3190	2542	1123
庆元县	Qingyuan	50078	39220	6133	3806	919
缙云县	Jinyun	75111	48248	6824	18998	1041
遂昌县	Suichang	65174	41497	12692	10427	558
松阳县	Songyang	87831	62980	8478	15251	1122
景宁县	Jingning	43816	32093	6633	4636	454

17 - 28 各市、县农作物播种面积(2003 年)
Sown Area by City and County(2003)

市县名称 City and County	农作物播种面积(千公顷) Sown Area of Farm Crops (1000 hectares)	#粮食 Grain	#谷物 Cereal	#油料 Oilbearing Crops	#棉花 Cotton	#蔬菜 Vegetable	#果用瓜 Melon Used as Fruits
杭州市区 Hangzhou District	197.47	83.12	64.62	10.50	0.74	64.16	3.01
建德市 Jiande	38.12	20.25	14.65	5.37	0.03	7.25	1.90
桐庐县 Tonglu	34.00	15.75	10.53	6.61		8.24	0.96
富阳市 Fuyang	45.80	21.49	17.09	7.86		9.39	1.11
临安市 Linan	34.17	15.53	11.94	3.19		6.04	0.82
淳安县 Chunan	42.71	25.27	14.83	7.43	0.15	7.06	0.64
宁波市区 Ningbo District	110.38	37.10	34.11	2.73	0.15	27.08	6.83
余姚市 Yuyao	64.50	26.56	22.58	2.93	2.03	23.89	1.70
慈溪市 Cixi	86.76	31.05	12.18	9.89	3.34	25.91	7.08
奉化市 Fenghua	24.90	12.12	11.14	0.27		4.22	1.06
象山县 Xiangshan	30.24	13.28	9.43	1.29	0.07	9.98	2.08
宁海县 Ninghai	31.86	16.63	11.67	2.88	0.96	7.77	2.21
温州市区 Wenzhou District	24.73	10.76	9.22	0.28	0.06	11.58	0.72
瑞安市 Ruian	41.36	23.84	20.56	0.71	0.01	12.32	2.82
洞头县 Dongtou	1.50	0.88	0.14	0.20		0.42	
乐清市 Yueqing	40.53	27.04	23.68	0.28	0.02	8.49	1.80
永嘉县 Yongjia	34.84	23.30	18.17	1.06	0.02	8.21	1.27
平阳县 Pingyang	39.18	23.45	19.23	0.46		10.32	2.63
苍南县 Cangnan	47.14	32.15	26.94	0.32		11.05	2.15
文成县 Wencheng	21.03	11.25	6.35	0.21		7.52	0.49
泰顺县 Taishun	20.74	11.54	7.29	0.76	0.02	5.82	0.05
嘉兴市区 Jiaxing District	95.07	43.60	37.80	14.05	0.25	25.18	5.02
海宁市 Haining	51.22	28.60	24.20	8.45	0.01	8.84	0.63
平湖市 Pinghu	58.31	30.76	28.48	15.65	0.49	8.75	2.00
嘉善县 Jiashan	50.54	25.34	22.02	4.01		16.19	3.01
海盐县 Haiyan	44.18	24.33	21.54	9.70	0.75	7.36	1.67
桐乡市 Tongxiang	52.65	22.05	19.63	6.64		15.47	0.60
湖州市区 Huzhou District	77.41	42.96	34.50	14.44		15.60	0.74
德清县 Deqing	17.39	10.45	8.54	1.57		3.27	0.29
长兴县 Changxing	85.78	37.43	32.39	22.20	0.01	14.04	5.09
安吉县 Anji	38.35	21.23	17.30	5.81	0.01	7.68	1.06
绍兴市区 Shaoxing District	15.83	6.68	6.29	0.42		5.35	0.16

17 -28 续表 continued

市县名称 City and County		农作物播种面积（千公顷）Sown Area of Farm Crops (1000 hectares)	#粮食 Grain	#谷物 Cereal	#油料 Oilbearing Crops	#棉花 Cotton	#蔬菜 Vegetable	#果用瓜 Melon Used as Fruits
诸暨市	Zhuji	68.81	40.58	34.10	2.72	0.04	13.24	2.22
上虞市	Shangyu	82.20	37.31	30.78	8.68	3.37	23.76	2.62
嵊州市	Shengzhou	51.76	24.11	18.89	2.70	0.12	12.49	1.26
绍兴县	Shaoxing	53.08	20.51	19.22	2.70	0.04	18.39	1.43
新昌县	Xinchang	25.36	11.00	8.63	3.32	0.06	5.15	0.61
金华市区	Jinhua District	52.46	24.63	21.93	4.71	1.09	9.36	1.45
兰溪市	Lanxi	44.19	24.02	20.64	7.63	1.54	5.84	1.53
东阳市	Dongyang	43.59	23.91	19.27	2.17	0.09	7.32	0.57
义乌市	Yiwu	27.47	13.36	11.00	1.68	0.05	8.45	1.03
永康市	Yongkang	17.66	11.99	10.77	0.33		2.66	0.50
武义县	Wuyi	28.46	15.94	13.74	1.95	0.01	7.19	0.71
浦江县	Pujiang	23.00	12.41	10.51	2.28	0.07	4.55	0.43
磐安县	Panan	17.42	7.79	5.04	0.63		3.04	0.50
衢州市区	Quzhou District	52.96	31.88	25.25	5.50	0.04	10.38	0.60
江山市	Jiangshan	55.66	31.48	26.16	6.36	0.45	8.91	0.23
常山县	Changshan	16.49	10.77	9.18	1.46	0.03	2.95	0.17
开化县	Kaihua	32.23	18.68	12.58	6.00	0.09	5.52	0.28
龙游县	Longyou	43.53	28.42	24.78	6.35	0.49	4.55	0.48
舟山市区	Zhoushan District	23.41	9.84	5.68	2.41	0.13	8.59	1.78
岱山县	Daishan	4.75	2.10	1.13	0.55		1.83	0.23
嵊泗县	Shengsi	0.22	0.03				0.19	0.01
台州市区	Taizhou District	61.85	24.02	19.15	0.07	0.17	22.31	3.83
玉环县	Yuhuan	10.21	4.38	2.14	0.12	0.02	4.38	0.61
三门县	Sanmen	26.85	15.98	10.51	1.13	0.26	6.48	1.94
天台县	Tiantai	37.22	26.01	22.20	0.78	0.05	7.07	0.39
仙居县	Xianju	31.47	18.96	15.29	1.64	0.01	5.52	0.78
温岭市	Wenling	60.62	24.25	16.07	0.18	0.16	18.53	5.01
临海市	Linhai	48.59	31.01	26.35	0.22	0.12	12.21	1.76
丽水市区	Lishui	25.25	8.86	5.63	1.22		12.41	1.22
龙泉市	LongQuan	29.22	17.42	14.29	0.93		6.68	0.18
青田县	Qingtian	19.26	12.89	9.57	0.57	0.01	4.89	0.34
云和县	Yunhe	7.65	4.70	3.21	0.19		2.26	0.14
庆元县	Qingyuan	14.68	10.23	8.59	0.01		2.88	0.05
缙云县	Jinyun	23.13	11.52	9.42	1.84	0.01	5.81	0.34
遂昌县	Suichang	26.49	14.07	9.58	1.72	0.01	5.72	0.31
松阳县	Songyang	24.23	11.67	8.63	1.13		9.58	0.34
景宁县	Jingning	17.41	9.02	5.66	0.33	0.01	5.27	0.13

17－29　各市、县主要农产品产量(2003 年)
Output of Major Farm Products by City and County(2003)

单位:吨　　　　　　　　　　　　　　　　　　　　　　　　　　　　　　(ton)

市县名称 City and County		粮食 Grain	#谷物 Cereal	油菜籽 Rapeseeds	棉花 Cotton	水果 Fruits	#柑桔 Citrus	茶叶 Tea	蚕茧 Silkworm Cocoons
杭州市区	Hangzhou District	494375	442024	15850	987	126608	1031	8591	844
建德市	Jiande	97827	78171	7269	33	108172	54388	2767	719
桐庐县	Tonglu	92069	69766	11637	2	52749	5019	1538	2839
富阳市	Fuyang	130748	110541	12772		54844	3663	2183	1063
临安市	Linan	90111	76725	4713		24247	455	2096	3284
淳安县	Chunan	97577	70689	8912	158	57017	31392	7800	4054
宁波市区	Ningbo District	243676	231381	3816	156	320436	60087	7770	
余姚市	Yuyao	162434	146269	4095	2314	149442	3226	5500	8
慈溪市	Cixi	125016	69012	13061	3941	271460	11216	289	
奉化市	Fenghua	73731	71084	142		82148	19634	1945	11
象山县	Xiangshan	66719	55505	1291	95	136841	70082	1431	49
宁海县	Ninghai	83890	71788	3404	1061	180238	54015	2219	40
温州市区	Wenzhou District	60232	53644	392	90	39209	16425	68	
瑞安市	Ruian	136751	125696	681	6	76599	539	66	
洞头县	Dongtou	2231	600	186		47			
乐清市	Yueqing	161325	144589	253	24	86055	19257	101	
永嘉县	Yongjia	109916	89227	1439	59	50772	7581	370	
平阳县	Pingyang	126542	111174	331		75530	1067	346	
苍南县	Cangnan	161708	145916	384		62238	9244	689	
文成县	Wencheng	58803	37251	198		18812	537	142	
泰顺县	Taishun	55368	38965	1220	15	3408	291	1324	
嘉兴市区	Jiaxing District	300666	277145	26045	247	184568			5634
海宁市	Haining	181584	167339	14512	19	34806	7853	1	11056
平湖市	Pinghu	214389	202298	29838	604	64519	361		113
嘉善县	Jiashan	160493	148863	7080		91129	1628		263
海盐县	Haiyan	161921	152142	20309	1054	68808	8784	185	4502
桐乡市	Tongxiang	157794	150195	11562		23043	103		14333
湖州市区	Huzhou District	321409	285125	27555		22554	159	253	9556
德清县	Deqing	73957	65618	2768	2	15314	198	1076	4518
长兴县	Changxing	263074	243517	38576	11	154734	226	2543	1418
安吉县	Anji	131635	118319	8966	4	40423	22	4081	1745
绍兴市区	Shaoxing District	48090	46708	615		7304	81	755	24

市县名称 City and County		粮食 Grain	#谷物 Cereal	油菜籽 Rapeseeds	棉花 Cotton	水果 Fruits	#柑桔 Citrus	茶叶 Tea	蚕茧 Silkworm Cocoons
诸暨市	Zhuji	256902	228678	3231	70	101164	5003	9540	754
上虞市	Shangyu	210669	191907	13155	3597	157665	976	2944	2403
嵊州市	Shengzhou	127682	112969	2856	109	81897	11634	11592	1886
绍兴县	Shaoxing	140635	134540	4489	68	56497	220	8833	68
新昌县	Xinchang	54317	47026	3518	89	31052	1120	5461	1330
金华市区	Jinhua District	143727	133284	5318	1542	124904	58696	3627	77
兰溪市	Lanxi	128656	119224	10307	2029	87451	32882	1219	1865
东阳市	Dongyang	125483	114801	3141	118	33238	6559	1993	128
义乌市	Yiwu	85869	76844	3210	71	58544	15575	1046	89
永康市	Yongkang	68972	63773	437	5	26485	7738	219	143
武义县	Wuyi	78144	73538	2729	7	30291	6966	5493	559
浦江县	Pujiang	63644	57855	3134	71	25016	3212	1292	144
磐安县	Panan	36434	28103	434	2	9829	239	1564	257
衢州市区	Quzhou District	177466	155978	6691	37	425752	406510	1016	95
江山市	Jiangshan	181123	160748	7906	552	37094	23618	1570	85
常山县	Changshan	55982	51132	1788	45	151672	145297	164	59
开化县	Kaihua	93326	72671	7401	98	22574	14008	1383	761
龙游县	Longyou	147261	136266	7764	663	60693	46495	2536	32
舟山市区	Zhoushan District	43836	31854	3391	121	66672	13241	51	
岱山县	Daishan	9876	6546	690		7464	2504	50	
嵊泗县	Shengsi	125				160	80		
台州市区	Taizhou District	141552	126343		146	325697	116782	87	5
玉环县	Yuhuan	21637	12831	133	29	52505	22747	40	
三门县	Sanmen	76978	55928	1798	259	141229	54719	660	
天台县	Tiantai	116548	106074	943	43	40080	18591	900	128
仙居县	Xianju	101781	87530	2388	11	54016	14317	511	184
温岭市	Wenling	137703	102878	54	176	268943	38927	58	1
临海市	Linhai	160779	142454	246	137	198669	120915	1041	154
丽水市区	Lishui	42782	32715	795	4	168985	116192	758	3
龙泉市	LongQuan	91244	82266	1041		10442	4120	681	
青田县	Qingtian	59570	47955	400	12	35002	20403	127	
云和县	Yunhe	20306	16383	192		5980	1331	175	
庆元县	Qingyuan	49889	45809	6		4464	3413	443	
缙云县	Jinyun	60333	52212	2668	16	26931	6734	1343	1663
遂昌县	Suichang	57603	48806	2201	5	13391	2823	3362	
松阳县	Songyang	56746	48146	1469	4	48373	29749	4306	164
景宁县	Jingning	43007	34530	199	9	8855	3719	462	

17－29 续表 2 continued

市 县 名 称 City and County		生猪年末存栏头数（万头）Year-end Hogs (10000 heads)	牛年末存栏头数（头）Year-end Cattle (head)	羊年末存栏只数（万只）Year-end Sheep and Goats (10000 heads)	肉产量（吨）Output of Meat (ton)	#猪肉 Pork	禽蛋产量（吨）Poultry Eggs (ton)	牛羊奶产量（吨）Cow and Sheep Milk (ton)	水产品产量（吨）Output of Aquatic Products (ton)
杭州市区	Hangzhou District	78.57	16688	11.97	178864	116015	24918	42251	100799
建德市	Jiande	15.68	3359	1.31	20924	14202	37801	668	8922
桐庐县	Tonglu	14.35	2783	1.21	19180	16115	2765	160	5290
富阳市	Fuyang	18.89	3890	3.17	38144	28720	4859	7879	4680
临安市	Linan	16.93	8545	3.44	25287	22501	3568	5273	3033
淳安县	Chunan	21.39	7980	0.65	18196	17000	3683	90	7450
宁波市区	Ningbo District	34.68	6992	1.34	65823	48250	54287	20981	68410
余姚市	Yuyao	14.50	1700	2.80	30207	15254	10000	100	21951
慈溪市	Cixi	6.05	716	0.90	15107	7425	10706	338	53622
奉化市	Fenghua	5.00	2732	1.00	9415	5630	20154	605	79259
象山县	Xiangshan	9.24	2048	2.10	20676	14658	19333	15	564199
宁海县	Ninghai	7.00	7958	2.00	14203	7739	22278	86	115860
温州市区	Wenzhou District	13.70	4632	0.91	23015	15666	7087	6634	16883
瑞安市	Ruian	7.14	7474	1.14	11602	7680	5233	5029	113453
洞头县	Dongtou	0.71	65	0.40	1016	862	261		153383
乐清市	Yueqing	9.09	4646	1.62	11618	8463	13045	5411	91387
永嘉县	Yongjia	14.52	15845	4.29	21151	14919	3896	921	2585
平阳县	Pingyang	7.95	4473	1.74	14665	10493	4829	4063	41088
苍南县	Cangnan	8.79	5285	2.38	14068	11343	7380	1754	205168
文成县	Wencheng	5.42	4336	1.88	7676	5135	1064	21	228
泰顺县	Taishun	5.02	3847	3.05	6852	5047	322	7	420
嘉兴市区	Jiaxing District	101.00	152	11.00	117670	100276	5884	791	30798
海宁市	Haining	26.00	323	27.00	41902	20093	3980	560	23238
平湖市	Pinghu	58.00	550	1.00	24664	22237	4678	2118	30583
嘉善县	Jiashan	57.00	155	1.00	43986	36332	15538	230	24702
海盐县	Haiyan	53.00	17	10.00	34512	28940	2228		11723
桐乡市	Tongxiang	23.00	47	43.00	45906	30666	15590	95	10606
湖州市区	Huzhou District	28.34	236	26.22	51822	35204	10332		87699
德清县	Deqing	24.98	470	4.24	34634	28720	6715	978	42611
长兴县	Changxing	18.47	2687	8.33	24357	14526	8206	5500	29950
安吉县	Anji	10.73	4498	2.93	11703	8211	2279	945	6684
绍兴市区	Shaoxing District	6.12	124	0.19	15183	8017	5287	300	13301
诸暨市	Zhuji	25.00	4916	3.00	39322	29285	15316	185	11500

17－29 续表 3 continued

市县名称 City and County		生猪年末存栏头数（万头） Year-end Hogs (10000 heads)	牛年末存栏头数（头） Year-end Cattle (head)	羊年末存栏只数（万只） Year-end Sheep and Goats (10000 heads)	肉产量（吨） Output of Meat (ton)	#猪肉 Pork	禽蛋产量（吨） Poultry Eggs (ton)	牛羊奶产量（吨） Cow and Sheep Milk (ton)	水产品产量（吨） Output of Aquatic Products (ton)
上虞市	Shangyu	20.11	3661	5.25	35287	21077	5952	120	46557
嵊州市	Shengzhou	16.00	7545	6.00	16122	12844	2772	7	3242
绍兴县	Shaoxing	20.00	798	2.00	31412	22372	11961	600	25450
新昌县	Xinchang	8.80	3731	1.76	9930	7667	1905	10	2310
金华市区	Jinhua District	37.86	43652	2.97	44958	34191	10165	90451	11966
兰溪市	Lanxi	17.27	10014	2.54	24905	20410	17533	2734	11642
东阳市	Dongyang	14.21	3117	1.93	14967	12233	3199	234	7203
义乌市	Yiwu	21.37	874	1.06	31613	25293	5000	595	6655
永康市	Yongkang	6.95	878	0.79	11141	6426	7158	48	4547
武义县	Wuyi	12.05	5666	1.66	14407	11330	2185	1185	2012
浦江县	Pujiang	13.88	1470	0.38	14803	13577	1726	105	2885
磐安县	Panan	4.13	3040	1.02	5256	4723	602		320
衢州市区	Quzhou District	61.62	10048	1.39	77376	72309	4671	2194	9602
江山市	Jiangshan	34.95	10014	1.06	38273	30453	6760	136	6449
常山县	Changshan	5.53	3038	0.45	6622	5566	1068	36	2506
开化县	Kaihua	11.80	3962	0.24	9918	9205	767		1069
龙游县	Longyou	31.17	8442	0.99	34700	31686	12034	146	8991
舟山市区	Zhoushan District	9.74	997	1.27	12564	10175	4866	2560	664774
岱山县	Daishan	1.00	226	1.00	2909	2301	1602	51	347392
嵊泗县	Shengsi	0.18	33	0.10	445	379	27	120	232698
台州市区	Taizhou District	17.54	5244	0.61	26072	21716	12072	7367	256945
玉环县	Yuhuan	3.15	699	0.75	6337	3810	1780	32	281445
三门县	Sanmen	7.23	4742	0.94	8375	7388	4874	167	194235
天台县	Tiantai	21.51	12093	1.26	13719	12679	2110	436	2700
仙居县	Xianju	12.02	9158	1.19	13728	12122	2280	1154	2570
温岭市	Wenling	17.57	2169	0.33	36823	28679	11375	2292	533594
临海市	Linhai	25.06	5549	1.21	23836	22637	2988	899	111138
丽水市区	Lishui	11.79	6955	0.50	15607	9429	1729	225	3370
龙泉市	LongQuan	11.10	5445	2.02	10491	9461	723	98	2213
青田县	Qingtian	7.25	11391	1.82	7886	6787	633		2778
云和县	Yunhe	2.57	3941	0.49	2276	1914	92	1	1439
庆元县	Qingyuan	4.48	2342	1.24	3780	3348	231		930
缙云县	Jinyun	8.00	3749	2.00	11853	7411	1696	249	1475
遂昌县	Suichang	10.17	7856	1.32	10419	9401	367	10	760
松阳县	Songyang	13.29	7365	0.38	13541	10455	984	40	1421
景宁县	Jingning	5.44	8892	1.60	4508	3605	416		460

17－30 各市、县农业现代化情况(2003 年)

Agricultural Modernization by City and County(2003)

市县名称 City and County		农业机械总动力(千瓦) Total Power of Agricultural Machinery (kw)	农村用电量(万千瓦小时) Electricity Consumed in Rural Areas (10000 kwh)	农用化肥施用量(折标)(吨) Consumption of Chemical Fertilizers (standard) (ton)	农用化肥施用量(折纯)(吨) Consumption of Chemical Fertilizers (pure) (ton)	机耕面积(千公顷) Area Ploughed by Tractors (1000 hectares)	有效灌溉面积(千公顷) Irrigated Area (1000 hectares)	旱涝保收面积(千公顷) Stable Yields Ensured Despite Disasters (1000 hectares)
杭州市区	Hangzhou District	1598521	411914	340052	70281	73.76	94.30	79.86
建德市	Jiande	179588	15893	82679	17573	16.00	14.70	11.30
桐庐县	Tonglu	166624	27991	40985	8469	11.29	14.04	9.25
富阳市	Fuyang	355426	172283	36366	7700	14.71	19.60	14.90
临安市	Linan	322159	44586	82335	17022	12.95	16.41	10.00
淳安县	Chunan	185780	6713	41416	8542	7.11	8.76	4.70
宁波市区	Ningbo District	661474	271926	225257	46867	38.93	60.89	39.22
余姚市	Yuyao	413458	140708	45418	9414	21.13	36.73	27.86
慈溪市	Cixi	398129	226622	114506	24182	18.21	32.35	25.39
奉化市	Fenghua	292902	52003	89015	18669	13.91	19.06	16.28
象山县	Xiangshan	734896	23524	66856	13842	14.81	15.88	8.81
宁海县	Ninghai	249232	51337	34146	7157	9.56	11.90	6.50
温州市区	Wenzhou District	224931	138191	32012	6681	9.14	14.19	7.47
瑞安市	Ruian	366523	71211	70898	14889	17.39	20.48	14.77
洞头县	Dongtou	155057	1405	755	154	0.07	0.11	0.03
乐清市	Yueqing	272003	70615	71778	14898	17.55	21.22	11.40
永嘉县	Yongjia	126282	48784	58902	12286	4.64	14.42	5.40
平阳县	Pingyang	242129	39027	61928	12978	14.94	21.80	11.15
苍南县	Cangnan	434278	24964	42540	8863	14.26	21.67	18.76
文成县	Wencheng	55820	6943	28912	6192	2.29	5.24	2.63
泰顺县	Taishun	69069	4519	26888	5688	3.22	7.24	2.99
嘉兴市区	Jiaxing District	397708	93329	127145	26701	37.62	42.06	31.15
海宁市	Haining	246576	85871	57046	11917	20.77	33.19	26.80
平湖市	Pinghu	247775	68039	96092	19579	25.77	31.21	30.82
嘉善县	Jiashan	382467	34213	50290	10550	19.09	29.08	24.90
海盐县	Haiyan	187517	65530	83831	17368	17.91	21.33	20.80
桐乡市	Tongxiang	338072	116884	78991	16577	24.80	34.36	32.83
湖州市区	Huzhou District	600739	108198	70815	14729	44.40	46.59	46.32
德清县	Deqing	352066	58041	29042	6129	10.52	20.00	18.83
长兴县	Changxing	343963	37525	79802	16709	35.77	39.48	39.48
安吉县	Anji	233329	21520	68897	14466	20.17	19.32	11.51
绍兴市区	Shaoxing District	90909	84408	18583	3907	7.82	10.67	8.50
诸暨市	Zhuji	681123	210315	131843	27646	30.19	38.90	29.30

17－30 续表 continued

市县名称 City and County		农业机械总动力（千瓦）Total Power of Agricultural Machinery (kw)	农村用电量（万千瓦小时）Electricity Consumed in Rural Areas (10000 kwh)	农用化肥施用量（折标）（吨）Consumption of Chemical Fertilizers (standard) (ton)	农用化肥施用量（折纯）（吨）Consumption of Chemical Fertilizers (pure) (ton)	机耕面积（千公顷）Area Ploughed by Tractors (1000 hectares)	有效灌溉面积（千公顷）Irrigated Area (1000 hectares)	旱涝保收面积（千公顷）Stable Yields Ensured Despite Disasters (1000 hectares)
上虞市	Shangyu	455248	75910	160060	33531	22.67	38.56	22.79
嵊州市	Shengzhou	252969	40104	41175	8591	13.80	24.71	18.20
绍兴县	Shaoxing	344162	411801	48091	10454	23.45	23.95	20.29
新昌县	Xinchang	120928	20310	38791	8161	6.63	11.18	7.69
金华市区	Jinhua District	338999	27877	102085	21359	20.79	36.95	30.59
兰溪市	Lanxi	208817	78528	108367	22394	20.81	28.17	15.00
东阳市	Dongyang	364903	32385	44204	9163	17.03	22.99	18.80
义乌市	Yiwu	242841	34200	57225	11746	14.17	20.98	15.20
永康市	Yongkang	332419	18885	42987	8755	14.93	16.85	13.41
武义县	Wuyi	118972	14617	58109	11978	9.27	14.82	10.05
浦江县	Pujiang	111344	9800	28900	6026	6.88	11.01	9.10
磐安县	Panan	65057	2998	17580	3553	1.95	4.90	2.55
衢州市区	Quzhou District	210130	19320	131028	28435	13.31	26.62	21.77
江山市	Jiangshan	169832	15145	63929	13457	8.99	20.62	13.53
常山县	Changshan	70198	8800	50641	10610	4.84	10.61	5.70
开化县	Kaihua	73960	2665	42622	9133	7.15	10.38	8.26
龙游县	Longyou	148567	12732	87690	18551	11.20	22.17	17.43
舟山市区	Zhoushan District	895516	45193	24210	4948	8.95	11.24	9.60
岱山县	Daishan	514236	3082	1465	306	1.03	1.65	0.79
嵊泗县	Shengsi	255350	1950	109	24		0.04	0.03
台州市区	Taizhou District	710797	129478	106769	22423	27.68	36.34	20.99
玉环县	Yuhuan	254122	43735	14150	2938	3.55	4.53	2.10
三门县	Sanmen	161479	6242	31718	6594	8.96	9.77	2.72
天台县	Tiantai	154789	12733	31695	6781	3.33	12.83	9.90
仙居县	Xianju	105287	9983	34402	7216	10.47	12.73	6.31
温岭市	Wenling	1055186	107987	94963	19658	17.57	29.38	23.20
临海市	Linhai	358053	36794	107981	22117	19.95	22.37	18.62
丽水市区	Lishui	89026	3178	53237	11248	5.02	10.97	7.58
龙泉市	LongQuan	92258	3381	33369	6823	3.41	13.41	9.80
青田县	Qingtian	68653	8429	16956	3555	1.43	10.28	3.63
云和县	Yunhe	37789	1008	4338	912	1.47	3.94	1.88
庆元县	Qingyuan	95293	1877	30412	6275	3.29	9.39	5.39
缙云县	Jinyun	90810	6489	23678	4943	9.57	10.02	7.96
遂昌县	Suichang	70054	1515	32580	6800	3.41	8.97	3.06
松阳县	Songyang	58286	3935	58173	12146	2.73	8.22	5.51
景宁县	Jingning	43952	2325	17149	3605	0.40	5.07	1.80

17－31 各市、县规模以上工业企业单位数(2003年)

Number of Industrial Enterprises Above Designated Size by City and County(2003)

单位:个 (unit)

市县名称 City and County		工业企业单位数 Number of Enterprises	内资企业 Domestic－Funded Enterprises	港澳台商投资企业 Enterprises with Investment from Hong Kong, Macao and Taiwan	外商投资企业 Enterprises with Foreign Investment
杭州市区	Hangzhou District	3230	2593	366	271
富阳市	Fuyang	585	523	30	32
临安市	Linan	348	323	13	12
建德市	Jiande	195	185	6	4
桐庐县	Tonglu	267	214	34	19
淳安县	Chunan	64	61	2	1
宁波市区	Ningbo District	2119	1537	314	269
余姚市	Yuyao	715	520	115	80
慈溪市	Cixi	838	704	70	63
奉化市	Fenghua	249	203	25	21
象山县	Xiangshan	358	294	33	31
宁海县	Ninghai	393	347	20	26
温州市区	Wenzhou District	1642	1464	69	109
瑞安市	Ruian	643	602	16	25
乐清市	Yueqing	677	631	20	26
洞头县	Dongtou	33	30	2	1
永嘉县	Yongjia	267	248	8	11
平阳县	Pingyang	260	232	16	12
苍南县	Cangnan	256	250	5	1
文成县	Wencheng	26	24		2
泰顺县	Taishun	20	19		1
嘉兴市区	Jiaxing District	516	396	53	67
平湖市	Pinghu	404	307	30	67
海宁市	Haining	481	407	31	43
桐乡市	Tongxiang	420	357	33	30
嘉善县	Jiashan	363	272	53	38
海盐县	Haiyan	342	300	18	24
湖州市区	Huzhou District	550	490	33	27
德清县	Deqing	268	219	31	18
长兴县	Changxing	223	209	6	8
安吉县	Anji	282	249	16	17
绍兴市区	Shaoxing District	486	365	68	53
诸暨市	Zhuji	466	416	27	23
上虞市	Shangyu	484	412	38	34

市县名称 City and County		工业企业单位数 Number of Enterprises	内资企业 Domestic－Funded Enterprises	港澳台商投资企业 Enterprises with Investment from Hong Kong, Macao and Taiwan	外商投资企业 Enterprises with Foreign Investment
嵊州市	Shengzhou	253	210	29	14
绍兴县	Shaoxing	597	494	63	40
新昌县	Xinchang	162	140	9	13
金华市区	Jinhua District	319	297	8	14
兰溪市	Lanxi	175	159	8	8
东阳市	Dongyang	305	277	14	14
义乌市	Yiwu	567	525	30	12
永康市	Yongkang	303	291	1	11
武义县	Wuyi	178	177		1
浦江县	Pujiang	163	155	3	5
磐安县	Panan	72	67	1	4
衢州市区	Quzhou District	171	158	8	5
江山市	Jiangshan	118	110	2	6
常山县	Changshan	62	60	1	1
开化县	Kaihua	56	56		
龙游县	Longyou	111	104	3	4
舟山市区	Zhoushan District	240	226	2	12
岱山县	Daishan	53	46	5	2
嵊泗县	Shengsi	21	20	1	0
台州市区	Taizhou District	859	799	27	33
温岭市	Wenling	807	749	28	30
临海市	Linhai	258	225	21	12
玉环县	Yuhuan	397	359	21	17
三门县	Sanmen	68	62	3	3
天台县	Tiantai	114	107	3	4
仙居县	Xianju	131	100	16	15
丽水市区	Lishui	61	57	1	3
龙泉市	LongQuan	80	78	1	1
青田县	Qingtian	72	62	1	9
云和县	Yunhe	44	42		2
庆元县	Qingyuan	39	39		
缙云县	Jinyun	109	105	4	
遂昌县	Suichang	40	38	1	1
松阳县	Songyang	38	37		1
景宁自治县	Jingning	38	38		

17－32　各市、县规模以上工业总产值(2003年)

Gross Output Value of Industry Above Designated Size by City and County(2003)

单位:亿元　　(100 million yuan)

市县名称 City and County		工业总产值 Gross Output Value of Industry	内资企业 Domestic－Funded Enterprises	港澳台商投资企业 Enterprises with Investment from Hong Kong,Macao and Taiwan	外商投资企业 Enterprises with Foreign Investment
杭州市区	Hangzhou District	2694.50	1913.98	291.96	488.56
富阳市	Fuyang	234.84	213.54	11.02	10.29
临安市	Linan	115.93	103.47	7.81	4.66
建德市	Jiande	66.07	61.57	1.20	3.30
桐庐县	Tonglu	70.94	45.12	19.48	6.34
淳安县	Chunan	20.24	19.74	0.38	0.12
宁波市区	Ningbo District	1594.42	1126.46	238.40	229.56
余姚市	Yuyao	267.22	181.64	52.62	32.97
慈溪市	Cixi	334.87	272.13	30.47	32.26
奉化市	Fenghua	178.69	161.79	9.03	7.87
象山县	Xiangshan	129.36	99.13	18.89	11.35
宁海县	Ninghai	125.74	104.43	6.96	14.35
温州市区	Wenzhou District	587.36	505.48	29.50	52.38
瑞安市	Ruian	183.78	168.82	6.04	8.92
乐清市	Yueqing	259.23	245.43	5.46	8.33
洞头县	Dongtou	5.95	5.38	0.38	0.19
永嘉县	Yongjia	99.88	95.98	1.47	2.44
平阳县	Pingyang	64.00	50.71	7.10	6.19
苍南县	Cangnan	60.26	58.77	1.41	0.08
文成县	Wencheng	3.14	2.91		0.24
泰顺县	Taishun	2.37	2.34		0.03
嘉兴市区	Jiaxing District	234.65	164.80	26.88	42.97
平湖市	Pinghu	211.08	124.19	18.29	68.60
海宁市	Haining	224.71	189.97	12.25	22.50
桐乡市	Tongxiang	217.41	189.75	13.24	14.43
嘉善县	Jiashan	99.15	58.67	28.15	12.33
海盐县	Haiyan	126.52	109.85	4.18	12.49
湖州市区	Huzhou District	302.73	270.00	22.98	9.75
德清县	Deqing	118.93	97.40	14.66	6.87
长兴县	Changxing	98.42	93.68	3.00	1.74
安吉县	Anji	68.55	56.84	4.66	7.04
绍兴市区	Shaoxing District	319.49	262.78	31.73	24.98
诸暨市	Zhuji	349.75	317.87	19.75	12.14
上虞市	Shangyu	306.71	273.75	20.65	12.30

市县名称 City and County		工业总产值 Gross Output Value of Industry	内资企业 Domestic－Funded Enterprises	港澳台商投资企业 Enterprises with Investment from Hong Kong, Macao and Taiwan	外商投资企业 Enterprises with Foreign Investment
嵊州市	Shengzhou	77.90	57.43	13.68	6.79
绍兴县	Shaoxing	716.74	543.97	133.39	39.37
新昌县	Xinchang	124.80	112.82	3.15	8.83
金华市区	Jinhua District	132.73	125.32	1.53	5.88
兰溪市	Lanxi	84.92	80.28	1.78	2.86
东阳市	Dongyang	113.64	106.54	2.22	4.89
义乌市	Yiwu	132.42	109.11	19.94	3.36
永康市	Yongkang	160.38	151.46	0.25	8.68
武义县	Wuyi	40.22	40.10		0.13
浦江县	Pujiang	50.93	44.92	3.80	2.21
磐安县	Panan	13.80	12.28	0.15	1.36
衢州市区	Quzhou District	78.35	76.38	1.44	0.54
江山市	Jiangshan	36.10	33.80	0.19	2.11
常山县	Changshan	16.39	15.13	0.47	0.79
开化县	Kaihua	11.61	11.61		
龙游县	Longyou	26.39	22.70	2.44	1.26
舟山市区	Zhoushan District	131.25	108.71	0.67	21.87
岱山县	Daishan	16.78	14.21	2.13	0.44
嵊泗县	Shengsi	4.99	4.91	0.08	
台州市区	Taizhou District	378.55	317.32	12.72	48.51
温岭市	Wenling	239.30	191.58	20.92	26.80
临海市	Linhai	124.45	108.23	6.18	10.05
玉环县	Yuhuan	123.79	105.99	8.92	8.88
三门县	Sanmen	26.22	24.66	0.39	1.17
天台县	Tiantai	32.56	29.93	0.50	2.13
仙居县	Xianju	30.95	25.13	2.56	3.26
丽水市区	Lishui	45.34	44.18	0.22	0.94
龙泉市	LongQuan	12.51	12.14	0.21	0.17
青田县	Qingtian	26.60	25.43	0.14	1.04
云和县	Yunhe	8.52	8.24		0.28
庆元县	Qingyuan	5.36	5.36		
缙云县	Jinyun	28.94	24.78	4.16	
遂昌县	Suichang	27.15	26.64	0.44	0.07
松阳县	Songyang	6.21	6.04		0.17
景宁自治县	Jingning	6.49	6.49		

17 - 33 各市、县工业企业经济指标(2003 年)
Main Indicators of Industrial Enterprises by City and County(2003)

单位:亿元 (100 million yuan)

市县名称 City and County		从业人员平均人数(万人) Average Number of Employed Persons (10000 persons)	流动资产年平均余额 Annual Average Balance of Circulating Assets	固定资产净值年平均余额 Annual Average Balance of Net Value of Fixed Assets	产品销售收入 Sale Revenue
杭州市区	Hangzhou District	63.70	1399.30	776.90	2649.60
富阳市	Fuyang	8.09	139.59	58.67	216.27
临安市	Linan	5.57	72.99	51.36	108.75
建德市	Jiande	3.17	24.31	21.99	60.43
桐庐县	Tonglu	4.35	26.56	12.04	63.23
淳安县	Chunan	0.96	5.55	7.76	19.17
宁波市区	Ningbo District	45.99	668.68	591.24	1586.79
余姚市	Yuyao	10.49	129.92	64.12	264.61
慈溪市	Cixi	17.48	173.21	75.44	336.71
奉化市	Fenghua	4.96	60.05	20.38	174.56
象山县	Xiangshan	5.23	58.38	24.53	127.58
宁海县	Ninghai	7.81	66.20	30.82	114.64
温州市区	Wenzhou District	34.19	247.66	161.29	541.03
瑞安市	Ruian	10.83	75.09	41.37	173.16
乐清市	Yueqing	11.70	132.58	53.96	249.91
洞头县	Dongtou	0.33	2.60	3.05	5.57
永嘉县	Yongjia	5.01	37.58	24.65	98.59
平阳县	Pingyang	3.82	23.87	12.97	62.19
苍南县	Cangnan	3.45	23.93	18.44	59.15
文成县	Wencheng	0.18	1.88	4.65	3.38
泰顺县	Taishun	0.21	1.57	4.85	3.00
嘉兴市区	Jiaxing District	10.44	113.36	115.32	224.30
平湖市	Pinghu	13.07	94.72	66.32	203.60
海宁市	Haining	9.30	85.93	55.78	221.54
桐乡市	Tongxiang	9.82	77.48	52.89	220.00
嘉善县	Jiashan	5.26	40.02	27.58	97.70
海盐县	Haiyan	6.28	49.10	38.73	120.60
湖州市区	Huzhou District	9.25	115.46	98.30	290.35
德清县	Deqing	4.87	55.21	36.61	118.21
长兴县	Changxing	4.08	43.30	56.77	104.82
安吉县	Anji	2.56	16.97	62.14	68.08
绍兴市区	Shaoxing District	10.96	152.06	157.52	308.44
诸暨市	Zhuji	10.43	123.23	72.45	348.11
上虞市	Shangyu	7.91	116.72	62.95	296.65

市 县 名 称	City and County	从业人员平均人数(万人) Average Number of Employed Persons (10000 persons)	流动资产年平均余额 Annual Average Balance of Circulating Assets	固定资产净值年平均余额 Annual Average Balance of Net Value of Fixed Assets	产品销售收入 Sale Revenue
嵊州市	Shengzhou	3.83	38.85	21.38	78.69
绍兴县	Shaoxing	17.48	281.99	272.37	697.21
新昌县	Xinchang	4.35	76.77	32.81	119.91
金华市区	Jinhua District	6.20	78.99	85.00	125.89
兰溪市	Lanxi	3.56	35.46	30.41	88.60
东阳市	Dongyang	7.09	64.82	38.08	110.44
义乌市	Yiwu	9.63	62.59	53.85	138.07
永康市	Yongkang	5.84	82.91	34.55	160.07
武义县	Wuyi	2.23	16.96	9.72	40.78
浦江县	Pujiang	2.84	20.67	13.73	50.26
磐安县	Panan	0.77	5.84	3.72	12.89
衢州市区	Quzhou District	4.14	63.03	66.72	74.04
江山市	Jiangshan	1.86	18.68	15.05	35.38
常山县	Changshan	0.92	7.20	5.78	16.35
开化县	Kaihua	0.68	5.94	5.28	11.71
龙游县	Longyou	1.83	12.61	10.51	24.53
舟山市区	Zhoushan District	5.33	73.95	41.11	125.12
岱山县	Daishan	0.65	6.64	3.67	14.33
嵊泗县	Shengsi	0.25	2.74	3.32	4.90
台州市区	Taizhou District	13.73	158.17	114.30	350.80
温岭市	Wenling	11.90	88.85	40.38	239.06
临海市	Linhai	5.56	67.41	47.38	118.84
玉环县	Yuhuan	5.81	53.43	20.89	122.84
三门县	Sanmen	1.55	14.70	6.40	24.91
天台县	Tiantai	1.66	16.15	10.15	31.88
仙居县	Xianju	2.82	17.42	7.47	32.70
丽水市区	Lishui	1.34	28.86	18.65	74.99
龙泉市	LongQuan	0.94	5.19	4.48	11.27
青田县	Qingtian	1.44	8.15	5.21	27.47
云和县	Yunhe	0.84	4.00	9.85	6.39
庆元县	Qingyuan	0.46	2.96	3.84	4.79
缙云县	Jinyun	1.60	10.77	6.55	26.27
遂昌县	Suichang	1.00	11.16	7.50	29.05
松阳县	Songyang	0.36	3.20	2.81	5.66
景宁自治县	Jingning	0.36	3.34	7.62	6.49

17－34 各市、县客运量和货运量(2003年)

Passenger Traffic and Freight Traffic by City and County(2003)

市县名称 City and County		客运量（万人） Passenger Traffic (10000 persons)			货运量（万吨） Freight Traffic (10000 tons)		
		铁路 Railway	公路 Highway	水运 Waterway	铁路 Railway	公路 Highway	水运 Waterway
杭州市区	Hangzhou District	1517.17	13005.76		328.48	8405.00	3083.45
富阳市	Fuyang		1413.00			932.00	547.00
临安市	Linan		2247.00			1134.00	15.00
建德市	Jiande	17.10	552.24		109.98	475.00	32.55
桐庐县	Tonglu		1563.00			933.00	519.00
淳安县	Chunan		729.00			239.00	56.00
宁波市区	Ningbo District	336.20	13860.00	28.20	1133.02	5197.00	2728.90
余姚市	Yuyao	102.10	2410.00		16.50	1015.00	3.00
慈溪市	Cixi		2740.00		8.20	1230.00	9.90
奉化市	Fenghua		2020.00			580.00	54.80
象山县	Xiangshan		1600.00	69.50		470.00	642.80
宁海县	Ninghai		1690.00	17.20		578.00	128.90
温州市区	Wenzhou District	338.32	10842.99	36.73	59.20	2675.70	775.86
瑞安市	Ruian		3014.22	20.90		1087.54	129.00
乐清市	Yueqing		2961.89	10.89		817.17	784.00
洞头县	Dongtou		169.04	44.86		84.83	107.36
永嘉县	Yongjia		1440.25			667.11	7.84
平阳县	Pingyang		1830.45	5.37		571.61	16.61
苍南县	Cangnan		2206.70			364.60	265.39
文成县	Wencheng		558.90	3.27		137.67	0.74
泰顺县	Taishun		525.56			70.77	
嘉兴市区	Jiaxing District	199.30	3584.41	1.49	30.92	705.72	998.80
平湖市	Pinghu		1546.92	0.60		337.63	586.00
海宁市	Haining	117.94	1531.14	0.40	15.34	223.42	824.00
桐乡市	Tongxiang		1771.85			430.82	752.00
嘉善县	Jiashan	73.20	1371.77		25.50	314.96	937.00
海盐县	Haiyan		903.58			304.83	856.00
湖州市区	Huzhou District	16.69	4117.00		22.00	1437.00	2414.00
德清县	Deqing	11.63	852.00		13.00	929.00	762.00
长兴县	Changxing	68.20	990.00		179.00	708.00	2231.00
安吉县	Anji		1026.00			1145.00	1138.00
绍兴市区	Shaoxing District	98.60	2137.00	2.00	96.00	593.00	169.00
诸暨市	Zhuji	151.19	2985.00		25.00	2452.00	198.00
上虞市	Shangyu	75.20	1923.00		13.00	922.00	478.00

17－34 续表 continued

市县名称 City and County		客运量（万人）Passenger Traffic (10000 persons)			货运量（万吨）Freight Traffic (10000 tons)		
		铁路 Railway	公路 Highway	水运 Waterway	铁路 Railway	公路 Highway	水运 Waterway
嵊州市	Shengzhou		1845.00			986.00	42.00
绍兴县	Shaoxing	5.70	2628.00		4.00	1088.00	241.00
新昌县	Xinchang		1426.00			725.00	
金华市区	Jinhua District	790.80	2276.69		501.00	2338.12	
兰溪市	Lanxi	51.51	866.45	3.40	30.00	636.85	306.00
东阳市	Dongyang		2391.84	13.80		902.97	
义乌市	Yiwu	373.19	4723.95		60.00	2124.61	
永康市	Yongkang	36.55	1912.73		4.00	1548.09	
武义县	Wuyi	14.31	705.11		14.00	456.35	
浦江县	Pujiang	23.89	847.98		6.00	363.01	
磐安县	Panan		562.25			521.00	
衢州市区	Quzhou District	106.43	1245.00	9.50	103.07	1922.00	
江山市	Jiangshan	50.16	816.00		210.00	1058.00	
常山县	Changshan		279.00			492.00	
开化县	Kaihua		546.00			512.00	
龙游县	Longyou	35.75	598.00		17.03	684.00	4.20
舟山市区	Zhoushan District		4973.00	1457.00		1156.00	2140.00
岱山县	Daishan		732.00	32.00		131.00	142.00
嵊泗县	Shengsi		241.00	44.00		52.00	156.00
台州市区	Taizhou District		5619.00	4.00		2054.00	1700.00
温岭市	Wenling		2991.00			1128.00	450.00
临海市	Linhai		1613.00			670.00	155.00
玉环县	Yuhuan		1410.00	58.00		405.00	252.00
三门县	Sanmen		681.00	1.00		257.00	173.00
天台县	Tiantai		769.00			461.00	
仙居县	Xianju		660.00			218.00	
丽水市区	Lishui	45.29	659.00	2.00	93.65	819.00	69.00
龙泉市	LongQuan		337.00	4.00		214.00	2.00
青田县	Qingtian	31.85	355.00	2.00	3.41	216.00	303.00
云和县	Yunhe		97.00	15.00		163.00	3.00
庆元县	Qingyuan		190.00			145.00	
缙云县	Jinyun	16.80	340.00		32.04	230.00	
遂昌县	Suichang		207.00	3.00		193.00	1.00
松阳县	Songyang		195.00			184.00	
景宁自治县	Jingning		120.00	2.00		116.00	1.00

17－35 各市、县公路里程、邮电通信和用电量情况(2003年)

Length of Highways, Posts and Telecommunications, Electricity Consumption by City and County(2003)

市县名称 City and County		境内公路里程(公里) Length of Highways (km)	#高速公路 Expressway	民用汽车拥有量(辆) Civil Motor Vehicles (unit)	固定电话用户(万户) Telephone Subscribers (10000 subscribers)	年末移动电话用户数(万户) Number of Mobile Telephones Subscribers (10000 subscribers)
杭州市区	Hangzhou District	1931.12	189.99	267871	228.67	324.02
富阳市	Fuyang	845.02		21862	21.77	26.31
临安市	Linan	1553.07		14753	21.28	19.56
建德市	Jiande	688.62		7332	15.30	14.53
桐庐县	Tonglu	851.44		8152	14.55	14.75
淳安县	Chunan	823.53		3390	10.78	11.15
宁波市区	Ningbo District	1573.80	67.20	121116	107.10	225.35
余姚市	Yuyao	895.70	42	29397	34.70	40.90
慈溪市	Cixi	571.70		31429	41.50	42.99
奉化市	Fenghua	728.10	23.70	10204	18.40	18.84
象山县	Xiangshan	586.10		9971	16.60	26.65
宁海县	Ninghai	1164.60	50.90	8735	23.70	24.59
温州市区	Wenzhou District	576.53	49.43	66609	89.68	129.75
瑞安市	Ruian	534	16.00	43009	42.02	49.14
乐清市	Yueqing	654.00	66.00	32059	41.80	47.38
洞头县	Dongtou	108.50		2268	3.53	4.69
永嘉县	Yongjia	872.00		31264	18.70	22.68
平阳县	Pingyang	430.73	27.50	10579	22.02	32.58
苍南县	Cangnan	576.00	23.50	13795	35.01	41.90
文成县	Wencheng	704.00		4478	6.46	6.93
泰顺县	Taishun	992.00		3393	5.93	6.59
嘉兴市区	Jiaxing District	485.22	79.55	30607	32.20	41.78
平湖市	Pinghu	280.36	5.92	10901	17.62	21.08
海宁市	Haining	445.53	27.62	12783	23.29	27.11
桐乡市	Tongxiang	387.10	19.02	15791	21.87	28.48
嘉善县	Jiashan	173.95	14.75	11485	14.71	17.92
海盐县	Haiyan	233.89	2.70	7245	13.34	13.86
湖州市区	Huzhou District	747.00	34.00	29643	38.22	48.89
德清县	Deqing	495.00	22.00	9275	14.10	17.85
长兴县	Changxing	793.00	31.00	10895	17.99	17.96
安吉县	Anji	923.00		7926	12.03	15.12
绍兴市区	Shaoxing District	201.60	10.40	22743	33.00	39.53
诸暨市	Zhuji	988.54	53.13	27843	35.00	30.90
上虞市	Shangyu	520.24	57.85	15097	26.00	18.04

17－35 续表 1 continued

市县名称 City and County		境内公路里程（公里） Length of Highways (km)	#高速公路	民用汽车拥有量（辆） Civil Motor Vehicles (unit)	固定电话用户（万户） Telephone Subscribers (10000 subscribers)	年末移动电话用户数（万户） Number of Mobile Telephones Subscribers (10000 subscribers)
嵊州市	Shengzhou	903.96	31.84	10997	24.00	18.00
绍兴县	Shaoxing	718.24	17.46	22897	27.00	32.34
新昌县	Xinchang	834.30	34.51	7888	15.00	11.47
金华市区	Jinhua District	1382.00	69.00	30127	30.00	45.60
兰溪市	Lanxi	650.00	15.00	8927	16.00	15.06
东阳市	Dongyang	1423.00		17476	24.00	27.02
义乌市	Yiwu	823.00	22.00	43540	31.00	54.27
永康市	Yongkang	620.00	15.00	29057	17.00	26.20
武义县	Wuyi	839.00	26.00	5932	9.00	11.66
浦江县	Pujiang	500.00	13.00	6718	11.00	12.25
磐安县	Panan	555.00		3190	6.00	5.43
衢州市区	Quzhou District	771.00	35.00	14596	23.83	24.48
江山市	Jiangshan	663.00		8296	12.67	7.21
常山县	Changshan	371.00	42.00	3113	6.98	3.87
开化县	Kaihua	672.00		3267	6.99	3.90
龙游县	Longyou	546.00	24.00	3624	10.95	7.06
舟山市区	Zhoushan District	670.00		10951	31.00	41.88
岱山县	Daishan	208.00		1349	7.00	7.81
嵊泗县	Shengsi	85.00		634	3.20	4.78
台州市区	Taizhou District	873.00	21.00	66026	56.77	89.13
温岭市	Wenling	557.00	11.00	31080	35.14	48.72
临海市	Linhai	706.00	33.00	12672	26.39	29.75
玉环县	Yuhuan	260.00		13436	18.45	26.41
三门县	Sanmen	442.00	21.00	3555	8.87	9.38
天台县	Tiantai	560.00	42.00	4757	12.51	11.46
仙居县	Xianju	662.00		4906	11.00	10.17
丽水市区	Lishui	486.00	30.40	13538	13.21	20.08
龙泉市	LongQuan	903.00		2782	5.36	6.17
青田县	Qingtian	468.00		4139	8.58	10.28
云和县	Yunhe	259.00		1171	2.63	3.31
庆元县	Qingyuan	570.00		1282	3.88	3.30
缙云县	Jinyun	450.00	21.54	3828	8.15	9.60
遂昌县	Suichang	706.00		2057	5.05	4.89
松阳县	Songyang	366.00		1753	4.63	3.72
景宁自治县	Jingning	499.00		1149	3.19	3.33

17－35 续表 2 continued

市 县 名 称 City and County		电话普及率（部/百人） Number of Telephone Sets Owned per 100 persons（set/100 persons）	全年用电量（万千瓦小时） Total Electricity Consumption（10000 kwh）	#工业用电 Industrial Consumption	#城乡居民生活用电 Residential Consumption
杭州市区	Hangzhou District	140.57	1901158	1318689	236728
富阳市	Fuyang	77.05	244200	198663	30055
临安市	Linan	79.32	110732	7.6417	22077
建德市	Jiande	58.26	94023	77652	8904
桐庐县	Tonglu	74.42	51784	31754	11050
淳安县	Chunan	48.36	25584	17358	3903
宁波市区	Ningbo District	160.67	1048965	777792	114265
余姚市	Yuyao	91.71	247985	200972	26560
慈溪市	Cixi	83.89	370373	297535	49020
奉化市	Fenghua	77.35	83538	58697	16626
象山县	Xiangshan	82.18	53774	30192	13632
宁海县	Ninghai	82.91	85400	51436	18533
温州市区	Wenzhou District	162.97	644672	475407	100914
瑞安市	Ruian	81.01	254138	184205	42877
乐清市	Yueqing	77.10	168459	106629	50339
洞头县	Dongtou	66.36	6661	2140	3895
永嘉县	Yongjia	46.64	83816	45328	31838
平阳县	Pingyang	64.53	95951	58342	23812
苍南县	Cangnan	62.75	138146	72096	43781
文成县	Wencheng	36.81	12449	6852	3872
泰顺县	Taishun	35.98	13765	8190	4912
嘉兴市区	Jiaxing District	92.68	308220	231925	31479
平湖市	Pinghu	80.02	105178	77524	12557
海宁市	Haining	78.59	179370	125948	30537
桐乡市	Tongxiang	76.21	242903	203754	19409
嘉善县	Jiashan	85.69	110310	84309	13838
海盐县	Haiyan	74.62	130917	102060	11330
湖州市区	Huzhou District	80.87	302471	223781	35532
德清县	Deqing	75.47	116403	92837	11352
长兴县	Changxing	57.97	175367	142266	17299
安吉县	Anji	60.74	51767	33129	9003
绍兴市区	Shaoxing District	143.00	278521	216735	21489
诸暨市	Zhuji	84.00	266700	210708	32154
上虞市	Shangyu	76.00	132517	103109	14671

17－35 续表 3 continued

市县名称 City and County		电话普及率（部/百人）Number of Telephone Sets Owned per 100 persons（set/100 persons）	全年用电量（万千瓦小时）Total Electricity Consumption（10000 kwh）	#工业用电 Industrial Consumption	#城乡居民生活用电 Residential Consumption
嵊州市	Shengzhou	82.00	70824	49158	13409
绍兴县	Shaoxing	107.00	540416	482700	17658
新昌县	Xinchang	78.00	77732	55610	12871
金华市区	Jinhua District	86.13	156388	102997	21290
兰溪市	Lanxi	56.61	238706	223120	9210
东阳市	Dongyang	74.03	105678	79344	16297
义乌市	Yiwu	142.78	203225	132934	25626
永康市	Yongkang	104.87	109969	86351	14581
武义县	Wuyi	64.73	43759	32460	7545
浦江县	Pujiang	65.41	57911	39984	12772
磐安县	Panan	56.67	10858	6299	3088
衢州市区	Quzhou District	60.31	265097	236549	14241
江山市	Jiangshan	34.83	81000	70459	7156
常山县	Changshan	33.62	31694	25717	3447
开化县	Kaihua	31.73	25441	19509	3219
龙游县	Longyou	44.26	41936	30289	6876
舟山市区	Zhoushan District	105.70	110653	66416	19439
岱山县	Daishan	74.20	14156	9428	2895
嵊泗县	Shengsi	97.40	9553	5089	1396
台州市区	Taizhou District	125.78	352598	263285	52347
温岭市	Wenling	95.03	161028	114661	29537
临海市	Linhai	69.69	83531	51319	19457
玉环县	Yuhuan	138.18	101576	77685	19503
三门县	Sanmen	61.99	24602	14723	6927
天台县	Tiantai	55.52	33553	18961	8974
仙居县	Xianju	57.15	23015	12119	7799
丽水市区	Lishui	90.67	38648	18658	12623
龙泉市	LongQuan	41.85	16316	10520	3908
青田县	Qingtian	39.92	31923	17823	8247
云和县	Yunhe	54.31	12044	8080	3157
庆元县	Qingyuan	36.34	7344	3669	2098
缙云县	Jinyun	40.77	31890	22910	6114
遂昌县	Suichang	285.77	26231	21106	3157
松阳县	Songyang	36.14	11053	6497	2907
景宁自治县	Jingning	36.43	9368	5992	2351

17－36 各市、县固定资产投资(2003年)

Total Investment in Fixed Assets by City and County(2003)

单位:亿元 (100 million yuan)

市县名称	City and County	全社会固定资产投资 Total Investment in Fixed Assets	#固定资产投资 Investment in Fixed Assets	#基本建设投资 Capital Construction	#更新改造投资 Innovation
杭州市区	Hangzhou District	797.10	605.14	281.48	72.56
富阳市	Fuyang	72.69	27.73	12.81	3.55
临安市	Linan	46.38	31.42	9.79	9.07
建德市	Jiande	32.24	18.28	8.34	3.29
桐庐县	Tonglu	40.56	21.03	9.29	2.60
淳安县	Chunan	17.78	13.37	4.31	3.50
宁波市区	Ningbo District	522.90	402.81	236.23	40.21
余姚市	Yuyao	87.51	31.30	14.89	1.73
慈溪市	Cixi	123.10	67.97	30.60	1.60
奉化市	Fenghua	26.46	10.98	4.11	
象山县	Xiangshan	37.06	19.08	10.71	0.23
宁海县	Ninghai	40.55	22.56	14.41	
温州市区	Wenzhou District	253.18	227.31	106.17	16.23
瑞安市	Ruian	52.14	30.39	10.30	2.39
乐清市	Yueqing	51.38	21.55	13.18	0.88
洞头县	Dongtou	5.15	3.91	2.80	0.42
永嘉县	Yongjia	28.95	12.72	5.61	0.67
平阳县	Pingyang	23.15	13.48	8.09	1.17
苍南县	Cangnan	22.02	7.54	3.20	1.87
文成县	Wencheng	5.60	3.78	2.29	0.72
泰顺县	Taishun	7.04	4.89	4.01	0.19
嘉兴市区	Jiaxing District	185.23	128.18	91.70	9.02
平湖市	Pinghu	95.62	65.07	41.04	0.23
海宁市	Haining	80.22	26.98	17.79	1.39
桐乡市	Tongxiang	72.84	27.83	11.91	5.38
嘉善县	Jiashan	53.64	17.22	8.95	0.30
海盐县	Haiyan	38.04	17.63	4.80	8.11
湖州市区	Huzhou District	130.75	65.93	40.16	6.44
德清县	Deqing	48.34	19.90	8.21	1.24
长兴县	Changxing	58.06	23.35	12.72	4.47
安吉县	Anji	30.82	11.43	3.60	0.78
绍兴市区	Shaoxing District	167.41	109.60	61.24	8.41
诸暨市	Zhuji	88.52	22.18	12.40	0.39
上虞市	Shangyu	66.00	20.02	12.01	1.03

单位:亿元　　17-36 续表 1 continued　　(100 million yuan)

市县名称	City and County	全社会固定资产投资 Total Investment in Fixed Assets	#固定资产投资 Investment in Fixed Assets	#基本建设投资 Capital Construction	#更新改造投资 Innovation
嵊州市	Shengzhou	45.03	36.52	7.97	1.12
绍兴县	Shaoxing	146.59	84.06	48.85	6.90
新昌县	Xinchang	41.48	23.22	6.03	10.05
金华市区	Jinhua District	116.60	98.39	53.45	5.56
兰溪市	Lanxi	36.22	25.02	11.00	3.84
东阳市	Dongyang	60.80	32.02	16.96	1.82
义乌市	Yiwu	100.44	59.81	35.96	1.87
永康市	Yongkang	47.46	19.23	12.67	0.90
武义县	Wuyi	21.18	14.98	6.03	2.07
浦江县	Pujiang	23.54	18.50	9.83	1.00
磐安县	Panan	5.94	3.78	2.85	0.09
衢州市区	Quzhou District	76.93	69.31	29.84	14.76
江山市	Jiangshan	31.70	26.83	7.87	12.24
常山县	Changshan	17.20	14.13	6.66	5.57
开化县	Kaihua	11.10	9.30	3.97	1.55
龙游县	Longyou	23.49	20.49	6.58	10.33
舟山市区	Zhoushan District	58.15	44.02	22.65	4.28
岱山县	Daishan	8.18	4.75	2.27	0.03
嵊泗县	Shengsi	31.67	29.98	27.96	0.03
台州市区	Taizhou District	161.26	85.56	46.53	6.62
温岭市	Wenling	78.90	28.31	13.01	1.46
临海市	Linhai	40.59	23.28	16.81	0.61
玉环县	Yuhuan	48.63	21.26	17.03	
三门县	Sanmen	16.26	8.41	5.43	0.49
天台县	Tiantai	23.98	15.25	11.63	0.92
仙居县	Xianju	16.48	6.26	2.69	1.41
丽水市区	Lishui	43.76	42.26	20.40	0.72
龙泉市	LongQuan	14.80	14.41	8.88	3.27
青田县	Qingtian	30.59	29.10	17.04	3.31
云和县	Yunhe	7.94	7.12	5.79	0.25
庆元县	Qingyuan	5.11	4.93	2.63	0.07
缙云县	Jinyun	15.28	14.66	4.11	4.66
遂昌县	Suichang	11.70	11.12	5.90	2.23
松阳县	Songyang	8.10	7.56	5.46	1.28
景宁自治县	Jingning	5.02	4.52	3.86	0.35

市县名称	City and County	#房地产开发投资 Real Estate Development	#住宅 Residential Buildings	新增固定资产 Newly Incresaed Fixed Assets
杭州市区	Hangzhou District	217.64	162.44	405.25
富阳市	Fuyang	10.94	9.28	19.45
临安市	Linan	10.33	6.26	11.12
建德市	Jiande	6.62	5.43	7.64
桐庐县	Tonglu	8.06	6.34	11.16
淳安县	Chunan	5.25	4.26	5.11
宁波市区	Ningbo District	118.78	91.41	249.32
余姚市	Yuyao	13.68	9.54	21.02
慈溪市	Cixi	31.87	18.42	30.95
奉化市	Fenghua	5.94	4.79	6.36
象山县	Xiangshan	6.85	6.19	8.74
宁海县	Ninghai	7.14	6.50	12.82
温州市区	Wenzhou District	97.04	68.60	172.33
瑞安市	Ruian	17.13	13.31	16.21
乐清市	Yueqing	7.45	4.81	11.31
洞头县	Dongtou	0.69	0.55	4.29
永嘉县	Yongjia	6.28	4.74	6.98
平阳县	Pingyang	2.97	2.44	9.73
苍南县	Cangnan	2.47	1.84	9.60
文成县	Wencheng	0.75	0.48	1.53
泰顺县	Taishun	0.16	0.14	3.80
嘉兴市区	Jiaxing District	34.53	26.27	42.97
平湖市	Pinghu	11.37	9.26	38.42
海宁市	Haining	5.48	4.27	46.40
桐乡市	Tongxiang	8.44	6.16	26.34
嘉善县	Jiashan	7.92	5.98	20.92
海盐县	Haiyan	4.69	3.80	18.07
湖州市区	Huzhou District	18.44	11.02	22.38
德清县	Deqing	10.22	5.27	6.75
长兴县	Changxing	6.16	4.18	19.89
安吉县	Anji	6.70	3.92	6.95
绍兴市区	Shaoxing District	34.25	24.93	59.44
诸暨市	Zhuji	8.61	6.70	17.13
上虞市	Shangyu	4.36	3.64	8.39

市县名称 City and County		#房地产开发投资 Real Estate Development	#住宅 Residential Buildings	新增固定资产 Newly Incresaed Fixed Assets
嵊州市	Shengzhou	4.90	2.88	8.90
绍兴县	Shaoxing	18.11	12.02	37.45
新昌县	Xinchang	4.23	3.93	9.92
金华市区	Jinhua District	35.98	28.25	43.05
兰溪市	Lanxi	4.89	3.27	8.22
东阳市	Dongyang	6.91	5.81	13.61
义乌市	Yiwu	21.09	12.16	21.64
永康市	Yongkang	3.16	1.69	11.31
武义县	Wuyi	2.55	1.40	10.65
浦江县	Pujiang	2.86	2.21	14.86
磐安县	Panan	0.12		1.25
衢州市区	Quzhou District	21.24	13.31	55.84
江山市	Jiangshan	6.70	4.41	16.03
常山县	Changshan	1.89	1.24	7.24
开化县	Kaihua	2.11	1.27	6.64
龙游县	Longyou	3.58	2.86	10.42
舟山市区	Zhoushan District	15.67	14.14	29.69
岱山县	Daishan	1.07	0.96	5.14
嵊泗县	Shengsi	1.44	1.19	5.87
台州市区	Taizhou District	30.68	21.82	53.50
温岭市	Wenling	9.37	8.16	23.94
临海市	Linhai	5.64	3.44	4.78
玉环县	Yuhuan	4.23	3.53	9.79
三门县	Sanmen	2.49	2.37	3.57
天台县	Tiantai	2.64	1.84	5.45
仙居县	Xianju	1.45	1.27	2.07
丽水市区	Lishui	7.40	5.42	21.04
龙泉市	LongQuan	1.38	1.07	6.24
青田县	Qingtian	8.46	5.26	7.66
云和县	Yunhe	1.05	0.73	1.69
庆元县	Qingyuan	0.23	0.11	2.13
缙云县	Jinyun	4.19	2.00	15.65
遂昌县	Suichang	2.43	2.28	10.10
松阳县	Songyang	0.43	0.16	2.31
景宁自治县	Jingning	0.26	0.21	4.33

17 – 36 续表 4 continued

市 县 名 称 City and County	施工住宅 面积 （万平方米） Flovr Space Under Construction （10000 sq. m）	竣工住宅 面积 （万平方米） Flovr Space Completed （10000 sq. m）	商品房屋 销售面积 （万平方米） Flovr Space of Commercial Houses Sold（10000 sq. m）	商品房屋 销售额 （亿元） Total Value of Commercial Houses Sold（100 million yuan）
杭州市区 Hangzhou District	2580.77	874.28	456.25	194.62
富阳市 Fuyang	187.65	67.91	28.92	9.13
临安市 Linan	110.60	51.90	27.25	7.04
建德市 Jiande	73.72	25.51	18.29	3.69
桐庐县 Tonglu	105.36	28.11	15.83	2.48
淳安县 Chunan	75.69	20.90	8.94	1.82
宁波市区 Ningbo District	1302.26	384.00	386.75	115.24
余姚市 Yuyao	102.97	57.08	52.59	15.09
慈溪市 Cixi	175.21	49.85	57.94	16.52
奉化市 Fenghua	45.83	16.14	11.39	2.45
象山县 Xiangshan	67.20	24.71	21.49	3.85
宁海县 Ninghai	50.94	18.84	18.43	4.03
温州市区 Wenzhou District	1206.27	353.41	200.61	71.21
瑞安市 Ruian	319.43	145.85	12.91	4.04
乐清市 Yueqing	219.99	183.88	13.60	3.21
洞头县 Dongtou	16.12	8.57	3.01	0.40
永嘉县 Yongjia	131.97	57.67	13.16	3.43
平阳县 Pingyang	141.41	106.57	23.72	4.94
苍南县 Cangnan	73.71	57.26	17.95	2.89
文成县 Wencheng	26.06	21.17	1.91	0.40
泰顺县 Taishun	34.21	27.88	2.53	0.34
嘉兴市区 Jiaxing District	354.20	74.73	103.17	23.01
平湖市 Pinghu	126.27	39.49	31.81	4.94
海宁市 Haining	68.53	21.53	40.08	8.10
桐乡市 Tongxiang	67.65	23.66	22.80	4.09
嘉善县 Jiashan	71.58	21.52	27.78	4.77
海盐县 Haiyan	42.45	15.88	20.85	4.13
湖州市区 Huzhou District	131.95	41.70	70.36	13.53
德清县 Deqing	93.83	20.96	25.88	4.62
长兴县 Changxing	70.58	27.82	37.61	6.26
安吉县 Anji	43.44	16.45	33.64	6.01
绍兴市区 Shaoxing District	246.13	90.19	78.91	20.85
诸暨市 Zhuji	82.09	35.18	41.10	9.52
上虞市 Shangyu	85.21	27.04	28.09	5.14

17－36 续表5 continued

市 县 名 称 City and County		施工住宅面积（万平方米） Flovr Space Under Construction (10000 sq. m)	竣工住宅面积（万平方米） Flovr Space Completed (10000 sq. m)	商品房屋销售面积（万平方米） Flovr Space of Commercial Houses Sold (10000 sq. m)	商品房屋销售额（亿元） Total Value of Commercial Houses Sold (100 million yuan)
嵊州市	Shengzhou	30.05	9.25	26.05	6.37
绍兴县	Shaoxing	132.88	44.89	40.24	12.53
新昌县	Xinchang	38.28	10.78	11.79	2.82
金华市区	Jinhua District	522.56	197.49	145.44	24.67
兰溪市	Lanxi	75.67	20.46	22.87	3.98
东阳市	Dongyang	216.44	113.71	44.32	7.43
义乌市	Yiwu	201.99	66.65	33.40	8.39
永康市	Yongkang	68.47	25.26	8.29	2.21
武义县	Wuyi	112.34	43.68	5.76	1.03
浦江县	Pujiang	68.66	31.42	11.83	2.84
磐安县	Panan	12.85	8.24		
衢州市区	Quzhou District	336.55	155.01	97.57	18.41
江山市	Jiangshan	104.25	49.92	17.25	3.14
常山县	Changshan	38.67	10.39	12.02	1.87
开化县	Kaihua	39.42	19.81	14.36	2.28
龙游县	Longyou	100.11	48.85	8.12	1.14
舟山市区	Zhoushan District	187.26	74.90	60.24	15.92
岱山县	Daishan	20.21	12.52	8.96	1.61
嵊泗县	Shengsi	20.59	7.90	5.78	1.04
台州市区	Taizhou District	529.23	157.45	77.90	21.92
温岭市	Wenling	229.12	62.49	30.93	9.69
临海市	Linhai	89.17	24.15	17.44	3.69
玉环县	Yuhuan	96.18	55.18	19.30	5.17
三门县	Sanmen	42.79	10.67	6.46	1.27
天台县	Tiantai	79.31	42.16	14.10	2.54
仙居县	Xianju	39.73	6.82	2.36	0.39
丽水市区	Lishui	79.08	24.98	30.44	8.47
龙泉市	LongQuan	17.32	7.61	6.35	0.78
青田县	Qingtian	44.42	12.78	13.44	2.84
云和县	Yunhe	7.67	2.80	2.47	0.35
庆元县	Qingyuan	4.00	0.91		
缙云县	Jinyun	17.63	7.96	14.25	2.26
遂昌县	Suichang	19.03	11.28	11.40	1.71
松阳县	Songyang	2.76	1.04	0.69	0.17
景宁自治县	Jingning	8.34	4.89	4.46	0.53

17－37 各市、县内外贸易情况(2003年)
Domestic and Foreign Trade by City and County(2003)

市县名称	City and County	社会消费品零售额(亿元) Total Retail Sales of Consumber Goods (100 million yuan)	批发、零售贸易业商品销售总额(亿元) Total Sales of Wholesale and Retailsale Trade (100 million yuan)	进口总额(万美元) Imports (10000 USD)	出口总额(万美元) Exports (10000 USD)
杭州市区	Hangzhou District	483.02	2126.30	699207	1018707
富阳市	Fuyang	31.72	39.96	22157	19184
临安市	Linan	24.85	9.68	3509	19270
建德市	Jiande	15.00	17.46	1274	10499
桐庐县	Tonglu	20.93	7.78	1447	23365
淳安县	Chunan	11.99	7.18	698	4461
宁波市区	Ningbo District	208.80	921.80	514898	816968
余姚市	Yuyao	81.29	34.51	28256	114938
慈溪市	Cixi	106.96	88.88	31988	160912
奉化市	Fenghua	33.74	88.48	89531	33011
象山县	Xiangshan	50.66	12.66	4610	48045
宁海县	Ninghai	40.09	9.02	4281	33496
温州市区	Wenzhou District	280.59	402.93	63675	247906
瑞安市	Ruian	57.56	38.81	13253	38649
乐清市	Yueqing	52.80	46.41	3370	30123
洞头县	Dongtou	3.52	20.70	18154	1648
永嘉县	Yongjia	32.82	7.80	368	4182
平阳县	Pingyang	34.82	9.25	3207	11549
苍南县	Cangnan	48.00	15.31	3061	6487
文成县	Wencheng	6.95	1.56	19	1797
泰顺县	Taishun	5.46	1.80		54
嘉兴市区	Jiaxing District	69.42	163.99	66960	93474
平湖市	Pinghu	29.50	19.25	64360	91656
海宁市	Haining	73.05	48.90	26547	80468
桐乡市	Tongxiang	68.54	37.48	22934	37509
嘉善县	Jiashan	23.62	14.88	19031	29734
海盐县	Haiyan	23.62	16.09	9723	28778
湖州市区	Huzhou District	92.57	98.27	11835	63916
德清县	Deqing	26.99	21.74	7046	17043
长兴县	Changxing	37.22	9.46	708	7850
安吉县	Anji	25.56	8.55	1027	12333
绍兴市区	Shaoxing District	74.04	67.80	52219	76511
诸暨市	Zhuji	53.38	39.87	9877	53315
上虞市	Shangyu	46.88	33.32	6111	37414

17－37 续表 continued

市县名称 City and County		社会消费品零售额（亿元）Total Retail Sales of Consumber Goods（100 million yuan）	批发、零售贸易业商品销售总额（亿元）Total Sales of Wholesale and Retailsale Trade（100 million yuan）	进口总额（万美元）Imports（10000 USD）	出口总额（万美元）Exports（10000 USD）
嵊州市	Shengzhou	43.10	9.61	2859	21717
绍兴县	Shaoxing	39.49	43.77	65459	236665
新昌县	Xinchang	26.28	6.86	6296	27691
金华市区	Jinhua District	64.48	93.22	3261	41089
兰溪市	Lanxi	26.70	14.95	1765	9158
东阳市	Dongyang	38.62	25.52	3233	38295
义乌市	Yiwu	52.51	67.04	5428	73389
永康市	Yongkang	26.90	30.43	4946	46884
武义县	Wuyi	10.61	9.32	734	8492
浦江县	Pujiang	14.32	6.24	1272	11566
磐安县	Panan	5.20	2.68	41	3416
衢州市区	Quzhou District	31.51	32.06	5252	8540
江山市	Jiangshan	20.11	5.43	74	1574
常山县	Changshan	10.27	2.81	75	2069
开化县	Kaihua	9.76	2.53	304	1648
龙游县	Longyou	19.40	6.03	178	3161
舟山市区	Zhoushan District	57.44	57.85	7838	49998
岱山县	Daishan	11.63	4.85	172	3737
嵊泗县	Shengsi	6.05	5.78	52	216
台州市区	Taizhou District	101.83	134.24	46142	121000
温岭市	Wenling	65.95	60.47	5777	57299
临海市	Linhai	35.42	19.55	8926	31391
玉环县	Yuhuan	18.92	32.13	1959	31918
三门县	Sanmen	8.53	3.62	363	4772
天台县	Tiantai	17.21	4.71	387	6688
仙居县	Xianju	12.48	3.67	180	12004
丽水市区	Lishui	34.40	17.42	1338	3985
龙泉市	LongQuan	8.88	5.76	5	3655
青田县	Qingtian	15.17	6.00	490	4924
云和县	Yunhe	3.67	2.39	40	1973
庆元县	Qingyuan	5.45	1.27	6	742
缙云县	Jinyun	13.82	4.31	141	6259
遂昌县	Suichang	7.19	5.92	680	3633
松阳县	Songyang	7.05	1.76		367
景宁自治县	Jingning	4.85	2.73	86	1333

17－38　各市、县外国和港澳台地区在华直接投资情况(2003 年)

Foreign Funded Enterprises and Enterprises Funded by Entrepreneurs from Hong Kong, Macao & Taiwan by City and County(2003)

市县名称	City and County	新签协议(合同)数(个) Number of Agreements & Contracts Newly Signed (unit)	合同外资金额(万美元) Value for Utilization of Foreign Capital (USD 10000)	实际使用外资金额(万美元) Amount of Foreign Capital Actually Used (USD 10000)	已投产(开业)企业(个) Enterprises Put into Operation (unit)	从业人员(人) Employed Persons (person)
杭州市区	Hangzhou District	684	165994	83875	1544	184622
富阳市	Fuyang	66	8543	4606	126	16215
临安市	Linan	40	8074	3513	76	3037
建德市	Jiande	14	4624	2773	23	478
桐庐县	Tonglu	50	5629	3131	82	12328
淳安县	Chunan	15	7240	2952	13	430
宁波市区	Ningbo District	787	227643	116787		
余姚市	Yuyao	130	55048	25081		
慈溪市	Cixi	118	37069	21159		
奉化市	Fenghua	54	5078	3805		
象山县	Xiangshan	50	8572	2217		
宁海县	Ninghai	70	10972	3678		
温州市区	Wenzhou District	108	19057	7603	420	92377
瑞安市	Ruian	13	4151	1730	83	12260
乐清市	Yueqing	19	3116	1117	97	12819
洞头县	Dongtou	1	26	59	6	497
永嘉县	Yongjia	12	1747	821	29	3639
平阳县	Pingyang	12	1232	540	53	9490
苍南县	Cangnan	7	171	99	8	667
文成县	Wencheng	1	15			
泰顺县	Taishun	1	13		1	83
嘉兴市区	Jiaxing District	206	80083	28324	233	42404
平湖市	Pinghu	70	21601	10668	102	58898
海宁市	Haining	95	27031	10109	148	21021
桐乡市	Tongxiang	91	29791	8021	107	28766
嘉善县	Jiashan	148	43275	17526	202	29201
海盐县	Haiyan	25	7858	5120	72	11707
湖州市区	Huzhou District	176	61931	23634	223	20527
德清县	Deqing	123	28305	10983	115	17564
长兴县	Changxing	82	28476	10009	32	3895
安吉县	Anji	98	26065	9108	41	6508
绍兴市区	Shaoxing District	114	33226	15760	233	44564
诸暨市	Zhuji	103	25657	11081	115	23968

17－38 续表 continued

市县名称 City and County		新签协议(合同)数(个) Number of Agreements & Contracts Newly Signed (unit)	合同外资金额(万美元) Value for Utilization of Foreign Capital (USD 10000)	实际使用外资金额(万美元) Amount of Foreign Capital Actually Used (USD 10000)	已投产(开业)企业(个) Enterprises Put into Operation (unit)	从业人员(人) Employed Persons (person)
上虞市	Shangyu	100	20212	10842	256	45646
嵊州市	Shengzhou	96	26309	10006	93	14113
绍兴县	Shaoxing	119	36022	23016	244	68839
新昌县	Xinchang	36	8695	3566	56	8181
金华市区	Jinhua District	81	22051	10193	71	8483
兰溪市	Lanxi	37	5857	2023	36	4297
东阳市	Dongyang	43	6838	2135	57	6962
义乌市	Yiwu	99	23478	7164	56	14999
永康市	Yongkang	13	3346	2021	19	3421
武义县	Wuyi	11	3318	803	9	1202
浦江县	Pujiang	32	4686	1040	22	3809
磐安县	Panan	9	609	371	13	938
衢州市区	Quzhou District	22	4372	1381	71	2874
江山市	Jiangshan	5	228	149	29	338
常山县	Changshan	4	274	217	13	264
开化县	Kaihua	1	173		6	
龙游县	Longyou	7	350	322	26	1136
舟山市区	Zhoushan District	28	4649	1406	70	11411
岱山县	Daishan	4	326	288	10	1596
嵊泗县	Shengsi	1	26	10	7	391
台州市区	Taizhou District	87	22039	10452	155	14109
温岭市	Wenling	25	7869	4506	76	34726
临海市	Linhai	30	3970	2511	94	8681
玉环县	Yuhuan	25	2745	2306	80	11904
三门县	Sanmen	14	985	169	15	1663
天台县	Tiantai	5	863	1000	10	1268
仙居县	Xianju	14	1733	644	49	5944
丽水市区	Lishui	8	3138	171		2755
龙泉市	LongQuan	1	37	25		330
青田县	Qingtian		482	384		3068
云和县	Yunhe		130	131		1415
庆元县	Qingyuan					
缙云县	Jinyun		324	272		1385
遂昌县	Suichang		364	146		35
松阳县	Songyang	1	287	64		120
景宁自治县	Jingning		100	53		

17－39 各市、县财政收支情况(2003 年)

Total Financial Revenue and Expenditure by City and County(2003)

单位:亿元 (100 million yuan)

市县名称 City and County		财政总收入 Total Financial Revenue	地方财政预算内收入 Total Local Government Budgetary Financial Revenue	地方财政预算内支出 Total Local Government Financial Expenditure	#科学事业费 Expenses for Science	#教育事业费 Expenses for Education
杭州市区	Hangzhou District	286.15	129.08	134.05	0.58	16.70
富阳市	Fuyang	17.72	8.28	9.89	0.03	3.05
临安市	Linan	8.15	4	5.24	0.02	1.37
建德市	Jiande	7.20	3.59	5.20	0.01	1.22
桐庐县	Tonglu	7.38	3.61	4.69	0.01	0.99
淳安县	Chunan	3.11	1.83	4.53	0.01	1.22
宁波市区	Ningbo District	228.76	95.97	122.05	0.44	11.60
余姚市	Yuyao	26.23	11.99	15.73	0.02	2.29
慈溪市	Cixi	35.01	16.82	19.69	0.03	2.96
奉化市	Fenghua	11.29	4.41	6.80	0.01	1.37
象山县	Xiangshan	10.71	4.67	7.64	0.01	1.65
宁海县	Ninghai	13.01	5.56	8.33	0.01	1.91
温州市区	Wenzhou District	81.24	44.25	24.75	0.32	5.78
瑞安市	Ruian	19.49	9.49	10.40	0.01	3.03
乐清市	Yueqing	22.23	9.72	11.35	0.02	3.13
洞头县	Dongtou	1.51	0.86	2.56	0.01	0.51
永嘉县	Yongjia	8.66	4.38	5.55		1.83
平阳县	Pingyang	7.53	3.87	6.22	0.04	1.46
苍南县	Cangnan	8.22	4.58	7.08	0.02	2.51
文成县	Wencheng	1.46	0.92	3.21	0.01	0.89
泰顺县	Taishun	1.43	0.89	3.13	0.01	0.73
嘉兴市区	Jiaxing District	26.08	12.61	14.54	0.10	2.63
平湖市	Pinghu	13.88	5.94	6.56	0.08	1.37
海宁市	Haining	18.08	7.65	8.65	0.03	1.84
桐乡市	Tongxiang	16.38	7.20	8.29	0.07	1.79
嘉善县	Jiashan	10.30	4.35	4.87	0.04	1.69
海盐县	Haiyan	8.01	3.47	4.31	0.04	1.13
湖州市区	Huzhou District	23.72	12.18	13.90	0.05	2.99
德清县	Deqing	10.15	5.11	5.78	0.01	1.08
长兴县	Changxing	10.32	4.58	5.90	0.01	1.41
安吉县	Anji	7.01	3.39	4.90	0.01	1.19
绍兴市区	Shaoxing District	26.66	14.16	14.64	0.07	2.36
诸暨市	Zhuji	18.16	8.97	9.91	0.21	2.93
上虞市	Shangyu	13.86	5.95	7.42	0.02	2.19

市县名称 City and County		财政总收入 Total Financial Revenue	地方财政预算内收入 Total Local Government Budgetary Financial Revenue	地方财政预算内支出 Total Local Government Financial Expenditure	#科学事业费 Expenses for Science	#教育事业费 Expenses for Education
嵊州市	Shengzhou	9.02	4.40	5.28	0.03	1.43
绍兴县	Shaoxing	30.83	13.54	15.02	0.04	2.33
新昌县	Xinchang	8.80	3.48	4.79	0.01	1.38
金华市区	Jinhua District	22.22	11.24	15.35	0.15	3.38
兰溪市	Lanxi	7.49	3.39	4.55	0.02	1.32
东阳市	Dongyang	10.77	4.95	6.36	0.02	1.93
义乌市	Yiwu	23.07	11.88	11.37	0.04	3.15
永康市	Yongkang	13.16	5.92	6.54	0.05	2.20
武义县	Wuyi	4.63	2.31	3.79	0.01	0.91
浦江县	Pujiang	5.07	2.33	3.33	0.02	0.97
磐安县	Panan	2.38	1.12	2.84	0.02	0.64
衢州市区	Quzhou District	11.03	6.49	11.84	0.03	2.07
江山市	Jiangshan	4.44	2.71	4.39	0.02	1.29
常山县	Changshan	2.71	1.61	3.90	0.02	0.86
开化县	Kaihua	1.88	1.15	3.31	0.01	0.79
龙游县	Longyou	3.16	2.08	3.59	0.01	1.03
舟山市区	Zhoushan District	15.71	9.25	17.26	0.09	2.93
岱山县	Daishan	1.94	1.15	3.28	0.01	0.67
嵊泗县	Shengsi	1.33	0.99	2.55	0.01	0.43
台州市区	Taizhou District	46.58	24.57	28.94	0.28	5.71
温岭市	Wenling	22.29	9.74	11.47	0.01	3.50
临海市	Linhai	13	6.49	8.57	0.06	2.21
玉环县	Yuhuan	12.21	5.13	7.33	0.01	1.48
三门县	Sanmen	4.11	2.14	4.10		0.88
天台县	Tiantai	5.60	2.58	4.52	0.01	1.49
仙居县	Xianju	4.89	2.05	3.97	0.01	1.12
丽水市区	Lishui	7.85	5	9.93	0.11	1.75
龙泉市	LongQuan	1.92	1.12	3.41	0.01	0.75
青田县	Qingtian	3.72	2.26	4.85	0.06	1.28
云和县	Yunhe	1.37	0.80	2.61	0.01	0.42
庆元县	Qingyuan	0.96	0.51	2.63	0.01	0.55
缙云县	Jinyun	3.57	1.77	3.82	0.01	1.12
遂昌县	Suichang	3.06	1.55	2.84	0.01	0.71
松阳县	Songyang	1.50	0.90	2.48	0.01	0.62
景宁自治县	Jingning	1.69	0.87	3.03	0.01	0.51

17－40 各市、县金融和保险业(2003年)
Finance and Insurance by City and County(2003)

单位:亿元 (100 million yuan)

市县名称	City and County	金融机构年末存款余额 Deposits in Financial Institutions	#城乡居民储蓄存款年末余额 Savings Deposits of Urban and Rural Residents	金融机构年末贷款余额 Loans in Financial Institutions	承保额 Amount Insured	保费 Premium	赔款、给付 Settled Claim
杭州市区	Hangzhou District	4046.27	1264.89	3400.94	7625.29	54.65	13.37
富阳市	Fuyang	134.42	61.56	108.02	86.10	3.38	0.89
临安市	Linan	85.61	42.52	76.16	66.65	3.24	0.62
建德市	Jiande	69.22	39.65	42.23	60.05	2.27	0.47
桐庐县	Tonglu	66.74	36.60	40.70	63.24	1.79	0.42
淳安县	Chunan	37.27	21.20	18.85	49.26	1.27	0.34
宁波市区	Ningbo District	1845.91	639.32	1476.71	7396.96	24.36	5.53
余姚市	Yuyao	233.88	122.07	170.54	618.48	3.37	1.02
慈溪市	Cixi	322.05	174.31	250.11	933.18	5.16	1.40
奉化市	Fenghua	93.85	53.18	72.45	411.99	1.98	0.55
象山县	Xiangshan	66.58	36.70	60.57	296.83	1.77	0.46
宁海县	Ninghai	66.77	34.06	72.41	270.03	1.71	0.50
温州市区	Wenzhou District	1060.82	513.94	806.55		15.41	2.02
瑞安市	Ruian	201.36	117.88	146.55		4.51	0.91
乐清市	Yueqing	195.28	100.31	151.06	155.20	3.33	0.68
洞头县	Dongtou	10.76	4.90	4.70	17.22	0.17	0.05
永嘉县	Yongjia	87.58	53.63	60.82	39.86	2.15	0.38
平阳县	Pingyang	70.56	46.96	55.40	93.66	2.12	0.35
苍南县	Cangnan	82.33	50.70	64.46	113.42	1.95	0.39
文成县	Wencheng	26.80	18.70	12.34	7.64	0.45	0.07
泰顺县	Taishun	20.84	13.28	11.04	8.36	0.43	0.07
嘉兴市区	Jiaxing District	345.43	148.25	271.60	837.72	10.74	1.90
平湖市	Pinghu	135.93	72.64	97.44	192.97	2.71	0.55
海宁市	Haining	186.55	109.21	127.75	225.92	2.60	0.59
桐乡市	Tongxiang	163.90	100.78	108.46	215.52	2.63	0.64
嘉善县	Jiashan	93.90	53.83	65.50	76.98	1.21	0.33
海盐县	Haiyan	102.24	56.79	87.08	140.41	2.68	0.48
湖州市区	Huzhou District	271.49	141.92	209.38	772.87	6.53	1.07
德清县	Deqing	82.50	46.62	57.36	305.07	2.69	0.37
长兴县	Changxing	84.54	42.67	60.33	298.08	2.34	0.39
安吉县	Anji	47.88	29.34	38.38	273.20	1.74	0.32
绍兴市区	Shaoxing District	460.92	193.77	400.39	769.48	6.82	1.84
诸暨市	Zhuji	186.36	102.33	132.38	337.16	3.70	0.99

市县名称 City and County		金融机构年末存款余额 Deposits in Financial Institutions	#城乡居民储蓄存款年末余额 Savings Deposits of Urban and Rural Residents	金融机构年末贷款余额 Loans in Financial Institutions	承保额 Amount Insured	保费 Premium	已决赔款 Settled Claim
上虞市	Shangyu	177.74	105.13	128.30	2598.27	3.04	0.78
嵊州市	Shengzhou	90.32	57.12	67.51	207.44	2.61	0.66
绍兴县	Shaoxing	292.91	166.98	202.81	441.35	2.81	0.92
新昌县	Xinchang	71.92	39.57	55.41	207.73	1.76	0.49
金华市区	Jinhua District	284.36	112.01	286.49	550.71	5.67	1.24
兰溪市	Lanxi	57.19	34.04	43.77	210.40	1.52	0.29
东阳市	Dongyang	150.83	92.28	102.39	251.81	4.02	0.59
义乌市	Yiwu	390.01	168.34	254.49	694.53	6.64	1.02
永康市	Yongkang	137.10	79.26	110.43	636.17	3.13	0.57
武义县	Wuyi	40.43	21.32	30.39	118.13	1.02	0.16
浦江县	Pujiang	43.40	26.72	31.39	142.32	1.62	0.24
磐安县	Panan	16.58	9.22	8.34	91.96	0.41	0.14
衢州市区	Quzhou District	150.02	67.22	135.05	248.40	3.08	0.70
江山市	Jiangshan	59.04	33.98	47.68	177.79	1.74	0.41
常山县	Changshan	26.88	15.33	16.20	54.29	0.83	0.21
开化县	Kaihua	24.18	14.20	17.73	49.58	0.84	0.24
龙游县	Longyou	48.45	26.61	38.01	128.43	1.41	0.30
舟山市区	Zhoushan District	213.79	99.93	162.67	2406.36	5.36	1.42
岱山县	Daishan	26.90	18.58	15.33	285.93	1.05	0.19
嵊泗县	Shengsi	18.67	9.43	12.12	162.09	0.51	0.10
台州市区	Taizhou District	526.12	234.36	425.77	819.51	7.80	2.32
温岭市	Wenling	209.33	132.83	143.77	504.91	4.08	0.85
临海市	Linhai	126.98	64.97	89.74	309.87	2.41	0.65
玉环县	Yuhuan	73.42	39.74	59.92	183.02	1.90	0.55
三门县	Sanmen	29.46	15.64	27.43	64.24	0.78	0.22
天台县	Tiantai	47.04	26.61	35.34	135.71	1.27	0.32
仙居县	Xianju	43.84	28.02	27.11	182.17	1.27	0.33
丽水市区	Lishui	95	44.70	95.63	120.12	2.97	1.07
龙泉市	LongQuan	24.59	14.17	19.25	22.29	0.62	0.12
青田县	Qingtian	63.09	46.18	30.59	22.27	0.92	0.12
云和县	Yunhe	14.26	6.45	9.80	23.79	0.26	0.06
庆元县	Qingyuan	13.13	8.13	6.74	12.93	0.37	0.06
缙云县	Jinyun	37.54	22.47	28.34	28.09	0.85	0.14
遂昌县	Suichang	22.43	10.69	18.53	32.98	0.68	0.11
松阳县	Songyang	16.63	9.78	13.24	16.04	0.60	0.11
景宁自治县	Jingning	12.99	5.67	8.73	9.61	0.20	0.05

17-41 各市、县社会保险福利情况(2003 年)

Basic Statistics on Social Insurance & Welfare by City and County(2003)

单位:万人 (10000 persons)

市县名称	City and County	基本养老保险参保人数 Persons Participating in The Basic Retirement Security Program	基本医疗保险参保人数 Persons Participating in the Basic Health Care Program	失业保险人数 Persons Participating in the Unemployment Insurance Program
杭州市区	Hangzhou District	109.93	132.57	82.43
富阳市	Fuyang	11.95	3.49	4.86
临安市	Linan	5.15	3.82	2.39
建德市	Jiande	5.68	5.70	3.82
桐庐县	Tonglu	4.28	5.27	2.36
淳安县	Chunan	3.07	4.80	2.85
宁波市区	Ningbo District	62.33	59.17	44.18
余姚市	Yuyao	12.06	7.76	7.03
慈溪市	Cixi	12.16	6.88	7.25
奉化市	Fenghua	5.20	3.66	4.02
象山县	Xiangshan	4.05	3.10	4.86
宁海县	Ninghai	4.93	3.67	3.39
温州市区	Wenzhou District	29.55	18.94	16.07
瑞安市	Ruian	13.15	6.19	2.44
乐清市	Yueqing	7.25	1.63	3.21
洞头县	Dongtou	1.19	0.26	0.50
永嘉县	Yongjia	5.21	1	2.80
平阳县	Pingyang	7.90	0.86	3.60
苍南县	Cangnan	6.17	0.62	3.50
文成县	Wencheng	1.15	1.22	0.90
泰顺县	Taishun	1.85	1.33	0.89
嘉兴市区	Jiaxing District	15.37	5.85	11.80
平湖市	Pinghu	9.05	5.96	3.93
海宁市	Haining	9.65	4.22	5.47
桐乡市	Tongxiang	8.50	4.74	4.93
嘉善县	Jiashan	6	3.55	3.68
海盐县	Haiyan	5.18	3.96	4
湖州市区	Huzhou District	15.61	13.01	10.94
德清县	Deqing	7.80	4.55	3
长兴县	Changxing	6.73	3.22	3.31
安吉县	Anji	5.19	3.32	2.31
绍兴市区	Shaoxing District	21.15	13.44	11.50
诸暨市	Zhuji	12.98	7.16	5.30

市县名称 City and County		基本养老保险参保人数 Persons Participating in The Basic Retirement Security Program	基本医疗保险参保人数 Persons Participating in the Basic Health Care Program	失业保险人数 Persons Participating in the Unemployment Insurance Program
上虞市	Shangyu	10.91	4.90	5.00
嵊州市	Shengzhou	9.18	4.38	4.80
绍兴县	Shaoxing	16.24	4.28	5.60
新昌县	Xinchang	7.25	6.36	4.60
金华市区	Jinhua District	10.03	11.58	10.19
兰溪市	Lanxi	5.51	4.89	5.10
东阳市	Dongyang	7.01	4.22	3.90
义乌市	Yiwu	6.14	4.55	4.52
永康市	Yongkang	5.58	3.36	3.70
武义县	Wuyi	2.56	2.15	2.53
浦江县	Pujiang	2.05	1.90	2.51
磐安县	Panan	1.22	0.98	1.00
衢州市区	Quzhou District	10.56	10.77	7.02
江山市	Jiangshan	2.99	3.16	2.20
常山县	Changshan	1.73	1.97	1.30
开化县	Kaihua	1.59	1.40	1.31
龙游县	Longyou	2.80	2.07	2.20
舟山市区	Zhoushan District	9.85	12.96	9.51
岱山县	Daishan	1.93	2.23	1.01
嵊泗县	Shengsi	0.93	1.19	0.70
台州市区	Taizhou District	23.42	10.68	13.33
温岭市	Wenling	8.24	5.47	5.50
临海市	Linhai	9.54	6.57	6.40
玉环县	Yuhuan	7.36	2.80	2.05
三门县	Sanmen	2.08	0.22	1.05
天台县	Tiantai	3.06	2.15	1.80
仙居县	Xianju	2.73	1.71	1.94
丽水市区	Lishui	3.63	4.86	3.00
龙泉市	LongQuan	1.72	1.16	1.30
青田县	Qingtian	1.34	1.80	1.28
云和县	Yunhe	0.76	0.73	0.61
庆元县	Qingyuan	1.00	0.93	0.71
缙云县	Jinyun	1.46	1.81	1.26
遂昌县	Suichang	1.86	2.00	1.38
松阳县	Songyang	0.98	1.13	0.88
景宁自治县	Jingning	0.66	0.91	0.79

17-41 续表2 continued

市县名称 City and County		社会福利院数(个) Social Welfare Homes(unit)	社会福利院床位数(张) Beds of Social Welfare Homes(bed)	社区服务设施数(个) Number of Community Service Facilities Established in Urban Areas (unit)	居民最低生活保障线以下人数(人) Residents under Minimum Life Guarantee Relief (person)
杭州市区	Hangzhou District	103	4483	1763	10548
富阳市	Fuyang	23	882		646
临安市	Linan	22	495	12	403
建德市	Jiande	23	611	12	346
桐庐县	Tonglu	25	543	6	546
淳安县	Chunan	27	446	47	961
宁波市区	Ningbo District	74	6579	2125	14860
余姚市	Yuyao	30	1318	423	1361
慈溪市	Cixi	23	1418	860	738
奉化市	Fenghua	17	960	70	556
象山县	Xiangshan	19	519	10	550
宁海县	Ninghai	20	1115	8	498
温州市区	Wenzhou District	54	5206	7384	7195
瑞安市	Ruian	96	8814	1737	850
乐清市	Yueqing	25	689	2380	305
洞头县	Dongtou	11	189	232	830
永嘉县	Yongjia	29	1154	1865	193
平阳县	Pingyang	43	625	2858	478
苍南县	Cangnan	55	2458	286	224
文成县	Wencheng	35	468	88	284
泰顺县	Taishun	36	397	452	1171
嘉兴市区	Jiaxing District	18	893	161	7478
平湖市	Pinghu	11	616	275	3951
海宁市	Haining	19	932	41	8423
桐乡市	Tongxiang	18	1135	111	7126
嘉善县	Jiashan	19	807	20	4582
海盐县	Haiyan	9	605	13	4175
湖州市区	Huzhou District	27	1454	693	3910
德清县	Deqing	22	795	2	678
长兴县	Changxing	16	1195	76	1176
安吉县	Anji	19	573	4	785
绍兴市区	Shaoxing District	21	1194	507	2010
诸暨市	Zhuji	30	755	19	683
上虞市	Shangyu	26	893	401	1234

17－41 续表3 continued

市县名称 City and County		社会福利院数（个）Social Welfare Homes(unit)	社会福利院床位数（张）Beds of Social Welfare Homes(bed)	社区服务设施数（个）Number of Community Service Facilities Established in Urban Areas (unit)	居民最低生活保障线以下人数（人）Residents under Minimum Life Guarantee Relief (person)
嵊州市	Shengzhou	33	1615	32	179
绍兴县	Shaoxing	22	1356	29	1469
新昌县	Xinchang	17	763	15	144
金华市区	Jinhua District	37	1051	146	1053
兰溪市	Lanxi	29	1001	31	1611
东阳市	Dongyang	15	790	9	146
义乌市	Yiwu	20	1237	24	164
永康市	Yongkang	8	472	17	167
武义县	Wuyi	19	250	25	337
浦江县	Pujiang	16	241	46	255
磐安县	Panan	10	177		228
衢州市区	Quzhou District	31	942	40	1029
江山市	Jiangshan	20	1818	40	857
常山县	Changshan	19	422	68	925
开化县	Kaihua	23	1116	10	1122
龙游县	Longyou	18	373		781
舟山市区	Zhoushan District	49	945	88	1747
岱山县	Daishan	10	142	10	278
嵊泗县	Shengsi	7	133	2	105
台州市区	Taizhou District	38	2187	340	719
温岭市	Wenling	22	887	20	399
临海市	Linhai	24	334	155	467
玉环县	Yuhuan	18	704	27	736
三门县	Sanmen	11	264		340
天台县	Tiantai	18	265		350
仙居县	Xianju	15	580		297
丽水市区	Lishui	22	334	22	1048
龙泉市	LongQuan	18	185	3	590
青田县	Qingtian	27	195	4	102
云和县	Yunhe	16	78	6	375
庆元县	Qingyuan	22	295		279
缙云县	Jinyun	26	310	6	109
遂昌县	Suichang	21	337	3	317
松阳县	Songyang	22	204	6	445
景宁自治县	Jingning	25	251	4	341

17－42 各市、县各类学校在校学生数(2003年)

Students Enrollment by Type of School ,City and County(2003)

市县名称	City and County	高等学校(人) Institutions of Higher Education (person)	中等职业学校(人) Vocational Secondary Schools (person)	普通中学(万人) Regular Secondary Schools (10000 persons)	小学(万人) Primary Schools (10000 persons)
杭州市区	Hangzhou District	259687	62318	21.56	26.03
富阳市	Fuyang	19	8892	3.88	4.96
临安市	Linan	10092	5917	3.20	3.80
建德市	Jiande		4837	3.59	3.94
桐庐县	Tonglu		4100	2.59	2.91
淳安县	Chunan		5329	2.88	3.26
宁波市区	Ningbo District	80108	42721	12.44	18.55
余姚市	Yuyao		10792	4.71	7.00
慈溪市	Cixi		11785	6.02	8.57
奉化市	Fenghua		6279	2.25	3.79
象山县	Xiangshan		3706	2.55	3.43
宁海县	Ninghai		8730	3.02	3.92
温州市区	Wenzhou District	39868	30629	9.60	13.49
瑞安市	Ruian		14159	7.20	8.15
乐清市	Yueqing		14394	8.82	10.16
洞头县	Dongtou		595	0.58	0.62
永嘉县	Yongjia		5818	5.13	6.60
平阳县	Pingyang		6207	5.53	6.52
苍南县	Cangnan		12243	8.49	11.67
文成县	Wencheng		971	1.97	2.02
泰顺县	Taishun		508	1.87	2.79
嘉兴市区	Jiaxing District	18677	12431	4.84	6.87
平湖市	Pinghu		6136	2.79	4.01
海宁市	Haining		7549	3.84	4.70
桐乡市	Tongxiang		8017	0.36	5.72
嘉善县	Jiashan		3492	2.32	3.21
海盐县	Haiyan		2751	1.99	3.17
湖州市区	Huzhou District	12051	15493	6.67	7.80
德清县	Deqing		4906	2.62	3.09
长兴县	Changxing		8114	3.51	5.07
安吉县	Anji		7820	2.78	3.29
绍兴市区	Shaoxing District	19344	19621	3.80	5.15
诸暨市	Zhuji		11279	7.62	8.12
上虞市	Shangyu		6328	4.61	6.07

17－42 续表 continued

市县名称 City and County		高等学校（人） Institutions of Higher Education (person)	中等职业学校（人） Vocational Secondary Schools (person)	普通中学（万人） Regular Secondary Schools (10000 persons)	小学（万人） Primary Schools (10000 persons)
嵊州市	Shengzhou		7160	4.11	4.71
绍兴县	Shaoxing		11159	4.79	6.79
新昌县	Xinchang		7853	2.49	2.70
金华市区	Jinhua District	39870	10277	5.00	6.00
兰溪市	Lanxi			4.00	5.00
东阳市	Dongyang	1078	2357	5.00	6.00
义乌市	Yiwu	2735		4.00	6.00
永康市	Yongkang			4.00	4.00
武义县	Wuyi			2.00	2.00
浦江县	Pujiang			2.00	3.00
磐安县	Panan			1.00	1.00
衢州市区	Quzhou District	7160	16862	4.58	5.29
江山市	Jiangshan		6531	3.27	4.06
常山县	Changshan		1967	1.73	1.91
开化县	Kaihua		2479	1.65	2.13
龙游县	Longyou		5380	2.19	2.80
舟山市区	Zhoushan District	6146	12216	4.09	3.68
岱山县	Daishan		908	1.03	1.05
嵊泗县	Shengsi			0.39	0.50
台州市区	Taizhou District	4348	2589	8.26	10.20
温岭市	Wenling		1293	7.36	6.71
临海市	Linhai	7420	5949	5.53	7.57
玉环县	Yuhuan			2.22	2.52
三门县	Sanmen			2.34	2.25
天台县	Tiantai			3.50	3.42
仙居县	Xianju			2.30	3.42
丽水市区	Lishui	12006	12968	2.34	2.99
龙泉市	LongQuan		3326	1.20	2.00
青田县	Qingtian		2414	2.37	3.44
云和县	Yunhe		1520	0.53	0.74
庆元县	Qingyuan		1459	0.83	1.29
缙云县	Jinyun		7789	2.44	2.78
遂昌县	Suichang		2006	1.05	1.38
松阳县	Songyang		3191	1.12	1.41
景宁自治县	Jingning		544	0.75	0.89

17-43 各市、县专业技术人员和体育场馆(2003年)
Specialized Technical Persons and Sports Grounds and Gymnsium by City and County(2003)

市县名称 City and County		各类专业技术人员数(万人) Scientific and technological Personnel (10000 persons)	#中级技术职称以上人员数 Persons with Intermediate Technical Title Level and above	体育场馆数(个) Number of Sports Grounds and Gymnsiums (unit)
杭州市区	Hangzhou District	26.28	11.54	34
富阳市	Fuyang	2.11	0.77	2
临安市	Linan	1.64	0.55	7
建德市	Jiande	1.30	0.46	
桐庐县	Tonglu	0.87	0.31	1
淳安县	Chunan	0.87	0.31	1
宁波市区	Ningbo District	28.30	10.41	111
余姚市	Yuyao	3.38	0.85	15
慈溪市	Cixi	2.12	0.62	38
奉化市	Fenghua	1.71	0.55	13
象山县	Xiangshan	1.83	0.49	19
宁海县	Ninghai	2.34	0.55	11
温州市区	Wenzhou District	8.28	2.76	23
瑞安市	Ruian	2.56	0.91	20
乐清市	Yueqing	4.69	2.36	9
洞头县	Dongtou	0.29	0.10	3
永嘉县	Yongjia	2.10	0.58	3
平阳县	Pingyang	1.76	0.58	6
苍南县	Cangnan	1.95	0.52	1
文成县	Wencheng	0.46	0.17	1
泰顺县	Taishun	0.59	0.20	
嘉兴市区	Jiaxing District	3.37	1.39	3
平湖市	Pinghu	1.21	0.38	1
海宁市	Haining	1.40	0.44	1
桐乡市	Tongxiang	1.46	0.47	1
嘉善县	Jiashan	1.02	0.35	2
海盐县	Haiyan	1.20	0.50	2
湖州市区	Huzhou District	4.69	1.53	7
德清县	Deqing	0.98	0.19	1
长兴县	Changxing	2.02	0.50	1
安吉县	Anji	1.21	0.25	1
绍兴市区	Shaoxing District	3.14	1.18	12
诸暨市	Zhuji	4.49	1.54	12
上虞市	Shangyu	2.67	0.91	6

17－43 续表 continued

市县名称 City and County		各类专业技术人员数（万人） Scientific and technological Personnel (10000 persons)	#中级技术职称以上人员数 Persons with Intermediate Technical Title Level and above	体育场馆数（个） Number of Sports Grounds and Gymnsiums (unit)
嵊州市	Shengzhou	1.66	0.58	5
绍兴县	Shaoxing	2.96	0.94	7
新昌县	Xinchang	1.76	0.58	1
金华市区	Jinhua District	1.81	0.82	9
兰溪市	Lanxi	0.76	0.32	2
东阳市	Dongyang	0.91	0.39	2
义乌市	Yiwu	1.00	0.41	3
永康市	Yongkang	0.77	0.33	1
武义县	Wuyi	0.48	0.19	1
浦江县	Pujiang	0.49	0.20	1
磐安县	Panan	0.30	0.10	1
衢州市区	Quzhou District	2.39	1.01	30
江山市	Jiangshan	1.61	0.41	1
常山县	Changshan	0.82	0.22	
开化县	Kaihua	0.58	0.19	1
龙游县	Longyou	0.80	0.24	1
舟山市区	Zhoushan District	1.39	0.74	77
岱山县	Daishan	0.34	0.15	24
嵊泗县	Shengsi	0.14	0.06	5
台州市区	Taizhou District	5.25	1.87	14
温岭市	Wenling	3.01	0.88	14
临海市	Linhai	2.19	0.81	6
玉环县	Yuhuan	1.13	0.39	1
三门县	Sanmen	0.71	0.24	3
天台县	Tiantai	1.12	0.35	9
仙居县	Xianju	0.95	0.35	3
丽水市区	Lishui	0.97	0.51	2
龙泉市	LongQuan	0.49	0.14	1
青田县	Qingtian	0.57	0.17	2
云和县	Yunhe	0.23	0.08	3
庆元县	Qingyuan	0.36	0.11	1
缙云县	Jinyun	0.61	0.25	
遂昌县	Suichang	0.38	0.15	3
松阳县	Songyang	0.36	0.12	1
景宁自治县	Jingning	0.34	0.11	2

17 – 44 各市、县文化和卫生事业主要指标(2003 年)
The Culture and Public Health by City and County(2003)

市县名称 City and County		剧场和影剧院数(个) Number of Theaters and Music Halls (unit)	公共图书馆图书藏量(千册) Total Collections of Books in Public Libraries (1000 copies)	医院卫生院数(个) Number of Health Institutions (unit)	医院卫生院床位数(张) Number of Beds in Health Institutions (bed)	医生数(人) Doctor(person)
杭州市区	Hangzhou District	40	6520	171	19412	12731
富阳市	Fuyang	5	110	46	1299	1140
临安市	Linan	3	160	45	1219	796
建德市	Jiande	5	120	40	1261	771
桐庐县	Tonglu	4	120	30	886	621
淳安县	Chunan	1	90	63	832	555
宁波市区	Ningbo District	14	847	125	8062	6114
余姚市	Yuyao	2	182	26	1544	1077
慈溪市	Cixi	1	174	27	1637	1260
奉化市	Fenghua	1	111	33	1723	784
象山县	Xiangshan		144	32	980	635
宁海县	Ninghai	2	92	47	925	760
温州市区	Wenzhou District	7	1017	65	6580	4951
瑞安市	Ruian	12	177	64	1710	1332
乐清市	Yueqing	15	175	61	2125	1051
洞头县	Dongtou	1	68	15	149	143
永嘉县	Yongjia	4	106	65	837	668
平阳县	Pingyang	4	150	77	1144	977
苍南县	Cangnan	2	123	53	1283	740
文成县	Wencheng	2	47	69	438	289
泰顺县	Taishun	2	33	62	333	733
嘉兴市区	Jiaxing District	13	557	45	3262	1467
平湖市	Pinghu	16	255	22	1041	609
海宁市	Haining	16	269	24	1535	695
桐乡市	Tongxiang	23	211	36	1755	797
嘉善县	Jiashan	15	161	15	1134	538
海盐县	Haiyan	4	196	19	1066	426
湖州市区	Huzhou District	14	356	37	3791	2008
德清县	Deqing	9	125	21	1123	693
长兴县	Changxing	2	104	38	1819	989
安吉县	Anji	2	106	35	1322	691
绍兴市区	Shaoxing District	4	508	31	2397	1478
诸暨市	Zhuji	10	171	101	2263	1724
上虞市	Shangyu	8	171	57	1243	971

17－44 续表 continued

市县名称 City and County		剧场和影剧院数（个）Number of Theaters and Music Halls (unit)	公共图书馆图书藏量（千册）Total Collections of Books in Public Libraries (1000 copies)	医院卫生院数（个）Number of Health Institutions (unit)	医院卫生院床位数（张）Number of Beds in Health Institutions (bed)	医生数（人）Doctor (person)
嵊州市	Shengzhou	12	187	54	1242	975
绍兴县	Shaoxing	5		37	2169	1252
新昌县	Xinchang	3	159	52	1060	594
金华市区	Jinhua District	3	496	106	3975	1876
兰溪市	Lanxi	1	81	63	1113	752
东阳市	Dongyang	4	167	63	1635	1220
义乌市	Yiwu	5	170	56	2044	1274
永康市	Yongkang	1	153	45	1350	716
武义县	Wuyi	2	101	31	692	475
浦江县	Pujiang	4	152	36	632	497
磐安县	Panan		44	33	423	232
衢州市区	Quzhou District	2	197	51	2190	1652
江山市	Jiangshan	1	64	35	943	878
常山县	Changshan	1	53	23	538	416
开化县	Kaihua	1	65	30	688	485
龙游县	Longyou		46	30	780	445
舟山市区	Zhoushan District	6	178	55	2420	1532
岱山县	Daishan	1	115	18	570	305
嵊泗县	Shengsi	3	65	12	326	162
台州市区	Taizhou District	24	256	64	3966	2122
温岭市	Wenling	13	174	41	1967	1320
临海市	Linhai	9	263	35	2108	995
玉环县	Yuhuan	4	98	14	850	443
三门县	Sanmen	3	53	35	569	369
天台县	Tiantai	4	57	14	878	484
仙居县	Xianju	7	130	26	697	527
丽水市区	Lishui	3	150	36	2043	964
龙泉市	LongQuan	3	167	46	551	410
青田县	Qingtian	2	97	62	516	323
云和县	Yunhe	1	130	20	256	161
庆元县	Qingyuan	2	52	43	364	222
缙云县	Jinyun	3	100	47	831	460
遂昌县	Suichang	1	95	34	442	277
松阳县	Songyang	3	82	27	423	257
景宁自治县	Jingning	1	60	37	320	203

ZHEJIANG STATISTICAL YEARBOOK

附 录

Appendix

Chapter 18

附表 1 重点企业建立现代企业制度跟踪监测主要指标（2003 年）

	企业数（个）	资本金	资产合计（万元）	销售收入（万元）	利润总额（万元）	从业人员（人）
总计	**385**	**7017445**	**42447396**	**39425054**	**2549579**	**676345**
按重点企业类型分						
520 户国家重点企业	16	766983	5554548	3627787	178757	79286
重组为集团的原 512 户企业	1	252375	1389345	2936054	160334	8525
省级重点企业	345	6550419	39539629	36912314	2586678	622538
现企原国家百户试点企业	2	54504	389300	150191	7979	4891
现企原省级试点企业	102	1664756	8794955	6258960	438649	175713
试点集团母公司	3	176600	2504892	3763929	102863	31887
按主营行业分						
采矿业	3	33239	142057	119647	182	11002
制造业	334	4782380	30999895	32383086	2113757	624153
电力、燃气及水的生产和供应业	1	8000	23230	10947	463	98
建筑业	2	41131	194749	125918	2731	3785
交通运输、仓储和邮电业	4	241239	1307331	288177	40198	13176
信息传输、计算机服务和软件业	3	14051	102510	49073	7552	1351
批发和零售业	10	325198	3085803	5193006	110335	12875
住宿和餐饮业	1	21580	52795	17895	1637	713
金融业	1	90000	121245		2038	51
租赁和商务服务业	26	1460627	6417781	1237305	270686	9141
按控股情况分						
国有绝对控股	74	3108933	16129184	12202050	780084	169751
国有相对控股	24	439561	2366966	2044114	134629	28419
集体绝对控股	24	579852	3691167	4589358	192992	78238
集体相对控股	17	160582	1265919	2007215	117111	24586
其他	246	2728517	18994160	18582317	1324763	375351
按企业规模分						
大型	110	3518041	25495034	27331688	1489924	427616
中型	238	2638073	13486132	11622384	928733	239400
小型	28	122256	587466	431585	39934	8850
其他	9	739075	2878764	39397	90988	479
按登记注册类型分						
国有企业	14	345163	3100779	2524383	318614	44569
国有独资公司	32	1676265	8249964	4641517	326762	53104
其他有限责任公司	201	2786213	16572813	17241384	1073867	340798
股份有限公司	98	1472281	9978509	10819508	547159	170763
中外合资企业	17	316542	1238045	999609	117335	30613
港澳台合资企业	11	259068	816198	536898	25976	12639
其他	12	161913	2491088	2661755	139866	23859

附表2　重点企业建立现代企业制度跟踪监测财务指标

单位:万元

指　　标	2002年	2003年
年末资产总计	**34730485**	**42447396**
固定资产原价	13046276	15268333
累计折旧	3948142	4722532
#本年折旧	716978	939362
无形资产	975325	1226229
累计对外投资	5786272	6566314
#本年对外投资	692082	868902
#本年对境外投资	1597	248
长期投资	5956829	7137271
短期投资	511565	557820
存货	4407643	5724956
流动资产年平均余额	14342108	18414903
应收帐款	2864353	3281641
年末负债合计	16795566	22162402
流动负债	13741785	18154272
年末股东(所有者)权益合计	17934919	20284994
股本(实收资本)	7164950	7151934
主营业务收入	30182973	38850675
#主营业务成本	24979115	32753861
#主营业务税金及附加	736792	863570
其他业务收入	438044	574379
新产品销售收入	4465243	6028376
出口销售总额	6076119	7381444
存货跌价损失和营业、管理、财务等费用合计	2749810	3474619
#税金	67895	83765
#劳动、待业保险费	118447	122246
#职工教育费	9917	12984
#广告费	134651	186327
#利息支出	393585	472162
投资收益	340317	527647
营业外收入	77616	115879
利润总额	2143737	2549579
应交所得税	494301	592401
应缴增值税	923507	1042944
固定资产投资完成额	2037036	2691614
研究开发费用	303825	424374

注:表中两年数据均为385家重点企业建立现代企业制度跟踪监测2003年年报统计数。

附表3　重点企业建立现代企业制度跟踪监测劳动工资指标

指标	年末人数(人)		劳动报酬(万元)	
	2002 年	2003 年	2002 年	2003 年
从业人员	**613652**	**676345**	**981916**	**1139488**
#在岗职工	607456	669777	973707	1129776
#其他从业人员	6196	6568	8209	9712
#研究开发人员	23972	28751	68150	87061

附表4　重点企业建立现代企业制度跟踪监测主营业务指标

指标	单位	2002 年	2003 年
农林牧渔业总产值(现价)	万元	1101.86	1165.23
采矿业企业工业总产值(现价)	万元	86301	93023
制造业企业工业总产值(现价)	万元	28365383	34903737
电气及水的生产和供应业企业工业总产值(现价)	万元	5300	8900
建筑业总产值(现价)	万元	1046988	1412240
交通运输业			
货运量	万吨	12362	14691
客运量	万人	1293	1173
批发零售业企业商品销售总额	万元	4653050	6105505
外贸企业进出口总额	万美元	246674	325864
#出口额	万美元	170500	194381

附表5　全省企业集团基本情况(2003年)

指　　标	单位数（个）	资产合计（万元）	营业收入（万元）	从业人员（人）	劳动报酬总额（万元）
总计	**281**	**47514405**	**53956058**	**1097517**	**1835937**
#国家重点	13	6571367	6757784	109720	250337
按审批部门分					
国务院	3	3245251	4660158	53863	124266
国务院主管部门	11	2617429	2526284	88234	144546
省级人民政府	99	14190949	14621696	246993	384172
省级政府主管部门	89	14030036	14880378	310393	539357
其他	79	13430740	17267542	398034	643596
按母公司主营行业类别分					
采矿业	1	38523	44317	1371	2859
制造业	210	32507139	36492575	719476	1173111
电气水的生产和供应业	4	976433	422673	8623	15488
建筑业	24	4899459	6179725	298636	492315
交通运输、仓储和邮电业	4	447071	198628	7499	20415
批发和零售业	26	6586337	10057191	54559	112568
住宿和餐饮业	1	19040	9060	426	335
房地产业	8	1651317	459264	3046	6919
其他	3	389086	92625	3881	11927
按母公司登记注册类型分					
国有企业	8	2463451	2425157	37646	83956
国有独资公司	23	7245761	8313702	94268	203447
其他有限责任公司	164	23006963	24332762	566244	924599
股份有限公司	55	9410669	11647651	278024	408887
中外合资企业	2	151904	138483	6198	9847
港澳台合资企业	4	514356	537793	22488	32992
其他	25	4721301	6560510	92649	172209

附表 5　全省企业集团基本情况(2003 年)(续 1)

指　　标	单位数（个）	资产合计（万元）	营业收入（万元）	从业人员（人）	劳动报酬总额（万元）
按母公司控股情况分					
国有绝对控股	45	12801470	13478052	174538	377999
国有相对控股	16	3554725	4625499	79063	125451
集体绝对控股	31	6203781	7473979	157296	254394
集体相对控股	22	1656776	2225672	38813	51625
其他	167	23297653	26152856	647807	1026468
按成立时间分					
1990 年及以前	6	3386822	3422040	92796	193275
1991 年	3	811919	861500	12845	33865
1992 年	11	2495237	3120099	42122	69142
1993 年	32	6707541	6791728	126915	201574
1994 年	55	7996354	9401770	185998	332125
1995 年	57	6437814	7757973	210624	321839
1996 年	43	7869055	10047783	130084	201994
1997 年	20	1774504	1900570	54637	99651
1998 年	15	3318049	3844079	69840	123337
1999 年	12	1532465	1149229	31366	50128
2000 年	8	771980	842640	23953	38790
2001 年	10	2192782	2674240	38959	49792
2002 年	6	2058840	1942890	69921	110721
2003 年	3	161043	199517	7457	9704
按资产总计分					
50 亿元及以上	19	15768221	17236005	270311	535814
40—50 亿元	6	2832529	3695671	43749	72592
30—40 亿元	12	4100900	5010017	67136	115673
20—30 亿元	28	6949038	7572846	152213	272914
10—20 亿元	73	10270604	11104875	293762	435344
5—10 亿元	78	5690683	7174885	197054	303323
5 亿元以下	65	1902430	2161759	73292	100277

注:全省企业集团包括:①省批及以上企业集团;②我省列入国家重点企业的大企业(集团);③年末资产总计、年主营业务收入均在 5 亿元以上的其他各类企业集团。

附表6　全省企业集团财务指标

单位：万元

指　　标	2002年	2003年
年末资产总计	**37541847**	**47514405**
固定资产原价	13025945	15613679
累计折旧	3833016	4511690
#本年折旧	741943	923109
无形资产	1085005	1451031
累计对外投资	2410033	2906860
#本年对外投资	526753	698168
#本年对境外投资	964	248
长期投资	2744934	3323622
短期投资	577612	843771
存货	5926404	8431697
流动资产年平均余额	19710593	24632925
应收帐款	3483103	4226022
年末负债合计	22436251	29620462
流动负债	19434922	25133866
年末少数股东权益	2266660	2660979
年末股东(所有者)权益合计	12838936	15232964
股本(实收资本)	6738707	7426448
主营业务收入	39314244	52859822
#主营业务成本	33572997	45552312
#主营业务税金及附加	374638	493560
其他业务收入	659918	1096236
新产品销售收入	5583401	7547346
出口销售总额	5287231	6810004
存货跌价损失和营业、管理、财务等费用合计	3826432	4714967
#税金	89709	95362
#劳动、待业保险费	121265	137040
#职工教育费	28475	39554
#广告费	233628	293530
#利息支出	441750	562708
投资收益	271677	285388
营业外收入	108211	130476
利润总额	2167526	2860409
应交所得税	580601	736154
应缴增值税	991056	1161326
固定资产投资完成额	2091494	2755692
研究开发费用	326529	468008

注：表中两年数据均为281家企业集团2003年年报统计数。

附表 7　全省企业集团劳动工资

单位:万元

指　　标	年末从业人数(人)		劳动报酬(万元)	
	2002 年	2003 年	2002 年	2003 年
从业人员	**972774**	**1097517**	**1509738**	**1835937**
#在岗职工	923353	1046518	1446004	1769895
#其他从业人员	49421	50999	63734	66042
#研究开发人员	22309	27148	69276	89868

附表 8　全省企业集团主要业务指标

单位:万元

指标	单位	2002 年	2003 年
农林牧渔业总产值(现价)	**万元**	**18391**	**22844**
采矿业企业工业总产值(现价)	万元	22459	56165
制造业企业工业总产值(现价)	万元	23427197	29860886
电气及水的生产和供应业企业工业总产值(现价)	万元	275260	373908
建筑业总产值(现价)	万元	4790793	6815861
交通运输业			
货运量	万吨	5130	6142
客运量	万人	19216	23991
批发零售业企业商品销售总额	万元	11063227	15272192
外贸企业进出口总额	万美元	586367	757796
#出口额	万美元	451913	562962

2003 年全省按新标准确定的部分大中型工业企业基本情况

企业名称	法人代表	电话号码	邮政编码	生产主要产品
杭 州 市				
杭州机床集团有限公司	宋金根	0571－87295819	310003	磨床
杭州市食品酿造有限公司	徐建明	0571－85044545	310017	酱油、米醋、糕点(月饼)、酱、酱菜、调料、黄酒等
中国石化集团杭州炼油厂	陈 霆	0571－88467100	310015	汽、煤、柴油、溶剂油、液化气;白色油;化学试剂
杭州西湖台钻有限公司	陈满娣	0571－88083917	310011	台式钻床、立式钻床、铣钻床、强力钻床、摇臂钻床、攻丝机、钻攻两用机、万能摇臂铣等
杭州印铁制罐有限公司	金明荣	0571－86065028	310016	18L 水煮笋空罐、18L 化工方桶、9L 水煮笋空罐、16L 化工圆罐、300 克方茶叶空罐
杭州制氧机集团有限公司	蒋 明	0571－85372001	310004	气体、液体分离及纯净设备制造业,风机、风扇制造业,气体压缩机械制造
杭州萧山自来水公司	郑劲松	0571－82671349	311203	自来水
杭州余杭华明制衣有限公司	丁明儿	0571－86259751	311100	真丝服装
浙江兴惠化纤集团有限公司	项兴富	0571－82784830	311209	化纤涤丝、化纤布
杭州帝凯化工有限公司	董根生	0571－82989898	311222	分散染料、ZBLN、FB 红等
杭州联化水泥有限公司	俞 超	0571－82473476	311251	32.5R 普通硅酸盐水泥、32.5R 普通复合水泥
杭州博卡制衣有限公司	戚荣华	0571－86296188	311101	服装
杭州恒生印染有限公司	陈松夫	0571－86138008	311100	加工印染
杭州汽发铸造厂	王根生	0571－88013812	310015	铸铁件
杭州铣床制造有限公司	周献官	0571－86930001	314422	铣床、液压搬运车
杭州杭机通用机床有限公司	叶荫青	0571－86018960	310017	平面磨床
杭州富春江化工有限公司	沈金荣	0571－63435027	311402	母炼胶加工、炭黑
杭州东信灵通电子实业公司	沈余银	0571－88917974	310012	金融产品和无线通信系列产品的生产、销售、服务、研发。金融产品包括现金类 ATM 产品系列,CRS 现金循环系统,CDT 多张现金存款机,PP200 客户现金打印机,非现金类 POS 支付系统,EC9008 系列自动智能终端,ATM 组网方案等
浙江宏发集团有限公司	陆张法	0571－82993420	311223	全棉、TR、锦纶等系列纺织服装面料及各类西装、时装面料,各类 DTY、FDY、POY 涤纶丝,各类针织内衣服装等

企业名称	法人代表	电话号码	邮政编码	生产主要产品
浙江美术地毯制造有限公司	孙祖法	0571－86227673	311100	机织阿克敏斯特地毯、机织威尔顿地毯、簇绒地毯
富阳市马铁厂	楼献忠	0571－63206162	311404	冷轧带钢、建筑钢管、建筑钢模、马铁铸件、建筑扣件
浙江华特实业集团有限公司	童礼明	0571－63720623	311300	有机膨润土、膨润土、建筑涂料、节能灯
杭州下沙恒升化工有限公司	章筱江	0571－86923520	310018	酸性染料
杭州红申电器有限公司	张雅琴	0571－82699208	311234	电器零部件和智能电气部件
杭州春兰电器有限公司	倪定中	0571－82462168	311251	各种类型的吸尘器电机及干湿两用吸尘器电机
浙江宏丰钢结构有限公司	王金法	0571－63415519	311422	重型H钢和高频焊接H钢生产线、箱型柱生产线
杭州金泰纸业有限公司	俞军松	0571－63585799	311400	涂布白板纸
杭州汽车发动机厂	王根生	0571－88078888	310005	汽车柴油发动机、汽车发动机配件
浙江申达塑料机械有限公司	盛文忠	0571－87091051	310038	生产经营塑料机械、电器、液压一体化的成套设备，模具、机械加工及有关配件和制品，上述产品的技术服务
杭州月牙湖包装有限公司	朱孟军	0571－86719888	310019	纸制品、纸箱、纸盒
杭州市名师集团有限公司	贾伟国	0571－88545488	311115	手工教材、纸箱产品、教学仪器等
浙江力达现代纺织有限公司	王忠雄	0571－86138325	311100	雪尼尔纱及各种花式纱线和特种化纤
浙江美浓丝网印刷有限公司	马民权	0571－88308030	310030	印刷包装品
浙江建德建业有机化工有限公司	冯　烈	0571－64149275	311604	增塑剂
浙江红剑集团有限公司	周凤剑	0571－82699215	311234	聚酯切片、涤纶预取向丝、涤纶牵伸丝、涤纶低弹丝、涤纶低弹网络丝
杭州东华机电器材集团有限公司	宣碧华	0571－85147178	310021	链条
杭州凰顺国际贸易有限公司	汪峰贤	0571－88210380	310012	橡胶发泡体、密封圈、塑胶跑道、环氧地坪设计及施工、胶辊、气垫床、聚氯酯、胶粘剂、固化剂、氨基酸及对外贸易和转口贸易
杭州张小泉集团有限公司	丁成红	0571－88844788	310011	剪刀、刀具
杭州市五丰冷食有限公司	郭晋清	0571－86068908	310016	冷饮、速冻
浙江德意控股集团有限公司	高德康	0571－82838788	311215	家用电器、厨柜、汽车销售、置业、传媒
建德海螺水泥有限责任公司	李顺安	0571－64592977	311614	熟料、水泥

企业名称	法人代表	电话号码	邮政编码	生产主要产品
杭州杭挂机电有限公司	陈永兴	0571－87322311	310024	农用运输车、拖拉机变型运输机
浙江爱迪尔包装集团公司	王鑫炎	0571－82522868	311245	卷烟商标、环保型全息防伪真空镀铝纸、彩印纸箱纸盒
浙江桐庐三亚进出口贸易有限公司	王　淀	0571－64244718	311500	绢丝衫、帽子、手套、围巾等
东风杭州重型机械有限公司	钱松年	0571－85365501	310004	挖掘机系列、堆取料机、铸锻件、汽车配件系列、装载机、金属结构件、机械加工、热处理等
杭州民生陶瓷有限公司	金尧根	0571－82615756	311217	日用陶瓷
杭州吉华化工有限公司	邵伯金	0571－82699398	311234	染料及中间体制造、聚氨酯泡沫
杭州之江开关股份有限公司	马雪峰	0571－56122908	311234	低压电器主要元件、高低压开关柜、绝缘材料制品
杭州新华集团有限公司	李　群	0571－88173124	310011	引线纱纸、双面胶带棉纸、长纤维特种纸、水刺无纺布等
杭州味精厂（杭州丰汇发酵有限公司）	张仁杰	0571－86064795	310016	味精、复合调味品
荣盛化纤集团	李水荣	0571－82526113	311247	涤纶化纤产品
杭州佳力水泥有限公司	钱来兴	0571－82699980	311201	P、O32.5　P、O42.5 P、C32.5 水泥
杭州宏宇纺织有限公司	单小荣	0571－82537188	311245	化纤面料、纯棉面料、涤棉、纯棉、阳粘纱等纱线产品
杭州富春江冶炼有限公司	罗忠华	0571－63485828	311401	标准阴极铜、黄金、白银、硫酸铜、硫酸
杭州崇杭机械集团公司	朱文标	0571－88144569	310022	剑杆织机、针织横机、电脑织领机、整经分条机
富丽达集团控股有限公司	戚建尔	0571－82127388	311228	棉织品、化纤织品及印染整理
杭州福华丝绸实业有限公司	沈志泉	0571－87061268	310003	丝绸、服装、丝织机械及配件
杭州圣山实业有限公司	许尔明	0571－82170195	311227	箱包布、平面绸、医用弹性布、衬布、服装面料
浙江西泠啤酒有限公司	丁云海	0571－86225703	311100	“西泠桥”牌中华麦饭石啤酒、活力王 SOD 啤酒、菊花啤酒、西泠啤酒
杭州一棉有限公司	沈大馨	0571－88090331	310015	纺纱、织布、印染、针织
杭州鼎胜实业有限公司	王天中	0571－88539808	311115	蒸发器、冷凝器、亲水铝箔、电缆箔、空调箔等
浙江飞虹通信集团有限公司	陆水木	0571－63377981	311400	通信电缆、光缆
杭州水泥集团有限公司	吴剑华	0571－86086543	310008	水泥

企业名称	法人代表	电话号码	邮政编码	生产主要产品
杭州西湖啤酒朝日(股份)有限公司	大泽正彦	0571－85021919	310023	
杭州金富春丝绸化纤有限公司	周文峰	0571－63325458	311400	丝织品、白厂丝、硝酸、涤纶短纤
杭州三星纸业有限公司	王德全	0571－63585268	311421	涂布纸板、涤纶短纤
杭州电连接器厂	单才良	0571－88028757	310015	各种电连接器
杭州瑞麦食品有限公司	郭明修	0571－86228916	311100	生产销售淀粉糖系列产品以及各类高糖份加工食品、休闲食品和粉末酱油
杭州大旺食品有限公司	吴祝和	0571－86228916	311100	生产各类巧克力、饼干、米果、糖果及休闲食品
杭州旺旺食品有限公司	廖清圳	0571－86228916	311100	生产米果类、膨化食品及休闲食品
杭州钱潮建材集团有限公司	俞从钧	0571－85223518	310023	水泥、商品混凝土
杭州中粮美特容器有限公司	刘永福 周　政 (董事总经理)	0571－85378888	310004	马口铁18L/9L方罐、三片食品园罐、三片饮料罐、三片喷雾罐及各种金属涂印制品 http://www.cofco－mc.com.cn
杭州塑料工业有限公司	杨叶根	0571－88077888	310011	PVC硬片、PVC/PE药用复合片、PVC/PVDC系列复合硬片、PS复合片、PVC粒料、聚四氟乙烯制品 http://www.hs－zj.com
浙江华越家具工业有限公司	陈俊镛	0571－82836086	311215	各类室内外钢塑家具
浙江永泰纸业集团股份有限公司	孙柏贵	0571－63587918	311421	涂布白纸板、白卡纸、扑克牌纸、防伪纸、涂布牛皮卡纸
杭州电缆有限公司	孙庆炎	0571－88144802	310022	裸铝线、钢芯铝铰线、铝合金导线、全塑力缆及35KV及以下交联电缆、控制电缆、架空绝缘导线、塑料电线、橡套电缆、矿用电缆、电焊机电缆等
杭州万杰减速机有限公司	陈德木	0571－82992222	311223	蜗轮蜗杆减速机、硬齿面齿轮减速机、塔式起重机、施工升降机
杭州达峰电子有限公司	徐昌国	0571－85221695	310023	家用电器摇控器
浙江华业控股集团有限公司	华水芳	0571－87760338	310052	房地产、工业园区、高新产业、建材、交通安全设施、休闲家私
宁　波　市				
宁波牡牛纸业有限公司	何祥福	0574－88464815	315195	涂布白板纸、瓦楞原纸、箱纸板、瓦楞纸板、纸箱
宁波永享铜管道有限公司	黄建平	0574－88060011	315135	黄铜阀门、黄铜配件、紫铜管件、青铜阀门、青铜配件、紫铜管材
宁波欣达(集团)有限公司	赵吉康	0574－88489008	315113	电梯及零部件、螺杆空压机、印刷机、电机
宁波市向阳集团有限公司	毕金良	0574－88230678	315105	扬声器配件
宁波众鑫印染有限公司	钱国钧	0574－87496132	315012	染色印花漂白大提花系列、印花染色漂白全棉绒布系列、真蜡、仿蜡花布系列

企业名称	法人代表	电话号码	邮政编码	生产主要产品
宁波金田铜业(集团)股份有限公司	楼国强	0574－87597760	315034	标准阴极铜、无氧铜线、各类铜丝、漆包线、各类铜板、铜带、铜棒、铜管以及各种规格的铜阀门、管接件、水表、钕铁硼永磁材料等
宁波宁腾服装实业有限公司	杨富祥	0574－86105999	315806	混纺毛衫、毛针织品
宁波贝发集团有限公司	邱智铭	0574－86186888	315801	“BEIFA”牌中性笔、圆珠笔、直液笔、精品笔、白板笔、荧光笔等十大系列1000多个品种
金丰(中国)机械工业有限公司	纪明哲	0574－86301222	315221	锻压机械及其零配件、周边设备等之制造与销售
宁波伟峰电子工业有限公司	陆伟明	0574－86590001	315202	三脚架
宁波健鹰针织有限公司	吴寿国	0574－65806268	315714	针织成衣、绒衫、摇粒绒衫
宁波海达针织印染有限公司	何　琪	0574－65601336	315708	专业从事染整面料加工
宁波豹王电池有限公司	朱光耀	0574－65552800	315600	电池、电池配件
宁波华东机电制造有限公司	尤孝文	0574－65339902	315600	吸尘器、塑料件、模具
宁波富佳电器有限公司	王跃旦	0574－62814946	315400	真空吸尘器、电机
宁波伏龙同步带有限公司	林　胤	0574－63787708	315311	橡胶同步带、切边式V带、多楔带、同步带轮
环驰轴承集团有限公司	胡成红	0574－63198522	315318	微、小、中型系列轴承、英制园锥轴承
浙江月立电器有限公司	方海苗	0574－63320908	315324	电熨斗、吹风机、剃须刀
浙江赛亿电器有限公司	蔡伯南	0574－63577988	315322	室内加热器、洗衣机
宁波美培林轴承有限公司	朱维明	0574－63542603	315323	轴承
雷虎(宁波)模型有限公司	赖春霖	0574－62762000	315400	航空模型、航海模型及其他模型汽车、飞机、船，二行程模型引擎、遥控器及其他元器件制造
宁波慈一棉纺织有限公司	蔡维荣	0574－63758588	315313	棉纱、混纺纱
浙江金甬腈纶有限公司	徐忠伟	0574－86302903	315221	晴纶纤维、晴纶毛条
宁波康福得人造皮有限公司	成惠民	0574－63309001	315324	PV/PVC合成革、喷胶棉、仿丝棉系列产品
宁波沁园环保科技有限公司	叶建荣	0574－63559805	315317	家用净水器、饮水机、RO机
宁波鸿迪制衣有限公司	忻元达	0574－88371666	315121	针织衫、风帽衫、针棉织系列
慈溪市五环轴承有限公司	杨文波	0574－63027822	315300	轴承

企业名称	法人代表	电话号码	邮政编码	生产主要产品
浙江长华汽车零部件有限公司	王长土	0574－63323168	315324	
宁波大众化纤实业有限公司	陈建飞	0574－63551130	315317	丙纶长丝、涤纶短纤维
宁波市三浪润滑元件有限公司	黄德贤	0574－65780576	315700	集中润滑装置、汽车底盘自动润滑系统
宁波方太厨具有限公司	茅忠群	0574－63010613	315300	吸油烟机、灶具、消毒柜、燃气热水器、集成厨房
镇海炼化工业贸易总公司	徐国荣	0574－86444951	315207	聚丙烯、编织袋、化工助剂（水稳剂、破乳剂、絮凝剂、汽油安改剂）
宁波成开海洋渔业有限公司	周秀成	0574－86011868	315833	鱿鱼
余姚盛事达电气（集团）公司	成家槐	0574－62160687	315472	电线、电源线、连接器、灯饰、汽车附件、塑料制品
宁波正大农业有限公司	颜　力	0574－86105768	315806	配合饲料、鸡苗、肉鸡
慈溪市三泰化纤实业有限公司	龚再凤	0574－63826111	315302	涤纶短纤维、POY 涤纶长丝
慈溪市自来水总公司	胡国田	0574－63035632	315300	自来水生产、供应
浙江镇海发电有限责任公司	王仁义	0574－86332222	315208	发电量
宁波凯波集团有限公司	严杰波	0574－63303888	315324	电熨斗、三明治炉、多士炉、电水壶、油炸锅
宁波永新光学股份有限公司	曹光彪	0574－87906088	315040	显微镜、光学元件
宁波神鹰轴承有限公司	黄国云	0574－63736701	315331	微、小型机电轴承
宁波瑞宝渔具有限公司	张国军	0574－63210168	315301	渔线轮及塑料、五金制品
宁波乐士实业有限公司	乐海康	0574－88355216	315101	洗衣机、冷柜、陈列柜、
宁波天虹文具有限公司	郑崇廷	0574－65306626	315601	《长尾票夹》系列和《打孔机》系列等办公用具产品
慈溪市供电局	忻斐积	0574－51107104	315300	供电量
宁波富宏针织有限公司	王星平	0574－65781188	315700	出口文化衫、T 恤衫、绒衫裤、运动服、童装
帅康集团有限公司	邹国营	0574－62243888	315491	吸油烟机、电热水器、燃气灶具、家用空调器、中央空调、消毒柜、橱柜、灯具
宁波卷烟厂	徐芳权	0574－87056745	315040	卷烟
浙江北仑第一发电有限责任公司	吴贤权	0574－86892544	315800	发电

企业名称	法人代表	电话号码	邮政编码	生产主要产品
宁波市北仑海伯精密机械制造有限公司	贺定芳	0574－86883814	315800	渔线轮、金属精密加工件、船用推进器等
宁波宏纬食品有限公司	张德甫	0574－88468116	315194	速冻蔬菜、调理食品、腌渍品、水煮笋
浙江永茂铸造有限公司	王永国	0574－88472788	315131	钢精密铸件（阀门类配件、工程机械配件、矿山机械配件、汽车配件、船用配件等铸件产品）
宁波中洲集团有限公司	傅其照	0574－88335588	315111	系列液化石油气钢瓶、刹车片、离合器片
宁波东方宏业制衣有限公司	吴忠宝	0574－87465168	315011	针织服装、面料等制造加工、进出口
宁波日兴电子有限公司	唐　勇	0574－88485553	315111	扬声器、音箱、功放器材等
宁波中华纸业有限公司	黄志源	0574－87464811	315012	高档涂布白纸板
宁波金和新材料有限公司	陈韶峰	0574－62720000	315400	高结晶度钴酸锂、球形氢氧化镍、四氧化三钴
宁波山泉玻纤有限公司	叶泉友	0574－62490338	315458	玻纤网格布、自粘带
宁波嘉隆工业有限公司	徐　敏	0574－87633188	315021	自行车脚踏、中轴、中轴碗、车头碗、汽车传动轴、热处理加工
宁波兴亚橡塑集团有限公司	陈伟官	0574－65206718	315609	丁基橡胶抗生素瓶塞、橡胶汽车配件、橡胶制品等
慈溪市亚太集团有限公司	孙瑞华	0574－63267909	315318	针织内衣、漂染加工
宁波富田集团有限公司	陈杉中	0574－88266001	315153	日用品、手套、袜业
宁波市塞纳电热电器有限公司	林建江	0574－23678100	315300	电热管和高性能复合式发热元件。产品应用于电热杯、电水壶、电熨斗、烤炉、电冰箱、饮水机、电热水器、咖啡壶、洗碗机等多种电热器具及家用电器
宁波洛兹集团有限公司	罗奇华	0574－88443661	315153	衬衫、西服、休闲服等
宁波凯峰电器有限公司	沈东平	0574－63668718	315314	欧式电源连接器、灯具、渔具、计算机网络配件
宁波鸿昌越洋文具有限公司	孙宁初	0574－65585366	315600	办公、文教用品
宁波日月集团有限公司	傅明康	0574－88489277	315113	铸件材质：球墨铸铁、灰口铸铁、合金铸铁和特种铸铁。产品：系列注塑机成套铸件，大功率柴油机成套铸件，电梯铸件，各类机床铸件
宁波中策动力机电集团有限公司	俞志华	0574－87355833	315020	N6160－N8160 系列柴油机及其发电机组、6300 系列、G6300 系列、G8300 系列柴油机及其发电机组
宁波飞日水产实业有限公司	谢定飞	0574－65975468	315731	鱼糜系列、鲅鱼片、段系列
宁波波导股份有限公司	徐立华	0574－88918822	315500	移动电话
慈溪市华联电位器厂	应永军	0574－63471168	315327	马达电位器、VFD 显示屏、LED 数码管

企业名称	法人代表	电话号码	邮政编码	生产主要产品
宁波中化医疗用品有限公司	邱国亮	0574－87573711	315031	橡胶医用手套、一次性橡胶检查手套、医用手指套、红皮滴头
浙江银河印染有限公司	陈和军	0574－62990028	315410	印染布、坯布的制造、加工,出口坯布
慈溪光华实业有限公司	蔡林强	0574－63501956	315321	塑制工具包装盒,电动、手动工具五金配件,木工、建工钻孔工具,螺丝批、锯条
慈溪宗申摩托车有限公司	沈明康	0574－63202998	315301	摩托车及零件制造,摩托车批发、零售
宁波金帆管件有限公司	陈俊范	0574－63516628	315321	闸阀、球阀、管件、分水器
罗蒙集团股份有限公司	盛军海	0574－88888888	315504	西服
奉化市波音线缆音响有限公司	周国平	0574－88924909	315500	电子配件、汽车配件
宁波安捷制动器有限公司	许永俊	0574－62935712	315412	汽车液压制动泵、助力器、气制动阀
温　州　市				
浙江南塑包装有限公司	林增标	0577－64839568	325800	塑料编织袋、三复合纸塑 OPP 镀铝袋、集装袋、手提袋
温州快鹿集团公司	丁国聪	0577－88623658	325005	味精、速冻食品、冷冻饮品、快餐、农副产品加工
浙江电器开关有限公司	李建民	0577－88775891	325007	塑料外壳式、智能型万能式断路器,自动电源转换开关,漏电、小型、小型漏电断路器,隔离开关,户外高压真空断路器、户外高压真空隔离负荷开关等
九川电器有限公司	胡志乐	0577－62780983	325604	高低压电器、仪器仪表、环保设备、机械、汽车摩托车配件、家用电器、化工成套设备制造加工销售、装璜材料销售、出口自产的低压电器及仪表配件
乐清机械厂	胡向勇	0577－62522885	325600	斜击式水轮机
温州市通用锁具有限公司	章作铭	0577－86367548	325014	锁具系列
温州市顺威光学眼镜有限公司	张国宏	0577－88410008	325006	光学架、老花架、板材架
温州晨光集团有限公司	王岳言	0577－63572226	325402	各种塑料编织袋、包装袋
浙江远东皮革有限公司	王　怀	0577－63751999	325400	猪皮鞋里革、服装革及皮革制品
华仪电器集团有限公司	陈道荣	0577－62529567	325600	
云顶汽车部件有限公司	林德开	0577－65350071	325205	汽车部件、配件、标准件、冲压件
浙江华迪不锈钢集团有限公司	王　迪	0577－86887225	325024	无缝不锈钢管
永嘉县化工厂	陈德星	0577－67325275	325102	橡胶助剂、无机盐

企业名称	法人代表	电话号码	邮政编码	生产主要产品
浙江浦东电机有限公司	张锡康	0577－67363998	325105	Y2 系列三相异步电动机、YB2 系列隔爆型三相异步电动机、Y、YB 系列三相异步电机
浙江迷西仕服饰有限公司	余强春	0577－67319808	325105	牛仔服、休闲服等外贸服饰
浙江雪歌服饰有限公司	陈　红	0577－86511818	325011	雪歌品牌服装及配件
兴乐集团有限公司	虞一杰	0577－62777111	325604	电线电缆及附件、电缆桥架、母线槽、铜铝杆、电磁线、高低压电器、开关、高低压成套设备、工艺品、仪器仪表、电工机械、塑料机械、化工机械、压力容器、房地产投资等
温州宇宙集团有限公司	蔡云斌	0577－64488888	325804	亚克力毛毯、拉舍尔毛毯、工艺地毯
浙江鼎派实业有限公司	侯建光	0577－67370668	325105	皮鞋
浙江天瑞药业有限公司	林华权	0577－65607228	325200	大输液、针剂、片剂、冲剂、胶囊、原料药
报喜鸟集团有限公司	吴志泽	0577－67317888	325105	以西服为主的服饰类产品
浙江赛风鞋业有限公司	尤克龙	0577－65135655	325200	生产销售服装、鞋帽、袜子、箱包及 EVA 发泡
永固金具股份有限公司	郑晓超	0577－62758960	325604	电力金具、电缆附件、热缩冷缩产品
温州市宏源铜业有限公司	冯茂勋	0577－86373475	325024	各种规格型号黄铜带、高精度铜合金带材、磷铜带
温州信泰光学有限公司	胡福林	0577－86362688	325014	眼镜
浙江华滨包装材料有限公司	余碎斌	0577－65501218	325206	BOPP 薄膜
浙江新亚电子科技有限公司	黄大荣	0577－86528920	325011	电子线、橡胶线、连接器、电子元器件，家用电器
华通机电集团有限公司	李成文	0577－62731018	325604	机电产品
温州瓯宝五金有限公司	陈恩弟	0577－86298311	325041	闭门器及相关防火锁系列
中国·长江电气股份有限公司	施中旦	0577－62788866	325604	高低压电器元件、成套设备、电线电缆、仪器仪表、自动化控制系统、环保系统工程及环保设备制造等
耀华电器集团有限公司	何建国	0577－62777332	325604	高低压电器及成套设备等
立峰集团有限公司	张　锋	0577－85380888	325060	“大地鹰王”摩托车
浙江森泰电器厂	胡志明	0577－62727158	325604	小型断路器、漏电断路器、塑壳式断路器、万能式断路器系列产品
浙江康德莱医疗器械股份有限公司	张宪淼	0577－86865105	325024	一次性使用注射针、静脉输液针、输液器

企业名称	法人代表	电话号码	邮政编码	生产主要产品
温州乔治白制衣有限公司	池方燃	0577－63722222	325400	服装
南方工艺有限公司	倪孟宣	0577－62055028	325600	铁艺烛台、花架、酒架、铁木家具等
中欧汽车电器有限公司	吴国琳	0577－65609658	325200	汽车雨刮器、电动玻璃升降器、车门锁、电子风扇、暖风(鼓风)电机以及驾驶室翻转器等六大系列100多种产品
浙江跃华电讯有限公司	王朝圣	0577－62570880	325600	带插头电源、橡胶线、硅胶线、电话线、延长线、断路器、音视频线、电脑线等,为家用电器、计算机、自动化设备、办公设备等行业配套
三洲集团有限公司	刘　庚	0577－62888888	325603	高低压电器、电机、建筑电器、仪器仪表、高低压成套设备、防爆电气、输配电设备、建筑智能化系统集成、房地产投资
温州黄河皮革有限公司	任长江	0577－86362222	325014	牛二层鞋面革、沙发革、箱包革和皮带革
浙江圣雄皮业有限公司	练祖绸	0577－63539188	325404	汽车坐垫革、沙发革及皮革制品等
温州鸿升集团有限公司	管鸿升	0577－85220066	325055	水龙头、卫生洁具
浙江利丰电器股份有限公司	孙永安	0577－65607501	325200	电机换向器
鸿宝电气股份有限公司	胡万良	0577－62787853	325604	稳压电源系列产品
鑫田集团有限公司	周化荣	0577－65358885	325204	汽车空调总成:冷凝器、蒸发器、管路和汽车发动机用铜、铝散热器;仪表、传感器;电子倒车雷达;全车线;电子风扇总成;电动后视镜;开关电器及各类摩托车套锁、化油器等
浙江丰业集团有限公司	李松林	0577－86374822	325024	圆钢、钢锭、荒管、无缝钢管、阀门
温州矾矿	徐金民	0577－64653777	325807	钾明矾、脱水明矾、铵明矾、泡打粉、混凝土膨胀剂、防水剂、硫酸铝、聚合氯化铝、ST防锈颜料、矾石、矾土
浙江宏辉拉链有限公司	马洪书	0577－67463998	325107	拉链码装、条装、拉头
温州宏泰合成革有限公司	郭洪光	0577－86554282	325011	PV合成革
森马集团有限公司	邱光和	0577－88089999	325006	基础设施、市场建设投资;房地产开发;制造、销售服装、鞋帽、工艺美术品、家具、教学用具、办公用品;销售汽车、五金交电、计算机及配件;服装技术开发、技术转让;经济信息咨询服务
浙江蜘蛛王鞋业有限公司	许承建	0577－67379955	325102	皮鞋
浙江斯丹尼汽配制造有限公司	张光祥	0577－86763793	325014	ATV动力休闲车、汽车零部件
浙江陆陆顺鞋业有限公司	吕国陆	0577－67358666	325102	皮鞋、皮具等
浙江泰恒光学有限公司	寿加定	0577－86767601	325014	眼镜
浙江乐清罐头总厂	王仕山	0577－62312096	325608	糖水桔子、枇杷、黄桃、杨梅,蘑菇、清水笋、马蹄蚕豆、油焖玉兰片,蛏蚝蛎、五香鱼块等水果、蔬菜、水产类罐头

企业名称	法人代表	电话号码	邮政编码	生产主要产品
环宇集团公司	王迅行	0577－62887666	325603	高低压电器元件及高低压电气成套电控设备、机电产品、通讯器材、仪器仪表、电子仪表、机械零件、制造、加工、房地产投资、实业投资
中川电气科技有限公司	黄三豹	0577－62778341	325604	稳压电源、UPS 不间断电源、大功率稳压器
温州汇浩亚麻纺织有限公司	高　濯	0577－86835718	325025	生产销售亚麻纱及亚麻制品
嘉　兴　市				
浙江嘉兴三塔建材股份有限公司	陈伯钧	0573－2204754	314000	32.5、42.5 普通硅酸盐水泥、混凝土小型空心砌块、混凝土路面砖、路缘石、植草砖
浙江华源兰宝有限公司	戴　平	0573－2854460	314000	精、粗纺羊绒纱、丝羊绒纱、粗纺面料、羊绒制品
嘉兴市芽芽水泥有限公司	沈锦坤	0573－3888001	314002	水泥、管桩、商品砼、绢丝、标准厂房租赁和销售，度假村
嘉兴市海利实业有限公司	方先明	0573－6112600	314300	电子、化纤、玩具
海宁市龙洲印染有限公司	俞炳良	0573－7568888	314409	各类纺织品织造、印花、染整、批发、零售
海宁市新达制衣有限公司	蒋新明	0573－7831222	314414	运动服装、经编织物
浙江天女集团有限公司	姚贵松	0573－8361737	314505	油漆、涂料、磁性材料，镜子、彩钢
桐乡市崇德丝业有限公司	沈家乐	0573－8382733	314511	白厂丝
浙江禾欣实业股份有限公司	朱善忠	0573－2313700	314000	各类聚氨酯合成革
浙江美大集团有限公司	夏志生	0573－7811189	314416	全玻璃真空太阳集热管、太阳热水器、集成燃气灶、环保灶、凹版铜印辊
晋亿实业股份有限公司	蔡永龙	0573－4185001	314100	各行业所需的各类等级的螺栓、螺母、螺钉、牙条等紧固件产品和非标准紧固件，规格品种逾万种
浙江虎霸建设机械有限公司	范水荣	0573－7966058	314422	塔式起重机、施工升降机、混凝土输送泵、搅拌机、配料机
浙江崇德化工有限公司	徐　辉	0573－8382608	314511	碳酸氢铵、工业氨水、商品液氨、聚氨酯浆料
嘉善宝狮电子有限公司	谢立平	0573－4669001	314100	汽车音箱、功放、扬声器、汽车装饰件等（汽车）消费类电子产品
海盐华明化纤有限公司	程永钢	0573－6129524	314300	涤纶长丝：平牵丝、POY 丝、特种复合丝、FOY 丝
浙江钱江生物化学股份有限公司	马　炎	0573－7023977	314400	井冈霉素、赤霉素、阿维菌素
浙江嘉控电气股份有限公司	吴　勇	0573－2084941	314001	低压电器主要元件、成套装置
浙江嘉兴三塔建材股份有限公司平湖分公司	屠法明	0573－5111428	314200	32.5 普通硅酸盐水泥

企业名称	法人代表	电话号码	邮政编码	生产主要产品
浙江虎溪水泥有限公司	蒋潘荣	0573－6677165	314307	水泥
浙江星阁建材集团有限公司	张深根	0573－5644123	314216	水泥、箱包、彩瓦
海宁市新龙皮革制衣有限公司	曹　龙	0573－7935308	314408	服装、皮革服装、皮革制品、纸制品、针纺织品、铝合金、不锈钢制品、出口自产的产品、进口自营生产、科研所需的原辅材料、设备
浙江嘉康电子股份有限公司	张茂水	0573－2600936	314000	压电陶瓷电子元器件
桐乡市凤鸣合纤有限公司	范新星	0573－8512773	314513	牵伸丝、网络丝、POY 丝、并网丝、低弹丝、FDY 丝
浙江嘉兴同心服装有限公司	李百生	0573－5600111	314211	服装
关东辰美电子（平湖）有限公司	川田纪利	0573－5095666	314200	手机微型镜头、监视摄像机用变焦镜头、数码摄像机机芯、液晶投影仪光学组件
浙江桐星水泥股份有限公司	蒋林娜	0573－8777028	314501	水泥、砖瓦、混凝土彩瓦、水泥包装袋、
桐乡市雄鹰皮革有限公司	陆荣坤	0573－8382508	314511	水貂大衣、裘革两用服装、各类裘革皮服装、兰狐围巾、水貂围巾、各类裘革皮制品
嘉兴发电有限责任公司	吴贤权	0573－2428000	314201	电力
海宁新纪元钢管制造有限公司	胡浩杰	0573－7950088	314415	无缝钢管、精密钢管、型钢、毛管
浙江荣鑫纤维有限公司	葛掌荣	0573－7212288	314400	粘尼混纺纱、氨纶包复纱
浙江嘉兴南湖电子器材集团有限公司	姜顺荣	0573－2166888	314001	永磁铁氧体、磁环、电机磁瓦及烧结、粘结钕铁硼等
嘉兴市东方钢铁有限责任公司	崔宇文	0573－2203175	314001	热轧圆钢、热轧带肋钢筋、连铸坯
嘉兴中达自润轴承工业有限公司	张国荣	0573－2221111	314003	生产销售轴承、轴瓦、机械零件及汽车零件
浙江新成达投资有限公司	陶宝法	0573－5850038	314203	服装等
湖　州　市				
中利达集团控股有限公司	陈银中	0572－8428799	313216	P. O. 32. 5、42. 5 水泥 150 万吨（“白塔”牌商标）
华能国际电力股份有限公司长兴电厂	陈国雄	0572－6213220	313100	电力生产
浙江长广（集团）有限责任公司	姚炳甫	0572－6207369	313100	煤炭、发电、水泥、炸药、雷管
安吉欣远竹制品有限公司	陈勇进	0572－5056244	313300	竹地板系列竹材产品
浙江正兴集团有限公司	韦　敢	0572－2023264	313000	毛纱、服装、农业机械、汽车配件、纺织机械制造

企业名称	法人代表	电话号码	邮政编码	生产主要产品
浙江威莱集团公司	徐海民	0572－3952168	313013	绢丝及各类纱线染色、加工、梭织服装、针织服装制造、加工、茧丝副产品及绢纺半成品、绢丝加工、销售
浙江天能电池有限公司	张天任	0572－6176878	313117	电动助力车用蓄电池、充电器、电动机、控制器、电动自行车
浙江菱化集团有限公司	金桂方	0572－3941412	313018	草甘膦、甲胺磷、稻瘟灵等农药，工钙、活性钙、超细钙等碳酸钙系列产品，食用碳酸氢钠等精细化工产品，烧碱、盐酸等氯碱产品
浙江南方通信集团股份有限公司	许坤良	0572－3031188	313009	通信光缆、通信电缆、光电元器件
浙江湖州父子岭耐火集团有限公司	王柏成	0572－6019501	313109	镁碳砖、铝镁碳砖
德华集团控股股份有限公司	吴振华	0572－8066249	313200	高档环保装饰贴面板、普通胶合板、高档实木地板、工艺木门、丝绸和纺织面料、化工产品、钢琴等
湖州市南浔圣船水泥有限公司	宁炳泉	0572－3911288	313009	水泥
浙江大东吴集团有限公司	吴仲清	0572－2569588	313000	缫丝、纺织、汽车电机、新材料研发、制药、建筑、市政、通讯工程、房地产开发、绿化、钢结构
浙江湖州大港纺织印染集团有限公司	朱新康	0572－3193558	313008	印染布
绍　兴　市				
浙江新春轴承有限公司	张　峰	0575－6025234	312500	轴承及其配件
诸暨链条总厂	郭万宋	0575－7051296	311825	标准链条、非标链条、输送链、联轴器和链轮
浙江征天集团有限公司	陈伯龙	0575－7041389	311811	钢材、水泥、纺织印染品、罐头食品、食用酒精、机械、生化产品
步森集团有限公司	陈能恩	0575－7046933	311811	步森牌衬衫、西服、西裤、T 恤、领带等系列男士服饰
浙江春晖集团有限公司	杨言荣	0575－2164484	312352	四通阀、汽车配件、燃气调压设备、制冷设备
上虞市尧亮照明电器有限公司	陈尧良	0575－2128608	312300	照明灯具、电器及配件、电子节能灯、五金塑料制品、照明工程设计安装、汽车配件制造加工销售、电子元器件、仪器仪表、机械设备及相关进出口业务
浙江震凯化工有限公司	俞　峰	0575－3150012	312459	铵梯炸药、铵梯油炸药、乳化炸药、铵油炸药、抗水铵梯炸药
浙江凯达机床集团有限公司	骆一峰	0575－7383160	311800	数控车床、普通车床、台式车床
浙江华港染织有限公司	肖国英	0575－4881541	312030	服装、印染加工
绍兴国庆印染有限公司	马关夫	0575－5103766	312072	各档棉布、麻布、混纺产品、化纤产品染色、印花，化工助剂
浙江瑞昶实业有限公司	夏可才	0575－2134499	312300	塑料包装容器、针织内衣、日用化妆品、护肤护发品
浙江大和纺织印染服装（集团）有限公司	徐美灿	0575－5655288	312080	各类麻布、棉布、弹力织物等，仿羊羔绒、仿水貂毛皮等，各类摇粒绒

企业名称	法人代表	电话号码	邮政编码	生产主要产品
浙江华东纺织印染有限公司	徐杏地	0575－4881088	312030	纺织面料
浙江新柴动力有限公司	胡伟勇	0575－6230578	312500	490B、495B、NB485B系列柴油机
绍兴市华欣预拌混凝土有限公司	庞宝根	0575－8324678	312000	混凝土、水泥制品
浙江咸亨实业集团公司	张尚明	0575－4012258	312043	黄白酒、瓶装酒、纺织面料、印染加工、空心胶丸、花卉苗木
浙江加佰利控股集团有限公司	孙利永	0575－4571788	312028	针织、纺织、服装、对外投资等
浙江天成印染针织有限公司	马华祥	0575－3184038	312400	绢丝、绢棉、绢粘，丝/绒、丝/棉、丝/麻、丝/氨纶等针织服装，绢丝、棉、粘、棉纱、化纤等丝线染色加工及经销色丝成品，针织品、针织服装、印花加工
诸暨市五泄童袜厂	杨　玮	0575－7771188	311807	袜子、针纺织品、印花、服装，出口本企业生产的袜子、服装，进口本企业生产、科研所需的原辅材料、机械设备、仪器
浙江中宝实业股份有限公司	吴　捷	0575－6299200	312500	汽车零部件：汽车空调压缩机、汽车塑料、摩托车减震器系列；纺织机械部件：纺织器材、纺机配件系列；制冷部件：电子膨胀阀、电磁阀等系列；医药行业供应链管理软件。
浙江三峰集团有限公司	陈伟峰	0575－7658778	311835	电热水器安全阀、混水阀；空调器截止阀；燃气热水器水阀体、水阀盖、比例阀总成、水阀总成；取暖器汽化器组件
海亮集团有限公司	冯海良	0575－7068888	311814	铜管、铜棒、铜杆等系列铜加工产品
绍兴振德医用敷料有限公司	鲁建国	0575－8088868	312035	医用敷料系列产品
绍兴前进齿轮箱有限公司	石新民	0575－4815218	312030	船用齿轮箱、汽车变速器、叉车变速箱、工程机械液力变距器、汽车取力器
浙江龙盛集团股份有限公司	阮水龙	0575－2042878	312368	分散、活性、酸性、系列染料及化学中间体
绍兴县马鞍一纺化纤有限公司	陈永潮	0575－5629223	312073	化纤涤纶布（中高档西服、休闲时装面料）
浙江古纤道股份有限公司	施王贵	0575－4056608	312025	乐丽丝、彩毛丝、多丽丝、麻丽丝、佳丽丝
浙江力升机电制造有限公司	阮曙烽	0575－7385688	311800	起重机械、水泵
浙江太子龙服饰有限公司	王培火	0575－7098888	311809	茄克衫、T恤衫、衬衫、男士休闲服
浙江漓铁集团有限公司	魏仕校	0575－4011111	312041	铁精粉、氧化球团
铁锒电动工具有限公司	王晓冬	0575－7229339	311800	电动工具
浙江墨城水泥有限公司	寿灿明	0575－7678888	311822	32.5级普通硅酸盐水泥
绍兴奥诺电器制造有限公司	潘敖齐	0575－2658038	312365	灯具

企业名称	法人代表	电话号码	邮政编码	生产主要产品
浙江闰土化工集团有限公司	阮加根	0575－2041282	312368	分散染料、活性染料、阳离子染料、硫化染料、还原染料等
上峰集团有限公司	俞建虎	0575－7852261	311815	瓦楞纸箱、纸板
浙江中财管道科技股份有限公司	金维爱	0575－6127808	312500	PVC 管材、管件（给水、排水、电工套管、双壁波纹管、电力电缆管、雨水管），PPR 冷热给水管，PE 燃气管，PE 给水管
浙江诸暨八方水泥有限责任公司	骆祎忠	0575－7197834	311816	P. O 32. 5R，P. O 42. 5 水泥，P. C 32. 5 水泥
浙江兆山新星水泥集团有限公司	徐新喜	0575－7391588	311832	水泥
三花控股集团有限公司	张道才	0575－6225025	312500	制冷自控元件：冷冻冷藏、家用空调、家用冰箱、汽车空调四大系列；汽车零部件：汽车空调膨胀阀、车用散热器等；光电信息产品：高清电视光学引擎及相关高清电视等；房地产等
浙江富利达丝绸印染有限公司	樊式洲	0575－5156466	312000	印染真丝绸、丝针织品、氨纶面料、纯棉高密支防羽绒印染系列产品，特阔幅四色印花绸（布）
绍兴飞越印花有限公司	秦连土	0575－8049257	312085	全棉、麻棉、涤棉、化纤布印染、防羽绒布印花
浙江万亨盛印染有限公司	陈金甫	0575－5654363	312080	生产印染麻类纺织品、加工印染各类纺织坯布
绍兴市城东纺织厂有限公司	戴金富	0575－8201666	312000	生产纯棉、化纤、混纺中高档服装面料
绍兴兴虹化纤工业有限公司	曾塞外	0575－8644255	312000	生产“军港”系列军用产品、民品“兰花”牌 0.5－0.7dpf 直纺多孔细旦丝系列、复合纺超细旦丝系列、特种花色系列复合变形丝等产品
金 华 市				
浙江金华市佳乐乳业有限公司	夏济平	0579－2285846	321001	乳制品、液体乳、豆浆、香料、饲料添加剂
浙江伟达制衣有限公司	陈金潮	0579－5952568	322010	服装
浙江宝娜斯袜业有限公司	金光宝	0579－5421088	322000	袜子
浙江隆达园艺家具制造有限公司	吕汉水	0579－7616009	321209	
浙江四方集团公司	林广平	0579－7155922	321315	小型拖拉机、单缸柴油机
浙江昌隆机械有限公司	王春雷	0579－7568778	321313	手扶变型运输机、农机产品、农用车、汽车、摩托车配件、五金工具、机电产品、防盗门制造、加工、销售
浙江雄泰实业有限公司	应　雄	0579－7229092	321300	真空不锈钢保温杯（壶）、电动自行车、滑板车等系列产品
浙江凯文磁钢有限公司	卢楷文	0579－6720166	322105	各种类型的永磁铁氧体
浙江伦达实业有限公司	吴良钢	0579－7232988	321300	电动工具系列产品

企业名称	法人代表	电话号码	邮政编码	生产主要产品
浙江金华友谊实业有限公司	庞孝蓼	0579－2342555	321001	钢木校具、元钢钉
浙江绿芽服饰有限公司	陈溪连	0579－5966666	322006	衬衫、西裤、工艺品
浙江华丰电动工具有限公司	章永良	0579－2911898	321037	角向磨光机、电链锯、园林工具、斜断锯、充电器等
浙江迪耳药业有限公司	楼　金	0579－2381618	321016	尼莫地平缓释胶囊、愈美甲麻敏糖浆、复方氨酚烷胺胶囊、倍利胶囊、盐酸金刚烷胺、牛磺酸、舒嘉青粉针、蔗糖酯系列产品
浙江金一电动工具有限公司	黄寅初	0579－2951444	321035	电动工具、风动工具、木工工具、砂轮片
浙江华东铝业有限公司	朱虎根	0579－8230916	321103	铝链、铝杆、铜线材,炭素制品:阳板块、阳板糊
浙江竞远机械设备有限公司	倪雪军	0579－2273205	321016	试验机制造
浙江泰祥机械有限公司	杨跃年	0579－2218111	321026	搬运车
浙江世宝方向机有限公司	张世权	0579－5729888	322002	转向机(方向机)
超人集团有限公司	应　正	0579－7232496	321300	电动剃须刀、电吹风、女用剃毛器、灭蚊灯、干手器、电熨斗、剃鼻毛器等家用小电器
浙江东阳化学工贸有限公司	吕国栋	0579－6686403	322100	碳酸氢铵、液氨、二甲醚、三溴苯酞、建筑涂料等化工产品,发电,蒸汽等能源产品和常压构件容器制造加工
永康市嘉禾工具有限公司	姜卫亮	0579－7230900	321300	角向磨光机、冲击钻、雕刻机、清洗机、电圆锯、电刨等
兰溪联强机床制造有限公司	章燕儿	0579－8804050	321100	数控机床 、普通机床、汽车配件
浙江金华三和(国际)旅行用品有限公司	曾永强	0579－2270918	321017	旅行箱包
浙江省凤凰化工有限公司	丁新溪	0579－8848228	321100	洗衣皂、香透皂、甘油、皂粒、洗涤剂
花园工贸集团有限公司	邵钦祥	0579－6270188	322121	医药化工、房地产开发、服装、火腿
浙江梦娜针织袜业有限公司	宗谷音	0579－5691999	322000	袜子
浙江金华宏方工贸集团有限公司	方自粮	0579－4256588	322200	服装制造,纺织系列、化工(危险品除外)、建材、电力器材、五金交电、轻工电子、现代办公用品销售、国内贸易、文化娱乐、服务业、旅馆业
浙江永康佳美树脂砂轮有限公司	徐朝省	0579－7119298	321300	电动工具、园林工具、树脂砂轮
浙江新亚实业有限公司	金常清	0579－6299999	322121	休闲裤、牛仔裤、工装裤、西裤、茄克衫、棉衣等
浙江金鹰工艺品厂	陈明华	0579－5438018	322000	相册
浙江尤奈特电机有限公司	李金东	0579－7253111	321300	电动车电机

企业名称	法人代表	电话号码	邮政编码	生产主要产品
横店集团家园化工有限公司	徐秀忠	0579－6558988	322118	氯霉素、四氮唑乙酸、苯甘氨酸及其邓钾盐系列、左旋对羟基苯甘氨酸及其邓钾盐系列
浙江今飞机械集团有限公司	葛炳灶	0579－2341162	321001	铝合金汽车轮毂、摩托车轮毂，铝合金自行车圈、钢制自行车圈、人力车圈，机动喷雾机、隔膜泵等
浙江义乌美雪化妆品有限公司	虞劲松	0579－5615366	322023	口红、化妆笔、指甲油、睫毛膏等美容修饰类化妆品
浙江康裕制药有限公司	葛萌芽	0579－6553666	322118	氧氟沙星原料、盐酸金刚烷胺、右旋泛酸钙等
浙江省东阳市塑料有限公司	张德兴	0579－6813383	322100	PE 钙塑瓦楞箱，PP、PVC 塑料板材，PET、PP 单层至五层共挤复合片材
义乌市鸿顺制衣有限公司	陈洪云	0579－5995486	322011	服装、男衬衫、西裤、阿拉伯大袍、防寒衣
金华市申华水泥有限公司	吴伊伦	0579－2526118	321000	申华水泥
浙江芬莉袜业有限公司	刘卫高	0579－5421068	322000	“芬那丝”“卫高”、“米绮”等系列各类男女丝袜、棉袜、童袜
浙江鑫鸿拉链有限公司	吴高云	0579－5795968	322000	拉链、拉链配件及针纺织品
金华金岭造纸有限公司	金纪春	0579－2811168	321042	“金岭”牌系列各档规格牛皮箱纸板（卡纸）包括：1#、2#、3#、C 级，普通挂面箱纸板、普板纸、高强瓦楞原纸
浙江浦江梅花锁业集团有限公司	郑隆喜	0579－4301088	322215	挂锁
鹰鹏化工有限公司	李潮雄	0579－7264107	321300	无水氟化氢、工业氢氟酸、氟致冷剂 F22、F123、F125、F113a、R32、R407c、R410a 以及非重复充满钢瓶等
金华市巨龙管业有限公司	吕仁高	0579－2201288	321025	预应力钢筒混凝土输水管（简称 PCCP）、商品混凝土、预应力混凝土输水管、自应力混凝土输水管、钢筋混凝土排水管
金华康特曼水晶饰品有限公司	陈伟翔	0579－4316188	322206	水晶工艺品
衢　州　市				
浙江省常山化工有限责任公司	余建伟	0570－5122517	324200	对（邻）硝基氯化苯、对（邻）硝基苯胺、对硝基苯酚、对硝基酚钠、邻氯苯胺、MOCA
浙江常山精密集团	舒永强	0570－5111001	324200	轴承（园锥滚子轴承）
巨化集团公司	叶志翔	0570－3096668	324004	氟利昂、聚氯乙烯、化肥、烧碱、硫酸、铝锭、聚四氟乙烯、盐酸、聚偏氯乙烯、电石、水泥、化学药品
浙江海力集团有限公司	江海林	0570－2932333	324022	电力紧固件中性能等级 4.8－10.9 级热浸镀锌六角螺栓、U 型螺栓、脚钉、防盗螺栓、扣紧螺母，各种型号规格的不锈钢螺栓、螺母
浙江衢州煤矿机械总厂有限公司	鲁孝梓	0570－3830866	324000	空气压缩机、凿岩机械、单体液压支柱
浙江腾龙竹业制造有限公司	曾樟清	0570－7073300	324403	竹胶板—火车板、汽车板、建筑模板、集装箱板、竹地板、竹木复合地板
浙江虎山集团	张剑星	0570－4211001	324103	水泥

企业名称	法人代表	电话号码	邮政编码	生产主要产品
浙江四通轴承集团有限公司	詹端平	0570－5131216	324200	滚动轴承“6”、“3”、“7”、“2”、“N”五大系列
浙江华康药业有限公司	陈德水	0570－6031568	324302	木糖醇
浙江开化瑞龙茶业有限公司	郭全京	0570－6161929	324300	外销绿茶：41022 特珍特级、9371 特珍一级、9369 珍眉一级、9367 珍眉三级、8147 雨茶一级、8117 特级秀眉、3505 特级珠茶；名优茶：开化龙顶（有机茶）特级、特一，开化龙顶（福鼎种）特级，开化龙顶（鸠坑种）特级，黄山毛峰特级
舟　山　市				
浙江省舟山市定海盘峙船厂	任国定	0580－8930195	316035	修理、制造各种类型的大中型钢质船舶
浙江扬帆船舶集团有限公司	徐裕康	0580－3012168	316100	900 箱、600 箱出口集装箱船、30－40 车车客渡船、金枪鱼钓船、鱿钓船、2000－4800HP 全回转拖轮、4350T 出口集装箱船
浙江海力生集团有限公司	张山明	0580－3011708	316100	制造、加工销售海洋药物、化工合成药及制剂（软胶囊、片剂、冻干粉针剂）；水产品及制品、罐头食品
浙江金湖机械集团有限公司	何春雷	0580－2681616	316001	螺杆、机筒、挤出设备
舟山市龙山船厂有限公司	吴建军	0580－6688218	316131	甲类钢质货船修造、7.5 万吨以下散装货轮、油轮、集装箱船及各种化工品船只的修理和服务，船用机械及零配件、五金制造、加工等
浙江华业塑料机械有限公司	夏增富	0580－8052382	316032	机筒螺杆、锥双挤出机、油缸
浙江炜驰机械发展有限公司	董伟国	0580－3096949	316021	汽车模具、汽车冲压件、制药机械、食品机械、印刷机械、包装机械
中国水产舟山海洋渔业公司	许　军	0580－3698222	316101	鱿鱼丝系列、美味鱼片系列
台　州　市				
东港工贸集团有限公司	王云友	0576－8881534	318000	活性艳兰 KN－R、氟哌酸、间位氨基油、阿伐他汀
浙江银轮机械股份有限公司	徐小敏	0576－3938268	317200	汽车各系统用热交换器，包括中冷器、板翅式机油冷却器、管翅式机油冷却器等
浙江天台天宇灯饰有限公司	叶月仙	0576－3928519	317200	霓虹灯、装饰灯、广告灯系列产品
浙江彪马集团有限公司	沈邱建	0576－5122395	317000	变型拖拉机、农用车
浙江玉峰实业集团有限公司	王青玉	0576－2690888	318054	塑料制品、摩托车、沙滩桌
浙江飞亚电器机械有限公司	叶连福	0576－2427099	318050	电脑绣花机—帽绣系列、平绣系列、金片绣系列、绳绣系列、毛巾绣系列、珩缝绣系列
浙江竞帆鞍座有限公司	连若晹	0576－6152310	317500	摩托车座垫
公元塑业集团有限公司	张建均	0576－4277188	318020	PVE－U 给排水管材管件、绝缘电线套管及配件、塑胶阀门及配件、塑钢门窗型材、PP－R 冷热水管材管件、大口径加筋管、波纹管、中高档电器开关插座等系列产品

企业名称	法人代表	电话号码	邮政编码	生产主要产品
浙江金龙电机股份有限公司	叶锦武	0576－2882370	318058	各类中小型电动机及其配件
中捷缝纫机股份有限公司	蔡开坚	0576－7338277	317604	工业缝纫机
台州达宝水暖器材有限公司	张增夫	0576－7411668	317605	生产销售阀门、水暖管件、管道配件、铜棒、铜条
台州时达水暖制造有限公司	罗伯特	0576－7298598	317600	铝（铜）塑复合管、金属软管
台州万得凯五金制品有限公司	钟兴富	0576－7492668	317609	铜阀门、管接系列产品
浙江扬塍灯饰有限公司	罗雪伟	0576－5902200	317005	各种玻璃管制造、铝材型生产、节日灯、节能灯生产
浙江临海机械有限公司	胡　凌	0576－5135971	317000	液力变矩器、水轮机
浙江省三门浦东电工电器有限公司	薛德法	0576－3373018	317100	电磁线系列产品
浙江灵洋医疗器械有限公司	胡振满	0576－5881172	317031	一次性使用输液器、一次性使用无菌注射器
浙江安露清洗机有限公司	陈吉明	0576－2881578	318058	高压清洗机、空压机、汽油发电机
浙江双环齿轮集团股份有限公司	叶善群	0576－7200929	317600	汽车齿轮、摩托车齿轮、缝纫机齿轮、各种轿车齿轮
浙江华海药业股份有限公司	陈保华	0576－5010288	317024	卡托普利、马来酸依那普利、赖诺普利、雷米普利、富马酸酮替芬、洛沙坦、依贝沙坦、盐酸帕罗西汀
台州森林彩印包装有限公司	林启军	0576－6336000	317525	纸制品、印刷品
浙江玉升医疗器械有限公司	钱云周	0576－7206968	317608	一次性使用输液器、一次性使用无菌注射器、一次性使用滴定管式输液器、一次性使用静脉输液针、一次性使用无菌避光注射器、微量泵延长管、肠内营养输液器、一次性使用自锁无菌注射器、一次性使用扩阴器
浙江石梁酒业股份有限公司	邱建生	0576－3803599	317200	啤酒、黄酒、白酒、热力
台州宏鼎塑胶有限公司	林智军	0576－8557769	318000	塑料卷帘篱笆、铝质木质百叶窗及其他塑料制品
临海市供电局	徐从德	0576－5309395	317000	（电力供应）售电量
浙江豪情汽车制造有限公司	李书福	0576－5121444	317000	JL 系列汽车
浙江省玉环凯凌集团有限公司	董西银	0576－7282090	317600	摩托车液压盘式制动器系列
台州齐合天地金属有限公司	STEPHAN VAN OOYEN	0576－2691222	318054	紫铜、铝合金锭、生铁、废钢
杰克缝纫机有限公司	阮积祥	0576－8177753	318010	缝纫机

企业名称	法人代表	电话号码	邮政编码	生产主要产品
丽　水　市				
兽霸鞋业有限公司	徐建恩	0578－6851888	323903	皮鞋
浙江省缙云县电力工业局	林根友	0578－3142088	321400	
浙江国镜药业有限公司	蔡焕镜	0578－7226356	323700	氟罗沙星注射液、长春西汀注射液、18 氨基酸注射液、普通输液、头孢克洛泡腾片、氨苄青霉素钠栓、肿节风注射液、鱼腥草口服液、头孢拉定胶囊等
景宁畲族自治县电力工业局	王跃飞	0578－5082789	323500	供电、水力发电
浙江亚泰皮革有限公司	郑金林	0578－6856888	323903	牛皮革
燕京啤酒（浙江仙都）有限公司	李秉骥	0578－3310071	321400	仙都啤酒
遂昌县电力工业局	王中强	0578－8122672	323300	电力
丽水华星电机有限公司	梁立华	0578－2268707	323000	HF 系列家用缝纫机电机、GF 系列工业缝纫机电机、DIS 系列食物残渣处理机、JG 系列无刷直流电机
浙江方正电机股份有限公司	张　敏	0578－2171041	323000	缝纫机、缝纫机马达
浙江天喜实业集团有限公司	吕天喜	0578－3153940	321404	天喜牌压盖式高级不爆压力锅、不粘锅、合金铝板、防盗门、纺机罗拉、锁具等

浙江省部分企业集团名录

企业集团名称	法人代表	电话号码	邮政编码
浙江省物产集团公司	胡江潮	0571－87054509	310006
杭州娃哈哈集团公司	宗庆后	0571－86911181	310018
杭州化纤(集团)公司	罗民钢	0571－88831850	310011
万事利集团有限公司	沈爱琴	0571－85141268	310021
浙江东南网架集团有限公司	郭明明	0571－82782986	311209
浙江万马集团有限公司	张德生	0571－87219135	310003
传化集团有限公司	徐传化	0571－82602688	311215
浙江红山集团公司	丁有根	0571－82699006	311234
杭州玻璃集团有限公司	占和林	0571－88144501	310022
浙江富春江通信集团有限公司	孙庆炎	0571－63371406	311400
华伦集团	陈建龙	0571－63370051	310003
浙江华达通信器材集团有限公司	邵关根	0571－63366297	311400
浙江省轻纺集团公司	赵大贤	0571－87805083	310009
杭州前进齿轮箱集团	王兆勤	0571－82683112	311203
浙江恒逸集团有限公司	邱建林	0571－82797888	311209
浙江三狮集团有限公司	姚季鑫	0571－85068496	310003
浙江景芳集团有限公司	高慧明	0571－86946454	310020
浙江省交通工程建设集团	陆耀忠	0571－85177765	310003
浙江钱啤集团股份有限公司	孔飞跃	0571－82614888	311217
佑康食品集团有限公司	戴天荣	0571－85140159	310021
浙江东方集团股份有限公司	何志亮	0571－87215678	310006
杭州汽轮动力集团有限公司	聂忠海	0571－85096860	310004
杭州华东医药集团有限公司	李邦良	0571－88173388	310011
中天建设集团有限公司	楼永良	0571－87817222	310009
浙江之俊控股集团有限公司	商志宏	0571－63315819	311400
杭州金鱼电器集团有限公司	秦吉强	0571－88083961	310014
浙江广通房地产集团有限公司	吴瑞祥	0571－88392830	310005

企业集团名称	法人代表	电话号码	邮政编码
浙江万丰企业集团	楼增明	0571－82622956	311203
杭州热电集团有限公司	余伟民	0571－88192564	310011
西子电梯集团有限公司	王水福	0571－85160376	310003
浙江新安化工集团股份有限公司	王　伟	0571－64723891	311600
中国（杭州）青春宝集团有限公司	冯根生	0571－85121024	310023
浙江华威实业集团有限公司	童志华	0571－87245585	310009
胜达集团有限公司	方吾校	0571－82836001	311215
浙江省旅游集团有限责任公司	周玉根	0571－87016671	310006
杭州民生药业集团	竺福江	0571－88085858	310011
杭州解百集团股份有限公司	周自力	0571－87016888	310001
浙江天松集团有限公司	施永强	0571－63723781	311300
浙江中财招商投资集团有限公司	边锡明	0571－88383183	310005
浙江吉利控股集团有限公司	李书福	0571－87760103	310052
浙江皇冠工贸集团有限责任公司	戚传富	0571－86451897	310017
杭州旅游集团有限公司	陈炳虎	0571－85155427	310006
舜宇集团有限公司	王文鉴	0574－62538080	315400
宁波建工集团股份有限公司	王宇凌	0574－87066665	315040
宏润建设集团股份有限公司	郑宏舫	021－64081888	200235
华茂集团股份有限公司	徐立勋	0574－88055778	315175
宁波富邦控股集团有限公司	宋汉平	0574－87307054	315010
重庆啤酒集团宁波大梁山有限公司	黄明贵	0574－65552189	315600
华翔集团股份有限公司	周辞美	0574－65837888	315722
宁波天安集团	蒋保民	0574－65728118	315709
浙江开开集团股份有限公司	徐春元	0574－88034611	315040
宁波兴业集团	胡长源	0574－63073313	315327
红蜻蜓集团有限公司	钱金波	0577－67370000	325105
新华电器集团有限公司	郑元孟	0577－62722020	325604
报喜鸟集团	吴志泽	0577－67318289	325105

企业集团名称	法人代表	电话号码	邮政编码
正泰集团	南存辉	0577－62777777	325604
均瑶集团有限公司	王均瑶	0577－88879915	325000
金可达集团有限公司	史美斌	0577－88829028	325000
德力西集团有限公司	胡成中	0577－62723888	325604
奥康集团有限公司	王振滔	0577－67284444	325101
天正集团有限公司	高天乐	0577－62779706	325604
浙江桐昆集团	陈士良	0573－8183510	314500
民丰特种纸股份有限公司	吕士林	0573－2839086	314000
金洲集团有限公司	俞锦方	0572－2072542	313000
浙江中成控股集团有限公司	王永泉	0575－8047148	312085
万丰奥特控股集团有限公司	陈爱莲	0575－6298205	312500
纵横控股集团有限公司	袁柏仁	0575－8034123	312071
浙江天马实业股份有限公司	蒋张水	0575－5629825	312072
浙江赐富化纤集团有限公司	赵张夫	0575－5626680	312073
浙江化纤联合集团有限公司	何　京	0575－8064243	312000
宝业集团股份有限公司	庞宝根	0575－4137116	312030
浙江钱清热电集团有限责任公司	漏兴福	0575－4051744	312025
浙江恒风集团	王跃飞	0579－5561618	322000
野风集团有限公司	俞国生	0579－6730191	322105
浙江尖峰集团股份有限公司	杜自弘	0579－2326868	321000
浙江贝特工艺集团有限责任公司	虞宣清	0579－4201137	322200
浙江恒丰电器集团公司	应国兴	0579－7177820	321300
浙江江山虎集团	徐位吉	0570－4061035	324100
浙江省通天星集团股份有限公司	郑继行	0570－3089907	324000
弘生集团	苏伟平	0580－2680957	316000
浙江海正集团有限公司	章阿恩	0576－8827890	318000
浙江中贝九洲集团有限公司	花轩德	0576－8827575	318000
飞跃集团有限公司	邱继宝	0576－8155828	318010
苏泊尔集团	苏增福	0576－7338359	317604

2003 年部分建筑业企业基本情况

单　　位	法人代表	资质等级	邮政编码	联系电话	建筑业总产值（万元）
杭　州　市					
广厦建设集团有限责任公司	楼　明	总承包特级	310013	87969988	537122
浙江省长城建设集团股份有限公司	葛相校	总承包一级	310009	87801205	306216
五洋建设集团股份有限公司	陈志樟	总承包一级	310009	87245600	305860
浙江歌山建设集团有限公司	何品苏	总承包一级	310004	85384619	165898
浙江国泰建设集团有限公司	李炳传	总承包一级	311201	82723745	156317
浙江省宏途交通建设有限公司	王喜林	总承包一级	310014	85302623	107444
杭州萧宏建设集团有限公司	俞先富	总承包一级	310051	86626840	100690
浙江宝盛建设集团有限公司	沈相焕	总承包一级	311202	82815169	100459
浙江省火电建设公司	毛关有	总承包一级	310016	51214100	61279
浙江伟达建设工程有限公司	陈拿单	总承包一级	311201	82721535	51127
杭州市设备安装有限公司	王明和	总承包一级	310006	85176331	50025
浙江省第一水电建设有限公司	蒋文龙	总承包一级	310051	86682251	45614
浙江杭州湾建筑集团有限公司	黄妙福	总承包一级	310021	85141608	40168
浙江大华建设集团有限公司	陈振华	总承包一级	310004	85461566	38360
浙江省水电建筑安装有限公司	余乐平	总承包一级	310051	86684932	35440
浙江闻堰建筑工程有限公司	华国富	总承包二级	311258	82301481	56860
浙江大有实业股份有限公司	蔡　信	总承包二级	310009	87261510	56742
浙江华强建筑工程有限公司	王尚军	总承包二级	311200	82820333	41689
杭州市第五建筑工程有限公司	张忠华	总承包二级	310030	88953124	35094
杭州宇航交通工程有限公司	王智保	总承包二级	311100	86222884	29000
浙江城建建筑工程有限公司	卢云峰	总承包二级	310007	28869999	27874
浙江省山水建设有限公司	洪永星	总承包二级	310016	86942149	19809
杭州华水市政工程开发有限公司	竺豪立	总承包二级	310016	86502891	16325
杭州恒泰建设工程有限公司	朱爱泉	总承包二级	311215	82837091	13089
杭州余杭市政工程有限公司	郑晓卫	总承包二级	311100	86227610	12300
浙江大运建筑工程有限公司	张宪法	总承包二级	311400	63139569	12189
杭州华临建筑工程有限公司	戚国良	总承包二级	311100	86239530	11838
建德广元建设有限公司	吴永祥	总承包二级	311600	64782672	11089
杭州港航工程公司	董一杰	总承包二级	310011	88066705	6895
浙江省地质矿产工程公司	汪晓亮	专业承包一级	310016	86942656	43513
浙江飞耀建筑装饰工程有限公司	张跃飞	专业承包一级	310001	87178985	15097
浙江银建装饰工程有限公司	王启明	专业承包一级	310004	85195313	4238
浙江省交通工程建设集团第三交通工程有限公司	余新民	专业承包二级	310013	85025828	45783
浙江八达隧道工程有限公司	朱梓双	专业承包二级	310007	88842666	17464

单　　位	法人代表	资质等级	邮政编码	联系电话	建筑业总产值（万元）
杭州华电华源环境工程有限公司	叶水泉	专业承包二级	310012	88056488	9000
杭州坚塔管桩有限公司	王观成	专业承包二级	310053	86616295	3550
杭州鸿顺建筑装饰工程有限公司	周培永	专业承包二级	310021	85146366	3303
浙江世贸装饰设计工程有限公司	陈志福	专业承包二级	310007	87950149	3142
浙江省化工基础工程公司	周育坤	专业承包二级	310002	87910962	2314
浙江华能装饰工程有限公司	董必军	专业承包二级	310012	88986666	2294
浙江华丽装饰工程公司	何新民	专业承包二级	310006	85152694	1167
浙江荣佳建筑工程有限公司	李荣亭	总承包三级	310030	88990835	12158
浙江杭钢建筑安装工程有限公司	马茂华	总承包三级	310022	88144301	11624
富阳市水利建筑工程有限公司	何文强	总承包三级	311400	63329407	9239
桐庐县中信建筑有限公司	钟元松	总承包三级	311500	64216668	8732
杭州萧山金成建筑实业有限公司	王晴川	总承包三级	311202	82832761	8250
杭州宇鹏建筑工程有限公司	王云其	总承包三级	311122	88681259	8076
淳安县第三建筑工程有限公司	童卫大	总承包三级	311700	64819408	4811
杭州新事业建筑工程公司	马茂华	总承包三级	310022	88140001	3174
桐庐华泰建筑营造有限公司	郑济华	总承包三级	311500	64622488	3115
杭州中立建筑工程有限公司	厉选民	总承包三级	310011	85577589	2600
宁　波　市					
龙元建设集团股份有限公司	赖振元	总承包特级	200434	65613174	485653
宁波华丰建设集团股份有限公司	王泽光	总承包一级	315040	87900001	196268
宁波建工集团股份有限公司	王宇凌	总承包一级	315040	87889898	120008
宁波市建设集团股份有限公司	陈继东	总承包一级	315000	87190059	110065
余姚市三江建设有限公司	蒋荣夫	总承包一级	315400	62814365	23278
浙江万华建设有限公司	张龙棋	总承包二级	315175	88050171	38056
宁波住宅建设股份有限公司	祁华平	总承包二级	315000	87311500	34198
宁波滕头建设有限公司	朱祥茂	总承包二级	315016	87241898	28776
慈溪市城市发展有限公司	胡培浩	总承包二级	315300	63033016	27930
慈溪城关建筑有限公司	胡培能	总承包二级	315300	63808536	26826
浙江东航建设有限公司	吉忠达	总承包二级	315300	63101670	26097
慈溪市建筑工程有限公司	叶金泽	总承包二级	315300	63113084	24666
镇海炼化检修安装公司	阮新祥	总承包二级	315207	86445892	24494
浙江恒立交通工程有限公司	周行春	总承包二级	315040	87411790	23458
宁波市公路局路桥工程处	韩光明	总承包二级	315040	87925554	22259
宁波宏海建设有限公司	陈忠成	总承包二级	315600	65566748	21016
宁波同三建设有限公司	严跃飞	总承包二级	315600	65588271	19314
宁波市鄞州市政工程有限公司	张　弥	总承包二级	315192	88211265	18735
浙江天海建设有限公司	周绍弟	总承包二级	315800	86885088	18500

单　　位	法人代表	资质等级	邮政编码	联系电话	建筑业总产值（万元）
宁波市华欣建设工程有限公司	华　明	总承包二级	315206	86551839	14990
宁波市新亚建设有限公司	金兴根	总承包二级	315010	87317760	14710
宁波市北仑区第一建筑安装工程有限公司	冯本祥	总承包二级	315801	86159805	13368
宁波盛宏建设工程有限公司	倪萍萍	总承包二级	315300	63104753	11731
宁波市第四建筑工程公司	李永伯	总承包二级	315200	86278174	11473
宁波市鄞州建筑有限公司	忻根龙	专业承包二级	315041	87334681	30660
余姚市万里建设有限公司	诸国安	专业承包二级	315400	62625868	3699
宁波市富华建筑装饰有限公司	顾宝利	专业承包二级	315200	87840456	1996
余姚市艺峰装饰工程有限公司	洪忠文	专业承包二级	315400	62662689	1300
宁波市立德现代装饰工程有限公司	王海波	专业承包二级	315010	87193635	984
宁波东新建筑有限公司	汪傲其	总承包三级	315153	28818826	39696
余姚市城镇建筑有限公司	黄立忠	总承包三级	315430	62367090	8884
宁海县双侨建筑工程有限公司	王南如	总承包三级	315600	65208288	5550
余姚市第五建筑工程有限公司	徐建明	总承包三级	315400	62638090	3865
余姚市华盛水电建筑有限公司	沈兴龙	总承包三级	315400	62773711	3749
慈溪市交通建筑有限公司	许国苗	总承包三级	315300	63813894	3593
余姚市赛格特建筑营造工程有限公司	顾明强	总承包三级	315400	62651985	3460
温　州　市					
温州中城建设集团有限公司	倪明连	总承包一级	325005	88521213	91376
温州东瓯建设集团有限公司	何金弟	总承包一级	325025	86767813	61228
永嘉县交通工程公司	朱国成	总承包二级	325102	67333925	26985
温州通业建设工程有限公司	徐金明	总承包二级	325807	64652127	25900
温州市华昌建筑安装工程有限公司	李龙跃	总承包二级	325027	88853572	22236
苍南县建筑工程公司	朱明望	总承包二级	325800	64716898	12158
浙江广泰建筑工程有限公司	曾仁佩	总承包二级	325500	67583315	10842
温州宏源水电建设有限公司	高永芳	总承包二级	325000	88227250	10489
温州泰昌电力建筑安装有限公司	张鹏飞	总承包二级	325011	86637610	8720
温州市东海建筑安装工程有限公司	叶庆泽	总承包二级	325003	88364587	8690
永嘉县建筑工程公司	李秀旺	总承包二级	325100	67253464	8335
温州市明达市政安装工程有限公司	陈蓓蕾	总承包二级	325401	63620046	6880
温州市四通建设工程有限公司	陈献仁	总承包二级	325000	88259365	6003
温州市永昌市政建筑工程有限公司	肖云州	总承包二级	325401	63632207	4338
温州市亚飞铝窗有限公司	甘志成	专业承包一级	325011	86522409	4156
温州市一洲装饰工程有限公司	王龙洲	专业承包二级	325027	88380548	1965
温州市嘉和装饰有限公司	邱剑侠	专业承包二级	325000	88368128	1269
温州市鹿城振华建筑安装工程有限公司	戴宗达	总承包三级	325007	88774769	11682
温州华泰建设工程有限公司	邱传先	总承包三级	325400	63741183	9830

单　　位	法人代表	资质等级	邮政编码	联系电话	建筑业总产值（万元）
平阳县敖龙市政建筑工程有限公司	蔡文路	总承包三级	325401	63636831	6387
嘉　兴　市					
浙江中元建设股份有限公司	朱　谦	总承包一级	314001	2083928	56156
桐乡市振业建筑发展有限公司	许长发	总承包二级	314500	8039807	21333
浙江秦山建设股份有限公司	黄雪军	总承包二级	314300	6021375	10779
浙江广业建设有限公司	施秀春	总承包二级	314501	8711521	10012
浙江永联建设工程有限公司	张永春	总承包二级	314001	2209258	7380
海宁市宏厦建筑装饰工程有限公司	金建祥	专业承包二级	314400	7226369	1015
嘉兴市华海建筑安装有限公司	张金华	总承包三级	314202	5920073	8441
嘉兴市余新建筑工程公司	朱雪明	总承包三级	314009	3167241	8120
嘉善华发建筑工程有限责任公司	蔡永华	总承包三级	314100	4023637	7173
平湖市阳光建筑工程有限公司	陆宙平	总承包三级	314200	5012383	3455
湖　州　市					
中铁十六局集团第三工程有限公司	孔文亚	总承包一级	313000	2067023	90058
湖州市建工集团有限公司	王仲光	总承包一级	313000	2023624	70800
浙江大东吴集团有限公司	吴仲清	总承包二级	313000	2568000	71180
浙江中荣建设有限公司	须连荣	总承包二级	313200	8066723	29921
浙江振州建设有限公司	王振宇	总承包二级	313300	5026353	17784
湖州市第二建设工程有限公司	张明良	总承包二级	313000	2062487	15208
浙江天力建筑有限公司	杨虎麟	总承包二级	313000	2820500	12382
德清县第二建筑工程有限责任公司	金英杰	总承包二级	313200	8064479	10885
平湖市市政工程有限公司	王祖伦	总承包二级	314200	5015697	6305
浙江省疏浚工程有限公司	沈少鸿	专业承包一级	313000	2123983	12630
长兴县长城建筑工程有限公司	张明法	专业承包二级	313100	6050208	12768
核工业井巷建设公司	黄旭敏	专业承包二级	313000	2110923	11259
浙江乔兴建设工程有限公司	徐钱江	总承包三级	313000	2112101	3493
绍　兴　市					
浙江中成建工集团有限公司	王永泉	总承包特级	312085	8173088	428901
浙江宝业建设集团有限公司	高　林	总承包特级	312028	4574483	418462
浙江舜杰建筑集团股份有限公司	陈炎锇	总承包特级	200070	63546983	323879
华升建设集团有限公司	杭飞龙	总承包一级	312365	2665716	236139
浙江中厦建设集团有限公司	杨学夫	总承包一级	312050	5763777	235910
浙江中设建工集团有限公司	陈永根	总承包一级	312072	5107068	211270
浙江八达建设集团有限公司	王昌培	总承包一级	311800	7217165	203500
浙江勤业建工集团有限公司	张勤良	总承包一级	312080	5641278	159700
浙江中联建设集团有限公司	周水林	总承包一级	312000	5112542	122776
浙江省诸暨市工业设备安装公司	范绍福	总承包一级	311800	7012671	72500

单　　位	法人代表	资质等级	邮政编码	联系电话	建筑业总产值（万元）
浙江宏达建设工程有限公司	周洪校	总承包一级	311800	7029620	61580
浙江省嵊州市建筑工程公司	夏春南	总承包一级	312400	3032654	51058
浙江德盛建设集团有限公司	周月新	总承包一级	312300	2024488	45120
浙江鼎盛交通建设有限公司	丁润贤	总承包一级	312069	5190861	43768
浙江精工世纪建设工程有限公司	方朝阳	总承包一级	312000	8606638	37369
绍兴市兴业建筑安装工程有限公司	汤小牛	总承包二级	312069	5199684	52886
浙江中实建设集团有限公司	陈新昌	总承包二级	312000	8932158	40162
绍兴市禹陵建筑工程有限公司	凌月根	总承包二级	312000	8361412	38610
浙江绍兴宏伟建筑工程有限公司	金伟根	总承包二级	312065	5181181	30774
浙江金桥建设有限公司	孙炳元	总承包二级	312030	4115317	28625
嵊州市通达公路桥梁建设有限公司	郭　明	总承包二级	312400	3025868	27981
浙江越烽建筑有限公司	王慎义	总承包二级	311800	7225008	27562
浙江金衢交通工程有限公司	龚开洋	总承包二级	312300	2126221	26648
诸暨市市政工程有限公司	楼丁明	总承包二级	311800	7218873	26091
浙江祥生建设工程有限公司	朱国玲	总承包二级	311800	7227209	20020
绍兴城建市政工程有限公司	许光耀	总承包二级	312000	5226351	14846
绍兴县水利水电建筑有限公司	凌坤富	总承包二级	312000	8316173	13960
新昌县第一建筑工程公司	刘竹池	总承包二级	312500	6022147	12950
浙江省水电建筑基础工程有限公司	陈和中	总承包二级	312000	8643059	10460
绍兴市水联建设工程有限责任公司	蔡剑明	总承包二级	312001	5172304	9890
浙江金磊建设工程有限公司	张金元	总承包二级	312000	8316386	9740
绍兴市市政设施施工处	詹文高	总承包二级	312000	5141393	9540
浙江精工钢结构有限公司	金良顺	专业承包一级	312030	4880815	116558
浙江广艺建筑装饰工程有限公司	金吉祥	专业承包一级	312030	4885316	27500
绍兴市园林建筑有限公司	何孟荣	专业承包一级	312500	6049372	10080
浙江有色建设工程有限公司	王文善	专业承包一级	312000	8654372	7250
华升建设集团上虞消防工程有限公司	罗其洋	专业承包一级	312300	2028740	4054
绍兴市华立岩土工程有限公司	刘建伟	专业承包二级	312000	8319236	3700
上虞市爱垦建筑装饰工程有限公司	楼宝洪	专业承包二级	312300	2212728	1950
浙江裕祥建设有限公司	余国永	总承包三级	311800	7231325	11413
绍兴市城乡建筑工程有限公司	裘伟阳	总承包三级	312000	8619563	8492
新昌县天马建筑安装工程有限公司	竺洪春	总承包三级	312500	6129828	5020
诸暨市大东南建筑工程有限公司	黄吟夫	总承包三级	311809	7091237	4530
金　华　市					
浙江广扬建设有限公司	赵国杨	总承包一级	310022	88135422	51039
浙江振进市政建设有限公司	吴正见	总承包一级	322100	6886337	39700
浙江横店建筑工程有限公司	吴立新	总承包二级	322118	6551011	59007

单　　位	法人代表	资质等级	邮政编码	联系电话	建筑业总产值（万元）
浙江省东阳市广宏建设有限公司	何飞龙	总承包二级	322100	6818777	43608
浙江省东阳市路桥建筑工程有限公司	葛德法	总承包二级	322100	6813296	43237
浙江成龙建设集团有限公司	方汝腾	总承包二级	322000	5310617	31088
义乌市住宅建筑工程有限公司	朱　胜	总承包二级	322000	5329536	23750
浙江宏成建设工程有限公司	楼仲世	总承包二级	322109	6962178	14812
浙江兰溪市第一建设工程有限公司	朱永芳	总承包二级	321100	8893025	12237
浙江稠城建筑工程有限公司	陈士进	总承包二级	322001	5315632	11875
浙江省东阳市第五建筑工程有限公司	洪　铿	总承包二级	322100	6628083	8594
金华市公路桥梁建设有限公司	楼启华	专业承包二级	321001	2347143	25374
浙江省东阳市横店园林古典建筑公司	吴立新	专业承包一级	322118	6551011	21236
浙江贝特电子科技有限公司	邹春仙	专业承包二级	321017	2056432	4765
浙江正华装饰设计工程有限公司	楼华君	专业承包一级	322000	5581168	3443
浙江捷诚消防安全工程有限公司	郑　捷	专业承包二级	321017	2386119	2569
浙江省东阳市花园建筑工程有限公司	朱建平	总承包三级	322121	6270216	9826
永康市紫微建筑工程有限公司	徐国军	总承包三级	321300	7177163	8625
浙江塔山建筑工程有限公司	成　诚	总承包三级	322002	5744541	8450
浙江武义华厦建筑工程有限公司	夏华松	总承包三级	321200	7671298	8422
浙江省义乌市海鹏市政工程有限公司	刘巧珍	总承包三级	322000	5329366	6649
浙江天平钢结构制造有限公司	张天生	专业承包三级	321200	7616268	2901
衢　州　市					
浙江衢州建工集团有限责任公司	王亚年	总承包一级	324000	8010309	50333
浙江省衢州市交通建设集团有限公司	毛永华	总承包一级	324002	3855160	42874
浙江宏峰建筑安装工程有限公司	洪其峰	总承包二级	322200	4121988	21021
浙江省浦江县建筑安装工程有限公司	黄炜健	总承包二级	322200	4125747	20368
龙游县通途交通建设工程有限公司	兰正元	总承包二级	324400	7013836	16799
龙游龙健建设有限公司	江益龙	总承包二级	324400	7882218	9150
衢州市政工程有限公司	徐晓东	总承包二级	324000	3034476	8956
浙江广胜建设工程有限公司	朱志光	总承包二级	324000	8017778	7611
舟　山　市					
浙江恒大建设有限公司	袁国义	总承包二级	316100	3661301	20020
浙江东力建筑工程有限公司	刘玑平	总承包二级	316102	3098077	10157
浙江博宇建筑有限公司	杨松涌	总承包二级	316000	2608256	8880
舟山市恒昌市政工程有限公司	毕贯茵	总承包二级	316000	2616159	8398
浙江飞龙建筑装饰工程有限公司	叶松国	专业承包二级	316102	3092511	1438
浙江晨达建筑装饰工程有限公司	董惠青	专业承包二级	316000	2036912	1256
岱山县第二建筑工程有限公司	陈国成	总承包三级	316200	4472161	7010
舟山市万宇建筑工程有限责任公司	郑惠君	总承包三级	316100	3805016	3014

单　　位	法人代表	资质等级	邮政编码	联系电话	建筑业总产值（万元）
台　州　市					
方远建设集团股份有限公司	陈方春	总承包一级	318000	8816989	135895
浙江省温岭市田洋建筑工程有限公司	陈仁福	总承包二级	317500	6188478	68326
浙江国强建筑安装工程有限公司	陈林国	总承包一级	318000	8229195	51870
台州建筑安装工程公司	娄招林	总承包一级	317000	5113657	40628
浙江东源建设有限公司	李君林	总承包二级	317016	5723512	40015
浙江良和交通建设有限公司	王良明	总承包二级	315700	65724271	24240
浙江广宇市政工程有限公司	吴勇杰	总承包二级	317300	7756999	21150
浙江实事建筑工程有限公司	陈冬芳	总承包二级	317500	6141595	20169
台州市四方交通建设工程有限公司	缪军雄	总承包二级	318000	8816958	16795
浙江五联建设有限公司	郑道南	总承包二级	318000	8809000	15000
浙江兴业土木建筑工程有限公司	贾菊林	总承包二级	318050	2438778	14389
浙江远丰建设有限公司	陈恩长	总承包二级	317500	6119758	14162
浙江自力建设工程有限公司	泮自力	总承包二级	318020	4292703	12500
浙江宏业建设集团有限公司	徐学林	总承包二级	318000	8229750	12095
临海市市政工程有限公司	徐有智	总承包二级	317000	5306652	9230
台州市天龙建筑有限公司	林炳良	总承包二级	318050	2429358	8079
温岭市大通市政工程有限公司	林申荣	总承包二级	317500	6185118	7006
浙江省温岭市隧道工程公司	邹坚东	专业承包二级	317500	6215241	10196
台州大华建筑装饰有限公司	陈光华	专业承包二级	317000	5192007	2760
台州蓝盾消防安全实业有限公司	张续跃	专业承包二级	317000	5281755	1610
浙江荣远建设有限公司	许伟高	总承包三级	317200	3925148	10576
浙江省天台县第五建筑工程公司	潘思源	总承包三级	317200	3882340	8160
浙江黄岩第四建筑安装工程公司	叶文春	总承包三级	318020	4302100	5355
丽　水　市					
浙江省丽水市交通工程有限公司	戴土儿	总承包二级	323000	2352355	17910
丽水市同心建筑工程有限公司	叶爱芬	总承包二级	323000	2153455	9198
浙江银河建筑工程有限公司	邵银富	总承包二级	323600	5122496	8506
浙江晋丰建筑工程有限公司	陈泽民	总承包二级	323900	6827617	8471
浙江松阳县天立建筑工程有限公司	蔡发远	总承包三级	323400	8064379	8166
龙泉市国兴建筑工程有限公司	周国标	总承包三级	323700	7125095	4785
浙江大业建设有限公司	魏勇文	总承包三级	323000	2139547	3978
浙江屹立装潢工程有限公司	刘文秋	专业承包二级	321400	3131644	1386

2003年部分房地产企业基本情况

企业名称	法人代表	主要开发项目	资质等级	邮政编码	联系电话
浙江铭基置业有限公司	陈天嘤	台州路桥嘉绿苑、温岭春水园	2	310000	0571－87780906
浙江省天河房地产联合发展公司	陈锦升	天河西苑　天河　富春弯	3	310007	0571－85118807
浙江汇宇营建集团有限公司	陆凤林	汇宇花园、汇宇　都市花园、汇宇　清河园	2	311200	0571－56122609
金都房产集团有限公司	吴忠泉	新金都城市花园、金都华庭、金都景苑、金都　富春山居、金都华府	1	310006	0571－85801001
乐清市东方房地产实业有限公司	陈振江	乐清金雅商城、温州瓯江大厦、苍南龙港东方大厦　乐清新世纪花园、新世纪大厦等	2	325600	0571－62580598
浙江省耀江房地产开发有限公司	汪曦光	耀江　发展中心、耀江广厦、耀江　文欣苑、耀江　文萃苑、耀江国际大厦等;正在开发西湖文化广场	1	310006	0571－85786727
浙江省省直机关后勤房地产开发有限公司	沈国光	省直机关政苑小区、府苑新村、保俶路国人商务楼、海宁世纪花园、世纪公寓、杭州长生路商住楼等	2	310007	0571－87056039
杭州二轻房地产开发有限公司	董　永	香吉公寓;合作:吴山商城、世纪新城、盛世钱塘	2	310002	0571－87033106
杭州西湖房地产集团有限公司	叶晓龙	京都苑、易盛大厦、秋水苑、星都嘉苑、嘉绿名苑、西城广场	1	310007	0571－85115340
浙江康新房地产开发有限公司	徐孝西	康新花园一期、康新花园二期、新世界广场、新天地广场	3	310013	0571－85125547
浙江莱茵达房地产有限公司	高继胜	西溪紫金庭院、你我他服饰街、东信莱茵园、都市丽人、绿茵园·华庭、世纪名家、广茵大厦	2	310013	0571－85023138
杭州凤起房地产开发有限公司	王晓明	御跸苑、利兹城市公寓、东新园经济适用房、红树林　白云大厦、安徽南陵万森国际花园	3	310006	0571－85107533
浙江金纬房地产开发有限公司	胡勇平	青春小区、海月花园、金棕榈花园、铭扬大厦、黄兴绿苑、竹翠园	1	310003	0571－87222368
杭州坤和建设集团有限公司	李宝库	亲亲家园、山水人家、白荡海人家	2	310006	0571－85154148
浙江天庐房地产开发有限公司	叶平中	杭州天庐苑、衢州广场西苑、临平百合苑、杭州新客站辅楼、金华金发大厦、义乌站前街	2	310007	0571－85213622
宁波天元房地产开发有限公司	林　鹰	天元大厦	3	315010	0574－87328398
宁波罗蒙房地产开发有限公司	盛静生	福州"闽江春晓"住宅项目、湖州"新天地"商贸项目	3	315040	0574－87711559
宁波东方建设开发有限公司	丁国年	东方明珠城小区、香梅家园住宅小区、石碶文体娱乐中心等	2	315153	0574－28818872
象山房地产开发有限公司	俞志兴	东河花园二期、梅苑小区、银都佳苑	2	315700	0574－65724775
宁波华丰建设房产有限责任公司	张燕飞	华丰庄园、龙泽名园、名仕嘉景苑、德馨园、钱湖人家一期	2	315040	0574－87906768
宁波银亿房地产开发有限公司	熊续强	经贸园区、时代新居、生活新境、新居时代、世纪城、世纪锦秋、清泉人家、外滩花园	2	315010	0574－87276007

企业名称	法人代表	主要开发项目	资质等级	邮政编码	联系电话
宁波华泰股份有限公司	鲍晓明	中山名都、华泰剑桥、华泰星城	1	315040	0574－87703005
宁波中华置地有限公司	黄柏年	浙海续建工程、《凌江名庭》高173.9米公寓楼、总建筑面积84006平方米	3	315040	0574－87733444
宁波新园置业有限公司	周瑞园	宁波首个经济适用房“关爱小区”一、二期工程、“钱湖人家”三期工程、东钱湖“高钱生态村村民安置房”工程	3	315016	0574－88496030
慈溪市泰兴房地产有限公司	陆志乔	泰星公寓、景芳园、中兴大厦、泰安大厦、中兴小区、金旦花园	3	315300	0574－63023199
温州荣立建设开发有限公司	蔡荣飞	山东潍坊“昌乐宝石山庄” 湖北枣阳“温州商贸城” 瑞安“飞云龙岛花园”	2	325200	0577－65898871
温州市国光房地产开发有限公司	潘伟光	新国光商住广场、东都大厦、南方大厦、国光大厦	2	325014	0577－86066728
温州省直房地产开发有限公司	董　敏	温州“同人花园”	2	325000	0577－88371837
安吉宝云房地产开发有限公司	戴永丰	房地产开发与经营	3	313300	0572－5866886
德清县中房置业有限公司	胡一平	德清:中贸大厦、文昌花园、锦绣豪园、桂花园;合肥:圣泉名家;浦江:江滨花园、东溪花园	3	313200	0572－8076108
浙江宝业房地产集团有限公司	高纪明	柯桥城市花园、瓜渚风情、绍兴东方花园、东方绿苑、毓兰华庭	2	312030	0575－4129279
浙江巨星房地产开发有限公司	张国祥	江南明珠园	3	312069	0575－5381268
浙江祥生房地产开发有限公司	朱国玲	祥生新世纪花园、祥生五峰山庄、瑶坪湖花园、滨江花苑、祥生新世纪广场	1	311800	0575－7016788
金华市华新房地产开发有限公司	郑巧鸿	华新小区、环球商务大厦、环球商务公寓、茶花庭院、现代城、汇金广场、锦绣龙城、全国健康住宅示范小区—南国名城	3	321017	0579－2055268
浙江永盛房地产开发有限公司	姜荣森	永盛　阳光城市花园、永盛　星海花园、永盛　永盛楼、永盛　茶花苑	3	321017	0579－3181648
衢州市柯城房地产开发有限公司	徐土森	衢州市农行综合大厦、建筑设计院办公大楼、柯城大厦、九重天宾馆、东门迎和、府东小区、双港综合楼、城北怡正楼、斗潭西区商住楼	2	324000	0570－3026719
浙江贝林房地产有限公司	郑积勤	桐乡振东小区、江山翠苑山庄、衢州俯山人家、衢州百发商城、衢州劳动小区	2	324100	0570－4110485
舟山市华隆房地产开发公司	李飞龙	城市新境、竹馨园、嵊泗海霞花园、舟渔明珠园	3	316101	0580－3697723
台州市宏冠房地产开发有限公司	奚永宽	大洋路商住楼、柏州路C幢商住楼、大洋路商住楼A#、B#幢、“宏苑”住宅小区、临海市高桥小区1#、2#、3#楼	3	317000	0576－5175935
时间房地产建设集团有限公司	李卫军	海湾　浪琴花园	1	318000	0576－8535513
丽水市正达房地产开发有限公司	陈　侠	正达　阳光城	2	323000	0578－2201189
青田正达花园房地产开发有限公司	陈　侠	正达阳光豪景山庄、正达假日大酒店、正达阳光华庭	3	323900	0578－6836655
青田香溢房地产开发有限公司	杨素月	中国青田山口石雕城　青田香溢广场　衢州假日广场　青田油竹新区	3	323900	0578－6830008

2003年部分高新技术企业基本情况

单　　位	法人代表	电话号码	邮政编码	主要高新技术产品名称
杭州龙山化工有限公司	彭　立	0571－86617638	310053	盐酸氨溴索、反式—4氨基环已醇、三羟甲基氨基甲烷、吡啶系列等产品。
浙江康莱特药业有限公司	李大鹏	0571－86911111	310018	康莱特注射液
杭州天诚药业有限公司	潘观根	0571－82696089	311231	中成药:妇宁颗粒;西药:盐酸赛洛唑啉滴鼻液;医疗器械产品:功能性纳米敷贴
杭州手心医药化学品有限公司	范伟荣	0571－82834392	311215	1.1—环已基二乙酸;1.1—环已基二乙酸单酰胺;3.3—亚戊烯基—4一丁内酰胺;甲基多巴。
杭州百合化工有限公司	陈立荣	0571－82965801	311222	立索尔洋红188、永固红F5RK、永固紫RL、永固黄277、喹吖啶酮紫BH－201、喹吖啶酮红1171、苯骈咪唑酮BH4C。
杭州依维柯汽车变速器有限公司	周锦清	0571－82673888	311203	AQ015变速器、MR6370变速器
浙江新亞太机电集团有限公司	施纪法	0571－82763177	311203	汽车制动系统产品
杭州广安汽车电器有限公司	臧根元	0571－63235069	311400	汽车空调数控操纵器;汽车空调嵌入式软件。
杭州方圆塑料机械有限公司	袁园清	0571－63257061	311404	泡沫塑料、机械产品。
南望信息产业集团有限公司	张　健	0571－88225323	310012	监控系列、IP可视电话、彩猫系列、一体化快速球机(跟踪)。
艾康生物技术(杭州)有限公司	林继迅	0571－87775550	310023	免疫类体外诊断试剂、第二、三类临床检验分析仪器及诊断试剂。
杭州中亚机械有限公司	史中伟	0571－88237008	310011	DXR系列全自动塑杯成型灌装封切机;DASB系列全自动无菌液体软包装机。
杭州胡庆余堂药业有限公司	冯根生	0571－86988551	310016	胃复春片、障翳散、神香苏全丸、强力枇杷露。
杭州爱大制药有限公司	邱家军	0571－86954457	310016	注射用硫酸依替米星(国家一类新药)。
建德市大洋化工有限公司	陈阳贵	0571－64156005	311616	离子交换低湿自碳化生产碳酸钾工艺(列为国家火炬计划项目);低湿自碳化生产碳酸钾及2—氯—6—氟氯苄(列为省级高新技术产品)。
浙江省桐庐汇丰生物化工有限公司	倪正刚	0571－64611738	311500	[富春江]牌井冈霉素系列农药及各类农药复配制剂。
宁波贝发集团有限公司	邱智铭	0574－86186500	315801	中性笔、直液式针管笔、针管墨水笔、三角笔、三色转动笔、阀门笔。
宁波跃进汽车前桥有限公司	王耀平	0574－87635290	315021	汽车前梁与独立悬架总成;汽车扭杆弹簧
宁波方力企业发展有限公司	方国珍	0574－88100197	315192	真空泵、PPR生产线、PE生产线等产品
宁波普罗强生半导体有限公司	郭丽美	0574－87742428	315040	三端稳压源:78XX、79XX系列;108X系列、158X系列。直流－直流转换器:34063、3463等。功率放大器/比较器:358、324、210X系列、4558、386、2822M、393、339等。振铃电路:31002、2418、1062、34118、34119等;场放应管:9926A、3054等。

单　　位	法人代表	电话号码	邮政编码	主要高新技术产品名称
浙江野马电池有限公司	余元康	0574－87929927	315051	无汞无镉P型锌锰干电池；无汞无镉无铅P型锌锰干电池；无汞碱锰电池；CR锂锰电池。
宁波东方电子有限公司	许恕君	0574－87805015	315040	蜂鸣器、讯响器、报警器。
宁波永发集团有限公司	胡小良	0574－86729999	315813	智能化可编程防盗控制器；电子式、机械式保险箱。
宁波甬江集团股份有限公司	孔根良	0574－87662390	315020	系列塑料注射成型机
宁波艾利特服饰有限公司	韦钧千	0574－87903138	315040	纳米领带、纳米丝巾、纳米面料及纳米家居用品系列。
宁波三爱互感器有限公司	陈洋江	0574－87582424	315032	LZZBW～35系列电流互感器
宁波广厦热力成套设备有限公司	郑平龙	0574－86508002	315204	碳钢、不锈钢、铜、铝合金等材质的波纹换热管、螺旋波纹换热管、MH机械表面多孔管。
宁波绿之健药业有限公司	戴福盛	0574－88536082	315505	蓝浆果提取物；万寿菊提取物；10－DAB紫杉醇；β－谷甾醇。
宁波更大集团有限公司	戎伟军	0574－62195888	315482	中、微小型深沟球轴承、万向节、圆锥轴承。
余姚市兴邦高压电器开关厂	周友东	0574－62468217	315450	可遥控组合式ZW8－12/630－20户外高压真空断路器；可遥控组合式FZW20－12/630A－16户外真空隔离负荷开关。
浙江大丰实业有限公司	丰国勋	0574－62819889	315400	TDH活动看台系列、YH系列公共座椅、WJ系列机械舞台。
奇迪电器集团有限公司	周奇迪	0574－63309900	315324	饮水机
宁波华德汽车零部件有限公司	胡华强	0574－63253888	315318	汽车组合开关
耐吉科技股份有限公司	陈志校	0574－63486768	315327	40.5KV及以下等级高低压开关输配电设备（高低压开关设备、馈线自动化配网自动化、高低压开关智能化）
宁波三国机械电子有限公司	岑剑荣	0574－63650226	315314	燃气用具零部件、BSV电磁阀、比例阀、熄火保护装置。
宁海县第一注塑模具厂	鲍明飞	0574－65582678	315600	高精密大型模具
宁波大拇指电器有限公司	孙光斌	0574－65259289	315600	电热水器
宁波跃飞模具有限公司	张德标	0574－65332696	315600	大型精密注塑模具
宁波松鹰汽车空调配件有限公司	葛先梦	0574－65596700	315600	R134a汽车空调热力膨胀阀
宁波市三浪润滑元件有限公司	黄德贤	0574－65780063	315700	汽车底盘自动润滑系统；汽车自动调整臂；机床集中自动润滑系统。
浙江日升电器有限公司	石维坚	0574－65751218	315700	真空断路器、熔断器、电缆分接箱、隔离开关、负荷开关、避雷器、熔丝。
宁波合力模具有限公司	施良才	0574－65735641	315700	开发、设计、制造、铸造模具工艺装备，用于生产汽车发动机，其它零部件（铸件）。

单　　位	法人代表	电话号码	邮政编码	主要高新技术产品名称
正泰集团成套设备制造有限公司	南存辉	0577－86555555	325011	主要生产销售高、低压成套开关设备，箱式变电站、自动化设备、电力变压器、开关元件、电线电缆等产品及电力工程设计、安装。
浙江禾本农药化学有限公司	曾仲武	0577－88132021	325003	高纯甲霜灵、精甲霜灵、有机锡、二嗪磷、辛酰溴苯腈等。
浙江旭龙机械工业有限公司	林　凯	0577－88420926	325006	固体物料气输用阀；球阀（记忆密封型）；斜盘式无撞击止回阀。
温州市开元电气有限公司	李跃胜	0577－88638670	325028	KYN28－12（Z）/T3150－40 型铠装移开式户内交流金属封闭开关设备；FLN36－12D/T630－20 型户内交流高压六氟化硫负荷开关；ZN63A－12/D1250－31·5 型户内交流高压真空断路器；YBP8－12 型高压/低压预装式变电站；XGN15－12 型箱型固定式交流金属封闭开关设备。
金龙控股集团有限公司	金绍平	0577－62990255	325603	微电机、柔性扁导体线缆（FFC）、高低压电气成套设备。
浙江昌泰电力开关有限公司	苏海潮	0577－86553720	325011	高低压成套开关设备
浙江百草园电子股份有限公司	吴旭林	0577－67492555	325106	CEC－8510 型多媒体语音教学系统
温州市瓯江液压机械有限公司	叶克光	0577－88760882	325007	新型高效 EVA 注射发泡成型机；全自动圆盘塑胶鞋类注射机。
春风控股集团有限公司	赖金法	0577－62335348	325608	172MM 柴油发动机
温州安固电器有限公司	金圣光	0577－65670758	325200	AG 牌电机换向器
浙江振中工程机械股份有限公司	曹光夏	0577－65178839	325200	DZJ 系列可调偏心力矩振动桩锤；DMS 系列液压式超高频变频变矩振动桩锤；CFG 系列钻机；MD 系列多用途回转钻机；VB 系列水中振动桩锤；GPL 系列振动桩锤。
中外合资温州宏达激光图像有限公司	陈显东	0577－64203167	325802	激光全息防伪商标、激光全息防伪基材、激光全息宽幅包装材料、激光全息镭射铝箔纸。
浙江亚龙教仪有限公司	陈继权	0577－67314901	325105	全数字化智能网络语音设备；智能实到考核设备；数控机床系列产品。
永嘉流遍机械润滑有限公司	柯周列	0577－67359689	325102	MMXL－Ⅲ型自动润滑装置；AMO 型定量润滑装置；L 型抵抗式手动润滑装置；GHS 型定量式手动油脂润滑装置；XHZ 型稀油润滑装置；DRB 数控机床成套干、稀油润滑装置。
民丰特种纸股份有限公司	吕士林	0573－2821027	314000	MFU（卷烟纸）
嘉兴市大明钛工有限公司	俞明刚	0573－2792777	314031	DM01－01 化纤消光用二氧化钛
浙江华源兰宝有限公司	钱　锋	0573－2854460	314000	精、粗纺羊绒高支无节纱；各类精、粗纺高档面料。
浙江华东光电仪器有限公司	王道庆	0573－2111649	314001	高密封望远镜

单　　位	法人代表	电话号码	邮政编码	主要高新技术产品名称
浙江嘉控电气股份有限公司	吴　勇	0573－2084941	314001	塑壳断路器、漏电保护电器、万能转换开关、箱式变电站、开关柜。
加西贝拉压缩机有限公司	符念平	0573－3244887	314011	ZBS、ZBC系列高效无氟碳氢压缩机
浙江正原电气股份有限公司	尤　源	0573－3651837	314003	微波介质滤波器
平湖金平拉丝模有限公司	居在华	0573－5604107	314211	金刚石拉丝模
浙江兄弟化工有限公司	钱志达	0573－7533246	314407	BRTA(博鞣)系列合成单宁、维生素 K_3。
浙江锦达新材料股份有限公司	叶雪康	0573－7761812	314419	经编复合土工合成材料
浙江天通电子股份有限公司	潘广通	0573－7681867	314412	双5000MnZn铁氧体TD5材料;高磁导率MnZn铁氧体TL15新材料;综合业务数字网络专用微型磁环;抗高频电磁干扰NiZn铁氧体材料;高磁导率功率MnZn铁氧体TP1材料;超低功耗功率MnZn铁氧体TP5材料;高性能TP4DMnZn铁氧体材料。
浙江钱江生物化学股份有限公司	马　炎	0573－7023977	314400	赤霉素、阿维菌素。
嘉善长盛滑动轴承有限公司	王长盛	0573－4183287	314100	CSB－10碳钢基无给油轴承、CSB－20边界润滑轴承、CSB－50碳钢基无铅自润滑轴承、TS－70钉板型复合材料滑道、TS－100系列钉板型复合轴承。
嘉善宝狮电子有限公司	谢立平	0573－4669001	314113	汽车用超重低音系列扬声器
浙江众大塑料有限公司	陈大魁	0573－4185247	314100	包装用共挤双向拉伸聚烯烃热收缩薄膜
浙江超同科技股份有限公司	吴李明	0573－6779818	314312	改性PET纳米聚酯切片、DR聚酯纤维。
浙江海利电子科技发展股份有限公司	方光明	0573－6112107	314300	海利普各系列数字式变频器
长兴制药有限公司	谈伟平	0572－6236201	313100	冬虫夏草
湖州大洋电子科技有限公司	黄胜舜	0572－2120388	313000	字体透光防磨按键与薄膜电路结合一体化按键
湖州翔顺工贸有限公司	叶嫣嫣	0572－2361163	313000	PS绢丝绒保健保暖丝绸内衣
中科生命科技股份有限公司	洪汉民	0572－8281000	313200	医用冷链设备、生物工程设备、精密电脑温控设备及网络化智能化制冷设备等医疗科研设备;医用低温、超低温速冻冷藏冷冻箱系列;医用冰衬疫苗保存箱系列;医用光照恒温、二氧化碳培养箱系列;血液保存箱系列;药品(试剂)保存箱系列等。
升华集团控股有限公司	夏士林	0572－8401064	313220	阿维菌素乳油、吉宝林酸GA4＋7·吉宝嘌呤乳油、盐霉素、麦草畏、硫酸粘杆菌素
绍兴县恒美花式丝有限公司	王源祥	0575－5651138	312080	数码纺织、真丝工艺画、竹纤维纱、面料、床上用品、各种规格的氨纶包覆丝纱。

单　　位	法人代表	电话号码	邮政编码	主要高新技术产品名称
绍兴市东湖生化有限公司	季国炎	0575－8038001	312074	乙烯利、矮壮素、霜脲氰、咪鲜胺
浙江震元制药有限公司	陈利民	0575－5166295	312000	罗红霉素及其片剂、硫酸奈替米星及其注射液
绍兴市盛达纺织服装研究中心有限公司	周国泉	0575－8242085	312000	新型加弹复合弹性纱及面料、新产品高收缩特纤混纺毛料。
绍兴县轻纺科技中心有限公司	胡克勤	0575－4129058	312030	数控印花激光制网机、激光照排机、牛仔激光成像机、电子提花龙头、印花分色软件、素织物设计软件、大提花织物设计软件、家纺装饰设计软件、轻纺面料花样图案、喷蜡制网机。
浙江沪光热电有限公司	漏兴福	0575－4051744	312025	电、汽
浙江永利经编股份有限公司	周幼琴	0575－4069469	312028	负氧离子经编装饰织物
浙江尖峰药业有限公司	杜自强	0579－2326868	321000	硫酸阿奇霉素、头孢呋辛钠、加替沙星、愈风宁心滴丸、L－门冬氨酸氨氯地平、盐酸帕罗西汀、盐酸头孢甲肟等原料药及其制剂。
金华市石门农垦场	曹　晨	0579－2020108	321053	新品种果苗、铁皮石斛(名贵中药材)
花园工贸集团有限公司	邵祝祥	0579－6270188	322121	维生素 D_3
横店集团东磁有限公司	何时金	0579－6588806	322118	高频低功耗功率铁氧体材料 Pc50、锰锌系偏转磁芯、抗电磁干扰高频段用预磁铁氧体磁芯、微波炉磁钢、高磁导率预磁铁氧体磁芯。
横店集团联宜电机有限公司	许晓华	0579－6630168	321000	YYJ 型交流减速电机、ZY 系列直流永磁电机、ZWN 系列直流无刷电机。
浙江三环化工有限公司	方海滔	0579－7271585	321300	HCFC－1416(一氟二氯乙烷)、六氟丙烯、四氟丙醇、三氟丙烯、HCFC－1426(二氟一氯乙烷)。
浙江金鹏化工股份有限公司	刘　鹏	0576－2437096	318050	新型 2－氰基丙烯酸乙酯瞬间胶
浙江亿利达风机有限公司	章启忠	0576－2655801	318056	“亿利达”牌空调风机
浙江黄岩树脂化工有限公司	王中元	0576－4961868	318024	HTA－97888 高透明食品级聚氨酯胶粘剂
浙江联化科技股份有限公司	牟金香	0576－4275121	318020	核苷类系列医药产品、农药原料药、分散染料。
浙江德仁竹木科技股份有限公司	郭希彪	0576－5125613	317000	竹松复合地板(国家重点产品),集装专用木底板(省级高新技术产品,曾获得浙江省科技进步二等奖)。
台州中昌水处理设备有限公司	倪士忠	0576－7221616	317600	FCD 显示式絮凝控制系统、整体浇筑滤板与可调式滤头、水平转刷曝气机、V 型滤池气水反冲洗专用滤头。
衢州泰康生物科技有限公司	林文胜	0570－3863518	324002	低聚木糖芦荟胶囊
浙江光华器材有限公司	何国康	0570－7831859	324400	8 号工业纸壳火雷管、导爆管雷管、塑料导爆管、军用小型(系列)火工品。
浙江三辰电器有限公司	陈立荣	0578－6961493	323900	PGD6 程控高频开关电源直流屏

2003年部分金融单位基本情况

单 位 名 称	负责人	电话号码	邮政编码
深圳发展银行杭州分行	杨建军	0571－87224888	310003
中国工商银行宁波市镇海石化支行	朱逸文	0574－86455666	315207
中国工商银行宁波市东门支行	王伟民	0574－87346431	315000
中国建设银行温州市分行	张　俊	0577－88080001	325003
中国建设银行温州市瓯海区支行	徐乐平	0577－88522528	325005
温州市商业银行	夏瑞洲	0577－88990089	325027
中国人民银行文成县支行	陈永汝	0577－67861118	325300
交通银行嘉兴分行	徐　明	0573－2052112	314001
嘉兴市商业银行	盛明强	0573－2060588	314000
浙江省桐乡市人民银行	张星荃	0573－8023840	314500
中国工商银行嘉善县支行	姚敏求	0573－4028384	314100
中国农业发展银行丽水市分行	张蕴如	0578－2173258	323000

2003年部分医疗单位基本情况

单　　位	法人代表	电话号码	邮政编码	重点科室(学科)
浙江省人民医院	叶再元	0571－85239988	310014	心胸外科、放射科、普外科、危重病医学(ICU)、微创外科、神经外科、心内科、眼科、骨科、急诊科、康复科、肿瘤内科(含介入放疗)、检验中心。
浙江省肿瘤医院	余传定	0571－88122509	310022	肿瘤学
浙江大学医学院附属妇产科医院	谢　幸	0571－87924070	310006	妇科、妇科肿瘤、生殖内分泌、产科、新生儿科、计划生育、妇女保健。
浙江省儿童医院	赵正言	0571－87061007	310003	新生儿监护中心、小儿消化、小儿心血管、小儿白血病。
浙江省青春医院	汤元兴	0571－86947818	310020	中医咳喘专科、中医风湿病专科、中西医结合治疗糖尿病、血液净化。
浙江省新华医院	吴建民	0571－88077914	310005	浙江省中西医结合风湿病免疫学、浙江省中西医结合骨科学、浙江省中西医结合颅脑外科学(脑康复)、中西医结合肝病科、泌尿外科(男科)、糖尿病综合防治中心(内分泌)。
浙江大学医学院附属一院	郑树森	0571－87236114	310003	国家重点学科传染病学科、省重点学科传染病学、外科学、血液科、口腔科。
杭州铁路中心医院	瞿祖德	0571－56722567	310009	肛肠科:中西医结合治疗复杂性肛瘘、混合痔;淋巴液研究所:胸导管淋巴液引流治疗硬皮病、顽固性哮喘;肝科:中西医结合治疗重症肝炎。
杭州市萧山区中医院	汪柏尧	0571－82722701	311201	手外科—国家中医药管理局“十五”重点建设专科;关节科—浙江省中医关节病医疗中心;儿童哮喘病—浙江省中医重点建设专科;口腔科—萧山区牙病防治中心。
富阳市第二人民医院	柴小平	0571－63251244	311404	
富阳市中医骨伤科医院	张长程	0571－63326240	311400	中医骨伤科
富阳市妇幼保健院	史娅萍	0571－63369668	311400	新生儿重症监护(NICU)、妇产科重症监护(MICU)。
临安市昌北人民医院	舒向平	0571－63636708	311331	骨伤科建设
临安市中医院	柳　杨	0571－63723593	311300	肿瘤、骨伤
浙江省建德市第一人民医院	钟　泽	0571－64721520	311600	心血管内科、重症监护、血液透析、急救、创伤外科、微创外科、显微外科。
宁波市保黎医院	沈建恩	0574－87592297	315031	肺结核科
宁波大学医学院附属医院	王林龙	0574－87355343	315020	脊柱外科、心内科、创伤骨科、耳鼻喉科、整形美容科、腹腔镜外科。
温州市第三人民医院	郑银坚	0577－88289557	325000	血液内科、消化内科、骨科、妇产科、心内科、神经内科、普外科。
温州市瓯海区第三人民医院	林　旭	0577－86760126	325014	妇产科、康复中心、手外中心。
苍南县第二人民医院	杨则安	0577－64255206	325802	
嘉兴市第二医院	曹浩强	0573－2073109	314000	普外科、骨科、神经外科、神经内科、泌尿外科、儿科、眼科、麻醉科。
浙江长广集团公司职工医院	陆永明	0572－6079310	313121	
绍兴市妇幼保健院	应慧强	0575－5132453	312000	妇科、生殖内分泌、产科、围产医学。
台州市博爱医院	孙　捷	0576－2454808	318050	股骨头坏死科、手足外科、创伤骨科、脊柱科。
温岭市第四人民医院	尤志富	0576－6662157	317511	
玉环县第二人民医院	吴家瑜	0576－7442457	317605	糖尿病科、哮喘病科、骨外科、心血管科、耳鼻喉科。
浙江金华广福医院	吴金民	0579－2287828	321000	肿瘤内科、放疗科、胃肠肿瘤外科、微创治疗中心。
浙江义乌復元私立医院	王福元	0579－5316419	322000	颈肩腰腿、关节病治疗中心、消化中心(内、外科)、神经内、外科、脑外科、骨科、妇产科、呼吸内科、五官科、碎石科、烧伤科、手外科、健康体检中心等。
浙江省衢州市中医医院	陈　伟	0570－3081149	324002	骨伤科
开化县人民医院	余发熙	0570－6014588	324300	
舟山市中医骨伤联合医院	张友定	0580－2615106	316000	中西医结合心血管专科、脊柱关节科、中西医结合骨病专科、手外科。

2003年部分重点商业(外贸)企业、商品交易市场基本情况

单位名称	法人代表	电话号码	邮政编码	经营范围
浙江物产金属集团有限公司	董明生	0571－85271087	310003	国内贸易、实业投资、经营进出口业务、经济信息咨询等
浙江海内外商务旅游有限公司	刘政奇	0571－85270737	310006	国内、入境、出境旅游服务,旅游商品销售、旅游客运
浙江省中国国际旅行社	沈寿康	0571－85059010	310007	旅游服务、国内外旅游及票务服务
浙江富兴电力燃料有限公司	张　谨	0571－87089988	310003	电力燃料的技术开发、技术服务、煤炭的销售
宁波新世界百货有限公司	赵　刚	0574－87336203	315040	百货(零售)、珠宝玉器、美法、女子专业护肤、婚礼服务等
余姚经济开发区管委会	陆中新	0574－62610057	315400	负责区域范围内规划管理、开发建设、招商引资
慈溪进出口公司	柴晨穗	0574－63886715	315300	国际贸易
温州华特汽车销售服务有限公司	王文权	0577－86788555	325000	销售与维修上海通用汽车生产的别克品牌系列轿车
绍兴大通商城股份有限公司	冯顺昌	0575－2110793	312300	百货、五金交电、食品、药品、办公用品、汽车(零售)、建筑装潢等
中国舟山国际水产城	张国富	0580－3663287	316100	水产品批发、加工及贸易,与市场配套的服务业、渔需物资等
台州市耀达商场有限公司	詹耀良	0576－5321486	317000	日用百货、服装、家电、食品、副食品

2003年部分科研机构基本情况

单位名称	法人代表	电话号码	邮政编码	重点科研项目
轻工业杭州机电设计研究院	刘安江	85184005	310004	主要从事制浆、造纸、食品、日化、塑料机械及配套的自动控制,电气传动等轻工装备的开发、设计及研制,同时承担相关专业的工程咨询、工程设计和项目总承包。
中国林业科学研究院亚热带林业研究所	王浩杰	63310003	311400	浙江省现代林业建设优新树种引选与应用研究南方石漠化山地植被恢复技术试验示范。
宁波市农业科学研究院	徐光照	87928003	315040	优质、超高产杂交水稻新组合选育及产业化研究; 优质、高产蔬菜新品种选育及产业化技术研究; 农产品质量检测技术研究开发; 林特、花卉新品种引进开发; 农业生物技术研究等。
宁波市科学技术情报研究所	徐　军	87811009	315040	科技信息的收集、整理、发布。
永嘉县农业科学研究所	陈小国	67252331	325100	优质稻新品种引种栽培示范;出口蔬菜优质高产栽培技术;名优水果新品种引种栽培试研。
浙江省海洋水产养殖研究所	谢起浪	88210217	325000	文蛤大规模人工育苗技术(863计划);海水贝类大规格苗种无底质集约化培育技术示范;泥蚶全人工养殖技术开发与推广;太平洋牡蛎三倍体苗种生产技术;中国对虾亲虾越冬技术和育苗高产技术;缢蛏"围塘整涂"附苗技术;硬壳蛤全人工养殖技术;SPF南美白对虾引种繁育及养殖产业化开发。
平湖市西瓜豆类研究所	方晓中	5089588	314200	西瓜卫星搭载诱变育种与开发; 主要品种:卫星2号、卫星5号、平优5号、卫星87-14
上虞市盖北葡萄研究所	陈春牛	2736312	312369	葡萄新品种研究开发、优质鲜果推广销售。
金华市农业科学研究所	陈启银	2050162	321017	新型优质三系杂交稻不育系"华A选育"、优质专用早籼稻新品种选育与推广、三系杂交棉制种基地建设,引进日本蔬菜花卉新品种及繁育研究、金华市优质牛奶生产模式研究及其产品的开发、国外无核葡萄品种引进及配套栽培技术研究、优质杂交晚籼稻"协优201"的选育与推广,茭白标准化生产技术模式研究与产业化基地建设等。
金华市农业机械研究所	黄东明	2050138	321017	农业设施技术研究;有机茶加工机械;水稻钵体苗抛秧机;2TD-7428型多熟制水稻插秧机;2BJ-550型水稻盘式育秧精量播种机;2HG-3型循环式粮食烘干机;4L-110型谷物联合收割机;6NF-9.5-31型流动式粮食加工及灌溉机械;2PBT-6型水稻钵体带土小苗插秧机;秸杆捡拾圆捆机。
金华市医学科学研究所	黄唐钦	2311913	321000	医学情报采编与交流、重点疾病防治科研医学科研项目审查、筛选、成果申报鉴定;《金华医学》编辑、出版、交流。
浦江县农业科学研究所	于金吐	4101133	322200	农作物新品种引进、试验、示范、推广; 农业新技术研究与推广、技术咨询; 农产品质量检测等。
衢州市农业科学研究所	汪惠芳	3025225	324000	水稻、大豆、花卉、蔬菜新品种引进与选育。
台州市环境科学设计研究院	王文初	8581171	318000	环保课题研究、生态规划编制、环保信息咨询、清洁生产审核、环境影响评价、环境工程设计、环保设施运营、工程咨询服务。
台州市农业科学研究院	张加正	5198579	317000	88.12计划(籼粳亚种间杂种优势利用研究);优质专用晚粳(糯)新品种选育;浙江省优质专用水稻新品种选育与产业化;大棚蔬菜病虫害综合防治及持续控制技术研究;绿色稻米基地建设及产品开发。
丽水市中医药研究所	刘忠达	2156106	323000	脾胃舒胶囊研制与开发。

2003年部分新闻机构基本情况

单　　位	法人代表	电话号码	邮政编码
浙江日报报业集团	姚民声	85310880	310039
浙江科技报社	吴伯正	87055142	310006
青年时报社	高贤林	85804800	310003
杭州日报报业集团	李建国	85156188	310041
体坛报社	杜丽蓉	85103336	310004
浙江法制报	王建新	87054423	310007
《反腐败导刊》杂志社	宋　杨	87057251	310007
宁波日报报业集团	张秉礼	87688768	315010
温州都市报社	何建平	88823930	325027
瑞安日报社	徐德友	65833300	325200
嘉兴广播电视报社	张林江	2203993	314001
绍兴广播电视报	金　民	5250298	312000
金华公安报刊社	邹志伟	2438058	321000
台州广播电视报社	王卫明	8209092	318000

2003年部分图书、档案馆基本情况

单　位	负责人	电话号码	邮政编码
杭州市城市建设档案馆	黄伟明	85351051	310004
浙江经济职业技术学院图书馆	王大平	86928011	310018
浙江财经学院图书馆	孟培源	88922755	310012
浙江旅游职业学院图书馆	王昆欣	82838060	311231
建德市图书馆	王　强	64723201	311600
浙江医药高等专科学校图书馆	王自勇	88222507	315100
宁波市镇海区图书馆	钱　俊	86274799	315200
慈溪市图书馆	余巨平	63813408	315300
象山县图书馆	顾正葆	65732512	315700
温州市城市建设档案馆	刘朝鑫	88529172	325005
永嘉县图书馆	刘友满	67252930	325100
苍南县图书馆	周景义	64756022	325800
嘉善县图书馆	沈瑞华	4123345	314100
湖州师范学院图书馆	王增清	2321097	313000
绍兴越秀外国语职业学院图书馆	何建乐	8343013	312000
诸暨市图书馆	王建义	7252029	311800
金华严济慈图书馆	单晓铭	2389604	321000
义乌市图书馆	陈亚文	5313300	322000
东阳市图书馆	许宁航	6623979	322100
永康市图书馆	徐关元	7135372	321300
开化县图书馆	樊禹雄	6014288	324300
浙江海洋学院图书馆	王俊杰	2550052	316004
舟山市普陀区图书馆	蔡　真	3055859	316100
台州学院图书馆	卢湘鲲	5137020	317000
丽水师范专科学校图书馆	梁宇光	2271281	323000
缙云县图书馆	钭伟明	3122622	321400

2003年部分会计、审计、律师事务所基本情况

单　　位	法人代表	电话号码	邮政编码
浙江省工会法律服务中心	赵樟树	88862782	310012
宁波恒业联合会计师事务所	崔晓年	87742191	315040
浙江天职正律师事务所	徐雪生	87344507	315010
余姚中诚会计师事务所	叶龙虎	62621518	315400
浙江红邦律师事务所	蔡祖红	87843464	315010
温州欣荣税务师事务所有限公司	潘国荣	88202665	325000
浙江联英律师事务所	何连英	88869388	325000
瑞安新一税务师事务所	蔡永铭	65821168	325200
文成新达联合会计师事务所	陈建德	67865145	325300
浙江裕丰律师事务所嘉兴分所	罗智华	2717666	314001
金华安泰会计师事务所有限责任公司	夏祖兴	2323204	321000
义乌至诚会计师事务所	陈华杰	5471700	322000
浙江衡力会计师事务所有限公司	秦雪峰	6634982	322100
浦江丰瑞税务师事务所	徐祝良	4108525	322200
浙江长虹律师事务所	朱光先	6690171	322100
台州天一会计师事务所	江岳祥	6144258	317500
浙江华诚会计师事务所	尤加标	4213632	318020
仙居县永安税务师事务所有限公司天台税务业务代理部	范正道	3809091	317200

部分企业简介(索引)

江干区人民政府

详细地址:浙江省杭州市庆春东路1号
法人代表:暨军民
邮政编码:310016
电话号码:0571-86975022
传真号码:0571-86974702

2003年,江干区坚持以邓小平理论和"三个代表"重要思想为指导,认真贯彻党的"十六大"和十六届三中全会精神,按照推进城市化、建设中心区、发展新江干的要求,经受住了"非典"、持续高温、电力供应紧张等公共危机的考验,经济和社会快速发展,统筹发展迈上了新台阶。

一、都市型经济快速发展

全区坚持以经济建设为中心,以结构调整为主线,优先发展都市型服务业,集聚发展都市型工业,调整发展都市型农业,实现了经济建设持续、快速、健康发展。全年国内生产总值突破60亿元大关,财政总收入突破10亿元大关。全区经济呈现出与现代化大都市中心区全面接轨,以块状特色为主体的发展新格局。一是都市型服务业发展势头强劲。根据分区规划与都市产业导向,全面调整和提升都市服务业的结构与布局,以钱江新城为核心的中央商务区、彭埠——九堡商贸流通圈、庆春广场商贸服务圈等三大三圈在战略上基本确立。全面实施了四季青服装特色街区改造建设,完成了艮山东路名车长廊的控制性规划,建成了百安居建材超市,电子商务与现代物流产业蓬勃发展,富日现代物流示范工程与祐康集团的电子商务被列为国家重点攻关项目。区域性的服装、名车、家居建材交易展示中心和现代物流中心正在形成。二是都市型工业快速增长。三大都市工业集聚发展平台——浙江省大学科技园、江干科技经济园、杭州私营经济园建设明显加快。引进企业66家,开工建设项目13个,竣工项目7个。江干科技经济园被评为杭州市唯一的优秀达标园区,浙江省大学科技园完成了国家级大学科技园区申报工作。规模企业不断发展壮大。西子联合控股、万事利跻身省"五个一批"企业行列,祐康集团的冷冻产品被认定为"中国名牌"。在规模企业的带动下,全区机械电子、纺织制衣、食品包装、建筑建材等产业优势进一步提升。三是都市型农业稳步发展。着力加快农业结构调整,完成万事利海水鱼生态养殖项目、5000余亩花卉苗木基地、5000亩绿色高效叶菜项目和"中得"、"景芳"休闲、观光园二期工程建设。大力扶持农业龙头企业,全区省、市级农业龙头企业已达11家。推进畜禽养殖业转移,向外拓展农业空间。四是投资发展环境日益优化。出台"百亿工程"和打造先进制造业基地的实施意见,优化扶持优势产业发展和企业壮大的政策平台;出台评选年度十大突出贡献企业和经济增长优胜企业的实施意见,构筑鼓励企业做大做强的激励平台;在全省率先成立民营企业经理培训中心,实施千名企业经理培训工程,构筑推动企业二次创业的教育平台;深入开展"企业服务月"活动,健全项目全程跟踪服务制度,建立了优质高效的企业服务平台。深入开展"企业学西子,村社学航达"的活动,强化民营企业作为招商的主体作用,以民引外成果不断扩大。西子联合控股与500世界强企业日本IUK公司和法国阿尔斯通公司达成合作意向,航达集团继引进百安居后,又成功引进了易初莲花和1家香港上市公司,掀起了民营企业走民外合璧、实现二次创业的热潮。

二、中心区建设全面推进

年初以来,全区发扬顽强拼搏的精神,攻坚克难,进一步加快了城市化进程。一是重点工程征地拆迁顺利推进。圆满完成了钱江新城核心区块、解放路延伸段10等余条道路和九堡经济适用房、杭州市客运中心站等重点项目的征迁工作。全面启动凯旋路地区旧城改造工程,基本完成了区全民健身中心主体工程。二是入城口整治建设成效显著。投资近2亿元,全面实施了01省道杭海路入城口和清江路入城口整治工程。按照"打通东大门,扮靓第一路"的要求,全面启动了彭埠入城口综合整治各项工程。三是拆违工作得到加强。全区全年共拆除各类违法建筑731处,面积14万平方米,累计拆除违法建筑6605处,面积113万平方米。本着堵疏结合、正本清源的原则,建立了农民建房管理"五项制度",从源头上遏制了违法建筑的产生。四是"城中村"改造取得突破。完成了彭埠入城口4个社区的"城中村"改造修建性详规,章家坝社区12.3万平方米的云河家园已进入启动阶段。农转居多层公寓建设顺利推进,全年新开工41.14万平方米,竣工13.3万平方米。五是文明城区创建不断深化。围绕"整洁、安全、有序、文明"的目标,全面开展了创建省级文明城区各项工作,全区环境卫生面貌有了较大改观,文明素质有了较大提高。

三、城乡统筹发展走上新路子

全面实施"百村示范、千村整治"工程,推动城乡经济建设、生活方式、文明素质同步提高。以村级服务设施社区化为切入点,积极开展农村社区建设工作,努力与城区社区建设相衔接。到目前为止,全区已有三分之二的村完成了村级服务设施社区化工作。

大力推进城乡就业和社会保障一体化。成立了全省首家被征地农民培训中心,全面启动了万名被征地农民培训工程。出台了被征地农转非人员社会保障政策意见,初步构建了与城镇社会保障体系接轨,多层次、多形式、广覆盖的被征地农转非人员社会保障制度。

2004年,江干区将以邓小平理论和"三个代表"重要思想为指导,全面贯彻党的"十六大"、十六届三中全会精神,认真落实"五个统筹、五个坚持"要求,围绕建设中心区、发展新江干的总体部署,以推进城市化为主题,以调整经济结构为主线,以保障人民群众"安居、乐业、保障、发展"为目标,以改革创新为动力,加快都市经济发展,加快城市化进程,统筹城乡经济社会协调发展,努力增强中心城区功能,向2005年率先基本实现现代化的目标冲刺。

浙江省新闻出版局

详细地址:浙江省杭州市庆春路225号
法人代表:俞剑明
邮政编码:310006
电话号码:0571－87163108
传真号码:0571－87163107

浙江省新闻出版局(省版权局)于2000年12月实行政事、政企分开后重新组建,是省政府主管全省新闻出版工作的职能部门,其主要职责是贯彻执行党和国家关于新闻、出版、著作权法律、法规和方针政策,制订本省新闻出版行业的发展战略、规划并指导实施,对全省新闻出版活动、印刷业和出版物市场实施监督管理。

重组后的省新闻出版局(省版权局)在省委、省政府的正确领导下,高举邓小平理论伟大旗帜,以"三个代表"重要思想为指导,认真贯彻党的十六大精神,解放思想,与时俱进,转变职能,开拓进取,坚持一手抓繁荣,弘扬和发展先进文化;一手抓管理,依法规范出版活动和出版物市场,不断推进新闻出版事业的繁荣发展,全面开创了浙江新闻出版工作新局面。

坚持以发展为第一要务,突出重点,分类指导,不断推进浙江新闻出版事业繁荣发展。省新闻出版局重新组建后,局党组深刻地认识到,我省新闻出版业与当前经济和社会发展相比,与广大人民群众日益增长的精神文化需求相比,与省委、省政府提出的建设文化大省的要求相比,还有较大的差距,必须加大改革力度,加快发展步伐,做大做强我省新闻出版业。为此,局党组把繁荣和发展浙江新闻出版业作为第一要务,列入重要议事日程,提出到2005年使我省由出版大省跃升为出版强省、报刊大省跃升为报刊强省、印刷大省跃升为印刷强省的奋斗目标,并采取了多项措施加以落实。一是抓好规划,明确发展目标。组织制定了《浙江省新闻出版业"十五"发展计划》、《浙江省"十五"重点出版物出版规划》。二是突出重点,推进实施精品战略。每年组织制定年度重点出版物选题计划。同时,重新举行浙江树人出版奖评奖活动,2003年共评出77种获奖出版物。先后出版了一批深入学习、宣传、贯彻"三个代表"重要思想,讴歌改革开放和现代化建设巨大成就,反映和阐释"浙江精神"的精品力作;出版了一批思想性、艺术性俱佳,"两个效益"明显的精品力作,有近百种图书获"五个一工程"奖和国家图书奖,28家期刊入选"中国期刊方阵"。三是加强出版物市场和印刷企业的发展。积极扶持经营规范、有一定规模和管理水平的国有和非国有发行单位,鼓励民营资本参与文化经营。调整优化结构,大力支持引进发展外资独资或合资、合作包装装潢印刷企业。目前,全省已有这类企业56家。

强化监管,依法行政,整顿和规范市场秩序,为我省新闻出版业健康发展创造有利条件和良好环境。随着我国社会主义市场经济的建立健全和对外开放的不断扩大,各种思想文化相互冲击、交汇和激荡。在这种新形势下,各种违规出版、印刷、发行等现象也时有发生,程度不同地扰乱了市场秩序,阻碍了新闻出版业的健康发展。为此,我局积极转变职能,加大监管力度,保证导向正确和市场有序。一是牢牢把握出版方向和舆论导向。建立健全报刊和图书审读、阅评制度,及时发现问题,纠正错误;通过召开出版例会、通气会及定期谈话等方式,加强对出版物内容的引导。2001年以来先后制止了《埋葬进步论》等多种有严重导向错误图书的出版。二是深入开展"扫黄"、"打非"斗争。通过专项整治、集中行动和日常管理,加强对各类出版活动和出版物市场的监管。先后封堵和查缴了一批政治性非法出版物,查处违规案件150余起,查缴非法书刊近60万册、非法光盘20余万张和不良"口袋本"近20万册,有效地净化了文化市场。三是整顿和规范报刊出版发行秩序。2001年以来,在省委、省政府的统一部署和领导下,会同省纪委、省委宣传部、省直机关工委、省监察厅、省农业厅等单位,深入开展报刊出版发行秩序的清理整顿。2003年,根据中央要求,积极采取措施,认真做好治理党政部门报刊散滥和利用职权发行工作。

浙江省科技馆

详细地址:浙江省杭州市武林广场东侧
法人代表:陈四敏
邮政编码:310003
电话号码:0571－85177792
传真号码:0571－85107191
电子信箱:kjg2003@vip.163.com

浙江省科技馆是浙江省科协下属的处级事业单位,是以提高公众科学文化素质为目的,面向公众开展科普展览、科技培训等科普教育活动的社会科普宣传教育机构,是科普工作的重要阵地,是社会主义精神文明建设的重要窗口。科技馆的主要功能是通过现代高科技的展示手段,生动、形象地向社会公众特别是广大青少年弘扬科学精神、普及科学知识、传播科学思想和科学方法,提高公众的科学文化素质。浙江省科技馆于1991年1月建成开馆,1994年4月因省科协大楼复建暂时闭馆,1996年2月复馆,现有在编职工28名,其中中、高级职称9人,经费来源主要依靠省财政(经过省科协)拨款。

近年来,我们克服展览场地小、业务骨干少、研制经费缺等困难,筹措和引进了"光与视觉"、"鲸的故事"、"声光电磁动手展"、"中国古代科技成就展"、"浙江院士事迹展"、"大型机器人展"、"新世纪科学探索展"、"浙江少年儿童电脑网络展"、"崇尚科学文明、反对迷信愚昧"、"爱我家园图片展"、"科学之门——从诺贝尔奖看20世纪科技发展展"、"青少年科普人文知识展"、"消失中的大猫"、"航天航空科普展"及"人体科普知识展"等大型科普展览20余个,吸引了大量公众,尤其是青少年;为配合政治形势教育,我馆与省、市有关部门合作举办了"邓小平光辉的一生"大型图片展、"南京大屠杀展览"、浙江省暨杭州市"保密教育展"、"'情系中华——浙江行'浙港澳台摄影家作品展"、"反腐倡廉成果展"、"崇尚科学、反对邪教"、"深入揭批法轮功"等展览以及杭州市"京杭大运河改造规划展"、"杭州市城市发展规划展"、"浙江电信展"、"国际警用通讯设备展"等技术性展览,在其它时间展厅均布置有我馆现有的常设科普展品,做到了科技馆常年对外开放。为保证展览的效果,我们除了精心策划和选择展示内容,做好组织发动工作外,还自己动手研制了一批动手、动脑的科普展品充实到展览内容中,收到了很好的效果。

据统计,2003年我馆共举办《"神舟"号飞船科普展》、《迎春生物万象》、《万众一心抗击非典》、《大使带你游世界》、《认识、预防、关爱——青少年预防艾滋病知识展览》等大型科普展览5场,承接了《2003年杭州市创业项目展示会》、《杭州市城市规划展》、《下岗人员招聘会》、《革命历史珍藏品展》、《生物百科展》等公益性、科普性展览10场次,《人体科普知识展》、《声、光、电科普知识展》、《回顾与展望》等我馆科普展品与版面到舟山、温岭、安徽芜湖等市县以及杭州未来世界等主题公园巡回展出7场次,科普大篷车深入山区、海岛、居民社区开展科普宣传近30场次,参观展览和巡展的观众近30万人次。

百大集团股份有限公司

详细地址:浙江省杭州市延安路546号
法人代表:董伟平
邮政编码:310006
电话号码:0571－85158800

百大集团股份有限公司总部座落于杭州市中心—武林广场东南侧,是一家集百货业、酒店业、旅游业、高科技业、进出口贸易等为一体的综合性集团公司。百大集团前身为大型零售企业杭州百货大楼,1989年开张营业。1992年以定向募集方式改制为股份有限公司,1993年组建集团公司,1994年公司股票在上海证券交易所挂牌上市,由此转为公众公司。

目前,集团公司拥有总资产8.68亿元,总股本2.69亿元。旗下拥有杭州百货大楼、杭州大酒店、杭州商居大厦物业管理分公司、杭州旅游市场有限公司、杭州收藏品市场、杭州科希盟科技有限公司及浙江百大有加利商贸有限公司,是一家颇具竞争实力,有着广阔发展前景的上市公司。

百大集团在十几年的发展过程中,紧紧抓住改革机遇,不断开拓进取,勇于创新。近年来,公司以建立现代企业制度为目标,以产权制度改革为核心,不断探索经营创新、管理创新。积极发展商贸旅游业,形成以百货业为主,多种业态并举的多元化综合性经营格局,步入了快速发展轨道。从1990年到2002年底止,主营收入从2.1亿元增长到11亿元,实现利润从932万元增长到6300万元。连续五年创利名列浙江省商业前茅。2001年被市政府授予"百大百分之百为大家"商贸特色企业品牌。公司先后进入全国最大300家股份制企业、全国商界"双百强"、全国上市公司综合实力百强企业行列。

浙江省电信有限公司

详细地址:浙江省杭州市武林广场东侧3号

法人代表:王继荣

邮政编码:310040

电话号码:0571-85173607

传真号码:0571-85171263

浙江省电信有限公司成立于2002年10月10日,是中国电信有限公司出资设立的全资子公司,在浙江省工商行政管理局登记注册,具有企业法人资格。

公司在浙江省设有73个市、县分公司,目前主要经营浙江省内的固定电信网络与设施(含本地无线环路),基于固定电信网络的话音、数据、图像及多媒体通信与信息服务,按国家规定进行国际电信业务对外结算,经营与通信及信息业务相关的系统集成、技术开发、技术服务、通讯产品的销售、设计、安装,信息咨询。

公司的经营宗旨是:遵守国家的法律、法规,以市场为导向,积极采用先进的通信技术,发展电信及信息业务;加强管理,提高服务质量;为社会提供快捷、方便、准确的通信服务,满足社会需要;提高企业效益,增强竞争实力,为股东创造价值。

2003年,浙江电信通信业务收入继续保持两位数的增幅。业务拓展方面,浙江电信通过全员营销、多业务发展来努力培育市场、拓展业务满足需求的针对性、有效性,通信业务超额完成年度预算目标。2003年底,浙江电信本地电话用户达到1600万户,互联网用户超过360万户。2003年9月28日,浙江电信宽带用户总数突破100万,率先成为全国电信宽带用户超百万的两个省份之一。同时,浙江电信继续强化服务质量管理,2003年3月,公司被中国电信集团授予"用户至上、用心服务"达标创新优胜单位荣誉称号。企业管理方面,公司积极做好通信能力发展和运行维护管理对业务拓展的支撑,基本实现"业务开通和故障处理"等对前端的响应承诺,全面深入地加大推进"五项集中管理"的力度与进度,继续深化内部改革;机制创新方面,本地网的流程重组工作全面启动。

浙江省电信有限公司正以崭新的姿态,进行基于现代企业制度的重大改革,使企业在经营管理和服务水平上逐步达到与国际电信企业接轨。

杭州之江国家旅游度假区

详细地址:浙江省杭州市五云中路1号

法人代表:许迈永

邮政编码:310008

电话号码:0571-86653006　86653014

传真号码:0571-86653000

网　　址:http://www.hz-zj.com

电子信箱:hzzjnthz6@hz-zj.cn

杭州之江国家旅游度假区,是1992年10月经国务院批准建立的国家级旅游度假中心,总面积9.88平方公里,度假区位于杭城西南,南濒钱塘江(之江)、北依五云山,为西湖和"两江一湖"风景名胜区(富春江、新安江、千岛湖)的最佳结合部。度假区成立10年来,共引进中外投资项目41个,总投资为6.16亿美元及11.65亿元人民币,累计完成建设投资38亿元人民币,建成各类建筑49.57万平方米,开发土地6.44平方公里。主要建成了"宋城"、"未来世界"、"西湖国际高尔夫球场"三大主题旅游项目和"九溪玫瑰园"、"西湖花园"、"江园度假村"等8个度假单元,累计接待中外游客超过1650万人次,度假区建设取得了良好的成绩,旅游接待量、招商引资、项目建设等主要方面在全国12个国家级度假区中都名列前茅。2001年11月,市政府批准度假区扩容至25.43平方公里。目前度假区正在加快推进"杭州西湖国际会议会展中心"等8个新项目的开发建设,加快"杭州极地海洋公园"等新旅游项目的招商引进,从而奠定新一轮发展基础,形成休闲度假产品规模,充分发挥之江国家旅游度假区在"旅游西进"中的龙头和辐射作用。

杭州大厦购物中心

详细地址:浙江省杭州武林广场1号
法人代表:楼金炎
邮政编码:310006
电话号码:0571-85153911
传真号码:0571-85156517
网　　址:http://www.hz501.com

杭州大厦购物中心是中国著名精品百货公司。十年来,以“勇于探索、大胆创新”的胆略和气魄,引进了国内外先进的管理技术,建立了高效的组织机构和管理机制,一以贯之地以中高档定位在杭城乃至浙江商界独秀于林,赢得了广大消费者的青睐。在传统商业业态徘徊不前甚至萎缩,新兴业态崛起的大背景下,杭州大厦购物中心连续10年保持了平均两位数幅度的增长,被誉为中国商业的神话。2003年,实现零售额16.22亿元,利润1.28亿元,在全国大型零售企业(单店)排名中均名列前茅,成为全国精品百货店的佼佼者。

1993年,杭州大厦购物中心重新装修开张,率先提出了国际化、时尚化的品牌经营之路。经过十年的苦心经营,现已拥有浙江省独家经营的国际和全国著名品牌200余个,包括Cartier、Burberry、HugoBoss、Ermenegildo Zegna、Bally、Dunhill等众多国际知名品牌,成为全国同行业中拥有知名品牌数量最多、上市最早、更新最快、销量最大、品牌综合实力最强的商场之一。在抓好品牌经营的同时,杭州大厦购物中心始终坚持以消费者满意度进而信任度为核心,强化客户管理,提升服务功能的营销策略。杭州大厦从总经理到普通员工者都有一种共识:服务也是一种商品。最早在商界做出牌子的杭州大厦贵宾卡,如今已发展为贵宾金卡、贵宾银卡、普通贵宾卡、贵宾银通卡、贵宾宝宝卡五种,包涵了信用消费、免费泊车等诸多服务功能。现在每年的持卡消费额均达到商场销售总额的三分之一,培养了一大批雷打不“动”的忠实顾客。同时建立了一套科学、完善、标准的客户信息系统,从商品信息管理发展为对消费者信息资源的研究管理。

“生活·购物·享受”是杭州大厦购物中心经营理念。杭州大厦购物中心正在实现从商品品牌经营、服务品牌经营到公司品牌经营的战略性一步。

浙江省冶金物资有限公司

详细地址:浙江省杭州市秋涛北路278号
法人代表:章寿仁
邮政编码:310020
电话号码:0571-86452525
传真号码:0571-86452509
网　　址:www.zjmetal.com
电子信箱:zjmetal@hotmail.com

浙江省冶金物资有限公司成立于1979年。是一家集经营、储运、投资于一体的省级大型国有物资流通公司,属杭州钢铁集团公司控股企业。

公司主营钢材、有色金属、冶金炉料等,并由国家对外经贸部授予进出口经营权。年销售收入30亿元。

公司与一大批国家大中型生产和物资流通企业建立了长期友好的合作关系,供销网络遍及全国大部份省,经营辐射面广。可以按客户需要进行供应、配送,系省市重点工程建设材料的主要供应商。经营方式灵活,批发、零售、代购、代销、联营以及代理进出口业务均可。

公司对外重视企业信誉,树立良好的企业形象;对内以人为本,规范管理,培育优秀的企业文化。被省有关部门评为“浙江省大型贸易企业”、“浙江省商业信誉优良企业”、“浙江省冶金有色行业重质量重信誉优秀企业”、“信用等级AAA企业”、“重合同守信用单位”、“全国百强钢材营销企业”和“浙江省物流行业骨干企业”。

公司始终坚持规模与特色经营,内贸与外贸并举的经营方针,弘扬“诚信、敬业、创新”的企业精神,以过硬的质量和优良的服务,为“建一流企业,铸物流品牌”,做大,做精,做强而不懈努力。真诚地与社会各界朋友广泛合作,共图发展。

萧山商业城

详细地址:浙江省萧山商聚街57号

法人代表:朱　仁

邮政编码:311208

电话号码:0571－82728218　82738117

传真号码:0571－82718529

萧山商业城开业于1992年10月12日,座落在杭州市萧山区城市东部,南靠萧绍路,北依萧山经济技术开发区,沪杭甬、杭金衢高速公路依城而过,地理交通条件得天独厚,是杭州的新型商贸城。

萧山商业城内,工商、公安、财税、物业管理、保安、消防、邮电、医院、银行、餐饮、娱乐、幼儿园等管理服务机构一应俱全。

萧山商业城内设有五金、建材、灯具窗帘、江南百货、华东副食品、服装、粮油、旧货、家电、床上用品、机电、机械配件、万商汇电子市场等19个专业市场及通讯器材、非机动车专业街区,以及配套的仓储区、住宅区和货运市场。市场总占地面积44万平方米,总建筑面积48余万平方米,总投资近8亿元人民币。有各类营业和办公用房6000余间,市场经营户3156户,从业人员3万余人,市场累计成交额700多亿元,财税收入累计6亿多元,占萧山区市场商品成交额60％以上,列杭州市专业市场首位。

商业城经过12年的建设发展,已由集聚型市场向产业型、联动型、网上交易型发展,市场商品辐射至华东地区,部分商品已飘洋过海,市场以批发、配送、总经销、总代理、特约经销等形式为主,兼营零售服务。

商业城管理部门,为促进商业城快速、健康、有序的发展,采取了一系列兴城隆市的措施,提升市场品位和市场,提高市场知名度和美誉度,推动市场健康发展。一是采取引优保优措施,组织引进全国名优商品入市;二是每年与市场经营户签订打假治劣责任书;三是建立开展工商部门与名优商品生产企业联手打假联络会;四是建立总经销、总代理、特约经销户登记,牌匾管理制度;五是实施计分制规范经营行为制度;六是工商、治安、经侦、技监、防疫等部门的联手打假制度;七是仓储登记备案制度、确保市场商品的名优特点,杜绝和减少假冒伪劣商品,树立萧山商业城的形象。此外,还有消防安全、计生、治安保卫制度等一系列健全、有效的制度与日常监管的有机结合,促进商业城健康有序发展,萧山商业城由此于1999年、2003年先后两次被浙江省人民政府确立为全省20大市场之一,列为全国工业品市场排名前四位。

义乌经济开发区

详细地址:浙江省义乌经济开发区管委会(义乌市城中城大酒店)

法人代表:董利明

邮政编码:322000

电话号码:0579－5318355

浙江省义乌经济开发区地处义乌市西南部,成立于1992年8月,是义乌市唯一的省级经济开发区,规划总面积22平方公里。距市政府0.5公里,火车站1.5公里,机场3公里,离杭金衢高速公路接口1公里,03省道穿境而过,区位优势明显,交通便捷,基础设施齐全,服务机构完善,是义乌市工业开发的战略重点,利用外资的主战场和外向型经济的重要增长极。2003年完成工业总产值79.87亿元;完成外贸出口交货值93214万元,其中自营出口8513万美元;合同(协议)利用外资1560.89万元,实际利用外资1669.73万美元;完成财政收入17822万元。

十多年来,开发区本着"高起点、高技术、高速度、高效益"的要求和以"工业开发为主,吸引利用外资为主,出口创汇为主,致力于发展高新技术产业"的方针,现已完成一、二期3.5平方公里的开发。截至2002年底,共引进工业规模企业358家,配套服务企业350家,形成了针织服装、工艺饰品、彩印包装、拉链等优势行业,培育出浪莎针织、三鼎织带、伟海拉链等一大批行业龙头企业,成为浙江省最具有活力的开发区之一。

目前,开发区三期7.1平方公里正全面建设中,共引进工业企业65家,其中品牌企业7家,包括"中国驰名商标"企业3家,"省著名商标"企业2家;高新技术企业17家;外商独资、合资企业16家;行业龙头企业9家。当前,各进区企业正在紧张的开工建设之中,并已有24家企业建成投产。

现今,四期首批11平方公里的开发建设亦已启动,义乌市首家投资超10亿元的民营企业—华莱氨纶已进场施工。

中信宁波国际大酒店

详细地址:浙江省宁波市江东北路 1 号

法人代表:徐天锡

邮政编码:315040

电话号码:0571－87757888

中信宁波国际大酒店是宁波市一家五星级酒店,地处市中心繁华的三江口金融及商业区,依江傍桥,景色优美,共 29 层,高 108 米,可饱览宁波市区全景和三江美景。酒店距机场 15 公里,距火车站 2 公里,交通十分便捷。

酒店拥有客房 266 间(套),其中 64 间豪华套房和行政套房。所有客房均配有宽带网、紧急呼叫系统、室内保险箱等服务设备设施。豪华行政楼层客房还增配有液晶电脑、传真机、便洁宝等设备设施。有专为行政楼层而设的洽谈室、商务图书室、商务传真室和贵宾接待室。

酒店拥有风格各异的餐厅 5 个,酒吧、咖啡厅 3 个,餐位 900 余个,可提供中高档中西膳食、菜肴、点心和饮料。

酒店拥有 4 个多功能会议室和 1 个豪华宴会厅,全部配备了先进的通讯设备及视象器材。

酒店拥有健身中心、娱乐中心、洗浴中心和美容中心,室内游泳池、高尔夫模拟球场、棋牌室等健身娱乐中心设施设备一流,功能齐全。

酒店设有功能完善的商务中心,为客人提供网上商务、翻译、快件代寄等商务服务。

海曙区疾病预防控制中心

详细地址:浙江省宁波市南苑街 299 弄 8 号

法人代表:张学军

邮政编码:315012

电话号码:0574－87461052　87470109

宁波市海曙区疾病预防控制中心成立于 2002 年 3 月 18 日,是在原海曙区卫生防疫站基础上依法成立的集疾病预防与控制、健康教育与促进、卫生监测与评价、业务培训与指导、技术咨询与服务于一体的工作机构,是政府举办的实施疾病预防控制与公共卫生技术管理的事业单位,所承担的卫生防病任务也是政府工作职能的具体体现。

中心在多年发展的基础上形成了高、中、初三个配置合理的人才梯队,中、高级卫生专业技术人员已占人员编制的 50% 以上,具备了较强的业务开展能力。目前,中心设有疾病科、卫生监测科、慢性非传染性疾病防治与健康教育科、检验中心和预防医学门诊部等五个业务科室,拥有工作用房 4000 多平方米,其中,实验室用房达到了 1000 平方米。经过多年建设,中心还配置齐全了一大批高新仪器和设备,为科学高效地开展卫生防病工作提供了有力的基础保障。

中心成立后积极加强疾病预防控制工作的制度化、科学化建设,根据各项业务工作的规范性要求修订了各类规范性文件和工作程序完善技术考核标准,通过不定期的检查督导和自我评估,建立严密的信息反馈制度,予以严格的质量控制,确保了各项疾病预防控制工作科学、规范有序地进行。在疾病预防控制检验检测工作中,中心以“诚信公正、科学严谨、准确及时,为社会提供优质服务”作为质量方针,编制《质量手册》、《程序文件》和《作业指导书》,进一步规范工作流程,强化管理,提高实验操作和技术水平,并启用《卫生检测与自动评价系统》。2003 年 3 月初顺利通过省计量认证现场评审,正式取得了省质量技术监督局计量认证证书,使我区疾病预防控制检验检测工作更加科学、准确、可靠。

随着公共卫生体系的逐步完善,疾病预防控制事业的发展也迎来了新的机遇和契机,中心将积极探索疾病预防控制工作的新路子,坚持走“科技兴防”的道路,充分发挥自身的技术、设备优势,根据机构职能变化和区域经济发展的需要,积极调整工作思路和工作模式,认真履行政府的公共卫生服务职能。同时根据社会卫生需求新热点、新情况,积极拓展服务领域和空间,充分利用疾病预防控制的技术特点,在健康相关监测服务、防制结合寻求新的服务模式和发展途径,为消除疾病、保护广大群众的身体健康、促进社会经济发展作出更大贡献。

平阳县建筑材料检测所

详细地址:浙江省平阳县昆阳镇昆敖路313号

法人代表:杨希群

邮政编码:325400

电话号码:0577-63725912　63017807

传真号码:0577-63019577

电子信箱:whbin@sohu.com

平阳县建筑材料检测所成立于1986年,是浙南地区成立较早的建材检测机构,属浙江省建设工程叁级资质检测单位,并于2003年5月通过浙江省质量技术监督局的计量认证,本所现有工程师3人,助理工程师4人。企业占地面积384.5m^2,设有水泥检测室、钢筋检测室、砼及砂浆检测室、墙体材料检测室等。主要检测项目有:水泥物理力学性能检测;砂、石常规检测;混凝土抗压、抗渗性能检测及配合比设计;砂浆抗压性能检测及配合比设计;砌块及砖的抗压、抗折性能检测;钢筋物理力学性能检测;混凝土工程现场质量检测(包括砼回弹法检测及钻芯法检测);圆孔板质量检测等。目前,本所在各方面都有长足的进步,检测项目越来越齐全,质保体系日臻完善,检测工作逐步程序化、规范化。本所的宗旨是:为社会提供准确、公正的检测数据,为建设工程服务。

衢州经济开发区

详细地址:浙江省衢州市世纪大道677号

法人代表:徐素荣

邮政编码:324002

电话号码:0570-3851500

传真号码:0570-3851550

浙江省衢州经济开发区成立于1992年9月,是省级经济开发区,规划面积26.74平方公里,其中商贸区、白沙工业园区已基本开发完毕,东港工业园区正在建设中。建成区内常住人口3.55万人,企业职工2万余人。

开发区是衢州城市总体规划内的城市综合新区,交通便利,它西邻衢州市区,北依浙赣铁路,320国道贯穿开发区,距杭衢高速公路互通口和衢州民航站仅3.5公里。浙赣铁路十五期间将完成电气化改造,时速可达140km/时;公路、铁路到杭州仅需2小时路程,到上海仅3小时路程,到江西仅半小时路程;衢州民航机场经过扩建,可起降大型民用客机,有直航深圳、北京等地的航班。

区内基础设施配套齐全,建有日供水10万吨的衢州市第二水厂,还在建设日供水20万吨的第三水厂;东港工业园区专门建设了乌引干渠引水工程,直接引取干渠的一级地表水供应园区内的用水大户,水价仅为0.3元/吨左右;三座3.5万伏、11万伏、22万伏的变电所可为入园企业提供可靠的电源保障;区内公寓住宅、宾馆、银行、邮政电信、学校、医院、娱乐中心、广场、体育馆等设施一应俱全。

经过十年的发展,开发区已形成了金属制品、机械、服装、医药、食品、电子等特色优势产业,有各类企业450多家,个体工商户1000余户,其中工业企业180家。2003年,全区实现工业总产值20.7亿元,工业增加值5.2亿元,同比分别增长57%和64%;实现财政收入1.6亿元,其中地方财政收入0.99亿元,同比分别增长78%和89%;全年引进工业项目总投资36.6亿元,当年到位资金额10.3亿元,同比增长299%和368%。

为降低投资门槛,衢州市政府制定了工业园区投资的优惠政策,在税收、土地出让价格、水电价格、收费、出口创汇奖励、技术创新奖励等方面具有很强的竞争优势。同时,开发区在新开发的东港工业园区建设了3万平方米标准厂房,以成本价的一半出租,进一步为创业者进入园区提供方便。

衢州经济开发区以优良的基础设施、优惠的投资政策、优质的服务环境,诚候国内外投资者前来投资兴业,共图发展,并竭诚欢迎社会各届人士莅临指导。

浙江省木业产品质量检测中心南浔检测所

详细地址：浙江省湖州市南浔泰安路954号

法人代表：沈荣华

邮政编码：313009

电话号码：0572－3030838

传真号码：0572－3031205

浙江省木业产品质量检测中心南浔检测所成立于新世纪之初，位于被誉为“没有森林的木业强区”—浙江省湖州市南浔，地处苏（州）、沪、杭、宁的中心位置，是浙江省质量技术监督系统设置的专业特色技术机构，也是推行企业化运作的试点单位，隶属于湖州市质量技术监督局。

检测实验室成立以来，提出“设备为基础，人才为中心，技术为指导”的宗旨，坚持“打基础，增实力，上水平，建设国家一流专业特色实验室”的发展思路，严格执行“科学检验，公正判定，廉洁高效，优质服务”的工作方针，依托南浔—中国木地板之都、全国最大的建材市场等区位优势，切实加大投入，优化资源配置，强化内部管理，拓展周边市场，使实验室步入了快速、健康发展的轨道。

实验室按照ISO/IEC17025—1999标准要求建立质量保证体系，于2001年1月通过计量认证和审查认可；现有工作人员12名，其中高级工程师2名，工程师4名，大专以上学历10名，所从事专业有木材科学与工程、木材化学、分析化学、英语、法律等，从业人员均获得相关专业上岗资格证；现有检测用房1200多平方米（5000多平方米的检测大楼在建中）；拥有先进检测仪器设备32台（套），价值近300万元，完全可以满足木业、家具、席梦思床垫产品的化学成分、物理力学性能指标的检测；可独立开展木业、家具、席梦思床垫产品的采、制样工作以及向社会提供第三方仲裁服务；并多次与国家人造板检验中心以及国家林业部南京人造板检验站进行水平测试和验证比对实验，取得优异成绩。

近年来，随着“接轨大上海，融入长三角”步伐的加快，以及我国建筑业、室内装修业的快速发展，实验室的检测业务在不断攀升，作为专业特色实验室，在努力做好省局、市局下达的产品质量定期监督检查、日常监督抽查任务的同时，还积极开拓社会委托检测业务，扩大了社会影响力，受到政府、企业和社会各界的一致好评。

浙江久盛地板有限公司

详细地址：浙江省湖州市南浔横街

法人代表：张恩玖

邮政编码：313009

电话号码：0572－3053666　3053999

网　　址：http://www.jiushengboard.com

电子信箱：info@jiushengboard.com

浙江久盛地板有限公司，地处长江三角洲腹地——太湖之滨的湖州市南浔横街。紧邻318国道，被誉为东方莱茵河的长湖申航线穿镇而过，南距杭州90公里、东离上海100公里，水陆交通便捷，地理环境极为优越。

公司占地面积58000平方米，其中厂房面积38000平方米，拥有国际先进的UV淋漆涂装线2条，德国、台湾产地板生产线8条及28座微电子控制干燥窑，年产各类中高档实木地板200万平方米，据中国木材流通协会证明，其产销量位列国内同行三甲。所有原料都从国外进口。

企业自创业之初就以起点高，规模大，设备精、管理严而著称，凭借雄厚的技术力量，完善的硬件设施，科学的管理方法，经过几年的拼博，现产品畅销全国20多个省、市、自治区，享有良好的市场信誉，拥有众多的新老客户。

公司为中国林产协会优秀会员单位、中国木材流通协会常务理事单位，并已顺利通过ISO9001国际质量管理体系和ISO14001国际环境管理体系两项认证，连续两年被评为全国30家实木地板“双承诺”单位，是浙江省第五届消费者信得过单位。久盛牌实木地板为湖州市名牌产品。

成绩代表过去，未来并不遥远，“久盛用心创造”——我们将继续秉承这一理念，不断努力，永攀新高。

龙游县疾病预防控制中心

详细地址:浙江省龙游县龙游镇新一路2号

法人代表:祝阿根

邮政编码:324400

电话号码:0570－7027822

传真号码:0570－7021845

龙游县疾病预防控制中心是经县政府批准,于2001年12月28日在撤销原县卫生防疫站基础上组建的卫生事业单位,是一个设备齐全、综合实力较强、运作有序的以疾病预防控制、卫生监测检验卫生宣传教育和科研培训为主要职能的专业机构,是龙游县疾病预防控制、卫生监测检验技术指导中心。

中心现有在编职工34人,借用、聘用19人,其中专业技术人员36人,高级职称3人,中级职称14人。直接从事检验检测16人,其中:微生物检测3人,理化检测4人,环境与职业卫生监测5人,消毒检测4人,高级职称1人,中级职称7人。

中心拥有固定资产261.14万元,占地面2267.49m^2,疾控大楼及附助用房建筑面积2232m^2,其中实验用房建筑面积920m^2,装备有气相色谱仪、原子吸收仪、生物安全柜、－86℃低温冰箱、酶标仪洗板机、荧光显微镜、紫外分光光度计、电子分析天平、旋光仪等较为先进的检验检测仪器设备。

中心于2003年11月份取得省级计量认证合格证书,成为龙游县首家获得省级计量认证合格证书的单位。中心目前能承担108项检验检测项目(微生物33项,理化72项,现场检测3项),中心的宗旨是:团结、奉献、求实、创新。中心的质量方针是:公正、科学、准确、有效。中心承接各类卫生防疫业务有关的样品检验,社会委托样品的检验,健康相关产品及其卫生监督执法样品的卫生检验,竭诚为人民身体健康服务,为社会发展和经济建设服务。

浙江省仙居县疾病预防控制中心

详细地址:浙江省仙居县环城东路107号

法人代表:王建华

邮政编码:317300

电话号码:0576－7793902

仙居县疾病预防控制中心于2000年11月正式挂牌成立,是在原仙居县卫生防疫站基础上组建的直属于卫生局的卫生事业单位,现有1个职能科室、5个业务科室。职工42名,其中业务人员38名,高、中级技术职称占52%。拥有原子吸收分光光度计、气相色谱议、酶标仪、测汞仪、紫外可见分光度计等一批高精仪器设备,建有微生物实验室、理化实验室、艾滋病初筛实验室、职业卫生实验室等。承担着全县传染病、慢性非传染性疾病的预防与控制、全县重大疫情和突发公共卫生事件的调查处置、卫生检验检测、健康教育与促进、儿童计划免疫职业病危害预评价、科研培训等工作。同时是全县结核病控制归口管理单位,是犬伤与狂犬病疫苗预防接种唯一定点诊治单位。

在2002年,中心成为仙居县首家通过省实验室计量认证的检测机构,从此可以向社会出具具有法律效力的检验检测报告。在2004年,中心同时又成为仙居县唯一一家通过省职业卫生技术服务资质认证的单位,将依法承担企业新、改、扩建项目的职业病危害预评价工作,承担生产企业工作场所有毒有害因素的检测与评价工作。特别是在2003年抗击非典的战斗中,中心全体干部职工面对非典,坚守岗位,齐心协力,英勇拼搏,没有一个人退缩,最终战胜了非典疫情,中心的行为树立了疾病预防控制中心崭新的社会形象,并受到了省、市、县各级政府及有关部门的表彰,同时被省卫生厅评为抗击非典先进集体;台州市文明单位;赢得了全县人民的信任。2003年被县卫生局评为县卫生工作先进集体、县抗击非典先进集体;被县委、县府评为抗击非典先进集体。

路桥区疾病预防控制中心

详细地址:浙江省台州市路桥区小大亨
法人代表:梁　鹰
邮政编码:318050
电话号码:0576－2447677
传真号码:0576－2457496

路桥区疾病控制中心于2001年8月由路桥卫生防疫站改制而成,是路桥疾病控制和卫生检验检测的技术指导中心,具有独立法人的卫生事业机构,承担全区疾病预防控制,检验检测与评价,健康教育与促进,应用研究与指导,技术服务与管理等任务。中心下设的检验检测中心技术力量雄厚,设备先进。拥有8名检验专业人员,仪器设备装置总价值500万元,拥有国际上最先进的气相色谱仪、石墨炉、原子吸收分光光度仪、紫外分光光度计、酶标仪、细菌鉴定仪及从业人员体检、职业卫生现场监测设备等高精尖仪器设备,并建有艾滋病初筛实验室。目前主要开展理化和微生物检测项目近150项,主要包括食品、食品包装材料、公共卫生相关检测、室内装潢后有毒有害物质监测、农药残留监测、从业人员健康体检和工矿企业职业卫生监测等七大类。其中通过实验室计量认证的有94个项目。中心检验检测中心于2003年4月通过省质量技术监督局的实验室计量认证,2003年12月通过职业卫生技术服务机构资质审定。检验检测中心目前承接政府交办的检测任务和社会相关的委托检验,提供各类产品的卫生检验、评价、出证和疾病预防控制、监测、科研、职业卫生等方面的技术咨询服务。

浙江省统计信息咨询中心

详细地址:浙江省杭州市教工路79号
法人代表:王美福
邮政编码:310012
市场调查部:0571－88219795
业务开发部:0571－88211127
发　行　部:0571－88211866
综合财务部:0571－88843694

浙江省统计信息咨询中心,是一家集市场研究、信息咨询、资料开发、专项培训等为一体的综合性、权威性统计信息咨询机构,也是浙江省统计局唯一对外服务的窗口。本中心上系国家统计信息中心及其各大信息公司,下联我省各市、县统计局,内依省统计局各专业处室,外靠各省、市、自治区统计信息咨询机构,形成了一个极为完整的统计信息网络。并拥有人口、工业、农业、第三产业、基本单位等各种普查数据和工商企业动态数据库。

本中心设有市场调查部、业务开发部、发行部、综合财务部,下设《浙江统计年鉴》编辑部、《浙江行政事业公务手册》编辑部、《浙江省工商指南》编辑部、《浙江之最》编辑部、《浙江乡镇统计年鉴》编辑部、《浙江制造业年鉴》编辑部。拥有各种高、中统计专业人才和高素质的统计调查队伍。

本中心依靠全面翔实的统计资料、完整的统计信息网络和高素质的统计调查队伍,为您提供"权威、客观"的统计资料、"优质、高效"的信息咨询和"快捷、准确"的市场调查服务。

中国统计出版社最新资料书简目